DIREITO DOS SEGUROS

2022 • 2.ª Edição

Maurício Salomoni Gravina

ALMEDINA

DIREITO DOS SEGUROS
2ª EDIÇÃO

AUTOR: Maurício Salomoni Gravina

DIRETOR ALMEDINA BRASIL: Rodrigo Mentz
EDITORA JURÍDICA: Manuella Santos de Castro
EDITOR DE DESENVOLVIMENTO: Aurélio Cesar Nogueira
ASSISTENTES EDITORIAIS: Isabela Leite e Larissa Nogueira
ESTAGIÁRIA DE PRODUÇÃO: Laura Roberti

DIAGRAMAÇÃO: Almedina
DESIGN DE CAPA: FBA

ISBN: 978-65-5627-560-4
Junho, 2022

Dados Internacionais de Catalogação na Publicação (CIP)
(Câmara Brasileira do Livro, SP, Brasil)

AGravina, Maurício Salomoni
Direito dos seguros / Maurício Salomoni Gravina.
-- 2. ed. -- São Paulo, SP : Almedina, 2022.

Bibliografia.
ISBN 978-65-5627-560-4

1. Contratos de seguro 2. Seguros - Leis e
legislação 3. Seguros - Leis e legislação - Brasil
I. Título.

22-108021 CDU-347.764

Índices para catálogo sistemático:

11. Direito securitário 347.764
Eliete Marques da Silva - Bibliotecária - CRB-8/9380

Este livro segue as regras do novo Acordo Ortográfico da Língua Portuguesa (1990).

EDITORA: Almedina Brasil
Rua José Maria Lisboa, 860, Conj.131 e 132, Jardim Paulista | 01423-001 São Paulo | Brasil
www.almedina.com.br

DIREITO DOS SEGUROS

PREFÁCIO À PRIMEIRA EDIÇÃO

1. O risco, tomado como a eventualidade de ocorrências nefastas ou como a não-verificação de expectativas positivas, é companheiro, desde sempre, da Humanidade. As sociedades, desde que lograram um mínimo de organização, intentaram conter o risco: seja estancando as suas causas, seja procurando remediar as suas consequências. Neste quadro, podemos inscrever o surgimento dos seguros. Com raízes na Antiguidade, os seguros desenvolveram-se, com o comércio: primeiro mediterrânico, depois atlântico e, hoje, planetário.

2. A ocorrência de um sinistro concreto é imprevisível. Contratar com vista à sua verificação converte-se em aposta. Mas lidando com grandes números, o panorama é distinto: não se prevê uma concreta eventualidade; mas torna-se possível inferir taxas de sinistralidade. Eis a chave da moderna indústria seguradora: as companhias especializadas captam fundos, através de prémios moderados e acodem nos sinistros, dispensando o capital seguro.

3. A indústria seguradora desempenha a função primordial da socialização do risco. Seja na vertente dos seguros de danos, seja na dos de pessoas, a técnica do seguro permite que cada beneficiário, mediante um pequeno prémio, desfrute, havendo sinistro, de um pagamento significativo, equivalente, no limite, ao dano estimado. Associada a essa função, ocorre uma segunda: a de captação de fundos e de poupanças. A gestão dos prémios não é – não deve ser! – passiva. A seguradora, percebendo os prémios pagos pelos tomadores interessados, passa a dispor de capitais significativos. Deve investi-los com segurança, de modo a assegurar a sua preservação e a sua frutificação. No espaço planetário, calcula-se que entre 10 e 15% da riqueza esteja sob o controlo da indústria seguradora: fundos de pensões, seguros financeiros e seguradoras estritas: todos unidos na gestão do risco e na aportação de fundos para os diversos investimentos. O poder dos seguros é imenso.

4. A experiência ensina que os seguros e o seu êxito andam paredes-meias com a confiança. O tomador contrata um seguro por acreditar que, na hora do sinistro, o capital acordado será honrado pela seguradora. Esse fenómeno, sempre presente, atinge o auge nos seguros de pessoas e, em especial, nos seguros de vida. A preservação dessa confiança requer a intervenção do Estado e do Direito. Os contratos de seguro devem ser razoáveis e equilibrados. As seguradoras devem ser criteriosas na gestão dos fundos que lhes são confiados: há que respeitar rácios e reservas diversas. O Estado, direta ou indiretamente, deve supervisionar os contratos e as seguradoras. Em caso algum o combate ao risco pode converter-se em novas fontes de riscos.

5. Com o panorama traçado, o Direito dos seguros afigura-se rico e complexo. Na base, temos o contrato de seguro. Negócio privado, o seguro assume uma feição própria, muito diversificada, que põe à prova os quadros tradicionais do Direito. A sua conclusão, o seu conteúdo e a sua execução constituem temas incontornáveis, pautados pelas decisões dos tribunais. Seguem-se as regras sobre as companhias seguradoras e, na cúpula, o Direito da supervisão.

6. A doutrina brasileira iniciou-se, da melhor forma, através da obra de José da Silva Lisboa, Visconde de Cayrú (1756-1835). O primeiro tomo dos seus *Princípios de Direito Mercantil*, 1ª ed., Bahia, 1815, versa, precisamente, sobre a formação, a dissolução e a execução do contrato de seguro: seria necessário recuar duzentos e cinquenta anos para encontrar o Tratado de Seguros de Pedro de Santarém (1552). A Nação Brasileira conheceu um desenvolvimento humano, social e económico ímpares. O Direito comercial, na senda do Código de 1850, acompanhou, posicionando os seguros no campo marítimo, onde eram mais solicitados. Coube ao Código Civil de 1916 alargar o objeto do seguro e admitir o seguro de vida (1432º a 1476º). Ao longo do século XX sucederam-se dezenas de diplomas sobre seguros, num complexo acessível aos especialistas. Finalmente, o Código Civil de 2002 assumiu a consignação do regime material do contrato de seguro.

7. A doutrina brasileira sobre os seguros conheceu um incentivo após a publicação do Código Civil, já no século XXI. Não escassearam desenvolvimentos anteriores, na literatura comercialística e em estudos especializados. Faltavam – tal como em Portugal – obras de teor geral, que fixassem as traves mestras do contrato de seguro, base sobre a qual haveria que construir todo o edifício subsequente. Hoje assistimos a um vigoroso desenvolvimento da doutrina seguradora, que coloca o Brasil no lugar que lhe compete, como grande potência também nesse domínio.

8. A obra que, com todo o gosto, agora apresentamos inscreve-se nesta onda. O Professor Maurício Salomoni Gravina, bem conhecido pelos especialistas na área dos seguros, oferece aos estudiosos, aos práticos e ao público interessado, uma exposição clara, profunda e assertiva sobre o contrato de seguro. Um especial cuidado é dado aos princípios jurídicos do seguro e ao posicionamento do seguro na enciclopédia jurídica. Os temas sensíveis da formação e dos elementos do contrato de seguro obtêm uma análise atenta e sempre relevante.

9. À divulgação dos elementos básicos de seguro deve agora seguir-se a reconstrução geral desse ramo jurídico-científico. Exige-se uma base sólida: precisamente a que assenta no contrato de seguro e no seu regime. Maurício Salomoni Gravina aceitou esse desafio: complexo e exigente. E levou-o a cabo da melhor maneira: disponibiliza, a toda a comunidade de língua portuguesa interessada nos seguros, uma obra que irá constar dos roteiros dessa área incontornável, no panorama geral deste nosso século XXI.

António Manuel da Rocha e Menezes Cordeiro
Catedrático da Universidade de Lisboa
Decano da Faculdade de Direito
Efetivo da Academia das Ciências de Lisboa

PREFÁCIO À SEGUNDA EDIÇÃO

É com enorme alegria que apresento este prefácio à segunda edição da obra já consagrada Direito dos Seguros, do talentoso jurista Maurício Salomoni Gravina.

Advogado renomado em tema Securitário, credencia o autor nesta área do Direito, em face de seu extenso conhecimento em sede doutrinária e profissional.

Erudito, elucida e dirime questões intrincadas que às vezes se depara em sua atividade intelectual em um mundo tão exuberante e rico como é o Direito do Seguro.

A obra segue o estudo do direito a partir de suas fontes: a lei, o costume, princípios, jurisprudência, doutrina, e aplicações da equidade e analogia. A novel edição traz ainda mais riqueza de argumentos dissertativos em todas as áreas que gravita o contrato de seguro.

A introdução de um novo Capítulo sobre Nulidades enfatiza, com sua desenvoltura matéria relativa aos elementos constitutivos do contrato, que cuida da boa-fé, função social e noções sobre existência e conservação dos negócios.

De outro lado, o dolo e a má-fé são avaliados neste Capítulo para que os leitores possam entender como o contrato de seguro, nesta seara, funciona feito uma verdadeira cabeça de Janus.

Gravina exerce domínio no que escreve valendo ressaltar o que disse alhures, de que os princípios jurídicos deste contrato-tipo são valorados de uma maneira sistemática, aliada ao requintado enfoque no decurso de sua escrita. O autor fez isto em outras obras. Impende sublinhar uma monografia que cuidou dos "Princípios Jurídicos do Contrato de Seguro".

À guisa de reflexão, enfatiza outro fenômeno relevante que é a evolução do Seguro de Responsabilidade Civil. Esta modalidade é levada ao crescente número de artigos de parte do prefaciador, diante da importância cada vez mais ingente no mundo empresarial.

Para que nossas estimadas leitoras e leitores relembrem a importância deste instituto, se encontra previsto em um único dispositivo do nosso Código Civil (artigo 787) que, com o advento da Lei número 13.874, de 20/09/19, Lei da Liberdade Econômica, tratou também de um dos princípios basilares deste contrato, ou seja, "que a interpretação do negócio jurídico deve atribuir o sentido que corresponder à boa-fé".

O princípio germânico da "*treu und glauben*" acaba por ser a bússola que tanto é analisada e vista pelo autor em suas festejadas obras sobre o Seguro.

No campo da doutrina, este alentado livro reúne conhecidos e modernos autores que versam sobre o extenso universo do direito, com referências que demonstram o afinco de um estudioso tenaz e compulsivo no trato do direito securitário.

O livro de Maurício Gravina além de ser altamente erudito, contém achegas em recentes decisões jurisprudenciais do Superior Tribunal de Justiça que representam, "a última palavra em matéria infraconstitucional" onde se agasalha no Direito Material, o contrato de seguro.

Este livro irá brindar a todos os que procuram colher ensinamentos de um autêntico e dedicado estudioso do Direito e do Contrato de Seguro. Há escassos escritores que desenvolveram, de uma só assentada, todos os temas tratados com peculiaridades inerentes a cada um desses institutos jurídicos, facilitando a pesquisa para os operadores do direito e para todos que trabalham e se interessam pela área.

Os projetos de lei lançados no Congresso Nacional, por ocasião da pandemia, como também de juristas e do Conselho Nacional de Seguros Privados, que procuram atualizar a área securitária, merecem compulsar este livro e aperfeiçoar temas e aspectos pontuais onde são tratados e desenvolvidos.

Embora se cuide de uma obra ímpar, faço votos de que o autor continue produzindo trabalhos que venham agigantar nossa bibliografia especializada, abrindo visões em um ramo do direito que evolui no decurso inexorável do tempo.

Voltaire Giavarina Marensi
Professor Concursado da Universidade Federal
do Rio Grande do Sul – UFRGS, Professor de cursos na UNB,
Ministério Público e outras Universidades.
Coordenador da Cátedra de Direito de Seguros da Academia
Nacional de Seguros e Previdência. (2007/2021).
Advogado e autor em obras de Seguros e Previdência

ABREVIATURAS E SIGLAS

BGB – Bürgerliches Gesetzbuch (Código Civil Alemanha)
C.A. – Code des Assurances (França)
C.C. – Código Civil
C.Com – Código Comercial
CF – Constituição Federal
CDC – Código de Defesa do Consumidor
CPC – Código de Processo Civil
CPC.Com – Código Procesal Civil y Comercial de la Nación (AR)
DL – Decreto-Lei 72/2008 (Portugal)
DIR – Diretiva da União Europeia
LAV – Lei de Arbitragem Voluntária – Lei 63/2011 (Portugal)
LCS – Ley de Contrato de Seguros 50/1980 (Espanha)
LDC – Ley de Defensa del Consumidor 24.240 (Argentina)
LDC – Lei da Defesa do Consumidor – 24/96 (Portugal)
LGDCU – Ley General de Consumidores e Usuários (Espanha)
LS – Ley de Seguros Nº 17.418 (Argentina)
LS – Ley Sobre el Contrato de Seguro – 04.04.13 (México)
C.Com – Lei 20.667 – modifica o Código de Comércio (Chile)
STF – Supremo Tribunal Federal (Brasil)
STJ – Superior Tribunal de Justiça (Brasil)
UE – União Europeia

ÍNDICE

PREFÁCIO À PRIMEIRA EDIÇÃO 5
PREFÁCIO À SEGUNDA EDIÇÃO 9
ABREVIATURAS E SIGLAS 11

INTRODUÇÃO 17

CAPÍTULO 1
DIREITO DOS SEGUROS:
DEFINIÇÕES E NOÇÕES INTRODUTÓRIAS 21
1.1 Retrospectiva histórica 25
1.2 Seguros de danos e de pessoas 32
1.3 Seguros públicos e privados 36

CAPÍTULO 2
O DIREITO DOS SEGUROS PRIVADOS E SUAS FONTES 39
2.1 A lei e o contrato de seguros 44
2.1.1 Sistemática externa das leis de contrato de seguro 51
2.1.2 Imperatividade das leis de contrato de seguro 53
2.1.3 Leis de seguro e condições da contratação 56
2.2 Usos e costumes nos seguros privados 61
2.3 Princípios jurídicos do contrato de seguro 69
2.3.1 Princípio da autonomia privada 73
2.3.2 Princípio da anterioridade do risco 78
2.3.3 Princípio da especialidade do risco 87
2.3.4 Princípio do interesse 92
2.3.5 Princípio da boa-fé 100
2.3.6 Princípio da força obrigatória 111
2.3.7 Princípio indenizatório 117

2.3.8 Princípio da sub-rogação do segurador 127
2.3.9 Princípio compensatório 135
2.3.10 Princípio da confiança 144
2.3.11 Princípio da mutualidade 152
2.4 A jurisprudência e o direito dos seguros privados 158
2.5 A doutrina e o direito dos seguros 173
2.6 A equidade no contrato de seguro 175
2.6.1 Equidade e jurisdição estatal 178
2.6.2 Equidade e arbitragem 181
2.6.3 Equidade e autonomia privada 186
2.6.4 Equidade e os valores administrativos 188
2.7 Analogia no direito dos seguros privados 190

CAPÍTULO 3
O CONTRATO DE SEGURO:
NATUREZA E TEORIAS EXPLICATIVAS 195
3.1 Natureza jurídica do contrato de seguro 198
3.1.1 Contrato bilateral e sinalagmático 199
3.1.2 Contrato aleatório e aspectos comutativos 201
3.1.3 Contrato de adesão 205
3.1.4 Contrato de boa-fé 208
3.1.5 Contrato oneroso 215
3.1.6 Contrato de duração 217
3.1.7 Contrato consensual 219
3.1.8 Contrato de natureza complexa ou mista 227
3.2.1 Teoria econômica 229
3.2.2 Teoria unitária 231
3.2.3 Teoria dualista do contrato de seguro 232
3.3 Definições doutrinárias 234
3.4 Conceitos legislativos 238
3.5 Formação do contrato de seguro 241
3.5.1 Seguros entre presentes e ausentes 248
3.5.2 Teoria da emissão 251
3.5.3 Teoria da recepção 252
3.5.4 Teoria da cognição 252
3.5.5 Teoria da declaração 254
3.6 Contrato internacional de seguro 257
3.7 Prescrição 264

CAPÍTULO 4
ELEMENTOS DO CONTRATO DE SEGURO 271
4.1 Elementos pessoais 272
4.1.1 Segurador 273
4.1.2 Tomador 288
4.1.3 Segurado 293
4.1.4 Beneficiário 298
4.1.5 Corretor de seguro 303
4.1.6 Agente de seguro 310
4.2 Elementos econômicos 316
4.2.1 Interesse 316
4.2.2 Garantia 326
4.2.3 Prêmio 334
4.2.4 Risco 341
4.2.5 Sinistro 348
4.3 Elementos formais 354
4.3.1 Apólice 356
4.3.2 Bilhete de seguro 366
4.3.3 Proposta de seguro 371

CAPÍTULO 5
NULIDADES NO CONTRATO DE SEGURO 379
5.1 Segurador não autorizado 383
5.2 Incapacidade do tomador 385
5.3 Falta de interesse 388
5.4 Objeto ilícito 391
5.5 Atos dolosos 393
5.6 Inexistência de risco 397
5.7 Informação inexata, omissões ou reticências 400
5.8 Cláusulas abusivas 407
5.9 Clausulas limitativas 412
5.10 Má-fé 416

CAPÍTULO 6
INTERPRETAÇÃO E INTEGRAÇÃO CONTRATUAL 423
6.1 Fundamentos de interpretação e integração nos seguros 423

REFERÊNCIAS 441

INTRODUÇÃO

Há um expressivo conjunto de valores e normas que conferem vigência ao contrato de seguro, sem os quais não seria um fenômeno jurídico necessário às pessoas e à economia das nações.

Para melhor compreendê-los, sistematizamos estes estudos a partir das fontes do direito do seguro, de onde nasce de maneira genuína.

A obra traz o sentido segundo o qual o fenômeno jurídico nos países da *Civil Law* tem sua gênese na lei, costume, princípios, jurisprudência, doutrina e aplicações da equidade e analogia.

Com isso, permite a compreensão do direito do seguro com base na experiência brasileira e de nações com forte identidade cultural e jurídica, com referências às leis e autores de Portugal, Espanha, Argentina, França, Itália, Chile, México, entre outros.

Cuida de um contrato de notável consistência histórica no direito comparado. Poucos negócios jurídicos receberam leis antigas, com antecedentes na Babilônia – séc. XVIII a.C., e normas e institutos que despertam a atenção dos juristas e legisladores no decorrer dos séculos.

Dentre as fontes do direito dos seguros, deve-se atenção aos princípios. A partir de publicações com edições no Rio de Janeiro[1], Buenos Aires, Madrid e México[2], organizou-se uma lista de princípios jurídicos do contrato de seguro. Nem sempre se encontram na superfície, mas em um plano mais profundo das leis e da causalidade jurídica como o princípio da autonomia

[1] GRAVINA, Maurício Salomoni. Princípios Jurídicos do Contrato de Seguro. Rio de Janeiro: Fundação Escola Nacional de Seguros – Funenseg, 2015. GRAVINA, Maurício Salomoni. Princípios Jurídicos do Contrato de Seguro. 2ª Edição Revista e atualizada, Rio de Janeiro: Fundação Escola Nacional de Seguros – Funenseg, 2018.

[2] S. GRAVINA, Maurício. Principios jurídicos del contrato de seguro. 1ª ed. Buenos Aires – Madrid – Mexico: Ciudad Argentina-Hispania Libros, 2015.

privada; princípio da anterioridade do risco; princípio da especialidade do risco; princípio do interesse; princípio da boa-fé; princípio da força obrigatória; princípio da sub-rogação do segurador; princípio da tutela compensatória e o princípio da mutualidade.

Sobre o costume, necessidades sociais e movimentos de autorregulação e complementação da ordem jurídica, verifica um processo histórico em que a "*opinio iuris*" adquire valor de norma[3]. O direito do seguro teve base consuetudinária desde o surgimento das primeiras apólices. Modernamente novos usos desafiam o setor, com a tecnologia da informação, documento digital, criptografia, *blockchain*, internet das coisas e proteção de dados, que reforçam os domínios dos meios eletrônicos e a indução do direito por tais movimentos.

A jurisprudência é igualmente cotejada em temas de seguro e sua casuística. É fonte essencial à produção do *fenômeno jurídico*, com renovada força aos precedentes judiciais no atual Código de Processo Civil brasileiro.

A doutrina, além do legado histórico das universidades, autores e teorias, tem a tarefa prática de descrever as aplicações jurídicas e necessidades, ao encontro da atividade econômica, matrizes de risco e paradigmas de regulação, desregulação e controles estatais.

O livro não perde de vista a história dos seguros, dentre os mais antigos contratos conhecidos, cuja elaboração evoluiu por seus fundamentos econômicos, jurídicos e crescente utilidade nos mais diversos ramos.

No campo da intepretação e aplicação do direito, ingressa no território da equidade e analogia, como fator de adequação e mobilidade das normas jurídicas, ou como poder criador de direito, autorizados pela ordem existente.

Dentre os conceitos e definições científicas, a obra comenta teorias explicativas, a iniciar pela teoria econômica de Alfredo Manes, passando por conceitos doutrinários, legislativos, formação do contrato e a prescrição, que estabiliza o exercício das pretensões patrimoniais.

Nessa estrutura, dividimos os elementos do contrato de seguros em três classes: «elementos pessoais», que compreendem o segurador, tomador, segurado, beneficiário, corretores e agentes de seguros; «elementos econômicos», como interesse, garantia, prêmio, risco e sinistro; passando aos «elementos formais», destacando a apólice, bilhete e proposta de seguro.

[3] Nesse sentido: BETTI, Emilio. *Teoría general del negocio jurídico*. Traducción y concordancia con el derecho español por A. Martins Perez. 2ª ed., Editorial Revista de Derecho Privado, Madrid, 1959. Edição original 1943.p. 81.

No campo da invalidade nos seguros analisa os casos de segurador não autorizado; incapacidade do tomador; falta de interesse; objeto ilícito; atos dolosos; inexistência de risco; informação inexata, omissões e reticências; cláusulas abusivas; cláusulas limitativas e má-fé. Trata-se de um crivo de análise e ponderação sob o ponto de vista da preservação dos negócios jurídicos.

A obra finaliza no campo da interpretação e aplicação do direito dos seguros privados, apoiadas nas fontes deste direito, a partir de referenciais hermenêuticos do direito brasileiro e internacional.

Caxias do Sul – RS – Brasil, 28 de fevereiro de 2022.

Maurício Salomoni Gravina

CAPÍTULO 1
DIREITO DOS SEGUROS: DEFINIÇÕES E NOÇÕES INTRODUTÓRIAS

O direito dos seguros pode ser estudado a partir de suas fontes, objeto, natureza e elementos, além de aplicações que lhe conferem singularidade.

Como ocorre em outros ramos do saber jurídico é um segmento especializado e em constante evolução, que abrange um notável campo de definições, normas e funcionalidades.

Segundo Antigono Donatti, compreende um amplo conjunto de normas, de Direito público e privado, de diferentes classes de seguros:

> *"... el derecho de seguros comprende: todas las normas, cualquiera que sea su origen, que regulan los seguros; todos los seguros, tanto los privados como los sociales, cualquiera que sea su clase, tanto los mutuos como los a prima fija; todas las relaciones referentes a la operación aseguradora sean las habidas entre asegurador y asegurado o bien las del asegurador con respecto a la empresa. Esto abarca un conjunto de normas notablemente amplio, de derecho público y de derecho privado."* [4]

O mestre da Universidade de Roma teceu uma concepção sistêmica e de magnitude, condizente com a expansão dos seguros em diversos ramos.

Sob o enfoque normativo, Joaquin Garrigues conferiu ênfase à função socioeconômica e a larga perspectiva fenomenológica desse direito:

> *"Derecho de seguro es el conjunto de normas jurídicas que regulan el seguro como fenómeno social y económico".*[5]

[4] DONATI, Antigono. *Los seguros privados. Manual de derecho.* Traducción por Arturo Vidal Solá. Barcelona, Librería Bosch, 1960. p. 14. A edição original foi publicada em italiano por "*Dott. A. Giuffrè – Editore*" de Milão, com o título "*Manuale Di Diritto Delle Assicurazioni Private*", em 1956".

[5] No mesmo sentido: GARRIGUES, Joaquin. *Contrato de Seguro Terrestre.* 2ª, ed. Madrid, 1977, p. 1. Segundo o prefácio da obra, esta foi publicada em 1973, em continuidade ao caminho empreendido

Dentre essas classificações doutrinárias, colocamo-nos a pensar que o direito dos seguros compreende o plano normativo e de outras fontes, inclusive o costume e os princípios jurídicos desse contrato, além da jurisprudência, doutrina e os espaços de equidade e argumentação analógica.

Na doutrina contemporânea António Menezes Cordeiro também enfatiza os princípios no contexto deste direito, tendência que se consolidou na interpretação e aplicação das normas jurídicas, sobretudo a partir das décadas finais do século passado[6]:

> *"O direito do seguro sistematiza as normas e os princípios conexionados com os contratos de seguro."*[7]

Ao lado das modernas leis de contrato de seguro e suas inovações, vale ponderar que este direito é historicamente construído a partir desses valores assim como do costume e de sua presença nos negócios e na vida civil.

Além disso, é um direito que compreende um vasto campo do saber, de diferentes ramos da ciência que vão além do universo jurídico: como a matemática, engenharia, física, medicina, administração, economia, atuária, entre outros, sendo conhecida a «teoria econômica do seguro»[8], com base na "lei estatística dos grandes números".

Há uma convergência entre essas especialidades e o universo jurídico dos seguros, no contexto de atos e fatos relevantes a este direito[9] e como se evidencia na vida das pessoas, das empresas e do Estado.

Dessa interconexão de saberes, é sempre razoável uma definição de amplitude e sentido econômico para o direito dos seguros.

em 1947 através do "*Tratado de Derecho Mercantil*" e ainda do livro "*Instituciones de Derecho Mercantil*", de 1936, que precedeu aos anteriores, todos do mesmo autor.

[6] Sobre esta tendência à recepção dos princípios como resposta à complexidade das relações sociais veja-se o prefácio de Fabio Ulhoa Coelho, na obra Princípios Jurídicos do Contrato de Seguro. GRAVINA, Maurício Salomoni. *Princípios Jurídicos do Contrato de Seguro.* Rio de Janeiro: Fundação Escola Nacional de Seguros – Funenseg, 2015. p.p. 11-12.

[7] CORDEIRO, António Meneses. Direito dos seguros, 2ª ed., ver. e atualizada, Edições Almedina: Coimbra, 2016, p. 33.

[8] Veja-se: MANES, Alfredo. *Tratado de seguros. Teoria general del seguro* – 4ª ed. Tradução Fermín Soto. Madrid, Editorial Logos Ltda.1930, p. 7 e 209.

[9] A propósito do chamado "*mundo jurídico*", sempre vale recordar a doutrina de Pontes de Miranda e suas divisões: o plano da existência, da validade e da eficácia, em que se irradiam os efeitos dos fatos jurídicos. Veja-se: MIRANDA, Pontes de. *Tratado das ações.* Editora Bookseller: Campinas, 1988, Tomo 1, p. 21-45.

Assim, concebemos esse direito como um «sistema de valores e normas que visa eliminar ou reduzir os efeitos dos riscos sobre as pessoas e seus interesses»[10].

O interesse[11] é a vontade contratual protegida pelo seguro, seja a conservação de determinada coisa, para que não se produza um sinistro ou, ocorrendo, resulte uma indenização, capital ou renda[12].

Nesse quadro, a reunião de saberes e institutos desencadeia soluções de solidariedade e proteção às pessoas e seus interesses, com base na lei, noções econômicas e negócios apoiados nos *sistemas de seguros das nações.*

O contrato de seguro é o elemento central do direito dos seguros. É um contrato celebrado frente ao segurador para cobrir riscos, preservar interesses, capital ou renda, conforme a prestação contratada, em contrapartida ao prêmio do seguro.[13]

Sua definição conjuga elementos como a empresa seguradora; um interesse legítimo; e a relação entre a prestação do segurador e o prêmio pago pelo segurado ou tomador[14].

Por sua condição, o seguro reúne esses elementos caraterísticos. Ainda no século passado, nas lições de Clóvis Bevilaqua e Vivante, eram referidos: "o segurador, o segurado, o prêmio e o risco"[15]. Nas considerações da época, vale observar que o objeto era o seguro de danos, e a teoria geral do seguro ainda não havia apropriado a ideia do interesse como causa ou garantia contratada.

[10] Veja-se: GRAVINA, Mauricio Salomoni. *Direito dos seguros.* Op. cit. p. 23.

[11] JELLINEK, Georg. *Teoría general del estado.* Traducción de Fernando de los Rios, Editorial IB de F, Julio César Faria, Montevideo-Buenos Aires, 2005. Na lição de Jellinek: *"interesse é o conteúdo de vontade protegido pelo Direito".* p. 42.

[12] França: CA, *Article L121-6. Toute personne ayant intérêt à la conservation d'une chose peut la faire assurer. Tout intérêt direct ou indirect à la non-réalisation d'un risque peut faire l'objet d'une assurance.* México: LS, *"Artículo 85.- Todo interés económico que una persona tenga en que no se produzca un siniestro, podrá ser objeto de contrato de seguro contra los daños."*

[13] Sobre essa conceituação: GRAVINA, Maurício Salomoni. *Direito dos seguros.* Op. cit. p. 23.

[14] Uma forma recorrente de definir o contrato de seguro é caracterizada pela garantia de um risco em contrapartida de um prêmio, a exemplo disso veja-se Jean Bigot, que também comenta a doutrina de Hémard nesse mesmo sentido. Op. cit. p. 9.

[15] Veja-se: *Código Civil dos Estados Unidos do Brasil comentado por Clovis Bevilaqua,* 3ª tiragem. Edição histórica, Editora Rio 1979, p. 562. No mesmo sentido: VIVANTE, Cesare. Op. cit. p. 543.

O fato é que esse contrato deu vida a uma tecnolinguagem[16] de definições recorrentes nas leis, na jurisprudência e no ensino especializado[17].

Como é natural desenvolver-se um léxico para determinadas aplicações da ciência, no direito dos seguros não é diferente. E a tarefa do jurista deve contemplar a vocação de tornar essas expressões acessíveis aos destinatários da ordem jurídica.

No contrato de seguro e na atividade seguradora são conhecidos alguns "*lugares especiais*"[18], que vão além dos elementos acima citados. Vale recordar conceitos como tomador, beneficiário, terceiro, corretor de seguros, agente, risco, interesse segurado, garantia, sinistro, franquia, indenização, entre outros compreendidos nestes estudos.

Essa riqueza de fundamentos e conceitos classificatórios tem a ver com a sua natureza mista[19] ou complexa, e a interface com o Direito constitucional, mercantil, civil, administrativo, consumidor, econômico, entre outros.[20] Há uma forte base de Direito privado, com equivalência no Direito público, no Brasil reforçada no campo da liberdade econômica e do livre mercado, com impacto do ponto de vista da racionalidade na regulação e controles estatais.

Observam-se licenças, regulação e controles públicos[21], além de disposições relativas à tutela da contratação de massa, consumidor, direitos humanos e proteção da ordem econômica e de dados, semelhante aos regimes dos bancos e emissão de valores mobiliários[22], embora sejam diferentes modelos de negócios.[23]

[16] LORENZETTI, Ricardo Luis. *Fundamentos do direito privado*. São Paulo: Editora Revista dos Tribunais, 1998, p. 58.

[17] Embora em muitos países ainda existam vazios no desenvolvimento desses estudos, vale observar que se trata de uma ciência bastante madura e, na lição de Manes, há uma autêntica *"enseñanza científica del seguro"*, com muitas instituições pelo mundo, inclusive universidades, cuja base teórica possui sua história literária em importantes obras do contexto jurídico e fora dele. (MANES, Alfredo. *Tratado de seguros. Teoria general del seguro* – 4ª ed. Tradução Fermín Soto. Madrid, Editorial Logos Ltda.,1930, p. 411).

[18] A expressão «lugares especiais» equipara-se aos «lugares comuns», estes como uma espécie de "clichês" do cotidiano; aqueles associados aos conceitos e expressões empregados em alguma ciência, com caráter funcional. Cf. BARTHES, Roland. A aventura semiológica. Tradução de Mário Laranjeira. São Paulo, Editora Martins Fontes, 2001, p. 74.

[19] Sobre a natureza mista do contrato de seguro: BIGOT, Jean. Op. cit. p. 53.

[20] Veja-se: Direito dos seguros privados, p. 5.

[21] Veja-se: Capítulo II, 2.3.1 – Princípio da autonomia privada.

[22] Nesse sentido: BIGOT, Jean. Op. cit. p. 10.

[23] No Relatório: "*Why insurers differ from banks – Insurance Europe, October 2014*", recomenda-se um tratamento regulatório diferenciado entre bancos e seguradoras: "a principal atividade

Dessas constatações, pode-se concluir que a interconexão de conhecimentos, leis, mercado e novas tecnologias, ao lado da racionalidade da atuação estatal, exprimem muito desse direito, e assim se projetam para o futuro, com fundamento em referências históricas das quais se apropriou esse direito.

1.1 Retrospectiva histórica

O modo como se desenvolveu o contrato de seguro tem a ver com seus usos pretéritos, desde a antiguidade, com documentos de fonte primária, relatos históricos, até os movimentos de tematização de riscos dos dias atuais.

Nas origens do seguro encontram-se referências antropológicas associadas à família e ajuda mútua. A cooperação e mutualidade[24] estão na própria essência deste contrato. O senso de convivência, de se interessar pela sorte dos outros, é inerente às pessoas, como uma fonte de solidariedade[25].

Pedro Alvim distinguiu a família como espécie de "*núcleo organizado de cooperação mútua*",[26] ambiente de convívio e compensação da vulnerabilidade humana, inclusive nos imprevistos e fatalidades[27].

Outro fenômeno foi a escrita, marco da evolução humana[28] e do entendimento, que possibilitou o surgimento das leis e condições da contratação.

de seguradoras e resseguradoras é a diversificação de risco e transformação de risco, enquanto a dos bancos é a acumulação de depósitos e a concessão de empréstimos, juntamente com a prestação de uma variedade d serviços baseados em taxas". Além disso, enquanto a atividade bancária gera um risco sistêmico, face à vinculação das instituições a um Banco Central, com riscos decorrentes da concessão do crédito, garantias financeiras e derivativos, seguradoras têm carteiras pulverizadas, com diversificação de risco e desvinculação entre si, o que mitiga a hipótese de um risco sistêmico. "A Insurance Europe é a federação europeia de seguros e resseguros." p. 2.

24 Na expressão de Jean Bigot, a mutualidade é um elemento essencial, a espinha dorsal do contrato de seguro: "*...la mutualité est plus qu'une tecnique, elle constitue l'épine dorsale du contrat, l'un de ses éléments essentiels.*" BIGOT, Jean. Op. cit. p. 27.

25 Sobre o senso de convivência vale a lição de Adam Smith: "Por mais egoísta que se suponha o homem, evidentemente há alguns princípios em sua natureza que o fazem interessar-se pela sorte de outros, e considerar a felicidade deles necessária para si mesmo, embora nada extraia disso senão o prazer de assistir a ela." SMITH, Adam. *Teoria dos sentimentos morais*. Tradução Lya Luft. São Paulo: Martins fontes, 1999, p. 5.

26 Cf. ALVIM, Pedro. Op. cit. p. 2. No mesmo sentido veja-se: MANES, Alfredo. Op. cit. p.3. CORDEIRO, António Menezes, *Direito dos seguros* – 2ª Ed. Edições Almedina, 2016, p. 49. Refere-se o autor à "predisposição para condutas socialmente solidárias", p. 49.

27 No mesmo sentido veja-se: PIMENTA, Melisa Cunha. Op. cit. p.21.

28 CORDEIRO, António Menezes. Op. Cit. p. 50.

Na lição de Antonio Menezes Cordeiro a escrita *"permite armazenar informações fora do cérebro, sem limites..."* e ... *"permite a comunicação dessas informações, no presente e no futuro"*[29]. O Catedrático de Lisboa comenta o surgimento do alfabeto e dos usos contabilísticos[30]. Refere a influência do Código de Hamurabi e textos relativos a riscos em caravanas[31].

Na Babilônia falava-se de cameleiros que cruzavam desertos em viagens e animais que morriam no percurso. Em uma primeira fase, valiam-se de "empréstimos e seguros de caravanas", assim descritos no Código de Hamurabi[32]. Com o fim da babilônia, na expressão de Melisa Pimenta, "os caravaneiros passaram a adotar a prática de que as expedições seriam bancadas por todos", e os prejuízos divididos na compra de novos camelos[33].

Dentre os contratos e origens da lei escrita, esse Código cuidou de locações de casas e arrendamento de campo[34], depósito[35], mútuo[36], transporte, seguro[37], doação, inclusive a previsão de força maior e isenção de juros em caso de tempestade e destruição da colheita[38].

[29] Op. Cit. p. 50. Antônio Menezes Cordeiro também comenta o *"phoenus nauticum"*, refere ainda que existem expressões *"phenus"* e *"fenus"*, sendo um instrumento de influência grega. Veja-se: Op. cit. p. 54.

[30] Veja-se: Cap. II, 2.2 – Usos e costumes nos seguros privados. Alfredo Manes relata que na cidade de Pisa guarda-se um contrato de seguros celebrado em 1384 e outro em Florença, de 1397. Além disso, descreve um Decreto ditado pelo Duque de Génova, do ano de 1309, em que pela primeira vez aparece a palavra *"assecuramentum"* no sentido moderno de seguro. Comenta que a apólice teve suas origens como um documento notarial de elevado formalismo, mas que, em razão dos usos mercantis, passou a ser um documento puramente privado dos seguradores. In. MANES, Alfredo. *Tratado de seguros. Teoría general del seguro.* Traducción de la 4ª Edición Alemana por Fermín Soto. Editorial Logos Ltda. Madrid, 1930, p. 42-43. Veja-se: MARTINS, João Marcos Brito. *O contrato de seguro: comentado conforme as disposições do novo Código Civil.* Ed. Forense Universitária. Rio de Janeiro, 2003, p. 7.

[31] Neste sentido: Veja-se: CORDEIRO, Antônio Menezes. *Direito dos seguros.* 2ª Ed., p. 50. CAVICCHINI, Alexis. *A história dos seguros no Brasil.* 1ª Edição. COP Editora Ltda., 2008, p. 17.

[32] O Código de Hamurabi (Khammu-rabi), do século XVIII a.C. na Babilônia, insculpido em pedra e depositado no museu do Louvre, é um documento vivo segundo o qual Hamurabi recebeu do deus *Schmasch* uma codificação de normas divididas em 14 capítulos e 282 artigos.

[33] Veja-se: PIMENTA, Melisa. Op. cit. p. 24.

[34] Código de HAMURABI, art. 42 e segs.

[35] Código de HAMURABI, Capítulo VIII.

[36] Código de Hamurabi, Capítulo VII.

[37] Neste sentido: CORDEIRO, Antônio Menezes. *Direito dos seguros.* 2ª Ed., p. 50.

[38] Código de HAMURABI, art. 48.

No direito hebraico, Arnoldo Wald refere o *Talmud* e um seguro praticado na antiguidade para fazer frente à mortalidade de rebanhos.[39]

Nas leis mosaicas, além da solidariedade e costumes sanitários de preservação da vida, é relevante o dever de honrar pai e mãe, e seus consectários de assistência e proteção. A propósito, os cinco livros iniciais do antigo testamento[40], atribuídos à Moisés[41], são o repositório de um vasto rol de normas e costumes do direito do ocidente até os dias atuais.

À Grécia, sensível aos riscos do mar, atribui-se o seguro sobre o empréstimo marítimo, contrato de natureza mercantil, utilizado a cada viagem de navegação.[42] Os mercadores de Rhodes teriam criado um fundo de reembolso de mercadorias perdidas ou avariadas, sendo precursores do seguro saúde, com o sentido da mutualidade usada nos navios à proteção das pessoas.[43]

De influência grega supõe-se ter nascido o *"phoenus nauticum"*, contrato depois utilizado pelos romanos na navegação, ou *"fidejussio indemnitatis"*. No ano de 1234, como produto do pensamento da época, foi considerado usura pelo Papa Gregório IX.[44]

Ainda na navegação, seguindo a esteira dos gregos, os romanos criaram a *'Lex Rhodia de Iactu"*, sistema ao qual se atribuem as origens das garantias sobre os riscos de *"Avaria Geral"*.[45]

[39] WALD, Arnoldo. *Direito Civil – Contratos em espécie*. Vol. 3, 18ª edição. São Paulo: Saraiva, 2009, p. 282.

[40] BIBLIA SAGRADA. *Tradução dos mais antigos e reconhecidos manuscritos sagrados nas línguas originais (hebraico, aramaico e grego). "Authorized Version" – King James de 1611*. Abba Press Editora e Divulgadora Ltda., Sociedade Bíblica Ibero-Americana, Tradução King James Atualizada (KJA). BV Films Editora Ltda, BV Books Editora, Niterói – RJ, 2012, p. 26-28; 132-134; 213-215; 273-275; 352-353.

[41] Atribui-se a Moisés, instruído na corte do Egito e testemunha ocular de sua época, a grande parte dos textos dos cinco primeiros livros da Bíblia, no Antigo Testamento. As leis Mosaicas (período estimado 1250 a.C.) foram recepcionadas por muitos povos, desde a consagração do Estado monoteísta, aos diversos temas legislados. Embora a carência de documentação da época, há um legado histórico relacionado à Moisés na tradição judaica, cristã, com reconhecimento em muitos povos. O Pentateuco, em alusão aos cinco primeiros livros da Bíblia, traz uma mensagem ao povo de Deus; cuida da criação, do ser humano; propriedade; solidariedade; o repúdio à maldade; ao roubo, homicídio, falso testemunho entre outras leis de justiça, que se desenvolveram.

[42] CORDEIRO. Antônio Menezes, Op. cit. p. 53.

[43] CAVICCHINI, Alexis. Op. cit. p. 17.

[44] Neste sentido: HALPERIN, op. cit. p. 1, CORDEIRO, Antonio Menezes, Op. cit. p. 25. Durante o seu papado foi publicada a *Bula Excommunicamus*, vinculada à inquisição. Neste sentido, CAVICCHINI, Alexis. p. 19.

[45] CAVICCHINI, Alexis. Op. cit. p 17.

Viram-se aparições do seguro de pessoas e vida em associações de militares romanos[46], para custos de viagens, aposentadoria e decesso. Além de casos que se referem a seguros nas guerras púnicas, entre Roma e Cartago.[47]

Sobre a documentação contratual, Alfredo Manes[48] relata que na cidade de Pisa guarda-se um contrato de seguro celebrado em 1384, e outro em Florença, de 1397.

No plano normativo o mestre alemão descreve um decreto ditado pelo Duque de Gênova, do ano de 1309, em que pela primeira vez aparece a palavra "*assecuramentum*" no sentido moderno de seguro.[49]

Segundo Alexis Cavicchini, há um antigo contrato de seguro documentado de 1318, para mercadorias transportadas entre Pisa e a Sardenha, que continha essa expressão, depois substituída nas leis de Gênova por *"assecuramento de polizza"*, importante praça portuária do mediterrâneo, onde combinavam *"empréstimo, seguro e garantia de câmbio"*.[50]

São muitas evidências relacionadas aos riscos do mar. E, não poderia ser diferente. Os direitos refletem seus momentos históricos. Na idade média o seguro marítimo figura nas Ordenanças de Barcelona (1435); de Borgonha (1458); de Veneza (1468), Gênova (1498)[51] e no *Guidon de la Mer*, século XV[52], na França, passando a ter extensão aos demais ramos de seguros terrestres.

O resseguro também surge com a expansão do comércio marítimo.[53] Os riscos do mar tornaram-se mais aferíveis, inclusive por estatísticas, e passaram contar com bancos, títulos de crédito e contratos de resseguro que permitiram a transferência do risco, sem prejuízo do contrato principal. Ou melhor, conferindo ainda mais estabilidade ao adimplemento contratual.

O ritmo crescente passou a demandar o trespasse das obrigações a outros "seguradores", mediante a transferência de responsabilidades por contratos

[46] CAVICCHINI, Alexis. Op. cit. p. 17.

[47] Op. cit. p. 282.

[48] MANES, Alfredo. *Tratado de seguros. Teoría general del seguro.* Traducción de la 4ª Edición Alemana por Fermín Soto. Editorial Logos Ltda. Madrid, 1930, p. 42-43. MARTINS, João Marcos Brito. *O contrato de seguro: comentado conforme as disposições do novo Código Civil.* Ed. Forense Universitária. Rio de Janeiro, 2003, p. 7.

[49] Op. cit. p. 43.

[50] CAVICCHINI, Alexis. p. 18-19.

[51] Sobre estas aparições veja-se WALD, Arnoldo. Op. cit. p. 282. BIGOT, Jean. Op. cit. p.p. 3 4.

[52] Sobre o seguro marítimo no "*Guidon de La Mer*", veja-se: LOPES, Miguel Maria de Serpa. Curso de direito civil: fontes das obrigações: contratos. Volume IV, 5a ed., Rio de Janeiro, Freitas Bastos, 1999, p. 422.

[53] Sobre o Resseguro no século XV veja-se: PIMENTA, Melisa Cunha. Op. cit. p. 26.

de resseguro. Refere-se o caso de um navio veneziano coberto por 40 seguradores em 1455, além do surgimento da profissão de corretor de seguro na praça de Pisa.[54]

No contexto cultural, pode-se supor que "O Mercador de Veneza", de William Shakespeare, tenha contribuído para o seguro marítimo e vice-versa, pois a prática do seguro também deu força à obra.[55]

Ainda relacionado aos embarcadores, o seguro teve outro marco no surgimento do Lloyd's, no final da década de 1680, na Inglaterra, cujo café fundado por Edward Frank Lloyd, tornou-se ponto de encontro dos navegadores e de investidores interessados em segurar negócios marítimos. Organizavam-se em grupos com uma "lista" que continha o nome dos garantidores e respectivos prêmios, assim chamados *"underwriters"*, pois firmavam abaixo dos contratos de seguro[56].

Conforme Pedro Alvim[57], funcionou como uma bolsa de seguradores ou um grupamento de seguradores organizado e subordinado a um comitê central. Passados mais de 5 séculos, o Lloyd's se consolidou como um autêntico *mercado de seguros* e resseguros, com investimentos em diversas nações.

Ainda em tempos antigos, foi relevante o sentido matemático em estudos de tábuas de mortalidade[58]; nas pesquisas de Pascal, Huyghens e Bernoulli, sendo atribuído ao astrônomo Halley as primeiras tábuas de mortalidade, de 1693.[59] Assim como foi determinista a influência dos pitagóricos na filosofia[60],

[54] CAVICCHINI, Alexis. Op. cit. p. 19.

[55] Na obra de SHACKESPEARE o personagem judeu Shylock financia uma expedição de comercio marítimo a Antônio, o mercador. Em caso de descumprimento, Shylock poderia escolher um quilo de carne de qualquer parte do corpo de Antônio, sendo que a tragédia do mar ocorreu, Shylock decidiu por um quilo de carne do coração de Antônio. A obra se eterniza com suas evidências de desastres no mar, nas relações pessoais e patrimônio, e a problemática do equilíbrio entre justiça e Direito. Shakespeare viveu na Inglaterra entre 1565-1616, e a tragédia do "Mercador" é marcada por grandes perdas, garantias e usura em negócios do mar."

[56] CAVICCHINI, Alexis. Op. cit. p. 38.

[57] ALVIM, Pedro. Op. Cit. p.p. 180-182.

[58] Veja-se: Numa P. do Vale. Op. cit. 7-103, Joaquin Garrigues, Op. cit. p 27. Jean Bigot Op. cit. p. 8.; Pedro Alvim, Op. cit. p. 18 a 59; Vasques José, Op. cit. p.p. 20-21.

[59] Com relação a estes estudos do célebre físico, matemático e filósofo francês Blas Pascal, são pertinentes as referências de Manuel Martinez Escobar, que ainda refere as descobertas de Galileo Galilei em uma consulta sobre jogos de dados e de Meré, outro amigo de Pascal. (In. MARTÍNEZ ESCOBAR, Manuel. *Los seguros*. La Habana, Editora Cultural, 1945, p. 5. No mesmo sentido HALPERIN, Op. Cit. p. 3. BIGOT, Jean. Op. Cit. P. 8.

[60] GOTTLIEB, Anthony. *O sonho da razão: uma história filosófica ocidental da Grécia ao Renascimento*. Tradução Pedro Jorgenssen Jr. Rio de Janeiro: DIEFEL, 2007. p.p. 48-51.

o seguro integrou um ferramental matemático e de estatística essencial ao equilíbrio da atividade seguradora.

Mais tarde viu-se desenvolver na Inglaterra o seguro contra incêndio. Seu desenvolvimento, no século XVII, teve o impulso de um evento que atingiu mais de 13.000 casas em Londres, no ano de 1666.[61]

Sobre a herança francesa, Halperin faz referência aos "*Bureaux des incendies*", em Paris de 1717.[62] Na França também foi um marco a codificação do direito, com repercussão em outras nações: Código de Comércio francês (1808), espanhol (1829), brasileiro (1850), português (1888).

No ramo de automóvel houve um episódio no ano de 1917, em que estabeleceram uma companhia de seguros mútuos em Le Mans, por iniciativa do *"Automobile Club de l'Ouest"*. A *"La Défense Automobile et Sportive (DAS)"* prestou serviços e cobertura de despesas para ações judiciais a motoristas e atletas. Também foram atendidos terceiros. Depois de uma série de acidentes durante as corridas 24 Horas de Le Mans, espectadores feridos tiveram dificuldades de reparação contra os organizadores, o que resultou em "um primeiro rascunho de um seguro de proteção legal"[63] para essas circunstâncias.

No Brasil merece relevo o Código Comercial de (1850) e Código Civil de (1916), atualizado pela Lei 10.406 de (2002). O Capítulo XIV, relativo ao contrato de seguro no Código de 1916, em seus artigos 1.432 a 1.476, concebeu uma lei avançada para a sociedade da época. Não havia legislação sistemática no país em 1916, apenas os seguros marítimos do Código Comercial, artigos 666 e seguintes. Segundo Clóvis Bevilaqua, autor do projeto, o capítulo do seguro do Código Civil de 1916 foi baseado no código de Cantão de Zurique.[64]

Outro fenômeno relevante foi a evolução da responsabilidade civil,[65] que acelerou a disseminação do seguro. Impulsionada pela revolução industrial, trouxe o olhar para os riscos sociais e os seguros de danos e pessoas, que se difundiram especialmente sobre seguros sociais ou obrigatórios.

[61] Veja-se: HALPERIN, Op. cit. p. 2. MENEZES CORDEIRO, Op. cit. p. 422.

[62] Op. cit. p. 3

[63] Veja-se: http://riad-online.eu/news-publications/reports-information/origins-of-legal-protection-insurance/

[64] BEVILAQUA, Clovis. *Código Civil dos Estados Unidos do Brasil commentado.* Livraria Francisco Alves, Rio de Janeiro, 1919. Volume V, p. 183 (obrigações – tomo 2). No mesmo sentido. BEVILAQUA, Clóvis. *Código Civil dos Estados Unidos do Brasil comentado por Clovis Bevilaqua,* 3ª tiragem. Edição histórica. Editora Rio, 1979, p. 560.

[65] Neste sentido: HALPERIN, Op. cit. p. 3. PIMENTA, Melisa Cunha. Op. cit. p. 18.

Em 1893 os Estados Unidos da América conheceram o seguro garantia. O "*Heard Act*" estabeleceu a obrigatoriedade de cauções e garantia em todos os contratos governamentais. Essa Lei foi aprimorada com o "*Miller Act*", em 1935. [66] Além da garantia de "*performance bond*", relativa ao cumprimento do contrato; conferiu o "*paymant bond*" frente a fornecedores e mão de obra contratada e impostos[67]. Certamente, foi um evento importante na era moderna.

Outra tendência está na tematização de riscos, que passou a ser a tônica da sociedade evoluída, no sentido de identificar atividades perigosas e alcançar uma resposta econômica à essas ocorrências[68]. Na expressão de J.J. Calmon de Passos, o seguro e a mutualidade aparecem como "solução que institucionaliza, em termos técnicos, o imperativo da solidariedade numa sociedade de risco".[69]

Nas lições do mestre espanhol Manuel M. M. Mígues, os diferentes seguros nascem como resposta às necessidades sociais. Há um processo evolutivo da sociedade frente à essas ocorrências e aos interesses emergentes.

Nesse sentido, Pedro Alvim referia que o seguro surgiu numa decantação de princípios que se encontravam esparsos em diferentes sistemas de segurança, imaginados para socorrer necessidades de proteção.[70] Inicialmente, difundiram-se os seguros de danos, dentre os quais danos emergentes, lucros cessantes e proveito esperado. Comenta que a *«substituição da noção de dano por interesse»* permitiu a satisfação destes dois tipos de seguro, de danos e pessoas. E a utilização da expressão «prestação do segurador», em vez de «indenização», é suficiente para ambas as classes de seguro.[71]

Os sistemas nacionais de seguros e a extensão de tipos contratuais foram os acontecimentos da modernidade, indutores de desenvolvimento na atividade

[66] Veja-se: "The Heard Act and the Miller Act After Fifty Years". Insurance Counsel Journal, p. 22. https://heinonline.org/HOL/LandingPage?handle=hein.journals/defcon12&div=32&id=&page=

[67] "*How payments bonds protect subcontractors and suppliers.* U.S. General Services Administration Public Building Service: https://www.gsa.gov/cdnstatic/miller_brochure.pdf, no mesmo sentido: https://www.law.cornell.edu/uscode/text/40/3131

[68] O mesmo pode-se dizer da previdência, cujos antecedentes no Brasil são do século XIX, com a criação do MONGERAL – Montepio Geral de Economia dos Servidores do Estado, de 1835, em forma de previdência privada, com planos facultativos e mutuais. A previdência Social surge anos mais tarde, por meio da Lei n.º 4.682, de 24 de janeiro de 1923.

[69] PASSOS, J. J. Calmon de. *O risco na sociedade moderna e seus reflexos na teoria da responsabilidade civil e na natureza jurídica do contrato de seguro.* Jus Navigandi, Doutrina. *http://www1.jus.com.br/doutrina/texto.asp?id=2988,* consultado em 23.07.02, p. 2.

[70] ALVIM, Pedro. Op. cit. p. 18.

[71] Cf. ALVIM, Pedro. Op. cit. pp.103-106.

seguradora e na economia em geral. No contexto macroeconômico destaca-se seu sentido utilitário, existencial e de soluções efetivas, destinadas a eliminar ou reduzir os efeitos econômicos dos riscos sobre as pessoas ou seus bens.

Assim, o contrato de seguro tornou-se operativo na economia das nações, com função na conservação de riquezas, geração de benefícios e como instrumento de previsão de infortúnios, questões presentes na vida das pessoas, empresas e instituições[72].

Nesse histórico o seguro se inclui dentre os contratos típicos em grande parte das nações, com previsão nos códigos de comércio ou civil. Por vezes, em ambos. Ou em leis especiais, em forma de microssistemas legais, com especialidade e fôlego no cuidado da matéria.

Independentemente das escolhas legislativas, o sentido segue o mesmo e em constante evolução: de interesses e instrumentos de proteção econômica frente a necessidades aleatórias[73], fortuitas ou futuras[74] no contexto econômico das nações.

1.2 Seguros de danos e de pessoas

Em razão do objeto distinguem-se os seguros de danos, com natureza patrimonial e indenizatória[75], e os seguros de pessoas, para riscos relacionados à vida e atributos pessoais, definidos por um valor ou importância segurada.

A distinção entre estes em dois grandes ramos permitiu a formação de um «regime jurídico respectivo»[76] com especialização e fôlego, inclusive do ponto de vista legislativo. Tornou-se necessária a especialização da

[72] Cf. JIMÉNEZ SÁNCHES, Guillermo J. Op. Cit. P. 497.

[73] Segundo Amilcar Santos, esse *interesse particular* reside na função de *"proteção econômica que o indivíduo busca para prevenir-se contra necessidades aleatórias"*. Ob. Cit. p. 7.

[74] MANES observa que essas necessidades devem ser fortuitas: *"es decir, situada em lo posible fuera del alcance de la voluntad de aquel a quien se ofrezca la reparación..."*. MANES, Alfredo. *Tratado de seguros. Teoría general del seguro* – 4ª ed. Tradução Fermín Soto. Madrid, Editorial Logos Ltda.,1930, p. 6. Conforme Joaquin Garrigues, *"Todo el seguro tiende a satisfacer una futura necesidad económica"*. GARRIGUES, Joaquin. Op. cit. p. 40.

[75] Sobre a natureza indenizatória veja-se: França: Code des Assurances, "Art. *L121-1 L'assurance relative aux biens est un contrat d'indemnité; l'indemnité due par l'assureur à l'assuré nepeut pas dépasser le montant de la valeur de la chose assurée au moment du sinistre."*

[76] Cf. Fernando Sánchez Calero. Op. cit. p. 1438 e 1445.

atividade seguradora, com repercussão do ponto de vista das licenças e supervisão de seguros[77].

Entre esses dois ramos há uma diferenciação quanto ao objeto ou garantia contratada: seguros de danos ou de «indenização efetiva» buscam o ressarcimento do dano patrimonial sofrido pelo segurado. São seguros para a conservação da riqueza econômica e podem cobrir a destruição ou deterioração de um bem (seguro de danos das coisas); a frustração de expectativas (lucro cessante), ou perdas patrimoniais de modo geral (seguro de patrimônio) [78].

Ainda com referencia aos seguros danos, Giuseppe Ferri sugere semelhantes classes: por destruição de bens, responsabilidade ou lucros cessantes:

> *"Um evento può determinare un danno: a) in quanto distrugga o menomi un bene, eisistente nel patrimonio dell'assicurato; b) in quanto imponga a carico dell'assicuato una responsabilità; c) in quanto determini la cessazione di un lucro.*[79]*"*

Nos seguros de danos incide o princípio indenizatório[80], que imprime a norma de proporcionalidade e justa indenização. A importância segurada representa o limite máximo a ser suportado pelo segurador em cada sinistro[81]. A indenização é objetiva e deve ser valorada no limite do dano patrimonial sofrido.

Na lição de Cesare Vivante, essa objetividade caracteriza um *"scopo tanto econômico che giuridico di risarcimento.*[82]*"* Conforme os princípios jurídicos deste contrato, seguro não pode ser causa de enriquecimento do segurado[83], nem se converter em jogo ou aposta.

Alguns exemplos de seguros de danos são os contratos em espécie, descritos em lei, como incêndio, roubo, transporte, lucros cessantes, caução, crédito, responsabilidade civil, defesa jurídica e resseguro.[84] Outros, não dependem

[77] Idem: Op. Cit. p. 1438.

[78] Nesse sentido: JIMÉNEZ SÁNCHEZ, Guillermo J. (Coordinador) *Leciones de Derecho Mercantil* - 4ª Ed. Madrid, Tecnos,1999, p. 547.

[79] FERRI, Giuseppe. *Manuale di diritto commerciale.* 2ª ed. Unione Tipografico – Editrice Torinese. 1945, p. 739.

[80] Veja-se: Capítulo II, 2.3.7 – Princípio indenizatório no contrato de seguro.

[81] Espanha: LCS 50/1980, Art. 27

[82] Cf. VIVANTE, Cesare. *Trattato di diritto commerciale.* Volume IV. 3ª ed. Milano. Casa Editrice Dottor Francesco Vallardi. 1954, p. 499.

[83] Espanha: LCS 50/1980, *"Art. 26. El seguro no puede ser objeto de enriquecimiento injusto para el assegurado...".*

[84] Espanha: veja-se a sistemática da LCS 50/1980, artigos 25 a 79.

de previsão legal, para com relação aos quais se aplicam as disposições gerais das leis de seguro[85], valendo-se de instrumentos legais, sem prejuízo de sua validade. E são muitas as possibilidades de aplicação do contrato de seguro de danos.

No seguro de pessoas considera-se o ser humano como o sujeito frente ao risco. O interesse segurável é a existência humana, a saúde ou integridade corporal, previdência, casos em que carece de valor *a priori*, admitindo que o segurado contrate importâncias segundo a oferta do segurador e a livre escolha do capital, renda ou benefícios que possa contratar[86].

Diferentemente dos seguros de danos, pode-se contratar vários seguros de pessoas com diferentes seguradoras e receber o somatório de todos[87]. A responsabilidade do segurador corresponderá ao valor e às garantias aceitas e contratadas. Conforme Pedro Alvim[88] isso ocorre porque os seguros de pessoas não têm caráter indenizatório: "partem do pressuposto de que a vida ou as faculdades humanas não têm preço". Não se podem avaliar economicamente. São valores subjetivos, por isso ficam na dependência exclusiva do próprio segurado.

Esse é um sentido corrente na doutrina dos seguros. Em termos práticos, a possibilidade de escolha por uma renda ou capital segurado é uma das características dos seguros de pessoas, de que as garantias são baseadas em somas pré-fixadas na contratação[89]. Com isso, a garantia produz seus efeitos nos limites pactuados[90].

Os seguros de pessoas não se sujeitam ao princípio indenizatório[91], nem ao princípio da sub-rogação do segurador[92], salvo nos gastos de assistência médica[93].

[85] Sobre o uso secundário das normas gerais veja-se: SÁNCHEZ CALERO, Fernando (Director), Francisco Javier Tirado Suárez, Alberto Javier Tapia Hermida y José Carlos Fernández Rozas. Ley de contrato de seguro. Pamplona, Editora Aranzadi, 1999, p. 384.

[86] JIMÉNEZ SÁNCHEZ, Guillermo J. (Coordinador) *Leciones de Derecho Mercantil* – 4ª Ed. Madrid, Tecnos,1999, p. 513.

[87] Brasil: C.C. "Art. 789. Nos seguros de pessoas, o capital segurado é livremente estipulado pelo *proponente, que pode contratar mais de um seguro sobre o mesmo interesse, com o mesmo ou diversos seguradores."*

[88] ALVIM, Pedro. *O contrato de seguro.* 3ª ed., Rio de Janeiro, Ed. Forense, 1999. 1ª ed. 1983, p. 80-81.

[89] Espanha: LCS 50/1980, art. 1º.

[90] Espanha: LCS 50/1980, art. 80.

[91] Veja-se: Capítulo II, 2.3.7 – Princípio indenizatório no contrato de seguro

[92] Veja-se: Capítulo II, 2.3.8 – Princípio da sub-rogação do segurador

[93] Espanha: exceção é por conta da parte final do art. 82 da LCS 50/1980. França: Code des Assurances: « *Art.L.131-2 – Dans l'assurance de personnes, l'assureur, après paiement de la somme assurée, ne peut être subrogé aux droits du contractant ou du bénéficiaire contre des tiers à raison du sinistre. Toutefois, dans les*

O seguro de pessoas, de modo geral, compreende riscos relativos à existência, integridade do corpo e saúde[94]. Assim, do ponto de vista de seus elementos pessoais, pode ser celebrado para uma pessoa ou um determinado grupo[95].

Nesse contexto são conhecidos o tomador ou estipulante[96], que contratam o seguro em nome de um grupo ou de outrem; e o beneficiário, destinatário da garantia contratada. Sobre o beneficiário vale observar que pode ser modificada ou revogada essa indicação, e sem que seja necessário o consentimento do segurador[97].

No seguro de vida a livre escolha do beneficiário é protegida em lei e na jurisprudência[98], devendo esta opção ser observada no pagamento da garantia securitária.

Do ponto de vista das suas funções, são comuns dentre os seguros de pessoas os seguros sobre a vida, acidentes pessoais, enfermidade, assistência médica, funeral, maternidade, invalidez por acidente ou doença[99], previdência entre outros relacionados à existência da pessoa natural.

Soluções em previdência privada, a propósito, ganham destaque em muitas nações, em razão dos benefícios conferidos e riscos acidentários e de envelhecimento das populações[100].

contrats garantissant l'indemnisation des préjudices résultant d'une atteinte à la personne, l'assureur peut être subrogé dans les droits du contractant ou des ayants droit contre le tiers responsable, pour le remboursement des prestations à caractère indemnitaire prévues au contrat.»

[94] Espanha: LCS 50/1980, art. 80.

[95] Espanha: LCS 50/1980, art. 81.

[96] Veja-se: Capítulo IV – 4.1.2 – Tomador.

[97] Brasil: C.C. arts. 791 e 792. Espanha: LCS, arts. 84 a 87.

[98] Brasil: STJ – Julgados: REsp 1510302/CE, Rel. Ministro Ricardo Villas Bôas Cueva, Terceira Turma, julgado em 05/12/2017, DJe 18/12/2017; AgRg no AREsp 783931/PR, Rel. Ministra Maria Isabel Gallotti, Quarta Turma, julgado em 17/11/2015, DJe 23/11/2015; REsp 157356/RS, Rel. Ministro Antônio De Pádua Ribeiro, Terceira Turma, julgado em 29/03/2005, DJ 02/05/2005 PG:00334; REsp 362743/PB, Rel. Ministro Jorge Scartezzini, Quarta Turma, julgado em 21/09/2004, DJ 11/10/2004 PG:00329; AREsp 172571/RN (decisão monocrática), Rel. Ministro Raul Araújo, julgado em 14/11/2013, DJe 20/11/2013.

[99] Espanha: LCS 50/1980, art. 80-106.

[100] Sobre previdência e atenção do envelhecimento das populações na Europa: INSURANCE EUROPE, "*Why insurers differ from banks, Insurance Europe, October 2014*". Tradução. Sandra Mathias Maia, 2014, p. 11.

Em síntese, são algumas notas para classificar esses dois grandes segmentos, dos «seguros de danos» e sua função indenizatória, e dos «seguros de pessoas» cujo objeto é o ser humano como entidade sujeita a riscos[101].

1.3 Seguros públicos e privados

Do ponto de vista da intervenção estatal, o direito dos seguros se estrutura em dois grandes segmentos, de «seguros públicos» e «seguros privados», com coberturas para diferentes tipos de riscos.

Com fundamentos e aplicação diferenciada, esses seguros distinguem-se por seu objeto, formação e por se desenvolverem em sistemas distintos, com funcionalidade própria. Os seguros públicos têm objeto de interesse governamental. Constituem uma espécie de «direito social» no âmbito de políticas públicas, com destaque nas relações laborais, saúde pública e previdência social.

São seguros que nascem por força de lei «obrigação legal» [102], e provém de normas de direito público, no âmbito da soberania do Estado e do poder de intervenção na ordem econômica espécie modernamente praticada do antigo «*poder de imperium*»[103].

Como decorrência desse poder e função estatal, nos seguros públicos a vontade individual está sujeita às exigências legais «*obligatio ex lege*», impostas aos cidadãos ou empresas. Trata-se de um custo social a ser suportado pelos agentes do mercado, em contrapartida a soluções no âmbito da responsabilidade civil, um moderno instrumento de *welfarestate*.

Nos seguros obrigatórios espera-se simplificação e razoabilidade, inclusive de preços. Especialmente, no sentido de facilitar a cobrança e estabelecer limites, por meio de instrumentos capazes de preservar a efetividade e factibilidade dos diferentes contratos de seguro, critério que também se extrai da teoria geral, conforme pertinente expressão de Ricardo Lorenzetti[104].

[101] Idem. p. 1441.

[102] Brasil: Constituição Federal, art. 149 combinado com art. 201 e seguintes.

[103] Sobre a noção de "*imperium*", como um dos elementos característicos do Estado, veja-se: JELLINEK, Georg. Teoría general del Estado. Traducción de la segunda edición alemana y prólogo por Fernando de los Ríos. Editorial D de F. Montevideo y Buenos Aires, 2005. Reimpresión de la traducción a la edición alemana de 1905, p. 300.

[104] LORENZETTI, Ricardo Luis. Op. cit. p. 98.

São seguros cotizados compulsoriamente, com garantias pré-definidas em Lei ou regulação infralegal. Via de regra, são "contratos coativos"[105]. O interesse público obriga certas atividades à contratação de seguros.

Para ilustrar, seguros públicos oferecem benefícios de aposentadoria, auxílio-doença, invalidez, maternidade, desemprego, reclusão, pensão por morte, serviço militar, benefícios para idosos, entre outros de saúde e previdência social[106].

Disso se evidencia a natureza publicística, de um direito exercido por força do Poder Público e direcionado a este e seus agentes, concessionários ou permissionários.

Os seguros privados, de outra parte, têm objeto de natureza privada, no âmbito da autonomia para contratar. Diferentemente dos seguros públicos, nascem da *vontade das partes* e formam-se por meio de «contrato de seguro».

Nos seguros privados, o segurador, mediante o pagamento de um prêmio, ocorrendo o evento previsto no contrato, indenizará nos limites contratados, ou entregará um capital, renda ou prestação convencionada ao segurado ou beneficiário do seguro. A propósito, pode ser esta uma definição interessante de contrato de seguro, a partir das leis e conceitos classificatórios deste contrato.

Os sujeitos, nesses casos, podem ser o particular ou o Estado de um lado e a *empresa seguradora* de outro. Esta última com o sentido econômico empresarial, na expressão de Ronald Coase: da "*firma*" – atividade empresarial organizada das companhias seguradoras e resseguradoras, capazes de maximizar serviços e utilidades [107].

Com natureza mercantil, o segurador exerce destacada função na oferta desses serviços financeiros, por meio de atividade autorizada, segundo as exigências do sistema nacional de seguros privados de cada nação[108].

Sua natureza publicística é igualmente relevante. Mesmo os seguros privados estão vinculados à supervisão pública, por intermédio das funções estatais ou organismos providos de competência para a atividade reguladora.

[105] GOMES, Orlando. Contratos – 15ª ed. Rio de Janeiro, Ed. Forense,1995. 1ª Ed. 1959, p. 29.

[106] Brasil: CF, art. 194, alterado pela Emenda Constitucional 20/98; Lei n. 8.212, de 1991, art. 3º.

[107] Valemo-nos da lição de Ronald H. Coase, em passagens de sua obra "A firma, o mercado e o Direito. Tradução Heloisa Gonçalves Barbosa, 2ª edição. Rio de Janeiro, Forense Universitária, 2017.

[108] Brasil: C.C. art. 757. Decreto-lei n. 73, art. 25; Lei 6404/76, Resolução CNSP 73/2002, Resolução CNSP 65/2001, Circular SUSEP 234/2003, Circular SUSEP 249/2004 e Carta-Circular SUSEP/ DECON 4/2004. Espanha: LOSSP, art. 7, 1 a 5; LCS 50/1980, art. 1º.

Desses dois grandes ramos verificam-se múltiplas funções dentre os seguros públicos e privados, os primeiros decorrentes de lei «*obligatio ex lege*» e políticas públicas; os últimos da «iniciativa privada», por meio do contrato de seguros, no campo da autodeterminação para contratar, sempre presente nos países que preservam liberdades de ordem econômica[109].

Valemo-nos desse paralelismo para destacar conhecidas classificações, fixando como horizonte destes estudos o direito dos seguros privados e o contrato de seguro.

[109] Veja-se: *Las Libertades Públicas en El Orden Económico*, por Maurício Gravina. DROMI, Roberto.. [et. Al]. Pensar América: un puente inter-continental – 1ª ed. Buenos Aires – Madrid – México, Ed. Ciudad Argentina – Hispania Libros, 2015, p.p.337-355.

CAPÍTULO 2
O DIREITO DOS SEGUROS PRIVADOS E SUAS FONTES

O estudo das fontes do direito dos seguros é o estudo de sua gênese. Busca compreender as origens, formação e como se fenomenaliza com força cogente.

Do latim "*fons*", "*fontis*": nascente de água, manancial[110]; ou "*fons et origo*", que designa fontes e origens.[111] Na metodologia jurídica transporta-se este conceito para a procedência do Direito e o modo como nasce e se institui de maneira genuína, adquirindo validez e eficácia.

Assim como nos demais sistemas jurídicos, o direito dos seguros se constrói a partir de um direito anterior, que lhe confere legitimidade e controla a sua produção. Fala-se da autopoiese do direito, cujos movimentos produzem novas formas ou instituições.

Infere-se desse contexto uma base formal, lógica, ética, valorativa, entre outros atributos por meio do qual determinados preceitos tornam-se preceitos normativos.

No direito do seguro, valendo-se de um critério formal, analisaremos suas fontes a partir das leis de seguro, do costume e princípios jurídicos desta contratação. Como fontes secundárias, e não menos essenciais à produção

[110] Paulo Nader divide as fontes do Direito em: *"Fontes Históricas"*, relacionadas à evolução dos costumes, aos antecedentes históricos; *"Fontes Materiais"*, dos fatos sociais que emergem na sociedade e lastreiam a formação dos estatutos jurídicos; *e "Fontes Formais"*, dos meios de expressão do Direito, como as leis e o costume, considerando este último como fonte complementar nos sistemas romano-germânicos. NADER, Paulo. *Introdução ao estudo do direito.* 4ª edição, Rio de Janeiro: Editora Forense, 1987. p. 170.

[111] Veja-se: FERREIRA, Aurélio Buarque de Holanda. *Novo dicionário da lingua portuguesa.* 2ª ed. Editora Nova Fronteira, 1986, p. 797. *"Fons et origo"* como causação ou ponto de partida, veja-se: SALADANHA, Nelson. O autor faz importantes comentários sobre as fontes do Direito. In. Enciclopédia Saraiva do Direito. Coordenação do Prof. R Limongi França – São Paulo: Editora Saraiva, 1977, Vol. 38, p.p. 47-50.

do fenômeno jurídico, este capítulo estuda a jurisprudência nos seguros e sua dinâmica, assim como a doutrina científica, a equidade, analogia e funcionalidades.

Este corte metodológico toma por referência a sistemática do artigo 1º do Código Civil espanhol, norma de definição de fontes do direito:

> *"Artículo 1.*
> *1. Las fuentes del ordenamiento jurídico español son la ley, la costumbre y los principios generales del derecho."*

Essa ordenação normativa contribui como guia ao intérprete[112]. O legislador brasileiro preferiu não enunciar as fontes do direito de maneira direta. Todavia, conferiu dignidade constitucional ao princípio da legalidade, no art. 5º, II da Constituição Federal.

No mesmo sentido, a Lei de Introdução às Normas do Direito Brasileiro, com a redação dada pela Lei 12.373 de 2010, consagra a primazia da lei em seu artigo 4º e, em sua carência, a recepção da analogia, dos costumes e dos princípios gerais de direito.

De forma complementar, o art. 5º da Lei de Introdução à Normas dispõe que, na aplicação da lei, o juiz atenderá aos fins sociais a que ela se dirige e às exigências do bem comum. Com semelhante sentido histórico, o art. 8º do CPC atribuí ao juiz, o dever de atender aos fins sociais, exigências do bem comum e da dignidade humana, com vistas à proporcionalidade, razoabilidade, legalidade, publicidade e eficiência[113].

Esses postulados fazem recordar Savigny[114] e suas lições sobre a "leitura crítica e histórica" do direito: «crítica» no sentido de que se deve incrementar

[112] Por razões metodológicas, seguimos a sistemática do Código Civil espanhol, como solução de clareza e objetividade na definição das fontes de Direito. Semelhante orientação é recepcionada na doutrina de Vicente Raó, na obra *"O Direito e a vida dos direitos"*, em que comenta as Leis, o costume e princípios dentre as fontes do Direito objetivo. No mesmo sentido veja-se: RAÓ, Vicente. *O direito e a vida dos direitos*. 5ª edição. Anotada e atualizada por Ovídio Rocha Barros Sandoval. São Paulo: Editora Revista dos Tribunais, 1999, p.p. 248-523.

[113] No CPC, de 1975, havia previsão na segunda parte do art. 126: *"Art. 126. O juiz não se exime de sentenciar ou despachar alegando lacuna ou obscuridade da lei. No julgamento da lide caber-lhe-á aplicar as normas legais; não as havendo, recorrerá à analogia, aos costumes e aos princípios gerais de direito."*

[114] SAVIGNY, Friedrich Karl von, 1779-1861. *Metodologia jurídica. Trad. J.J.Santa-Pinter e Hebe A.M. Caletti Marenco;* Campinas – SP: Edicamp, 2001, p.p. 57-83. *"Deve-se ler criticamente: Ler significa aumentar os próprios pensamentos sobre uma matéria, que se tenta elaborar mediante o conhecimento de um esforço realizado anteriromente sobre a matéria."..."Deve-se ler historicamente. É possível conceber um estudo sem leitura, realizado diretamente das fontes.Mas, se for feita uma leitura, deve-se ler historicamente, ou seja, em conexão com o todo."* Op cit. p. 59.

os pensamentos sobre determinada matéria; e «histórica» na medida em que é baseada nas fontes, somando conhecimentos e esforços anteriores.

Não menos ampliadoras foram as lições de Miguel Reale sobre o direito e sua relação com a conduta e a experiência humana na "Teoria Tridimensional do Direito" e seu vetor, segundo o qual "fato, valor e norma devem, em suma, estar sempre presentes em qualquer indagação sobre o Direito...".[115] Em outras palavras, o mestre brasileiro consagrou um modelo jurídico que confere expressão ao "elemento fático" e às "exigências éticas" [116].

A lei segue como elemento central para Reale. Em sua "Filosofia do Direito" extraem-se lições sobre as origens da "formação de uma consciência normativa", nas palavras do autor, uma espécie de "consciência da lei como expressão maior da vontade coletiva"; secundada pela analogia e os princípios jurídicos, instrumentos de integração e aplicação do Direito.[117]

O autor comenta a influência da *escola da exegese,* que se formou a partir do Código de Napoleão, por juristas e sociólogos franceses baseados no ideal de hegemonia da lei, no sentido de que "o Direito, por excelência, é o revelado pelas leis..."[118]. Segundo Miguel Reale havia uma promessa de êxito da codificação das leis civis, e a crença de ter nascido um direito para todos no "*Code*". Um Direito a ser interpretado na moldura da lei, o qual "prevaleceu enquanto perdurou um equilíbrio relativo entre os Códigos e a vida social e econômica."[119]

O fato é que a aspiração de um "código único", suposto num viver comum das pessoas, passou a coexistir com outras leis, outras fontes de direito e movimentos naturais de especialização normativa, como ocorre nas modernas leis de contrato de seguro.

Também, passou-se a recepcionar os princípios, equidade e analogia como solução de adequação do direito ao mundo dos fatos [120]. Integram-se assim à concepção das fontes do direito com reconhecida dignidade normativa.

[115] Op. cit. p. 613.

[116] REALE, Miguel. *Filosofia do Direito.* 20. ed. São Paulo: Saraiva, 2002; p. 497-617.

[117] Op. cit. p. 410.

[118] Miguel Reale destaca uma das máximas da escola da Exegese segundo a qual: *"o Direito exige predeterminação formal, sendo o modelo legal a expressão máxima dessa exigência, o que explica o seu êxito em confronto com as demais espécies de modelos jurídicos"*. Op. cit. p. 430.

[119] Op. cit. p. 417.

[120] Em suas lições sobre as origens do Direito, Miguel Reale destaca a importante doutrina de Teixeira de Freitas, outro mestre brasileiro (1860), com referência à categórica afirmação segundo a qual: *"a vida real não existe para os sistemas, e pelo contrário os sistemas devem ser feitos para a vida real."* Op. Cit. p. 414 e 421.

Na atualidade, muitos países adotam critérios distintos para definição das fontes formais, no âmbito da autonomia e competência legislativa de cada nação[121]. A matéria é de domínio reservado e autorregulação ou autodeterminação dos povos. O fato é que são normas de conteúdo essencial à compreensão e aplicação do direito, valendo para os avanços nos seguros e suas normas particulares[122].

No domínio das questões subjetivas da formação do direito, J. J. Gomes Canotilho ainda refere «fontes genéticas», que não produzem norma jurídica, mas correspondem a *"uma espécie de húmus onde germina e se desenvolve o Direito"*[123], identificadas nas condições fáticas, materiais e espirituais, relações de produção, cosmovisões, crenças religiosas, concepções éticas, ideologias, políticas, entre outros aspectos pontuados pelo mestre português.

Não é diferente no direito dos seguros. Na doutrina de Cesare Vivante reservou-se um lugar para o contrato de seguro como um produto da razão humana na racionalização de riscos e necessidades de sobrevivência e autodefesa[124]. A razão e o costume estão na raiz deste direito, como ocorre no direito mercantil e outros tantos ramos. Há uma larga base de saberes, usos e necessidades que tornaram o contrato de seguro uma solução econômica e jurídica capaz de eliminar ou reduzir os efeitos dos riscos sobre as pessoas e seu patrimônio.

[121] Espanha: No Código Civil espanhol estão previstos como fontes do Direito: a lei, o costume e os princípios gerais de direito (art. 1); Itália: o art. 1º do Código Civil define como fontes a lei, os regulamentos e os usos. Nos artigos 2º a 9º são estabelecidos as características e limites dessas fontes; Portugal: O Código Civil define como fontes a lei, as normas corporativas e os usos (art. 1º e 3º). Brasil: Veja-se: CF, art. 5º, II; Lei 12.373 de 2010, arts. 4º e 5º e CPC, art. 8º.

[122] Foi fecunda a visão de MONTESQUIEU sobre a razão como fonte de Direito e suas relações com o Estado Político e o Estado Civil: *"A lei, em geral, é a razão humana, na medida em que governa todos os povos da terra, e as leis políticas e civis de cada nação devem ser apenas os casos particulares em que se aplica essa razão humana."* Montesquieu, no Capítulo III do Espírito das leis – Sobre as leis positivas, comenta o Estado Político e o Estado Civil; o primeiro como reunião das forças individuais; o último como reunião das vontades individuais, em que atribui a GRAVINA estes conceitos, jurista nascido em Rogliano Calabria (1664-1718). Op. cit. p. 45. MONTESQUIEU, Charles Louis de Secondat, *O espírito das leis.* Trad. De Fernando Henrique Cardoso e Leoncio Martins Rodrigues. Brasília, Editora Universidade de Brasília, 1982, p. 45.

[123] CANOTILHO, José Joaquim Gomes. *Direito Constitucional.* 6ª Edição. Coimbra: Ed. Livraria Almedina, 1993, p. 773.

[124] VIVANTE, Cesare. *Trattato di diritto commerciale.* Volume IV, 3ª ed. Milano, Casa Editrice Dottor Francesco Vallardi, p. 392.

Nesse contexto jurídico, histórico, científico e sociológico vê-se a autoridade das fontes do direito como ponto de partida à compreensão dos seguros e seu sistema de valores e normas.

No plano legal e da doutrina classificam-se *fontes diretas ou imediatas* e *fontes indiretas ou secundárias*:

a) as «*fontes diretas ou imediatas*»[125], que tem a lei como elemento central, são assim consideradas pela força suficiente para gerar regra jurídica;
b) as «*fontes indiretas ou secundárias*», a exemplo da doutrina[126] e jurisprudência[127], são igualmente relevantes à formação e aplicação do direito, especialmente em sua dinâmica. Mas não criam normas genuínas[128], embora sua capacidade de aportar novos conteúdos ao Direito.

Ilustra essa classificação a lição de Piero Calamandrei, segundo a qual, um dos pilares do direito processual na escola italiana foi a concepção de "jurisdição como fenômeno de substituição" [129], como forma de secundar o preceito primário da lei. É a ideia da jurisprudência como atividade complementar à ordem jurídica, que atua mediante provocação.

É semelhante o sentido do "*juge inânime*" da tradição francesa, cujos comentários de Daniel Mitidiero[130] referem suas origens na *Ordonnance Civil de 1667*, de Louis XIV, que cuidou da força das leis e limitação das atribuições dos juízes.

[125] No plano legal, o Código civil português identifica como fontes imediatas as leis e as normas corporativas: *"Art. 1º, 1. São fontes imediatas do direito as leis e as normas corporativas."*

[126] Idem. p. 149: *La doctrina científica: "No es fuente de Derecho, sino puro medio para conocerlo (fuente de conocimiento)."* Ainda, conforme o mestre espanhol, a analogia e a equidade, juntamente com a jurisprudência e a doutrina dos autores, pressupõem-se sejam empregadas sobre uma norma já nascida, o que é diferente de criá-la, função peculiar de uma fonte jurídica. Op. cit. p. 84.

[127] Nesse sentido, de que a doutrina e a jurisprudência constituem fonte indireta ou subsidiária: RAÓ, Vicente. O direito e a vida dos direitos. 5ª ed. Anotada e atualizada por Ovídio Rocha Barros Sandoval. São Paulo, Editora Revista dos Tribunais, 1999, p. 272. DA NÓBREGA, J. Flóscolo. *Introdução ao Direito.* Rio de Janeiro, José Kofino Editor, 1954, p. 128. VENOSA, Sílvio de Salvo. *Direito civil.* 3ª ed., Vol. I, São Paulo, Editora Atlas S.A., 2003, p. 45 e 47.

[128] Nesse sentido veja-se: ALBALADEJO, Manuel. Op. cit. p. 138.

[129] Sobre jurisdição como atividade de substituição veja-se: CALAMANDREI, Piero. Direito processual civil. I Vol. Tradução da segunda edição, de 1942, de Luiz Abezia e Sandra Drina Fernandes Barbiery – Campinas: Editora Bookseller, 1999. 1ª edição 1940, p. 29 -,39.

[130] MITIDIERO, Daniel. *Precedentes: da persuasão à vinculação.* 2ª Ed. São Paulo: Editora Revista dos Tribunais, 2017, p. 50.

Assim, observam-se as normas do ponto de vista da hierarquia e proeminência da lei e sua autoridade social. Mas é preciso ver o conjunto das fontes em sua dinâmica, e a jurisprudência com função essencial na ordem jurídica, assim como na força dos precedentes e estudo dos casos e efeitos vinculantes[131].

No Brasil, com índices de judicialização incomuns no contexto das nações, é forte a presença da jurisdição e seus pronunciamentos. Disso resulta um desafio permanente de consolidar um aparato institucional, humano e tecnológico a conferir segurança jurídica ao jurisdicionados, cuja eficiência não signifique morosidade, excesso de impostos e burocracia.

Não é menos relevante a função da doutrina científica e a contribuição de juristas e profissionais do Direito no contexto de sua aplicação, com espaço sagrado à advocacia na história dos povos, assim como às Universidades e seu papel no direito ensinado e na pesquisa científica.

Nesse contexto, partimos do estudo da lei como proposta metodológica, passando ao costume, princípios, jurisprudência, doutrina e analogia no contrato de seguro, e por fim aspectos de invalidade, interpretação e aplicação deste direito.

2.1 A lei e o contrato de seguros

A lei é fonte imediata do direito dos seguros privados. Ordena os sistemas nacionais de seguros e confere suporte normativo a este contrato. Em sentido material[132], é norma de direito promulgada pelo poder público, produto da atividade legislativa do Estado.

A lei provém da autoridade para impor «comandos normativos» e da «palavra escrita»[133].

[131] MITIDIERO, Daniel. *Precedentes: da persuasão à vinculação*. 2ª Ed. São Paulo: Editora Revista dos Tribunais, 2017. p. sobre a força direta dos precedentes, p. 104-105

[132] Cf. KAUFMANN, Arthur. *Filosofía del Derecho*. Segunda edición. Traducción Luis Villar Borda e Ana Maria Montoya. Edición Universidad Externado de Colombia: Bogotá, 1999, p. 210. ALBALADEJO. Op. cit. p. 91.

[133] Antônio Menezes Cordeiro refere a escrita como marco da evolução humana, que *"permite armazenar informações fora do cérebro, sem limites..."* e ... *"permite a comunicação dessas* informações, no presente e no futuro". Op. cit. p. 50.

O conteúdo veiculado pela lei é a norma jurídica, significado resultante da interpretação dos textos normativos[134] e dos "mandados" que produz para o caso singular [135].

Da força cogente de seu texto[136], a "*lex scripta*" é fonte primária do poder e do dever jurídico nas democracias[137], e se espera corresponder à representação popular.

Como regra social obrigatória[138], as leis de seguro são fonte imediata[139] de normatividade e eficácia deste contrato, no sentido de dar reconhecimento jurídico à vontade das partes[140], levando a efeito a contratação com "estrutura de poder"[141].

Seus efeitos produzem mandados[142] para ordenar a atividade seguradora, a supervisão de seguros e a disciplina do contrato de seguro.

[134] Cf. CANOTILHO, José Joaquim Gomes. *Direito Constitucional*. 6ª Edição. Coimbra: Ed. Livraria Almedina, 1993, p. 203-208; ÁVILA, Humberto. Teoria dos princípios: da definição a aplicação dos princípios. 2ª Edição: São Paulo: Malheiros Editores, 2003. p. 22.

[135] "*...es decir, la ley, como forma de producir mandatos, puede producirlos bien de carácter general (normas jurídicas), bien mandatos u órdenes para un caso particular. Como ya asimismo dije, en el primer caso se le llama ley material; en el segundo, ley formal, porque de ley tiene sólo forma, pero no el contenido, ya que tal contenido no es norma jurídica, y ley (en otras acepciones) significa, también norma jurídica*". O autor cita "la Sentencia de 8 de octubre de 1965, que también distingue «*entre leyes materiales y leyes formales, en cuanto las primeras establecen normas jurídicas de obligatoria y general observancia, mientras que las segundas sólo contienen actos concretos de administración, sin crear Derecho objetivo*». ALABALADEJO, Op. cit. p. 91

[136] Sobre o Direito enquanto linguagem, no sentido de ser um fenômeno comunicacional e de análise linguística veja-se: FERRAZ Jr. Tercio Sampaio. *Teoria da norma jurídica: ensaio de pragmática da comunicação normativa*. 5ª ed. Barueri – Editora Atlas, 2021, p. 7-10.

[137] Veja-se: CASTRO, Carlos Roberto de Siqueira. *O devido processo legal e a razoabilidade das leis na nova Constituição do Brasil*. Rio de Janeiro: Editora Forense, 1989, p. 87.

[138] Cf. BEVILAQUA, op. cit. p.10. No mesmo sentido: "*Por norma jurídica positiva entiendo todo precepto general cuyo fin sea ordenar la convivencia de la Comunidad y cuya observancia puede ser impuesta coactivamente por el poder directivo de aquélla.*" ALBALADEJO, Op. cit. p. 22.

[139] Veja-se a expressão do mestre brasileiro Clóvis Bevilaqua: "*a fonte imediata do direito é a lei*". In. BEVILAQUA, Clóvis. Teoria geral do Direito civil. 4ª Edição. Ministério da Justiça, Serviço de Documentação, 1972. Primeira edição 1908, p. 22.

[140] Brasil: Decreto-Lei n. 4657, de 4 de setembro de 1942 (Lei de Introdução às normas do Direito Brasileiro), "*Art. 3º. Ninguém se escusa de cumprir a lei, alegando que não a conhece.*" Espanha: Código Civil, Capítulo III – Eficacia general de las normas jurídicas. "*Art. 6. 1. La ignorancia de las leyes no excusa de su cumplimiento*". Portugal: "*Art. 6º. A ignorância ou má interpretação da lei não justifica a falta do seu cumprimento nem isenta as pessoas das sanções nela estabelecidas.*"

[141] Veja-se: REALE, Miguel. *Lições preliminares de direito*. Op. cit. p. 139.

[142] SAVIGNY, Friedrich Karl Von, 1779-1861. *Metodologia jurídica. Trad. J.J. Santa-Pinter e Hebe A.M. Caletti Marenco;* Campinas – São Paulo, editora Edicamp, 2001. Segundo Savigny, "*Toda a lei deve expressar um pensamento de maneira tal que seja válido como norma.*" p. 9.

Por meio das leis de seguros, o suporte fático do acordo de vontade ingressa de forma válida no mundo jurídico. Na lição de Pontes de Miranda, essa é a consequência da norma para o contrato. Segundo o mestre brasileiro, *"só a incidência da regra jurídica é que determina a entrada do suporte fático no mundo jurídico"* [143].

No mesmo sentido foram as lições Gustav Radbruch sobre a força normativa e seus efeitos nos negócios jurídicos:

> "... não é o contrato que pode obrigar, mas sim a lei. Esta é que pode obrigar no contrato e vincular a ele as partes contratantes. E, se assim é, não é o vínculo ou a obrigação contratual que poderá jamais servir de fundamento filosófico para justificar a sujeição à lei, mas será a sujeição à lei que poderá servir de fundamento filosófico para justificar a obrigatoriedade resultante dum contrato." [144]

Além da eficácia normativa e da força obrigacional, as leis de seguros são estruturantes da atividade seguradora. Muitas possuem função organizativa, de definição de competência a organismos estatais, entes regulatórios e de controle da atividade seguradora.

Outras dizem respeito à inserção do contrato de seguro no ordenamento jurídico. Nesse âmbito programático, instituem "Sistemas Nacionais de Seguros", distribuem competências e disciplinam a atividade seguradora e o contrato de seguro.

Fala-se em sistema com referência à estruturação orgânica de seus sujeitos públicos e privados, assim como os valores, normas, usos e técnicas que racionalizam e otimizam suas funções.

As leis de seguro compreendem diferentes tipos normativos: Tratados Internacionais; Diretivas Comunitárias no âmbito da União Europeia; Constituição Federal, Código Civil e de Comércio; Leis de supervisão e «Leis Especiais de contrato de seguro»[145].

[143] MIRANDA, Francisco Cavalcanti Pontes de. *Tratado das ações. Atualização Vilson Rodrigues Alves,* 7 Volumes, Tomo I. Campinas. Bookseller, 1998, 1ª edição 1918, p. 22.

[144] RADBRUCH, Gustav. *Filosofia do direito.* Tradução Prof. Cabral de Moncada, Coimbra, Editor Sucessor, 1997, 1ª edição 1932. p. 284.

[145] Espanha: LCS 50/1980; França: *Code des Assurances*; Portugal: DL 72/2008; Argentina: Ley 17.418/1967; Chile: Ley 20.667/2013; Cuba DL 177/1997.

Como bem refere o art. 2º do DL 72/2008 português[146], são normas que se combinam com a legislação sobre cláusulas contratuais, defesa do consumidor e sobre contratos celebrados à distância, nos termos do disposto nos referidos diplomas. E, são igualmente relevantes as combinações com as demais leis civis, comerciais e internacionais.

Em muitas nações também são copiosas as normas infralegais: portarias, resoluções ou regulamentos, emitidos por autoridade competente, conforme a planificação dos sistemas de seguros de cada país.

A atividade legislativa é vinculada ao «*princípio da necessidade*» e leis supérfluas podem ensejar abuso do poder de legislar, e inconstitucionalidade quando estabelece restrições dispensáveis do ponto de vista da liberdade de ação social.[147] O excesso de lei também agrava a desinformação[148] e o desconhecimento jurídico.

Do ponto de vista da hierarquia das leis, nos moldes da estrutura vertical da escola de Viena[149], o esquema constitucional brasileiro é provido de uma peculiar tipicidade. O artigo 59 da Constituição Federal, que dispõe sobre o processo legislativo, classifica os seguintes tipos de normas:

> Art. 59. O processo legislativo compreende a elaboração de:
> I - emendas à Constituição;
> II - leis complementares;
> III - leis ordinárias;
> IV - leis delegadas;
> V - medidas provisórias;
> VI - decretos legislativos;
> VII - resoluções.
> Parágrafo único. Lei complementar disporá sobre a elaboração, redação, alteração e consolidação das leis.

[146] Portugal: DL 72/2008, Artigo 3.º Remissão para diplomas de aplicação geral – O disposto no presente regime não prejudica a aplicação ao contrato de seguro do disposto na legislação sobre cláusulas contratuais gerais, sobre defesa do consumidor e sobre contratos celebrados à distância, nos termos do disposto nos referidos diplomas.

[147] Nesse sentido: Brasil. Presidência da República. *Manual de redação da Presidência da República.* Gilmar Ferreira Mendes [et al]. Brasília: Presidência da República, 1991, p. 187.

[148] Sobre o desconhecimento das leis ROBERTO DROMI comenta: *"El conocimiento sistémico previne del desmoronamento de las categorias del pensar y del hacer." El desconocimiento del sistema jurídico no es consecuencia sólo de la escassez de información; por el contrario, también lo es de su excesso."* Sistemas y valores administrativos. Op. cit. p. 16.

[149] Em comentários sobre a exposição hierarquizada das normas, veja-se: MIRANDA, Jorge. Teoria do Estado e da Constituição. Op. cit. p. 484.

Nos diferentes países, embora matéria de natureza constitucional, o equilíbrio entre as leis internas e internacionais é de domínio reservado, e se forma em cada nação de modo a preservar sua identidade e o reconhecimento do Direito internacional frente ao Direito interno.

Quanto à força de seus preceitos ou grau de obrigatoriedade, as normas de seguro são assim classificadas:

a) normas de «*caráter imperativo*», cujo preceito possui força cogente "*jus cogens*", que não admite pacto em contrário;
b) normas de caráter «semi-imperativo», que admitem pacto em contrário desde que para conferir um tratamento mais favorável ao tomador, segurado ou beneficiário do seguro.[150]
c) normas de «caráter dispositivo», cujo preceito enuncia a regra ao mesmo tempo que permite pactuar de modo diverso;
d) normas de «caráter punitivo», quando estabelecem penalidade ou obrigação por descumprimento de preceito legal ou contratual;
e) «norma preceptiva», assim considerada de eficácia incondicionada e imediata, como na definição de direitos, liberdades e garantias[151];
f) «norma programática», do tipo que incorpora objetivos a serem alcançados na função estatal. São observadas nas constituições quando destinadas a transformar estruturas sociais, levando comandos ao legislador, no sentido de alterar a realidade vigente[152].

A eficiência dessas formas varia conforme o tipo de tutela e matéria a ser regulada. Nesse sentido, as modernas leis de seguros valem-se de «normas imperativas»[153] para reproduzir ordens de fazer ou não fazer. Nelas

[150] Espanha LCS: "*Artículo 2. Las distintas modalidades del contrato de seguro, en defecto de Ley que les sea aplicable, se regirán por la presente Ley, cuyos preceptos tienen carácter imperativo, a no ser que en ellos se disponga otra cosa. No obstante, se entenderán válidas las cláusulas contractuales que sean más beneficiosas para el asegurado.*" Portugal DL 72/2008: *Artigo 13.º Imperatividade relativa 1 – São imperativas, podendo ser estabelecido um regime mais favorável ao tomador do seguro, ao segurado ou ao beneficiário da prestação de seguro, as disposições constantes dos artigos 17.º a 26.º, 27.º, 33.º, 35.º, 37.º, 46.º, 60.º, 78.º, 79.º, 86.º, 87.º a 90.º, 91.º, 92.º, n.º 1, 93.º, 94.º, 100.º a 104.º, 107.º nos. 1, 4 e 5, 111.º, n.º 2, 112.º, 114.º, 115.º, 118.º, 126.º, 127.º, 132.º, 133.º, 139.º, n.º 3, 146.º, 147.º, 170.º, 178.º, 185.º, 186.º, 188.º, n.º 1, 189.º, 202.º e 217.º 2 – Nos seguros de grandes riscos não são imperativas as disposições referidas no número anterior.*

[151] Nesse sentido: MIRANDA, Jorge. Op. cit. p. 440-443.

[152] MIRANDA, Jorge. Op. cit. p. 440-442.

[153] Portugal – DL 72/2008: "Artigo 12.º Imperatividade absoluta 1 – São absolutamente imperativas, não admitindo convenção em sentido diverso, as disposições constantes da presente secção e dos

são comuns preceitos mandamentais que elevam os níveis de segurança, sobretudo nos contratos de adesão ou consumo.

Essa é uma diretriz antiga nos seguros, em que a liberdade contratual é limitada desde as leis suíça e alemã de 1908[154], com um rol de normas declaradas imperativas, a fim de amparar situações do segurado.

A estrutura da norma imperativa[155] dá força a obrigações do segurador frente ao universo de contratantes, a exemplo da regra segundo a qual as condições gerais devem ser redigidas de forma clara e precisa, com destaque para as «cláusulas limitativas dos direitos dos segurados»; a obrigação de «conteúdo mínimo da apólice»; o benefício do «foro do domicílio do segurado», entre outros.

Pela natureza imperativa derivam efeitos cogentes, por meio dos quais a vontade dos sujeitos não pode modificar o preceito da norma, prevalecendo a lei sobre interesses particulares. Nesses casos, com força de intervenção na autonomia privada, na expressão de Pontes de Miranda, "a regra jurídica incide, ainda que o interessado ou todos os interessados não queiram"[156].

As leis de seguro também podem ter «caráter dispositivo», como uma espécie de recomendação ou diretriz às partes, admitindo a liberdade de estipulação de condições, termos ou encargos que não colidam com o sistema jurídico.

Normas dispositivas também são de boa técnica legislativa. Nem sempre os vazios deixados pelo legislador são dominados pela insegurança ou pelo caos.

artigos 16.º, 32.º, 34.º e 36.º, do n.º 1 do artigo 38.º, dos artigos 43.º e 44.º, do n.º 1 do artigo 54.º, dos artigos 59.º e 61.º, dos nos 2 e 3 do artigo 80.º, do n.º 3 do artigo 117.º e do artigo 119.º 2 – Nos seguros de grandes riscos admite-se convenção em sentido diverso relativamente às disposições constantes dos artigos 59.º e 61.º"

154 Veja-se: PLANIOL, Marcelo. RIPERT, Jorge. Derecho civil frances. Traducción Española Dr, Mario Diaz Cruz con la colaboración del Dr. Eduardo le Riverend Brusone. Tomo XII, Los contratos civiles. Segunda Parte, con el concurso de ANDRES ROUAST, RENE SAVATIER y JEAN LEPARGNEUR. Editorial Cultural, Habana, 1946, p. 576.

155 Por *comando da norma*, segundo a *Filosofia do Direito* de SOARES MARTINEZ, refiro ao "*preceito normativo e a formulação concreta, individual, de um dever de conduta*" que da norma se extrai e que, como observa o autor, dela nasce, uma vez que na *normalidade da vida social a norma é cronologicamente anterior ao seu comando legal.* (In. MARTÍNEZ, Soares. *Filosofia do direito.* 2ª ed. Coimbra, Livraria Almedina, 1995, p.p. 229 e 230).

156 MIRANDA, Francisco Cavalcanti Pontes de. *Tratado de direito privado.* Campinas. Bookseller, 2ª ed. Parte Geral Tomo II – Bens. Fatos Jurídicos. Atualizado por Vilson Rodrigues Alves, 2000, 1ª ed. 1970.

Em muitos casos é preciso reservar espaço à autonomia privada, para que as partes possam autorregular seus interesses. Resta saber em que circunstâncias esses espaços são úteis, e quando a liberdade de iniciativa e autonomia da vontade merecem restrições, devendo valer o espírito da intervenção mínima.

Ainda de outro gênero, os sistemas de seguros privados contam com normas de caráter punitivo, cuja condenação deriva do descumprimento de obrigação legal ou contratual.

A sanção na esfera civil pode ser do tipo que anula o ato ou negócio jurídico, ou pode preservá-lo, com viés de conservação[157], segundo o tipo de violação e os interesses jurídicos atingidos.

Segundo Orlando Gomes, "a contrariedade às normas pode consistir:

a) na inobservância das exigências legais para o exercício da autonomia privada;
b) na falta dos requisitos para que ação da pessoa seja um ato jurídico;
c) na discrepância com os princípios que informam o sistema legal."[158]

É comum as leis estabelecerem regras punitivas ou de perda de direitos, associadas a práticas desleais ou má-fé dos sujeitos dos seguros.

Como exemplo, a vedação da má-fé é reprimida com a perda de direitos, decaimento de benefícios, valores, multa, podendo ensejar indenização. Destacamos alguns exemplos do Código Civil brasileiro:

> Art. 762. Nulo será o contrato para garantia de risco proveniente de ato doloso do segurado, do beneficiário, ou de representante de um ou de outro.
>
> Art. 766. Se o segurado, por si ou por seu representante, fizer declarações inexatas ou omitir circunstâncias que possam influir na aceitação da proposta ou na taxa do prêmio, perderá o direito à garantia, além de ficar obrigado ao prêmio vencido.
>
> Art. 768. O segurado perderá o direito à garantia se agravar intencionalmente o risco objeto do contrato.

[157] Sobre a preservação dos negócios jurídicos: Brasil: C.C. 106, 138, 142, 144, 150, 155, 157 § 2º, 170, 173, 174, 175, 176, 188 parágrafo único, 466, 503, 589, 766 parágrafo único, 769, § 1º e § 2º, 799, 824 § único, 848 parágrafo único, 849 parágrafo único. 891, 900, parágrafo único.

[158] GOMES, Orlando. *Contratos*. 15 edição, Op. cit. p. 193.

> Art. 769. O segurado é obrigado a comunicar ao segurador, logo que saiba, todo incidente suscetível de agravar consideravelmente o risco coberto, sob pena de perder o direito à garantia, se provar que silenciou de má-fé.

Entre outras eficácias, ainda vale observar que os sistemas de seguros são regulados por normas de eficácia incondicionada como nos casos dos direitos, liberdades e garantias fundamentais; além dos casos de conteúdo programático, na ordenação dos seguros, seus objetivos e comandos estatais.

Em conclusão sobre a eficácia das leis de seguro e a disciplina de uma grande variedade de situações, são necessárias normas de diferentes tipos de enunciados e técnica legislativa. Por vezes, vale tolher o excesso de competência do Estado; noutras limitar à liberdade das partes.

Esse equilíbrio depende da casuística sobre a qual refletem as leis. Há casos em que a norma deve ser densa e sem espaço à autorregulação; e outros que demandam liberdade e autonomia; além dos que veiculam carga punitiva ou de responsabilidade da lei, como instrumento de freios e contrapesos.

Nessas classes de leis verifica-se diferentes funções, mas sem prejuízo da unidade do método jurídico. Na expressão de Jellinek, a função legislativa há de adaptar-se às peculiaridades do material com que trabalhe[159]. A adequada combinação permite a preservação do equilíbrio do sistema e confere eficiência dessa atividade frente aos resultados pretendidos, no sentido de conferir «validade social» e «obediência fática» ao Direito[160].

Por essas razões, são empregadas normas de diferentes funções, definidas segundo a orientação prática e razoabilidade para cada tipo de tutela.

2.1.1 Sistemática externa das leis de contrato de seguro

A sistemática externa das leis diz respeito à forma como se estruturam no ordenamento jurídico. Observam-se movimentos de codificação, descodificação e a técnica dos microssistemas legais[161] nas leis de seguros.

[159] JELLINEK, Georg. Op. Cit. p. 114.

[160] Sobre as "Dimensões de validade do Direito" e a problemática da «validade social» e da «obediência fática» veja-se: HABERMAS, Jürgen. *Direito e democracia entre facticidade e validade*. Op. cit. p. 48

[161] Sobre a problemática da *descodificação, microssistemas e da tecnolinguagem* vide: LORENZETTI, Ricardo Luis. *Fundamentos do direito privado*. São Paulo, Editora Revista dos Tribunais, 1998, p. 51, 56 e 58.

Houve uma tradição, em parte superada, de estruturar as normas de seguro no Código civil, nos Códigos de comércio, ou em ambos.

Essa técnica legislativa foi comum no Direito anterior da Espanha, Portugal, México, Argentina, entre outros países[162], e se preserva, segundo as escolhas legislativas das nações, como ocorreu com o Chile na recente reforma do Código Comercial, ou no Brasil, na reforma do capítulo do contrato de seguro no Código Civil, matéria que passou a merecer o esforço legislativo de uma lei especial de contrato de seguro[163].

É inegável a contribuição dos antigos códigos, leis avançadas para a sociedade da época, que responderam às demandas de mais de um século.

A matéria de seguros, todavia, merece renovação condizente com a especialidade deste contrato e diferentes tipos, próprios da realidade econômica contemporânea, incluindo o fenômeno da contratação de massa e as formas de contratação por meios eletrônicos, *e-commerce, blockchain*, proteção de dados etc.

Observa-se um movimento natural no sentido de consolidar uma legislação especial sobre o tema, sobretudo pela relevante função social do contrato de seguro, sem perder de vista a relação deste direito com a integralidade do ordenamento jurídico.

Nos Códigos Civil ou de Comércio a lei tende a ser enxuta e com mais espaço à autonomia privada, transferindo a disciplina para o clausulado dos contratos ou para o campo da regulação ou revisão judicial, contando com importantes instrumentos processuais.

No atual Código Civil brasileiro o legislador manteve essa tradição. Revisou a disciplina do Código Civil de 2002, nos artigos 757 a 802, com modificações para com relação ao Código de 1916. Nessa escolha legislativa o seguro seguiu disciplinado no Código Civil brasileiro, embora os esforços legislativos para uma nova lei de contrato de seguros[164].

162 Essa sistemática dos Códigos Civil e Comercial foi praticada na Espanha até o advento da LCS 50, de 1980; em Portugal, até Lei de Contrato de Seguros, aprovada pelo Decreto-Lei n.º 72/2008. No México, a matéria recebeu tratamento especial na Ley Sobre el Contrato de Seguro, reformada em 04.04.2013; na Argentina a Ley de Seguros n. 17.418, de 30 de agosto de 1967, também definiu um modelo de lei especial para o contrato de seguro. O Chile teve reformado o Título VIII do Livro II do Código de Comércio; e o Brasil contou com algumas inovações no novo capítulo XV do Código Civil de 2002.

163 Projeto de Lei da Câmara n. 29, de 2017 – Senado Federal.

164 Congresso Nacional Brasileiro – PL 3.555/2004 e PL 8.034/2010, atualmente PL 29/2017.

Na atual sistemática brasileira, em vez de clareza e disciplina adequada, há um reduzido número de artigos, secundado por decretos, resoluções, circulares, instruções normativas de ramo *infralegal*, mais conhecidas nos círculos dos experts, órgãos governamentais e seguradoras, pouco acessíveis à população e ao consumidor.

Na técnica esparsa a matéria de seguros não dispõe dos benefícios da consolidação, de prover clareza, amplitude e melhores níveis de confiança, conferidos no regime da lei especial. A legislação esparsa é de difícil acesso e compreensão, muitas vezes exigindo a combinação de normas pouco conhecidas, o que diminui a eficiência legislativa, causando insegurança jurídica, judicialização e reflexo no custo do seguro.

No Direito comparado são conhecidos os exemplos de leis especiais[165], mais condizentes com as necessidades das economias modernas, onde conta com disciplina e sistematização própria, com fôlego adequado para abranger a casuística deste contrato.

Nesses casos, como refere o preâmbulo do DL 72/2008 de Portugal, as leis especiais valem-se da "consagração do regime específico", sem afastar a aplicação dos regimes gerais do Código Civil, Código de Comércio e da Lei de Defesa do consumidor.

A sistemática segue a linha dos antigos códigos, separando a matéria em uma parte geral, com regras comuns sobre a formação, execução e cessão do vínculo contratual, além de manter a antiga divisão dos seguros de danos e de pessoas, estabelecendo um tratamento especial para os contratos em espécie.

Relacionamos alguns atributos de Leis especiais, com tratamento normativo mais denso e vocacionado ao seguro, especialmente o caráter imperativo e normas de tutela da vulnerabilidade.

2.1.2 Imperatividade das leis de contrato de seguro

Historicamente as leis de seguro estabelecem normas de caráter imperativo, que limitam a liberdade contratual[166].

[165] Espanha: LCS 50/1980; França: *Code des Assurances*; Portugal: DL 72/2008; Argentina: Ley 17.418/1967; México: *Ley Sobre el Contrato de Seguro,* reformada em 04.04.2013.

[166] Veja-se: Capítulo II – Princípio da tutela compensatória.

Segundo Garrigues, a imperatividade de determinados preceitos é uma tendência no sentido de proteção da parte vulnerável da contratação, para reduzir ao mínimo as normas dispositivas em prol de proteger o segurado[167].

Foi esta a diretriz das leis suíça e alemã, de 1908, conforme Planiol e Ripert, normas que declararam imperativas um grande número de disposições, com o fim específico de amparar o segurado[168], compensar e equilibrar a posição das partes.

Em comentários acima, referimos ser de boa técnica fixar a imperatividade de determinadas normas como forma de estabelecer o equilíbrio contratual. Exemplo disso é o art. 2º da Lei de Contrato de Seguro da Espanha – LCS 50/1980[169]. Além de dispor sobre o âmbito de aplicação do contrato de seguros[170], confere força imperativa a seus preceitos, vinculada ao princípio da proteção do segurado.

Também, o art. 12º do DL 72/2008, de Portugal, contempla o caráter imperativo para um rol de artigos da referida Lei. Conforme a exposição de motivos do DL 72/2008: "*...em especial nos seguros de riscos de massa, importa alterar o paradigma liberal da legislação oitocentista, passando a reconhecer explicitamente a necessidade de protecção da parte contratual mais débil.*

No México, segundo a LSCS/2013, o art. 204 prevê que todas as disposições dessa lei têm caráter imperativo, salvo expressa previsão em contrário.

No Chile, a Lei 20.667/2013, que reformou o Código de Comércio, em seu art. 542, prevê o caráter imperativo de suas normas, salvo disposição em contrário ou estipulação mais benéfica ao segurado ou beneficiário, com ressalvas para os em que se supõe capacidade de ambas as partes. Também foi prevista imperatividade das normas relativas ao resseguro, de autonomia deste contrato e impossibilidade de ação direta do segurado contra o ressegurador[171].

167 Cf. GARRIGUES, op. cit. p. 8.

168 Cf. PLANIOL E RIPERT, Op. cit. p.p. 576-577.

169 Espanha: LCS: *"Artículo 2. Las distintas modalidades del contrato de seguro, en defecto de Ley que les sea aplicable, se regirán por la presente Ley, cuyos preceptos tienen carácter imperativo, a no ser que en ellos se disponga otra cosa. No obstante, se entenderán válidas las cláusulas contractuales que sean más beneficiosas para el asegurado."*

170 No Direito espanhol, diferenciam-se as normas comuns e particulares, as primeiras de caráter geral ou universal, que regem em todo o território, as últimas, de caráter local ou regional, que só se regem em uma parte do território; sobre estas classificações vide: ALBALADEJO, op. cit. p. 30.

171 Chile: C.com. art. 585, 586 e 587.

No direito francês, o caráter imperativo tem previsão nos artigos L. 111-2 do *Code des assurances*, com grande catálogo de incidência[172]. A propósito, na expressão de Jean Bigot, a maioria das disposições do Livro I concernente ao contrato de seguro tem caráter imperativo[173].

Na Argentina, o art. 158 da LS 17.418[174] estabelece um rol mínimo de normas que, por sua natureza, são imodificáveis, sendo que outras podem ser alteradas em favor do segurado. Segundo Lopes Saavedra, este artigo conforma um "*mínimo de orden público*", com objetivo de proteção dos segurados dentro de um marco de razoabilidade e boa-fé[175].

Outras classes de normas podem ser mais brandas, de «caráter semi-imperativo», prevendo e autorizando cláusulas contratuais mais benéficas ao segurado[176], a exemplo da parte final do art. 2º da LCS 50/80 da Espanha, ao dispor: "*No obstante, se entenderán válidas las cláusulas contractuales que sean más beneficiosas para el asegurado.*"

Outro exemplo de imperatividade relativa está no art. 13º do Decreto-lei 72/2008 de Portugal, que prevê hipóteses legais de "*Imperatividade Relativa*"[177], excluindo os seguros de grandes riscos. Nos grandes riscos costuma haver

[172] França: « Article L111-2. Ne peuvent être modifiées par convention les prescriptions des titres Ier, II, III et IV du présent livre, sauf celles qui donnent aux parties une simple faculté et qui sont contenues dans les articles L.112-1, L. 112-5, L. 112-6, L. 113-10, L. 121-5 à L. 121-8, L. 121-12, L. 121-14, L. 122-1, L. 122-2, L. 122-6, L. 124-1, L. 124-2, L. 127-6, L. 132-1, L. 132-10, L. 132-15 et L. 132-19. »

[173] Cf. BIGOT, op. cit. p. 237.

[174] Argentina: LS – "Obligatoriedad de las normas. Art. 158. Además de las normas que por su letra o naturaleza son total o parcialmente inmodificables, no se podrán variar por acuerdo de partes los artículos 5, 8, 9, 34 y 38 y sólo se podrán modificar en favor del asegurado los artículos 6, 7, 12, 15, 18 (segundo párrafo), 19, 29, 36, 37, 46, 49, 51, 52, 82, 108, 110, 114, 116, 130, 132, 135 y 140. Cuando las disposiciones de las pólizas se aparten de las normas legales derogables, no podrán formar parte de las condiciones generales. No se incluyen los supuestos en que la ley prevé la derogación por pacto en contrario.

[175] Cf. LOPEZ SAAVEDRA, op. cit. p. 275.

[176] Sobre norma "semi-imperativa" veja-se: EMBID IRUJO, José Miguel. *Aspectos institucionales y contractuales de la tutela del asegurado en el derecho español.* Madrid, Revista Española de Seguros, n. 91, 2002, p. 21.

[177] Portugal: DL 72/2008. Art. 13º Imperatividade Relativa: 1 — São imperativas, podendo ser estabelecido um regime mais favorável ao tomador do seguro, ao segurado ou ao beneficiário da prestação de seguro, as disposições constantes dos artigos 17.º a 26.º, 27.º, 33.º, 35.º, 37.º, 46.º, 60.º, 78.º, 79.º, 86.º, 87.º a 90.º, 91.º, 92.º, n. 1, 93.º, 94.º, 100.º a 104.º, 107.º n.ºs 1, 4 e 5, 111.º, n.º 2, 112.º, 114.º, 115.º, 118.º, 126.º, 127.º, 132.º, 133.º, 139.º, n.º 3, 146.º, 147.º, 170.º, 178.º, 185.º, 186.º, 188.º, n.º 1, 189.º, 202.º e 217.º 2 — Nos seguros de grandes riscos não são imperativas as disposições referidas no número anterior

espaço às negociações e ao detalhamento das estipulações pelas partes, coroando a ideia tradicional do contrato por negociação.

A exemplo deste tipo de tratamento aos grandes riscos, vale a referência da Lei chilena – Lei 20667/2013, cuja segunda parte do art. 542 excetua os efeitos imperativos dos seguros entre pessoas jurídicas com prêmio anual superior a 200 unidades de fomento, também excetuados nos seguros de casco e transporte marítimo e aéreo.

No direito brasileiro não é comum a enunciação do caráter imperativo das leis. Para o contrato de seguro ocorre o mesmo. Em vez da previsão dessa eficácia, o caráter imperativo se depreende de interpretação sistemática ou teleológica, levando em conta os fins da norma e as circunstâncias do caso.

Em geral são imperativas as normas de Direito estrito ou de ordem pública, como as definidoras de competência; regulação econômica; tutela das relações de consumo, entre outras. No Direito dos seguros foram absorvidas essas diferentes soluções legislativas, conforme as necessidades de maior ou menor densidade, fatores associados aos avanços do mercado e boas técnicas e condições da contratação.

2.1.3 Leis de seguro e condições da contratação

Existe um largo consenso no sentido de que os negócios por condições gerais, predispostas e incorporadas em uma pluralidade de contratos por uma das partes[178], merecem um regime de proteção especial.

A matéria tem relevo em diferentes campos do Direito, sendo a tutela da vulnerabilidade um princípio inerente às leis de contrato de seguro desde suas origens[179]. Cumpre proteger a relação jurídica do seguro com informação adequada, equidade e interpretação mais benéfica do aderente[180].

[178] Espanha: LGDCU – Cf. o preâmbulo da Ley 7/1998, sobre condições gerais da contratação: "*Una cláusula es condición general cuando está predispuesta e incorporada a una pluralidad de contratos exclusivamente por una de las partes.*"

[179] Veja-se: Capítulo II, 2.3.9 – Princípio da tutela da compensatória.

[180] México: Sobre a interpretação de cláusulas vale observar a norma do art. 20 Bis da Lei de Seguros do México, que reporta a matéria a órgãos de proteção e defesa de usuários de serviços financeiros.

Donatti afirmava que se aplica ao seguro o mesmo sistema compensatório dos negócios jurídicos em geral, especialmente o art. 1370, do Código civil italiano, da interpretação mais benéfica ao segurado[181].

Ainda segundo o mestre da Universidade de Roma, as cláusulas adicionadas à mão (condições gerais modificadas ou condições particulares) prevalecem sobre as condições do formulário em caso de incompatibilidade, porque "*las cláusulas convenidas mediante relación singular significan una declaración de voluntad concreta de derogar las condiciones generales*"[182].

No mesmo sentido, Planiol e Ripert comentaram sobre as leis suíça e alemã de 1908, pressupondo a interpretação contratual em favor do segurado[183], e que dúvidas eram resolvidas em favor deste, uma vez que o segurador se presumia culpado por não redigir claramente as condições da contratação.

Joaquin Garrigues, preconizou normas imperativas como forma de assegurar a proteção da "*parte más débil e ignorante, contra las cláusulas que agravan su situación, facilitando la exoneración de la empresa, y que fueran quizá suscritas sin leerlas o sin comprender su alcance.*" [184]

No Direito comunitário europeu a Diretiva 93/13/CE aproximou as leis europeias sobre «cláusulas abusivas» e regulação das condições gerais da contratação.[185]

No Direito brasileiro as leis de seguros coexistem com as de proteção do consumidor, no campo da interpretação contratual e para evitar prejuízos por má informação, práticas abusivas ou cláusulas com vantagem indevida àquele que redige as condições do contrato[186].

Cláusulas lesivas são banidas em quase todo o mundo. Reputam-se não escritas no contrato de seguro[187], como ocorre nas relações de consumo.

[181] Itália: C.C.: "*Art. 1370. Interpretazione contro l'autore della clausola: Le clausole inserite nelle condizioni generali di contratto (1341) o in moduli o formulari (1342) predisposti da uno dei contraenti s'interpretano, nel dubbio, a favore dell'altro.*" Espanha: C.c. "*Art. 1288. La interpretación de las cláusulas oscuras de un contrato no deberá favorecer a la parte que hubiese ocasionado la oscuridad.*"

[182] DONATI, Antigono. *Los seguros privados.* Manual de derecho. Traducción por Arturo Vidal Solá. Barcelona, Librería Bosch, 1960. p. 14. La edición original de esta obra ha sido publicada en italiano por "Dott. A. Giuffrè – Editore" de Milan com el título de Manuale Di Diritto Delle Assicurazioni Private, 1956, p. 35.

[183] PLANIOL e RIPERT, op. cit. p. 577 e 588.

[184] GARRIGUES, Joaquin. op. cit. p. 8.

[185] UE: Dir 93/13/CE, art. 3.

[186] Portugal: DL 72/2008, art. 3º.

[187] Cf. "*Les clauses abusives sont réputées non é écrites.*" BIGOT, op. cit. p. 256.

Além desse tipo de norma geral de proteção, as leis de seguro conhecem outros expedientes de tutela da vulnerabilidade para os contratos massificados.

O dever de informação adequada é uma dessas providências. O segurador deve orientar o tomador sobre as modalidades de seguro mais apropriadas aos fins pretendidos, prestar esclarecimentos, alertar para o âmbito da cobertura proposta, especialmente exclusões, carência, regime de cessão do contrato, sucessão, ou sobre os diferentes tipos de risco quando presentes na proposta.

O descumprimento do dever de informação enseja a responsabilidade civil do segurador, facultando ao tomador o direito de resolução do contrato[188].

Ainda com relação ao «dever de informar», as leis de seguro cuidam para que não pese de forma onerosa contra o segurado ou tomador, como na regra geral de comunicar circunstâncias que agravam o risco. Para com relação ao tomador entende-se deva ser orientado a responder questões específicas, formuladas pelo segurador.

Nesse sentido, vinculam o dever de prestar informações segundo solicitações do segurador, ficando exonerado nos casos em que este não lhe submete um questionário, ou quando não prevê situações que possam influenciar na valoração do risco[189].

À falta de «solicitação do segurador» o dever de informações pode se tornar muito amplo para o segurado ou tomador, e eventual omissão ou informação inexata, mesmo que de boa-fé, podem causar efeitos de nulidade[190], com a consequente perda do direito à garantia contratada. Ou seja, pode se tornar em um elevado ônus, de consequências não condizentes com os fins da contratação.

[188] Portugal: DL 72/2008, art. 18º, 21º e 22º. De forma complementar, o artigo 36 DL 72/2008 exige redação clara, em língua portuguesa e com linguagem corrente, sempre que não sejam necessárias expressões técnicas ou legais. No mesmo sentido, no direito Francês o art. L 112-3 do Code des assurances exige redação escrita, em francês, com caracteres aparentes: «*Le contrat d'assurance et les informations transmises par l'assureur au souscripteur mentionnées dans le présent code sont rédigés par écrit, en français, en caractère apparents*».México: LS, reformada em 2013, artigos 24-26.

[189] Espanha: LCS 50/1980, art. 10. Argentina: LS 17. 418, art. 40. Portugal DL 72/2008, art. 91º e 93º. Chile:C.com. arts. 524, 525, 539, 542, 2º.

[190] Espanha: LCS, art. 10 ap. 2º e 3º. Portugal: Decreto 72/2008, art. 23º e incisos. França: CA, L. 113-2-2° et 3°. Itália: C.C. art. 1.892 e 1.893. Argentina: LS, art. 6º à 8º. México: LS, art. 47. Chile: C.com. art. 525.

No Brasil o art. 766 do Código Civil[191], em vez de protecionista, a norma pode pesar contra o segurado e permitir ao segurador desobrigar-se quando supõe declarações inexatas do segurado ou tomador, mesmo nos casos em que é o próprio segurador quem apresenta questionário incompleto ou presta má-orientação para a formação do contrato.

Sobre o regime de «conteúdo mínimo»[192] da documentação contratual, alguns países preconizam um rol de indicações pelo segurador na documentação contratual, inclusive para os contratos em espécie, enquanto outros dispõem de forma menos abrangente[193]. O fato é que devem mencionar riscos cobertos e excluídos, prêmio, vigência, beneficiário, etc.

Outra forma de proteção especial do segurado se dá pela transposição do princípio igualitário das Constituições[194], como consequência natural dos efeitos jurídicos dos direitos fundamentais.

Assim, as leis de seguro, no campo dos direitos da personalidade, proíbem de práticas discriminatórias[195] em razão do sexo, deficiência, desde a celebração, passando pela execução até a extinção do contrato, inclusive no cálculo de prêmios, técnicas de seleção, avaliação, entre outras prestações.

Outro mecanismo de controle das condições é o regime de tutela administrativa da contratação, com normas de sujeição à vigilância e controles do poder público, que pode intervir sobre o conteúdo do contrato, determinando ao segurador modificações nas cláusulas de apólices ou que seja compelido ao uso de determinadas cláusulas tipo[196].

[191] Brasil: C.c. "Art. 766. Se o segurado, por si ou por seu representante, fizer declarações inexatas ou omitir circunstâncias que possam influir na aceitação da proposta ou na taxa do prêmio, perderá o direito à garantia, além de ficar obrigado ao prêmio vencido. Parágrafo único. Se a inexatidão ou omissão nas declarações não resultar de má-fé do segurado, o segurador terá direito a resolver o contrato, ou a cobrar, mesmo após o sinistro, a diferença do prêmio."

[192] Brasil: C.C. art. 759 a 761. Espanha: LCS 50/1980, art. 8º. Portugal: DL 72/2008, art. 5º, 37º, 151º, 154º, 158º, 170º, 171º, 179º, 185º, 187º, 208º. França: CA, art. 112-1, 112-4. Argentina, LS 17. 418, art. 11. Chile: C.com, art. 514, 518, 567. México: LS, art. 20, 24, 25, 26,141,153 e 164.

[193] Brasil: C.C. "Art. 760. A apólice ou o bilhete de seguro serão nominativos, à ordem ou ao portador, e mencionarão os riscos assumidos, o início e o fim de sua validade, o limite da garantia e o prêmio devido, e, quando for o caso, o nome do segurado e o do beneficiário. Parágrafo único. No seguro de pessoas, a apólice ou o bilhete não podem ser ao portador."

[194] Brasil: Cf. art. 5º. Espanha: CF, art. 1º. Portugal: CF, art. 13º. França: CF, art. 1º. Itália: CF, art. 3º. México, CF, art. 1º, 4º e 12. Chile: CF, art. 125.

[195] França: Code des assurances, art. L111-7. Portugal: DL 72/2008, art. 15º.

[196] Espanha: o art. 3º da LCS 50/1980 prevê que as condições gerais do contrato estão sujeitas à vigilância da Administração Pública, que pode obrigar aos seguradores modificar cláusulas contidas nas apólices. França: no mesmo sentido, o art. L111-4 do *Code des assurances* prevê que

Do ponto de vista da competência dos órgãos judiciais é reservado um importante papel aos magistrados de revisão judicial dos contratos, com uma variada casuística.

Com relação aos precedentes judiciais vale citar a norma espanhola pela qual, quando o Tribunal Supremo declara a nulidade de alguma das cláusulas ou condições gerais, a Administração Pública obrigará os seguradores a modificar cláusulas idênticas[197]. Uma espécie de decisão vinculante com repercussão direta sobre a Administração e à atividade seguradora.

Não há correspondência no direito brasileiro. O que se aproxima dessa eficácia são as súmulas vinculantes do Supremo Tribunal Federal brasileiro. Neste caso, para que determinada matéria seja sumulada no STF é necessário atender aos requisitos da decisão ser reiterada, de votação por 2/3 dos membros, e publicação na imprensa oficial[198].

Essa tendência de vinculação aos precedentes judiciais recebeu novo impulso no novo Código de Processo Civil (Lei n. 13.105, de 2015). No sentido da segurança jurídica e unidade do Direito, procurou-se consolidar a força dos precedentes judiciais no direito brasileiro, e os Tribunais têm a missão de uniformizar e manter estável, coerente e íntegra a sua jurisprudência (art. 926, do CPC), devendo-se observar precedentes obrigatórios (art. 927 do CPC).

Também, com vistas à celeridade processual, o art. 332, I e II do CPC, faculta ao juiz declarar, liminarmente, a improcedência de pedido contrário a enunciados de súmulas do STF, STJ ou acórdão de recursos repetitivos (art. 332, I e II, do CPC).

a autoridade administrativa pode impor o uso de cláusulas tipos de contrato. Cuba: no Direito cubano a previsão de controle de atos administrativos está contida nos artigos 31 e seguintes do DL n. 177. Brasil: no Brasil a matéria não tem previsão no Código civil. Sua disciplina fica no âmbito do Sistema Nacional de Seguros Privados, com normas infra-legais de regulação sobre o setor. Portugal: DL 72/2008, art. 5º. México: LS, art. 2º, reporta à *Ley General de Instituciones de Seguros*.

[197] Espanha: LCS 50/1980, art. 3º. Brasil: há competência do STF, em matéria constitucional, e do STJ, para as demais violações de tratado ou lei federal (art.105, III, "a"). Podem ser editadas súmulas por ambas as cortes, com poderes ao STF para editar «*súmulas vinculantes*». Para uma matéria ser sumulada no STF (BR) é necessário o requisito da decisão reiterada, de votação por 2/3 dos membros, e publicação na imprensa oficial, conforme art. 103-A e parágrafos da Constituição Federal, com a redação dada pela Emenda Constitucional 45, de 8 de dezembro de 2004. Há exigência de reiteradas decisões e quórum qualificado na Corte, antes de ordenar à Administração Pública que determine ao mercado a alteração de cláusulas das seguradoras.

[198] Brasil: CF, art. 103-A e parágrafos da Constituição Federal, com a redação dada pela Emenda Constitucional 45, de 08 de dezembro de 2004.

Sobre a competência dos órgãos jurisdicionais, à semelhança das relações de consumo, as leis de seguro definem o benefício do foro do domicílio do segurado, sendo nulo qualquer pacto em contrário[199]. Nos países que não contam com este tipo de tutela, por analogia e subsidiariamente, considera-se o foro do consumidor, sobretudo nas relações em que o sujeito é do tipo segurado-consumidor.

Esses cuidados evidenciam a atividade legislativa como instrumento de equilíbrio e tutela da vulnerabilidade. Sabe-se que muitas matérias merecem a pauta das leis especiais, e seguro é uma delas. Seu conteúdo requer um tratamento normativo claro e com densidade suficiente para conferir certeza na aplicação desse Direito.

2.2 Usos e costumes nos seguros privados

Dentre as fontes do Direito dos seguros privados destacam-se os costumes mercantis, sagração de determinados usos por seu êxito e validade jurídica.

O costume deriva do uso reiterado de certas práticas que se exteriorizam de modo uniforme, constante e duradouro. Desde os juristas romanos, observam-se dois elementos característicos do costume: o uso constante e uniforme «*usus*», e a convicção de que a norma estabelecida funciona como lei «*opinio necessitatis*»[200]. Essa conjugação de uso e reconhecimento dá ao costume o sentido de aprovação social e operabilidade de suas diretrizes.

Diferentemente da lei, que é produzida pelo Estado, o costume provém de necessidades sociais e movimentos de autorregulação e complementação da ordem jurídica. Exemplo dessa força é a *Lex Mercatoria*, sistema jurídico utilizado pelos comerciantes, com importante significado no comércio internacional, por meio de normas esparsas em matérias específicas, desprovidas de um elemento unificador. Fala-se de antecedentes desde os fenícios

[199] Espanha: LCS 50/1980, art. 24. Brasil: não há correspondência. De forma sistemática, a matéria encontra previsão nos artigos 5º, XXXII e 170, V, da Constituição Federal de 1988 e, especialmente, dos artigos 6º, V e VIII e 51, IV, do Código de Defesa do Consumidor – CDC. Portugal: DL 72/2008, art. 6º Liberdade de escolha da lei e do regime jurídico.

[200] BEVILAQUA, Clóvis. *Teoria geral do Direito civil.* 4ª Edição. Ministério da Justiça, Serviço de Documentação, 1972. Primeira edição 1908, pp. 32 e 33. Nesse sentido: "*Ea quae sun noris et conuetúdinis in bonae fidei judicis debent venire. (Ulpiano, Dig. 21, 1,31,20)* o que é de uso e costume deve incluir-se o juízo de boa boa-fé. Sobre esses dois requisitos: VENOSA, Sílvio de Salvo. *Direito civil.* 3ª ed. São Paulo, Atlas, 2003, pp. 42-43.

e a expansão do comércio marítimo, com novo impulso na Europa medieval, por meio do qual empregavam princípios, usos e regras de comércio para regular seus negócios ou conflitos.

Nas Institutas, do Imperador Justiniano (533 d.C.), no parágrafo 9º do Título II – do Direito Natural das Gentes e Civil (*De jure naturali, gentium et civili*) encontram-se referências históricas ao costume como fonte de direito:

> "Não-escrito é o direito que o uso aprovou, porque os costumes repetidos, diuturnamente, e aprovados pelo consenso dos que os usam, equivalem à lei." [201].

Na medida em que o direito expressa os valores do seu povo, há uma tendência à transposição do costume para a lei[202], quando a ordem jurídica reconhece sua validade de forma positiva. Trata-se de um processo histórico por meio do qual a "*opinio iuris*" adquire valor de norma jurídica[203].

Desde os juristas romanos, observam-se dois elementos característicos do costume: o uso constante e uniforme «*usus*», e a convicção de que a norma estabelecida funciona como lei «*opinio necessitatis*»[204]. Essa conjugação de uso e reconhecimento dá ao costume o sentido de aprovação social e operabilidade de suas diretrizes.

O costume foi a base do direito dos povos, muitas vezes derivado de acepções religiosas, desde as leis da Babilônia, passando pelas leis mosaicas, gregas, romanas em sua sucessão histórica, até os dias atuais.

Na Grécia o Direito consuetudinário foi o cerne da organização social na antiguidade clássica, por vezes "*como um costume sagrado, revelado e sancionado*

[201] INSTITUTAS DO IMPERADOR JUSTINIANO. *Manual didático para uso dos estudantes de direito de Constantinopla, elaborado por ordem do Imperador Justiniano, no ano de 533 d.C.* Tradução: José Cretella Jr. e Agnes Cretella. Tradução diretamente do original latino, em edição aos cuidados de V. Arangio-Ruiz e Antonio Guarino, Milano, 1943. Dott. A Giuffrè Editore. 2ª edição ampliada e revista da tradução. 1ª edição: 2000. São Paulo: Editora Revista dos Tribunais Ltda..

[202] Nesse sentido veja-se: "*os costumes devem exprimir-se em leis, porque somente são leis* verdadeiras as que traduzem as aspirações autênticas do povo". REALE, op. cit. p. 423.

[203] Nesse sentido, veja-se: BETTI, op. cit. p. 81.

[204] BEVILAQUA, Clóvis. *Teoria geral do Direito civil.* 4ª Edição. Ministério da Justiça, Serviço de Documentação, 1972. Primeira edição 1908, pp. 32 e 33. Nesse sentido: "*Ea quae sun noris et conuetúdinis in bonae fidei judicis debent venire. (Ulpiano, Dig. 21, 1,31,20)* o que é de uso e costume deve incluir-se o juízo de boa boa-fé. Sobre esses dois requisitos: VENOSA, Sílvio de Salvo. Direito civil. 3ª ed. São Paulo, Atlas, 2003, pp. 42-43.

pelos deuses" [205]. Também foi base quando legisladores como Zaleuco, Carondas Drácon e Sólon transpuseram na lei os costumes sagrados, transformando-se em leis redigidas por homens[206].

O costume como fonte formal recebe impulso a partir da combinação entre as correntes formalistas[207], baseadas no *legalismo*, e as concepções conjunturais do Direito, relacionando-o à sociedade, economia, política, mercado, o que reforça a presença dos elementos fáticos, dos anseios, riscos e valores vivenciados pelas pessoas em diferentes momentos históricos.

O costume possui capacidade de produzir norma jurídica[208]. Gera norma de forma direta. É fonte genuína de direito consuetudinário. No Direito mercantil, segundo Fábio Ulhoa Coelho, este reconhecimento jurídico tem amparo em um *princípio especial do direito comercial*: o "*princípio da eficácia dos usos e costumes*"[209]. Mais do que valor deontológico[210], o costume é fonte de Direito[211].

[205] WILL DURANT comenta a experiência democrática na época de Pericles, inclusive a reforma judiciária por ele produzida, que instituiu cortes populares e deu à Atenas o julgamento pelo júri. Compunha-se de seis mil "*dicasts*", ou jurados, anualmente escolhidos por sorteio entre os cidadãos. Valiam-se de muitos jurados. Para causas de menor valor aproximadamente 30 por julgamento, uma média de 200 a 300 jurados para cada júri e, casos mais relevantes, como o julgamento de Sócrates, formavam-se "enormes dicastérios de 1.200 homens". Comenta também e emprego da arbitragem pelos gregos. DURANT, WILL. "A história da civilização II. Nossa herança clássica. Trad. Mamede de Souza Freitas. Rio de Janeiro – Editora Record, revisado em 1966, p. 203-206.

[206] WILL DURANT comenta a experiência democrática na época de Pericles, inclusive a reforma judiciária por ele produzida, que instituiu cortes populares e deu à Atenas o julgamento pelo júri. Compunha-se de seis mil "*dicasts*", ou jurados, anualmente escolhidos por sorteio entre os cidadãos. Comenta também e emprego da arbitragem pelos gregos. DURANT, WILL. "A história da civilização II. Nossa herança clássica. Trad. Mamede de Souza Freitas. Rio de Janeiro – Editora Record, revisado em 1966, p. 203-206.

[207] Sobre o reconhecimento do costume no círculo da *dogmática jurídica*, veja-se: REALE, op. cit. p. 430.

[208] Nesse sentido vide os comentários de Manuel Albaladejo, (Op. cit. p. 96 e segs.) e a referência que faz a "*Sentencia de 18 abril 1951, que define o costume como «norma jurídica elaborada por la conciencia social mediante la repetición de actos realizada com intención jurídica»*. O autor também cita, a *Sentencia de 24 febrero 1962.*

[209] COELHO, Fábio Ulhoa. *Princípios do direito comercial: com anotações ao projeto de código comercial.* São Paulo: Saraiva, 2012, p. 54.

[210] Sobre o valor deontológico do costume: BETTI, Emilio. *Teoría general del negocio jurídico. Traducción y concordancia con el derecho español por A. Martins Perez.* 2ª ed., Editorial Revista de Derecho Privado, Madrid, 1959. Edição original de 1943. p. 85.

[211] "*La costumbre es fuente toda vez que en ella encuentra el intérprete (o el juez) lo que necesita para afirmar la objetividad de su interpretación del caso: la existencia de un sentido genérico coincidente aceptado colectivamente por la comunidad*". (In. AFTALION, GARCÍA OLANO & VILANOVA. *Introducción al derecho: nociones preliminares – teoría general.* 8ª ed. Buenos Aires, La Ley Sociedad Anónima Editora e Impresora, 1967, p. 343.)

O costume pode ser «local, regional, nacional, internacional», pela territorialidade; ou por matéria «geral ou especial», neste último caso quando detém um enfoque dirigido, por exemplo, no contrato de seguro, na documentação contratual, na supervisão de seguros, mediadores: agência ou corretagem de seguros[212].

Segundo Rodrigo Uria, em muitos casos o costume resulta de práticas mercantis que servem para *"suprir a ausência de regulação adequada"*; "colmatar lacunas no conteúdo dos contratos" ou "resolver divergências na interpretação contratual".[213]

Coexistem costumes positivos e não positivados, para os quais se reconhece a eficácia de fonte formal de Direito, embora não previstos em lei. A transposição para a lei se evidencia em vários aspectos: em relação aos seus elementos pessoais, nas condições da contratação, como cláusulas e tipos de garantias; nos fundamentos de riscos e probabilidades, assim como na documentação contratual.

Também é comum o costume transpor-se por meio da jurisprudência, pelo Poder Judiciário como órgão aplicador do direito.

Do ponto de vista sociológico é possível verificar que varia conforme as necessidades de cada época, e sua vigência se atualiza naturalmente, num processo espontâneo de absorção de valores pela sociedade.

No Brasil houve um certo freio ao costume como fonte direta. Ruy Cirne Lima comentava que a Lei da Boa Razão, de Dom José I, de 1769, impunha que o costume respeitasse a lei escrita. Também, referia que "o Código de Comercio admite o costume *"secundum legem"* tão somente: – os usos comerciais não fazem lei"[214]. Mas em contraponto, referia ser uma insensatez a lei retirar os efeitos do costume, pois a lei é a primeira a ser sobrepujada e vencida pelo costume, se assim o exigirem as condições sociais[215].

O sentido, na lição de Clóvis Beviláqua, ainda na esteira das ordenações Filipinas era de o costume permanecer como fonte para suprir as deficiências da lei, mas sem autoridade revogatória. Assim, o Direito consuetudinário não

[212] Manuel Albaladejo. Op. cit. p. 101-105.

[213] URIA, Op. cit., p. 22.

[214] CIRNE LIMA, Ruy. Princípios de Direito Administrativo brasileiro. 3ª. Edição. Ed. Livraria Sulina, 1954. 1ª Edição de 1934, p. 39-42. O autor traz referência ao Acórdão de 2 de outubro de 1920, do Supremo Tribunal Federal, na Revista do Supremo Tribunal Federal, t. 26. P. 329.

[215] CIRNE LIMA, Ruy. Op. cit. p. 39.

esteve banido da ordem jurídica como fonte de Direito, mas funcionou como instrumento para completar e interpretar o direito escrito[216].

O sentido é o de que a fonte imediata é a lei. O que também não retira a possibilidade da aplicação do costume pelo juiz.

Na argumentação prática, o costume veicula valores presentes em cada momento histórico, reproduzindo hábitos e comportamentos que se refletem no contrato de seguro. O crescimento de seguros ambientais é um exemplo revelador da preocupação com o meio ambiente no período pós-revolução industrial e de uma sociedade que se propõe a zelar pelos recursos naturais.

Seguros garantia, para obras, contratos financeiros, projetos e produtos, tornaram-se cada vez mais presentes a partir do último século e do crescimento de uma sociedade de consumo e investimentos.

Nos domínios da vida privada, os hábitos pessoais também se transformam, com novos padrões de comportamento e riscos. O homem conquistou o espaço no século XX, anda de motocicletas em rodovias congestionadas, está exposto à riscos cibernéticos, econômicos, políticos, entre outros tantos, contexto em que se ampliam os horizontes da responsabilidade civil.

A média de idade das pessoas, salvo acidentes, é mais longa do que nos últimos séculos, com novas necessidades no campo da previdência e da saúde, que passam a ser demandas neste século.

O transporte individual sofre transformações, em direção ao transporte autônomo, inclusive no espaço aéreo, com deslocamento aéreo individual nos grandes centros, assim como entre os continentes. Ao lado dos seguros terrestres e marítimos, comentados acima, o mercado também passa a falar dos seguros aeronáuticos e espaciais com cada vez mais intensidade.

A interconexão entre as pessoas e o *e-commerce* é outro exemplo de uma realidade de nativos virtuais, contexto em que surgem outras classes de seguros para ataques, invasões eletrônicas, privacidade, moedas, *criptoativos*, contratos, robôs, proteção dedados, entre outras inovações exponenciais que se refletem no mercado de seguros.

Fala-se de uma nova revolução industrial e cibernética no contexto da tecnologia da informação e comunicação integradas à produção e às coisas. A internet das coisas traz uma nova forma de viver nas empresas e nas casas, com instrumentos de controle ou monitoramento de riscos que afetam diretamente os seguros.

[216] BEVILAQUA, Clovis. *Código civil dos Estados Unidos do Brasil commentado por Clóvis Bevilaqua*. Rio de Janeiro, Livraria Francisco Alves,1919, p. 106.

Disso resultam práticas e rotinas na atividade seguradora antes pouco exploradas, com repercussão sobre estudos, controles e instrumentos jurídicos empregados neste contrato.

Ainda são exemplos do costume o mutualismo e a histórica cooperação entre as pessoas; a sistemática de cálculos de probabilidades; o uso da apólice como documento contratual típico; ou mesmo o uso corrente de determinadas obrigações contratuais.

Sobre a documentação, Alfredo Manes[217] comenta que a apólice teve suas origens como um documento notarial de elevado formalismo, mas que, em razão dos usos mercantis, passou a ser um documento puramente privado dos seguradores. Modernamente, foi recepcionada nos códigos, civil e de comércio de inúmeras nações, com esta mesma terminologia que se consolidou nas leis de contrato de seguro. Certamente, esse documento tem um papel histórico, vinculado às origens consuetudinárias.

Nos dias atuais, além da apólice, são expressões dos usos desse direito a proposta de seguros, formulários impressos, tabelas, estatísticas, material publicitário, que passaram a receber tratamento específico nas leis de contrato de seguro.

Na tradição do seguro os usos mercantis foram igualmente relevantes no surgimento das operações de cooperação na transferência de riscos, como nos casos de cosseguro e resseguro, soluções de coparticipação com outras companhias ou resseguradores.

Por suas relações com a lei diferenciam-se três tipos de costume: o costume *conforme a lei "secundum legem" ou "propter legem"*, com sentido regulado na lei; o costume *"praeter legem"*, supletivo ou substituto da lei nos casos deixados *"em branco"*[218]; e o costume contrário a lei *"contra legem"*, comum nos casos de inaplicabilidade de normas antigas, injustas, ou na contradição de normas jurídicas[219].

[217] MANES, Alfredo. *Tratado de seguros. Teoria general del seguro.* Traducción de la 4ª Edición Alemana por Fermín Soto. Editorial Logos Ltda. Madrid, 1930, p. 42-43. MARTINS, João Marcos Brito. *O contrato de seguro: comentado conforme as disposições do novo Código Civil.* Ed. Forense Universitária. Rio de Janeiro, 2003, p. 7.

[218] Emilio Betti comenta que, nos casos em que se emprega o costume à falta de lei, de forma a secundá-la diante do vazio legislativo, o costume exerce valor normativo próprio, sem a necessidade de referência a uma norma vigente. BETTI, op. cit., p. 82.

[219] Vide: RAÓ, Vicente. *O direito e a vida dos direitos.* 5 Ed. Anotada e atualizada por Ovídio Rocha Barros Sandoval. São Paulo, Editora Revista dos Tribunais, 1999, p. 261. MAXIMILIANO, Carlos. Op. Cit. p. 191. DINIZ, Maria Helena. Op. cit. p. 121. ALBALADEJO, Manuel. Op. cit. p. 104. CIRNE LIMA, Ruy. *Princípios de Direito Administrativo brasileiro.* 3ª. Edição. Ed. Livraria *Sulina, 1954. 1ª Edição 1934. p. 39.*

No Direito espanhol o costume é fonte do ordenamento jurídico, conforme o (art. 1º, 3, do Código Civil):

> "Artículo 1º. Las fuentes del ordenamiento jurídico español son la ley, la costumbre y los principios generales del derecho...
>
> "3. La costumbre sólo regirá en defecto de ley aplicable, siempre que no sea contraria a la moral o al orden público y que resulte probada".
>
> "Los usos jurídicos que no sean meramente interpretativos de una declaración de voluntad, tendrán la consideración de costumbre."

Semelhante aplicação, para suprir deficiência legal, pode ser encontrada nos artigos 2º e 59 do Código de Comercio espanhol[220]. Nessas normas o costume é enunciado como fonte ao lado da lei e dos princípios gerais de Direito. Todavia, prevê sua aplicação subsidiária à lei, em respeito ao princípio da legalidade e ao comando do art. 9º, 1 da Constituição Espanhola[221].

No Direito brasileiro, Clovis Beviláqua, autor do anteprojeto do Código Civil de 1916[222], refere que os projetos do Código "eximiram-se de estabelecer quaisquer requisitos para que o costume tivesse força de lei". Segundo ele, "para caracterizar o direito consuetudinário, basta o seu conceito, e este é fornecido pela doutrina"[223].

Independentemente de haver ou não previsão legal do costume como fonte do Direito brasileiro, seu emprego em lacunas ou deficiências legais é largamente utilizado. O problema da constatação da lacuna, porém, nem sempre é de simples solução. Como se depreende da teoria geral, não se confunde

[220] Espanha: C.Com. *"Art. 2. Los actos de comercio, sean o no comerciantes los que los ejecuten, y estén o no especificados en este Código, se regirán por las disposiciones contenidas en él; en su defecto, por los usos del comercio observados generalmente en cada plaza; y a falta de ambas reglas, por las del Derecho común. Serán reputados actos de comercio los comprendidos en este Código y cualesquiera otros de naturaleza análoga."*

[221] Espanha: CF, *"Artículo 9º. 1. Los ciudadanos y los poderes públicos están sujeto a la Constitución y al resto del ordenamiento jurídico."*

[222] Como referido acima, Clóvis Bevilaqua foi um dos mais ilustres juristas brasileiros, nascido em 1859 e falecido em 1944, foi o autor do anteprojeto do Código Civil brasileiro, que lhe incumbiu o então Presidente Epitácio Pessoa, em 1899 cuja lei foi aprovada em 1916. Ocupou a cadeira número 14 da Academia Brasileira de Letras. In. (http://www.biblio.com.br/templates/biografias/clovisbevilaqua.htm) dados fornecidos por gentileza da Academia Brasileira de Letras.

[223] BEVILAQUA, Clovis. *Teoria geral do Direito civil*. 4ª ed. Ministério da Justiça, Serviço de Documentação, 1972. Primeira edição 1908, p. 32.

lacuna com o silêncio da lei ou «espaço livre do Direito»[224]; a primeira relacionada à incompletude; o segundo a omissão; e o último à intenção deliberada do legislador não prever determinada matéria.

Segundo o artigo 1º, 3., do Código Civil da Espanha, o costume se aplica à falta de lei[225]. Sujeita-se à regra geral de integração de lacunas e suas variações quanto à extensão e problemática do caso concreto. O apartado seguinte faz menção expressa aos usos e sua equivalência ao costume[226].

O Código espanhol prevê, ainda, que determinado uso pode ser considerado costume quando não é meramente interpretativo de declaração de vontade nos contratos, ou para interpretar a lei, mas um elemento de expressão exterior, realizado de maneira continuada, repetida, uniforme e passível de prova, como nos casos em que se converte em uma prática mercantil capaz de expressar uma vontade determinada[227].

Ainda, conforme a parte final do referido art. 1º, 3. do C.C, o costume deve ser provado. Para que se comprove, observa-se o regime probatório segundo as leis do processo de cada nação.

O costume pode ser comprovado por qualquer meio de prova admitido: declarações de associações de consumidores, sindicatos ou associações de seguradores, de corretores ou agentes de seguros, entes públicos ou mesmo entidades empresariais, além de documentos em sentido lato, que comprovem tratar-se de uma prática duradoura e aceita pela coletividade.

No país, seu caráter de fonte formal de direito se depreende do art. 4º da Lei de Introdução às normas do Direito Brasileiro – Decreto-Lei n. 4.657/42 – LINDB, que vincula o magistrado à lei e reserva a aplicação do costume às

[224] Nesse sentido ver: LARENZ, Karl. *Metodologia da ciência do direito.* 3 ed., Tradução: José Lamego, Lisboa, Fundação Calouste Gulbenkian, 1997, p. 524-574; KAUFMANN, Arthur. *Filosofia del Derecho.* 2 ed. Traducción Luis Villar Borda e Ana Maria Montoya. Edición Universidad Externado de Colômbia: Bogotá, 1999, p. 205.

[225] Esse sentido se depreende dos comentários da Profa. Maria Helena Diniz: "*O costume é uma fonte jurídica, porém em plano secundário.* DINIZ, Maria Helena. *Lei de introdução ao código civil brasileiro interpretada.* 9ª ed., Editora Saraiva, 2002, p. 120.

[226] Espanha: C.C., art. 1º, 1 a 7.

[227] Sobre a necessidade de expressar uma vontade jurídica vide Manuel Albaladejo: Op. cit. p. 99. Dentre outras, o autor destaca a "*sentencia de 30 abril 1957*", que afirma essencial para que um costume possa ser considerado norma jurídica, que "*manifeste uma vontade*" em uma determinada coletividade. Ao comentar o (art. 1. número 3, 2º) o autor refere, ainda, (p.100) que essa discussão sobre a *opinio iuris* passou a ser ociosa a partir da mencionada norma criada. De nossa parte, mantemos a posição acima, de considerar a importância da *opinio iuris,* sobretudo como um referencial para os países que não possuem a mencionada previsão legal.

suas lacunas. Seu art. 4º confere primazia à aplicação da lei, com sujeição ao princípio da legalidade, do art. 5º, II da Constituição Federal.

O novo Código de Processo Civil não repetiu o antigo art. 126, segundo o qual no julgamento da lide caberia ao juiz aplicar a lei; não havendo, a analogia, o costume e os princípios de Direito. Todavia, inovou, ressalvando outros valores essenciais à jurisdição em seu artigo 8º:

> CPC – "Art. 8º – Ao aplicar o ordenamento jurídico, o juiz atenderá aos fins sociais e às exigências do bem comum, resguardando e promovendo a dignidade da pessoa humana e observando a proporcionalidade, a razoabilidade, a legalidade, a publicidade e a eficiência."

Na lacuna na lei[228] faculta-se ao juiz o emprego da analogia, usos e costumes, e os princípios gerais de direito. Com essa concepção também se encontram disposições no Direito português e italiano[229].

A projeção para o passado faz observar que o costume está na própria gênese das leis em geral e do seguro, relacionada ao comportamento humano e suas necessidades, o que traz à tona o sentido existencial da concepção do homem como ser naturalmente sociável e suscetível a riscos comuns, com uma consciência coletiva de proteção, solidariedade e mutualismo.

2.3 Princípios jurídicos do contrato de seguro

Princípios são normas jurídicas de ampla potencialidade. Dentre as fontes do direito são considerados normas finalísticas[230], além de diretrizes de comportamento.

[228] Como observa Carlos Maximiliano, quando o legislador se refere lei, se entende no sentido amplo de *Direito*, e não na acepção restrita de norma específica. Nesse sentido vide: MAXIMILIANO, Carlos. *Hermenêutica e aplicação do direito*. Rio de Janeiro, Editora Forense, 2000, p. 188.

[229] Portugal: C.C. "*1. Os usos que não forem contrários aos princípios da boa fé são juridicamente atendíveis quando a lei o determine. 2. As normas corporativas prevalecem sobre os usos.*" Itália: C.c. "*Art. 8 Usi Nelle materie regolate dalle leggi e dai regolamenti gli usi hanno efficacia solo in quanto sono da essi richiamati.*" "*Art. 9 Raccolte di usi Gli usi pubblicati nelle raccolte ufficiali degli enti e degli organi a ciò autorizzati si presumono esistenti fino a prova contraria.*"

[230] Cf. Humberto Ávila, *Teoria dos princípios: da definição à aplicação dos princípios. 2ª* Edição: São Paulo: Malheiros Editores, 2003, pp. 70 e ss.

Por sua natureza, os princípios jurídicos possuem larga incidência normativa[231], o que os faz de grande utilidade no direito contemporâneo[232], sobretudo em razão da dificuldade de lidar com previsões normativas rígidas em muitos campos do comportamento.

Nos seguros, assim como em outros ramos jurídicos, são de potencial irrefreável, especialmente quando se exteriorizam de modo uniforme, duradouro e com utilidade.

Por vezes, encontram-se em conhecidas leis de seguro como princípios positivos, considerados princípios explícitos ou "de *jus scriptum*" [233]. Em outras, provêm de diretrizes morais, da equidade ou do direito natural, então classificados como princípios "extrapositivos"[234], implícitos ou de "*jus non scriptum*"[235].

Em todos os casos irradiam efeitos sobre o contrato de seguro, desde a natural transposição dos princípios gerais de direito, às aplicações próprias dos seguros. Refletem um conjunto de escolhas de fundo, seja pela lei e seus enunciados nos princípios positivos, seja como produto da razão e da moral nos princípios implícitos.

No contrato de seguro afirmam-se princípios gerais constitucionais, como o extensivo rol de direitos fundamentais, a livre iniciativa, legalidade, propriedade privada, livre concorrência, liberdade econômica[236], defesa do

[231] Cf. COELHO, Fábio Ulhoa, *Princípios do direito comercial: com anotações ao projeto de código comercial.* São Paulo: Saraiva, 2012, p. 26

[232] Neste sentido: COELHO, Fábio Ulhoa. Em prefácio ao Livro Princípios Jurídicos do Direito do Seguro, comenta: "A crescente complexidade das relações econômicas e sociais está na origem de uma mudança profunda no modo de ser do direito, ocorrida desde as décadas finais do século passado: a consolidação da argumentação por princípios como padrão geral da interpretação e aplicação das normas jurídicas. O direito não conseguiria ser um adequado sistema social de superação dos conflitos de interesse caso continuasse a se orientar principalmente por regras (normas não principiológicas). Como estas não conseguem recortar senão muito delimitadas porções da realidade, progressivamente se tornaria mais difícil cumprir o presumido objetivo do direito, de pacificação das relações sociais (entendida esta como o controle institucional dos conflitos de interesse)." Op. cit., p.11.

[233] Cf. MACKELDEY, F. Elementos del Derecho Romano que contienen La Teoría de la Instituta precedida de una Introducción al estudio del mismo Derecho. Madrid: Ed. Leocadio López, Cármen 13, 1886, p. 74.

[234] Cf. URIA, Rodrigo. *Derecho mercantil.* 25ª ed., Madrid, Marcial Pons Ediciones Jurídicas y Sociales, 1998, p. 24. ALBALADEJO, Manuel. Op. cit. p. 114.

[235] Cf. MACKELDEY, op. cit., p. 74.

[236] Brasil: Lei n. 13.874, de 20 de setembro de 2019 – Que instituí a Declaração de Direitos de Liberdade Econômica, e establece garantias de libre mercado, entre otras alterações no direito brasileiro.

consumidor[237]; e princípios de direito civil e comercial, especialmente no campo das obrigações, com destaque para a boa-fé e a preservação dos negócios jurídicos, assim como atuam princípios específicos do direito dos seguros, com aplicação direcionada a esse microssistema.

Em seu conjunto, cuidam de normas de relevante conteúdo técnico e jurídico, nelas consagrados direcionamentos normativos, desde a produção das leis, passando pela tutela da contratação, interpretação, integração até a fundamentação de julgados, nos casos de controle ou revisão judicial, ou outras formas de composição de conflitos. Recentemente merece considerar aspectos de impacto regulatório e o respeito aos riscos alocados pelas partes, com limites à revisão administrativa ou judicial.[238]

Embora a intrincada natureza da atividade hermenêutica, verifica-se a preponderância da aplicação da lei e dos princípios de direito positivo ou legislado[239], sem que signifique uma valoração diminuída das demais fontes.

A hermenêutica jurídica tradicional contempla a aplicação dos princípios de direito à falta da lei e do costume [240], com primazia da lei e uso secundário do costume.

Como é comum aos países de tradição romano-germânica, face ao critério legalista-formal, os princípios são considerados fonte direta quando positivos, ou fonte secundária quando empregados em defeito da lei e do costume. Essa simplificação dogmática, todavia, não supõe a existência de uma fórmula absoluta para a aplicação dos princípios, sobretudo em razão do peso teleológico que irradiam.

[237] Brasil: CF, Art. 1º, IV; art. 5º, II, XXIII; e art. 170, II, IV e V.

[238] Brasil: A Lei de Liberdade Econômica – Lei n. 13.874, de 20 de setembro de 2019, adicionou o art. 421-A e com seus incisos ao Código Civil: "Art. 421-A. Os contratos civis e empresariais presumem-se paritários e simétricos até a presença de elementos concretos que justifiquem o afastamento dessa presunção, ressalvados os regimes jurídicos previstos em leis especiais, garantido também que: (Incluído pela Lei nº 13.874, de 2019); I – as partes negociantes poderão estabelecer parâmetros objetivos para a interpretação das cláusulas negociais e de seus pressupostos de revisão ou de resolução; (Incluído pela Lei nº 13.874, de 2019); II – a alocação de riscos definida pelas partes deve ser respeitada e observada; e (Incluído pela Lei nº 13.874, de 2019); III – a revisão contratual somente ocorrerá de maneira excepcional e limitada. (Incluído pela Lei nº 13.874, de 2019).

[239] ALBALADEJO, Op. cit., p. 113.

[240] Espanha: C.C. *"Art. 1. Las fuentes del ordenamiento jurídico español son la ley, la costumbre y los principios generales del derecho... 4. Los principios generales del derecho se aplicarán en defecto de ley o costumbre, sin perjuicio de su carácter informador del ordenamiento jurídico."*

Do ponto de vista da hierarquia das normas, sistematizam-se princípios constitucionais e princípios legais, com a prevalência dos primeiros pela força normativa da constituição, notadamente no catálogo de direitos fundamentais[241].

Em razão de seu conteúdo valorativo, raramente os princípios se concretizam em forma de imperativo categórico[242], como um meio para designar ordens de mandado ou proibição. Em vez de rigor e determinismo, são normas que formulam uma exigência de moralidade a ser atendida[243], suscetível aos movimentos da linguagem e da argumentação.

Muitas vezes não se encontram na superfície, mas num plano mais profundo do direito. Isso pode encobrir alguns princípios do contrato de seguro, embora apareçam nas referências doutrinárias e disposições dos ordenamentos jurídicos. Nesses casos, seus elementos axiológicos merecem ser trazidos à tona por meio da interpretação sistemática desse direito, permitindo potencializar seus valores e diretrizes de conduta.

Embora a volatilidade hermenêutica, sobretudo quando radicam dentre os critérios supralegais de valoração[244], os princípios imprimem direcionamentos para um fim a ser atendido, e assim atuam no Direito dos seguros e na ordenação de suas normas.

Esses princípios, decantados pelo direito e pela atividade seguradora, se fazem presentes na argumentação jurídica como produto da razão humana, da racionalização de riscos e, na expressão de Vivante[245], das necessidades de *sobrevivência* e *autodefesa*.

[241] Sobre a fundamentação material da constituição CANOTILHO, José Joaquim Gomes. *Direito Constitucional*. 6ª Edição. Coimbra: Ed. Livraria Almedina, 1993, pp. 74 ss.

[242] Cf. KANT, Immanuel. *Fundamentação da metafísica dos costumes*. Tradução de Tania Maria Bernkopf, Paulo Quintela, Rubens Rodrigues Filho. São Paulo, Abril Cultural, 1884, p. 124-125. GARCÍA MÁYNEZ, Eduardo. *Introducción al estudio del Derecho*. 35 ed. Editorial Porrua, Mexico, 1984. 1ª ed.1940. p. 9.

[243] Segundo Gustav Radbruch: "*A norma é uma não realidade que deve realizar-se. O imperativo, esse, é sempre já uma realidade. A norma pressupõe um fim; o imperativo constitui um meio para alcançar esse fim.*" *Filosofia do direito*. Tradução Prof. Cabral de Moncada, Coimbra, Editor Sucessor, 1997, 1ª edição 1932, p. 106.

[244] Cf. LARENZ, Karl. *Metodologia da ciência do direito*. 3ª ed. Trad.: José Lamego, Lisboa, Fundação Calouste Gulbenkian, 1997, p. 173.

[245] VIVANTE, Cesare. *Trattato di diritto commerciale*. Volume IV, 3ª ed. Milano, Casa Editrice Dottor Francesco Vallardi, p. 392.

Ao mesmo tempo, resultam de aprimoramentos do direito dos seguros privados e da atividade seguradora. Dessa reunião de valores, técnica e conteúdo normativo, vê-se a organização sistêmica[246] do direito dos seguros e sua função de eliminar ou reduzir os efeitos dos riscos sobre as pessoas ou seu patrimônio.

Nesse contexto, com base em estudos anteriores[247], verificamos como se manifestam alguns desses princípios jurídicos do contrato de seguros.

2.3.1 Princípio da autonomia privada

O princípio da autonomia privada é um princípio de incidência geral sobre os negócios jurídicos. Nele se observa a noção da liberdade para estabelecer determinados vínculos reconhecidos pelo Direito.

Está relacionado à atividade seguradora e aos valores da livre iniciativa e autodeterminação para contratar[248]. De um lado, legitima a atuação de companhias de seguro e resseguro em economias reguladas; de outro, preserva a liberdade pública e interesses individuais e coletivos frente a essas atividades.

Na esteira da intervenção pós-Keynesiana, observa-se que o Estado levou a cabo a tarefa de planificar as economias pessoais e das Nações, contexto em que também passou a atendê-las por meio de sistemas ordenados de seguros privados, estruturados na «empresa seguradora»[249].

246 Cf. DROMI, Roberto. *Sistema y valores administrativos*. 1ª ed. Buenos Aires-Madrid: Editorial Ciudad Argentina, 2003, pp. 15 ss.

247 Veja-se no índice bibliográfico: *Princípios jurídicos do contrato de seguro*. Edições Rio de Janeiro, Madrid, México e Buenos Aires, em 2015 e 2018.

248 Brasil: CF, art. 1º, IV e 170, IV. Espanha: CF, art. 38. Portugal: CF, art. 61º. Itália: CF, art. 41. Argentina: CF, art. 14. França: Declaração dos Direitos de 1789, incisos IV e XVII. México: CF, art. 5º. Chile: CF, art. 15 e 16.

249 Nesse sentido, sobre o caráter essencial da «empresa seguradora» que toma sob sua responsabilidade um grande número de riscos, compensando-os, de modo racional, com o emprego de estatísticas e probabilidades: DONATI, Antígono. Op. cit. p. 39-43. VIVANTE, Cesare. Op. cit. p. 438. PLANIOL e RIPERT. Derecho civil francés. Traducción Española Dr. Mario Diaz Cruz con la colaboración del Dr. Eduardo le Riverend Brusone. Tomo XIl, Los contratos civiles. Segunda Parte, con el concurso de ANDRES ROUAST, RENE SAVATIER y JEAN LEPARGNEUR. Editorial Cultural, Habana, 1946, p. 556. VASQUES, José. Op. cit. p. 98 e 99. URIA, op. cit. p. 776. Em sentido contrário: ASCARELLI, Túlio. O conceito unitário do contrato de seguro: in Problema das sociedades anônimas e direito comparado. Campinas – São Paulo, Editora Bookseller, 1999, p. 313. BIGOT, op. cit. p. 10.

Sendo a circulação de bens e serviços indispensável à ordem econômica, cumpre ao direito e ao Estado dar resposta à incerteza e suas repercussões, valendo-se dessas empresas e do contrato de seguro, em suas diversas possibilidades, quase ilimitadas na expressão de Planiol e Ripert[250], para conter os efeitos dos riscos.

Não se está diante de um sistema aberto, sem limites à liberdade ou suas formas de se manifestar. A lógica dessas ações e racionalidade econômica nos faz perceber a coexistência dos valores da livre iniciativa e os freios e contrapesos da planificação, regulação e controles públicos.

Do ponto de vista da conclusão dos contratos, também se observam restrições à liberdade segundo a forma com que se apresenta diante da vontade das partes: "a) liberdade de contratar propriamente dita; b) liberdade de estipular o contrato; c) liberdade de determinar o conteúdo do contrato" [251].

Nos seguros privados é comum a liberdade de contratar, todavia a liberdade de determinar seu conteúdo encontra restrições na contratação de massa, devido à técnica desses contratos, controles públicos e padronização de rotinas e documentos.

Há exceções em determinados riscos, como nos chamados «grandes riscos», cujos contratos permitem negociações entre as partes, como veículos ferroviários, aéreos, marítimos, seguros de somas elevadas[252], nos quais o segurador contrata frente a corporações com aptidão técnica e econômica para negociar.

A liberdade de contratar, como se sabe, possui o significado de que os indivíduos, por meio de declarações de vontade, podem criar vínculos obrigacionais reconhecidos pela ordem jurídica.

No contrato de seguro o poder de autorregulação[253] é relativo. Está sujeito às limitações típicas dos negócios jurídicos, pela transposição do Direito civil e sua vinculação à ordem pública e aos bons costumes[254]; e pela sujeição

[250] PLANIOL e RIPERT, op. cit. p. 559.

[251] GOMES, Orlando. *Contratos* – 15 ed. Rio de Janeiro, Editora Forense,1995, p. 22.

[252] Veja-se: Espanha: LCS 50/1980, art. 107, 2.

[253] Na lição de Emilio Betti, dentre as liberdades públicas, a autonomia privada significa o poder de "*autoregulação*" pelos próprios interessados: "*específicamente, una regulación directa, individual, concreta, de determinados intereses propios, por obra de los mismos interesados*". BETTI, Emilio. *Teoría general del negocio jurídico.* Traducción y concordancia con el derecho español por A. Martins Perez. 2ª ed., Editorial Revista de Derecho Privado, Madrid, 1959. Edição original 1943. p. 48.

[254] Brasil: C.C. Art. 122. São lícitas, em geral, todas as condições não contrárias à lei, à ordem pública ou aos bons costumes; entre as condições defesas se incluem as que privarem de todo efeito o negócio jurídico, ou o sujeitarem ao puro arbítrio de uma das partes. Espanha: C.c. "*Art. 1.116*

à regulação e controle das leis de seguro e entes estatais. Esta lição faz recordar o pensamento do mestre Manuel M. M. Míguez, *in memoriam*.

Conforme Jacques Guestin, ainda na década de 80, passou-se a observar um *declínio da autonomia da vontade*[255]. As desigualdades entre as partes, reivindicações de consumidores, contratos-tipo, além da problemática das cláusulas abusivas, apertaram visivelmente os limites da contratação.

No contrato de seguro esses movimentos não eram novidade. Por ser um contrato adesivo, mediante condições gerais e sujeito ao poder de polícia estatal, são conhecidas restrições à autonomia da vontade ainda antes dos sistemas de defesa do consumidor.

Rubén Stiglitz comenta que essa limitação é uma consequência natural do controle diligente do Estado, que pressupõe vigilância, inspeção e fiscalização de uma atividade específica, para assegurar o atendimento das obrigações contratuais e sancionar penalidades em caso de infração à lei, exercício anormal das funções, comprometimento econômico-financeiro ou obstáculos à fiscalização[256]. Como observa, nesse sistema confluem interesses de economias privadas frente à economia nacional, devendo-se preservar a confiança pública[257].

Embora exista espaço à autonomia privada, coexistem planificação econômica, regulação e controles. Estes últimos, na expressão de Antonio Menezes Cordeiro, um Direito da supervisão dos seguros que conheceu um desenvolvimento especial no século XX, e prossegue no século XXI."[258] Movimento que acompanha o Direito europeu e das modernas leis de contrato de seguro, também difundido na América.

Las condiciones imposibles, las contrarias a las buenas costumbres y las prohibidas por la ley anularán la obligación que de ellas dependa." "Art.1.271...Pueden ser igualmente objeto de contrato todos los servicios que no sean contrarios a las leyes o a las buenas costumbres." Itália: *C.C. "Art. 1343 Causa illecita La causa è illecita quando è contraria a norme imperative, all'ordine pubblico o al buon costume (prel. 1, 1418, 1972)."* Argentina: C.c. *"Art.21.- Las convenciones particulares no pueden dejar sin efecto las leyes en cuya observancia estén interesados el orden público y las buenas costumbres."* México: C.c. *"Articulo 1830. Es ilícito el hecho que es contrario a las leyes de orden público o a las buenas costumbres."*

[255] *"Le Déclin de L'Autonomie de la Volonté"*. GHESTIN, Jacques. *Traité de droit civil – Le obligation – Le contrat. Principes et caractères essentiels. Ordre public – Consentement, Objet, Cause, Théorie générale des nullités.* Paris. L.G.D.J, 1980, p. 32-51.

[256] Veja-se: STIGLITZ, op. cit., p. 68.

[257] Cf. STIGLITZ, op. cit., p. 46.

[258] CORDEIRO, António Menezes. *Direito dos Seguros*. 2ª ed., rev. e atualizada. Edições Almedina, Coimbra, 2016, p. 135 e 165-191.

Em todas essas funções há uma intensa atividade estatal, desde a autorização para a atividade seguradora, seu funcionamento e liquidação, passando por diretrizes nos ramos de seguros, reservas, limites técnicos, até os instrumentos de controle prévio e ulterior das condições dos contratos.

Ao segurador e ressegurador reservam-se obrigações de solvência, transparência de balanços, equidade nas estipulações contratuais, publicidade adequada, dever de orientação, facilitação do acesso à fiscalização[259], entre outras restrições à liberdade de empresa.

O mesmo compromisso, do exercício diligente das atribuições, vale para a intervenção dos mediadores de seguro, incluindo corretores, agentes de seguros e demais técnicos e peritos [260].

Do outro lado da contratação, do ponto de vista do segurado ou tomador, este princípio se manifesta na liberdade que a ordem jurídica reserva aos particulares para contratar. Ora para decidir o conteúdo do contrato, ora

[259] Brasil: CF/1988 art. 21, VIII, Lei nº 10.406/2002 (Código Civil), Lei nº 8.078/90 (Código de Defesa do Consumidor); Decreto-lei 73/66, que dispõe sobre o Sistema Nacional de Seguros Privados, regula as operações de seguros, resseguros e dá outras providências. Decreto nº 60.459/67, que Regulamenta o Decreto-lei nº 73/66, com as modificações introduzidas pelos Decretos-leis nº 168, de 14 de fevereiro de 1967, e nº 296, de 28 de fevereiro de 1967. (DOU 14.3.67); Decreto nº 61.589/67 – Retifica disposições do Decreto nº 60.459, de 13 de março de 1967, no que tange a capitais, início da cobertura do risco e emissão da apólice, a obrigação do pagamento do prêmio e da indenização e a cobrança bancária; Decreto nº 61.867/67 – Regulamenta os seguros obrigatórios; Decreto nº 65.268/69 – Altera disposições do Decreto nº 61.589/67, no que tange a capitais mínimos das Sociedades Seguradoras, e dá outras providências; Espanha: CF art. 149. 1, 13ª; LCS 50/1980, Real Decreto Legislativo 6/2004, de 29 de octubre, por el que se aprueba el texto refundido de la Ley de ordenación y supervisión de los seguros privados. Modificado por Ley 5/2005. Portugal: Decreto-lei 72/2008; UE: DIR 73/239/CEE, de 24 de julho de 1973. Argentina: Ley 17.418 (Ley de Seguros), 20.091 (Ley de Entidades de Seguros y su Control) e 24.240 (Ley de Defensa del Consumidor); Ley 12.988 (Crea el Instituto Mixto de Reaseguros).

[260] Brasil: MP 905, de 11 de novembro de 2019 excluiu os Corretores de Seguro do Sistema Nacional de Seguros. Isto fez com que a SUSEP suspendesse a emissão de novos registros de Corretores de Seguro, sendo que a matéria deverá ser objeto de autorregulação. Antes disso, a matéria estava disposta na Lei nº 4.594/64 (Regula a profissão de Corretor de Seguros); Decreto nº 56.900/65 (Dispõe sobre o regime da corretagem de seguros); Decreto nº 56.903/65 (Regulamenta a profissão de Corretor de Seguros de Vida e Capitalização); Decreto nº 81.402/78; Resolução CNSP nº 29/89. Espanha: "*Ley de Mediación en Seguros Privados, de 30 de abril de 1992*", que regula a atuação dos Agentes e Corretores de Seguros e estabelece o estatuto jurídico desses sujeitos profissionais da contratação; e a "*Ley de 8 de noviembre de 1995, de Ordenación y Supervisión de los Seguros Privados*", que incorporou Diretivas comunitárias, introduzindo princípios e importantes modificações nas normas jurídicas relativas ao seguro privado. Portugal: Argentina: Ley 17.418 (Ley de Seguros), 20.091 (Ley de Entidades de Seguros y su Control).

para decidir se estabelecerão ou não determinado vínculo, segundo a lei e as condições da contratação.

No Brasil, de forma mais ostensiva que outras nações[261], além dessas limitações, o Código Civil prevê a "função social do contrato" [262]. Essa norma se consolidou no país imprimindo um novo crivo de validade aos negócios jurídicos, supondo que os negócios jurídicos sejam cotejados do ponto de vista socioeconômico, com base nos efeitos para a sociedade ou determinado grupo de pessoas.

Nesse caso, é um requisito atendido pelas conhecidas funções do Direito do seguro como instrumento de planificação macroeconômica e relevante utilidade pública frente a necessidades aleatórias[263], fortuitas ou futuras [264].

Com isso, legitima-se a atividade seguradora dentre os valores da livre iniciativa e autodeterminação para contratar[265], segundo os tipos de sociedades aptas a operar[266], ao mesmo tempo em que se preservam interesses individuais e coletivos mediante regulação e controles públicos.

Em meio a essas noções, articula-se o princípio da autonomia privada pondo-se em foco o contrato de seguro em economias reguladas.

No Brasil a matéria se sujeita à Lei da Liberdade Econômica, especialmente em títulos relacionados à garantia do exercício de atividades econômicas; intervenção subsidiária do Estado; respeito à alocação de riscos pelas partes; impacto regulatório e o novo paradigma nacional da presunção de legalidade dos atos dos particulares, com intervenção mínima do ponto de vista estatal, em grande parte trazidos ao Código Civil.[267]

[261] Itália: C.C. art. 1343 e 1418. França: C.C. 1108 e 1131. Argentina: C.C. art. 1167-1169.

[262] Brasil: C.C. "Art. 421. A liberdade de contratar será exercida em razão e nos limites da função social do contrato." Espanha: *"Art. 33. 1. Se reconoce el derecho a la propiedad privada y a la herencia. 2. La función social de estos derechos delimitará su contenido, de acuerdo con las leyes."*

[263] Cf. Amilcar Santos, esse *interesse* reside na função de *"proteção econômica que o indivíduo busca para prevenir-se contra necessidades aleatórias"*. Op. cit. p. 7.

[264] Cf. MANES, op. cit. p. 6 e Joaquin Garrigues, Op. cit. p. 40.

[265] Brasil: CF, art. 1º, IV e 170, IV.

[266] Brasil: O Decreto-lei nº 73/66 dispõe sobre o Sistema Nacional de Seguros Privados, regula as operações de seguros, resseguros e dá outras providências. Decreto nº 60.459/67, que Regulamenta o Decreto-lei nº 73/66, com as modificações introduzidas pelos Decretos-leis nº 168, de 14 de fevereiro de 1967, e nº 296, de 28 de fevereiro de 1967. (DOU 14.3.67); Espanha: Real Decreto Legislativo 6/2004, art. 7. Argentina: Ley nº 20.091, art. 2º. México: LS, o art. 2º reporta a matéria para a Ley General de Instituciones de Seguros, Última Reforma DOF 10-01-2014. Chile: Ley Nº 251, de 1931, con modificaciones introducidas por la Ley N° 20.255, del 17/03/2008.

[267] Brasil: Lei 13.874/2019: "Art. 2º São princípios que norteiam o disposto nesta Lei: I – a liberdade como uma garantia no exercício de atividades econômicas; II – a boa-fé do particular perante

Por essas razões, no Direito dos seguros privados não se cogitam liberdades do tipo *"laissez-faire laissez passer"*, e a doutrina substituiu a expressão «autonomia da vontade» por «autonomia privada», definição situada dentre as liberdades públicas de ordem econômica.

No contexto do contrato de seguro e da atividade seguradora observa-se uma espécie de autonomia contratual regulada. Há liberdade para contratar, liberdade de estabelecimento de empresas seguradoras[268], ao lado das atividades de supervisão, regulação e controles públicos, que devem ser pautadas pela razoabilidade da intervenção na atividade econômica.

2.3.2 Princípio da anterioridade do risco

O risco é concebido como um evento futuro, incerto, independente da vontade das partes, em razão do qual se leva a efeito o contrato de seguro.

Na atividade seguradora o conceito traz a acepção de um estado de risco *"periculum"* [269], que corresponde à possibilidade de ocorrência do evento relacionado à garantia contratada.

Por sua natureza, o risco é um elemento causal do contrato de seguro[270]. Está na gênese do seguro, ao lado do interesse, legitimidade e demais

o poder público; III – a intervenção subsidiária e excepcional do Estado sobre o exercício de atividades econômicas; e IV – o reconhecimento da vulnerabilidade do particular perante o Estado. Art. 5º As propostas de edição e de alteração de atos normativos de interesse geral de agentes econômicos ou de usuários dos serviços prestados, editadas por órgão ou entidade da administração pública federal, incluídas as autarquias e as fundações públicas, serão precedidas da realização de análise de impacto regulatório, que conterá informações e dados sobre os possíveis efeitos do ato normativo para verificar a razoabilidade do seu impacto econômico. C.C. Art. 421-A. Os contratos civis e empresariais presumem-se paritários e simétricos até a presença de elementos concretos que justifiquem o afastamento dessa presunção, ressalvados os regimes jurídicos previstos em leis especiais, garantido também que: I – as partes negociantes poderão estabelecer parâmetros objetivos para a interpretação das cláusulas negociais e de seus pressupostos de revisão ou de resolução; II – a alocação de riscos definida pelas partes deve ser respeitada e observada; e III – a revisão contratual somente ocorrerá de maneira excepcional e limitada."

[268] Sobre a "liberdade de estabelecimento" e "liberdade de prestação de serviços" como pilares do Direito europeu, Antonio Menezes Cordeiro comenta o art. 49 do Tratado do Fracionamento da União. Op. cit. p. 137.

[269] Cf. GARRIGUES, op. cit. p. 14. BIGOT, Jean. Op. cit. p. 37. SÁNCHEZ CALERO, op. cit. p. 32 e 114. SANTOS, AMÍLCAR op. cit. p. 41. ESCOBAR, op. cit., p. 2, MAGEE, op. cit., p.126. SERPA LOPES, op. cit., p. 429. TZIRULNIK, Ernesto; CAVALCANTI, Flávio de Queiroz B.; PIMENTEL, op. cit., p. 37.

[270] Sobre o risco como causa do contrato: URIA, Rodrigo. Op. Cit. p. 777. SÁNCHEZ CALERO, Op. cit., p. 114; DIEZ-PICAZO, Op. cit., p. 224. JIMÉNEZ SÁNCHEZ, op. cit., p. 501.

circunstâncias necessárias à contratação. À falta de risco, ressalvadas circunstâncias excepcionais, resulta nulo o contrato de seguro[271].

De modo geral, excetuados os casos previstos em lei, a ausência de risco é obstáculo à formação ou existência do contrato de seguro. Haverá nulidade pela carência de um suporte fático essencial, sem o qual este será insuficiente para o Direito.

Segundo o princípio da anterioridade do risco, dentre os horizontes da contratação, presume-se que as partes possuam uma antevisão das circunstâncias do contrato, e que sejam informadas de modificações em caso de agravação ou redução durante sua vigência[272].

Além disso, para que possa ser segurado, o risco deve ser efetivo e pré-determinado nas condições contratuais. Essa precedência permite delimitar os direitos e obrigações das partes, fixar o interesse segurado e individualizar riscos cobertos e excluídos, com as possíveis causas e limites espaciais e temporais[273].

É comum a definição prévia como exigência das leis de seguro, com a ressalva de o contrato garantir interesse contra riscos pré-determinados. Nesses casos, de pressuposição do risco contratual, o princípio da anterioridade do

[271] Espanha: LCS, *"Artículo 4. El contrato de seguro será nulo, salvo en los casos previstos por la Ley, si en el momento de su conclusión no existía el riesgo o había ocurrido el siniestro."* Portugal: Decreto 72/2008, "Art. 44º, incisos 1 a 6, Inexistência do Risco. *"1. Salvo nos casos legalmente previstos, o contrato é nulo se, aquando da celebração, o segurador, tomador do seguro ou o segurado tiver conhecimento que o risco cessou."* Argentina: LS – *"Inexistencia de riesgo Art. 3. El contrato de seguro es nulo si al tiempo de su celebración el siniestro se hubiera producido o desaparecido la posibilidad de que se produjera. Si se acuerda que comprende un período anterior a su celebración, el contrato es nulo sólo si al tiempo de su conclusión el asegurador conocía la imposibilidad de que ocurriese el siniestro o el tomador conocía que se había producido."* Itália: *"Art. 1895 Inesistenza del rischio. Il contratto è nullo (1418 e seguenti) se il rischio non è mai esistito o ha cessato di esistere prima della conclusione del contratto."* México: *"Artículo 88.- El contrato será nulo si en el momento de su celebración, la cosa asegurada ha perecido o no puede seguir ya expuesta a los riesgos. Las primas pagadas serán restituídas al asegurado con deducción de los gastos hechos por la empresa. El dolo o mala fe de alguna de las partes, le impondrá la obligación de pagar a la otra una cantidad igual al duplo de la prima de un año."* Chile: *"Art. 521. Requisitos esenciales del contrato de seguro. Nulidad. Son requisitos esenciales del contrato de seguro, el riesgo asegurado, la estipulación de prima y la obligación condicional del asegurador de indemnizar. La falta de uno o más de estos elementos acarrea la nulidad absoluta del contrato. Son nulos absolutamente también, los contratos que recaigan sobre objetos de ilícito comercio y sobre aquellos no expuestos al riesgo asegurado o que ya lo han corrido."*

[272] Brasil: C.C. art. 768 e art. 769. Espanha: LCS, arts. 11 a 13. Portugal: DL 72/2008, art. 78º, 79º, 91º, 92º, 93º e 94º; França: CA, 113-2, 2º. Itália: C.C. art. 1.897 e 1.858. Argentina: LS art. 34, 35, 38-45. México: LS, art. 88. Chile: C.com. art. 526 e 1.176.

[273] Sobre a delimitação do risco veja-se: SÁNCHES CALERO, Fernando. Op. cit. p. 116-117.

risco se expressa de forma positiva na parte geral destas importantes leis de contrato de seguro[274].

O risco que se cogita é a situação considerada no contrato[275], mediante a prévia definição dentre as condições contratuais ou em lei, sujeita à interpretação restritiva[276], conforme as coberturas previstas, sem arbitrariedades ou adições.

Assim, o risco é um elemento essencial ao contrato de seguro e à atividade seguradora. Seu manejo pressupõe especialidade, técnica e provisões do segurador ou ressegurador, cabendo aos sujeitos da contratação definir esses horizontes com critério e profissionalismo[277].

Do ponto de vista do segurador, deve analisar previamente sua capacidade e limites técnicos para atuar nas áreas ou classes de seguros que lhe são permitidos[278], conforme o sistema de seguros privados de cada nação.

De outra parte, os sujeitos do contrato devem avaliar a necessidade da contratação a partir da existência do risco, definindo-o dentre seus elementos constitutivos ou essenciais[279], e não contratar caso saibam de sua impossibilidade ou inexistência.

Em caso de contratação sem a ocorrência de risco, o Direito brasileiro supõe erro ou imoralidade. Como penalidade, o segurador deverá pagar em dobro o prêmio estipulado. Esta norma tem previsão no art. 773 do Código Civil brasileiro de 2002, com base no art. 1.446 do Código de 1916. Segundo Clóvis Bevilaqua, autor do projeto do Código Civil anterior, a lei brasileira teve como precedente o artigo 511 do Código de Zurique[280].

Além das características fáticas e de incidência do risco, cabe ao segurador avaliar sua capacidade técnica e a conveniência ou necessidade de cosseguro

[274] Brasil: C.C. art. 421-A (Lei da Liberdade Econômica – Lei nº 13.874, de 2019) e art. 757. Espanha: LCS art. 1º. Portugal: DL 72/2008, art. 24. Argentina: LS Art. 1º. México: LS art. 8 º-10. Chile: C.com. art. 524 e 525.

[275] Cf. URIA, op. cit. p. 777.

[276] Cf. JIMÉNEZ SÁNCHEZ, Guillermo J. (Coordinador) *Lecciones de Derecho Mercantil* – 4ª Ed. Madrid, Tecnos,1999. p. 501. MARTINS, João Marcos Brito. *O contrato de seguro: comentado conforme as disposições do novo Código Civil.* Rio de Janeiro, Editora Forense, 2003, p. 43.

[277] Portugal: DL 72/2008, art. 29º.

[278] Brasil: Decreto-lei 73/66, art. 73. Espanha: Real Decreto 6/2004, art. 5º, 7. Portugal: DL 72/2008, art. 16º, 1 e 2. Argentina: Ley 20.091/73, art. 7º e 8º. México: LS, art. 2º.

[279] Nesse sentido: sobre a definição e o exame prévio dos elementos constitutivos pela empresa seguradora veja-se: STIGLITZ, op. cit. p. 22.

[280] Brasil: C.C. 773. Veja-se: BEVILAQUA, Clóvis. *Código civil dos Estados Unidos do Brasil, comentado por Clovis Bevilaqua. Edição histórica. Rio de Janeiro, Ed. Rio, 1979.* p. 575.

ou resseguro, para transferir riscos que não pretende suportar, ou para preservar margens ou reservas técnicas[281].

Nesse contexto, entre outras aplicações, a avaliação do risco é um dos eixos da atividade seguradora. Trata-se de típica tarefa do segurador, cujas atribuições lhe impõem a responsabilidade sobre grande número de riscos, de forma regular e com profissionalismo.

Pela expertise de sua atividade, o segurador possui deveres especiais de informação sobre o risco, coberturas, prêmio, vigência e demais condições essenciais à contratação, ainda antes da formação do contrato.

Segundo a natureza de cada tipo de seguro, pode haver uma intensa atividade declaratória. O segurador deve solicitar os dados oportunos à valoração do risco[282]; e ao tomador ou segurado cabe a tarefa de responder segundo o que foi perguntado.

Assim, a qualidade e boa-fé nas informações disponibilizadas constitui um dever pré-contratual, a exemplo da exigência contida no art. 10 da LCS 50/1980 da Espanha:

> Espanha – LCS *"Art. 10. El tomador del seguro tiene el deber, antes de la conclusión del contrato, de declarar al asegurador, de acuerdo con el cuestionario que éste le someta, todas las circunstancias por él conocidas que puedan influir en la valoración del riesgo."*

Também, com antecedência a formação do contrato, a norma do artigo 22º do Decreto 72/2008, de Portugal, disciplina o "dever especial de esclarecimento" do segurador.

Em casos cuja natureza do seguro justificar ou for possível, o segurador deve informar sobre as modalidades de seguro e conveniência para os fins a que se pretende. Inclusive, cabe esclarecer sobre a cobertura proposta, chamando atenção para exclusões e carências[283]. No Brasil, a orientação adequada também está dentre as atribuições do corretor de seguro.

[281] Cf. VIVANTE, op. cit. pp. 483 e 506; GARRIGUES, Op. cit. p. 14.

[282] Cf. BIGOT, Jean, Op. cit., pp. 691-702. SANCHES CALERO, Op. cit., p. 194;

[283] Portugal: DL 72/2008: *"Artigo 22.º Dever especial de esclarecimento 1 — Na medida em que a complexidade da cobertura e o montante do prémio a pagar ou do capital seguro o justifiquem e, bem assim, o meio de contratação o permita, o segurador, antes da celebração do contrato, deve esclarecer o tomador do seguro acerca de que modalidades de seguro, entre as que ofereça, são convenientes para a concreta cobertura pretendida. 2 — No cumprimento do dever referido no número anterior, cabe ao segurador não só responder a todos os pedidos de esclarecimento efectuados pelo tomador do seguro, como chamar a atenção deste para o âmbito da*

Trata-se do dever de auxílio e informação especializada na fase pré-contratual, ponderados os grandes riscos ou casos de atuação de mediadores, quando pressupõem aptidão e orientação profissional.

As modernas leis de seguro, nesse sentido, confirmam a tarefa orientadora do segurador, de corretores e agentes de seguro, e a vinculação das respostas do tomador ou segurado aos questionários ou formulários que lhe forem entregues[284].

Nesse processo comunicativo, é igualmente relevante a função declaratória do segurado[285] ou tomador. Estes, do outro lado do sinalagma contratual, têm o dever de colaboração e prestar informações adequadas sobre as circunstâncias que conheça e, razoavelmente, entenda significativas para a apreciação do risco pelo segurador.

Quando questionados, devem responder o que saibam do risco, de forma clara[286], segundo as perguntas ou questionários do segurador. Falsas declarações, omissões ou reticências, antes ou durante a execução contratual, sujeitam-se a sanções, inclusive perda de garantias, nulidade ou rescisão por iniciativa do segurador [287].

A expressão reticência é conhecida desde o art. 429 do Código Comercial Português. Segundo a lição de Antônio Menezes Cordeiro, leva em conta todos os fatos e circunstâncias conhecidos pelo tomador, suscetíveis de influir na celebração ou no conteúdo do contrato[288]. O autor também comenta

cobertura proposta, nomeadamente exclusões, períodos de carência e regime da cessação do contrato por vontade do segurador, e ainda, nos casos de sucessão ou modificação de contratos, para os riscos de ruptura de garantia. 3 — No seguro em que haja proposta de cobertura de diferentes tipos de risco, o segurador deve prestar esclarecimentos pormenorizados sobre a relação entre as diferentes coberturas. 4 — O dever especial de esclarecimento previsto no presente artigo não é aplicável aos contratos relativos a grandes riscos ou em cuja negociação ou celebração intervenha mediador de seguros, sem prejuízo dos deveres específicos que sobre este impendem nos termos do regime jurídico de acesso e de exercício da actividad de mediação de seguros."

[284] Espanha: LCS, art. 10. França: CA, art. L. 113-2.

[285] França: CA, L 113-2-2º Portugal: a exposição do Decreto 72/2008 destaca que o risco é um elemento essencial do contrato, cuja base tem de ser transmitida ao segurador pelo tomador do seguro, atendendo as diretrizes por aquele definidas. Argentina: LS, arts. 44, 46.

[286] Espanha: LCS, *"Artículo 10. El tomador del seguro tiene el deber, antes de la conclusión del contrato, de declarar al asegurador, de acuerdo con el cuestionario que éste le someta, todas las circunstancias por él conocidas que puedan influir en la valoración del riesgo."* Portugal: Decreto 72/2008, art. 21º e incisos. Argentina: LS, art. 48.

[287] Espanha: LCS, art. 10 apartados 2 e 3. Portugal: DL 72/2008, art. 23º e incisos. França: CA, L'article L. 113-2-2° et 3° Itália: C.C. art. 1.892 e 1.893. Argentina: LS, arts. 6º à 8º e incisos. México: LS, art. 47. Chile: C.com. art. 525.

[288] CORDEIRO, António Menezes. Direito do Seguro. Op. cit. p. 628.

a inovação do art. 24º/1, do DL 2008[289] e a abrangência de um dever genérico de informação[290].

Conforme López Saavedra, no direito argentino a aceitação de um risco por parte do segurador é precedida de uma proposta apresentada ao futuro segurado. Todavia, pode ocorrer a agravação do risco durante este transcurso de tempo, valendo os mesmos deveres ao segurado e tomador, de comunicar a agravação quando conhecida[291].

Nesse contexto de excepcionalidades existem riscos que fogem à percepção ou ao conhecimento das partes, como no caso de «risco putativo», podendo as partes se equivocar quanto à existência do risco ou ignorar o fato de ter ocorrido o sinistro. Assim, merece atenção a inquirição do risco putativo, que não existe ao tempo da formação do contrato, segundo Jean Bigot «*un risque imaginaire qui doit exister dans l'imagination des deux parties*»

O equívoco com relação à existência ou ocorrência do risco é factível, especialmente em seguros de serviços, equipamentos, bens sujeitos à degradação de materiais, corrosão,[292] riscos de novas tecnologias, riscos ambientais, entre outros.

As leis de contrato de seguro admitem o risco putativo nos seguros terrestres[293], com ressalvas à exigência de anterioridade do risco: "é nulo o contrato de seguro em que não houver risco no momento da contratação, salvo os casos previstos em lei"[294].

Na remissão legislativa às excepcionalidades fica contemplada a incerteza ou falsa noção do risco, como também ocorre nos casos em que as partes convencionam que a cobertura abrange riscos anteriores à celebração do contrato[295], com efeito retroativo[296], circunstância com peculiar no que respeita ao conhecimento do sinistro[297].

[289] Portugal: DL – "Art. 24º,1 – *O tomador do seguro ou o segurado está obrigado, antes da celebração do contrato, a declarar com exactidão todas as circunstâncias que conheça e razoavelmente deva ter por significativas para a apreciação do risco pelo segurador.*"

[290] CORDEIRO, António Menezes. Direito do Seguro. Op. cit. p. 631.

[291] Cf. LÓPEZ SAAVEDRA, Domingo H. *Ley de Seguro n.º 17.418 comentada y anotada.* 1a. ed. Buenos Aires: La Ley, 2009, p. 44 – 45.

[292] Cf. SAINRAPT, op. cit., p. 1241.

[293] Cf. SÁNCHES Op. cit., p. 117. BIGOT, op. cit. p. 769-777.

[294] Espanha: LCS, art. 4º; C. Com. art. 784 e 785 – seguros marítimos. França: CA, art. L.172-4. Portugal: DL 72/2008 art. 44º, 2. México: LS. art. 82.

[295] Portugal: DL 72/2008, art. 42º, 2.

[296] Espanha: LCS, art. 73.

[297] Sobre a problemática do seguro retroativo, HALPERIN comenta o caso do segurado saber do sinistro antes da contratação; de apenas o segurador saber; ou quando ambos conheciam a ocorrência do sinistro, caso que não há contrato eficaz e o segurador não tem direito ao prêmio,

Há exceção, também, para casos em que o risco se manifesta de forma ulterior, como em apólices flutuantes[298], por meio de averbação ou declarações periódicas, nas quais as partes convencionam que a cobertura abrangerá riscos futuros, oportunamente declarados. Trata-se de prática usual nos seguros de transportes, em que a apólice fica aberta durante a vigência contratual "*open policy*", por viagem ou por tempo determinado, obrigando o segurado a averbar os embarques[299], sob pena de rescisão do contrato ou perda do direito à cobertura.

Nesse tipo de contrato há delimitação prévia das obrigações do segurador, por especificação de coberturas e limites de importância segurada. Neles há compreensão da natureza dos riscos segundo o tipo de transporte, a mercadoria transportada, preço, salvamento, perda do veículo, entre outros fatores.

Conforme Rodrigo Uria, embora o seguro seja inspirado no princípio da universalidade do risco, as apólices usualmente estabelecem exclusões que definem limites a essa universalidade[300].

Com relação à delimitação de riscos do contrato, o Direito dos seguros privados preconiza uma conhecida gama de documentos contratuais, utilizados em diferentes fases. Por meio desses documentos provê informação adequada[301], por exigência de tutela da vulnerabilidade e como instrumento de preservação do equilíbrio das carteiras de seguros.

A documentação contratual cumpre relevante função de especificar sujeitos, riscos cobertos e excluídos, vigência e o prêmio do seguro, devendo ser levada a conhecimento do segurado[302]. Além disso, é preciso que exista coerência entre o conteúdo da proposta e a apólice.

"*porque no existe el riesgo a asumirse*". HALPERIN, Isaac. Op. cit. p. 340-341.

298 França: CA, art. L 173-17. Veja-se "*police flottante*": SAINRAPT, Christian. Op. cit. p. 980. Espanha: LCS, art. 8º, apartado segundo. Argentina: LS, art. 123.

299 Sobre apólices flutuantes ou "*de abono*", Lopez Saavedra comenta que são uma forma de contratar seguros amparando o transporte de mercadoria através de uma só apólice, que abrangerá os embarques durante a sua vigência, dentro dos limites nela estabelecidos, com referência ao tipo de mercadorias, lugares de carga e descarga, meios de transporte, viagens a realizar, condições e limites de cobertura, exclusões, prêmios aplicáveis. SAAVEDRA, op. cit. p. 242.

300 URIA, Op. cit., p. 796.

301 Brasil: C.C. art. 766, parágrafo único. Espanha: LCS, arts. 10, 11, 12, 16, 60. França: CA, art. L 112-3. Portugal: DL, art. 18º, 21º, 22º, 36º e 37º. México: LS, art. 24-26. Chile: C.com. arts. 514 e 518.

302 Espanha: LCS, "*Artículo 3. Las condiciones generales, que en ningún caso podrán tener carácter lesivo para los asegurados, habrán de incluirse por el asegurador en la proposición de seguro si la hubiere y necesariamente en la póliza de contrato o en un documento complementario, que se suscribirá por el asegurado y al que se entregará copia del mismo. Las condiciones generales y particulares se redactarán de forma clara y precisa. Se destacarán de modo especial las cláusulas limitativas de los derechos de los asegurados, que deberán ser*

A proposta de seguro, com precedência do ponto de vista do momento da formação contratual, é um instrumento tipicamente empregado para informações antes da contratação[303]. Nela deve haver adequação entre risco e coberturas. A propósito, é antiga a técnica de o segurador utilizar formulário impresso, que acompanha a solicitação de seguro ou proposta, para classificar o risco[304].

A apólice, por sua vez, embora possa ser emitida em momento posterior à vigência do contrato, igualmente se sujeita às diretrizes de conteúdo mínimo, especialmente com relação aos riscos que se propõe a cobrir, inclusive prevendo a delimitação temporal e exclusões.

Além da emissão, as modernas leis de seguro preveem que a apólice deve ser materialmente entregue ao segurado[305], preservando efeitos probatórios[306].

Esse tipo de norma possui a finalidade de propiciar o conhecimento das condições da contratação por parte do tomador do seguro. Com isso, segundo Fernando Sanchez Calero, assegura-se a transparência como forma de proteção do consumidor, que deve obter a informação adequada "*antes de que llegue la perfección del contrato*"[307].

Na apólice estão contempladas «declarações preceptivas», detalhando as características do negócio, especialmente do risco, além de contribuir no âmbito da sua função *normativa*[308] e probatória.

específicamente aceptadas por escrito. Las condiciones generales del contrato estarán sometidas a la vigilancia de la Administración Pública en los términos previstos por la Ley." Argentina: LS, Art. 12. "*Póliza – El asegurador entregará al tomador una póliza debidamente firmada, con redacción clara y fácilmente legible. La póliza deberá contener los nombres y domicilios de las partes; el interés la persona asegurada; los riesgos asumidos; el momento desde el cual éstos se asumen y el plazo; la prima o cotización; la suma asegurada; y las condiciones generales del contrato. Podrán incluirse en la póliza condiciones particulares. Cuando el seguro se contratase simultáneamente con varios aseguradores podrá emitirse una sola póliza.*

303 França: CA, "*Article 6 : Proposition d'assurance, modification de contrat. ... L'assureur doit obligatoirement fournir une fiche d'information sur les prix et les garanties avant la conclusion du contrat. Avant la conclusion du contrat, l'assureur remet un exemplaire du projet de contrat et de ces pièces assurées ou une notice d'information sur le contrat qui décrit précisément les garanties assorties des exclusions ainsi que les obligations de l'assurée.*"

304 MANES, Op. cit. p, 207.

305 Brasil: C.C. art. 759, 760 e 761. Espanha: LCS, art. 3º, 8º, 2, 3 e 4. Portugal: DL art. 18º, art. 25º e art. 37º, *incisos* e alíneas. Argentina: LS. art. 11. França: CA, art. L. 112-3. México: LS art. 20. Chile: C.com. art. 519.

306 Sobre a entrega da apólice: Rubén S. Stiglitz. Op. cit. p. 743-744.

307 Cf. SANCHEZ CALERO, op. cit. p. 73-113.

308 Função normativa da apólice: SÁNCHEZ CALERO, op. cit. p. 166.

A partir dessas diretrizes legais, e ressalvadas exceções, a documentação do seguro reforça o princípio da anterioridade do risco, pressupondo uma antevisão de suas circunstâncias essenciais.

Com isso, várias normas de Direito do seguro, assim como os usos da atividade seguradora, veiculam o princípio implícito ou explícito da anterioridade do risco. Não poderia ser diferente, na medida em que a cobertura do risco é a função central deste contrato[309].

O risco encontra limites na lei e no contrato de seguro. Pressupõe-se que as partes o conheçam previamente, especialmente o segurador, a quem incumbe diligência quanto à mutualidade de prêmios.

Conforme Ricardo Bechara Santos, por suas dimensões, potencialidades e elasticidade, entre outras características, o risco pode ter diferentes formas e precisa ser "pré-determinado e delimitado no contrato com segurança jurídica":

> "Para operar a sua garantia, taxá-la, precificá-la, provisioná-la, compartilhá-la, faz-se imprescindível ao segurador que o risco esteja pré-determinado e delimitado no contrato, com a segurança jurídica de que não seja ultrapassado o seu limite máximo de garantia nem as balizas do interesse legítimo do segurado, este que, afinal, se apresenta como o objeto do contrato de seguro, seja de dano ou de pessoa."[310]

É com base noção do risco e nas declarações das partes, antes e no curso do contrato, que se estabelece a proporcionalidade das obrigações, podendo ser aumentado ou reduzido o prêmio do seguro, ou mesmo as importâncias seguradas, segundo a atenuação ou gravidade desse elemento causal.

Assim, como princípio positivo em importantes leis de contrato de seguro, ressalvadas exceções, supõe-se que os sujeitos conheçam o risco dentre as circunstâncias precedentes à formação do contrato.

A existência e antevisão[311] de riscos, a propósito, são essenciais à justiça contratual. E trazem a suposição deste elemento dentre as causas do contrato, e de que as partes detêm informação adequada e liberdade para contratar.

[309] *"La cobertura del riesgo como función del contrato"*. (In. SÁNCHEZ CALERO, Fernando Op. cit. p. 31). *"L'objet essentiel – sinon exclusif – cette activité est de garantir des risques."* BIGOT, op. cit. pp. 22 ss.

[310] SANTOS, Ricardo Bechara. *Interesse segurado e o princípio da pré-determinação do risco.* In. Estudos de Direito do Seguro em Homenagem a Pedro Alvim/ Angélica L. Carlini e Ricardo Bechara Santos/org. Rio de Janeiro: Funenseg, 2011, p. 120.

[311] Veja-se: "A conclusão de um contrato pressupõe que as partes estejam na posse de todas as informações pertinentes, conhecendo a matéria." CORDEIRO, op. cit. p. 604.

2.3.3 Princípio da especialidade do risco

O contrato de seguro visa garantir interesses contra riscos pré-determinados, que pressupõem a causa da contratação[312]. Com base nessa visão objetiva do risco e sua relação com a garantia contratada, comentamos este princípio, suas origens e incidência legal.

Rodrigo Uria, cuja doutrina motivou a investigação deste princípio, refere que a efeitos de cada contrato singular, não se pode considerar risco qualquer possibilidade de evento danoso, senão a possibilidade prevista no contrato[313].

À semelhança das leis de seguro, define-se o risco como o interesse protegido pelo contrato. E a delimitação de riscos tem apoio na Lei da Liberdade Econômica e suas adições ao Código Civil, e consta de importante precedente no Superior Tribunal de Justiça:

> STJ – Recurso Especial Nº 1.358.159 – SP (2012/0261526-2) "É legítima a negativa da seguradora à cobertura na hipótese de exclusão ou limitação expressa de cobertura, porquanto as cláusulas do contrato de seguro devem ter interpretação restritiva." Relator: Ministro Antonio Carlos Ferreira – Julgamento em 08.07.2021.[314]

O relatório consignou a importância da interpretação restritiva das cláusulas do contrato e o espaço conferido à autonomia privada em ação movida por associação de consumidores.

De outra forma, com relação à dúvida recorrente entre cumulação de danos morais com outras garantias ficou assim estabelecido na Súmula 402, também do STJ:

> STJ – "Súmula nº 402: O contrato de seguro por danos pessoais compreende os danos morais, salvo cláusula expressa de exclusão."

Por razões históricas e de índole privatista, é conhecida a função normativa[315] da apólice para delimitar o objeto da contratação, especialmente os riscos cobertos e excluídos.

[312] Cf. Capítulo II – Princípio da Anterioridade do Risco; e Capítulo V – Princípio do Interesse.

[313] URIA, op. cit., p. 777.

[314] Brasil – STJ: Recurso Especial Nº 1.358.159 – SP (2012/0261526-2) Relator: Ministro Antonio Carlos Ferreira – Julgamento em 08.07.2021.

[315] Função normativa: SÁNCHEZ CALERO, Op. cit., p. 166. GARRIGUES, Op. cit., p. 10.

Dentre os antigos mestres do Direito dos seguros, Donati e Garrigues comentaram que a principal fonte do seguro é a autonomia privada, que além dos usos, se expressa por meio das condições da apólice.

Segundo Joaquin Garrigues, a evolução das condições da contratação ocorreu devido à necessidade de regras claras para o contrato de seguro[316]. Porque sua base legal era defeituosa, com escassez de normas nos antigos Códigos, o que fez com que se desenvolvesse "em parte como um Direito legal e em parte consuetudinário"[317].

Ocorreu que os usos e as condições gerais passaram a oferecer um conteúdo normativo mais completo do que o legal, sendo adotadas pelas partes para regular a relação seguradora[318].

Tecnicamente, ao lado da lei, cada ramo de seguro passou a funcionar com base nos riscos determinados nas «condições gerais» da apólice, conforme o conteúdo predisposto.

Essas condições, por sua vez, vieram atender às exigências da contratação de massa, fixando direitos e obrigações e os pertinentes limites do contrato «*lex contractus*». Com isso, se estabeleceu um contraponto à universalidade dos riscos, e a técnica da delimitação permitiu ao segurador selecionar os riscos que pode suportar[319], preservando o equilíbrio de suas carteiras de seguros.

Essa limitação dos horizontes do contrato é o traço distintivo do princípio da especialidade do risco, que pressupõe a descrição das garantias contratadas, com a consequente previsibilidade do objeto do seguro[320].

Da designação de riscos e coberturas, com objetividade e concretude, resulta que sinistros causados por fatores distintos aos relacionados, não estão cobertos pelo contrato. Nesse sentido se articulam as disposições de conhecidas leis de seguros e de hermenêutica contratual, nas quais é comum abandonar-se os dogmas do subjetivismo da vontade, para identificar o objeto da contratação relacionado à pressuposição de riscos e seus limites[321].

316 Veja-se o Capítulo II – Princípio da Autonomia Privada no Contrato de Seguro.

317 Cf. GARRIGUES, Joaquin, Op. cit., p. X e 9.

318 DONATI, Op. cit., p. 29.

319 GARRIGUES, op. cit., p. 9 -11.

320 "*...la presupposizione è quindi técnica fondamentale per la ripartizionde del risco contrattuale*" ROSSELLO, Carlo. *"l'interpretazione del contratto, I orientamenti e tecniche della giurisprudenza."* A cura di Gido Alpa. Dott. A. Giufreè Editore – Milano -1983, p. 434.

321 Brasil: C.C. "Art. 757. Pelo contrato de seguro, o segurador se obriga, mediante o pagamento do prêmio, a garantir interesse legítimo do segurado, relativo à pessoa ou à coisa, contra riscos pré-determinados." Espanha: LCS, *"Artículo 1. El contrato de seguro es aquel por el que el asegurador se obliga, mediante el cobro de una prima y para el caso de que se produzca el evento cuyo riesgo es objeto de cobertura*

Como vimos, a noção de riscos cobertos e excluídos é da própria essência dos seguros e autolimitação dos efeitos jurídicos do negócio. Sua técnica supõe garantir determinadas categorias de riscos por coberturas individualizadas[322], sujeitas a *interpretação restritiva*[323].

Nessa hermenêutica contratual não se espera mobilidade de interpretação ou integração, ao ponto de fazer valer circunstâncias não contempladas nas cláusulas contratuais.

No Brasil, o art. 421 do Código Civil, introduzido pela Lei da Liberdade econômica, dispõe sobre parâmetros objetivos de interpretação e sobre o respeito à alocação de riscos pelas partes [324].

Recomenda-se abandonar a apreciação subjetivista, procurando que acompanhe os termos da lei e da documentação contratual, sobretudo quando conferem um entendimento claro *«interpretatio cessat in claris»*. Embora o conceito de clareza seja relativo[325], o intérprete deve cingir-se aos limites do contrato, evitando a criação de novos direitos[326].

a indemnizar, dentro de los límites pactados, el daño producido al asegurado o a satisfacer un capital, una renta u otras prestaciones convenidas." Portugal: Decreto 72/2008, Art. 24º, incisos 1 a 4. *Declaração Inicial do Risco. "1. O tomador do seguro ou segurado está obrigado, antes da celebração do contrato, a declarar com exatidão todas as circunstâncias que conheça e razoavelmente deva ter por significativas para a apreciação do risco pelo segurador."* Argentina: LS, *"Artículo 1. Hay contrato de seguro cuando el asegurador se obliga, mediante una prima o cotización, a resarcir un daño o cumplir la prestación convenida si ocurre el evento previsto."* México: LS, *"Artículo 1°- Por el contrato de seguro, la empresa aseguradora se obliga, mediante una prima, a resarcir un daño o a pagar una suma de dinero al verificarse la eventualidad prevista en el contrato."* Veja-se: Art. 86 e 145. Chile: C.com. art. 512, 548 e 572.

322 SANCHEZ CALERO, *op. cit.*, p. 31.

323 Cf. JIMÉNEZ SÁNCHEZ, Guillermo J. Op. Cit. p. 501. MARTINS, João Marcos Brito. Op. Cit. p. 43. *Nesse sentido, também foi relevante a norma do art. 1.460 do Código civil brasileiro de 1916, com copiosa jurisprudência para fundamentar que a responsabilidade do segurador é limitada ao risco assumido. Assim, como referia Clóvis Bevilaqua, o seguro de incêndio de um prédio não comporta a indenização por eventual necessidade pública, terremoto ou bombardeio.* Veja-se. BEVILAQUA, op. cit., p. 588.

324 Brasil: sobre o respeito à alocação de riscos pelas partes veja-se o art. da Lei da Liberdade Econômica, que conferiu redação ao art. 421 – A do Código Civil:" "Art. 421-A. Os contratos civis e empresariais presumem-se paritários e simétricos até a presença de elementos concretos que justifiquem o afastamento dessa presunção, ressalvados os regimes jurídicos previstos em leis especiais, garantido também que: I – as partes negociantes poderão estabelecer parâmetros objetivos para a interpretação das cláusulas negociais e de seus pressupostos de revisão ou de resolução; II – a alocação de riscos definida pelas partes deve ser respeitada e observada;..."

325 Sobre a relatividade da interpretação restritiva: MAXIMILIANO, Carlos. Hermenêutica e aplicação do direito. Rio de Janeiro, Editora Forense, 2000, p. 33-39.

326 França: C.C. 1.157 e 1.158. Itália: C.C. art. 1367.

A documentação é um referencial de unidade interpretativa. Por meio dos documentos dos seguros privados, ao lado de disposições legais e regulação infralegal, são estabelecidos os objetivos específicos de cada contrato. A prévia definição de riscos é da essência da atividade seguradora. Por meio desses documentos, segurador e ressegurador[327] procuram controlar o acúmulo de riscos e manter o equilíbrio de suas operações.

Com isso, nas leis e na técnica dos seguros se estabeleceram classes de riscos, com subdivisões e tarifas que utilizam listas positivas, as quais descrevem o que está incluído, ou listas de exclusões, para enunciar riscos não seguráveis.

Algumas exclusões são recomendáveis à tarefa do legislador, como referia Cesare Vivante, no sentido de afastar do seguro os riscos de guerra, tumulto, terremoto, furacão, que não podem ser estimados por estatística, em razão de sua intensidade e anormalidade[328].

Atualmente, embora possam ser contemplados ou estimados pela estatística, este rol é estendido para proibir a cobertura de riscos relativos à responsabilidade criminal, rapto, sequestro, tráfico de drogas, morte de menores[329], além de estarem subsumidos nas hipóteses de violação dos preceitos gerais da ordem pública e dos bons costumes[330].

[327] Sobre as coberturas de resseguro e listas de exclusões veja-se: MELLO, Sergio Ruy Barroso. Contrato de resseguro. Rio de Janeiro: Escola Nacional de Seguros – 2011, pp. 170-201.

[328] Cf. VIVANTE, Cesare. *Trattato di diritto commerciale*. Volume IV. 3ª ed. Milano. Casa Editrice Dottor Francesco Vallardi. 1954, p. 406.

[329] Brasil: C.C. "*Art. 762. Nulo será o contrato para garantia de risco proveniente de ato doloso do segurado, do beneficiário, ou de representante de um ou de outro.*" Portugal: Decreto 72/2008 "*Artigo 14.º – Seguros proibidos. 1 — Sem prejuízo das regras gerais sobre licitude do conteúdo negocial, é proibida a celebração de contrato de seguro que cubra os seguintes riscos: a) Responsabilidade criminal, contra ordem nacional ou disciplinar; b) Rapto, sequestro e outros crimes contra a liberdade pessoal; c) Posse ou transporte de estupefacientes ou drogas cujo consumo seja interdito; d) Morte de crianças com idade inferior a 14 anos ou daqueles que por anomalia psíquica ou outra causa se mostrem incapazes de governar a sua pessoa. 2 — A proibição referida da alínea a) do número anterior não é extensiva à responsabilidade civil eventualmente associada. 3 — A proibição referida nas alíneas b) e d) do n.º 1 não abrange o pagamento de prestações estritamente indenizatórias. 4 — Não é proibida a cobertura do risco de morte por que contratada por instituições escolares, desportivas ou de natureza análoga que dela não sejam beneficiárias.*" México: LS "*Artículo 60.- En los casos de dolo o mala fe en la agravación del riesgo, el asegurado perderá las primas anticipadas.*" Chile: C.com. "*Art. 526 ... Salvo en caso de agravación dolosa de los riesgos, en todas las situaciones en que, de acuerdo a los incisos anteriores, haya lugar a la terminación del contrato, el asegurador deberá devolver al asegurado la proporción de prima correspondiente al período en que, como consecuencia de ella, quede liberado de los riesgos.*"

[330] «*Assurabilité et ordre public classique*». Luc Mayaux. BIGOT, Jean. (direcion) Traité de droit des assurances, Tome 3, Le contrat d'assurance. Avec la colaboration de Jean Beauchard, Vincent Heuzé, Jérôme Kullmann, Luc Mayaux e Véronique Nicolas.L.D.G.J – Librarie Générale de Droit et de Jurisprudence, EJA, 2002, p. p. 810.

Outras exclusões podem ser contratuais, como critério de administração do risco, pressupondo a definição da natureza do evento coberto, em seus limites espaciais e temporais[331].

Com relação à previsibilidade dos riscos, as leis de seguro costumam determinar o dever de conteúdo mínimo da apólice[332], proposta e outros documentos contratuais, especialmente no âmbito dos riscos cobertos, nem sempre supridos pela lei[333], sendo admissíveis exclusões e delimitações do objeto segurado[334].

Do ponto de vista das relações de consumo a pressuposição de riscos é um importante instrumento de tutela da vulnerabilidade[335], da confiança pública e interesses difusos presentes nessa forma de contratação de massa.

Por meio das condições gerais da contratação cobrem-se vários pontos do contrato, com rigidez e especificação, na medida em que as cláusulas são impressas em formulários próprios, sem margem à modificação de conteúdo. Este fato, na lição de Antônio Menezes Cordeiro, reforça a confiança no sistema:

> "A presença das condições gerais da contratação confere segurança aos particulares aderentes e promove a confiança nos produtos dos seguros. Cada particular sabe que não está só, perante as fatalmente impessoais companhias de seguros. Subscreve produtos que outros aceitaram, numa lógica de sistema tutelado pelo Estado e pelo Direito."[336]

Nesse sentido, o princípio da especialidade do risco pressupõe informação adequada[337], antevisão das hipóteses abrangidas, inclusive o dever de informar ao segurador a transferência do objeto do seguro[338].

[331] Delimitação do risco: SÁNCHES CALERO, op. cit., pp. 116-117.

[332] Brasil: C.C. art. 759, 760 e 761. Circular SUSEP 491/2014. Espanha: LCS, art. 3º, 8º, 2, 3 e 4. Portugal: DL art. 18º, art. 25º e art. 37º, *incisos* e alíneas. Argentina: LS, art. 11. México: LS, Art. 20. Chile: C.com. art. 514, 518.

[333] SOTO, Héctor Miguel. Contrato, celebración, forma y prueba (com especial referência al contrato de seguro). Buenos Aires, Editora La Ley S.A., 2001, p. 41.

[334] Brasil: C.C. art. 759, 760 e 761. Espanha: LCS 50/1980, art. 8º, 2, 3 e 4. Portugal: DL art. 18º, art. 25º e art. 37º, incisos e alíneas.

[335] Veja-se o Capítulo X – Princípio da Tutela Compensatória no Direito dos Seguros.

[336] Veja-se: CORDEIRO, op. cit., p. 643.

[337] Brasil: C.C. art. 766, parágrafo único. Espanha: LCS, artigos 8, 10, 11, 12, 16, 60. Portugal: Decreto 72/2008, art. 25º, incisos 1 a 5; 26º e incisos e art. 29º.

[338] Espanha: LCS, art. 34. Portugal: DL, 95, 2 Argentina: LS, art. 82. México: artigos 106, 107 e 108. Chile: C.com. art. 522.

Também, merece análise sob o ponto de vista da proteção da confiança, da tarefa orientadora do segurador[339], da boa-fé e do necessário equilíbrio da atividade seguradora.

2.3.4 Princípio do interesse

O interesse atua como princípio jurídico do contrato de seguro, no sentido de ser um *contrato causal*, dependente de uma causa lícita que lhe dê origem, pressuposto legal da contratação.

Este princípio põe em evidência a vontade contratual protegida pelo seguro, muitas vezes relacionadas à conservação de determinada coisa, para que não se produza um sinistro ou, ocorrendo, resulte uma indenização, capital ou renda[340].

Dentre as suas causas[341], o contrato de seguro pressupõe um "interesse segurável" e reconhecido pelo mundo jurídico. Na lição de Georg Jellinek "interesse é o conteúdo de vontade protegido pelo Direito" [342]. Como referia o mestre da Universidade de Heidelberg, "não meramente como bem do mundo econômico, patrimonial, senão um bem de índole espiritual".[343]

[339] Portugal: Decreto 72/2008: *"Artigo 22.º Dever especial de esclarecimento 1 — Na medida em que a complexidade da cobertura e o montante do prémio a pagar ou do capital seguro o justifiquem e, bem assim, o meio de contratação o permita, o segurador, antes da celebração do contrato, deve esclarecer o tomador do seguro acerca de que modalidades de seguro, entre as que ofereça, são convenientes para a concreta cobertura pretendida. 2 — No cumprimento do dever referido no número anterior, cabe ao segurador não só responder a todos os pedidos de esclarecimento efectuados pelo tomador do seguro, como chamar a atenção deste para o âmbito da cobertura proposta, nomeadamente exclusões, períodos de carência e regime da cessação do contrato por vontade do segurador, e ainda, nos casos de sucessão ou modificação de contratos, para os riscos de ruptura de garantia. 3 — No seguro em que haja proposta de cobertura de diferentes tipos de risco, o segurador deve prestar esclarecimentos pormenorizados sobre a relação entre as diferentes coberturas. 4 — O dever especial de esclarecimento previsto no presente artigo não é aplicável aos contratos relativos a grandes riscos ou em cuja negociação ou celebração intervenha mediador de seguros, sem prejuízo dos deveres específicos que sobre este impendem nos termos do regime jurídico de acesso e de exercício da actividade de mediação de seguros."*

[340] França: CA, *Article L121-6. Toute personne ayant intérêt à la conservation d'une chose peut la faire assurer.Tout intérêt direct ou indirect à la non-réalisation d'un risque peut faire l'objet d'une assurance.* México: LS, *"Artículo 85.- Todo interés económico que una persona tenga en que no se produzca un siniestro, podrá ser objeto de contrato de seguro contra los daños."*

[341] Interesse como causa do contrato de seguro. Nesse sentido veja-se: PIMENTA, Melisa Cunha. *Seguro de responsabilidade civil.* São Paulo: Ed. Atlas, 2010, p. 39.

[342] JELLINEK, Georg. *Teoría general del estado.* Traducción de Fernando de los Rios, Editorial IB de F, Julio César Faria, Montevideo-Buenos Aires, 2005, p. 42.

[343] Op. cit. p. 42.

Nesse campo da subjetividade jurídica extrai-se outra lição de Jellinek, segundo a qual, em sua generalidade, "os direitos são interesse legitimamente protegidos", conceito presente em sua doutrina e de seus discípulos[344].

Segundo Antonio de Menezes Cordeiro, o interesse traz consigo o sentido histórico de vedar-se a locupletação, dentre outros juízos éticos do comércio, como um "*elemento moralizador*"[345] do contrato de seguro.

Disso verificamos a natureza principiológica de uma diretriz ética irrenunciável, um vetor relacionado à tutela da vontade humana. O autor também comenta a evolução do interesse no humanismo e no "*jusnaturalismo britânico*" de Jeremy Benthan (1748-1832), no sentido utilitário da "*salvaguarda de interesses*" na vida em sociedade.

Na definição «interesse segurado» o termo passa a veicular uma tecno linguagem, que figura ao lado da *garantia contratada*, como elemento econômico deste contrato, embora não se confunda com esta, uma vez que interesse e garantia são conceitos de natureza distinta.

Dentre as suas significações, também há o sentido de «interesse segurável», relação entre o segurado e o bem exposto a um risco passível de contratação de seguro[346]. Neste caso, observa-se o conceito do ponto de vista de um contrato que pode se realizar e de que existem condições para tanto[347].

De outra parte, a expressão «interesse» ou a locução «interesse legítimo» projetam este termo para o campo dos requisitos essenciais do contrato, como elemento causal do contrato de seguro, pressuposto de uma causa lícita originadora.

344 AZEVEDO, Renan Falcão. *Posse – efeitos e proteção.* 2ª Edição revista e atualizada, EDUCS/ Revista dos Tribunais – Caxias do Sul e São Paulo, 1987, p. 51: "qualquer que seja a diversidade de interesses que representem os diversos direitos, todo direito estabelece a expressão de um interesse reconhecido pelo legislador, que requer e merece proteção. Os direitos se transformam na medida em que mudam os interesses da vida. Historicamente, portanto, direitos e interesses são paralelos".

345 CORDEIRO, António Meneses. Op. Cit. p. 559.

346 Cf. SANTOS, Ricardo Bechara. Op. cit. p. 122.

347 A validade dos negócios pressupõe a titularidade e o reconhecimento de direitos pela ordem jurídica. Nesse sentido veja-se: GUERRA, Alexandre. *Princípio da conservação dos negócios jurídicos.* São Paulo: Almedina, 2016, p. 59. *"O negócio jurídico válido é aquele cujo "suporte fático" encontra-se perfeito. Nele, os seus elementos capitais (elementos nucleares) não apresentam qualquer "deficiência invalidante". É dizer, não há falta de qualquer requisito."*

Na gênese do contrato de seguro, como ocorre nos negócios causais[348], deve haver um interesse socialmente aceito, ponderável e de relevância jurídica, relativo à *intenção do contratante*[349].

Na lição de Emilio Betti, que conduz à estrutura subjetiva dos negócios jurídicos, muitos possuem uma intenção típica, a chamada «vontade típica do negócio»[350].

O contrato de seguro supõe um interesse típico frente ao segurador[351], de reparação das consequências pecuniárias de um dano material, nos seguros de danos; ou assegurar condições de existência, saúde, previdência, sucessão, entre outros, nos seguros de pessoas. Em todos os casos, deve haver um nexo jurídico entre a vontade do segurado ou tomador e a função do contrato.

Dentre os seus antecedentes históricos, José Vasques refere que este princípio foi encontrado no *"Life Assurance Act de 1774"*[352].

Segundo Joaquin Garrigues, expoente do pensamento dualista, este princípio teve seu marco no seguro contra danos[353], vinculado ao dano patrimonial[354], onde é referencial entre a cobertura e o interesse segurado. Nesse contexto, articula-se com o «princípio indenizatório»[355], como parâmetro de reequilíbrio contratual nas circunstâncias de infrasseguro:

[348] Determinados negócios *necessitam de um «nexo de causalidade jurídica», por isso a denominação «contratos causais». De outra* parte, existem «negócios abstratos», independentes de causa, como o cheque e outros títulos de crédito, cuja natureza permite ao portador exercitar os direitos previstos no título independentemente do exame dos atos que resultaram na criação do título. Nesse sentido, veja-se: DIEZ-PICAZO, Luis. *Fundamentos del Derecho civil patrimonial.* Volumen Primero. Editorial Civitas, Madrid, 1996, p.217.

[349] Itália: C.c. *"Art. 1362 Intenzione dei contraenti: Nell'interpretare il contratto si deve indagare quale sia stata la comune intenzione delle parti e non limitarsi al senso letterale delle parole. Per determinare la comune intenzione delle parti, si deve valutare il loro comportamento complessivo anche posteriore alla conclusione del contratto.*

[350] Cf. BETTI, Emilio. Op. cit. p. 145.

[351] Em outras palavras: "Causa e tipo negoziali – *(circonstanza che in modo obiettivo assumono la terminologia di «motivi reilevanti») e dall'altro, l'analisi della struttura contratuale, cioè del tipo,che le parti hano preceleto"*. ROSSELLO, Carlo. Op. cit. p. 384.

[352] *"Life Assurance Act – 1774"* /http://www.legislation.gov.uk/apgb/Geo3/14/48. Acesso em 24/07/2014 11:25.

[353] GARRIGUES, Joaquin. Op. cit. p. 22. Em sentido contrário, Fernando Sanches Calero refere que o interesse é *"un elemento común a todas las clases de contrato de seguro"* (Op. cit. p. 385). Nesse sentido, Rubén S. Stiglitz comenta: *"Este interés puede existir (existe) ante todo en un sujeto con respecto a sí mismo, a su vida y a su integridad física."* Op. cit. Vol. I, p. 369.

[354] GARRIGUES, Joaquin. Op. cit. p. 22.

[355] Veja-se o Capítulo VII – O Princípio Indenizatório no Contrato de Seguro.

importância segurada inferior ao valor do interesse segurado[356]; e sobresseguro: importância segurada superior ao valor do interesse segurado[357].

No Direito espanhol sua necessidade é afirmada na lei e pelos Tribunais, de tal forma que o artigo 25 da LCS 50/1980 prevê a nulidade do contrato para os casos de falta de interesse no momento da sua conclusão. Veja-se a Sentença de 9 de julho de 1994 (RJ 1994, 6383):

> Espanha: *"en los seguros de daños, el interés del asegurado a la indemnización procedente por consecuencia del riesgo que se asegura, viene a ser requisito esencial para la validez del contrato, pues en otro caso vendría a ser nulo".* [358]

Relacionado ao seguro de danos, supõe-se que proceda do art. 1.904 do Código Civil italiano, do qual também teria se valido o art. 25 da Lei espanhola[359]. À falta de interesse, ambas as leis declaram a nulidade do contrato[360].

Atualmente, alarga-se a sua aplicação aos seguros de pessoas, no sentido de que *"o contrato de seguro não garante riscos, mas sim interesses do segurado contra a realização do risco*[361]*"*.

Com âmbito geral de aplicação, nos seguros de danos e pessoas, o *interesse* atua como princípio positivo em diferentes nações, refletido em conhecidas normas de seguro, como um elo de *relação jurídica*[362] entre a intenção de um sujeito e a cobertura securitária[363], além de um elemento econômico de equilíbrio, para que o seguro não se torne fonte de enriquecimento indevido.

Algumas leis de seguro confirmam o interesse como um princípio positivo relacionado a hipóteses de nulidade contratual, entre outras consequências econômicas.

[356] Espanha: LCS, arts. 30 e 31.

[357] Espanha: LCS, art. 31.

[358] Cf. Fernando Sanchez Calero, Op. cit. p. 389.

[359] SÁNCHEZ CALERO, Fernando. Op. cit. p. 385.

[360] Espanha: LCS, *"Artículo 25. Sin perjuicio de lo establecido en el artículo cuarto, el contrato de seguro contra daños es nulo si en el momento de su conclusión no existe un interés del asegurado a la indemnización del daño."* SANCHES CALERO, Fernando. Op.cit. *p. 385.*

[361] Veja-se: IBDS – Instituto Brasileiro de Direito do Seguro. *Contrato de Seguro: Uma Lei para todos* – São Paulo: Quartier Latin, 2013, p. 60.

[362] Nesse sentido: TZIRULNIK, Ernesto; CAVALCANTI, Flávio de Queiroz B.; PIMENTEL, Ayrton: *O contrato de seguro de acordo com o novo Código Civil Brasileiro.* 1ª Edição. São Paulo, Editora Revista dos Tribunais, 2003, p. 32.

[363] Cf., HALPERIN, Isaac. Seguros. Exposición crítica de las Leyes 17418, 20091 y 22400. 3ª Ed. Actualizada y ampliada por Nicolás H. Barbato. Buenos Aires, Depalma, 2001, p. 890.

Na Argentina há previsão sobre a desaparição do interesse ou substituição do titular[364] nos artigos 81 a 83 da LS 17.418. O artigo 81 prevê duas hipóteses diferentes com relação à inexistência de interesse: quando não existe no início da vigência do contrato; e quando a inexistência se produz no curso do contrato, após o início da vigência contratual[365].

Rubén Stiglitz comenta que o mencionado artigo 81 da LS omite consignar a consequência jurídica da falta de causa. Enuncia efeitos, todavia: no primeiro caso, o tomador fica liberado do pagamento do prêmio; no último, há o direito de reembolso do segurador pelos gastos, mais um adicional que não pode exceder a 5% do prêmio[366].

Em Portugal, o artigo 43 do Decreto-Lei n.º 72/2008 prevê a exigência de um "*interesse digno de proteção legal*" relativo ao risco coberto, sob a cominação de nulidade.

No direito francês é princípio explícito no art. L121-6 do *Code des Assurances*, no sentido de que "*Toda pessoa que tenha interesse na conservação de uma coisa pode segurá-la. Todo interesse direto ou indireto na não realização de um risco pode constituir objeto de um seguro.*"[367]

Na lei de seguros do México, atualizada em 2013, o interesse segurável tem sentido amplo, semelhante à lei francesa[368], servindo como parâmetro para fixar a indenização no momento da realização do sinistro. Além disso, serve à regra de proporcionalidade e rateio em caso de *infrasseguro*[369]. Na lei mexicana "*o contrato será nulo se no momento da sua celebração a coisa segurada houver perecido ou não puder seguir exposta aos riscos*"[370].

No Chile o Código de Comércio prevê a necessidade de um interesse segurável, atual ou futuro, relativo ao objeto do seguro, sob a pena do segurado não poder reclamar a indenização[371]. De forma alternativa, se o interesse não chegar a existir, ou cessar durante a vigência do seguro, a lei prevê que

[364] Argentina: LS, arts. 81 a 83.

[365] Sobre a falta de interesse do segurado na Argentina veja-se: HALPERIN, Isaac. Op. cit. p. 342, LOPEZ SAAVEDRA, Domingo M. Op. cit. p. 81. STIGLIZ, Rubén S. Op. cit. vol. 1, p. 375-376.

[366] STIGLITZ, Rubén S. Op. Cit. Tomo I, p. 373.

[367] França: CA. «*Article L121-6. Toute personne ayant intérêt à la conservation d'une chose peut la faire assurer.Tout intérêt direct ou indirect à la non-réalisation d'un risque peut faire l'objet d'une assurance.*»

[368] México: LS, "*Artículo 85.- Todo interés económico que una persona tenga en que no se produzca un siniestro, podrá ser objeto de contrato de seguro contra los daños.*"

[369] México: LS, art. 86, 91 e 92.

[370] México: LS, art. 88.

[371] Chile: C.com. art. 546.

o contrato terminará e o segurado terá direito à restituição do prêmio correspondente ao tempo não transcorrido[372].

O Código de Comércio do Chile contempla, ainda, o princípio positivo do interesse nos seguros de pessoas, com a ressalva de que podem ser contratados em nome próprio *"pelo segurado ou por pessoa que tenha interesse"*. Nos casos de seguro por morte, se são distintas as pessoas do tomador e do segurado, é obrigatório o consentimento do último, com a indicação da importância segurada e o nome do beneficiário, vedado o seguro de menores ou incapazes[373].

Para os seguros de pessoas, em diversas nações, inclusive do ponto de vista do Direito brasileiro, é comum verificar-se o interesse em razão de determinadas necessidades, riscos, ou de previsão legal, como entre cônjuges, companheiros, ascendentes ou descendentes, também chamado «interesse presumido»[374].

No Brasil há norma específica sobre o interesse no Capítulo XV do Código Civil. O artigo 757 do C.C. dispõe:

> "Pelo contrato de seguro, o segurador se obriga, mediante o pagamento do prêmio, a garantir interesse legítimo do segurado, relativo à pessoa ou à coisa, contra riscos pré-determinados."

Além de atender a necessidade de um *"nexo de causalidade jurídica"* [375] para os seguros de danos e de pessoas, o enunciado contempla a legitimidade para contratar, exigível no seguro por conta própria ou de terceiros, sem cominação de nulidade para os casos de inexistência de interesse.

A norma do art. 757 do C.C. brasileiro dá relevo ao interesse para deixar claro que seguro não é negócio abstrato, e sua existência dependente de causas reconhecidas pelo Direito.

Em forma de princípio ou cláusula geral[376], entendemos que o enunciado do art. 757 confere a mobilidade adequada para ponderar a vontade contratual

[372] Chile: C.com. art. 520.

[373] Chile: C.com. art. 589.

[374] Espanha: LCS, art. 83 e 85.

[375] BETTI, Emilio. Op. cit. p. 5.

[376] A expressão "cláusula geral" é considerada como um tipo de norma aberta, ou na expressão de CANARIS, *"pontos de erupção da equidade"*, que permitem ao julgador grande espaço de liberdade para que faça suas escolhas. Comenta o autor, *"é característico para a cláusula geral ela estar carecida de preenchimento com valorações, isto é, o ela não dar os critérios necessários para sua caracterização, podendo*

de forma sistemática, com base nos valores e normas do Direito dos seguros e seus instrumentos de proteção da vulnerabilidade. Não existe previsão normativa rígida, que torne clara a consequência da nulidade do contrato de seguro por falta de interesse, o que nos parece igualmente razoável.

Nesse caso, o princípio do interesse no Direito brasileiro funciona como "*norma de delegação*"[377], assim direcionado às partes e ao julgador, sujeito à interpretação do caso concreto.

Essa mobilidade conferida ao intérprete permite a ponderação de outras circunstâncias concretas, inclusive sob o ponto de vista da interpretação mais favorável ao segurado ou ao tomador, a quem o ônus da nulidade poderia pesar desproporcionalmente, também no sentido da interpretação contra o predisponente.

Não parece ruim não haver nulidade, especialmente quando a ordem jurídica permite outras soluções mais apropriadas, como é o caso dos pressupostos contratuais típicos (art. 104 e seguintes do Código Civil), ou regras de proporcionalidade para onerosidade nos contratos de execução continuada, conforme os artigos 478 e 480 deste mesmo Código.

A propósito, o princípio do interesse no contrato de seguro era desconhecido na legislação brasileira até o Código Civil de 2002. Todavia, no Código de 1916[378] estavam previstos os requisitos gerais dos atos jurídicos, aplicáveis ao contrato seguro, ao lado da sua disciplina específica[379]. O mesmo ocorre no Direito vigente, haja vista que os requisitos dos contratos são norma geral, com incidência sobre os seguros privados.

Do ponto de vista histórico, como observou Clóvis Bevilaqua, são conhecidos dentre os pressupostos contratuais do art. 1.108 do Código de Napoleão ou Código Civil Francês[380], com similar redação no art. 1.261 do Código Civil

estes, fundamentalmente, determinar apenas com a consideração do caso concreto...". CANARIS, Claus-Wilhelm. *Pensamento sistemático e conceito de sistema na ciência do direito.* 2ª ed. Lisboa, Fundação Calouste Gulbenkian, 1996, p. 142.

[377] Sobre "*conceitos de delegação*", CANARIS refere ao papel daqueles conceitos pelos quais o legislador, abdicando de decisões sobre certos interesses, remete para o juiz a sua formulação. CANARIS, Claus-Wilhelm. *Pensamento sistemático e conceito de sistema na ciência do direito.* 2ªed., Lisboa, Fundação Calouste Gulbenkian, 1996. p. XXI.

[378] Cf. BEVILAQUA, Clovis. *Código civil dos Estados Unidos do Brasil, comentado por Clovis Bevilaqua. Edição histórica. Rio de Janeiro, Ed. Rio, 1979.* Segundo o autor, o art. 82 do código de 1916, teve precedência no Código Civil francês, italiano, venezuelano e uruguaio p. 328.

[379] Brasil: C.C. de 1916, art. 1.432 e seguintes.

[380] França: C.C. « Art. 1108 – *Chapitre II – Des conditions essentielles pour la validité des conventions (Articles 1108 à 1108-2): Section 1 – Du consentement (Articles 1109 à 1122) ; Section 2 – De la capacité des*

espanhol[381]. Ambos exprimem os requisitos da "capacidade para contratar, consentimento, objeto e causa".

Isso tem relevo na medida em que o estudo da *causa*, associado ao «princípio do interesse» e demais princípios jurídicos, permite ponderar vícios de consentimento, simulação, fraude, má-fé, reserva mental, enriquecimento injusto, ou qualquer forma de *causa falsa*, à luz de critérios jurídicos historicamente reconhecidos.

Como causa do contrato, sendo inexistente o interesse, haverá contrato sem causa. Ou, ao mínimo, contrato sem esta causa específica. Isso importa aos negócios causais: veja-se o brocardo *"nulla obligatio est sine causa"* [382].

Por essa lógica, o princípio do interesse tem repercussão natural sobre os sistemas de nulidade, embora esta consequência jurídica nem sempre se apresente da mesma maneira, conforme comentamos acima. Em alguns países a lei determina a nulidade do seguro em que não houver interesse[383]. Em outros, o conceito é igualmente relevante sem cominação de nulidade.

Por essa relação com o sistema de nulidades, deve haver cuidado no manejo deste princípio, para que não se torne um instrumento prejudicial à parte vulnerável. A experiência estrangeira tem seu valor, sobretudo para os casos de inocorrência de interesse antes da contratação; desaparição durante a vigência do contrato, ou substituição do titular do interesse.

parties contractantes (Articles 1123 à 1125-1); Section 3 – De l'objet et de la matière des contrats (Articles 1126 à 1130); Section 4 – De la cause (Articles 1131 à 1133).

[381] Espanha: C.C. *Art. 1.261. No hay contrato sino cuando concurren los requisitos siguientes: 1º. Consentimiento de los contratantes; 2º. Objeto cierto que sea materia del contrato. 3º. Causa de la obligación que se establezca.*

[382] Sobre a problemática da causa nas obrigações e a expressão latina acima, veja-se: DIEZ-PICAZO, Luis. Op. Cit. Capítulo IX.

[383] Espanha: LCS, *"Artículo 25. Sin perjuicio de lo establecido en el artículo cuarto, el contrato de seguro contra daños es nulo si en el momento de su conclusión no existe un interés del asegurado a la indemnización del daño."* Portugal: DL *"Artigo 43.º – Interesse – 1 — O segurado deve ter um interesse digno de proteção legal relativamente ao risco coberto, sob pena de nulidade do contrato."* Itália: C.c. *"Art. 1904 Interesse all'assicurazione. Il contratto di assicurazione contro i danni è nullo (1418 e seguenti) se, nel momento in cui l'assicurazione deve avere inizio, non esiste un interesse dell'assicurato al risarcimento del danno."* Argentina: LS, *"Art. 60. Puede ser objeto de estos seguros cualquier riesgo si existe interés económico lícito de que un siniestro no ocurra."* México: LS – *"Artículo 85.- Todo interés económico que una persona tenga en que no se produzca un siniestro, podrá ser objeto de contrato de seguro contra los daños. Artículo 163.- El seguro de personas puede cubrir un interés económico de cualquier especie, que resulte de los riesgos de que trata este Título, o bien dar derecho a prestaciones independientes en absoluto de toda pérdida patrimonial derivada del siniestro."* Chile: C.com. *"Art. 520. Interés asegurable. El asegurado debe tener un interés asegurable, actual o futuro, respecto al objeto del seguro. En todo caso es preciso que tal interés exista al momento de ocurrir el siniestro. Si el interés no llegare a existir, o cesare durante".*

De *lege ferenda*, acreditamos que a combinação dessa técnica legislativa para as hipóteses acima, associada à compreensão do interesse como princípio do contrato de seguro, sem cominação de nulidade, seja uma solução mais benéfica à parte débil da contratação e mais de acordo com as exigências deste sistema.

Seu bom manejo, naturalmente, depende da razão e sensibilidade das partes e do julgador, segundo as circunstâncias do caso concreto e os valores e normas do Direito dos seguros, inclusive para os casos de transferência do objeto do seguro e do consequente dever de informar ao segurador[384].

2.3.5 Princípio da boa-fé

Do latin *(bonae fidei)*. Segundo Moreira Alves, a definição data do direito pós-clássico, relacionada aos contratos tutelados por ação de boa-fé *(iudicium bonae fidei)*, que conferiam ao juiz um poder de apreciação mais amplo do que nas ações de direito estrito *(iudicium stricti iuris)*. Sob a ponderação da boa-fé, o juiz estava autorizado a apreciar circunstâncias não suscitadas pelos contratantes[385], no campo da vontade contratual, "podendo descer à substância das questões"[386].

Nessa fase do direito romano esclarecia Clóvis do Couto e Silva[387] que nas ações de boa-fé "*ex fide bona*" aplicavam-se as regras do "*ius gentium*", e a sentença

[384] Espanha: LCS, art. 34. Apartado segundo: "*El asegurado está obligado a comunicar por escrito al adquirente la existencia del contrato del seguro de la cosa transmitida. Una vez verificada la transmisión, también deberá comunicarla por escrito al asegurador o a sus representantes en el plazo de quince días.*" Portugal: DL, 95, 2 — *Salvo disposição legal ou convenção em contrário, em caso de transmissão do bem seguro, sendo segurado o tomador do seguro, o contrato de seguro transmite -se para o adquirente, mas a transferência só produz efeito depois de notificada ao segurador.*" Argentina: LS, "*Cambio del titular del interés*": *Art. 82. El cambio del titular del interés asegurado debe ser notificado al asegurador quien podrá rescindir el contrato en el plazo de veinte días y con preaviso de quince días, salvo pacto en contrario.*" México: LS, "*Artículo 106.- Si el objeto asegurado cambia de dueño, los derechos y obligaciones que deriven del contrato de seguro pasarán al adquirente. El propietario anterior y el nuevo adquirente quedarán solidariamente obligados a pagar las primas vencidas y pendientes de pago en el momento de la trasmisión de propiedad.*"

[385] Cf. ALVES, José Carlos Moreira. Op. cit. p. 115. No mesmo sentido: Antônio Manuel da Rocha e Menezes Cordeiro. Da boa fé no direito civil. Coimbra, Editora Almedina, 2001, p. 89.

[386] Idem, Op. cit. p. 89

[387] O autor foi um dos importantes civilistas a destacar os efeitos da boa-fé objetiva no direito brasileiro, com notável influência no projeto do Código Civil de 2002. Em sua tese para a cadeira de Direito na UFRS, no ano de 1964, conferiu cuidados especiais a boa-fé objetiva, comentou sobre o crescimento da importância deste princípio na teoria geral das obrigações e na jurisprudência como

poderia considerar a retidão e a lisura dos litigantes, diferentemente do processo da "*legis actiones*", em que era reduzido o arbítrio do "iudex".

A ideia da boa-fé também se encontra no Título I das Institutas, do Imperador Justiniano. O parágrafo 3º dispõe: "*Os preceitos do direito são estes: viver honestamente, não causar dano a outrem, dar a cada um o que é seu*" [388].

Em sentido amplo, desde as leis mosaicas, passando pelos filósofos pré-socráticos aos dias atuais, a boa-fé se confunde com a virtude e deveres de boa conduta, "uma rota prudente" ou "caminho confiável" de justiça comutativa[389]. E assim segue no moderno direito das obrigações como ordem de cooperação, tornando-se exigência da base objetiva nos negócios[390].

Embora as ilustrações da antiguidade, esse princípio nem sempre esteve presente com a força obrigacional dos dias atuais. Na doutrina francesa, Planiol e Ripert propunham abandonar essa expressão. Segundo os mestres, a boa-fé teria outro sentido histórico, sem relação com este contrato[391]. Questões culturais da época talvez não permitissem supor a sua força nos sistemas de seguro.

Não foi diferente na boa-fé processual, também recepcionada de forma tardia, a partir do Código de Processo Civil italiano de 1940. Antes, na esteira dos *duelos judiciários*[392] entendia-se que ao Estado não cabia intervir nos confli-

"uma reação às concepções do positivismo jurídico". Segundo o ator: "A principal transformação ocorrente na teoria das fontes é a existência de deveres resultantes da concreção do princípio da boa-fé." COUTO E SILVA, Clóvis V. *A obrigação como processo.* Tese para concurso na Cadeira de Direito Civil da Faculdade de Direito da Universidade do Rio Grande do Sul. Editora Meridional Emma, Porto Alegre, 1964, p. 28.

[388] INSTITUTAS DO IMPERADOR JUSTINIANO. "*Praecepta juris sunt haec: honeste vivere, alterum non laedere, suum cuique tribuere.*" Op. cit. p. 21. Embora o comentário às leis de Justiniano e correlação com a filosofia, consta que este imperador "fechou as escolas filosóficas de Atenas e tentou banir a filosofia não-cristã do Império Romano". GOTTLIEB, Anthony. O sonho da razão: uma história filosófica ocidental da Grécia ao Renascimento. Tradução Pedro Jorgenssen Jr. Rio de Janeiro: DIEFEL, 2007, p. 419.

[389] Veja-se: GOTTLIEB, Anthony. Op. cit. O autor comenta o sentido do bem como um caminho confiável em diversos filósofos: Demócrito p. 121-139: "Aquele que tem uma conduta ordenada vive uma vida ordenada"; "Não desconfie de todo o mundo; mas seja cuidadoso, e fique do lado seguro". O principal expoente, todavia, foi Sócrates, em suas palavras, "Nenhum outro grande filósofo foi tão obcecado pela questão de como levar uma vida íntegra." p.p. 168-211. Na sequência histórica e temporal, Platão, Aristóteles, epicuristas e estoicos, entre outros, cuidaram das questões morais, sendo que, para os últimos: "A única coisa realmente ruim que pode acontecer ao homem bom é fazer o mal, coisa que ele não faz, por definição." p. 390.

[390] COUTO E SILVA, Clóvis V. *A obrigação como processo.* Op, cit. p. 137 e 222.

[391] Cf. PLANIOL, Marcel Fernand. RIPERT, Georges. Op. cit. p. 589.

[392] Veja-se: MONTESQUIEU, Charles Louis de Secondat, O espírito das leis. Trad. De Fernando Henrique Cardoso e Leoncio Martins Rodrigues. Brasília, Editora UNB, 1982, pp. 559-567.

tos pessoais, nem constituir obrigações que supunham invadir as liberdades no exercício da ampla defesa.

Na segunda metade do século passado, todavia, tornou-se mais clara a função deste princípio e seu caráter finalístico. E atribui-se à escola alemã e à força do art. 242 do BGB[393] uma das maiores transformações dentre as fontes do direito[394], baseada nos deveres de boa-fé, consagrado em cláusulas gerais em diversos países.

Modernamente, no processo ou no direito das obrigações, este *princípio* atua de modo a supervalorizar os efeitos da lealdade e da moralização dos negócios jurídicos. E a *"extensio legis"* da boa-fé é tutela presente em diferentes campos de aplicação do direito, inclusive como instrumento compensatório da vulnerabilidade[395].

Na hierarquia das normas jurídicas, pode-se dizer que é um princípio supralegal do contrato de seguro. Situa-se na lei e em órbita acima desta, como fonte informadora da produção e aplicação do direito [396].

No capítulo do contrato de seguro, o art. 765 do Código Civil brasileiro delineia a exigência da mais estrita boa-fé e veracidade:

> C.C. – "Art. 765. O segurado e o segurador são obrigados a guardar na conclusão e na execução do contrato, a mais estrita boa-fé e veracidade, tanto a respeito do objeto como das circunstâncias e declarações a ele concernentes."

Nesse campo obrigacional a lealdade e boa-fé são eixos a serem observados. Essa também é a norma do art. 422 do Código Civil brasileiro[397],

[393] Alemanha: Vale observar que a boa-fé objetiva ou boa-fé contratual, com base nos §157 e § 242 do BGB, levaram sua influência à muitos países: § 157 "Os contratos devem ser interpretados como exigidos de boa-fé, levando em consideração a prática habitual."; e § 242 "O devedor está adstrito a realizar a prestação tal como o exija a boa-fé, com consideração pelos costumes do tráfego".

[394] Na feliz expressão de Clóvis do Couto e Silva: *"A principal transformação ocorrente na teoria das fontes é a existência de deveres resultantes da concreção do princípio da boa-fé."* COUTO E SILVA, Clóvis V. A obrigação como processo. Op. cit. p. 28.

[395] Veja-se: CDC Lei 8.078/1990; Espanha: LCS 50/1980 e LGDCU, Ley 26/1984.

[396] Na expressão de Clóvis Beviláqua, os contratos, como espécies de atos jurídicos, *"estão submetidos aos princípios gerais do justo e do honesto, e devem ser interpretados como atos de boa fé"*. BEVILAQUA, Clovis. Op. cit. p. 229.

[397] Brasil: C.C. "Art. 422. Os contratantes são obrigados a guardar, assim na conclusão do contrato, como em sua execução, os princípios de probidade e boa-fé." "Art.

de obrigação de boa-fé objetiva nas diversas fases do contrato, desde o nascimento, passando pela formação até a sua conclusão.

No direito brasileiro, outro sentido a ser apreciado é o de que a hermenêutica no contrato, segundo o art. 133 do C.C., deve considerar seus valores e cláusulas no contexto da boa-fé, dos usos e do lugar da celebração[398]. A propósito, a norma da interpretação conforme a boa-fé possui correspondência no art. 131, I do Código Comercial, de 1850.

Em sua grande parte, o contrato de seguro possui «conteúdo declaratório», o que torna indispensável a confiança nas declarações e no comportamento negocial[399]. Isto vale para informações, questionários e formulários de seguros, assim como é relevante do ponto de vista das cláusulas, disposições e comportamentos: antes, durante e após a contratação.

No modelo anterior, do Código Civil brasileiro de 1916, havia previsão sobre a boa-fé no art. 1.443:

> C.C. 1916 – "Art. 1.443 – O segurado e o segurador são obrigados a guardar no contrato a mais estrita boa-fé e veracidade, assim a respeito do objeto, como das circunstancias e declarações a ele concernentes."

Segundo Clóvis Bevilaqua, a norma tomou como referência o at. 679 do Código Comercial, o art. 508 do Código Civil de Zurich, e a Lei belga, art. 9º. E, no que respeita ao contrato de seguro, com extrema sensibilidade, referiu ser fundamental a lealdade e confiança:

[398] Brasil: C.C. Brasil: C.C. Art. 113. Os negócios jurídicos devem ser interpretados conforme a boa-fé e os usos do lugar de sua celebração. § 1º A interpretação do negócio jurídico deve lhe atribuir o sentido que: I – for confirmado pelo comportamento das partes posterior à celebração do negócio; II – corresponder aos usos, costumes e práticas do mercado relativas ao tipo de negócio; III – corresponder à boa-fé; IV – for mais benéfico à parte que não redigiu o dispositivo, se identificável; e V – corresponder a qual seria a razoável negociação das partes sobre a questão discutida, inferida das demais disposições do negócio e da racionalidade econômica das partes, consideradas as informações disponíveis no momento de sua celebração." (Incluídos pela Lei nº 13.874, de 2019 – Lei da Liberdade Econômica)". A propósito, veja-se: Lei 13.874/2019: "Art. 2º São princípios que norteiam o disposto nesta Lei: I – a liberdade como uma garantia no exercício de atividades econômicas; II – a boa-fé do particular perante o poder público; III – a intervenção subsidiária e excepcional do Estado sobre o exercício de atividades econômicas; e IV – o reconhecimento da vulnerabilidade do particular perante o Estado.

[399] Veja-se: SANTOS, Amilcar. Op. cit. p. 37. ALVIM, Pedro. Op. Cit. p.p. 130-132; PLANIOL, Marcel. RIPERT, George. Op. Cit. P. 589; MESSINEO, Francesco. Op. Cit. P. 166. DINIZ, Maria Helena. Op. cit. p. 522; BIGOT, Jean. Op. cit. p.p. 60-61. Sobre boa-fé, veja-se: CORDEIRO, António Menezes. Da boa-fé no Direito Civil. Livraria Almedina, Coimbra, 2001.

> *"todos os contratos devem ser de boa-fé, mas no seguro se exige maior energia, porque é indispensável que as partes confiem nos dizeres uma da outra"* [400].

Essa norma tem presença nas leis de seguros, na doutrina e nos julgados, assim como é um dos princípios estruturantes do direito processual civil, conforme o artigo 5º e derivações no CPC[401].

No princípio da boa-fé está contido o imperativo de vedação da má-fé, e sua intolerância, sujeita à nulidade[402]. Na expressão de André Comte-Sponvile, o homem pode mentir, e mente. *"É o que torna a boa-fé logicamente possível, e moralmente necessária*[403]*"*. O sentido existencial da assertiva sublinha a burla como um golpe aos fins perseguidos pelo direito.

Em resposta, a obrigação de moralidade estabelece limites às liberdades pessoais. Parte do sentido de que a formação do contrato nasce do consenso contratual, mediante acordo de vontades segundo a ordem jurídica, a moral e a confiança recíproca na atuação correta do outro[404].

400 BEVILAQUA, Clovis, Op. cit. p. 573.

401 Brasil: CPC – "Art. 5º Aquele que de qualquer forma participa do processo deve comportar-se de acordo com a boa-fé."

402 Intolerância com relação à má-fé: Brasil: C.C. *"Art. 762. Nulo será o contrato para garantia de risco proveniente de ato doloso do segurado, do beneficiário, ou de representante de um ou de outro."* Espanha: LCS 50/1980 *"Artículo 19. El asegurador estará obligado al pago de la prestación, salvo en el supuesto de que el siniestro haya sido causado por mala fe del asegurado."* Portugal: C.Com. *"Art.º 429.º – Nulidade do seguro por inexactidões ou omissões. Toda a declaração inexacta, assim como toda a reticência de factos ou circunstâncias conhecidas pelo segurado ou por quem fez o seguro, e que teriam podido influir sobre a existência ou condições do contrato tomam o seguro nulo. § único. Se da parte de quem fez as declarações tiver havido má fé o segurador terá direito ao prémio."* Argentina: LS, arts. 5, 7 e 8. México: C.C. *"Articulo 1816. El dolo o mala fe de una de las partes y el dolo que proviene de un tercero, sabiendolo aquella, anulan el contrato si ha sido la causa determinante de este acto juridico."* LS, *"Artículo 77.- En ningún caso quedará obligada la empresa, si probase que el siniestro se causó por dolo o mala fe del asegurado, del beneficiario o de sus respectivos causahabientes."* Veja-se, arts. 60, 88, 95, 102 e 168. Chile: C.c. *"Art. 1546. Los contratos deben ejecutarse de buena fe, y por consiguiente obligan no sólo a lo que en ellos se expresa, sino a todas las cosas que emanan precisamente de la naturaleza de la obligación, o que por la ley o la costumbre pertenecen a ella."* C.com. *"Art. 539. Otras causales de ineficacia del contrato. El contrato de seguro es nulo si el asegurado, a sabiendas, proporciona al asegurador información sustancialmente falsa al prestar la declaración a que se refiere el número 1° del artículo 524 y se resuelve si incurre en esa conducta al reclamar la indemnización de un siniestro. En dichos casos, pronunciada la nulidad o la resolución del seguro, el asegurador podrá retener la prima o demandar su pago y cobrar los gastos que le haya demandado acreditarlo, aunque no haya corrido riesgo alguno, sin perjuicio de la acción criminal."*

403 COMTE-SPONVILLE, André. *Pequeno tratado das grandes virtudes.* Tradução: Eduardo Brandão. São Paulo, Ed. Martins Fontes, 1995, p. 215.

404 DIEZ-PICAZO, Luis. (*Fundamentos del Derecho Civil patrimonial. Vol. 1º Introducción Teoría* del Contrato. Quinta edición. Madrid: Editorial Civitas, 1996, p. 49).

Em perspectiva funcional, deposita-se na boa-fé um indicativo de validez do consentimento, com funções de proteger e penalizar o comportamento das partes[405], espécie de «*crivo ético*» para o ingresso e exclusão do mundo jurídico, com repercussão nos sistemas de nulidades.

Independentemente de seu modo de aplicação, que varia conforme as circunstâncias do caso, a boa-fé funciona como uma "*redução dogmática*"[406] ou generalização de virtudes do homem que vincula o Direito à moral, pressupondo o esforço em direção à autenticidade, correção de conduta e a preponderância do verdadeiro sobre o falso.

Na formação do direito traz à tona a concepção naturalista de que a ordem jurídica não é referencial de si mesma, e sua estrutura está vinculada à justiça e à verdade, na expressão de Rawls, essenciais aos sistemas de pensamento[407].

Por sua natureza jurídica e universalidade, pode-se dizer que a boa-fé se situa na lei e em órbita acima desta, como fonte informadora da produção do direito[408], uma espécie de crivo de ingresso e exclusão do mundo jurídico.

Sob essa perspectiva funcional, atua no contrato de seguro como um indicativo de validez do interesse e do consentimento contratual, com funções de proteger e penalizar o comportamento das partes em caso de falsidade, lesão e onerosidade[409].

O reflexo da boa-fé como norma na contratação de seguros pode ser observado a partir do referido art. 765 do Código Civil brasileiro, que exige "a mais estrita boa-fé" [410]. Semelhante preceito, aplicável às obrigações e aos contratos em geral, encontra-se nos artigos 7º, 1º, e 1.258 do Código Civil Espanhol.

[405] Vide: CORDEIRO, António Manuel da Rocha e Menezes. *Da boa fé no direito civil.* Coimbra, Editora Almedina, 2001, p. 513.

[406] Sobre "redução dogmática ou generalizações simplificadoras que facultam a transmissão de conhecimentos crescentemente complexos" vide: CANARIS, Claus-Wilhelm. Op. cit. p. LXVIII.

[407] RAWLS, John. *Uma teoria da justiça.* Título Original: a theory of justice. Tradução Almiro Pisetta e Lenita M. R. Esteves, São Paulo, Martins Fontes, 1997: *"A justiça é a primeira virtude das instituições sociais, como a verdade o é para os sistemas de pensamento."* p. 3.

[408] Na expressão de Clóvis Beviláqua, os contratos, como espécies de atos jurídicos, *"estão submetidos aos princípios gerais do justo e do honesto, e devem ser interpretados como atos de boa fé"*. BEVILAQUA, Clovis. Op. cit. p. 229.

[409] Cf. CORDEIRO, António Menezes. *Da boa fé no direito civil.* Coimbra, Editora Almedina, 2001, *p. 513.*

[410] Brasil: C.C. "Art. 765. O segurado e o segurador são obrigados a guardar na conclusão e na execução do contrato a mais estrita boa-fé e veracidade, tanto a respeito do objeto como das circunstâncias e declarações a ele concernentes." Ainda no C.C. veja-se: "Art. 422. Os contratantes são obrigados a guardar, assim na conclusão do contrato, como em sua execução, os princípios de

Espanha: C.C. *"Art. 7.1. Los derechos deberán ejercitarse conforme a las exigencias de la buena fe."*

Espanha: C.C. *"Art. 1258. Los contratos se perfeccionan por el mero consentimiento, y desde entonces obligan, no sólo al cumplimiento de lo expresamente pactado, sino también a todas las consecuencias que, según su naturaleza, sean conformes a la buena fe, al uso y a la ley."*[411]

A doutrina distingue a boa-fé quando se manifesta internamente, no pensamento das pessoas «boa-fé subjetiva»; ou quando se projeta como fato sensível ao mundo exterior «boa-fé objetiva». Internamente, no plano da razão humana, a boa-fé está na índole do pensamento, na consciência de cada pessoa, conforme a moral interior do homem, suas experiências de vida e valores frente às escolhas que faz, inclusive nos negócios. De outra parte, a «boa-fé objetiva» se expressa em atos concretos, declarações e comportamentos, quando interessa ao Direito do ponto de vista da obrigação de *boa conduta*[412].

Na jurisprudência do Superior Tribunal de Justiça, Recurso Especial nº 1.073.595 – MG (2008/0150187-7) Rel: Ministra Nancy Andrighi, destaca-se a relação de equilíbrio na renovação do contrato, com base nos princípios da boa-fé objetiva, cooperação, confiança e a lealdade que deve orientar a interpretação dos contratos nas relações de consumo [413].

Com relação ao dever de boa-fé do tomador vale citar o julgamento no AgRg no Recurso Especial nº 1.286.741 – SP (2011/0234217-8) Rel: Ministro

probidade e boa-fé." "Art. 113. Os negócios jurídicos devem ser interpretados conforme a boa-fé e os usos do lugar de sua celebração. § 1 – A interpretação do negócio jurídico deve lhe atribuir o sentido que: III – corresponder à boa-fé."

[411] Espanha: C.C. arts. 7 e 1258.

[412] A autora também refere sobre a doutrina alemã, no sentido de que costuma afirmar que *"as relações contratuais são, em verdade, uma "fila" ou uma "série" de deveres de conduta e contratuais ("Reihe von Leistungspflichten und weiteren Verhaltenspflichten"), vistos no tempo, ordenados logicamente, unidos por uma finalidade.* MARQUES, Cláudia Lima. Contratos no código de defesa do consumidor: o novo regime das relações contratuais. 3ªed., São Paulo, Editora Revista dos Tribunais, 1998. p. 107.

[413] Brasil: STJ. "Direito do Consumidor. Contrato de seguro de vida, renovado ininterruptamente por diversos anos. Constatação de prejuízos pela seguradora, mediante a elaboração de novo cálculo atuarial. Notificação, dirigida ao consumidor, da intenção da seguradora de não renovar o contrato, oferecendo-se a ele diversas opções de novos seguros, todas mais onerosas. Contratos relacionais. Direitos e deveres anexos. Lealdade, cooperação, proteção da segurança e boa-fé objetiva. Manutenção do contrato de seguro nos termos originalmente previstos. Ressalva da possibilidade de modificação do contrato, pela seguradora, mediante a apresentação prévia de extenso cronograma, no qual os aumentos são apresentados de maneira suave e escalonada. Ministra Relatora: Fátima Nanci Andrighi".

Ricardo Villas Bôas Cueva[414], em que o segurado silenciou sobre doença pré-existente, e a Corte considerou ter havido falsas declarações, não cabendo o pagamento da cobertura contratada.

A ausência da boa-fé objetiva, como nos exemplos acima, desencadeia vícios da vontade, com repercussões de nulidade do contrato[415].

Sob o ponto de vista da empresa seguradora, este princípio se projeta nas exigências de regular constituição, idoneidade, contabilidade digna e transparente, solvência, respeito aos acionistas, colaboradores, clientes, consumidores, subordinação à ordem econômica, à fiscalização, às leis de controle da concorrência, e boas práticas. Também, está presente nas relações de resseguro, impondo ao ressegurado e ressegurador o dever de revelar os dados relevantes sobre o risco a ser ressegurado.

Com relação aos tratados de resseguro, acordo subscrito entre segurador e ressegurador, essa exigência de declaração escrita é mais branda, eis que é de supor-se a boa-fé das partes, eliminando a necessidade de fornecer detalhes de cada um dos riscos que se incorporam ao tratado[416].

Nos contratos de adesão, a boa-fé deve estar no equilíbrio contratual; na equivalência das prestações das partes; no emprego da equidade nas cláusulas limitativas dos direitos do segurado[417]; na redação de condições suspensivas ou resolutivas[418]; além do cumprimento oportuno das obrigações.

[414] Brasil: STJ. "Agravo Regimental no Recurso Especial. Seguro de Vida e Acidentes Pessoais em Grupo. Invalidez. Indenização. Doença Pré-existente. Súmula nº 284/STF. Má-Fé do segurado no preenchimento do questionário. Reconhecimento pelo Tribunal Estadual. Revisão. Impossibilidade. SÚMULA Nº 7/STJ".

[415] Cf. MESSINEO, Francesco. *Manual de derecho civil y comercial*. Traducción de Santiago Sentis Melendo. Tomo VI. Buenos Aires. Ediciones Jurídicas Europa-América, p. 165. GARRIGUES, Joaquin. Op. cit. p. 57. BIGOT, Jean. (direcion) *Traité de droit des assurances, Tome 3, Le contrat d'assurance*. Avec la colaboration de Jean Beauchard, Vincent Heuzé, Jérôme Kullmann, Luc Mayaux e Véronique Nicolas.L.D.G.J – Librarie Générale de Droit et de *Jurisprudence, EJA, 2002, p. 61.*

[416] Veja: VASQUES, José. Op. cit. P. 162.

[417] Espanha: LCS, *"Artículo 3. Las condiciones generales, que en ningún caso podrán tener carácter lesivo para los asegurados, habrán de incluirse por el asegurador en la proposición de seguro si la hubiere y necesariamente en la póliza de contrato o en un documento complementario, que se suscribirá por el asegurado y al que se entregará copia del mismo. Las condiciones generales y particulares se redactarán de forma clara y precisa. Se destacarán de modo especial las cláusulas limitativas de los derechos de los asegurados, que deberán ser específicamente aceptadas por escrito. Las condiciones generales del contrato estarán sometidas a la vigilancia de la Administración Pública en los términos previstos por la Ley. Declarada por el Tribunal Supremo la nulidad de alguna de las cláusulas de las condiciones generales de un contrato la Administración Pública competente obligará a los aseguradores a modificar las cláusulas idénticas contenidas en sus pólizas."*

[418] Italia: C.C.: *"Art. 1358 Comportamento delle parti nello stato dipendenza Colui che si è obbligato o che ha alienato un diritto sotto condizione sospensiva, ovvero lo ha acquistato sotto condizione risolutiva, deve,*

Também é ônus do segurador informar as características ou condições gerais da contratação[419]. Esse dever de informar se impõe desde a fase pré-contratual[420], no âmbito da publicidade e marketing, passando pelo período "*in contrahendo*", da formação contratual, até a resolução ou extinção do contrato, ou mesmo em cláusulas sobreviventes, mais comuns nos grandes riscos e pouco usuais nas relações de consumo.

No caso de informações especializadas, como nos seguros saúde, Claudia Lima Marques comenta que cabe à seguradora organizar a pré-seleção de clientes e facilitar a tarefa do segurado no preenchimento de formulários ou questionários, sobretudo para identificar doenças pré-existentes[421].

Esse é o entendimento que se consolida na jurisprudência brasileira, de que cabe ao segurador estabelecer formulários ou exigir exames clínicos antes da contratação. Em tais circunstâncias, por exemplo, a má-fé do segurado deve ser comprovada para que o segurador possa se eximir do dever de indenizar por omissão de informações sobre doenças preexistentes, se não exigiu do segurado exames clínicos antes da contratação[422].

Quanto aos demais intervenientes do contrato, o princípio da boa-fé incide na delimitação de comportamentos necessários, como na veracidade

in pendenza della condizione, comportarsi secondo buona fede per conservare integre le ragioni dell'altra parte (1175, 1375)".

419 Brasil: C.C.: Art. 759, 760. CDC: "Art. 46. Os contratos que regulam as relações de consumo não obrigarão os consumidores, se não lhes for dada a oportunidade de tomar conhecimento prévio de seu conteúdo, ou se os respectivos instrumentos forem redigidos de modo a dificultar a compreensão de seu sentido e alcance." Espanha: LCS 50/1980 art. 3º e 10. França: CA, art. L. 113-2. Portugal: DL 72/2008, art. 21º e incisos. Argentina: LS, art. 5, 7, 8, 48. México: LS, art. 47, 52, 53, 60. Chile: C.com. art. 539.

420 Itália: C.C.:"*Art. 1337 Trattative e responsabilità precontrattuale: Le parti, nello svolgimento delle trattative e nella formazione del contratto, devono comportarsi secondo buona fede (1366,1375, 2208).*" Portugal: Decreto-Lei nº 176/95, *de 26 de julho, Capítulo II – Deveres de Informação. Cód. Comercial, art. 429.* Argentina: LS, art. 4 e 11. México: LS, art. 5-10. Chile: C.com. arts. 518–521.

421 Cf. Acórdão do Tribunal de Justiça do Rio Grande do Sul – BR (Ap. Civ. 589041169, 5ª C.C., j. 22.8.89, rel. Des. Ruy Rosado de Aguiar Júnior, in. Jurisprudência TJRS, 1991, 23/119-122), apud. Op. cit. p. 113.

422 Veja-se STJ (Informativo de Jurisprudência N. 529) Julgados: AgInt no AREsp 637787/SP, Rel. Ministro Lázaro Guimarães, Quarta Turma, julgado em 24/10/2017, DJe 31/10/2017; AgInt no REsp 1296733/SC, Rel. Ministro Raul Araújo, Quarta Turma, julgado em 21/09/2017, DJe 20/10/2017; AgInt no AREsp 868485/RS, Rel. Ministro Paulo De Tarso Sanseverino, Terceira Turma, julgado em 22/08/2017, DJe 06/09/2017; AgInt no AREsp 436830/PR, Rel. Ministra Maria Isabel Gallotti, Quarta Turma, julgado em 03/08/2017, DJe 08/08/2017; REsp 1665701/RS, Rel. Ministro Ricardo Villas Bôas Cueva, Terceira Turma, julgado em 09/05/2017, DJe 31/05/2017; AgRg no REsp 1357593/DF, Rel. Ministro Marco Buzzi, Quarta Turma, julgado em 20/04/2017, DJe 02/05/2017.

de informações[423]; o dever de o segurado não omitir vício intrínseco à coisa segurada[424]; adimplemento da obrigação de pagar o prêmio[425]; dever de evitar ou informar sobre o agravamento de riscos[426]; o dever de informar o sinistro e minorar suas consequências[427]; o respeito à sub-rogação do segurador[428]; e a observância das demais obrigações do contrato, sob pena de "*culpa in contrahendo*". [429]

No seguro de vida a lei cuida de reprimir a má-fé em suicídio premeditado, reservando-se um período de dois anos no Direito brasileiro, a partir da conclusão do contrato[430]. Em algumas nações prevê, simplesmente, a liberação

[423] Brasil: C.C.: "Art. 765. O segurado e o segurador são obrigados a guardar na conclusão e execução do contrato, a mais estrita boa-fé e veracidade, tanto a respeito do objeto como das circunstâncias e declarações a ele concernentes."; Art. 766. Se o segurado, por si ou por seu representante, fizer declarações inexatas ou omitir circunstâncias que possa influir na aceitação da proposta ou na taxa do prêmio, perderá o direito à garantia, além de ficar obrigado ao prêmio vencido.". Portugal: DL, art. 25. México: LS, art. 60. Argentina: LS, art. 5-8. Chile: C.com. art. 539.

[424] Brasil: C.C.: "Art. 784. Não se inclui na garantia o sinistro provocado por vício intrínseco da coisa segurada, não declarado pelo segurado."

[425] Brasil: C.C: "Art. 763. Não terá direito a indenização o segurado que estiver em mora no pagamento do prêmio, se ocorrer o sinistro antes de sua purgação." Espanha: LCS, Art.14. Portugal: DL, art. 58 e 59. México: LS, art. 40. Argentina: LS, art. 31. Chile: C.com. art. 528.

[426] Brasil: C.C.: "Art. 766. Se o segurado, por si ou por seu representante, fizer declarações inexatas ou omitir circunstâncias que possam influir na aceitação da proposta ou na taxa do prêmio, perderá o direito à garantia, além de ficar obrigado ao prêmio vencido. Parágrafo único. Se a inexatidão ou omissão nas declarações não resultar de má-fé do segurado, o segurador terá direito a resolver o contrato, ou a cobrar, mesmo após o sinistro, a *diferença do prêmio.*" Espanha: LCS, art. 11. França: CA, L-113.9. Argentina: LS art. 38. Chile: C.com. art. 525, 526. México: LS, art. 47.

[427] Brasil: C.C.: "Art. 771. Sob pena de perder o direito à indenização, o segurado participará o sinistro ao segurador, logo que saiba, e tomará as providências imediatas para minorar-lhe as consequências. Parágrafo único. Correm à conta do segurador, até o limite fixado no contrato, as despesas de salvamento consequente do sinistro." Espanha: LCS, Art. 17. Argentina: LS, Art. 72.

[428] Sobre o respeito à sub-rogação do segurador: Brasil: C.C.: 786 e 787, com seus respectivos incisos tratam do direito à sub-rogação do segurador, após o pagamento da indenização; a repercussão da sub-rogação para com a família do segurado, e as consequências do dolo; a ineficácia de atos do segurado que prejudiquem esse direito; o dever de comunicar fatos que possam ensejar responsabilidade ao segurador; o dever de dar ciência da ação ao segurado. Espanha: LCS, art. 43. França: C.C. art. 1251. Portugal: art. 25 e 26. Argentina: LS, art. 80. Chile: art. 534. México: LS, art. 111, 143 e 163.

[429] Brasil: C.C. arts. 762,765,768,769 e 773.

[430] Brasil: C.C.: "Art. 798. O beneficiário não tem direito ao capital estipulado quando o segurado se suicida nos primeiros dois anos de vigência inicial do contrato, ou da sua recondução depois de suspenso, observado o disposto no parágrafo único do artigo antecedente". Espanha: *LCS, "Artículo 93. Salvo pacto en contrario, el riesgo de suicidio del asegurado quedará cubierto a partir del transcurso de un año del momento de la conclusión del contrato. A estos efectos se entiende por suicidio la muerte causada consciente*

do segurador em caso de suicídio voluntário, ou quando o segurado ou beneficiário provoca o acidente dolosamente ou por culpa grave[431].

Sem prejuízo desse tipo de regra, pela orientação prática da boa-fé, não merece o mesmo tratamento o suicídio premeditado e aquele causado por uma desgraça momentânea, o suicídio cometido por uma vítima de tortura, criminalidade ou perda de juízo, ou quem salta de um edifício em chamas, em que não se comprova intenção desonesta do segurado.

Na jurisprudência do Superior Tribunal de Justiça brasileiro, a matéria teve espaço nos Embargos de Declaração em Agravo de Instrumento, Nº 1.244.022 - RS (2009/0205115-0), no qual o Ministro Relator Luis Felipe Salomão decidiu que o fato do suicídio ter ocorrido no período inicial de dois anos de vigência do contrato de seguro, por si só, não autoriza a seguradora eximir-se de indenizar, sendo necessária comprovação inequívoca da premeditação do segurado, ônus que cabe à Seguradora, conforme as Súmulas 105/STF e 61/STJ expressam em relação ao suicídio ocorrido durante o período de carência[432].

Na realidade, é vasto o campo de observação deste princípio, sobretudo em contratos comutativos ou de duração, que exigem comportamentos condizentes com a sinceridade e os fins definidos pelas partes, com destaque

y voluntariamente por el propio asegurado." Argentina: *LS, "Art. 135. El suicidio voluntario de la persona cuya vida se asegura, libera al asegurador, salvo que el contrato haya estado en vigor ininterrumpidamente por tres años." Art. 152. El asegurador se libera si el asegurado o el beneficiario provoca el accidente dolosamente o por culpa grave o lo sufre en empresa criminal."* Portugal: DL, *"Art. 191. Está excluída a cobertura da morte em caso de suicídio ocorrido até um ano após a celebração do contrato, salvo convenção em contrário..."* Chile: C.com. *"Art. 598. Provocación del siniestro y suicidio. El siniestro causado dolosamente por el beneficirio privará a éste del derecho a la prestación establecida en el contrato, sin perjuicio de la acción criminal a que hubiere lugar. Salvo pacto en contrario, el riesgo de suicidio del asegurado sólo quedará cubierto a partir de dos años de la celebración del contrato, o de haber estado vigente el seguro por igual plazo en virtud de sucesivas renovaciones.* México: LS, *"Artículo 197.- La empresa aseguradora estará obligada, aun en caso de suicidio del asegurado, cualquiera que sea el estado mental del suicida o el móvil del suicidio, si se verifica después de dos años de la celebración del contrato. Si el suicidio ocurre antes de los dos años, la empresa reembolsará únicamente la reserva matemática."*

431 Argentina: LS, arts. 135 e 152.

432 Brasil: STJ – Agravo Regimental em Agravo de Instrumento. Ação de cobrança. Seguro de vida. Suicídio cometido dentro do prazo de 2 (dois) anos de início de vigência da apólice de seguro. Negativa de pagamento do seguro. art. 798 C.C. 2002. Interpretação lógico-sistemática. Boa-fé. Princípio norteador do diploma civil. Presunção. Necessidade de prova da premeditação para afastar-se a cobertura securitária. Precedente. Acórdão do tribunal. Análise de provas. Afastada a premeditação. Revisão. Súmula 7/STJ. Agravo regimental a que se nega provimento. Rel. Ministro Luis Felipe Salomão.

para o pagamento do prêmio e da garantia contratada, entre outros deveres dessa contratação.

A propósito da questão temporal, a Jurisprudência é contrária à negativa de renovação ou súbita modificação do contrato de seguro de vida, que é mantido ao longo dos anos sem modificações. Segundo reiterados julgados do STJ, referidas alterações implicam "ofensa aos princípios da boa-fé objetiva, da cooperação da confiança e da lealdade."[433]

Assim, a boa-fé é um princípio geral largamente utilizado no Direito dos seguros privados, positivado em grande parte das nações, e seu conteúdo material tornou-se da própria essência dos seguros.

2.3.6 Princípio da força obrigatória

Por suas origens, o princípio da força obrigatória é associado ao axioma latino "*pacta sunt servanda*", com o significado de que os pactos devem cumprir-se. Trata-se do sentido finalístico das obrigações, qual seja, o adimplemento ou a satisfação de interesses[434].

Além da acepção romanística, a doutrina refere aparições deste princípio no direito canônico[435]: do grego (*kanon* – direito das regras), extraído das regras sintéticas de julgamentos.

O princípio da força obrigatória dos vínculos contratuais é um princípio geral, positivo ou implícito, que cabe em todas as classes de negócios jurídicos. Traz o sentido do adimplemento das obrigações e a satisfação da vontade contratual.

[433] Veja-se informativo de jurisprudência do STJ nº 467 – Julgados: AgInt no REsp 1434305/MG, Rel. Ministra Nancy Andrighi, Terceira Turma, julgado em 02/05/2017, DJe 12/05/2017; AgInt no REsp 1551997/PR, Rel. Ministro Antonio Carlos Ferreira, Quarta Turma, julgado em 01/12/2016, DJe 14/12/2016; AgRg no AREsp 150100/SP, Rel. Ministro Raul Araújo, Quarta Turma, julgado em 15/09/2016, DJe 05/10/2016; AgRg no AREsp 427523/RS, Rel. Ministro PAULO DE TARSO Sanseverino, Terceira Turma, julgado em 20/08/2015, DJe 27/08/2015; AgRg no REsp 1470392/SC, Rel. Ministro Moura Ribeiro, Terceira Turma, julgado em 17/03/2015, DJe 27/03/2015; AgRg no REsp 1408753/SC, Rel. Ministro Sidnei Beneti, Terceira Turma, julgado em 19/11/2013, DJe 06/12/2013.

[434] Neste sentido: COUTO E SILVA, Clovis. Op. cit. p. 221.

[435] "*Pacta quantum cumque nuda, servanta sunt*". Conforme a Comissão Relatora da Enciclopédia Saraiva do Direito. Da Academia Brasileira de Letras Jurídicas- 78 volumes, Coordenada pelo Prof. R. Limongi França. Editora Saraiva, 1981. Volume 56, p. 419.

No direito brasileiro mereceu novo impulso na Lei da Liberdade Econômica, de 2019, que define parâmetros de liberdade contratual nas relações privadas, com intervenção mínima, excepcionalidade e limitação na revisão de contratos, presumindo-se paritários, até prova contrária, facultado às partes estabelecer parâmetros objetivos de interpretação.[436] O tema, merece cuidados nos contratos de adesão.

Nos seguros a força contratual contém o sentido de que o contrato é lei entre as partes «*lex contractus*», estabelecendo um vínculo jurídico cogente, apoiado na lei e nas condições da contratação.

Articula-se na confiança e nas aspirações que as partes depositam no contrato, com base em interesses legítimos, e que suas expectativas se confirmem segundo os efeitos contratuais previstos.

Trata-se de um princípio legal e de relevância prática, especialmente do ponto de vista da efetividade dos contratos. Por meio das leis de seguros o "*suporte fático*" do acordo de vontade ingressa de forma válida no mundo jurídico, e o contrato produz os efeitos estabelecidos pelas partes.

Conforme conhecidas lições da doutrina, pela incidência da *norma* o acordo de vontades se projeta nos planos da existência, validade e eficácia jurídica:

> "... só a incidência da regra jurídica é que determina a entrada do suporte fático no mundo jurídico" [437].

> "... não é o contrato que pode obrigar, mas sim a lei. Esta é que pode obrigar no contrato e vincular a ele as partes contratantes. E, se assim é, não é o vínculo ou a obrigação contratual que poderá jamais servir de fundamento filosófico para justificar a sujeição à lei, mas será a sujeição

[436] Brasil: C.C. "Art. 421. A liberdade contratual será exercida nos limites da função social do contrato. Parágrafo único. Nas relações contratuais privadas, prevalecerão o princípio da intervenção mínima e a excepcionalidade da revisão contratual. "Art. 421-A. Os contratos civis e empresariais presumem-se paritários e simétricos até a presença de elementos concretos que justifiquem o afastamento dessa presunção, ressalvados os regimes jurídicos previstos em leis especiais, garantido também que: I – as partes negociantes poderão estabelecer parâmetros objetivos para a interpretação das cláusulas negociais e de seus pressupostos de revisão ou de resolução; II – a alocação de riscos definida pelas partes deve ser respeitada e observada; e III – a revisão contratual somente ocorrerá de maneira excepcional e limitada. (Incluídos pela Lei da Liberdade Econômica – Lei nº 13.874, de 2019)

[437] Cf. MIRANDA, Francisco Cavalcanti Pontes de. *Tratado das ações. Atualização Vilson Rodrigues Alves,* 7 Volumes, Tomo I. Campinas. Bookseller, 1998, 1ª edição 1918, p. 22.

à lei que poderá servir de fundamento filosófico para justificar a obrigatoriedade resultante dum contrato." [438]

Pela eficácia normativa o contrato de seguro ingressa validamente no mundo jurídico legitimando a força obrigacional do vínculo das partes, que tem o sentido de fazer valer o cumprimento das obrigações segundo a lei e as condições da contratação[439].

Sem prejuízo da crença na vontade contratual, importa observar os horizontes da contratação e do marco legal estabelecido, no sentido da objetividade dos riscos cobertos, de modo a evitar a criação de direitos não previstos no contrato.

No princípio da força obrigatória se observa o vínculo às condições da contratação: o pagamento do prêmio, a garantia de determinados riscos, exclusão de outros, e uma série de deveres das partes, a serem adimplidos em tempo oportuno – antes, durante e após a contratação – conforme cada tipo de seguro[440].

No direito brasileiro este preceito tem amparo no art. 389 do Código Civil de 2002, e correspondência no antigo art. 1.056 do Código Civil de 1916. Como reflexo, o descumprimento das obrigações resulta na proporcional reparação[441]. A esse propósito, na lição de Moreira Alves, os efeitos das obrigações se resumem na execução e na possibilidade de fazerem-se adimplir [442]. Fazer-se cumprir é a própria essência do negócio jurídico.

O Código Civil brasileiro define a força do pré-contrato e o consequente direito material de exigir o contrato definitivo[443]. De maneira similar, prevê o caráter obrigatório da proposta, no sentido de vincular o proponente, se o contrário não resultar dos termos dela. Neste particular, existem algumas variações no contexto das nações[444].

[438] RADBRUCH, Gustav. *Filosofia do direito*. Tradução Prof. Cabral de Moncada, Coimbra, Editor Sucessor, 1997, 1ª edição 1932. p. 284.

[439] Veja-se: Capítulos, III, IV e XI.

[440] Sobre o caráter obrigatório do contrato de seguro vide: BIGOT, Jean. Op. cit. p. 50.

[441] Brasil: C.C. Art. "Não cumprida a obrigação, responde o devedor por perdas e danos, mais juros e atualização monetária segundo índices oficiais regularmente estabelecidos, e honorários de advogado."

[442] Cf. ALVES, José Carlos Moreira. Op. cit. pp. 33 e 111.

[443] Brasil: C.C. Art. 463. Concluído o contrato preliminar, com observância do disposto no artigo antecedente, e desde que dele não conste cláusula de arrependimento, qualquer das partes terá o direito de exigir a celebração do definitivo, assinando prazo à outra para que o efetive."

[444] Brasil: C.C. "Art. 427. A proposta de contrato obriga o proponente, se o contrário não resultar dos termos dela, da natureza do negócio, ou das circunstâncias do caso." México: LS, "*Artículo* 5°.

Com relação ao «contrato definitivo», este princípio não possui previsão expressa. Funciona como *princípio implícito*, inserido no contexto da racionalidade, probidade e na crença da execução contratual[445].

Associa-se ao princípio da força obrigatória a própria essência da segurança jurídica. Uma espécie de fé no direito e seus instrumentos institucionais. Além disso, e não menos relevante, a confiança é sempre um indicador de *fair play* nas relações mercantis.

Nesse caso, fala-se de seguradoras habilitadas nos sistemas nacionais de seguros e na concretização de expectativas quando da utilização do seguro.

Este princípio produz efeitos às partes, que estipularam direta ou indiretamente o negócio, e se estende a outros sujeitos como o tomador, beneficiário ou terceiros[446].

No direito comparado encontram-se referências históricas no art. 1.134 do Código de Napoleão[447]; no art. 1.256 do C.C. espanhol[448], art. 1.372 do

Las ofertas de celebración, prórroga, modificación o restablecimiento de un contrato suspendido, obligarán al proponente durante el término de quince días, o el de treinta cuando fuere necesario practicar examen médico, si no se fija un plazo menor para la aceptación." Argentina: LS. Art. 4º "*Propuesta. La propuesta del contrato de seguro, cualquiera sea su forma, no obliga al asegurado ni al asegurador. La propuesta puede supeditarse al previo conocimiento de las condiciones generales.* França: CA. L-112.9. Chile: art. 513, 514

[445] Brasil: C.C. "Art. 422. Os contratantes são obrigados a guardar, assim na conclusão do contrato, como em sua execução, os princípios de probidade e boa-fé."

[446] Brasil: C.C.: "*Art. 470. O contrato será eficaz somente entre os contratantes originários: I – se não houver indicação de pessoa, ou se o nomeado se recusar a aceitá-la; II – se a pessoa nomeada era insolvente, e a outra pessoa o desconhecia no momento da indicação.*" Com relação à orientação doutrinária e o "*princípio da relatividade dos contratos*" e suas exceções vide: Orlando Gomes. O autor exemplifica como exceções as estipulações em favor de terceiros, contratos coletivos de trabalho, a locação em certos casos e o fideicomisso "*intervivos*". Op. cit. pp. 43 e 44. Espanha: C.C.: "*Art. Los contratos sólo producen efecto entre las partes que los otorgan y sus herederos; salvo, en cuanto a éstos, el caso en que los derechos y obligaciones que proceden del contrato no sean transmisibles, o por su naturaleza, o por pacto, o por disposición de la ley. Si el contrato contuviere alguna estipulación en favor de un tercero, éste podrá exigir su cumplimiento, siempre que hubiese hecho saber su aceptación al obligado antes de que haya sido aquélla revocada.*" Argentina: C.c. "*Art. 1.161. Ninguno puede contratar a nombre de un tercero, sin estar autorizado por él, o sin tener por la ley su representación. El contrato celebrado a nombre de otro, de quien no se tenga autorización o representación legal, es de ningún valor, y no obliga ni al que lo hizo. El contrato valdrá si el tercero lo ratificase expresamente o ejecutase el contrato.*" "*Art. 1.162. La ratificación hecha por el tercero a cuyo nombre, o en cuyo interés se hubiese contratado, tiene el mismo efecto que la autorización previa, y le da derecho para exigir el cumplimiento del contrato.*"

[447] França: C.C. : «*Art. 1134. Les conventions légalement formées tiennent lieu de loi à ceux qui les ont faites. Elles ne peuvent être révoquées que de leur consentement mutuel, ou pour les causes que la loi autorise.Elles doivent être exécutées de bonne foi.*»

[448] Espanha: C.C.: "*Artículo 1091. Las obligaciones que nacen de los contratos tienen fuerza de ley entre las partes contratantes y deben cumplirse al tenor de los mismos." Art. 1256. La validez y el cumplimiento de los contratos no puede dejarse al arbitrio de uno de los contratantes.*"

C.C. italiano[449]; art. 1.197 do C.C. argentino[450]; e art. 1.545 do C.C. chileno[451], entre outros.

No direito argentino, dada sua relevância no sistema de proteção do segurado ou tomador, Ruben Stiglitz comenta que uma futura reforma da lei de seguros deve contemplar normas imperativas ou semi-imperativas como resposta comprometida no sentido da força obrigatória[452].

A diretriz não é outra, senão: cumpram-se os contratos. Traz à tona o sentido do adimplemento das obrigações. O alcance da *"pacta sunt servanda"*, todavia, pode ser relativizado. Não se afirma como um princípio absoluto, de rigor excessivo ou irretratabilidade das convenções. Merece ser ponderado ao lado dos demais princípios gerais de direito ou dos seguros, inclusive da boa-fé, razoabilidade e do equilíbrio contratual, levando em conta as racionalidades econômicas, segundo as circunstâncias do caso concreto.

Em prol do equilíbrio e do caráter comutativo das obrigações, admitem-se modificações para ajustar os contratos ou saná-los[453], desde a antiga cláusula *"rebus sic stantibus"*, nos casos de imprevisão e onerosidade excessiva, a *cláusula "hardship"*, nos contratos internacionais, assim como nas demais circunstâncias de onerosidade excessiva ou agravamento desequilibrado do contrato[454].

Outro importante exemplo de relativização do princípio da força obrigatória pode ser extraído das teorias do "adimplemento substancial", com antecedentes na Common Law, na doutrina da «*Substantial Performance*», conhecida desde o século XVIII na Inglaterra.

A teoria do adimplemento substancial tem sido utilizada no contrato de seguro, especialmente quando adimplida a maior parte da obrigação entende-se pela preservação do negócio jurídico. A matéria encontra precedentes

[449] Itália: C.C.: *"Art. 1372 Efficacia del contratto. Il contratto ha forza di legge tra le parti. Non può essere sciolto che per mutuo consenso o per cause ammesse dalla legge (1671, 2227). Il contratto non produce effetto rispetto ai terzi che nei casi previsti dalla legge (1239, 1300 e seguente, 1411, 1678, 1737)"*.

[450] Argentina: C.C.: *"Art. 1.197. Las convenciones hechas en los contratos forman para las partes una regla a la cual deben someterse como a la ley misma."*

[451] Chile: C.C. *"Art. 1545.Todo contrato legalmente celebrado es una ley para los contratantes, y no puede ser invalidado sino por su consentimiento mutuo o por causas legales."*

[452] STIGLITZ, Rubén S. Op. Cit. p. XIX e XX. O autor comenta como proposta de política legislativa que o texto estabeleça: *"El contrato obliga a las partes como la ley misma, con el alcance que el riesgo cubierto y el excluido es el descripto literalmente, por lo que no es factible de ser interpretado ampliando o restringiendo los derechos, obligaciones y cargas que surgen de los documentos contractuales"*.

[453] Nesse sentido: GOMES, Orlando. Op. cit. pp. 37 e 38; MAGALHÃES, José Carlos de. *Direito Econômico Internacional – Tendências e Perspectivas*. Ed. Juruá, Curitiba – Brasil, 2005, p. 148.

[454] Brasil: Lei nº 8.666, de 21 de junho de 1993, art. 65.

no art. 1.455 do Código Civil italiano[455], no sentido de que o contrato não pode ser resolvido se o inadimplemento de uma das partes não possui efetiva importância (*scarsa importanza*). No mesmo sentido são as normas do art. 1184 do Código Civil francês[456], e do art. 802 do Código Civil português[457].

No Brasil o Superior Tribunal de Justiça tem aplicado a teoria do adimplemento substancial, que considera perfectibilizada a obrigação tendo ocorrido um adimplemento parcial da dívida muito próximo ao resultado final, e daí a expressão «adimplemento substancial», especialmente se a resolução do contrato representar um exagero. (STJ – Recurso Especial n.º 1.200.105 – AM (2010/0111335-0), relator Ministro Paulo de Tarso Sanseverino, julgamento 19/06/2012)

O STJ reafirmou este posicionamento no sentido de que a mora nos contratos de seguro não se dá de forma automática, havendo necessidade de "prévia constituição em mora do contratante pela seguradora", é a conclusão no julgamento do Resp. 867.489 – PR, que teve como Relator o Min. Aldir Passarinho Júnior.

Outro *leading case* no STJ deve-se ao julgamento no Recurso Especial (RESp) 76.362-MT, de 1995, no relatório do Min. RUY ROSADO DE AGUIAR, que trouxe menção ao princípio do *"adimplemento substancial"*. O caso, considerando o valor global do negócio, não autorizava a seguradora a resolver o contrato, pois o segurado havia cumprido substancialmente sua obrigação. Entretanto, o STJ determinou que, como havia ocorrido o sinistro, do crédito da autora deveria ser deduzido o valor do prêmio em atraso, com juros e correção monetária, assegurando-se o direito indenizatório à seguradora. Em sentido semelhante veja-se: RESp 272.739-MG, julgado em março de 2001, também de Relatoria do então Ministro Ruy Rosado de Aguiar.

Em parte, é superado o dogma da irretratabilidade absoluta, segundo o qual as cláusulas contratuais não podem ser alteradas judicialmente ou pela

[455] Itália: *art. 1455 do C.C.: "Il contratto non si può risolverese se l'inadempimento di uma delle parti há scarsa importanza, avuto riguardo all'interesse dell'altra".*

[456] França: *art. 1184 do Code Civile Français: "La condition résolutoire est toujours sous-entendue dans les contrats synallagmatiques, pour le cas où l'une des deux parties ne satisfera point à son engagement. Dans ce cas, le contrat n'est point résolu de plein droit. La partie envers laquelle l'engagement n'a point été exécuté, a le choix ou de forcer l'autre à l'exécution de la convention lorsqu'elle est possible, ou d'en demander la résolution avec dommages et intérêts. La résolution doit être demandée en justice, et il peut être accordé au défendeur un délai selon les circonstances."*

[457] Portugal: *art. 802 do CC português: "2. O credor não pode, todavia, resolver o negócio, se o não cumprimento parcial, atendendo ao seu interesse, tiver escassa importância."*

vontade dos contratantes. Essa ruptura se justifica quando há motivo justo ou razoável, haja vista os fins éticos do direito e a preservação da boa-fé.

De outro lado, a força dos vínculos jurídicos merece ser ponderada com a função social dos contratos e o equilíbrio das obrigações em contratos sinalagmáticos, levando em conta a proporcionalidade e a vedação de excessos.

Com relação ao fato da contratação de massa e suas repercussões socioeconômicas e jurídicas, o princípio da força obrigatória deve ser equilibrado do ponto de vista da tutela da parte aderente, casos em que a modificação das condições pactuadas não pode ser desfavorável ao tomador, segurado, beneficiário ou consumidor[458].

Feitas essas considerações, o princípio da força obrigatória acompanha os efeitos da normatividade e dos vínculos estabelecidos pelas partes. E a vontade deve ir além dos horizontes psicológicos para considerar-se um dever ser, com efeitos vinculantes, confirmando suas legítimas pretensões, como se espera dentre os membros da comunidade social em um tipo contratual que se difunde a partir da confiança coletiva, de mutualidade e eficiência em suas funções.

2.3.7 Princípio indenizatório

O princípio indenizatório é o princípio da justa indenização. Veicula conhecida norma nos seguros de danos, segundo a qual a reparação deve ser proporcional e equitativa, nos limites do interesse segurado.

É também chamado de *"princípio indenitário"*[459]. No seguro de danos a indenização não pode ser objeto de enriquecimento ou especulação.

Conforme a definição da lei portuguesa, *"a prestação devida pelo segurador está limitada ao dano decorrente do sinistro até o montante do capital segurado"*[460]

[458] Veja-se o Capítulo II – 2.3.9. Princípio da tutela compensatória.

[459] Veja-se: ALVIM, Pedro. Op. cit. p. 302 e segs. TEIXEIRA, Raul. *Os reflexos do novo Código civil nos contratos de seguro.* Rio de Janeiro: Forense, 2004, pp. 79 a 81. BIGOT, Jean. *"principe indemnitaire"* Op. cit. pp. 12 e seguintes, pp. 1066 e segs.

[460] Brasil: C.C. "Art. 778. Nos seguros de dano, a garantia prometida não pode ultrapassar o valor do interesse segurado no momento da conclusão do contrato, sob pena do disposto no art. 766, e sem prejuízo da ação penal que no caso couber." Espanha: LCS, *"Artículo 26. El seguro no puede ser objeto de enriquecimiento injusto para el asegurado. Para la determinación del daño se atenderá al valor del interés asegurado en el momento inmediatamente anterior a la realización del siniestro."* Portugal: DL, "Princípio indemnizatório – *Artigo 128.º Prestação do segurador A prestação devida pelo segurador está limitada ao dano decorrente do sinistro até ao montante do capital seguro."* França: *CA. «Article L121-1 L'assurance relative*

Esta norma de reparação proporcional é encontrada em diferentes nações em vários campos do Direito, como na *responsabilidade civil*, no justo ressarcimento ou compensação equitativa, sem excessos ou reduções injustificadas.

Vale a máxima atribuída a Justiniano, de que a *"Justiça é a vontade constante e perpétua de dar a cada um o que é seu"* [461]. O princípio indenizatório se aplica aos seguros de danos com sentido de proporcionalidade, e rigor nos casos em que a indenização é objetiva.

Via de regra, a reparação deve ser valorada no limite do dano patrimonial sofrido, como no seguro de incêndio, roubo, transporte, caução, crédito, responsabilidade civil e resseguro[462]. Nesses casos, existe limitação à liberdade das partes para contratar a importância segurada, que não pode superar o valor dos danos[463], a fim de não permitir o enriquecimento indevido.

Embora outras facetas, leva-se em conta que o valor dos prejuízos é calculado segundo parâmetros objetivos (valor real) em proporção com a "garantia contratada", segundo a qual é definido o limite máximo da indenização a ser paga pelo segurador[464].

aux biens est un contrat d'indemnité; l'indemnité due par l'assureur à l'assuré ne peut pas dépasser le montant de la valeur de la chose assurée au moment du sinistre. Il peut être stipulé que l'assuré reste obligatoirement son propre assureur pour une somme, ou une quotité déterminée, ou qu'il supporte une déduction fixée d'avance sur l'indemnité du sinistre." Argentina: LS *"Art. 62. Si la suma asegurada supera notablemente el valor actual del interés asegurado, el asegurador o el tomador pueden requerir su reducción. Nulidad El contrato es nulo si se celebró con la intención de enriquecerse indebidamente con el excedente asegurado. Si a la celebración del contrato el asegurador no conocía esa intención, tiene derecho a percibir la prima por el período de seguro durante el cual adquiere este conocimiento." "Art. 63 El valor del bien a que se refiere el seguro se puede fijar en un importe determinado, que expresamente se indicar como tasación. La estimación será el valor del bien al momento del siniestro, excepto que el asegurador acredite que supera notablemente este valor."* México: LS, *"Artículo 91.- Para fijar la indemnización del seguro se tendrá en cuenta el valor del interés asegurado en el momento de realización del siniestro."* Chile: LS 20.667, *"Art. 550. Principio de indemnización. Respecto del asegurado, el seguro de daños es un contrato de mera indemnización y jamás puede constituir para él la oportunidad de una ganancia o enriquecimiento."*

[461] Assim: *"Jus est constans et perpetua voluntas suum cuique tribuere"*. Institutas do Imperador Justiniano. Op. cit. p. 21.

[462] Cf. URIA, Rodrigo. Op. cit. p. 793. Em sentido contrário, Rubén Stiglitz comenta que este princípio abrange todos os tipos de risco, vinculando-se ao conceito de interesse. Op. cit. Tomo 1, pp. 366 ss.

[463] Cf. ALVIM, Pedro. Op. cit. p. 302.

[464] Brasil: C.C. Art. 778. Espanha: LCS, Art. 26. Portugal: DL, Art. 49º e 128.º França: CA. Argentina: LS, Art. 62 e 63. México: LS, Art. 91. Chile: LS "Art. 550.

Nem mesmo é possível a acumulação de seguros sobre um único bem com diferentes seguradoras «*seguro duplo*» [465] sem informá-las [466], e sem que, no

[465] Cf. Alfredo Manes: *"el seguro doble, finalmente, es aquel en que los mismos objetos se aseguran durante el mismo tiempo y contra los mismos riesgos en varias empresas, de tal modo que, sumadas las cantidades del seguro, exceden del valor de la cosa asegurada."* Nesses casos, explicava: *"si la intención es obtener una ventaja patrimonial contraria a la ley, el asegurado decae de sus derechos"*. Veja-se: MANES, Alfredo. Op. cit. p. 305. GARRIGUES, Joaquin. Op. cit. p. 179; VASQUES, José. Op. cit. P. 146.

[466] A lei obriga que se informe aos seguradores em caso de "seguro doble": Brasil: C.c. "art. 782. O segurado que, na vigência do contrato, pretender obter novo seguro sobre o mesmo interesse, e contra o mesmo risco junto a outro segurador, deve previamente comunicar sua intenção por escrito ao primeiro, indicando a soma por que pretende segurar-se, a fim de se comprovar a obediência ao disposto no art. 778." Espanha: LCS, *"Artículo 32. Cuando en dos o más contratos estipulados por el mismo tomador con distintos aseguradores se cubran los efectos que un mismo riesgo puede producir sobre el mismo interés y durante idéntico período de tiempo el tomador del seguro o el asegurado deberán, salvo pacto en contrario, comunicar a cada asegurador los demás seguros que estipule. Si por dolo se omitiera esta comunicación, y en caso de sobreseguro se produjera el siniestro, los aseguradores no están obligados a pagar la indemnización. Una vez producido el siniestro, el tomador del seguro o el asegurado deberá comunicarlo, de acuerdo con lo previsto en el artículo dieciséis, a cada asegurador, con indicación del nombre de los demás. Los aseguradores contribuirán al abono de la indemnización en proporción a la propia suma asegurada, sin que pueda superarse la cuantía del daño. Dentro de este límite el asegurado puede pedir a cada asegurador la indemnización debida, según el respectivo contrato. El asegurador que ha pagado una cantidad superior a la que proporcionalmente le corresponda podrá repetir contra el resto de los aseguradores. Si el importe total de las sumas aseguradas superase notablemente el valor del interés, será de aplicación lo previsto en el artículo treinta y uno."* Portugal: DL, *"Artigo 133.º Pluralidade de seguros. 1 — Quando um mesmo risco relativo ao mesmo interesse e por idêntico período esteja seguro por vários seguradores, o tomador do seguro ou o segurado deve informar dessa circunstância todos os seguradores, logo que tome conhecimento da sua verificação, bem como aquando da participação do sinistro." "Art. 180, 3 — O tomador do seguro ou o segurado deve informar o segurador da existência ou da contratação de seguros relativos ao mesmo risco, ainda que garantindo apenas prestações de valor pré-determinado."* Argentina: LS. *"Art. 67. Quien asegura el mismo interés y el mismo riesgo con más de un asegurador, notificará sin dilación a cada uno de ellos los demás contratos celebrados, con indicación del asegurador y de la suma asegurada, bajo pena de caducidad, salvo pacto en contrario."* Chile: C.com. *"Art. 556. Efectos de la pluralidad de seguros. Cuando se hubiere contratado más de un seguro que cubra la misma materia, interés y riesgo, el asegurado podrá reclamar a cualquiera de los aseguradores el pago del siniestro, según el respectivo contrato, y a cualquiera de los demás, el saldo no cubierto. El conjunto de las indemnizaciones recibidas por el asegurado, no podrá exceder el valor del objeto asegurado. Si el asegurado ha recibido más de lo que le correspondía, tendrán derecho a repetir en su contra aquellas aseguradoras que hubieren pagado el exceso. Asimismo, tendrán derecho a cobrar perjuicios si mediare mala fe del asegurado. Al denunciar el siniestro, el asegurado debe comunicar a todos los aseguradores con quienes hubiere contratado, los otros seguros que lo cubran. El asegurador que pagare el siniestro, tiene derecho a repetir contra los demás la cuota que les corresponda en la indemnización, según el monto que cubran los respectivos contratos."* México: LS, *"Artículo 100.- Cuando se contrate con varias empresas un seguro contra el mismo riesgo y por el mismo interés, el asegurado tendrá la obligación de poner en conocimiento de cada uno de los aseguradores, la existencia de los otros seguros. El aviso deberá darse por escrito e indicar el nombre de los aseguradores, así como las sumas aseguradas. Artículo 101.- Si el asegurado omite intencionalmente el aviso de que trata el artículo anterior, o si contrata los diversos seguros para obtener un provecho ilícito, los aseguradores quedarán liberados de sus obligaciones."*

momento do sinistro, venha receber de uma ou de várias somente o valor dos prejuízos e não o somatório de todas as garantias contratadas.

O princípio indenizatório não se aplica ao *seguro de pessoas*, cujo objeto é a existência, saúde ou integridade corporal, casos em que o *interesse* segurável carece de valor *a priori*, admitindo que o segurado contrate *importâncias seguradas* segundo a oferta do segurador e a livre escolha do capital, renda ou benefícios que possa contratar[467].

Nos seguros de pessoas é possível, inclusive, contratar vários seguros de com diferentes seguradoras e o beneficiário vir a receber o somatório de todos[468].

O princípio indenizatório, dessa forma, positiva norma de *ordem pública*, para evitar fraude, enriquecimento ilícito e especulação[469]. É compreensível o risco à ordem pública. Segurar uma coisa por valor superior pode sugerir a intenção de lucrar com o seguro, em prejuízo do bem segurado e dos riscos que esse empreendimento possa causar.

Não por acaso, mas para coibir a especulação, incêndios, acidentes, roubos, a vedação ao enriquecimento é expressa nas leis de seguro. E isso ocorre da mesma forma que o direito do seguro proíbe a fraude na produção do sinistro que, que além de criminosa, torna nulo o contrato para garantia de risco proveniente de ato doloso do segurado[470].

[467] JIMÉNEZ SÁNCHEZ, Guillermo J. (Coordinador) *Lecciones de Derecho Mercantil* – 4ª Ed. Madrid, Tecnos,1999, p. 513.

[468] Brasil: C.C. "Art. 789. Nos seguros de pessoas, o capital segurado é livremente estipulado pelo proponente, que pode contratar mais de um seguro sobre o mesmo interesse, com o mesmo ou diversos seguradores." Portugal: DL, *"Art. 175, 2 — O contrato de seguro de pessoas pode garantir prestações de valor predeterminado não dependente do efectivo montante do dano e prestações de natureza indemnizatória."* México: LS. *"Artículo 163.- El seguro de personas puede cubrir un interés económico de cualquier especie, que resulte de los riesgos de que trata este Título, o bien dar derecho a prestaciones independientes en absoluto de toda pérdida patrimonial derivada del siniestro."*

[469] Sobre os fundamentos do princípio indenizatório vide: GARRIGUES, Joaquin. Op. cit. p. 169. Cf. URIA, Rodrigo. Op. cit. pp. 781 e segs. JIMÉNEZ SÁNCHEZ, Guillermo. Op. cit. pp. 504 e 505. SANCHEZ CALERO, Fernando. Op. cit. p. 397. COMPARATO, Fábio Konder. "Substitutivo ao capítulo referente ao contrato de seguro no anteprojeto de Código Civil." Revista de Direito Mercantil, Industrial, Econômico e Financeiro. Editora Revista dos Tribunais Ltda. São Paulo, 1973, p. 147. ALVIM, Pedro. Op cit. p. 303. Conforme José Vasques, *"entre as principais implicações do princípio indenizatório podem indicar-se: i) evitar o sobresseguro; ii) impedir a cumulação de seguros; iii) opor-se a que o lesado seja também indenizado pelo lesante." In. Op. cit. p. 146.*

[470] Brasil: C.C. Art. 762. Espanha: LCS, Art. 17. França: CA. L-121.3. México: Art. 77. Argentina: LS, Art. 8, 114 e 152. Chile: Art. 535.

Existem casos, porém, em que o princípio indenizatório deve ser relativizado. Em razão de certos usos, como adverte a doutrina espanhola, requer uma interpretação mais elástica, sobretudo nos seguros a primeiro risco, nas indenizações por lucro cessante, nos seguros a valor de novo, ou nos casos em que se permite ao segurador relativizar esta norma para facilitar ao segurado a prova ou valoração da indenização[471].

Essa doutrina também se aplica no direito brasileiro, na medida em que a atividade seguradora atua em bases semelhantes às condições europeias, mediante o comércio e oferta ao público de contratos similares, por condições gerais pré-estabelecidas.

Assim, embora o princípio indenizatório seja princípio positivo no direito brasileiro, previsto no art. 781 do Código Civil[472], seu enunciado deve ser visto com os cuidados de evitar-se o exagero da interpretação literal.

Na Espanha também é princípio de *«jus scriptum»*, no artigo 26 da Lei de Contrato de Seguro – LCS 50/1980. E merece ser interpretado de forma elástica, como refere Fernando Sanchez Calero[473], para que cumpra seus objetivos, de modo que não resulte exagero ou prejuízo ao segurado.

Por sua natureza, o princípio indenizatório impõe que o ressarcimento dos prejuízos guarde proporção entre a garantia contratada e os danos sofridos. Todavia, por razões de conjuntura macroeconômica[474], inflação, depreciação, ou má avaliação ou taxação dos riscos, pode a importância segurada não estar de acordo com o valor do interesse segurado.

[471] Cf. SANCHEZ CALERO, Fernando. Op. cit. pp. 393 a 404. URIA, Rodrigo. Op. cit. p. 786.

[472] Brasil: C.C., Art. 781. A indenização não pode ultrapassar o valor do interesse segurado no momento do sinistro, e, em hipótese alguma, o limite máximo da garantia fixado na apólice, salvo em caso de mora do segurador.

[473] Idem. p. 394.: Espanha: LCS – *"Artículo 26. El seguro no puede ser objeto de enriquecimiento injusto para el asegurado. Para la determinación del daño se atenderá al valor del interés asegurado en el momento inmediatamente anterior a la realización del siniestro."; Art.º 439.º § 1.º A indenização devida pelo segurador é regulada em razão do valor do objeto ao tempo do sinistro, salva a disposição do artigo 448."*

[474] Alfredo Manes refere da grande *"epidemia de infrasseguros"* no período pós-guerra na Alemanha, onde os índices de inflação corroíam os seguros e foram propostas diversas fórmulas entre os anos de 1922 a 1925, vide: MANES, Alfredo. Op. cit. p. 307. Certamente, o mesmo também ocorreu no período compreendido entre 1945 e 1948. Nesse sentido vide: GALBRAITH, John Kenneth. *Uma teoria do controle de preços. A exposição clássica*. Tradução de José Murillo de Carvalho. Rio de Janeiro: Editora Forense Universitária. 1986. 1ª edição, 1951. No Brasil pode-se referir do mesmo fenômeno, sobretudo a partir da década de 80 e dos planos de estabilização econômica que se desenvolveram até o advento do Plano Real, implantado gradualmente, a partir da Medida Provisória 542 de 30 de junho de 1994, convertendo-se na Lei nº 9.069 de 26 de junho de 1995.

Nesses casos, leva-se em conta que a *importância segurada* pode ser *igual, superior, ou inferior* ao valor do interesse segurado. O Direito do seguro traz algumas classificações nesse sentido:

a) (*"seguro pleno"*) - o valor do interesse coincide com a importância segurada;
b) ("sobresseguro") [475] – a importância segurada é superior ao interesse;
c) (*"infrasseguro"*)[476] – a importância segurada é inferior ao interesse [477].

Como nem sempre se alcança um *seguro pleno*, de equilíbrio absoluto, buscam-se soluções para os casos de *sobresseguro e infrasseguro*, sempre factíveis, desde que não provenientes de má-fé das partes.

Havendo *«sobresseguro»*, embora o segurado pague prêmio acima do devido, o *princípio indenizatório* veda que a indenização supere os prejuízos. Assim, promove-se o reequilíbrio do contrato mediante a redução da importância segurada e do prêmio, ou a devolução do excedente em caso de sinistro total[478].

[475] Em francês emprega-se a expressão *«la surassurance»*, como se depreende do conteúdo do art. L.121-3 *du Code des assurances*. Em Portugal, o Decreto 72/2008, de 16 de abril de 2008, ao consolidar os termos aplicados ao seguro emprega o conceito *"subseguro"*, definido no *"Art. 134. Salvo convenção em contrário, se o capital seguro for inferior ao valor do objecto seguro, o segurador só responde pelo dano na respectiva proporção."*

[476] Espanha: LCS, art. 30. França: CA, L. 121-5. México: LS, art. 92. Argentina: art. 65. Chile: C.com. art. 553.

[477] Sobre essas circunstâncias das indenizações vide: MANES, Alfredo. Op. cit. p. 303. JIMÉNEZ SÁNCHEZ, Guillermo. Op. Cit. p. 505.

[478] Sobresseguro: Brasil: C.C. Tribunal de Justiça do Rio Grande do Sul: Súmula N°12 Seguro de Automóvel: Perda Total. – No caso de perda total, a indenização a ser paga pela Seguradora será equivalente ao valor estipulado para a cobertura do sinistro e não pelo valor médio de mercado do veículo (Art. 1462, C.Civil). Espanha: LCS, *"Artículo 31. Si la suma asegurada supera notablemente el valor del interés asegurado, cualquiera de las partes del contrato podrá exigir la reducción de la suma y de la prima, debiendo restituir el asegurador el exceso de las primas percibidas. Si se produjere el siniestro, el asegurador indemnizar el daño efectivamente causado. Cuando el sobreseguro previsto en el párrafo anterior se debiera a mala fe del asegurado, el contrato será ineficaz. El asegurador de buena fe podrá, no obstante, retener las primas vencidas y las del período en curso."* Portugal: DL., art. 132. *"Artigo 132.º Sobresseguro. 1 — Se o capital seguro exceder o valor do interesse seguro, é aplicável o disposto no artigo 128.º, podendo as partes pedir a redução do contrato. 2 — Estando o tomador do seguro ou o segurado de boa-fé, o segurador deve proceder à restituição dos sobreprémios que tenham sido pagos nos dois anos anteriores ao pedido de redução do contrato, deduzidos os custos de aquisição calculados proporcionalmente."* Argentina: LS, *"Art. 65. Si al tiempo del siniestro el valor asegurado excede del valor asegurable, el asegurador sólo está obligado a resarcir el perjuicio efectivamente sufrido; no obstante, tiene derecho a percibir la totalidad de la prima."* França: *"Article L121-3 Lorsqu'un contrat d'assurance a été consenti*

Na categoria do sobresseguro inclui-se o *"seguro duplo"* ou *"pluralidade de seguros"*. Trata-se da acumulação de seguros, quando dois ou mais seguradores dão cobertura ao mesmo risco simultaneamente.

Havendo sinistro, o segurado não poderá lucrar com as duas coberturas[479] e deverá informar aos seguradores o seguro existente, em respeito ao princípio indenizatório [480]. O direito do seguro cuida de compelir o seguro cumulativo fraudulento.

pour une somme supérieure à la valeur de la chose assurée, s'il y a eu dol ou fraude de l'une des parties, l'autre partie peut en demander la nullité et réclamer, en outre, des dommages et intérêts. S'il n'y a eu ni dol ni fraude, le contrat est valable, mais seulement jusqu'à concurrence de la valeur réelle des objets assurés et l'assureur n'a pas droit aux primes pour l'excédent. Seules les primes échues lui restent définitivement acquises, ainsi que la prime de l'année courante quand elle est à terme échu.» Chile: C.com. *"Art. 558. Sobreseguro. Si la suma asegurada excede el valor del bien asegurado, cualquiera de las partes podrá exigir su reducción, así como la de la prima, salvo el caso en que se hubiere pactado dicho valor conforme al artículo 554. Si ocurriere un siniestro en tales circunstancias, la indemnización cubrirá el daño producido, de acuerdo con el valor efectivo del bien. Si el sobreseguro proviene de mala fe del asegurado, el contrato será nulo, no obstante lo cual el asegurador tendrá derecho a la prima a título de pena, sin perjuicio de la acción criminal a que hubiere lugar."* México: LS, *"Artículo 95.- Cuando se celebre un contrato de seguro por una suma superior al valor real de la cosa asegurada y ha existido dolo o mala fe de una de las partes, la otra tendrá derecho para demandar u oponer la nulidad y exigir la indemnización que corresponda por daños y perjuicios. Si no hubo dolo o mala fe, el contrato será válido, pero únicamente hasta la concurrencia del valor real de la cosa asegurada, teniendo ambas partes la facultad de pedir la reducción de la suma asegurada. La empresa aseguradora no tendrá derecho a las primas por el excedente; pero le pertenecerán las primas vencidas y la prima por el período en curso, en el momento del aviso del asegurado."*

479 Cf. GARRIGUES, Joaquin. Op. cit. p. 179. MANES, Alfredo. Op. cit. p. 305

480 Brasil: C.C. "Art. 782. O segurado que, na vigência do contrato, pretender obter novo seguro sobre o mesmo interesse, e contra o mesmo risco junto a outro segurador, deve previamente comunicar sua intenção por escrito ao primeiro, indicando a soma por que pretende segurar-se, a fim de se comprovar a obediência ao disposto no art. 778." Espanha: LCS, *"Artículo 32. Cuando en dos o más contratos estipulados por el mismo tomador con distintos aseguradores se cubran los efectos que un mismo riesgo puede producir sobre el mismo interés y durante idéntico período de tiempo el tomador del seguro o el asegurado deberán, salvo pacto en contrario, comunicar a cada asegurador los demás seguros que estipule. Si por dolo se omitiera esta comunicación, y en caso de sobreseguro se produjera el siniestro, los aseguradores no están obligados a pagar la indemnización. Una vez producido el siniestro, el tomador del seguro o el asegurado deberá comunicarlo, de acuerdo con lo previsto en el artículo dieciséis, a cada asegurador, con indicación del nombre de los demás. Los aseguradores contribuirán al abono de la indemnización en proporción a la propia suma asegurada, sin que pueda superarse la cuantía del daño. Dentro de este límite el asegurado puede pedir a cada asegurador la indemnización debida, según el respectivo contrato. El asegurador que ha pagado una cantidad superior a la que proporcionalmente le corresponda podrá repetir contra el resto de los aseguradores. Si el importe total de las sumas aseguradas superase notablemente el valor del interés, será de aplicación lo previsto en el artículo treinta y uno."* Portugal: DL, "Artigo 133.º Pluralidade de seguros 1 — Quando um mesmo risco relativo ao mesmo interesse e por idêntico período esteja seguro por vários seguradores, o tomador do seguro ou o segurado deve informar dessa circunstância todos os seguradores, logo que tome conhecimento da sua verificação, bem como aquando da participação do sinistro." França: CA. L.121.4. México: art. 100-105. Chile: C.com. art. 556.

Na Lei portuguesa, segundo o art. 132, 2, do Decreto-Lei 72/2008, estando o tomador do seguro ou o segurado de boa-fé, *"o segurador deve proceder à restituição dos sobreprêmios que tenham sido pagos nos dois anos anteriores ao pedido de redução do contrato, deduzidos os custos de aquisição calculados proporcionalmente."*

A Argentina, ao considerar os efeitos do *sobresseguro*, permite ao segurador ou tomador reequilibrar o contrato, com a redução da importância segurada segundo o valor atual do interesse[481]. Comprovada má-fé do tomador, com interesse de enriquecimento ilícito, é nulo o contrato, ressalvado ao segurador a percepção total do prêmio[482].

No *«infrasseguro»*, ocorrendo o evento danoso, aplica-se a fórmula de rateio *«regra proporcional»*, calculando-se a indenização segundo um critério de proporção com o seguro contratado [483].

Como observa Véronique Nicolas, o *infrasseguro* é lícito e distinto da falsa declaração do risco, que pode causar a nulidade do contrato. Havendo *infrasseguro*, aplica-se a regra de proporcionalidade *"règle proportionnelle"* [484].

[481] Argentina: LS, *"Art. 62-1. Si la suma asegurada supera notablemente el valor actual del interés asegurado, el asegurador o el tomador pueden requerir su reducción."*

[482] Argentina: LS, *"El contrato es nulo si se celebró con la intención de enriquecerse indebidamente con el excedente asegurado. Si a la celebración del contrato el asegurador no conocía esa intención, tiene derecho a percibir la prima por el período de seguro durante el cual adquiere este conocimiento."*

[483] Infrasseguro: Brasil: C.C.: "Art. 783. Salvo disposição em contrário, o seguro de um interesse por menos do que valha acarreta a redução proporcional da indenização, no caso de sinistro parcial." Espanha: LCS, *"Artículo 30. Si en el momento de la producción del siniestro la suma asegurada es inferior al valor del interés, el asegurador indemnizar el daño causado en la misma proporción en la que aquélla cubre el interés asegurado. Las partes, de común acuerdo, podrán excluir en la póliza, o con posterioridad a la celebración del contrato, la aplicación de la regla proporcional prevista en el párrafo anterior."* Portugal: DL., *"Artigo 134.º Subseguro. Salvo convenção em contrário, se o capital seguro for inferior ao valor do objecto seguro, o segurador só responde pelo dano na respectiva proporção."* Argentina: LS., Art. 65,2. "Si el valor asegurado es inferior al valor asegurable, el asegurador sólo indemnizar el daño en la proporción que resulte de ambos valores, salvo pacto en contrario." México: LS, *"Artículo 92.- Salvo convenio en contrario, si la suma asegurada es inferior al interés asegurado, la empresa aseguradora responderá de manera proporcional al daño causado."* Argentina: LS, Art. 65. Bis. *"...Infraseguro. Si el valor asegurado es inferior al valor asegurable, el asegurador sólo indemnizar el daño en la proporción que resulte de ambos valores, salvo pacto en contrario." "Art. 111. El pago de los gastos y costas se debe en la medida que fueron necesarios."* Chile: C.com. *"Art. 553. Regla proporcional. Si al momento del siniestro la suma asegurada es inferior al valor del bien, el asegurador indemnizará el daño a prorrata entre la cantidad asegurada y la que no lo esté. Sin embargo, las partes podrán pactar que no se aplique la regla proporcional prevista en el inciso anterior, en cuyo caso el asegurado no soportará parte alguna del daño si ocurriera un siniestro, a menos que éste exceda la suma asegurada."*

[484] In. *Traité de droit des assurances, Tome 3, Le contrat d'assurance.* (direcion) BIGOT, Jean. Avec la colaboration de Jean Beauchard, Vincent Heuzé, Jérôme Kullmann, Luc Mayaux e Véronique Nicolas.L.D.G.J – Librarie Générale de Droit et de Jurisprudence, EJA, 2002, 31,rue Falguière 75741 Paris Cedex 15, p. 1085.

Neste caso, a indenização é igual ao valor segurado, vezes o dano, dividido pelo valor do interesse segurado[485].

Na lei chilena há uma clara definição da regra proporcional:

> Chile: C.Com. *"Art. 553. Regla proporcional. Si al momento del siniestro la suma asegurada es inferior al valor del bien, el asegurador indemnizará el daño a prorrata entre la cantidad asegurada y la que no lo esté. Sin embargo, las partes podrán pactar que no se aplique la regla proporcional prevista en el inciso anterior, en cuyo caso el asegurado no soportará parte alguna del daño si ocurriera un siniestro, a menos que éste exceda la suma asegurada."*

Nos casos de "infrasseguro", a exemplo da segunda parte do art. 553 do Código de Comércio do Chile, excetuam-se da regra de rateio parcial os chamados "seguros a primeiro risco", nos quais existem vários interesses cobertos por um mesmo contrato de seguro.

Nesses não se estabelece a mesma relação de proporção. Como observa José Vasques, são contratos em que "as partes integram nas cláusulas contratuais a renúncia à aplicação do princípio indenizatório"[486]. Assim o segurador tem o dever de adimplir a totalidade da importância segurada.

Esse tipo de seguro é comum em complexos industriais ou seguros especiais, para os quais evita a antiga taxação discriminada de risco a risco. Em um parque industrial com vários edifícios, por exemplo, podem ser segurados com um valor abaixo do que representaria o somatório destes prédios individualmente. Por exemplo: 5 edifícios de R$ 100.000,00 cada. Em vez de contratar uma importância segurada de R$ 500.000 equivalente a 5 x R$ 100.000,00, o segurado opta por um seguro a primeiro risco de R$ 300.000,00, valor este considerado pela estimativa do que seja o prejuízo máximo que possa sofrer. Sendo o seguro do tipo *«a primeiro risco»*, em caso de sinistro parcial, a importância segurada poderá ser indenizada sem aplicação da cláusula de rateio se os prejuízos chegarem aos R$ 300.000,00.

O seguro a primeiro risco não é novidade. Em uma das conhecidas obras do direito do seguro, Alfredo Manes, professor da Universidade de Berlim,

[485] Cf. URIA, Rodrigo. Op. cit. p. 785. No mesmo sentido: VIVANTE, Cesare. *Trattato di diritto commerciale.* Volume IV. 3ª ed. Milano. Casa Editrice Dottor Francesco Vallardi. 1954. p. 527. VÈRONIQUE NICOLAS, Op. Cit. p. 1086.

[486] Cf. VASQUES, José. Op. Cit. p. 151.

no início do século passado, tratava do *seguro a primeiro risco* valendo-se de exemplo similar ao que referimos acima[487].

No "*seguro em valor de novo*" também ocorre renúncia ao princípio indenizatório. Trata-se de contrato igualmente lícito, pelo qual as partes estabelecem que, havendo sinistro, a indenização não leva em conta a depreciação do bem segurado, reparando-se por valor de novo [488].

Nessas circunstâncias, como refere José Vasques, há uma relativização do princípio indenizatório, nos seguros a primeiro risco, nos seguros a valor de novo e na utilização de cláusulas de indexação[489].

São diferentes matizes do princípio indenizatório que fazem com que se observem casos de inaplicabilidade, assim como existem outros em que se atenuam seus efeitos, de modo equitativo, levando em conta certa margem de autonomia, como também pode ocorrer nos seguros indexados.

De qualquer modo, o princípio indenizatório é um princípio de proporcionalidade e vedação do enriquecimento sem causa. Sua aplicação segue a lógica do contrato de seguro e da especialidade do risco[490]:

> *"si el daño supera la suma asegurada, esta última constituirá, en principio, el límite máximo de garantía que compromete el assegurador.*[491]"

O princípio indenizatório merece ser articulado ao lado do princípio do interesse[492], de uma causa lícita, quantificável e proporcional ao risco coberto.

Seguro não é jogo ou aposta, e o interesse segurável deve ser de que o evento previsto não ocorra e não produza danos.

Assim, afirma Jean Bigot que "*o interesse do tomador pela não realização do risco diferencia o seguro do jogo ou da aposta*". No mesmo sentido é a lição de Ricardo Bechara Santos: "*...mormente pelo cuidado que o titular do interesse segurado tem em preservar o estado do risco, não o agravando, não o provocando, mas ao contrário, evitando-o.*[493]"

487 Cf. MANES, Alfredo. Op. Cit. p. 303.

488 Cf. VASQUES, José. Op. cit. p. 151

489 Idem. Op. Cit. p. 151.

490 Veja-se: Cap. IV – Princípio da Especialidade do Risco.

491 STIGLITZ, Rubén S. Op. Cit. Tomo III, p. 175. O autor enuncia esta regra da seguinte forma: "*la indeminización es el daño, en la misma proporción que la suma asegurada es al valor asegurable*". (p. 176)

492 Veja-se: Cap. V – Princípio do Interesse.

493 SANTOS, Ricardo Bechara. Op. cit. p. 130.

Por fim, vale a máxima segundo a qual "*o segurado não pode enriquecer na ocasião do* sinistro" [494], expressão viva nos dias atuais, inclusive em testos legislativos[495]. Nesse contexto, o princípio indenizatório tem conhecidas consequências jurídicas, como eficiente instrumento de equilíbrio contratual, proporcionalidade e vedação de excessos.

2.3.8 Princípio da sub-rogação do segurador

É um princípio relacionado ao direito objetivo. Tem sua essência na vedação de enriquecimento indevido e reequilíbrio contratual das partes e da mutualidade de segurados frente a terceiros.

Do ponto de vista do direito processual civil não é menos relevante, na medida em que confere um direito de ação face ao possível ressarcimento.

Como consequência do contrato de seguro e do pagamento da garantia contratada, o segurador fica investido em determinados direitos e ações do segurado para cobrar os prejuízos do causador dos danos.

Em geral é princípio positivo, com previsão expressa nas leis de seguro, definidor de uma mecânica de transmissão de direitos *materiais* e *processuais* do segurado ao segurador, para que este promova as medidas cabíveis.

Funciona como norma de proteção da mutualidade administrada pelo segurador, cujos efeitos econômicos facultam medidas para buscar o que foi pago, evitando a extinção do crédito ou direitos nos quais se investiu. Além disso, é medida econômica de redução do custo do seguro[496].

Sua incidência é comum contra o terceiro causador dos danos[497], como um princípio de reequilíbrio da posição das partes frente ao contrato,

[494] Cf. BIGOT, Jean: *«...c'esta-à-dire d'intérêt du preneur à la non réalisation du risque, qui permettrait de distiguer l'assurance du eu et du jeu et du pari» «L'assuré ne peut s'enrichir à l'occasion d'un sinstre»*, p. 12. Op. cit. p. 12. O autor também comenta as regras do "*Guidon de la Mer*", do século 16, e o Código de comércio francês de 1807, no mesmo sentido.

[495] Espanha: LCS, "*Artículo 26. El seguro no puede ser objeto de enriquecimiento injusto para el asegurado...*" Chile: C.com. "Art. 550 *...jamás puede constituir para él la oportunidad de una ganancia o enriquecimiento.*" Argentina: LS. "*Art. 68. ...Si se celebró el seguro plural con la intención de un enriquecimiento indebido, son nulos los contratos celebrados con esa intención...*".

[496] Sobre a redução do custo do seguro: MARENSI, Voltaire. *O seguro a vida e sua modernidade.* 2ª ed. Rio de Janeiro, Editora Lumen Juris, 2011, p. 29.

[497] Brasil: C.C. art. 786. Espanha: LCS, art. 43; C.C.: art. 1111. Portugal: DL art. 136° e 181º. Itália: Cesare Vivante destaca que: "*L'assicuratore é surrogato in tutti i diritti che competeno all'assicurato verso i terzi per causa del danno* (art. 438)." Argentina: LS, art. 80. Chile: art. 534. México: LS, art. 111,143 e 163.

os danos causados e sua reparação, permitindo racionalidade frente ao prêmio do seguro.

A sub-rogação pode ser legal, operando efeitos por previsão expressa na lei, ou convencional, pela vontade das partes[498]. Assim é a dicção dos artigos 346 e 351 do Código Civil brasileiro, que relaciona hipóteses de sub-rogação legal e convencional.

No contrato de seguro a sub-rogação do segurador teve sua evolução em cláusulas contratuais[499], passando à sub-*rogação legal* nos seguros marítimos, até a generalização da *sub-rogação legal* nas leis de contrato de seguro[500].

[498] Brasil: C.C. Capítulo III – Do Pagamento com Sub-rogação. Art. 346-351. França: C.c. *Art. 1249. La subrogation dans les droits du créancier au profit d'une tierce personne quile paie, est ou concentionnelle ou légale.*

[499] Cf. DONATTI, Antígono. Op. cit. pp. 301-302. SANCHEZ CALERO, Fernando. Op. cit. pp. 651 e 654.

[500] Brasil: C.C.: "Art. 786.Paga a indenização, o segurador sub-roga-se, nos limites do valor respectivo, nos direitos e ações que competirem ao segurado contra o autor do dano. § 1º Salvo dolo, a sub-rogação não tem lugar se o dano foi causado pelo cônjuge do segurado, seus descendentes ou ascendentes, consanguíneos ou afins. § 2º É ineficaz qualquer ato do segurado que diminua ou extinga, em prejuízo do segurador, os direitos a que se refere este artigo." Espanha: LCS., *"Artículo 43. El asegurador, una vez pagada la indemnización, podrá ejercitar los derechos y las acciones que por razón del siniestro correspondieran al asegurado frente a las personas responsables del mismo, hasta el límite de la indemnización. El asegurador no podrá ejercitar en perjuicio del asegurado los derechos en que se haya subrogado. El asegurado será responsable de los perjuicios que, con sus actos u omisiones, pueda causar al asegurador en su derecho a subrogarse. El asegurador no tendrá derecho a la subrogación contra ninguna de las personas cuyos actos u omisiones den origen a responsabilidad del asegurado, de acuerdo con la Ley, ni contra el causante del siniestro que sea, respecto del asegurado pariente en línea directa o colateral dentro del tercer grado civil de consanguinidad, padre adoptante o hijo adoptivo que convivan con el asegurado. Pero esta norma no tendrá efecto si la responsabilidad proviene de dolo o si la responsabilidad está amparada mediante un contrato de seguro. En este último supuesto, la subrogación estará limitada en su alcance de acuerdo con los términos de dicho contrato. En caso de concurrencia de asegurador y asegurado frente a tercero responsable, el recobro obtenido se repartirá entre ambos en proporción a su respectivo interés."* França: CA, *"Art.L.121-12 – L'assureur qui a payé l'indemnité d'assurance est subrogé, jusqu'à concurrence de cette indemnité, dans les droits et actions de l'assuré contre les tiers qui, par leur fait, ont causé le dommage ayant donné lieu à la responsabilité de l'assureur. L'assureur peut être déchargé, en tout ou en partie, de sa responsabilité envers l'assuré, quand la subrogation ne peut plus, par le fait de l'assuré, s'opérer en faveur de l'assureur. Par dérogation aux dispositions précédentes, l'assureur n'a aucun recours contre les enfants, descendants, ascendants, alliés en ligne directe, préposés, employés, ouvriers ou domestiques, et généralement toute personne vivant habituellement au foyer de l'assuré, sauf le cas de malveillance commise par une de ces personnes."* Portugal: DL. *"Artigo 136.º Sub-rogação pelo segurador. 1 — O segurador que tiver pago a indemnização fica sub-rogado, na medida do montante pago, nos direitos do segurado contra o terceiro responsável pelo sinistro...."* Argentina: LS – *"SECCION V: Subrogación: Art. 80. Los derechos que correspondan al asegurado contra un tercero, en razón del siniestro, se transfieren al asegurador hasta el monto de la indemnización abonada. El asegurado es responsable de todo acto que perjudique este derecho del asegurador. Excepciones: El asegurador no puede valerse de la subrogación en perjuicio del asegurado. Seguros de personas:*

No Brasil tem previsão no art. 786 do Código Civil:

> C.C. – "Art. 786. Paga a indenização, o segurador sub-roga-se, nos limites do valor respectivo, nos direitos e ações que competirem ao segurado contra o autor do dano."

No Brasil ainda merece destaque a Súmula 188 do Supremo Tribunal Federal, ao tratar de ação regressiva do segurador contra o causador do dano:

> "Súmula 188 – O segurador tem ação regressiva contra o causador do dano, pelo que efetivamente pagou, até o limite previsto no contrato de seguro."

Por seu efeito translativo[501], o crédito se difere do segurado ao segurador por meio de um comando legal[502], que confere legitimidade para que este promova o ressarcimento perante o terceiro causador dos prejuízos.

No Código Comercial brasileiro, Lei n. 556, de 1850, está no artigo 728:

> Brasil: Código Comercial – *"Art. 728 – Pagando o segurador um dano acontecido à coisa segura, ficará subrogado em todos os direitos e ações que ao segurado competirem contra terceiro; e o segurado não pode praticar ato algum em prejuízo do direito adquirido dos seguradores."*

La subrogación es inaplicable en los seguros de personas." Chile: C.com. *"Art. 534. Subrogación. Por el pago de la indemnización, el asegurador se subroga en los derechos y acciones que el asegurado tenga en contra de terceros en razón del siniestro. El asegurador no tendrá derecho a la subrogación contra el causante del siniestro que sea cónyuge o pariente consanguíneo del asegurado en toda la línea recta y hasta el segundo grado inclusive de la línea colateral, y por todas aquellas personas por las que el asegurado deba responder civilmente. Sin embargo, procederá la subrogación si la responsabilidad proviene de dolo o se encuentra amparada por un seguro, pero sólo por el monto que éste haya cubierto. El asegurado será responsable por sus actos u omisiones que puedan perjudicar el ejercicio de las acciones en que el asegurador se haya subrogado. El asegurado conservará sus derechos para demandar a los responsables del siniestro. En caso de concurrencia de asegurador y asegurado frente a terceros responsables, el recobro obtenido se dividirá entre ambos en proporción a su respectivo interés."* México: LS. *"Artículo 111.- La empresa aseguradora que pague la indemnización se subrogará hasta la cantidad pagada, en todos los derechos y acciones contra terceros que por causa del daño sufrido correspondan al asegurado." "Artículo 143.- La empresa aseguradora, se subrogará en las acciones que competan a los asegurados para repetir contra los porteadores por los daños de que fueren responsables." Artículo 163...En el seguro sobre las personas, la empresa aseguradora no podrá subrogarse en los derechos del asegurado o del beneficiario contra los terceros en razón del siniestro, salvo cuando se trate de contratos de seguro que cubran gastos médicos o la salud."*

501 *"L'effet translatif de la subrogation"* BIGOT, Jean. Op. cit. p. 1157.

502 SÁNCHEZ CALERO, Fernando. Op. cit. pp. 654-655.

Assim, ao pagar a indenização, o segurador fica sub-rogado na proporção do montante indenizado, para promover a cobrança frente ao causador do sinistro. Trata-se de uma construção legal e da jurisprudência, em evolução nesses dois planos[503].

O instituto é orientado no sentido de evitar que do sinistro resulte enriquecimento sem causa ao segurado, a quem é vedado receber em duplicidade. Ao mesmo tempo, personaliza a responsabilidade do sujeito causador dos danos, que deverá reparar os prejuízos causados.

Sua natureza jurídica no direito dos seguros aparece como uma sucessão do segurador no crédito ou direitos do segurado. Também, pode ser entendida como uma legitimação extraordinária para o exercício do direito de *ação* contra o sujeito que causou danos. A incidência é comum nos contratos de seguros frente a terceiros, quando o segurador paga a garantia ao segurado e busca a reparação do terceiro responsável.

Na expressão de Donatti, com a diretriz legal da sub-rogação o responsável pelos danos não fica exonerado de repará-los. Além disso, sua dinâmica elimina o enriquecimento indevido do segurado, ao mesmo tempo em que é uma salvaguarda ao princípio indenizatório, conferindo-lhe efetividade [504].

Além do terceiro responsável não ficar na impunidade, o princípio da sub-rogação do segurador contribui para reduzir perdas da atividade seguradora, com incremento na rentabilidade da carteira de seguros[505] e melhores taxas e prêmios de seguro. Assim, torna-se instrumento para tornar o seguro mais acessível, com toda sua carga de benefícios e eficiência macroeconômica.

Do ponto de vista do segurado, não havendo sub-rogação, este poderia lucrar com o sinistro, o que não é certo à luz do princípio indenizatório.

Isso poderia resultar o pagamento da cobertura contratada mais a indenização do terceiro responsável, o que acarretaria uma dupla indenização para o segurador. Além disso, o seguro seria uma ameaça à sociedade, provocando riscos desastrosos, especulação, distorções e enriquecimento ilícito.

[503] Neste sentido: MARENSI, Voltaire. Op. cit. p. 35; (STJ – RE 85.676/PR, RTJ 86/259).

[504] "*La institución de la subrogación legal del asegurador en los derechos contra el tercero responsable es consecuencia de una política legislativa, que, eliminando el enriquecimiento del asegurado, salvaguarda el principio indemnizatorio, evitando la exoneración del tercero y tutelando el principio de responsabilidad; y por otra parte, bajo el doble aspecto de aminoración en la cuantía de la prima y de mayor garantía colectiva, evita el enriquecimiento del asegurador*" DONATTI, Antígono. Op. cit. p. 301.

[505] Fernando Sanchez Calero observa que estas razões de ordem econômica, que permitem uma melhor exploração do negócio do seguro, se encontram na exposição de motivos do Código de Comércio espanhol, de 1885. SANCHEZ CALERO, Fernando. Op. cit. p. 653.

Quanto à sua mecânica e pressupostos, os efeitos translativos da sub-rogação não se operam de forma automática, incondicional ou motivada exclusivamente pelo interesse do segurador.

Para que o segurador possa ser investido nos direitos do segurado é necessário que estejam presentes determinadas condições, sem as quais este princípio se corrompe, e a mecânica da sub-rogação se torna desnecessária, inexistente ou injusta.

A fim de que se efetive a sub-rogação é essencial a validade do contrato de seguro, vigência e exigibilidade da garantia contratada. Também, é pressuposto que o segurador tenha adimplido a garantia contratada frente ao segurado. O pagamento feito pelo segurador lhe confere o interesse *material e processual* na sub-rogação.

Com o pagamento da garantia constitui-se o crédito, condição essencial que legitima o segurador cobrar os prejuízos que indenizou, inclusive para fixar o *quantum* do ressarcimento [506]. Do contrário, estaria se admitindo benefício indevido ao segurador, se pudesse cobrar do terceiro sem que tenha adimplido a garantia contratada.

Por último, é essencial que existam direitos a ser transmitidos, sem os quais a sub-rogação não terá efetividade. Destacamos da doutrina [507] alguns pressupostos para o segurador sub-rogar-se nos direitos do segurado:

a) validade do contrato de seguro;
b) licitude e pagamento da indenização securitária;
c) interesse do segurador em exercer a faculdade da sub-rogação nos direitos e ações do segurado;
d) limitação do interesse do segurador à indenização paga ao segurado;
e) existência de um crédito de ressarcimento do segurado contra o terceiro responsável pelos danos.

Do ponto de vista do segurado, as leis de seguro fixam obrigações de preservar os salvados, minimizar as consequências do sinistro e não prejudicar os direitos a serem transferidos pela sub-rogação.

[506] Sobre o pressuposto do pagamento da indenização vide: Brasil: C.c.: "Art. 786, *caput*. Espanha: LCS, art. 43. SANCHEZ CALERO, Fernando. Op. cit. p. 654-655. BIGOT, Jean. Op. Cit. p. 1157. Portugal: DL, art. 136º,1.

[507] Sobre os pressupostos da sub-rogação: DONATTI, Antígono. Op. cit. p. 302-304. GARRIGUES, Joaquim. pp. 501-502. VIVANTE, Cesare. Op. cit. pp. 534-536. SANCHEZ CALERO, Fernando. Op. cit. p. 651-669; ALVIN, Pedro. cit. pp. 476-490; VASQUES, José. Op. cit. pp.154-160.

Por conta deste princípio e sua mecânica de transmissão de direitos o segurado não pode dispor livremente destes em prejuízo da sub-rogação, sujeito a ser responsabilizado pelo segurador caso prejudique seus direitos[508].

Além disso, após a produção do sinistro e antes do pagamento da indenização, o segurado deve minorar as perdas e praticar os atos que estiverem ao seu alcance para preservar os respectivos bens. Há uma espécie de solidariedade no zelo para com relação a estes e a necessária mitigação dos resultados do sinistro.

Por tal critério de preservação do crédito a ser transmitido, o segurado não pode transigir ou renunciar ao objeto do seguro sem a autorização do segurador. Isso vale para os cuidados em negociações com a outra parte.

Após o pagamento da indenização, o segurado perde os direitos sobre o crédito contra o terceiro.

Com isso, extingue-se a faculdade de cobrar do terceiro causador dos danos, devendo zelar pelos interesses do segurador e sujeito a responder como gestor de negócios caso provoque prejuízo aos direitos transmitidos.

Como tratam de condições excludentes, pode-se dizer que cláusulas que determinem a perda da indenização do segurado pelo desrespeito à sub-rogação devem ser redigidas com destaque.

[508] Brasil: C.C.: *"Art. 786. § 2º É ineficaz qualquer ato do segurado que diminua ou extinga, em prejuízo do segurador, os direitos a que se refere este artigo."* Espanha: LCS, art. 43.2, *"El asegurado será responsable de los perjuicios que, con sus actos u omisiones, pueda causar al asegurador en su derecho a subrogarse."* França: CA., *Art.L.121-2 – L'assureur est garant des pertes et dommages causés par des personnes dont l'assuré est civilement responsable en vertu de l'article 1384 du Code civil, quelles que soient la nature et la gravité des fautes de ces personnes". C.c. art. 1250. Cette subrogation est conventionnell : 1º Lorsque le créancier recevant son paiement d'une tierce personne la subroge dans ses droits, actions, privilèges ou hypothèques contre le débiteur: cette subrogation doit être expresse et faite en même temps que le paiement ;2º Lorsque le débiteur emprunte une somme à l'effet de payer sa dette, et de subroger le prêteur dans les droits du créancier. Il faut, pour que cette subrogation soit valable, que l'acte d'emprunt et la quittance soient passés devant notaires ; que dans l'acte d'emprunt il soit déclaré que la somme a été empruntée pour faire le paiement, et que dans la quittance il soit déclaré que le paiement a été fait des deniers fournis à cet effet par le nouveau créancier. Cette subrogation s'opère sans le concours de la volonté du créancier.* Portugal: DL, *"Artigo 136.º Sub -rogação pelo segurador 1- O segurador que tiver pago a indemnização fica sub-rogado, na medida do montante pago, nos direitos do segurado contra o terceiro responsável pelo sinistro. 2- O tomador do seguro ou o segurado responde, até ao limite da indemnização paga pelo segurador, por acto ou omissão que prejudique os direitos previstos no número anterior."* Argentina: LS, *"Art. 80. Los derechos que correspondan al asegurado contra un tercero, en razón del siniestro, se transfieren al asegurador hasta el monto de la indemnización abonada. El asegurado es responsable de todo acto que perjudique este derecho del asegurador."* Chile: LS 20.667 *"Art. 534...El asegurado será responsable por sus actos u omisiones que puedan perjudicar el ejercicio de las acciones en que el asegurador se haya subrogado.!*

Além disso, sujeitam-se à ponderação da boa-fé e circunstâncias do caso concreto, podendo ser consideradas abusivas e nulas caso excessivamente onerosas[509].

Outra regra de equilíbrio e proteção do segurado está no § 1°, do art. 786 do Código Civil brasileiro. Com exceção dos casos de dolo, não se opera a sub-rogação se o dano foi causado pelo cônjuge, descendentes, consanguíneos ou afins do segurado, ou por terceiro por quem este responda[510].

O segurado e seus familiares devem ser protegidos dos efeitos da sub-rogação. A boa técnica das leis de seguro exclui da sub-rogação casos que ofereçam prejuízo ao segurado, que possam causar solidariedade deste[511], ou quando há relação de parentesco em linha reta ou colateral até terceiro grau[512].

Com relação à renúncia por parte do segurador, considera-se admitida [513]. Sendo anterior à sub-rogação, o direito contra o terceiro permanecerá com o segurado, que somente poderá reclamar até o montante dos prejuízos. Assim,

[509] SÁNCHEZ CALERO, Fernando, Op. cit. p. 666.

[510] Brasil: C.C. "Art. 786 ...§ 1° Salvo dolo, a sub-rogação não tem lugar se o dano foi causado pelo cônjuge do segurado, seus descendentes ou ascendentes, consanguíneos ou afins". Espanha: LCS, *"Artículo 43. ... El asegurador no tendrá derecho a la subrogación contra ninguna de las personas cuyos actos u omisiones den origen a responsabilidad del asegurado, de acuerdo con la Ley, ni contra el causante del siniestro que sea, respecto del asegurado pariente en línea directa o colateral dentro del tercer grado civil de consanguinidad, padre adoptante o hijo adoptivo que convivan con el asegurado."* França: CA, *"Article L121-12 ...Par dérogation aux dispositions précédentes, l'assureur n'a aucun recours contre les enfants, descendants, ascendants, alliés en ligne directe, préposés, employés, ouvriers ou domestiques, et généralement toute personne vivant habituellement au foyer de l'assuré, sauf le cas de malveillance commise par une de ces personnes. »* Portugal: *DL, art. 136º. "Art. 4 — O disposto no n.º 1 não é aplicável: a) Contra o segurado se este responde pelo terceiro responsável, nos termos da lei; b) Contra o cônjuge, pessoa que viva em união de facto, ascendentes e descendentes do segurado que com ele vivam em economia comum, salvo se a responsabilidade destes terceiros for dolosa ou se encontrar coberta por contrato de seguro."* México: LS, *"Art.163 El derecho a la subrogación no procederá en caso de que el asegurado o el beneficiario, tengan relación conyugal o parentesco por consanguinidad o afinidad hasta el segundo grado o civil, con la persona que les haya causado el daño, o bien si son civilmente responsables de la misma."* Chile: C.com. "Art. 534... *El asegurador no tendrá derecho a la subrogación contra el causante del siniestro que sea cónyuge o pariente consanguíneo del asegurado en toda la línea recta y hasta el segundo grado inclusive de la línea colateral, y por todas aquellas personas por las que el asegurado deba responder civilmente. Sin embargo, procederá la subrogación si la responsabilidad proviene de dolo o se encuentra amparada por un seguro, pero sólo por el monto que éste haya cubierto."*

[511] Exemplo disso são os casos de responsabilidade previstos em lei: Brasil: C.c. "Art. 932. Espanha: C.c. Art. 1.903.

[512] Espanha: LCS, "art. 43. *"El asegurador no podrá ejercitar en perjuicio del asegurado los derechos en que se haya subrogado."*

[513] Cf. DONATTI, Antígono. Op. cit. p. 305. VIVANTE, Cesare. Op. cit. p. 537.

deverá respeitar o princípio indenizatório, para que não se torne fonte de enriquecimento sem causa [514].

Quando a renúncia se dá com relação ao terceiro, trata-se de ato liberatório praticado por quem é titular do crédito espécie de *remissão da dívida*[515], podendo o segurador renunciá-lo. Neste caso, observa-se que estará renunciando ao crédito, não aos efeitos da sub-rogação legal.

Também, exclui-se a sub-rogação no seguro de vida[516]. Assim como o princípio indenizatório, a sub-rogação legal se aplica aos seguros de danos, e não aos seguros de pessoas, salvo nos gastos de assistência médica ou casos de eventual disposição em contrário.

Levando-se em conta alguns desses aspectos, especialmente sua casuística, temos este princípio como valor e instrumento de personalização da responsabilidade, com a consequente «substituição»[517] do crédito do segurado ao segurador [518], fator de proporcionalidade e justiça[519] na relação entre as partes e frente ao terceiro responsável.

[514] Cf. SANCHEZ CALERO, Fernando. Op. cit. p. 668-669. Brasil: C.c. Capítulo IV – Do Enriquecimento Sem Causa.

[515] Cf. DONATTI, Antígono. Op. cit. p. 305.

[516] Brasil: C.C. "Art. 800. Nos seguros de pessoas, o segurador não pode sub-rogar-se nos direitos e ações do segurado, ou do beneficiário, contra o causador do sinistro." Espanha: LCS, *"Artículo 82. En los seguros de personas el asegurador, aun después de pagada la indemnización, no puede subrogarse en los derechos que en su caso correspondan al asegurado contra un tercero como consecuencia del siniestro. Se exceptúa de lo dispuesto en el párrafo anterior lo relativo a los gastos de asistencia sanitaria."* Portugal: DL, "Artigo 181.º Sub-rogação. Salvo convenção em contrário, o segurador que realize prestações de valor predeterminado no contrato não fica, após a satisfação destas, sub-rogado nos direitos do tomador do seguro ou do beneficiário contra um terceiro que dê causa ao sinistro." França: CA, *«Art.L.131-2 – Dans l'assurance de personnes, l'assureur, après paiement de la somme assurée, ne peut être subrogé aux droits du contractant ou du bénéficiaire contre des tiers à raison du sinistre. Toutefois, dans les contrats garantissant l'indemnisation des préjudices résultant d'une atteinte à la personne, l'assureur peut être subrogé dans les droits du contractant ou des ayants droit contre le tiers responsable, pour le remboursement des prestations à caractère indemnitaire prévues au contrat.»* Argentina: LS *"Art. 80. La subrogación es inaplicable en los seguros de personas."* México: LS, *"Artículo 163. En el seguro sobre las personas, la empresa aseguradora no podrá subrogarse en los derechos del asegurado o del beneficiario contra los terceros en razón del siniestro, salvo cuando se trate de contratos de seguro que cubran gastos médicos o la salud."*

[517] Nesse sentido: *"Au plan juridique, la subrogation est la substitution d'une personne (phisique ou morale) à une autre personne;"* Cf. SAINRAPT, Christian. Dictionnaire général de l'assurance. Éditions Arcature, 1996, 85bis, route de Grigny 91130 Ris-Orangis, p. 1314. No mesmo sentido, veja-se Dicionário Aurélio, versão digital: "do latim *subrogatione...*" *"2. Substituição de uma pessoa por outra, na mesma relação jurídica."*

[518] Cf. SANCHEZ CALERO, Fernando. Op. cit. p. 662.

[519] Cf. LOPES, Miguel Maria de Serpa. *Curso de direito civil: fontes das obrigações: contratos.* Volume IV, 5ª ed., Rio de Janeiro, Freitas Bastos, 1999, p. 457.

Com seu valor e mecânica de equilíbrio contratual, o princípio da sub-rogação é amparado em lei e na ponderação de princípios como a razoabilidade, proporcionalidade e maior efetividade ao princípio indenizatório, ou seja, o princípio da justa indenização[520].

2.3.9 Princípio compensatório

Nas economias modernas o contrato de seguro é difundido em forma de contratação de massa, que põe o segurador frente a um universo de contratantes. Nesse contexto transindividual, por diversas razões, a posição das partes tende a ser assimétrica[521].

O segurador detém conhecimento especializado, informação, técnica, estatística e domínio jurídico sobre as leis e condições da contratação. Do outro lado do sinalagma contratual há um grupo heterogêneo de sujeitos, pessoas físicas e jurídicas, em níveis distintos de compreensão, idade e capacidade econômica, com um *handcap* frente ao segurador.

Não se trata de comentário negativista, mas um contraste natural entre quem detém solvência e especialização, e àqueles que buscam esses serviços com pequenas economias, ou mesmo grandes, mas desprovidos de conhecimento técnico.

É compreensível, portanto, que as leis de contrato de seguro possuam viés compensatório e de proteção da vulnerabilidade, sobretudo a partir das correntes consumeristas do século passado.

Assim, é preciso instrumentos compensatórios e, nesse tipo de tutela, é usual a técnica das leis imperativas, pelas quais a vontade das partes é substituída por normas de reequilíbrio entre os contratantes.

Com caráter misto, de ordem privada e pública, o contrato de seguro se sujeita a controles legislativos, administrativos e judiciais. E com preciosos instrumentos a disciplina jurídica do seguro se faz historicamente compensatória, com um plexo de normas de tutela da vulnerabilidade.

Outra conhecida forma de eficiência no seguro está na atuação de corretores de seguros, profissionais qualificados a orientar essa contratação, como

[520] DONATTI, Antígono. Op. cit. p. 300.

[521] Sobre a proteção do contratante mais fraco veja-se: UE: DIRETIVA 93/13/CE, COELHO, Fábio Ulhoa. *Princípios do direito comercial: com anotações ao projeto de código comercial.* São Paulo: Saraiva, 2012, p. 52.

elo de técnica, comunicação e informação entre o tomador do seguro e as companhias seguradoras.

Como observamos, ainda antes dos modernos sistemas de proteção do consumidor articulavam-se medidas para os seguros privados, no sentido de evitar prejuízos por má informação, práticas abusivas ou cláusulas contratuais com vantagem indevida ao segurador.

Planiol e Ripert comentavam que as leis suíça e alemã de 1908 declararam imperativas uma série de normas de proteção do segurado[522], além de prever que dúvidas na interpretação contratual eram resolvidas em favor deste, uma vez que o segurador se presumia culpado por não redigir de forma clara as condições da contratação.

Também são conhecidas as referências à tutela da vulnerabilidade na obra de Antigono Donati. Segundo o mestre da Universidade de Roma se aplica ao contrato de seguro o mesmo sistema de interpretação dos negócios jurídicos, em especial o art. 1370, do Código Civil italiano, da interpretação benéfica ao segurado:

> *"las condiciones generales – pero no las particulares que no son necesariamente obra del asegurador – deberán interpretarse contra el asegurador."* [523]

Comentava que as cláusulas adicionadas à mão – condições gerais modificadas ou condições particulares – prevalecem sobre as condições do

[522] PLANIOL e RIPERT, Op. cit. p. 577 e 588.

[523] Brasil: CC. "Art. 423. Quando houver no contrato de adesão cláusulas ambíguas ou contraditórias, dever-se-á adotar a interpretação mais favorável ao aderente.", veja-se, também: C.C, art. 478-480; CDC, art. 6, IV, V, VIII e 51, IV. Espanha: C.c. *"Art. 1288. La interpretación de las cláusulas oscuras de un contrato no deberá favorecer a la parte que hubiese ocasionado la oscuridad."* LCS, *"Artículo 3. Las condiciones generales, que en ningún caso podrán tener carácter lesivo para los asegurados, habrán de incluirse por el asegurador en la proposición de seguro si la hubiere y necesariamente en la póliza de contrato o en un documento complementario, que se suscribirá por el asegurado y al que se entregará copia del mismo..."* Itália: C.c. *"Art.1370. Interpretazione contro l'autore della clausola: Le clausole inserite nelle condizioni generali di contratto (1341) o in moduli o formulari (1342) predisposti da uno dei contraenti s'interpretano, nel dubbio, a favore dell'altro."* México: *"Artículo 20 Bis – Tratándose de los contratos de seguro de adhesión a los que se refiere el artículo 56 de la Ley de Protección y Defensa al Usuario de Servicios Financieros, cuando exista duda sobre la interpretación de una cláusula, el juez, tomando en cuenta el dictamen que al efecto solicite a la Comisión Nacional para Protección y Defensa de los Usuarios de Servicios Financieros, resolverá el sentido en que debe interpretarse dicha cláusula para efectos de la litis. En los casos en que la interpretación de una cláusula involucre aspectos de carácter técnico-actuarial, la Comisión Nacional para la Protección y Defensa de los Usuarios de Servicios Financieros podrá solicitar opinión a la Comisión Nacional de Seguros y Fianzas.* Argentina: LS, arts. 11 e 12.

formulário em caso de incompatibilidade, porque "*las cláusulas convenidas mediante relación singular significan una declaración de voluntad concreta de derogar las condiciones generales.*"[524]

Joaquin Garrigues deixou seu registro na doutrina da proteção da vulnerabilidade, no sentido de que a tendência das leis de seguro é reduzir ao mínimo as normas dispositivas, para proteger o segurado.

O mestre espanhol preconizou normas imperativas de natureza compensatória, instrumentos que dariam proteção à "*parte más débil e ignorante, contra las cláusulas que agravan su situación, facilitando la exoneración de la empresa, y que fueran quizá suscritas sin leerlas o sin comprender su alcance.*[525]"

Sabe-se que a tutela do consumidor teve profusão a partir da década de 60, quando se tornam públicos uma série de documentos, desde a mensagem ao Congresso do Presidente Kennedy; o *Molony Report* no Reino Unido; a aprovação pelo Conselho Europeu da Carta de proteção dos consumidores, em 1973, e posterior resolução do Conselho da Comunidade Econômica Europeia, de 14 de abril de 1975, com o programa da Comunidade para proteção e informação dos consumidores[526].

A partir desse movimento internacional, o reconhecimento e proteção da vulnerabilidade passaram a definir políticas públicas compensatórias, fazendo disso uma importante função do Estado na economia [527]. Nesse

[524] Cf. DONATI, Antígono. Op. cit. p. 35.

[525] Cf. GARRIGUES, Joaquin. Op. cit. p. 8.

[526] Cf. RODRÍGUEZ-CANO, Alberto Bercovitz. *Nociones básicas sobre la protección de los consumidores en el ordenamiento jurídico español.* In. Reforma del Derecho Privado y *Protección del Consumidor. Jornadas organizadas por la Universidad de Salamanca y el Centro Asociado de la UNED de Ávila. Dirección: Eduardo Galán Corona, Coordinador: José A. García-Cruces González. Junta de Castilla y León. Consejería de Fomento, Dirección General de Comercio y Consumo, Valladolid, 1994, p. 14.*

[527] Sobre políticas públicas: UE: DIRETIVA 93/13/CE, Brasil: CDC "Art. 4º A Política Nacional das Relações de Consumo tem por objetivo o atendimento das necessidades dos consumidores, o respeito à sua dignidade, saúde e segurança, a proteção de seus interesses econômicos, a melhoria da sua qualidade de vida, bem como a transparência e harmonia das *relações de consumo, atendidos os seguintes princípios: I – reconhecimento da vulnerabilidade do consumidor no mercado de consumo;...".* Art. 105 e seguintes, sobre o Sistema Nacional de Defesa do Consumidor. Espanha: LGDCU "*Art. 6º. Los poderes públicos, directamente o en colaboración con las organizaciones de consumidores o usuarios, organizarán, en el ámbito de sus competencias, campañas o actuaciones programadas de control de calidad, especialmente en relación con los siguientes productos y servicios: a) Los de uso o consumo común, ordinario y generalizado. b) Los que reflejen una mayor incidencia en los estudios estadísticos o epidemiológicos. c) Los que sean objeto de reclamaciones o quejas, de las que razonablemente se deduzcan las situaciones de inferioridad, subordinación o indefensión a que se refiere el artículo 23.e). d) Los que sean objeto de programas específicos de investigación. e) Aquellos otros que, en razón de su régimen o proceso de producción y comercialización, puedan ser más fácilmente objeto de fraude o adulteración.*" Sobre políticas públicas e vulnerabilidade vide também

processo de consolidação da tutela da vulnerabilidade, a proteção do consumidor tornou-se uma categoria de princípio constitucional[528] informador da ordem econômica que se irradia às mais variadas relações de consumo.

Nos seguros privados não foi diferente. A mudança introduzida pelos sistemas de proteção dos consumidores carreou boas práticas, desde a proposta, publicidade, passando pela formação do contrato, documentação e execução contratual.

Os seguros, todavia, não são todos iguais. São vários tipos contratuais frente à diferentes tipos de contratantes. Há casos, inclusive, em que aparentemente não existe vulnerabilidade ou desequilíbrio, ou estes são reduzidos, como nos grandes riscos, para os quais, *a priori*, não se verifica condição de debilidade[529]. De qualquer modo, existem controles que se estendem a todo o setor.

No campo *legislativo*, as modernas leis de seguro, valendo-se de normas imperativas ou *semi-imperativas*, impõem adequações ao segurador, qualidade nos serviços, lealdade, transparência, informação e publicidade adequadas, orientação para o consumo, facilitação da fiscalização e controles, além de equilíbrio nas obrigações contratuais.

Art. 23, da LGDCU Itália: DCU, arts. 4 e 5, que dispõem sobre o "*Consiglio nazionale dei consumatori e degli utenti*", e suas competências, órgão vinculado ao Ministério da Indústria, Comércio e Artesanato. Argentina: CF. "*Artículo 42. Los consumidores y usuarios de bienes y servicios tienen derecho, en la relación de consumo, a la protección de su salud, seguridad e intereses económicos; a una información adecuada y veraz; a la libertad de elección y a condiciones de trato equitativo y digno. Las autoridades proveerán a la protección de esos derechos, a la educación para el consumo, a la defensa de la competencia contra toda forma de distorsión de los mercados, al control de los monopolios naturales y legales, al de la calidad y eficiencia de los servicios públicos, y a la constitución de asociaciones de consumidores y de usuarios. La legislación establecerá procedimientos eficaces para la prevención y solución de conflictos, y los marcos regulatorios de los servicios públicos de competencia nacional, previendo la necesaria participación de las asociaciones de consumidores y usuarios y de las provincias interesadas, en los organismos de control.*"

[528] Brasil: CF.: "*Art. 5º, XXXII – o Estado promoverá, na forma da lei, a defesa do consumidor*". "*Art. 170. A ordem econômica, fundada na valorização do trabalho humano e na livre iniciativa, tem por fim assegurar a todos existência digna, conforme os ditames da justiça social, observados os seguintes princípios: ...V – defesa do consumidor;*"

[529] Cf. EMBID IRUJO, José Miguel. La protección del consumidor como asegurado. In. Reforma del Derecho Privado y Protección del Consumidor. Jornadas organizadas por la Universidad de Salamanca y el Centro Asociado de la UNED de Ávila. Dirección: Eduardo Galán Corona, Coordinador: José A. García-Cruces González. Junta de Castilla y León. Consejería de Fomento, Dirección General de Comercio y Consumo, Valladolid, 1994. SANCHEZ CALERO, Fernando. Op. cit. p. 75.

Esse tipo de tutela, segundo a sistemática externa das leis de seguro, enuncia a imperatividade de determinadas disposições, admitindo que possa ser estabelecido um regime mais favorável ao segurado[530].

Seguindo as tendências de proteção contratual, as leis de seguro tomam por instrumento a eficácia imperativa [531]; a interpretação mais benéfica ao segurado ou tomador [532]; proibição de cláusulas discriminatórias[533]; a redação com destaque das cláusulas limitativas dos direitos do segurado[534]; que a emissão da apólice seja precedida de proposta escrita com os elementos essenciais da contratação [535]; a forma escrita e o dever de conteúdo mínimo na documentação contratual [536]; a vedação e sujeição à nulidade das cláusulas abusivas [537], além da facilitação da defesa, com o foro de domicílio do segurado [538], entre outras.

[530] Portugal: DL, Art. 13º.

[531] Espanha: LCS, art. 3º. Portugal: DL, arts. 11º a 13º. Argentina: LS. "*Art. 158. Además de las normas que por su letra o naturaleza son total o parcialmente inmodificables, no se podrán variar por acuerdo de partes los artículos 5, 8, 9, 34 y 38 y sólo se podrán modificar en favor del asegurado los artículos 6, 7, 12, 15, 18 (segundo párrafo), 19, 29, 36, 37, 46, 49, 51, 52, 82, 108, 110, 114, 116, 130, 132, 135 y 140. Cuando las disposiciones de las pólizas se aparten de las normas legales derogables, no podrán formar parte de las condiciones generales. No se incluyen los supuestos en que la ley prevé la derogación por pacto en contrario.*" França: Article L111-2. Ne peuvent être modifiées par convention les prescriptions des titres Ier, II, III et IV du présent livre, sauf celles qui donnent aux parties une simple faculté et qui sont contenues dans les articles L.112-1, L. 112-5, L. 112-6, L. 113-10, L. 121-5 à L. 121-8, L. 121-12, L. 121-14, L. 122-1, L. 122-2, L. 122-6, L. 124-1, L. 124-2, L. 127-6, L. 132-1, L. 132-10, L. 132-15 et L. 132-19. México: LS, art. 204. Chile: C.com. art. 542 e 587.

[532] Sobre interpretação contra o predisponente: Brasil: STJ. Precedentes: Recurso Especial N° 311.509 – SP (2001/0031812-6), Relator: Ministro Sálvio de Figueiredo Teixeira; Recurso Especial Nº 1.133.338 – SP (2009/0065099-4) Relator: Ministro Paulo de Tarso Sanseverino; e, Recurso Especial Nº 1.106.827 – SP (2008/0284799-4) Relator: Ministro Marco Buzzi.

[533] Portugal: DL, art. 15º.

[534] Brasil: CDC, art. 54, § 4°; Espanha: LCS, arts. 3° e 8°; LGDCU, art. 10. Portugal: DL, art. 18 a 34. México: LS, art. 20, bis e 24. Sobre a admissibilidade de cláusulas limitativas: Brasil: STJ Recurso Especial nº 319.707 – SP (2001/0047428-4) Rel.: Ministra Nancy Andrighi. Ementa: "Código de Defesa do Consumidor. Plano de Saúde. Limitação de Direitos. Admissibilidade.

[535] Brasil: C.C. art.759; CDC, art. 30-38. Circular SUSEP 491/2014. Espanha: LCS, art. 3º; art, 8º, LGDCU, art. 13.

[536] Brasil: C.C., art. 758. CDC arts. 30-38; Espanha: LCS, art. 3º, 5º e 8º. Portugal: DL, art. 36º-38º. Argentina: LS, art. 11. México: LS, art. 20, 24 e 153.

[537] Brasil: CDC art. 6º, V e 51; Espanha: LCS, art. 3º; LGDCU art. 10bis e 10 ter. França: CDC, Art. L.132-1 e segs. Portugal: LDC, art. 16. México: CDC, art. 1, VII, 24, XX e 90. Argentina: LDC art. 37-39.

[538] Brasil: No Direito brasileiro, como observamos, não há previsão específica do foro do consumidor ou do segurado. Com relação às relações de consumo, a matéria é pacífica na jurisprudência de nossos Tribunais, consolidada a partir da interpretação extensiva dos arts 5º, XXXII e 170, V,

Com base na prevalência da lei especial, a regra hermenêutica da "*lex specialis*" [539]põe em evidência as leis de seguro, fazendo com que se sobressaiam frente às leis de caráter geral quando a matéria é o contrato de seguro.

Sem prejuízo dessa precedência legal, existem circunstâncias em que se articula o sistema de seguros em combinação com o sistema de proteção do consumidor, nos casos em que o segurado é do tipo segurado-consumidor e destinatário final de bens, produtos e serviços [540].

da Constituição Federal de 1988 e, especialmente, dos arts. 6º, VIII e 51, IV, do Código de Defesa do Consumidor – CDC, que determinam a competência do foro do consumidor. No plano legal, por iniciativa da Secretaria de Direito Econômico, a Portaria nº 4, de 13 março de 1998, previu que se deve divulgar, em aditamento ao art. 51 da lei nº 8.078/90 – CDC, que "*são nulas de pleno direito as cláusulas que elejam foro para dirimir conflitos decorrentes de relação de consumo diverso daquele onde reside o consumidor.*" Espanha: LCS, art. 24. LGDCU Disp. Adic. – nº 27. Argentina: LS, art. 16. Chile: C.com. art. 543, "4°... *Será tribunal competente para conocer de las causas a que diere lugar el contrato de seguro, el del domicilio del beneficiario.*"

[539] *Lex Specialis* – conjunto de valores aplicados no âmbito doméstico e internacional, de forma subsidiária à lei, como instrumento de intepretação e colmatação de lacunas.

[540] Brasil: CDC: "Art. 2° Consumidor é toda pessoa física ou jurídica que adquire ou utiliza produto ou serviço como destinatário final." Espanha: LGDCU, "*Art. 1º, 2. "A los efectos de esta Ley, son consumidores o usuarios las personas físicas o jurídicas que adquieren, utilizan o disfrutan, como destinatarios finales, bienes muebles o inmuebles, productos, servicios, actividades o funciones, cualquiera que sea la naturaleza pública o privada, individual o colectiva, de quienes los producen, facilitan, suministran o expiden. 3. No tendrán la consideración de consumidores o usuarios quienes, sin constituirse en destinatarios finales, adquieran, almacenen, utilicen o consuman bienes o servicios, con el fin de integrarlos en procesos de producción, transformación, comercialización o prestación a terceros.*" Itália: DCU "***Art. 2.*** *Definizioni 1. Ai fini della presente legge si intendono per: a) "consumatori e utenti": le persone fisiche che acquistino o utilizzino beni o servizi per scopi non riferibili all'attivita' imprenditoriale e professionale eventualmente svolta;*" Portugal: LDC "*Artigo 2º – Definição e âmbito: 1- Considera-se consumidor todo aquele a quem sejam fornecidos bens, prestados serviços ou transmitidos quaisquer direitos, destinados a uso não profissional, por pessoa que exerça com carácter profissional uma actividade económica que vise a obtenção de benefícios. 2- Consideram-se incluídos no âmbito da presente lei os bens, serviços e direitos fornecidos, prestados e transmitidos pelos organismos da Administração Pública, por pessoas colectivas públicas, por empresas de capitais públicos ou detidos maioritariamente pelo Estado, pelas Regiões Autónomas ou pelas autarquias locais e por empresas concessionárias de serviços públicos.*" Argentina: "*Artículo 1º – Objeto. Consumidor. Equiparación. La presente ley tiene por objeto la defensa del consumidor o usuario, entendiéndose por tal a toda persona física o jurídica que adquiere o utiliza bienes o servicios en forma gratuita u onerosa como destinatario final, en beneficio propio o de su grupo familiar o social. Queda comprendida la adquisición de derechos en tiempos compartidos, clubes de campo, cementerios privados y figuras afines. Se considera asimismo consumidor o usuario a quien, sin ser pare de una relación de consumo, como consecuencia o en ocasión de ella adquiere o utiliza bienes o servicios como destinatario final, en beneficio propio o de su grupo familiar o social, y a quien de cualquier manera está expuesto a una relación de consumo.*" México: "*Artículo 2.- Para los efectos de esta ley, se entiende por: I. Consumidor: la persona física o mora que adquiere, realiza o disfruta como destinatario final bienes, productos o servicios. Se entiende también por consumidor a la persona física o moral que adquiera, utilice o consuma bienes o servicios con objeto de integrarlos en procesos de producción, transformación, comercialización o presentación de servicios a terceros, únicamente para los casos a que se refieren los artículos 99 y 117 de esta ley.*".

Nas relações de consumo ocorre uma confluência do sistema de seguro com o sistema de proteção do consumidor[541], e o contrato é tutelado por ambos. Os vazios das leis de seguro são preenchidos por normas de defesa do consumidor, permitindo a solução mais benéfica ao segurado ou tomador [542].

Nesse caso, uma das conhecidas fórmulas é a da «interpretação contra o predisponente». A matéria, apreciada pelo STJ, traz precedentes como o Recurso Especial N° 311.509 – SP (2001/0031812-6), Relator: Ministro Sálvio de Figueiredo Teixeira[543]; Recurso Especial Nº 1.133.338 – SP (2009/0065099-4) Relator: Ministro Paulo de Tarso Sanseverino[544]; e, Recurso Especial Nº 1.106.827 – SP (2008/0284799-4) Relator: Ministro Marco Buzzi[545]. São decisões que tomaram por parâmetro as regras especiais dos sistemas estandardizados de contratação, no sentido de que cláusula mal redigida deve ser interpretada em favor do aderente, segundo o referencial do homem médio ao lado da interpretação pró-consumidor. Esta diretriz ficou definida no art. 423 do Código Civil, *verbis*:

> C.C. – "Art. 423. Quando houver no contrato de adesão cláusulas ambíguas ou contraditórias, dever-se-á adotar a interpretação mais favorável ao aderente."

[541] Sobre a confluência do sistema de seguro e defesa dos consumidores e usuários: EMBID IRUJO, José Miguel. *La protección del consumidor como asegurado.* In. Reforma del Derecho Privado y Protección del Consumidor. Dirección: Eduardo Galán Corona, Coordinador: José A. García-Cruces González. Junta de Castilla y León. Consejería de Fomento, Dirección General de Comercio y Consumo, Valladolid, 1994, pp. 105-120. Veja-se: CARBONEL PUIG, Jordi. *Los contratos de seguro de vida. Normativa interna y comunitaria.* 1ª Edición, Barcelona, Bosch Casa Editorial S.A., 1994. pp. 88-90.

[542] Cf. EMBID IRUJO, José Miguel. Op. cit. p. 112.

[543] Brasil: STJ. Direito civil. Contrato de seguro-saúde. Transplante. Cobertura do tratamento. Cláusula dúbia e mal redigida. Interpretação favorável ao consumidor. Art. 54, § 4o, CDC, Recurso especial. Súmula/STJ, enunciado 5. Precedentes. Recurso não conhecido.

[544] Brasil: STJ: Recurso Especial. Direito do consumidor. Seguro de saúde. Alegação de violação de dispositivos constitucionais. Inviabilidade. Inclusão de dependente. Inaplicabilidade do § 5º do art. 35 da Lei nº 9.656/98. Oportunidade de adaptação ao novo sistema. Não concessão. Cláusula contratual. Possibilidade de inclusão de qualquer pessoa. como dependente. Exclusão de cobertura de lesões decorrentes de má-formação congênita. Exceção. Filho de segurada nascido na vigência do seguro. Interpretação mais favorável ao consumidor aderente. Abusividade da negativa de cobertura de situação de urgência.

[545] Brasil: STJ. Recurso Especial (ART. 105, III, "A", DA CRFB) – Demanda ressarcitória de seguro – Segurado vítima de crime de extorsão (CP. ART. 158) – Aresto estadual reconhecendo a cobertura securitária.

A norma vem ao encontro do art. 47 do Código de Defesa do Consumidor, bem como de Princípios dos Contratos do Comércio Internacional – UNIDROIT, cujo art. 4.6 contempla a ("Interpretação "*contra proferentem*"), no sentido em que, se cláusulas do contrato propostas por uma parte não são claras, é preferível a interpretação contrária a esta parte.

Do ponto de vista da análise sistemática da tutela da vulnerabilidade nos seguros privados, além das leis de contrato de seguro e dos sistemas de proteção do consumidor [546], observam-se leis de controle da concorrência ou monopólio, leis civis ou comerciais sobre interpretação contratual, leis sobre juros, atualização monetária, sobre contratos e documentos eletrônicos, estatuto do idoso, entre outras normas e princípios de equilíbrio contratual.

No campo da regulação e controle administrativo, a tutela da vulnerabilidade conta com estrutura nos sistemas nacionais de seguros privados[547], integrada por sujeitos e organismos com competência no campo das licenças administrativas, constituição de empresas e entes reguladores, funcionamento, cessação de operações ou extinção de sociedades seguradoras, com procedimentos especiais de fiscalização e liquidação.

[546] Brasil: CDC Capítulo VII – Das Sanções Administrativas. Estatuto do Idoso: Lei nº 10.741, de 1º de outubro de 2003, "Art. 15, § 3º É vedada a discriminação do idoso nos planos de saúde pela cobrança de valores diferenciados em razão da idade." Espanha: LGDCU: arts. 6º, 10 ter. 20,3., 24, 28, 31, Cap. IX, X.

[547] Brasil: Destacamos algumas referências legislativas: Decreto-lei nº 73, de 21 de novembro de 1966 – Dispõe sobre o Sistema Nacional de Seguros Privados, regula as operações de seguros, resseguros e dá outras providências. (DOU 22.11.66, Ret. Pelo Decreto-lei nº 296, 28 de janeiro de 1967); Decreto nº 60.459, de 13 de março de 1967 – Regulamenta o Decreto-lei nº 73, de 21 de novembro de 1966, com as modificações introduzidas pelos Decretos-leis nº 168, de 14 de fevereiro de 1967, e nº 296, de 28 de fevereiro de 1967. (DOU 14.3.67); Decreto nº 61.589, de 23 de outubro de 1967 – Retifica disposições do Decreto nº 60.459, de 13 de março de 1967, no que tange a capitais, do início da cobertura do risco e emissão da apólice, a obrigação do pagamento do prêmio e da indenização e a cobrança bancária (DOU 24.10.67); Decreto nº 61.867, de 7 de dezembro de 1967 – Regulamenta os seguros obrigatórios previstos no art. 20 do Decreto-lei nº 73, de 21 de novembro de 1966, e dá outras providências (DOU 8.12.67); Decreto nº 65.268, de 3 de outubro de 1969 – Altera disposições do Decreto nº 61.589, de 23 de outubro de 1967, no que tange a capitais mínimos das Sociedades Seguradoras, e dá outras providências (DOU 4.10.69); Lei nº 6.194, de 19 de dezembro de 1974 – Dispõe sobre Seguro Obrigatório de Danos Pessoais causados por veículos automotores de via terrestre, ou por sua carga, a pessoas transportadas ou não (DOU 20.12.74). Espanha: LCS; Ley 9/1992, de 30 de abril, de Mediación en Seguros Privados; Ley 30/1995, de 8 de noviembre, de Ordenación y Supervisión de los Seguros Privados, de 8 de noviembre de 1995; Ley 13/1996, de 30 de diciembre, de Medidas Fiscales, Administrativas y del Orden Social; Real Decreto 134/1985, de 11 de agosto, por el que se aprueba el Reglamento de Ordenación del Seguro Privado.

Observam-se diretrizes sobre aprovação ou proibição de condições gerais nos contratos, controle de limites operacionais, margem de solvência e a regulação de corretores e agentes de seguros, entre outros instrumentos de controle, desde no nascimento à extinção das atividades.

Do ponto de vista do direito de ação, verifica-se a tutela da vulnerabilidade por meio dos órgãos judiciais do Estado. O «processo» atua como uma esfera revisão e reequilíbrio contratual, que permite declarar, obrigar, executar, ou constituir direitos relativos ao contrato, inclusive a nulidade de cláusulas abusivas, onerosidade, lesão, sanções de ordem criminal, entre outras, com a facilitação da defesa do consumidor segurado.

No que respeita aos julgados, passam a ter caráter vinculativo, pela força de seus precedentes. Como fonte essencial à produção do *fenômeno jurídico* a jurisprudência, sua dinâmica e autoridade de precedentes "*stare decisis*", têm força e competência conferida pela Constituição.

No Direito espanhol, há previsão específica no art. 3º da Ley de Contrato de Seguro – LCS. Caso seja declarada pelo Tribunal Supremo a nulidade de alguma das condições gerais de um contrato, a Administração Pública obrigará os seguradores a modificar cláusulas idênticas em suas apólices [548].

É vasta e eficiente a atuação do direito pelos Tribunais em nosso país. E a jurisprudência, em sua dinâmica, tem função essencial na ordem jurídica nos casos singulares, assim como na força dos precedentes e efeitos vinculantes[549].

A força dos precedentes afirma-se com importância no direito brasileiro, sobretudo a partir do novo Código de Processo Civil. Com vistas à segurança jurídica e unidade do direito, o CPC consolidou a força dos precedentes judiciais e o dever dos Tribunais no sentido de uniformizar e manter estável, coerente e íntegra a jurisprudência (art. 926, do CPC), sendo que juízes e tribunais devem observar os precedentes obrigatórios, segundo o art. 927 do CPC.

No mesmo espírito de celeridade processual, o art. 332, I e II do CPC, faculta ao juiz declarar, liminarmente, a improcedência de pedido contrário a enunciados de súmulas do STF, STJ ou acórdão de recursos repetitivos (art. 332, I e II, do CPC).

[548] Espanha: LCS, "*art. 3...Declarada por el Tribunal Supremo la nulidad de alguna de las cláusulas de las condiciones generales de un contrato la Administración Pública* competente obligará a los aseguradores a modificar las cláusulas idénticas contenidas en sus pólizas."

[549] MITIDIERO, Daniel. *Precedentes: da persuasão à vinculação.* 2ª Ed. São Paulo: Editora Revista dos Tribunais, 2017. p. sobre a força direta dos precedentes, p. 104-105

Independentemente da convergência dessas formas de controle, ainda vale referir a atuação de organizações de consumidores, as pessoas em seus comportamentos de denúncia e correção de atos impróprios, todas, ações reveladoras de controles públicos e organização.

Por fim, as boas práticas são a grande regra de respeito, equilíbrio e justiça contratual [550]. Desses valores, verifica-se a presença histórica da tutela da vulnerabilidade no Direito dos seguros privados, com criações precursoras de leis e instrumentos de equilíbrio contratual.

2.3.10 Princípio da confiança

Confiança[551] é um valor social e uma necessidade do espírito civilizado, da ordem jurídica e do estado de direito.

É princípio implícito ou explícito nas leis e constituições, relacionado ao conhecimento, previsibilidade e aceitação do direito.

Afirmar a confiança social e nas instituições é condição de efetividade e segurança jurídica, valor substancial à vida humana[552].

Nos negócios jurídicos o termo reflete segurança, convicção e sentidos associados à solidez de determinado vínculo.

Em suas origens a confiança se sustenta no imaginário humano, sanções morais e valores de cooperação, entre outros sentimentos morais.

Muitos de seus valores foram difundidos em leis escritas desde a Babilônia (XVIII a.C.), leis mosaicas, gregas e romanas, o "*Forum Judicum*" na Europa medieval, a Carta Magna inglesa, declarações de direitos, até as Constituições e leis em geral.

Nem sempre as leis foram justas ou razoáveis, e tornam-se motivo de domínio e escravidão até os dias atuais. O Código de Hamurabi contou com muitos avanços[553], mas também com penas de morte e mutilação "*lex talionis*".

[550] Sobre a perspectiva da justiça contratual e referências a Ulpiano e ao Direito Romano «*jus est ars boni et aequi*», vide: NORONHA, Fernando. Op. cit. p. 205-249.

[551] Sobre o princípio da confiança: GRAVINA, Maurício Salomoni. *A proteção da confiança no contrato de seguro*. Cadernos de seguro. Escola Nacional de Seguros. Ano XXXVI, Nº 187, janeiro-março de 2016, ISSN 0101-5818, p. 25-27. GRAVINA, Maurício Salomoni. *Ensuring trustworthiness in the insurance contract*. Cadernos de seguro. Escola Nacional de Seguros. Ano XXXVI, Nº 187, janeiro--março de 2016, ISSN 0101-5818, p. 65-67.

[552] Nesse sentido veja-se: ÁVILA, Humberto. *Segurança jurídica*. Op. cit. p. 123.

[553] O Código de Hamurabi, do século XVIII a.C. na Babilônia, insculpido em pedra e depositado no museu do Louvre, é um documento vivo segundo o qual Khammu-rabi recebeu do deus Schmasch

Além disso, dividiu classes de pessoas: homens livres, na mais alta classe, os destinatários de toda a proteção do direito; uma classe intermediária, mais inferior e com tutela restrita; e os escravos. Yuval Harari comenta que, segundo o Código, "Os superiores ficavam com todas as coisas boas da vida. Os homens comuns ficavam com o que sobrava. Os escravos ficavam com uma surra, se reclamassem."[554]

As leis mosaicas também apoiaram na formação da confiança. Atribui-se a Moisés, altamente instruído na corte do Egito, a grande parte dos textos dos quais teria sido "autor, narrador e compilador"[555] dos cinco primeiros livros da Bíblia, no Antigo Testamento. À semelhança de Khammu-rabi, Moisés foi conhecido pela liderança frente ao seu povo, e como profeta e destinatário de leis divinas, que foram a base da legislação ocidental até os dias atuais[556]. Além disso, como forma de manutenção da ordem, teria fomentado

uma codificação de normas dividida em 14 capítulos e 282 artigos. O código abriu caminhos até os dias atuais. Foram normas rigorosas com relação à isenção dos juízes; falso testemunho, prevendo a morte como pena, com influência do Talião. Cuidou do roubo e furto, com a pena de morte a quem suprimisse bens alheios. O mesmo rigor valeu para quem facilitasse a fuga de escravos. Havia obrigações de serviço militar e proteção de direitos de propriedade e filiação no retorno das batalhas. Aos particulares, instituiu o «bem de família», com a proibição de venda dos campos, horto e casa de oficiais, gregários ou vassalos. Dentre os contratos cuidou de locações de casas e arrendamento de campo, depósito, mútuo, transporte, seguro, doação, inclusive a previsão de força maior e isenção de juros em caso de tempestade e destruição da colheita. Tratou de direitos trabalhistas e estabeleceu salário-mínimo para diferentes classes de trabalhadores. Na família reuniu normas de matrimônio, dotes nupciais, dever de alimentos, adultério, abandono do lar, sucessão, adoção e a norma do vente livre para filhos de escravos libertos. No contexto penal, além das penas tipo Talião, admitia o ressarcimento ou indenizações pecuniárias. Ainda, havia um regime de responsabilidade para médicos, veterinários, construtores de barcos e arquitetos, com pena de morte aos últimos caso a edificação viesse a ser causa de morte.

[554] HARRARI, Yuval Noah. *Sapiens – Uma breve história da humanidade* – Tradução Janaína Marcoanatonio – Porto Alegre, Editora L&PM, 2018, p.184.

[555] BIBLIA SAGRADA. *Tradução dos mais antigos e reconhecidos manuscritos sagrados nas línguas originais (hebraico, aramaico e grego). "Authorized Version" – King James de 1611.* Abba Press Editora e Divulgadora Ltda., Sociedade Bíblica Ibero-Americana, Tradução King James Atualizada (KJA). BV Films Editora Ltda, BV Books Editora, Niterói – RJ, 2012, p. 26-28; 132-134; 213-215; 273-275; 352-353.

[556] As leis Mosaicas (período estimado 1250 a.C.), foram recepcionadas por muitos povos, desde a consagração do Estado monoteísta, aos diversos temas legislados. Embora a carência de documentação da época, há um legado histórico relacionado à Moisés na tradição judaica, cristã, com reconhecimento em muitos povos. O Pentateuco, em alusão aos cinco primeiros livros da Bíblia, traz uma mensagem ao povo de Deus; cuida da criação, do ser humano; o repúdio à maldade; ao roubo, homicídio, falso testemunho entre outras leis de justiça, que se desenvolveram, como a neutralidade na ouvida das partes e testemunhas (cap. I, v. 17); igualdade entre as partes: "ouvireis assim o pequeno como o grande; etc.

um contingente de "juízes", de modo a preservar os ideais do povo Hebreu. Suas leis, resumidas e imortalizadas nos dez mandamentos, cuidaram de uma ética com grande carga de confiança para a humanidade.

Séculos mais tarde, a ambição por um "estado desejável"[557] tomou força com o espírito iluminista. A expressão de John Locke, sobre os *valores da* pessoa e do trabalho, difundidos na Europa ocidental a partir do século XVIII[558], levou uma bandeira à Revolução Francesa, e continua a influenciar as mentes conscientes e a liberdade de expressão frente ao antigo regime:

> "... cada homem tem uma propriedade em sua própria pessoa; a esta ninguém tem qualquer direito senão ele mesmo. O trabalho do seu corpo e a obra de suas mãos pode dizer-se são propriamente dele." John Locke[559]

A preservação desses direitos da personalidade passou a guiar os homens com maior sentido que na antiguidade.

Para muitos povos esse sentimento de apropriação da força do trabalho e da propriedade passou a integrar o rol de direitos fundamentais de primeira geração, direitos civis e políticos minimamente capazes de permitir a formação do Estado Civil[560], apoiada nos valores do homem e liberdades de ordem econômica[561].

Nesse contexto, o princípio da confiança afirma-se na segurança jurídica: na previsibilidade e estabilidade do direito, amparadas no respeito a liberdades de ordem pessoal, econômica, social, e na coerência da intervenção estatal[562].

[557] Sobre a ideia de estado desejável, do ponto de vista da dignidade de suas funções veja-se: ÁVILA, Humberto. Op. cit. p. 122.

[558] Veja-se: GRAVINA, Maurício Salomoni. *Las libertades públicas en el orden económico. Pensar América: un puente inter-continental* – 1ª ed. Madrid – Buenos Aires – Mexico. Ed. Ciudad Argentina – Hispania Libros, 2015, p.p. 339-356.

[559] LOCKE, John. *Segundo tratado sobre o governo. Carta acerca da tolerância; ensaio acerca do entendimento humano.* John Locke; tradução Anoar Aiex e E Jacy Monteiro, 3ª ed., São Paulo, Abril Cultural, 1983, p. 45.

[560] Veja-se: MONTESQUIEU, O *Espírito das Leis.* "Capítulo III – Das Leis Positivas". O autor cita GRAVINA, jurista nascido em Rogliano – Calábria (1664-1718) a quem atribui uma definição de ESTADO CIVIL associada à reunião das forças e vontades individuais. Op. cit. p. 45.

[561] GRAVINA. Maurício Salomoni. *Las libertades públicas en el orden económico.* Op. cit. p.p. 339-356.

[562] Humberto Ávila associa a base da confiança ao exame de critérios relacionados aos direitos fundamentais de liberdade, propriedade e de igualdade ao lado dos princípios ligados à atividade estatal. ÁVILA, Humberto. *Teoria da segurança jurídica.* 3ª edição. São Paulo: Malheiros Editores, 2014, p. 717.

Freios e contrapesos[563] frente a erros e omissões do Estado e dos particulares estão entre as funções centrais do direito contemporâneo. A expressão de Ronald Dworkin sintetiza essa racionalidade:

> *"...direitos pessoais à proteção do Estado, assim como direitos pessoais a estar livres da interferência estatal."*[564]

Na Jurisprudência portuguesa, J. J. Gomes Canotilho comenta que é comum articular-se o princípio da confiança ao lado do Estado democrático, de modo a garantir um mínimo de estabilidade aos direitos das pessoas e assegurar a certeza da comunidade na tutela jurídica[565].

Na Constituição encontram-se normas como a legalidade e subordinação à ordem jurídica; direitos da personalidade; propriedade, inclusive imaterial ou intelectual; liberdades públicas; ato jurídico perfeito; coisa julgada; respeito ao meio ambiente; entre outros, em meio a um extenso rol de valores.

O princípio da confiança traz consigo o sentido da efetividade do direito. O senso de convivência pressupõe que as pessoas atuem segundo as normas de organização social e esperem o mesmo das outras, e que cada um faça sua parte, acreditando que a conduta dos demais será atendida.

Com semelhante direção, este princípio reflete-se na harmonia dos negócios, sendo que nestes "a relação social entre as partes se eleva à condição de relação jurídica [566]". Além da não surpresa, os contratantes devem se sentir seguros de que seus atos resultarão os efeitos jurídicos pretendidos, confirmando o interesse que depositam no contrato.

Nessa concepção social do direito, "os contratos devem obrigar, não apenas até onde chegar à vontade, mas até onde vai a confiança que a outra parte depositou na declaração"[567].

563 A expressão tem origem na concepção da tripartição de poderes, que merece recordar lições de John Locke e Montesquieu, na esteira do constitucionalismo que se passou a conhecer a importância da organização estatal.

564 DWORKIN, Ronald. Levando os direitos a sério. Tradução: Nelson Boeira, São Paulo, Editora Martins Fontes, 2002, p. 297.

565 CANOTILHO, José Joaquim Gomes. Op. cit. p. 376-377.

566 A expressão, na parte final, é tributo à lição de Emilio Betti. Idem. Op. cit. p. 6.

567 Cf. RADBRUCH, Gustav. Op. cit. p. 287.

No contrato de seguro a confiança está relacionada à vontade das partes segundo limites legais e contratuais[568]. Não se trata de uma apreciação superestimada da vontade, mas de uma vontade segundo limites objetivos da contratação.

Da mesma forma, está vinculada à estrutura mutual da atividade seguradora, o respeito às contribuições nas carteiras de seguro e aos deveres de boa informação, eficiência e satisfação dos interesses, em diversas fases do contrato.

Na jurisprudência do STJ o *princípio da confiança no contrato de seguros* mereceu destaque no Recurso Especial Nº 1.368.766 – RS (2012/0251038-0), com o qual é motivo de prestígio o relatório do Ministro Luiz Felipe Salomão:

> "Também não se pode olvidar que o artigo em comento busca garantir o equilíbrio contratual, reconhecendo o princípio da proteção da confiança. Ao comentar sobre o assunto, Maurício Salomoni Gravina ensina que "este princípio se expressa em diferentes momentos, desde sua gênese, passando pela formação até a resolução contratual, amparado pela ordem jurídica, a moral e a confiança na atuação correta dos sujeitos do contrato (GRAVINA, Maurício Salomoni. Princípios jurídicos do contrato de seguro. Rio de Janeiro: Funenseg, 2015, p. 106)."

Atuação correta pressupõe obrigações como o dever de informação do tomador; pagamento do prêmio; dever de comunicar agravação de riscos; ônus do salvamento e de minorar as circunstâncias do sinistro; a obrigação do segurador bem informar; redigir com clareza o material informativo, proposta e cláusulas contratuais; deveres frente a órgãos de regulação e controle; obrigações de beneficiários, corretores de seguros, agentes e terceiros.

[568] Brasil: C.C. "Art. 421. A liberdade contratual será exercida nos limites da função social do contrato. Parágrafo único. Nas relações contratuais privadas, prevalecerão o princípio da intervenção mínima e a excepcionalidade da revisão contratual." "Art. 421-A. Os contratos civis e empresariais presumem-se paritários e simétricos até a presença de elementos concretos que justifiquem o afastamento dessa presunção, ressalvados os regimes jurídicos previstos em leis especiais, garantido também que: I – as partes negociantes poderão estabelecer parâmetros objetivos para a interpretação das cláusulas negociais e de seus pressupostos de revisão ou de resolução; II – a alocação de riscos definida pelas partes deve ser respeitada e observada; e III – a revisão contratual somente ocorrerá de maneira excepcional e limitada. (Incluídos pela Lei nº 13.874, de 2019)"

Entre outros, há uma série de deveres em tempo oportuno, no prazo fixado na apólice ou prazo legal. E a impontualidade ou mora pode ensejar reparação pecuniária, perdas e danos e sanções, exceto por justa causa. [569]

A mora provoca o dever de o segurador notificar o tomador nos casos de inadimplência. No Brasil é relevante a Súmula 616 do Superior Tribunal de Justiça.

> "Súmula 616: "A indenização securitária é devida quando ausente a comunicação prévia do segurado acerca do atraso no pagamento do prêmio, por constituir requisito essencial para a suspensão ou resolução do contrato de seguro."

A Súmula vem ao encontro da proteção da confiança e valoriza a boa informação e a conservação do negócio jurídico[570].

Casos dessa natureza ainda tem a ver com o sentido do "adimplemento substancial" e seus antecedentes na Common Law, na doutrina da «*Substantial Performance*» conhecida desde o século XVIII na Inglaterra.

A matéria ainda está presente no art. 1.455 do Código Civil italiano[571], pelo qual o contrato não pode ser resolvido se o inadimplemento de uma das partes não possui efetiva importância ("*scarsa importanza*"). No mesmo sentido são as normas do art. 1184 do Código Civil francês[572], e do art. 802 do Código Civil português[573].

No Brasil o Superior Tribunal de Justiça recepciona a teoria do adimplemento substancial e considera perfectibilizada a obrigação tendo ocorrido um adimplemento parcial da dívida próximo ao «resultado final», daí

569 Brasil: C.C. art. 772, 791, parágrafo único. Espanha: LCS, art. 20, 1º a 10º. França: C.c. art. 1153. Itália: C.C. art. 1224. Portugal: C.c. art. 798, ss. DL, art. 57, 61, 104, 203. Argentina: LS, art. 15, 31, 47 a 51.

570 Sobre a conservação dos negócios jurídicos veja-se: GUERRA, Alexandre. Princípio da conservação dos negócios jurídicos. São Paulo, Almedina, 2016.

571 Itália: *art. 1455 do C.C.: "Il contratto non si può risolverese se l'inadempimento di uma delle parti há scarsa importanza, avuto riguardo all'interesse dell'altra".*

572 França: *art. 1184 do Code Civile Français: "La condition résolutoire est toujours sous-entendue dans les contrats synallagmatiques, pour le cas où l'une des deux parties ne satisfera point à son engagement. Dans ce cas, le contrat n'est point résolu de plein droit. La partie envers laquelle l'engagement n'a point été exécuté, a le choix ou de forcer l'autre à l'exécution de la convention lorsqu'elle est possible, ou d'en demander la résolution avec dommages et intérêts. La résolution doit être demandée en justice, et il peut être accordé au défendeur un délai selon les circonstances."*

573 Portugal: *art. 802 do CC português: "2. O credor não pode, todavia, resolver o negócio, se o não cumprimento parcial, atendendo ao seu interesse, tiver escassa importância."*

a expressão "adimplemento substancial", especialmente se a resolução do contrato representar um exagero. (STJ – Recurso Especial n.º 1.200.105 – AM 2010/0111335-0, Relator Ministro Paulo de Tarso Sanseverino, 19/06/2012).

Um *leading case* deve-se ao julgamento no Recurso Especial (REsp) 76.362-MT, de 1995, da relatoria do Min. Ruy Rosado de Aguiar. Considerando o valor global do negócio, o caso não autorizava a seguradora a resolver o contrato, pois o segurado havia cumprido substancialmente sua obrigação. O precedente faz observar o pagamento do prêmio caso a caso. Ainda, consignou que, como havia ocorrido o sinistro, do crédito da autora deveria ser deduzido o valor do prêmio em atraso, com juros e correção monetária, assegurando-se o direito indenizatório ao segurador[574].

Além do pagamento do prêmio pelo tomador, as leis de seguro e o contrato imprimem deveres de informação, conteúdo mínimo, redação clara, conhecimento das condições em momento anterior à contratação, durante o contrato e após sua conclusão.

Outra forma de proteção da confiança está na tutela especial aos contratos à distância ou entre ausentes, ou nos casos em que a contratação resulta de publicidade ou impressos definidos pelo segurador. Nesse contexto, declarações receptícias[575] são instrumentos que representam o *iter* comunicativo da contratação.

Nos contratos à distância, inclusive por meios eletrônicos, merece destaque a Diretiva 2002/65 da União Europeia, que estabelece a necessidade de suporte duradouro; dever de informação; proibição de serviços não solicitados; idioma; além do ônus da prova do prestador de serviços.

Nos contratos adesivos esse princípio tem ainda mais relevo. Os riscos da contratação de massa impõem um regime de proteção com mais austeridade. Com referência à proteção do consumidor, Claudia Lima Marques refere que este princípio induz uma tutela mais atenta ao *anonimato* das relações massificadas, o que torna necessário criar um *paradigma jurídico de confiança*[576].

[574] No mesmo sentido veja-se: STJ – REsp 272.739-MG, julgado em março de 2001, também de Relatoria do então Ministro Ruy Rosado de Aguiar.

[575] Cf. BETTI, Emílio. Op. cit. p. 99. O importante, na expressão de Emílio Betti, é "que o ato transcenda o pensamento e se transforme em uma expressão objetiva, dotada de vida própria, perceptível e apreciável pelo mundo social."

[576] Sobre o princípio da confiança comenta: "Um novo paradigma mais objetivo que a subjetiva vontade, ao ou má-fé do fornecedor *in* concreto, mas sim um stand de qualidade e segurança que pode ser esperado por todos, contratantes, usuários atuais e futuros (expectativas legítimas)". Cláudia Lima Marques. Op. cit. p 573-575.

No mercado dos seguros, de elevada complexidade técnica, é inaceitável a oferta descomprometida, sobretudo se não se confirmam as bases estabelecidas por má-informação, negligência ou má-fé dos sujeitos do contrato.

O adimplemento de obrigações é o tema central. A adequação do serviço pressupõe efetividade[577], isso vale para as obrigações principais e para deveres conexos em cada tipo de seguro.

Infelizmente, ocorrem falsas declarações, omissões ou reticências em documentos. Também, não são raros os casos em que o segurado ou beneficiário têm frustradas suas expectativas no momento de fazer valer a garantia contratada. Nessas circunstâncias, o direito do seguro é instrumento de boas práticas e repressão ao mau comportamento. E a perda da confiança é a falência desse sistema.

Assim, na hermenêutica dos seguros deve-se observar a boa-fé, mas também o valor da confiança em si mesmo. O novo Código Civil e Comercial Argentino concebeu um tratamento específico, segundo o qual a interpretação contratual deve proteger a confiança e lealdade que as partes se devem reciprocamente[578].

A matéria guarda correspondência no art. 133 do C.C. brasileiro, no sentido pelo qual a interpretação deve considerar os valores e cláusulas no contexto da boa-fé, dos usos e do lugar da celebração[579]. A boa-fé associada aos usos não significa misoneísmo ou apego ao estabelecido, mas contém a diretriz da não surpresa, e do costume como reconhecimento social enquanto fonte de direito.

[577] Sobre o caráter obrigatório do contrato de seguro vide: BIGOT, Jean. Op. cit. p. 50.

[578] Argentina: C.Com. *"Art. 1067.- Protección de la confianza. La interpretación debe proteger la confianza y la lealtad que las partes se deben recíprocamente, siendo inadmisible la contradicción con una conducta jurídicamente relevante, previa y propia del mismo sujeto."*

[579] Brasil: C.C. Brasil: C.C. Art. 113. Os negócios jurídicos devem ser interpretados conforme a boa-fé e os usos do lugar de sua celebração. § 1º A interpretação do negócio jurídico deve lhe atribuir o sentido que: I – for confirmado pelo comportamento das partes posterior à celebração do negócio; II – corresponder aos usos, costumes e práticas do mercado relativas ao tipo de negócio; III – corresponder à boa-fé; IV – for mais benéfico à parte que não redigiu o dispositivo, se identificável; e V – corresponder a qual seria a razoável negociação das partes sobre a questão discutida, inferida das demais disposições do negócio e da racionalidade econômica das partes, consideradas as informações disponíveis no momento de sua celebração." (Incluídos pela Lei nº 13.874, de 2019 – Lei da Liberdade Econômica)". A propósito, veja-se: Lei 13.874/2019: "Art. 2º São princípios que norteiam o disposto nesta Lei: I – a liberdade como uma garantia no exercício de atividades econômicas; II – a boa-fé do particular perante o poder público; III – a intervenção subsidiária e excepcional do Estado sobre o exercício de atividades econômicas; e IV – o reconhecimento da vulnerabilidade do particular perante o Estado.

Pode-se tratar da confiança por outros tópicos ou metáforas. Que sirvam esses para ilustrar sua função global e no seguro, do ponto de vista da mensagem que deve transmitir o direito, ou com vistas aos objetivos do contrato.

No contrato de seguro, atendidas as questões de conteúdo e formação, espera-se que a confirmação das expectativas das partes, nos limites contratados. Tornar efetivo o contrato é uma diretriz jurídica com benefícios da lealdade e seu cumprimento.

2.3.11 Princípio da mutualidade

Em suas origens o contrato de seguro tem fundamento na ajuda mútua e na cooperação. Modernamente, na lição de Isaac Halperin[580], funda-se na mutualidade e na estatística, ambas essenciais ao direito dos seguros.

No mesmo sentido são os comentários de Pedro Alvim sobre a mutualidade como suporte dos sistemas de prevenção e reparação de danos ou riscos[581]. Comenta, além da correspondência mútua, que o seguro requer conhecimento antecipado da sinistralidade[582]. Seu conjunto de tipos contratuais gira em torno à repartição de riscos, previdência e organização de indivíduos para reduzir custos, gastos fortuitos, desgraças ou garantir benefícios.

Nessa aspiração por segurança, a mutualidade é uma perspectiva presente de existências econômicas que se organizam para fazer frente a necessidades futuras, transferindo o risco do indivíduo para o grupo.

Do ponto de vista econômico, a mútua interdependência tem fundamento na "lei dos grandes números". Quanto maior o agrupamento de segurados ou tomadores, mais leve é a contribuição para cada um, repartindo-se o custo no somatório das economias de todos.

Busca-se o máximo de benefícios com modicidade de contribuições e condições equitativas entre os sujeitos do contrato, sendo fundamental o segurador formar uma massa de prêmios para cumprir as obrigações que assume[583]. A segurança na gestão dessa atividade, como refere de Walter Polido, exige

[580] HALPERIN, Isaac. Op. cit. p. 17.

[581] ALVIM, Pedro. Op. cit. p. 2.

[582] Idem. Op. cit. p. 60.

[583] Idem. Op. cit. p. 19 Também, fala-se da margem de solvência ou patrimônio das seguradoras, que deve ser suficiente para sua atividade. Neste sentido: CORDEIRO, António Menezes. Direito do seguro. Op. cit. p. 363-365.

volumes substanciais de riscos homogêneos e tecnicamente calculáveis, o que confere mais qualidade à estatística[584].

A mutualidade é da essência deste contrato[585]. Os participantes do seguro escolhem pagar pequenas somas antecipadamente, em forma de prêmio, para obter uma garantia caso se confirme o evento previsto no contrato.

No sentido utilitário, o seguro nasce de escolhas intertemporais "*intertemporal choices*", decisões de economia comportamental que produzem consequência em diferentes tempos. Disso resulta um tipo contratual que cuida de interesses seguráveis com racionalidade econômica e projeção para uma vigência futura.

O tempo do seguro é o *tempo futuro*. É o tempo condicionado à uma vigência definida no contrato, geralmente com a previsão expressa do termo inicial e termo final. Não existe seguro para trás, pois não é admissível o seguro de riscos passados[586].

Sem prejuízo da bilateralidade da relação entre segurador e tomador, o princípio da mutualidade faz ponderar uma massa de interesses entre as economias vinculadas. Disso resulta uma aspiração comum de direitos e garantias individuais a serem tuteladas de forma homogênea, com transparência, manejo associativo, proteção da vulnerabilidade e instrumentos de autorização e controles estatais.

584 POLIDO, Walter A. *Contrato de seguro. Novos paradigmas*. Op. cit. p. 94.

585 Na expressão de Jean Bigot, a mutualidade é um elemento essencial, a espinha dorsal do contrato de seguro: "*...la mutualité est plus qu'une tecnique, elle constitue l'épine dorsale du contrat, l'un de ses éléments essentiels.*" BIGOT, Jean. Op. cit. p. 27.

586 Espanha: LCS, "*Artículo 4. El contrato de seguro será nulo, salvo en los casos previstos por la Ley, si en el momento de su conclusión no existía el riesgo o había ocurrido el siniestro.*" Portugal: Decreto 72/2008, "Art. 44º, incisos 1 a 6, Inexistência do Risco. "*1. Salvo nos casos legalmente previstos, o contrato é nulo se, aquando da celebração, o segurador, tomador do seguro ou o segurado tiver conhecimento que o risco cessou.*" Argentina: LS – "*Inexistencia de riesgo Art. 3. El contrato de seguro es nulo si al tiempo de su celebración el siniestro se hubiera producido o desaparecido la posibilidad de que se produjera. Si se acuerda que comprende un período anterior a su celebración, el contrato es nulo sólo si al tiempo de su conclusión el asegurador conocía la imposibilidad de que ocurriese el siniestro o el tomador conocía que se había producido.*" Itália: "*Art. 1895 Inesistenza del rischio. Il contratto è nullo (1418 e seguenti) se il rischio non è mai esistito o ha cessato di esistere prima della conclusione del contratto.*" México: "*Artículo 88.- El contrato será nulo si en el momento de su celebración, la cosa asegurada ha perecido o no puede seguir ya expuesta a los riesgos. Las primas pagadas serán restituídas al asegurado con deducción de los gastos hechos por la empresa. El dolo o mala fe de alguna de las partes, le impondrá la obligación de pagar a la otra una cantidad igual al duplo de la prima de un año.*" Chile: "*Art. 521. Requisitos esenciales del contrato de seguro. Nulidad. Son requisitos esenciales del contrato de seguro, el riesgo asegurado, la estipulación de prima y la obligación condicional del asegurador de indemnizar. La falta de uno o más de estos elementos acarrea la nulidad absoluta del contrato. Son nulos absolutamente también, los contratos que recaigan sobre objetos de ilícito comercio y sobre aquellos no expuestos al riesgo asegurado o que ya lo hancorrido.*"

Sobre a ponderação da mutualidade na interpretação do contrato de seguro merece destaque o artigo 59 do PLC 29/2017 Brasileiro. A norma propõe uma hermenêutica de respeito à coletividade de segurados e suas economias, assim como de equilíbrio entre os sujeitos da contratação:

> PLC 29/2017 – "Art. 59. O contrato de seguro não pode ser interpretado ou executado em prejuízo da coletividade de segurados, ainda que em benefício de um ou mais segurados ou beneficiários, nem promover o enriquecimento injustificado de qualquer das partes ou de terceiros."

Segundo o Projeto, a correspondência de direitos e deveres dos segurados deve ser preservada, sendo que a interpretação não pode ser prejudicial ao tomador, segurado ou terceiros.

Esse sentido adverte sobre a interpretação em prol da coletividade, fato que traz à tona a correlação de interesses e a gestão racional de riscos, com modicidade de prêmios e eficiência.

Nesse campo, há um flerte antigo do direito com a economia[587], que faz lembrar a doutrina do "*Law and economics*", no sentido de racionalização de riscos em uma economia de livre mercado. A eficiência e métricas econômicas dizem muito nesse contexto. Em comentários sobre análise econômica do Direito, Ruben S. Stiglitz[588] cita alguns eixos relacionados à mutualidade:

> *"a) la eficiência entendida como la maximización de la riqueza o de la utilidad y la minimización de costos;"*
>
> *"b) la racionalidad de sus elecciones que consiste en selecionar la mejor de las alternativas a su alcance;"*

Dentre os fundamentos da análise econômica do Direito, comenta que esta examina o comportamento dos agentes econômicos em uma perspectiva de longo prazo[589], realidade que se espelha no direito do seguro, eis que em grande parte são contratos de duração, muitos de vigência anual.

587 No Direito português, Antônio Menezes Cordeiro comenta o mutualismo de tradição das irmandades medievais e do pensamento filosófico do século XIX, ainda com o surgimento de associações de socorros mútuos. In. Direito do Seguro. Op. cit. p. 106-107.

588 O autor se vale de lições de POSNER, DURÁN Y LAGUNA, TORRES LÓPES; SHÄFER, MERCADO PACHECO, entre outros. In. STIGLITZ, Rubén S. Op. Cit. Tomo III, p.p 369-372.

589 Idem. Op. cit. p. 372.

A mutualidade também é o fundamento socioeconômico dos seguros públicos ou obrigatórios, segundo os quais determinados riscos merecem ser suportados de forma coletiva. Da mesma forma, é essencial aos seguros privados, oferecidos em forma de contratação de massa, por meio da atividade seguradora e condições gerais de contratação.

A oferta em massa nos seguros privados, confere suporte técnico à uma coletividade de sujeitos correlatos, no sentido de mitigar a incerteza de negociações particulares ou de instrumentos redigidos para contratos individuais[590], circunstâncias que permitem reduzir custos de transação.

Independentemente do sujeito sobre o qual recaem as obrigações, há uma coletividade de economias correlacionadas. Este espírito, pode-se dizer, vai além de assegurar a liberdade de mercado, para assumir compromissos como a seguridade social e a oferta de seguros obrigatórios.

Em todos os casos a mutualidade supõe o dever de correspondência entre direitos e obrigações, contexto em que mesmo supostos direitos adquiridos podem ter efeitos relativizados se o espírito comutativo for rompido.

Inclusive os seguros públicos, quando possam afirmar desigualdade substancial entre as contribuições e benefícios merecem ser revistos. Não existe fundamento a justificar enriquecimento indevido ou onerosidade excessiva, nem mesmo a vantagem exagerada de uns em prejuízo dos demais nos seguros contributivos.

Com base na mutualidade, a revisão legal, administrativa ou judicial, pode reequilibrar os sistemas ou conferir soluções menos onerosas. Em todos os casos, espera-se desse sistema correspondência mútua, equilíbrio de obrigações e benefícios, solvência e confiança.

Outro sentido relevante aparece nos seguros obrigatórios. Após a revolução industrial, o crescente sentimento por um sistema mais efetivo de responsabilidades ensejou uma espécie de tematização de riscos e intervenção estatal, resultando na contratação obrigatória de determinados seguros.

Assim, os seguros obrigatórios[591] nascem do interesse social, estipulados por força de lei, a exemplo dos seguros de responsabilidade civil em geral;

[590] Neste sentido, Op. cit. p. 371.

[591] Seguros obrigatórios: na expressão de Orlando Gomes, também chamados seguros coativos, São seguros contratados por obrigação legal. GOMES, Orlando. *Contratos* – 15ª ed. Rio de Janeiro, Ed. Forense,1995. 1ª Edição 1959, p. 29. Brasil – Decreto n. 61.867, de 7 de dezembro de 1967 – Regulamenta os seguros obrigatórios previstos no art. 20 do Decreto-lei n. 73, de 21 de novembro de 1966, e dá outras providências (DOU 8.12.67).

responsabilidade civil dos proprietários de veículos de via terrestre[592], hidroviários e aeronáuticos; transportes; construtor de imóveis; condomínios; seguro garantia; garantia em contratos com o poder público; seguros de crédito à exportação; seguros para animais domésticos ou perigosos; responsabilidade civil patronal; seguro de caçadores; atividades esportivas, viagem, responsabilidade civil de profissionais; a seguridade social e seus benefícios em caso de morte, invalidez, aposentadoria, desemprego, auxílio maternidade, entre outras funções econômicas e sociais de relevância[593].

Atualmente, como se verifica nas leis e na doutrina, há uma crescente socialização dos prejuízos por meio de seguros obrigatórios, especialmente no Direito europeu, comunidade jurídica que produziu importantes leis neste sentido, estendendo-se para os diferentes campos da responsabilidade civil[594].

Com relação ao elemento vontade ou liberdade contratual diferencia-se a incidência do princípio da mutualidade nos seguros públicos e privados, os primeiros decorrentes de obrigação legal, os últimos da autonomia privada, mas o sentido da reciprocidade se preserva em ambos.

Essa correlação justifica a tutela de interesses difusos ou coletivos, como se extrai da teoria econômica de Alfredo Manes[595] e sua ênfase na ajuda mútua e redução dos custos:

> *"El seguro puede, por tanto, definirse como aquel recurso por medio del cual un gran número de existencias económicas amenazadas por peligros análogos se organizan para atender mutuamente a posibles necesidades tasables y fortuitas de dinero".* [596]

[592] Brasil: Veja-se a Medida Provisória 904, de 2019, que Dispõe sobre a extinção do Seguro Obrigatório de Danos Pessoais causados por Veículos Automotores de Vias Terrestres – DPVAT e do Seguro Obrigatório de Danos Pessoais Causados por Embarcações ou por suas Cargas – DPEM, de que trata a alínea "l" do caput do art. 20 do Decreto-Lei nº 73, de 21 de novembro de 1966.

[593] Portugal: Nos comentários de Antônio Menezes Cordeiro, seguros obrigatórios são conhecidos no Direito português desde a Idade Média, nas leis de D. Fernando sobre a bolsa marítima, mas ressalva que somente nos tempos modernos adota os termos técnico-jurídicos do seguro nos modelos difundidos. In. CORDEIRO, António de Menezes. Direito do seguro. Op. Cit. p. 109.

[594] Neste sentido, a crescente obrigatoriedade dos seguros de responsabilidade civil na Europa veja-se: POLIDO, Walter A. P. 192.

[595] MANES, Alfredo. *Tratado de seguros. Teoria general del seguro* – 4ª ed. Tradução Fermín Soto. Madrid, Editorial Logos Ltda.,1930, p. 9.

[596] Idem. Op. cit. p. 2.

Alfredo Manes sintetizou o sentido da coletividade de indivíduos agrupados no seguro e o fato de que o risco que pesa sobre a totalidade do grupo, graças à organização, é menor do que a soma dos riscos individuais.

Há uma reunião de vontades individuais e interesses coletivos, sendo que seus fundamentos econômicos se valem *da lei dos grandes números* e do caráter *«taxável»* das coberturas contratadas[597].

No campo da linguagem técnica, vale dizer que não se confunde *mútuas* com o sentido lato do princípio da mutualidade. Mútua é uma possível forma da atividade seguradora[598]. Espécie de seguradora autorizada, que executa sua missão em forma de cooperativa. Uma de suas características, segundo John Magee, deve-se ao fato de que os segurados são os donos do capital com que se pagam as perdas[599].

Seu surgimento teria partido de pessoas que se sentiam ameaçadas por determinados riscos, e passaram a convencionar entidades em que todos contribuem em benefício dos atingidos[600]. Um primeiro germe, nas lições de Voltaire Marensi, foi o *mutualismo* antigo, advindo da Grécia e Roma nos seguro-vida, utilizados na repartição de despesas de funeral (*"collegia funeraticia"*)[601].

A mutualidade, nesse sentido ético e de mútuas trocas ou colaboração, diz respeito aos interesses de um grupo de sujeitos relacionados ao seguro, circunstância em que o indivíduo, mediante escolhas racionais, sede espaço à coletividade.

A coletividade de sujeitos expostos à semelhantes riscos traz necessidades comuns, de interesses econômicos homogêneos frente a garantias securitárias[602]. E essa vontade coletiva, na expressão de Rubén Stiglitz, por sua prevalência majoritária, contém o sentido de que os sujeitos dessa relação não devem resultar favorecidos nem prejudicados[603].

O respeito ao princípio da mutualidade reproduz um círculo virtuoso nos seguros, em grande parte contratos de duração, que trazem à tona a ideia de

597 MANES, Alfredo. Op. cit. p. 7.

598 Portugal: veja-se o RGAS, art. 58º.

599 MAGEE, John H. *Seguros generales*. Op. Cit. p.12.

600 ALVIM, Pedro. Op. cit. p. 67

601 MARENSI, Voltaire. *O seguro no direito brasileiro*. Op. cit. p. 41.

602 Cf. HALPERIN, Isaac. Seguros. Exposición crítica de las Leyes 17418, 20091 y 22400. 3ª Ed. Actualizada por Nicolás H. Barbato. Buenos Aires, Depalma, 2001, p. 890. No mesmo sentido: Rubén Stiglitz, Op. cit. p. 364-365.

603 SIGLITZ, Rubén S. Op. Cit. Vol III, p. 379.

"*work in progress*", um movimento para frente, com deveres recíprocos entre os sujeitos relacionados.

No sentido da mutualidade, o art. 4º do PL 29/2017 define uma diretriz hermenêutica de que o produto dos prêmios deve ser gerido com eficiência e preservado de contingências futuras:

> Brasil: PL 29/2017 – "Art. 4º As reservas e provisões advindas dos pagamentos de prêmios são consideradas patrimônio sob gestão dos que exercem a atividade econômica seguradora."

O zelo para com a soma das economias individuais é obrigação da atividade seguradora, independentemente por quem é gerida. Nesse somatório de esforços pessoais e institucionais, a reunião de vontades individuais merece cuidados no Direito dos seguros, de preservação da mutualidade e seus esperados bons resultados.

2.4 A jurisprudência e o direito dos seguros privados

A Jurisprudência tem o sentido etimológico: ("*prudentia" = ciência; iuris = do direito*). Encontram-se relações com a "arte de interpretar as leis", a "ciência do direito e das leis" [604]; em Justiniano "a ciência do justo e do injusto", a "sabedoria dos prudentes" [605], entre outras acepções.

Na perspectiva histórica-jurídica observam-se antecedentes no surgimento da jurisdição. Nos primórdios, há relatos no Êxodo, quando Moisés descreve a designação de juízes, delegando a aplicação do direito[606]. Séculos

[604] Sobre dar sentido às normas jurídicas vide Karl Larenz, que define a jurisprudência como *"a ciência sobre o Direito que dele se ocupa antes de tudo sob o seu aspecto normativo e, assim, que se ocupa do «sentido» das normas"*. Op. cit. p. 270.

[605] Cfr. Enciclopédia Saraiva do Direito. *Edição comemorativa do sesquicentenário da fundação dos cursos jurídicos no Brasil.* Coordenação do Prof. R. Limongi França. São Paulo: Editora Saraiva, 1977-1982. 78 v. 1-78, vol. 47. R. Limongi França, p. 141. Em sentido semelhante, no Título I das Institutas do Imperador Justiniano, conforme o parágrafo primeiro, *"Jurisprudência é o conhecimento das coisas divinas e humanas, a ciência do justo e do injusto"* Institutas Do Imperador Justiniano. Op. cit. p. 21. Nesse sentido: VENOSA, Sílvio de Salvo. Op. cit., p. 46.

[606] As leis Mosaicas (período estimado 1250 a.C.), foram recepcionadas por muitos povos, desde a consagração do Estado monoteísta, aos diversos temas legislados. Há um legado histórico relacionado à Moises na tradição judaica, cristã, com reconhecimento em muitos povos. BIBLIA, Antigo Testamento, Êxodo, Cap. 18, ver. 14 e 26. BIBLIA SAGRADA. *Tradução dos mais antigos e reconhecidos*

mais tarde a Grécia implementou uma profunda reforma judiciária na época de Péricles[607]. Mais tarde, no direito romano fundaram-se as bases da jurisdição do ocidente.

Segundo Moreira Alves, em Roma, antes da queda da realeza (510 a.C.), "a jurisprudência era ainda monopolizada pelos pontífices".[608]

Depois, na sequência de um processo lento que levou à república, a magistratura era competência de cônsules, magistrados com atribuições administravas e judiciárias. Em geral eram os grandes chefes dos exércitos. Edward Gibbon, prestigiado historiador, relata que o magistrado era um general imbuído das jurisdições civil e militar, alternando a toga nas primeiras e o fardamento e posição de guerra na força militar[609].

A jurisprudência é fonte de direito. É produto da atividade jurisdicional do Estado, do exercício do «direito de ação» e do «sentido jurídico» que os órgãos jurisdicionais pronunciam a certas matérias.

Em seu contexto é natural que se repitam decisões em determinados sentidos, e quando vários julgados se estabilizam numa mesma direção supõe-se haver um fundo de verdade ou utilidade prática.

Nos sistemas atuais, o Poder Constitucional outorga aos Tribunais a competência de dizer o direito e moldar seus contornos com autoridade decisória, de órgão aplicador do direito ao lado de atividades essenciais à justiça[610].

manuscritos sagrados nas línguas originais (hebraico, aramaico e grego). "Authorized Version" – King James de 1611. Abba Press Editora e Divulgadora Ltda., Sociedade Bíblica Ibero-Americana, Tradução King James Atualizada (KJA). BV Films Editora Ltda, BV Books Editora, Niterói – RJ, 2012, p. 168-169.

[607] Will Durant comenta a experiência democrática na época de Pericles, e a reforma judiciária por ele produzida, que instituiu cortes populares e deu à Atenas o julgamento pelo júri. Compunha-se de seis mil jurados "*dicasts*", anualmente escolhidos por sorteio entre os cidadãos.
Valiam-se de muitos jurados em todos os casos, e da escolha próximo ao dia do julgamento. Era forma de mitigar a corrupção. Para causas de menor significado era usual 30 jurados por julgamento; e uma média de 200 a 300 jurados por júri; sendo que casos mais relevantes, como o de Sócrates, o julgamento formava "enormes dicastérios de 1.200 homens". Comenta também e emprego da arbitragem pelos gregos. DURANT, Will. "A história da civilização II. Nossa herança clássica. Trad. Mamede de Souza Freitas. Rio de Janeiro – Editora Record, revisado em 1966, p. 203-206.

[608] Veja-se: ALVES, José Carlos Moreira. *Direito romano.* Volume I, 11ª edição, Rio de Janeiro, Ed. Forense, 1998, p. 12.

[609] Edward Gibbon comenta que os «Generais» eram "Ministros da paz e da guerra", que "ora apareciam em seu tribunal com a toga da magistratura civil, ora em armadura completa à testa das legiões romanas." Refere que, para assegurar o seu próprio trono, coube ao Imperador separar a administração militar e civil, dividindo o poder dessas atribuições à dois *generais-comandantes.* GIBBON, Edward. Op. cit. p. 259.

[610] Brasil: CF, art. 92-135.

A jurisprudência confere vida ao direito, na medida em que compete decidi-lo e revisá-lo, além dos casos em que constitui novos direitos.

Nos Estados Unidos da América, ao lado da consagração do princípio do devido processo "*due processo of law*"[611], nas emendas constitucionais 5ª e 14ª, foi emblemático o caso *Marbury v. Madison*, precedente do "*judicial review*" e da evolução do controle judicial de constitucionalidade das leis, com o poder de declarar seu alcance "*what the law is!*"[612].

Para muitos a jurisprudência é fonte secundária do direito[613], no sentido de que dela o direito não nasce originariamente. Salvo julgados de natureza constitutiva, não se cria um direito "*ex novo*" a partir das decisões judiciais. Seus pronunciamentos tendem a aplicar fontes existentes, por meio das formas de interpretação das leis e integração de suas lacunas [614].

[611] Devido processo legal: Princípio de origem na Carta Magna inglesa, de 1215. É um dos pilares do Estado de direito e do constitucionalismo nos sistemas democráticos, primeiramente com o sentido da *law of the land*, no art. 39: "Nenhum homem livre será detido ou sujeito à prisão, ou privado dos seus bens, ou colocado fora da lei, ou exilado, ou de qualquer modo molestado, e nós não procederemos nem mandaremos proceder contra ele senão mediante um julgamento regular pelos seus pares ou de harmonia com a lei do país." Depois, teve assento no início do século XVII, com a "Petition of Right", de 1628, as revoluções de 1648, O "Instrument of Government", de Oliver Cromwell, de 1653; a Lei do Habeas Corpus, de 1679; e a Declaração de Direitos "Bill of Rights", de 1689; leis eleitorais dos séculos XIX e XX, entre outras. Nesse sentido: Jorge Miranada. Op. cit. p. 71-76. Nos Estados Unidos da América contou com outro importante precedente, no espírito dos direitos fundamentais do "*Federalist*", conhecidos os ensaios de John Jay, James Madison e Alexander Hamilton, publicados na imprensa de Nova Iorque nos anos de 1787 e 1788. Na esteira da consagração de direitos fundamentais o «*due process of law*» foi sancionado na 5ª e 14ª Emendas à Constituição dos Estados Unidos da América. Na Europa as escolas alemã e italiana do processo, a partir da concepção moderna da "*actio*" como direito autônomo «direito de ação», contribuíram para pavimentar o caminho deste princípio até os dias atuais, do qual derivaram outras importantes garantias do processo. No Direito brasileiro o devido processo tem assento no art. 5º, LIV da Constituição Federal de 1988: "LIV – ninguém será privado da liberdade ou de seus bens sem o devido processo legal". A Constituição Federal outorga essa garantia ao cidadão no sentido de proteção de direitos ao mesmo tempo em que estabelece deveres ao Estado abrangendo a tutela do direito à vida, liberdade e propriedade como uma consequência da evolução das liberdades civis.

[612] NERY JUNIOR, Nelson. Op. Cit. p. 35-36. No mesmo sentido CASTRO, Carlos Roberto de Siqueira. Op. cit. p. 14,15,19 e 22.

[613] Veja-se: RAÓ, Vicente. *O direito e a vida dos direitos*. 5ª ed. Anotada e atualizada por Ovídio Rocha Barros Sandoval. São Paulo, Editora Revista dos Tribunais, 1999, 1ª ed. 1952. p. 270. Vale observar como exceção, na obra de Vicente Raó, o poder normativo da Justiça do Trabalho. Idem. p. 271. ALBALADEJO, Manuel. "*La jurisprudencia no es fuente*". Op. cit. p. 138.

[614] Segundo a escola italiana do Direito processual civil, jurisdição é considerada atividade de substituição, que secunda e complementa a atividade legislativa. Na histórica lição de CHIOVENDA, "o juiz age atuando a lei..." CHIOVENDA, Giuseppe. *Instituições de direito processual civil*. Tradução do original italiano, 2ª edição 1933, por Paolo Capitanio, com anotações de Enrico Tullio Liebmann. Campinas – SP: Editora Bookseller, 1998, Vol. 2. p. 18.

A concepção da jurisprudência como fonte secundária também se deve ao valor da norma jurídica como instrumento legítimo da produção do direito. No constitucionalismo afirma-se a supremacia da Lei[615], de que as normas constituem um "sistema preceptivo que emana do povo, titular da soberania"[616]. E essa é a grande promessa, desde o nascimento dos códigos na Europa continental.

A elaboração sistemática da jurisprudência, inclusive a vinculação aos precedentes judiciais, passou a ocupar destaque no direito processual contemporâneo, especialmente em nosso país, cujos índices de judicialização são extremamente elevados.

Ao lado dos ideais de organização e publicidade, a vinculação aos precedentes passou a assumir nos países da Civil Law funções equivalentes às da Common Law.

A jurisprudência, cujo sentido não se confunde com precedente e sua força vinculante, é reconhecida fonte de direito, com efeitos persuasivos, sendo que o último produz efeitos de modo direto, decorrente da "força institucionalizante da intepretação jurisdicional"[617], na medida em que possui efeitos vinculantes.

A premissa tem a ver com a coerência do sistema jurídico, no sentido da racionalidade e universalização dos julgados[618], sendo que a recusa ao precedente, na expressão de Daniel Mitidiero, "constitui recusa de vinculação ao Direito"[619].

No exemplo brasileiro, surgiram novas diretrizes ao Poder Judiciário, no sentido da vinculação[620], sendo que um dos principais impulsos teve fundamento na Emenda Constitucional n. 45, de 2004.

615 Nesse sentido vale a expressão de JELLINEK, ao referir que a grande parte das constituições, como a primeira francesa, descansa sobre o princípio da soberania popular. JELLINEK, Gerog. *Teoría general del estado*. Traducción de Fernando de los Rios, Editorial IB de F, Julio César Faria, Montevideo-Buenos Aires, 2005, p.p. 648, 656.

616 GARCÍA de ENTERRÍA, Eduardo. La constitución como norma y el Tribunal Constitucional. Editorial Civitas, Madrid, 1994, p. 49. Sob o ponto de vista acima, o autor comenta o valor normativo da constituição, fazendo referências a "*la fureza vinculante bilateral de la norma*" (IHERING), de vinculação perante as autoridades e aos cidadãos.

617 MITIDIERO, Daniel. Op. cit. p. 85.

618 Op. cit. p, 61-64.

619 Idem. Op. cit. p. 86.

620 Brasil: CPC, "Art. 927. Os juízes e os tribunais observarão: I – as decisões do Supremo Tribunal Federal em controle concentrado de constitucionalidade; II – os enunciados de súmula vinculante; III – os acórdãos em incidente de assunção de competência ou de resolução de demandas repetitivas e em julgamento de recursos extraordinário e especial repetitivos; IV – os enunciados das súmulas

O artigo 926 do CPC brasileiro é claro ao dispor "os tribunais devem uniformizar sua jurisprudência e mantê-la estável, íntegra e coerente".

O fenômeno da massificação do processo e ações repetitivas faz da uniformização de julgados um importante instrumento de segurança jurídica, inclusive do ponto de vista da duração razoável do processo[621].

A força dos precedentes, à semelhança dos sistemas da *Common Law* e do *"stare decises"*, confere maior isonomia e rapidez na resolução de conflitos, especialmente em casos repetitivos.

Assim, a jurisprudência e seu sistema de enunciados produzem efeitos sugestivo ou vinculante sobre decisões futuras, sendo que precedentes têm força a ser observada pelos demais julgadores, particulares e pela administração pública, podendo ensejar a revisão judicial ou cassação em caso de inobservância [622].

do Supremo Tribunal Federal em matéria constitucional e do Superior Tribunal de Justiça em matéria infraconstitucional; V – a orientação do plenário ou do órgão especial aos quais estiverem vinculados. § 1º Os juízes e os tribunais observarão o disposto no art. 10 e no art. 489, § 1º, quando decidirem com fundamento neste artigo. § 2º A alteração de tese jurídica adotada em enunciado de Súmula ou em julgamento de casos repetitivos poderá ser precedida de audiências públicas e da participação de pessoas, órgãos ou entidades que possam contribuir para a rediscussão da tese. § 3º Na hipótese de alteração de jurisprudência dominante do Supremo Tribunal Federal e dos tribunais superiores ou daquela oriunda de julgamento de casos repetitivos, pode haver modulação dos efeitos da alteração no interesse social e no da segurança jurídica. § 4º A modificação de enunciado de súmula, de jurisprudência pacificada ou de tese adotada em julgamento de casos repetitivos observará a necessidade de fundamentação adequada e específica, considerando os princípios da segurança jurídica, da proteção da confiança e da isonomia. § 5º Os tribunais darão publicidade a seus precedentes, organizando-os por questão jurídica decidida e divulgando-os, preferencialmente, na rede mundial de computadores. Art. 928. Para os fins deste Código, considera-se julgamento de casos repetitivos a decisão proferida em: I – incidente de resolução de demandas repetitivas; II – recursos especial e extraordinário repetitivos. Parágrafo único. O julgamento de casos repetitivos tem por objeto questão de direito material ou processual."

[621] Brasil: O princípio da duração razoável do processo e a Emenda Constitucional Nº 45.

[622] Brasil: Revisão pelo Supremo Tribunal Federal – STF: CF *"Art. 102, § 2º As decisões definitivas de mérito, proferidas pelo Supremo Tribunal Federal, nas ações diretas de inconstitucionalidade e nas ações declaratórias de constitucionalidade, produzirão eficácia contra todos e efeito vinculante, relativamente aos demais órgãos do Poder Judiciário e à administração pública direta e indireta, nas esferas federal, estadual e municipal." (Parágrafo acrescido pela Emenda Constitucional nº 3, de 1993 e com nova redação dada pela Emenda Constitucional nº 45, de 2004)). "Art. 103-A. O Supremo Tribunal Federal poderá, de ofício ou por provocação, mediante decisão de dois terços dos seus membros, após reiteradas decisões sobre matéria constitucional, aprovar súmula que, a partir de sua publicação na imprensa oficial, terá efeito vinculante em relação aos demais órgãos do Poder Judiciário e à administração pública direta e indireta, nas esferas federal, estadual e municipal, bem como proceder à sua revisão ou cancelamento, na forma estabelecida em lei."* (Incluído pela Emenda Constitucional nº 45, de 2004. Espanha: recurso de casación ao Tribunal Supremo – TS,

Além de conferir determinado sentido na aplicação do direito, precedentes vinculantes permitem a rápida extinção do processo, por meio de julgamento antecipado, ou mesmo fazer com que recursos não sejam admitidos[623].

Com vistas à celeridade processual, o art. 332, I e II do CPC, faculta ao juiz declarar, liminarmente, a improcedência de pedido contrário a enunciados de súmulas do STF, STJ ou acórdão de recursos repetitivos (art. 332, I e II, do CPC).

Precedentes, todavia, não retiram do julgador a possibilidade de análise crítica e imparcial no caso concreto. Não significam a petrificação do direito. Enunciados e súmulas de jurisprudência podem ser modificados com adequada motivação e respeito à confiança e isonomia:

> CPC – "Art. 927, § 4º. A modificação de enunciado de súmula, de jurisprudência pacificada ou de tese adotada em julgamento de casos repetitivos observará a necessidade de fundamentação adequada e específica, considerando os princípios da segurança jurídica, da proteção da confiança e da isonomia."

No direito espanhol existe uma classe específica de jurisprudência vinculante no contrato de seguro, conforme o art. 3° da LCS 50/1980, para casos em que o Tribunal Supremo declara a nulidade de uma cláusula ou condição, ensejando à administração pública obrigar os seguradores a modificar cláusulas idênticas de suas apólices.

Por esses efeitos, pode a jurisprudência ter força vinculante ou eficácia sugestiva, com amparo na ordem jurídica e nas garantias do princípio do

com apoio no art. 1.692, 4 da Ley de Enjuiciamiento Civil, por infração de normas do ordenamento ou da jurisprudência. C.c. Art. 1º, 6. "La jurisprudencia complementará el ordenamiento jurídico con la doctrina que, de modo reiterado, establezca el Tribunal Supremo al interpretar y aplicar la ley, la costumbre y los principios generales del derecho". LCS 50/1980: artículo 3º "... Declarada por el Tribunal Supremo la nulidad de alguna de las cláusulas de las condiciones generales de un contrato, la Administración Pública competente obligará a los aseguradores a modificar las cláusulas idénticas contenidas en sus pólizas."

623 Brasil: CPC – "Art. 332. Nas causas que dispensem a fase instrutória, o juiz, independentemente da citação do réu, julgará liminarmente improcedente o pedido que contrariar: I – enunciado de súmula do Supremo Tribunal Federal ou do Superior Tribunal de Justiça; II – acórdão proferido pelo Supremo Tribunal Federal ou pelo Superior Tribunal de Justiça em julgamento de recursos repetitivo; III – entendimento firmado em incidente de resolução de demandas repetitivas ou de assunção de competência; IV – enunciado de súmula de tribunal de justiça sobre direito local.

"*due process of law*", sobre o qual se fundam as bases da produção e aplicação do direito.[624]

A propósito das garantias do processo, existem limites à jurisprudência: condicionados aos horizontes da ação «limites processuais»[625]; e «limites legais», no sentido do respeito à lei, à ordem pública e aos bons costumes.

No direito dos seguros cumpre respeitar suas normas como solução definida pelo legislador. A propósito, é pertinente a lição de Jean Bigot, segundo a qual a lei impõe ao juiz vinculação às regras de direito:

> *"La loi impose aux juges l'obligation de juger, et de le faire conformément aux règles de droit aplicables."* [626]

Acreditar na vinculação à lei não se trata de mitigar a atividade criadora do juiz, que não é mero declarador do direito, mas reforçar condições limitativas que o direito pode estabelecer à valoração pessoal.

Em sistemas como o do contrato de seguro, que possui repercussão difusa, é preciso afastar a ideia de «direito livre», o que seria exagero, contradição ou a própria negação do direito, principalmente nos casos de tutela da parte débil da contratação.

Da mesma forma, a «jurisprudência dos interesses» merece reservas, admitindo-se certa liberdade para avaliar interesses (morais, econômicos, sociais, etc...), sem perder de vista a coerência da base normativa deste contrato e as condições da contratação.

Em outras palavras, as fontes do direito dos seguros privados e o contrato de seguro são as bases deste sistema. Por essa razão, é natural a jurisprudência harmonizar-se ao sentido definido pela ordem jurídica e pelo contrato de seguro, limitando o papel criador do juiz, especialmente quando diante de normas imperativas ou condições contratuais estabelecidas na autonomia privada.

[624] O princípio do devido processo "*due process of law*" merece referência do ponto de vista da moderna concepção de legalidade. Encontram-se antecedentes históricos na Idade Média, na Carta Magna do Rei João "sem terra", na locução *"law of the land"* do art. 39, mas fundamentalmente na 5ª e 14ª Emendas à Constituição dos Estados Unidos, com derivações nas modernas constituições ocidentais.

[625] Brasil: CF.: art. 5º, LIV; CPC: Lei 5.869, de 11 de janeiro de 1973, art. 128 e 460. Lei de Arbitragem: 9.307, de 23 de setembro de 1996, art. 32, IV e V. ONU – UNCITRAL: Ley Modelo de la CNUDMI sobre Arbitraje Comercial Internacional (1985), artículo 34, 2, a, iii;

[626] BIGOT, Jean. Op. cit. p. 265.

Para exemplificar essa contribuição no direito brasileiro, referimos alguns julgados relacionados aos temas deste livro, com breves comentários, sem a pretensão de ingressar na vasta casuística em matéria de seguros.

Inicialmente, do ponto de vista da autonomia privada e do respeito à alocação de riscos pelas partes, vale o julgamento da Quarta Turma do STJ, em matéria de direito do consumidor, na qual foram respeitados os riscos excluídos na delimitação da cobertura securitária, conforme o relatório do Ministro Antonio Carlos Ferreira. A motivação prestigiou a interpretação restritiva das cláusulas do contrato e o espaço à autonomia privada, em ação movida por associação de consumidores[627].

Ainda com relação à extensão de coberturas, também no STF formou-se a Súmula 402, para incluir na garantia de danos pessoais os danos morais, salvo exclusão expressa no contrato:

> STJ – Súmula nº 402 – "O contrato de seguro por danos pessoais compreende os danos morais, salvo cláusula expressa de exclusão."

Nesse caso a Corte estendeu garantias, nem sempre previstas nas apólices e prêmios de seguro, equiparando o dano moral à ofensa aos direitos da pessoa, todavia ressalvou a possibilidade da exclusão expressa na apólice.

A jurisprudência também possui função criativa, pela obra de dar novos sentidos ao direito, como refere Jean Bigot, eliminando antinomias e adaptando o direito à evolução dos fatos.[628]

Podemos referir alguns exemplos onde cumpre à jurisprudência concretizar espaços na aplicação do direito.

Com relação à discussão quanto ao caráter formal ou consensual do contrato de seguro, de que se forma mediante «instrumento escrito», esta é uma diretriz legal que se curva à jurisprudência e à doutrina, para os quais esses documentos não são pressupostos formais da contratação, mas meio de prova da existência do contrato [629].

[627] Brasil – STJ: Recurso Especial Nº 1.358.159 – SP (2012/0261526-2) Relator: Ministro Antonio Carlos Ferreira – "É legítima a negativa da seguradora à cobertura na hipótese de exclusão ou limitação expressa de cobertura, porquanto as cláusulas do contrato de seguro devem ter interpretação restritiva." Julgamento em 08.07.2021.

[628] Op. cit. p. 266.

[629] Embora a estrutura das normas de seguro faça previsão ao fato de que se forma através de documento escrito, é comum a Jurisprudência firmar-se em sentido contrário: França – CA, Art. L.112-3 «*Le contrat d'assurance et lês informations transmises par l'assureur au soucripteur mentionnées*

Outro exemplo na jurisprudência brasileira deve-se a casos de «atraso no pagamento do prêmio» para os quais a orientação do STJ, embora pareça *"contra legem"*, declara que o simples atraso não implica cancelamento automático da cobertura, devendo haver interpelação do segurador para constituir o segurado em mora[630]. Como falamos no Capítulo II, 2.3.4, em comentários sobre o princípio da proteção da confiança[631], trata-se de diretriz de preservação do negócio jurídico a ser ponderada.

Também há casos em que as normas, por questão de técnica legislativa, não alcançam preceitos objetivos; ou outros em que a sentença ou a jurisprudência atuam de modo inovador ao interpretar princípios, cláusulas gerais ou conceitos jurídicos indeterminados.

A boa-fé e a função social do contrato são dessas diretrizes móveis, com amplo poder de apreciação judicial, inclusive de cláusulas abusivas e declaração de nulidade, mesmo quando aprovadas por órgãos reguladores. Assim é a orientação do STJ[632]. Também no STJ é relevante a acepção da boa-fé objetiva, como vimos em títulos precedentes[633].

Sem prejuízo da atividade criadora, de aportar algo novo ao direito positivo, existem casos em que o direito do seguro define construções normativas rígidas, destinadas a vincular a todos, inclusive o julgador.

É o caso de normas imperativas, que não admitem solução contrária, onde a tutela do direito do seguro estabelece limitações à integração contratual, fazendo com que a lei, por sua objetividade e suficiência, afaste a convicção pessoal das partes e do julgador.

Nessa categoria vale observar os efeitos da sub-rogação legal na jurisprudência brasileira, ao encontro do art. 786 do Código Civil, no sentido de levar-se a efeito via ação regressiva contra o causador do dano:

dans lê préent code sont rediges par écrit.» Jurisprudência: *Un écrit n'est pás nécessaire pour la valité d'un avenant, mais pour sa preuvre.* Req. ler juill. 1941: DC 1943. 57. Civ. lre, 22 avr. 1992: Bull. Civ. 1. n. 126; RCA 1992. in. BERR, Claude J. e Groutel, Hubert. *Code des assurances.* Neuvième édition. Paris. Éditions Dalloz, p. 10.

[630] Brasil: REsp. 647186/MG; Recurso Especial. 2004/0039039-0 – Rel. Ministro Carlos Alberto Menezes Direito; REsp 318408/SP; Recurso Especial. 2001/0044483-0 – Ministro Humberto Gomes De Barros; REsp. 434865/RO; Recurso Especial – 2002/0052398-3 – Ministro Castro Filho.

[631] Veja-se: Capítulo XX Princípio da Confiança no Contrato de seguro. p. 121

[632] Brasil: STJ REsp 229078-SP, j. 09.11.1999, DJ 07.02.2000, 4ª T. Min. Ruy Rosado de Aguiar.

[633] Brasil: Tribunal de Justiça do Rio Grande do Sul (Ap. Civ. 589041169, 5ª C.C., j. 22.8.89, rel. Des. Ruy Rosado de Aguiar Júnior, in. Jurisprudência TJRS, 1991, 23/119-122).

> STF – Súmula 188 – "O segurador tem ação regressiva contra o causador do dano pelo que efetivamente pagou, até o limite previsto no contrato de seguro."

Ainda em matéria de seguro de Responsabilidade Civil o STJ publicou a Súmula nº 537, de efeitos de intervenção de terceiros no processo. Assim, se a seguradora denunciada aceitar a denunciação ou contestar o pedido do autor, pode ser condenada, direta e solidariamente junto com o segurado, ao pagamento da indenização devida à vítima, nos limites contratados na apólice.

> STJ – Súmula 537 – "Em ação de reparação de danos, a seguradora denunciada, se aceitar a denunciação ou contestar o pedido do autor, pode ser condenada, direta e solidariamente junto com o segurado, ao pagamento da indenização devida à vítima, nos limites contratados na apólice."

Na jurisprudência ainda vale lembrar o suicídio premeditado, que recebeu redação no art. 798 do Código Civil.[634] Referida norma, por interpretação sistemática e teleológica, segue na linha da Súmula 105 do STF, de 1963: no sentido da obrigatoriedade de pagamento do seguro, ressalvado o "suicídio premeditado", entendimento segundo o qual a referida norma não produz efeitos para os seguros de acidentes pessoais.

> STF – Súmula 105 – "Salvo se tiver havido premeditação, o suicídio do segurado no período contratual de carência não exime o segurador do pagamento do seguro."

> STJ – Súmula 610 – "O suicídio não é coberto nos dois primeiros anos de vigência do contrato de seguro de vida, ressalvado o direito do beneficiário à devolução do montante da reserva técnica formada."

[634] Brasil: C.C. "Art. 798. O beneficiário não tem direito ao capital estipulado quando o segurado se suicida nos primeiros dois anos de vigência inicial do contrato, ou da sua recondução depois de suspenso, observado o disposto no parágrafo único do artigo antecedente. Parágrafo único. Ressalvada a hipótese prevista neste artigo, é nula a cláusula contratual que exclui o pagamento do capital por suicídio do segurado."

A Súmula 610 consolidou o entendimento no STJ, em substituição à Súmula nº 61, de 1992: "O seguro de vida cobre o suicídio não premeditado"[635], sendo que «premeditação» deve ser comprovada pelo segurador[636].

Outro exemplo de interpretação relativizada é sobre o «adimplemento substancial» do contrato em caso de pagamento de parte do prêmio, para o qual o STJ fixou critérios de aplicação, conforme o acórdão da 4ª Turma do STJ no REsp 76.362/MT, de relatoria do Min. Ruy Rosado de Aguiar Júnior, julgado em 11 de dezembro de 1995. São os seguintes parâmetros:

> a) a existência de expectativas legítimas geradas pelo comportamento das partes;
> b) o pagamento faltante ínfimo em se considerando o total do negócio;
> c) a possibilidade de preservação da eficácia do negócio sem prejuízo ao direito do credor de pleitear a quantia devida pelos meios ordinários.

A prescrição também mereceu cuidados no STJ. Entende-se que pode haver suspensão ou interrupção do prazo prescricional. A jurisprudência tem sido sensível a situações particulares do seguro, que impedem o exercício do direito de ação, notadamente as providências de análise e regulação

[635] Cf. AgRg no Ag n. 1.244.022-RS (DJ e 25.10.11), Rel. Ministro Luis Felipe Salomão.

[636] No sentido da ponderação da boa-fé do segurado, veja-se: (REsp nº 1.077.342-MG, Terceira Turma, Rel. Min. MASSAMI UYEDA, voto da Min.ª Nancy Andrighi, DJe 03.09.10.). Da mesma forma é a motivação do Ministro Paulo de Tarso Sanseverino: *"compete à seguradora o ônus da prova da premeditação. Essa orientação mostra-se correta, pois a boa-fé (subjetiva) é presumida, devendo ser comprovada a má-fé de qualquer pessoa na condução dos seus negócios e demais atos da vida civil. Isso mostra-se especialmente adequado no caso de suicídio do segurado em contrato de seguro de vida, por constituir ato de extremo desespero vital, decorrendo de grave moléstia psíquica, infelizmente cada vez mais comum na sociedade contemporânea, que é a depressão. Assim, não é crível presumir, de forma absoluta, mesmo por decreto, a premeditação ou a má-fé do segurado que pratica esse ato extremo. Naturalmente, pode ocorrer, em alguns casos, a premeditação do suicídio pelo segurado, mas o ônus probatório será da própria seguradora, conforme corretamente fixado pela jurisprudência desta Segunda Seção".* Em sentido contrário à interpretação literal, e sensibilidade sobre relevantes aspectos da condição e personalidade humana, votou no sentido da tese firmada em abril de 2011 no julgamento do Agravo Regimental no Agravo de Instrumento nº 1.244.022-RS, contrária à aplicação objetiva do art. 978 do Código Civil. Sobre o tema e no mesmo sentido veja-se: "O novo entendimento do STJ a respeito do direito à indenização de seguro de vida em caso de suicídio: avanço ou retrocesso?", de Alice Saldanha Villar, no Jusbrasil *https://alice.jusbrasil.com.br/artigos/236107548/o-novo-entendimento-do-stj-a-respeito-do-direito-a-indenizacao-de-seguro-de-vida-em-caso-de-suicidio-avanco-ou-retrocesso.*

de sinistros as quais, em riscos mais complexos, podem demandar tempo e estudos especializados[637].

Assim, é relevante a Súmula 229 do STJ que considera a suspensão do prazo consumido pelo segurador para analisar a liquidação do sinistro, inclusive nos casos de sinistros continuados, que possam apresentar danos sucessivos.

> STJ – Súmula 229 – "O pedido do pagamento de indenização à seguradora suspende o prazo de prescrição até que o segurado tenha ciência da decisão."

Recentemente, no julgamento do Processo: REsp 1.970.111, o STJ considerou como termo inicial o conhecimento da negativa pelo segurado. Também merece destaque a jurisprudência da Terceira Turma do STJ, colacionada pelo Dr. Voltaire Marensi, onde comenta a contagem do prazo prescricional em contrato por telefone, sendo que o termo inicial se deu a partir da remessa da apólice ao segurado, em razão do dever de informar o consumidor sobre os termos do contrato[638].

Em tema de prescrição considera-se o prazo de 1 ano para a propositura de ação de revisão de cláusulas contratuais, restituição de prêmios e indenização por danos morais e virtude de seguradora que se recusou a renovar seguro de vida em grupo, nos termos do art. 206, § 1º, II, "b", do Código Civil de 2002[639].

Destacam-se algumas Súmulas do Superior Tribunal de Justiça sobre prescrição em matéria de contrato de seguro:

> STJ – SÚMULA 101 - "A ação de indenização do segurado em grupo contra a seguradora prescreve em um ano. Data da Publicação – DJ 05.05.1994 p. 10379

[637] Argentina: *"La Corte Suprema de La Nación há efectuado una aplicación amplia del art. 3986, CCiv., habiendo declarado que la causal de suspención allí contenida se aplica incluso en matéria comercial." Corte Sup., 3/12/1991 – "Cornes, Guillermo J.J. v. Massduh S.A".*

[638] MARENSI, Voltaire Giavarina. *O seguro a vida e sua modernidade.* Op. cit. p. 303-310.

[639] Brasil: STJ – Julgados: AgInt no AREsp 826556/SP, Rel. Ministro Lázaro Guimarães, Quarta Turma, julgado em 17/10/2017, DJe 26/10/2017; AgInt no AREsp 745841/RJ, Rel. Ministro Moura Ribeiro, Terceira Turma, julgado em 15/08/2017, DJe 22/08/2017; AgRg no REsp 1389234/SP, Rel. Ministro João Otávio De Noronha, Terceira Turma, julgado em 24/11/2015, DJe 01/12/2015; AgRg no REsp 1426153/RS, Rel. Ministro Luis Felipe Salomão, Quarta Turma, julgado em 04/08/2015, DJe 19/08/2015; AgRg no AREsp 635426/SP, Rel. Ministra Maria Isabel Gallotti, Quarta Turma, julgado em 05/03/2015, DJe 18/03/2015; AgRg no AREsp 521484/SP, Rel. Ministro Marco Buzzi, Quarta Turma, julgado em 11/11/2014, DJe 17/11/2014.

STJ – SÚMULA 405 – "A ação de cobrança do seguro obrigatório (DPVAT) prescreve em três anos. Data da Publicação – DJ-e 24-11-2009."

STJ – SÚMULA 106 – "Proposta a ação no prazo fixado para o seu exercício, a demora na citação, por motivos inerentes ao mecanismo da justiça, não justifica o acolhimento da arguição de prescrição ou decadência. Data da Publicação – DJ 03.06.1994 p. 13885

STJ – SÚMULA 229 – "O pedido do pagamento de indenização à seguradora suspende o prazo de prescrição até que o segurado tenha ciência da decisão. Data da Publicação – DJ 20.10.1999 p. 49"

Além dos casos de suspensão ou interrupção, também pode haver certa confusão entre a aplicabilidade do art. 206, § 1º do Código Civil[640], ou do Código de Defesa do consumidor, para o defeito de serviços. A casuística é rica e merece ser considerada cada circunstância singular, entre outros temas em matéria de prescrição:

STJ – "SÚMULA 278 – O termo inicial do prazo prescricional, na ação de indenização, é a data em que o segurado teve ciência inequívoca da incapacidade laboral." Data da Publicação – DJ 16.06.2003 p. 416

Em matéria de seguro de automóvel merecem destaque julgados sobre agravamento de risco e transferência de veículo, matéria que deixava o segurado bastante vulnerável à diferentes decisões nos Tribunais do Estados:

STJ – SÚMULA 465 – "Ressalvada a hipótese de efetivo agravamento do risco, a seguradora não se exime do dever de indenizar em razão da transferência do veículo sem a sua prévia comunicação".

[640] Brasil: "Art. 206. Prescreve: § 1º Em um ano: I – a pretensão dos hospedeiros ou fornecedores de víveres destinados a consumo no próprio estabelecimento, para o pagamento da hospedagem ou dos alimentos; II – a pretensão do segurado contra o segurador, ou a deste contra aquele, contado o prazo. a) para o segurado, no caso de seguro de responsabilidade civil, da data em que é citado para responder à ação de indenização proposta pelo terceiro prejudicado, ou da data que a este indeniza, com a anuência do segurador; b) quanto aos demais seguros, da ciência do fato gerador da pretensão;' [...].

> STJ – SÚMULA 620 – "A embriaguez do segurado não exime a seguradora do pagamento da indenização prevista em contrato de seguro de vida."[641]

A Súmula 620 cuida de um tema polêmico. Alcoolemia ao volante é alvo de crítica da comunidade jurídica, por entender-se que relativiza o bem da vida protegido no direito do trânsito. Conforme os níveis de alcoolemia, vai de encontro ao que o legislador brasileiro definiu como crime de trânsito no art. 306 do Código de Trânsito Brasileiro – CTB[642]. O caso deve levar em conta a grade casuística da responsabilidade civil e a mobilidade desse sistema. Assim, precisa ser cotejado à luz do "*distinguishing*", pois nem sempre haverá enquadramento. E não deve ser causa de omissão, de modo a eximir o julgador da análise do caso concreto. O julgado, todavia, levou em conta tratar-se de seguro de vida, passados dois anos do contrato, tecendo analogia com o suicídio em benefício de terceiros que exerceram a pretensão. Talvez não fosse o caso de convertê-lo em Súmula, mas ficasse limitado aos elementos da ação.

Outro tema relevante na jurisprudência assim como na doutrina é o da ação direta do terceiro contra o segurador:

> STJ – SÚMULA 529 – "No seguro de responsabilidade civil facultativo, não cabe o ajuizamento de ação pelo terceiro prejudicado direta e exclusivamente em face da seguradora do apontado causador do dano."

[641] Brasil: STJ: Ementa: Embargos de divergência em recurso especial. Ação de cobrança de seguro de vida proposta por familiares beneficiários da cobertura de trânsito. Morte do segurado. Negativa de cobertura pela seguradora. Alegação de agravamento de risco. Ingestão de bebida alcoólica. Embriagues ao volante. Relevância relativa. Orientação contida na Carta Circular SUSEP/ DETEC/ GAB N. 08/2007. Precedentes. Embargos de divergência providos. Rel.: Ministro Lázaro Guimarães. Julgamento – 25 de abril de 2018.

[642] Brasil: CTB – "Capítulo XIX – Dos Crimes de Trânsito – Seção I – Disposições Gerais Art. 306. Conduzir veículo automotor com capacidade psicomotora alterada em razão da influência de álcool ou de outra substância psicoativa que determine dependência: Penas – detenção, de seis meses a três anos, multa e suspensão ou proibição de se obter a permissão ou a habilitação para dirigir veículo automotor." Cumpre observar que a criminalização decorre do devido processo administrativo e judicial, assegurada a ampla defesa. O caso também faz cotejar o "Art. 768. O segurado perderá o direito à garantia se agravar intencionalmente o risco objeto do contrato." Certamente há um direito maior em foco, qual seja o bem da vida e o risco que impõe não somente a si, como aos outros dirigir sob tais efeitos.

A matéria da Súmula 529 leva em conta que no seguro de responsabilidade civil facultativo não cabe ação direta contra o segurador, e a responsabilidade não pode ser conhecida em ação da qual não fez parte o segurado, sob pena de violação aos princípios do devido processo e ampla defesa, previstos no art. 5º, LIV e LV da Constituição.

Para os planos de saúde o STJ consignou abusiva a cláusula de carência superior a 24hs para tratamento de urgência, contados da contratação.

> STJ – SÚMULA 579 – "A cláusula contratual de plano de saúde que prevê carência para utilização dos serviços de assistência médica nas situações de emergência ou de urgência é considerada abusiva se ultrapassado o prazo máximo de 24 horas contado da data da contratação."

No seguro de vida há uma série de julgados no sentido da livre escolha do beneficiário da apólice, devendo esta opção ser observada no pagamento da indenização securitária[643].

Em todos os casos, vê-se a jurisprudência nas diferentes formas de aplicação do direito do seguro: declara-se a existência ou inexistência de direitos, validade ou invalidade de documentos, de cláusulas ou condições da contratação, o cumprimento ou não de obrigações, bem como a imposição de medidas executivas ou punitivas, conforme a natureza de cada ação.

Por sua história, o direito do seguro possui uma vasta jurisprudência, com importante aporte dos Tribunais[644] e suas Câmaras especializadas, voltadas

[643] Brasil: STJ – Julgados: REsp 1510302/CE, Rel. Ministro Ricardo Villas Bôas Cueva, Terceira Turma, julgado em 05/12/2017, DJe 18/12/2017; AgRg no AREsp 783931/PR, Rel. Ministra Maria Isabel Galotti, Quarta Turma, julgado em 17/11/2015, DJe 23/11/2015; REsp 157356/RS, Rel. Ministro Antônio de Pádua Ribeiro, Terceira Turma, julgado em 29/03/2005, DJ 02/05/2005 PG:00334; REsp 362743/PB, Rel. Ministro Jorge Scartezinni, Quarta Turma, julgado em 21/09/2004, DJ 11/10/2004 PG:00329; AREsp 172571/RN (decisão monocrática), Rel. Ministro Raul Araújo, julgado em 14/11/2013, DJe 20/11/2013.

[644] No Brasil, por força das Súmulas 5 e 7 do STJ é vedada a admissibilidade de recurso aos Tribunais Superiores para questões relacionadas à interpretação de cláusula contratual ou provas – STJ Súmula 279. Sem prejuízo, há muitos julgados como em casos de boa-fé contratual, suicídio, modificações de planos, prescrição, entre outros temas relevantes do Direito dos seguros. No STF, a Súmula 636 cuida da inadmissibilidade de recurso extraordinário por contrariedade ao princípio constitucional da legalidade, quando a sua verificação pressuponha rever a interpretação dada a normas infraconstitucionais pela decisão recorrida. De outra parte, a Súmula 454 prevê que "Simples interpretação de cláusulas contratuais não dá lugar a recurso extraordinário." Com relação ao reexame de provas, o STF editou a Súmula 279: "Para simples reexame de prova não cabe recurso extraordinário". Sobre a necessidade de prequestionamento da matéria

não só a pacificação de conflitos, mas como instância crítica, que contribui na aplicação do direito material do seguro e seu desenvolvimento.

Nesse estudo das fontes destaca-se a função da jurisprudência e a força de seus precedentes, seja para a família Romano-germânica do direito[645] e sua tradição legalista, seja para a *Common Law* e a base consuetudinária.

Em ambos os modelos a jurisprudência é fonte de aplicação, aprimoramento do direito dos seguros, especialmente no Brasil, com seus elevados índices de judicialização, que requer um aparato judicial eficiente e capaz de fazer frente às necessidades.

2.5 A doutrina e o direito dos seguros

Por seu acervo cultural e obras de Universidades e mestres do direito, a doutrina científica é abundante no seguro. Traz a herança cultural no contexto jurídico e fora dele, nas ciências atuariais, engenharia, economia, medicina, entre outras que cruzam conhecimentos com os seguros.

O índice bibliográfico contempla um rol de autores da Europa, América e países com os quais o ordenamento jurídico brasileiro possui afinidade. Para evitar omissões, vale dizer dessas valiosas obras científicas.

A doutrina está presente na interpretação das normas e na difusão cultural e científica do seguro. É um referencial a ser observado, de experiências e apropriações de ciências que contribuem na formação desse direito.

A interpretação e integração contratual também encontram referenciais na doutrina jurídica.

No direito dos seguros é comum o conhecimento ser disseminado em forma de comentários às leis de seguro, como também na análise sistêmica de seus fundamentos, a partir de suas fontes, opção acolhida nestes estudos, inclusive pelo recurso ao direito comparado.

veja-se: Súmula 282. "É inadmissível o recurso extraordinário, quando não ventilada, na decisão recorrida, a questão federal suscitada".

645 DAVID, René. *Os grandes sistemas do direito contemporâneo*. Tradução de Hermínio A. Carvalho. 2ª ed. São Paulo: Martins Fontes, 1993. p. 18. Segundo autor, a família romano-germânica tem seu berço na Europa. Formou-se a partir dos trabalhos nas universidades europeias que, a partir do século XII, desenvolveram estudos e uma ciência jurídica apropriada às condições do "mundo moderno", a partir de compilações do imperador Justiniano. Inclui-se aqui o Direito brasileiro, espanhol, que constituem o objeto central dos estudos de direito comparado realizados nesta pesquisa.

Da doutrina emergem elementos, definições e teorias, sendo que a transposição para o direito passa pela lei ou judicialização de determinadas matérias, considerando-se fonte secundária de direito.

Embora o ordenamento jurídico sujeite-se ao processo interpretativo, a lei produz efeitos por si só, sendo que a doutrina requer a recepção pelo direito, cujo vigor *"fica sempre na dependência da vontade do legislador ou do julgador"* na expressão de Soares Martinez [646].

A doutrina, por si só, não produz norma concreta. Seu ingresso no mundo jurídico não é imediato ou automático, mas pela legitimação da produção do direito, que traz à tona o devido processo ou a constituição de direitos pela autonomia das partes.

Na concepção jurídica tradicional a legitimação da doutrina ocorre pelo processo «legislativo, judicial ou administrativo» e pela dinâmica dos atos jurídicos «unilaterais, bilaterais e plurilaterais», que permitem seu ingresso válido no mundo do direito.

Pode-se adicionar a este enunciado o fato de a doutrina, além de atuar sobre o legislador e o julgador, levar suas noções à autonomia privada ao conhecimento geral e universitário, assim como nas manifestações dos sujeitos, clausulado e documentos do seguro.

Nessas relações com o mundo jurídico a doutrina atua no pensamento do legislador, julgadores e sujeitos do contrato. Também produz efeitos na «sistemática interna das leis», não só nas respostas, mas nas perguntas que o legislador se faz na concepção das normas.

A doutrina incide na motivação dos julgados. Muitos são fundamentados nas teorias de grandes mestres. Como refere o Prof. Raul Canosa Usera: *"no hay nada más práctico que una buena teoría"*, sendo que a melhor é aquela que se elabora desde a experiência prática, necessária para explicar com conhecimento os princípios que regem a vida do ordenamento e cada um de seus setores[647].

Nesse sentido, a doutrina cuida dos elementos essenciais do direito do seguro, de ordem pessoal, econômica e formal, contribuindo para sua compreensão, inclusive na aplicação das leis. O universo teórico é uma circunstância presente que informa o direito dos seguros, consagrando definições, valores e técnica que enriquecem a compreensão jurídica deste contrato.

[646] MARTÍNEZ, Soares. Op. cit. p. 363.

[647] USERA, Raúl Canosa. Decano de La Faculdad de Derecho Universidad Complutense. ES. O texto é extraído do prefácio do livro *Princípios jurídicos del contrato de seguro*. S. GRAVINA. Maurício. Op. cit. p. 16.

2.6 A equidade no contrato de seguro

A equidade pode ser considerada numa dupla perspectiva: como fator de adequação na aplicação das normas jurídicas; ou como equidade estrita, com poder criador de direito.

Como «fator de adequação», diferentemente da simples aplicação da norma, a equidade atua diante da *ordem* existente para compensá-la, interpretá-la, corrigi-la, ou mesmo para quantificar algo ou dar-lhe modelação.

Como «equidade estrita», nos casos de expressa previsão legal [648], permite-se um espaço legítimo de criação do Direito pelos destinatários da ordem jurídica.

A «equidade estrita» atua como uma espécie de *poder* atribuído ao juiz, ao árbitro, à Administração Pública, ou aos particulares, como exceção à *reserva legal*, para empreender atos criadores na aplicação do Direito, expressamente autorizados pela *ordem* existente.

A partir de previsão legal, com o emprego da equidade nasce um «mandado concreto» que não está diretamente regulado pelo ordenamento jurídico e que, portanto, possui natureza constitutiva, capaz de criar Direitos[649].

Para melhor definir a equidade como espaço de criação do Direito pelo destinatário da ordem jurídica, vale recordar a teoria de Hans Kelsen sobre "o sistema dinâmico de normas", pela qual sua construção estruturada em uma *norma fundamental,* contempla um espaço de produção do direito por

[648] Brasil: CPC: "*Art. 127. O juiz só decidirá por equidade nos casos previstos em lei*"; Espanha: C.C. "*Art. 3º, "1. Las normas se interpretarán según el sentido propio de sus palabras, en relación con el contexto, los antecedentes históricos y legislativos, y la realidad social del tiempo en que han de ser aplicadas, atendiendo fundamentalmente al espíritu y finalidad de aquéllas. 2. La equidad habrá de ponderarse en la aplicación de las normas si bien las resoluciones de los tribunales sólo podrán descansar de manera exclusiva en ella cuando la ley expresamente lo permita.*"; Portugal: C.C.: "*Art. 4º. Os tribunais só podem resolver segundo a equidade: a) Quando haja disposição legal que o permita; b) Quando haja acordo das partes e a relação jurídica não seja indisponível; c) Quando as partes tenham previamente convencionado o recurso à equidade, nos termos aplicáveis à cláusula compromissória.*" México: C.C. "*Articulo 19. Las controversias judiciales del orden civil deberán resolverse conforme a la letra de la Ley o a su interpretación jurídica. A falta de Ley se resolverán conforme a los principios generales de derecho.*" Argentina: *C.C. "Art.1.- Las leyes son obligatorias para todos los que habitan el territorio de la República, sean ciudadanos o extranjeros, domiciliados o transeúntes.*" Chile: C.C. "*Art. 24. En los casos a que no pudieren aplicarse las reglas de interpretación precedentes, se interpretarán los pasajes obscuros o contradictorios del modo que más conforme parezca al espíritu general de la legislación y a la equidad natural.*"

[649] CARNELUTTI, Francesco. *Sistema de direito processual civil.* Traduzido por Hilomar Martins Oliveira. 1ª ed. 3 volumes. São Paulo, Classic Book, 2000, p. 224.

"indivíduos que foram autorizados a criar normas a partir de uma norma superior"[650].

A equidade pode se incluir dentre o que se classificou por «fontes delegadas» do Direito, em razão da delegação do poder de produzir norma jurídica a outros órgãos; ou mesmo o «poder de negociação»[651] como refere o mestre italiano, fazendo referência aos particulares, no âmbito da autonomia privada.

Um dos principais antecedentes sobre a equidade se encontra em Aristóteles, que considerava como *fator de adequação das normas.* Embora não a tenha distinguido objetivamente, contemplou a equidade estrita, ao referir os casos não abrangidos pelo legislador:

> "Portanto, quando a lei se expressa universalmente e surge um caso que não é abrangido pela declaração universal, é justo, uma vez que o legislador falhou e errou por excesso de simplicidade, corrigir a omissão – em outras palavras, dizer o que o próprio legislador teria dito se estivesse presente, e que teria incluído na lei se tivesse conhecimento do caso." [652]

Segundo Aristóteles a equidade é «fonte de justiça». Não do *legalmente justo*, mas uma *correção da justiça legal*, reparadora do direito positivo, no sentido de que *toda a lei é universal* e, em determinados casos, não é possível considerar uma afirmação universal sem causar injustiça em casos singulares.

A equidade também pode ser vista como uma dimensão estabelecida pelo legislador por meio de *cláusulas gerais*, normas abertas ou de *delegação*, que serão concretizadas segundo as características do caso, por não ser possível ou conveniente *confeccionar uma previsão normativa rígida*[653].

Isso é comum quando às leis se referem a cláusulas onerosas, cláusulas limitativas dos direitos do segurado, boa-fé, má-fé, entre outros conceitos abertos, que dependem da ponderação do destinatário da norma.

[650] KELSEN, Hans. *Teoria geral do Direito e do Estado.* Tradução: Luís Carlos Borges, 2ª ed., São Paulo, Martins Fontes, 1992, p. 117.

[651] BOBBIO, Norberto. Op. cit. pp. 38 e 40.

[652] ARISTÓTELES, *Ética a Nicômaco.* Tradução de Leonel Vallandro e Gerd Bornhheim, da versão inglesa de W. D. Ross. Seleção de Textos de José Américo Motta Pessanha. São Paulo: Ed. Abril Cultural, 1984, p.136.

[653] CANARIS, Claus-Wilhelm. *Pensamento sistemático e conceito de sistema na ciência do direito.* 2ª ed., Lisboa, Fundação Calouste Gulbenkian, 1996, p. 136.

A partir desta análise observa-se a equidade nos casos de *operabilidade*, onde o intérprete não se limita a aplicar o direito existente, indo além da previsão legal por meio de *interpretação extensiva* do preceito [654].

De outra parte, se encontra equidade na aplicação de um direito "*ex novo*", nos casos em que a lei permite o emprego da *equidade estrita*, sem vinculação a norma pré-existente.

Em ambas as circunstâncias funciona como um elemento da arquitetura do pensamento. Atua na mente do intérprete, de modo analítico, por meio da interiorização de valores na aplicação do direito.

No direito do seguro a equidade está presente nos casos de interpretação das normas, a exemplo da boa ou má-fé, dolo, culpa grave, circunstâncias que agravem ou diminuam o risco, entre outras; como também pode existir fora da norma preestabelecida, na «equidade estrita», quando se admite seu emprego em circunstâncias nas quais combinam a autonomia privada, a capacidade jurídica dos sujeitos e a disponibilidade de direitos, sendo que não devem conflitar com o regime imperativo das leis de seguro e a tutela da parte débil da contratação.

O equilíbrio e comutatividade são igualmente relevantes, a fim de evitar externalidades negativas. Há um racional econômico a ser valorizado do ponto de vista das expectativas das partes quando da contratação[655] que merece ser preservado, como instrumento de confiança, especialmente quando se verificam sinistros e suas consequências.

O outro ponto diz respeito às bitolas do direito dos seguros e seus elementos pessoais, econômicos e formais, no sentido de não haver livre espaço de criação hermenêutica, e sim da equidade apoiar-se nas fontes desse direito e na documentação contratual.

Embora o relativismo dos movimentos lógicos, é preciso observar a moldura do Direito dos seguros e do contrato de seguro, especialmente as condições gerais e particulares da contração, e evitar contradições ou transcendências, entre outras causas de insegurança jurídica.

654 Sobre a equidade como forma de interpretação extensiva veja-se: SAVIGNY. Op. cit. p. 47.

655 Brasil: C.C. "Art. 113. Os negócios jurídicos devem ser interpretados conforme a boa-fé e os usos do lugar de sua celebração. § 1º A interpretação do negócio jurídico deve lhe atribuir o sentido que: V – corresponder a qual seria a razoável negociação das partes sobre a questão discutida, inferida das demais disposições do negócio e da racionalidade econômica das partes, consideradas as informações disponíveis no momento de sua celebração."

2.6.1 Equidade e jurisdição estatal

Referindo-se ao juiz, Calamandrei designou a equidade como "providências dispositivas", ou "providências de equidade", em contraposição às "providências de direito" (*secundum ius*), pelas quais o juiz aplica norma pré-existente ao caso concreto[656].

Conforme o mestre italiano, esses atos ainda poderiam ser definidos como «pronunciamentos criadores de direito» ou «sentenças dispositivas», espécie distinta das conhecidas classificações da sentença como declaratória, constitutiva ou condenatória[657], ou de efeitos "mandamentais" ou "executivos", atribuídos ao mestre Pontes de Miranda.

É bastante ilustrativa a dimensão capturada nesses conceitos da escola italiana, com o sentido de liberdade na produção do direito, ao mesmo tempo em que se deposita confiança e estabilidade nesses pronunciamentos.

Ao contrário da vinculação à lei, conforme Norberto Bobbio, nos "juízos de equidade" o juiz está autorizado a decidir "sem recorrer à norma legal estabelecida"[658].

Isso não significa liberdade para decidir segundo seu capricho individual, mas lhe é confiado procurar a solução que corresponda às concepções morais e econômicas vigentes na sociedade. Na expressão de Piero Calamandrei, nesses casos, o juiz atua como "intérprete fiel das correntes históricas do seu tempo"[659].

Diferentemente da analogia, costume ou princípios gerais de direito empregados na lacuna das leis, nos sistemas legalistas é comum haver previsão expressa de que a equidade se aplica nos casos previstos em lei.

No Direito brasileiro esta norma está prevista no art. 140, parágrafo único do Código de Processo Civil, fixando que o juiz somente decidirá por equidade nos casos previstos em lei.

No Código Civil espanhol, o sistema de aplicação das normas jurídicas refere-se à equidade como mecanismo de ponderação da norma jurídica e como equidade estrita, quando as resoluções dos tribunais repousam de

[656] CALAMANDREI, Piero. *Instituciones de Derecho procesal civil según el nuevo código*. Traducción de Santiago Sentís Melendo. Buenos Aires, Ed. Depalma, 1943, p. 122.

[657] Cf. nota 41 supra.

[658] BOBBIO, Norberto. Op. cit. p. 56.

[659] CALAMANDREI, Piero. *Direito processual civil. Vol. 1. Estudos sobre o processo civil*. Tradução Luiz Abezia e Sandra Frina Fernandes Barbery. Editora Bookseller, Campinas – SP, 1999. p. 98-99.

maneira exclusiva na equidade, também nos casos expressamente permitidos em lei[660].

No Direito português há previsão no art. 4º do Código Civil. Nele, a equidade pode ser aplicada pelos tribunais quando há disposição legal que a permita, quando houver acordo das partes e a relação jurídica não seja indisponível, ou quando as partes tenham convencionado a equidade nos termos aplicáveis a uma cláusula compromissória[661].

Essa formulação restritiva, de preeminência da norma jurídica, é um dos traços distintivos dos sistemas legalistas, da doutrina da família Romano-germânica do Direito[662], e talvez tenha sido a grande herança legalista da codificação que se seguiu à Revolução Francesa.

A propósito, havia uma promessa de êxito da codificação das leis civis e a crença de ter nascido um direito para todos no "*Code*". Um direito o qual "prevaleceu enquanto perdurou um equilíbrio relativo entre os Códigos e a vida social e econômica."[663]

Também, houve uma forte influência das escolas alemã e italiana do processo civil, principalmente desta, cujo método de formulação do direito está vinculado à norma pré-constituída, com base no sistema constitucional da legalidade[664].

É semelhante o sentido do "*juge inânime*" da tradição francesa, cujos comentários de Daniel Mitidiero[665] referem suas origens na *Ordonnance Civil de 1667*, de Louis XIV, que cuidou da força das leis e limitação das atribuições dos juízes.

Nesse sentido, muitos autores referem sobre a impossibilidade de a equidade, por interpretação judicial, substituir a lei[666].

[660] Espanha: C.C.: "*Capitulo II – Aplicación de las normas Jurídicas, Artículo 3. apartado 2. La equidad habrá de ponderarse en la aplicación de las normas, si bien las resoluciones de los Tribunales sólo podrán descansar de manera exclusiva en ella cuando la ley expresamente lo permita.*" Portugal: C.C.: "*Artigo 4º Os tribunais só podem resolver segundo a equidade: a) Quando haja disposição legal que o permita; b) Quando haja acordo das partes e a relação jurídica não seja indisponível; c) Quando as partes tenham previamente convencionado o recurso à equidade, nos termos aplicáveis à cláusula compromissória.*"

[661] Portugal: C.C. art. 4º.

[662] DAVID, René. *Os grandes sistemas do direito contemporâneo*. Trad. Hermínio A. Carvalo – 2ª ed. São Paulo: Martins Fontes, 1993, p.17-19.

[663] Op. cit. p. 417.

[664] Nesse sentido: CALAMANDREI, Piero. Op. cit. p. 101.

[665] MITIDIERO, Daniel. *Precedentes: da persuasão à vinculação*. 2ª Ed. São Paulo: Editora Revista dos Tribunais, 2017, p. 50.

[666] Nesse sentido: BIELSA, Rafael. Op. cit., p 500. CHIOVENDA, Giuseppe. *Instituições de direito processual civil*. Tradução do original italiano, 2ª edição 1933, por Paolo Capitanio, com anotações de

No entanto, com a natural falta de determinismo no campo da subsunção, deve-se compreender que a jurisprudência, em muitos casos, abranda a rijeza da norma jurídica em busca do equilíbrio contratual, a partir de parâmetros subjetivos de valoração.

Em outros casos, mais do que atenuar os efeitos da norma, atua em sentido oposto à lei, "*contra legem*", sob este mesmo manto da equidade. Dentre alguns exemplos, vale referir decisões judiciais que determinam aplicação de correção monetária aos contratos de seguro, mesmo que não lhes seja previsto em lei ou nas condições gerais, como solução de equilíbrio contratual [667].

Outro exemplo, diverso da previsão legal, está em casos de "atraso" no pagamento do prêmio, para as quais a orientação do Superior Tribunal de Justiça do Brasil, embora pareça "*contra legem*", declara que o simples atraso não implica cancelamento automático de cobertura, sob a justificativa de que há necessidade de interpelação para constituir o segurado em mora[668].

Do ponto de vista dos órgãos jurisdicionais, ainda vale observar os efeitos da jurisprudência para com relação à clássica discussão quanto ao caráter

Enrico Tullio Liebmann. Campinas – SP: Editora Bookseller, 1998, "*Já se viu (nº 11,3º) que, ao decidir, não pode o juiz criar nem modificar a lei, antes deve tão só aplicá-la (mesmo se a considera injusta).*" Vol. II. p. 35. Nesse citado item 11 o prestigioso mestre italiano insiste na ideia segundo a qual a função jurisdicional consiste na "*atuação da vontade da lei*", e que além das normas escritas nas leis existe indefinido número de outras, inferíveis da analogia ou dos princípios de direito, sendo muito difícil fato imprevisto. Op. cit. Vol. I, p. 60 e 62. Para Mauro Capeletti este sentido restritivo é ainda mais notável nos casos de privação de direitos individuais ou na reparação de casos em que a exegese deveria pautar-se pela: "*cessantes legis rationes, cessat ejus dispositivo*". In. CAPPELLETTI, Mauro. O autor refere dos limites dos juízes «*limites processuais*» e «*limites substanciais*» e do princípio da sujeição à lei, colacionando importante bibliografia a respeito, in. Juízes Legisladores? Reimpressão, 1999. Eduardo Couture também faz referências sobre o aprisionamento do juiz à lei que traça forte crítica à chamada "*teoria do direito livre*". COUTURE, Eduardo J. *Introdução ao estudo do processo civil.* Rio de Janeiro, Ed. Forense, 1995, 3ª edição, p. 58. Celso Agrícola Barbi, em comentários ao art. 127 do Código de Processo Civil refere que o artigo complementa o anterior, que manda o juiz aplicar primeiro a lei e na falta desta, a analogia, os costumes e os princípios gerais de direito. Com muita propriedade o autor refere que a autorização expressa do legislador é necessária para os casos em que o juiz deva aplicar a equidade, em vez de aplicar texto legal, nos demais casos, para equilibrar o Direito, no sentido aristotélico, independe desta previsão do legislador. BARBI, Celso Agrícola. *Comentários ao Código de Processo Civil, Lei nº 5.869, de 11 de janeiro de 1973,* Vol. I. Rio de Janeiro, Ed. Forense, 1998, p. 391.

[667] Brasil: REsp. 401529/DF; Recurso Especial 2001/0173368-2 – Rel. Ministra Fátima Nancy Andrighi.

[668] Brasil: REsp. 647186/MG; Recurso Especial. 2004/0039039-0 – Rel. Ministro Carlos Alberto Menezes Direito; REsp 318408/SP; Recurso Especial. 2001/0044483-0 – Ministro Humberto Gomes De Barros; REsp. 434865/RO; Recurso Especial – 2002/0052398-3 – Ministro Castro Filho.

formal ou consensual do contrato de seguro, na qual a aspiração do legislador, de um instrumento escrito, curva-se à jurisprudência e à doutrina, que veem esses documentos meramente como meio de prova da existência do contrato[669].

Nesse sentido, é importante o norte conferido pelo art. 8º do CPC, pelo qual, "Ao aplicar o ordenamento jurídico, o juiz atenderá aos fins sociais e às exigências do bem comum, resguardando e promovendo a dignidade da pessoa humana e observando a proporcionalidade, a razoabilidade, a legalidade, a publicidade e a eficiência".

Certamente, são referenciais valorativos prestigiados pelo novo Código de Processo Civil, e dão o sentido do zelo frente a direitos fundamentais e aos parâmetros do justo e do razoável na atuação do Direito.

2.6.2 Equidade e arbitragem

A arbitragem é uma forma de resolução de conflitos pela qual as partes confiam a um ou mais árbitros, ou a uma instituição arbitral que os designe, o poder de conhecer a controvérsia e *dizer* o direito aplicável.

Por suas qualidades, tem utilidade em diferentes campos do Direito, inclusive em litígios relacionados ao contrato de seguro, no sentido de valer-se de árbitros especializados, rapidez e efetividade das decisões, com efeitos equivalentes aos dos órgãos do Poder Judiciário.

Essa legitimação deve-se às leis de arbitragem, que universalizaram esse processo em uma história trajetória, até o advento da Lei Modelo da UNCITRAL[670]. Assim, tem apoio nas leis, bem como na convenção de arbitragem[671] e na observância do rito e das escolhas das partes.

[669] Embora a estrutura das normas de seguro faça previsão ao fato de que se forma através de documento escrito, é comum a Jurisprudência firmar-se em sentido contrário: França – CA, Art. L.112-3 «*Le contrat d'assurance et lês informations transmises par l'assureur au soucripteur mentionnées dans lê préent code sont rediges par écrit.*» Jurisprudência: *Un écrit n'est pás nécessaire pour la valité d'un avenant, mais pour sa preuvre.* Req. 1er juill. 1941: DC 1943. 57. Civ. 1re, 22 avr. 1992: Bull. Civ. 1. nº 126; RCA 1992. in. BERR, Claude J. e Groutel, Hubert. *Code des assurances.* Neuvième édition. Paris. Éditions Dalloz, p. 10.

[670] Merece aplauso a Lei Modelo da UNCITRAL, de 21 de junho de 1985 sobre Arbitragem, cujas recomendações para incorporação ao Direito interno recebeu forte apoio em grande parte das nações que integram o comércio internacional contemporâneo.

[671] Brasil: Lei 9.307, de 23 de setembro de 1996, art. 3º-12. Espanha: Ley 36/1988, Titulo II, art. 5º a 11. França: CPC, "art. 1442–1449. Portugal: LAV, art. 1º-7º. Argentina: CPC Com art. 739 e 741. México: C.com. art. 1.423 e segs. Chile: Ley 19.971 Art. 7º e segs.

A liberdade é a espinha dorsal da arbitragem[672]. Nessa expressão de Pedro A. Batista Martins, a mobilidade se reflete nas próprias escolhas do processo, com variadas possibilidades.

Por tratar-se de pessoas capazes e direitos disponíveis, é facultado às partes estabelecer determinados negócios processuais, escolher árbitros, o local da arbitragem, idioma, prazo para prolação da sentença, a lei de fundo aplicável ao litígio, sigilo, ou sobre arbitragem de direito ou equidade.

Diferentemente da atividade jurisdicional, vinculada à lei nos países legalistas, na arbitragem os juízos podem ser de direito ou de equidade: "a *critério das partes*" [673]. Pode-se escolher entre o julgamento com base na legislação vigente, ou desprendido desta, apoiado em parâmetros técnicos ou nos valores, aptidões e *experiências de vida* do árbitro.

Trata-se de um espaço para a autonomia da vontade, cujas escolhas com relação ao procedimento ou lei aplicável devem ser previstas na convenção de arbitragem: na «cláusula compromissória» ou no «compromisso arbitral»[674], por vezes regido por termos de arbitragem, que especificam o rito a ser observado.

[672] Sobre derivações da liberdade na arbitragem veja-se: MARTINS, Pedro A. Batista. *Arbitragem no direito societário*. São Paulo: Quariter Latin, 2012, p. 34.

[673] Brasil: Lei 9.307, de 23 de setembro de 1996, "Art. 2. *A arbitragem pode ser de direito ou de equidade, a critério das partes. Parágrafo 1º. Poderão as partes escolher, livremente, as regras de direito que serão aplicadas na arbitragem, desde que não haja violação aos bons costumes e à ordem pública. Parágrafo 2º. Poderão, também, as partes convencionar que a arbitragem se realize com base nos princípios gerais de direito, nos usos e costumes e nas regras internacionais de comércio.*" Espanha: Ley 36/1988: "*Art. 4.º 1. Los árbitros decidirán la cuestión litigiosa con sujeción a derecho o en equidad, según su saber y entender, a elección de las partes. 2. En el caso de que las partes no hayan optado expresamente por el arbitraje de derecho, los árbitros resolverán en equidad, salvo que hayan encomendado la administración del arbitraje a una corporación o asociación en cuyo caso se estará a lo que resulte de su reglamento.*" Portugal: LAV, "*Artigo 39.º Direito aplicável, recurso à equidade; irrecorribilidade da decisão. 1 — Os árbitros julgam segundo o direito constituído, a menos que as partes determinem, por acordo, que julguem segundo a equidade.*" Argentina: CPC Com. "*Art. 766. – Podrán someterse a la decisión de arbitradores o amigables componedores, las cuestiones que pueden ser objeto del juicio de árbitros. Si nada se hubiese estipulado en el compromiso acerca de si el arbitraje ha de ser de derecho o de amigables componedores, o si se hubiese autorizado a los árbitros a decidir la controversia según equidad, se entenderá que es de amigables componedores.*" Chile: Ley 19.971, "*Artículo 28.- Normas aplicables al fondo del litigio. 3) El tribunal arbitral decidirá ex aequo et bono o como amigable componedor sólo si las partes le han autorizado expresamente a hacerlo así.*" México: C.com. Art. 1.445. "*El tribunal arbitral decidirá como amigable componedor o en conciencia, sólo si las partes le han autorizado expresamente a hacerlo.*"

[674] Brasil: Lei 9.307, de 23 de setembro de 1996, art. 3º-12. Espanha: Ley 36/1988, Titulo II, art. 5º a 11. França: CPC, "art. 1442–1449. Portugal: LAV, art. 1º-7º. Argentina: CPCCom. art. 739 e 741. México: C.com. art. 1423 e segs. Chile: Art. 7º e segs.

Definidos o rito e a forma como transcorrerão as manifestações das partes e atos decisórios, cumpre ao árbitro atender ao que se comprometeu, no âmbito dos poderes a ele conferidos.

Segundo grande parte das leis de arbitragem, é nula a sentença arbitral que julga fora dos limites da convenção de arbitragem. Trata-se de uma regra de segurança jurídica e delimitação do rito e do objeto litigioso a ser observada pelos sujeitos da arbitragem, das quais não deve se distanciar o árbitro.

No Direito brasileiro, na lição do Des. Cláudio Vianna de Lima[675], para que a sentença arbitral decida por equidade deve observar o regime da Lei 9.307/96: o artigo 2º faculta o julgamento por equidade; o artigo 11, II, refere de modo permissivo, e não obrigatório, sobre constar no compromisso autorização para que os árbitros julguem por equidade; e o artigo 26, II, prevê, dentre os fundamentos da sentença, declaração se o julgamento foi por equidade. A par destes requisitos, o autor atenta para o artigo 32, incisos III e IV, e a previsão de nulidade da sentença arbitral se não contiver tais requisitos, ou se proferida fora dos limites da convenção.

Não havendo previsão na convenção de arbitragem, pode-se inferir que não está autorizado o juízo de equidade, e o julgamento ultrapassaria os limites processuais, sujeitando-se à nulidade da sentença[676].

O risco da judicialização de uma futura declaração de nulidade da sentença arbitral, que comprometeria seu cumprimento ou executividade, pode ser evitado pela outorga expressa de poderes para julgar por equidade, se esta for a intenção das partes.

De outro lado, se a vontade é de vinculação à lei, também podem consignar na cláusula arbitral ou no compromisso a vedação de julgamento por equidade. Cuidados dessa natureza contribuem para elevar os níveis de confiança.

A Lei Modelo da UNCITRAL, de 21 de junho de 1985, ao tratar das regras aplicáveis ao fundo da causa (art. 28 e incisos), prevê que o Tribunal arbitral decide o litígio de acordo com as regras de direito escolhidas pelas partes. Na falta de designação, aplicará a lei pelas regras de conflitos de leis e, quanto à equidade, emprega-se quando expressamente autorizada [677].

675 LIMA, Cláudio Vianna. *Curso de introdução à arbitragem*. Rio de Janeiro: Lumem Juris, 1999, p. 17.

676 Diferentemente desta condição referida pelo Dr. Cláudio Vianna de Lima, o direito francês não inclui dentre as exigências da sentença referido requisito, *ex vi legis* do art. 1472 e 1473 do Nouveau Code De Procedure Civile.

677 Lei Modelo da UNCITRAL sobre Arbitragem Comercial Internacional, de 21 de junho de 1985, "*Art. 28, 3.O tribunal arbitral decidirá ex aequo et bono ou na qualidade de amiable compositeur apenas quando as partes a isso expressamente o autorizarem.*

Na mesma direção da Lei Modelo, sua recepção no Direito mexicano e chileno não permite arbitragem de equidade sem que tenha sido expressamente autorizada pelas partes[678].

No Chile, a lei de seguros possui um título próprio sobre solução de conflitos, e remete para o procedimento arbitral, conferindo ao árbitro os respectivos poderes, devendo prolatar a sentença *segundo o direito*, afastando-se da equidade[679]. Além da parte final do artigo 543 do Código de Comércio, o art. 28, 3 da Ley 19.971, prevê que o julgamento por equidade somente será permitido se as partes tenham autorizado expressamente.

Em Portugal, o Decreto-Lei 72/2008, de 16 de abril, dispõe sobre arbitragem e a possibilidade de resolução de conflitos em contrato de seguro, inclusive seguros obrigatórios ou a aplicação de normas imperativas do regime desta lei[680]. O rito é definido na lei geral de arbitragem voluntária – LAV, Lei n. 63/2001, que trata da equidade no artigo 39, 1 a 4. Neste artigo há disposição expressa no sentido do julgamento segundo o direito, a menos que as partes determinem, por acordo, o julgamento por equidade[681].

Na Argentina, a matéria tem certa complexidade. O artigo 57 da Ley de Seguros 17.418 veda a utilização de cláusula compromissória na apólice, declarando sua nulidade[682].

Esta impossibilidade, todavia, diz respeito à apólice de seguro e ao consequente emprego de cláusula compromissória neste documento contratual, não produzindo efeitos sobre o compromisso arbitral[683]. Comenta Lopez Saavedra que esta sanção não retira a possibilidade de submeter um conflito à arbitragem no curso do contrato, ou mesmo em caso de sinistro[684]. As partes podem se valer da equidade se nada previram ou se essa faculdade ficou

[678] Chile: C.com. art. 543, Ley 19.971, art. 28, 3. México: C.com. Art. 1.445.

[679] Chile: C.com. art. *543, Ley de Arbitraje 19.971, "art. 28, 3) El tribunal arbitral decidirá ex aequo et bono o como amigable componedor sólo si las partes le han autorizado expresamente a hacerlo así."*

[680] Portugal: Veja-se Decreto-Lei 72/2008, de 16 de abril, artigo 122º, 1 e 2. E, sobre arbitragem, Lei n. 63/2011, de 14 de dezembro: Diário da República, 1.ª série — N.º 238 — 14 de Dezembro de 2011.

[681] Portugal: LAV, art. 39, 1.

[682] Argentina: LS, *"Art. 57. Son nulas las cláusulas compromisorias incluidas en la póliza. La valuación del daño puede someterse a juicio de peritos."*

[683] Argentina: CPCCom, art. 739 e segs.

[684] LOPEZ SAAVEDRA: *"La sanción que prevé este artículo referido a las cláusulas compromisorias – incluyendo una de arbitraje – es clara y terminante: tales cláusulas son nulas. Sin embargo, hay que tener muy en cuenta que la nulidad de las mismas procede, solamente, cuando las mismas se hallan incluidas en el texto de las pólizas, lo que significa que sería perfectamente lícito y válido que las partes convinieran someter a un arbitraje sus diferencias en torno al alcance de un contrato de seguro después de la ocurrencia de un siniestro vincula al mismo."* Op. cit. p. 116.

ressalvada[685]. Comenta-se que é uma tendência contrária e divergente do que é praticado em grande parte das nações.

Na Espanha, o art. 4º da *Ley 36/1988 de 5 de Diciembre, de Arbitraje*, prevê que os árbitros decidirão a questão litigiosa com sujeição ao direito ou equidade. Não havendo opção expressa pela arbitragem de direito, os árbitros resolverão por equidade, ou segundo os regulamentos do órgão ao qual foi encomendada a arbitragem[686].

Conforme observamos, os casos da Argentina e Espanha são peculiares, sendo que a regra geral difundida pela UNCITRAL, e incorporada por grande parte das Nações, é a da arbitragem de Direito, devendo os poderes para equidade ser conferidos expressamente, por instrumento escrito.

O mesmo vale em conhecidos regimentos de arbitragem mercantil, a exemplo da Câmara de Comércio Internacional – CCI. Segundo as regras de procedimento da CCI, o requerimento de arbitragem deve conter qualquer observação útil relativa ao lugar da arbitragem, às normas jurídicas aplicáveis e ao idioma, além disso, com relação à lei aplicável, prevê que o tribunal receberá poderes para equidade se as partes conferirem expressamente [687].

A par dessas considerações e da Convenção de Nova York de 10 de junho de 1958[688], a falta de autorização para o julgamento por equidade pode ser causa de nulidade da sentença, por carrear a suposição de que o procedimento arbitral não seguiu o que foi acordado pelas partes.

Trata-se de uma consequência jurídica natural quando se supõe que os árbitros não podem, por sua iniciativa, modificar as regras e os poderes que lhes foram conferidos.

[685] Argentina: CPCCom, *"Art. 766. – Podrán someterse a la decisión de arbitradores o amigables componedores, las cuestiones que pueden ser objeto del juicio de árbitros. Si nada se hubiese estipulado en el compromiso acerca de si el arbitraje ha de ser de derecho o de amigables componedores, o si se hubiese autorizado a los árbitros a decidir la controversia según equidad, se entenderá que es de amigables componedores."*

[686] Espanha: Ley 36/1988, art. 4., 1 e 2.

[687] International Chamber of Commerce – International Court of Arbitration; Rules of arbitration, in force as from 1 January 1998, second ediction, fist pulished September 2001, Revisd October 2002, June 2003, November 2003. *"Article 17 – Applicable Rules of Law...3) The Arbitral Tribunal shall assume the powers of an amiable compositeur or decide ex aequo et bono only if the parties have agreed to give it such powers".*

[688] Nesse sentido vide: Convenção de New York de 10 de junho de 1958, art. V, 1. O reconhecimento e a execução da sentença poderão ser indeferidos, a pedido da parte contra a qual ela é invocada, unicamente se esta parte fornecer à autoridade competente onde se tenciona o reconhecimento e a execução, prova de que: d) a composição da autoridade arbitral ou procedimento arbitral não se deu em conformidade com o acordado pelas partes, ou, na ausência de tal acordo, não se deu em conformidade com a lei do país em que a arbitragem ocorreu;".

Vale analisar as circunstâncias de cada caso, que tipo de julgamento tem mais conveniência à causa, e empreender cuidados na vinculação ao procedimento, no *compromisso arbitral* ou em *termo* próprio.

Assim, convém observar essas diferenças na aplicação da equidade na arbitragem, ao mesmo tempo em que se deve atentar para a necessária correspondência entre os limites da convenção de arbitragem, do procedimento e da sentença, e seus possíveis reflexos no campo das nulidades.

2.6.3 Equidade e autonomia privada

No campo da autonomia privada, o princípio da boa-fé é um indicativo de «justiça comutativa», de que a equidade deve ser permanentemente praticada pelos sujeitos da contratação, desde a fase pré-contratual e mesmo após a resolução do contrato, no caso de cláusulas sobreviventes.

Trata-se de dever de cooperação mútua e auxílio[689], que inclui informações e reciprocidade. Isso vale para o comportamento que se exterioriza nas manifestações e no equilíbrio de esforços e trocas entre as partes.

Pode-se conceber a equidade como uma espécie de fonte delegada aos particulares para, mediante atos voluntários, ajustar seus interesses de forma equilibrada, uma espécie de equidade objetiva.

Do ponto de vista dos atos do segurador, espera-se equilíbrio e proporcionalidade nas taxas, franquias, no dever de informar e demais obrigações que impõe ao segurado, tomador ou beneficiários, além das políticas de conformidade e proteção de dados pessoais, cada vez mais presentes no mundo corporativo.

Dentre as boas práticas do setor, existe um largo horizonte de possibilidades para solução de questões mediante mútuas concessões, sobretudo na ocorrência de controvérsias durante a vigência ou execução contratual, circunstâncias que recomendam a equidade como forma de ponderação dos direitos e obrigações das partes.

Além disso, tem-se em conta que, em grande parte, o contrato de seguro é contrato de duração «de relação continuada», em que o tempo pode sujeitar às partes a mudanças e ao reequilíbrio das obrigações.

[689] Sobre deveres de cooperação e auxílio veja-se: COUTO E SILVA, Clóvis. *A obrigação como processo*. Op. cit. p. 119-120.

Isso ocorre nos casos de agravamento de risco, com o consequente dever de informar à seguradora; oscilações monetárias; inflação; variações cambiais; nas hipóteses de infrasseguro e sobresseguro e seus mecanismos de equilíbrio; na definição das taxas de seguro e o valor do prêmio; franquias; em procedimentos de liquidação de sinistros; e toda circunstância imprevista que leva as partes a reajustar condições sob o fundamento da razoabilidade e equilíbrio contratual.

Ultrapassadas as fronteiras do justo, a questão se projeta para o campo da onerosidade ou práticas abusivas, banidas pelo direito das obrigações e por sistemas de proteção da vulnerabilidade[690], igualmente sujeita à revisão nos casos de superveniência imprevista, pela aplicação da cláusula *"rebus sic stantibus"*.

Por esse conjunto de razões, o emprego da equidade na autonomia privada corresponde a um espaço de valoração da equivalência das prestações no contrato, a fim de evitar enriquecimento sem causa, abuso de direito e os problemas da «alea excepcional» ou «imprevisão».

A propósito da onerosidade excessiva e da rescisão ou revisão contratual, o Código Civil brasileiro, em seu art. 479 dispõe sobre uma hipótese específica de equidade. Prevê que a resolução contratual poderá ser evitada caso o réu se proponha a modificar equitativamente as condições do contrato[691].

De outra parte, a inobservância da cooperação mútua em contratos bilaterais sinalagmáticos pode ensejar a «exceção de contrato não cumprido», segundo a conhecida norma civil pela qual, antes de cumprida a sua obrigação, nenhum dos contratantes pode exigir o adimplemento do outro[692].

Essa espécie de equidade, no sentido de atender aos interesses dos sujeitos do contrato, pode estar relacionada aos deveres de auxílio, assim como de afastar excessos e preservar a confiança recíproca e a proporcionalidade das equações contratuais.

690 Brasil: CDC: *"Art. 51. São nulas de pleno direito, entre outras, as cláusulas contratuais relativas ao fornecimento de produtos e serviços que: IV – estabeleçam obrigações consideradas iníquas, abusivas, que coloquem o consumidor em desvantagem exagerada, ou sejam incompatíveis com a boa-fé ou a equidade."* Espanha: LGDCU: Disposiciones Adicionales. Portugal: Lei de Defesa do Consumidor – Lei n. 24/96, de 31 de julho, art. 16. Argentina: Ley 24.240, de Defensa y Protección del Consumidor, art. 37.

691 Brasil: C.C.: *"Art. 479. A resolução poderá ser evitada oferecendo-se o réu a modificar equitativamente as condições do contrato."*

692 Brasil: C.C. "Art. 476. Nos contratos bilaterais, nenhum dos contratantes, antes de cumprida a sua obrigação, pode exigir o implemento da do outro."

A partir dessa concepção, além do sentido histórico do *«ius est ars boni et aequi»*[693], a equidade se apresenta como uma projeção do princípio natural e constitucional da proporcionalidade e da vedação de excessos, norma de adequação e aperfeiçoamento, igualmente necessária ao direito dos seguros privados, sobretudo pela intersubjetividade entre direito e justiça.

2.6.4 Equidade e os valores administrativos

O direito dos seguros reúne institutos de direito público e privado. É um sistema regido pela autonomia privada, no âmbito da liberdade para contratar, assim como por organismos estatais, políticas públicas e valores administrativos.

O caráter publicístico afirma-se em toda legislação, regulação e controles dos sistemas nacionais de seguro sobre a atividade seguradora. A atividade administrativa, regulatória e de supervisão de seguros é intensa. Desde licenças, passando pelas normas para constituição e registro de seguradoras, tributação, até o funcionamento, extinção ou cessação de suas operações, mediante procedimentos especiais de fiscalização e liquidação.

No setor público a equidade deve se fazer presente no equilíbrio das regras e princípios da administração pública, merecendo ser articulada com o princípio da proporcionalidade e razoabilidade, para verificar se os atos do poder público têm conteúdo justo[694].

Também merece sentido do ponto de vista do impacto de regulação, desburocratização e preservação dos espaços da autonomia privada.

Em estudos de direito administrativo, Roberto Dromi refere a equidade como um "valor administrativo em si", o "que equivale ao justo aplicado". Uma espécie de "valor de equivalências comparativas no caso concreto", ou "critério geral de retidão" que também toma corpo no "equilíbrio das equações públicas" [695].

[693] Digesto, I,I, 1.

[694] Nesse sentido, ponderamos a equidade ao lado da razoabilidade, valendo-nos da expressão de Luis Roberto Barroso: como um "parâmetro de valoração dos atos do Poder Público para aferir se eles estão informados pelo valor superior inerente a todo ordenamento jurídico: a justiça." BARROSO, Luis Roberto. *Interpretação e aplicação da constituição: fundamentos de uma dogmática constitucional transformadora. 3ª edição.* São Paulo: Saraiva, 1999, p. 215.

[695] DROMI, Roberto. *Sistema y valores administrativos.* 1ª ed. Buenos Aires- Madrid: Editorial Ciudad Argentina, 2003, pp. 204 a 210.

Como instrumento valorativo de ponderação e equilíbrio, pode-se dizer de uma equidade transitiva, de adequação do ato administrativo e regulatório, a ser exercitada a todo o momento pela administração pública e seus agentes, com critério e autocrítica, do ponto de vista da essencialidade e da intervenção mínima.

Assim dispõe a recente Lei da Liberdade Econômica – Lei 13.874, de 2019, em defesa da presunção da boa-fé; intervenção mínima do Estado; vedação de abuso regulatório, entre outras contribuições do direito moderno[696].

No direito dos seguros privados a equidade tem lugar como medida de equilíbrio na fixação de índices e condições técnico-operacionais, controle de reservas técnicas, regras de contabilidade especiais, regime de cosseguro, resseguros e corretagem, e no controle administrativo das condições da contratação[697]. Valendo observar os casos em que os organismos de regulação aprovam o conteúdo de propostas e apólices de seguro ou contratos de resseguro.

Justapostas essas funções administrativas, de regulação e controle da atividade seguradora, a equidade tem o valor prático de fundamentar juízos morais e o ato administrativo no caso singular. Aqui se incluem decisões nos campos da defesa do segurado ou consumidor, concorrência e monopólio, controle de contas, limites operacionais, além da fixação de diretrizes dos sistemas de seguros para sua regulação e desregulamentação.

Assim, pode-se concluir que a equidade atua como elemento de ponderação, racionalidade e proporção dos atos administrativos, fazendo-se presente nas funções genéricas do Estado, de promover o bem geral a estabilidade da ordem econômica e a garantia da defesa dos consumidores [698].

[696] Brasil: Lei da Liberdade Econômica – Lei 13.874, de 2019: "Art. 2º São princípios que norteiam o disposto nesta Lei: III – a intervenção subsidiária e excepcional do Estado sobre o exercício de atividades econômicas. "Art. 3º São direitos de toda pessoa, natural ou jurídica, essenciais para o desenvolvimento e o crescimento econômicos do País, observado o disposto no parágrafo único do art. 170 da Constituição Federal: V – gozar de presunção de boa-fé nos atos praticados no exercício da atividade econômica, para os quais as dúvidas de interpretação do direito civil, empresarial, econômico e urbanístico serão resolvidas de forma a preservar a autonomia privada, exceto se houver expressa disposição legal em contrário"; "Art. 4º É dever da administração pública e das demais entidades que se vinculam a esta Lei, no exercício de regulamentação de norma pública pertencente à legislação sobre a qual esta Lei versa, exceto se em estrito cumprimento a previsão explícita em lei, evitar o abuso do poder regulatório de maneira a, indevidamente:"

[697] Brasil: Decreto-lei n. 73, de 21 de novembro de 1966, art. 2.

[698] Quanto à defesa dos consumidores e usuários, vale observar que se trata de garantia constitucional. Brasil: CF., art. 5º, XXXII; Espanha, CF, art. 51,1 a 3.

Nesse sentido, pode-se considerá-la como um princípio a ser cotejado no contrato de seguro para o equilíbrio deste mercado e seus atores econômicos.

2.7 Analogia no direito dos seguros privados

A analogia está presente no direito como uma dimensão de aplicação das normas jurídicas[699], não como fonte de direito, mas pelo emprego de um direito análogo.

Seu sentido etimológico se assemelha nas origens latina e grega "*analogĭa*" ou "*ἀναλογία*", em ambas com a ideia de proporção ou semelhança[700].

A analogia permite a aplicação do direito a partir de métodos de comparação segundo os quais se estabelece um juízo de relações de semelhança entre problemas distintos, estendendo a lei que se aplica a uns para outros «analogia legal».

Outro sentido é o da «analogia juris», pela qual o intérprete procura preencher o caso não regulado com base em uma livre investigação do direito, amparada em princípios gerais ou mesmo no costume, segundo J. Flóscolo da Nóbrega, "abstraindo o que as normas concretas têm de particular". [701]

[699] Brasil: "Decreto-Lei n. 4.657, de 4 de setembro de 1942 – LICC. *"Art. 4º. Quando a lei for omissa, o juiz decidirá o caso de acordo com a analogia, os costumes e os princípios gerais de direito."* Espanha: Código Civil, ***"Artículo 4.** 1. Procederá la aplicación analógica de las normas cuando éstas no contemplen un supuesto específico, pero regulen otro semejante entre los que se aprecie identidad de razón.2. Las leyes penales, las excepcionales y las de ámbito temporal no se aplicarán a supuestos ni en momentos distintos de los comprendidos expresamente en ellas. 3. Las disposiciones de este Código se aplicarán como supletorias en las materias regidas por otras leyes.";* Itália: C.C. *"Art. 12. Interpretazione della legge.Nell'applicare la legge non si può ad essa attribuire altro senso che quello fatto palese dal significato proprio delle parole secondo la connessione di esse, e dalla intenzione del legislatore.Se una controversia non può essere decisa con una precisa disposizione, si ha riguardo alle disposizioni che regolano casi simili o materie analoghe; se il caso rimane ancora dubbio, si decide secondo i princìpi generali dell'ordinamento giuridico dello Stato".* Portugal: C.C. *"Art. 8º (Obrigação de julgar e dever de obediência à lei) 1. O tribunal não pode abster-se de julgar, invocando a falta ou obscuridade da lei ou alegando dúvida insanável acerca dos factos em litígio. 2. O dever de obediência à lei não pode ser afastado sob pretexto de ser injusto ou imoral o conteúdo do preceito legislativo. 3. Nas decisões que proferir, o julgador terá em consideração todos os casos que mereçam tratamento análogo, a fim de obter uma interpretação e aplicação uniformes do direito".*

[700] REAL ACADEMIA ESPAÑOLA. *Diccionario de la lengua española.* Madrid, Unigraf. S.L.,1992, p. 134.

[701] DA NÓBREGA, J. Flóscolo. *Introdução ao Direito.* Rio de Janeiro, José Kofino Editor, 1954, p. 118. Em sentido semelhante vide: BEVILAQUA, Clovis. Op. cit. p. 36.

Segundo a metodologia de Savigny a analogia legal como a analogia juris depreendem o sentido da complementação do direito, pela qual "a legislação completa-se a si mesma" [702].

No mesmo sentido é a doutrina de Norberto Bobbio[703], ao conceber a analogia como método de auto-integração, uma espécie de *"extensio legis"*, amparada no art. 12 das disposições preliminares do Código Civil italiano[704].

Trata-se de uma complementação a partir do método comparativo, com os riscos que este tipo de relação pode oferecer. Comenta Arthur Kaufmann que, *"por medio de la analogía se compara lo más conocido con lo menos conocido, para coordinarle luego a esto último también la característica cuestionable que exhibe el caso primero"* [705].

Não se trata de mera conclusão lógica, mas de uma comparação insegura, ousada e arriscada, levando-se em conta a complexidade da «eleição de um ponto de comparação» e a própria «determinação das características comparadas», que não se baseiam em um conhecimento racional [706].

No processo de aplicação da analogia, a forma de como classificar os significados das coisas análogas ou distintas e subsumi-las ao que seria a *mens legis,* pode valer-se da «tópica»[707] como critério para estabelecer relações de semelhanças, levando-se em conta que não deve ser uma semelhança qualquer, mas uma "semelhança relevante"[708].

Pode-se delimitar o «círculo de semelhanças»[709] segundo divisões de classes e predicados, como a essência, qualidade, quantidade, lugar, tempo, estado, posição, intenção, conduta, entre outras referências capazes de

[702] Op. cit. p. 44.

[703] BOBBIO, Norberto. *Teoria do ordenamento jurídico.* 9ª Edição, Tradução Maria Celeste Cordeiro Leite dos Santos, p.151.

[704] Itália: C.C. "Art. *12 Interpretazione della legge. Nell'applicare la legge non si può ad essa attribuire altro senso che quello fatto palese dal significato proprio delle parole secondo la connessione di esse, e dalla intenzione del legislatore. Se una controversia non può essere decisa con una precisa disposizione, si ha riguardo alle disposizioni che regolano casi simili o materie analoghe; se il caso rimane ancora dubbio, si decide secondo i princìpi generali dell'ordinamento giuridico dello Stato".*

[705] KAUFMANN, Arthur. Op. cit. p. 162.

[706] Idem. op. cit. p. 163.

[707] ARISTÓTELES, *Tópicos.* Tradução de Leonel Vallandro e Gerd Bornheim. São Paulo, Abril Cultural, 1983.

[708] BOBBIO, Norberto. Op. cit. p. 153.

[709] A expressão «*círculo de semelhança*», bastante apropriada ao estudo da analogia foi extraída de CANARIS, Claus-Wilhelm. *Pensamento sistemático e conceito de sistema na ciência do direito.* 2ª ed., Lisboa. Fundação Calouste Gulbenkian, 1996, p. 36.

ampliar as possibilidades de comparação e aplicação de um direito análogo em casos de simetria.

Trata-se de um recurso não só jurídico como linguístico, no sentido que a analogia funciona como uma "mola fundamental da língua" na expressão de Roland Barthes[710]. Determinados termos ou expressões, por semelhança e propriedade, se reproduzem para outras finalidades gerando riqueza às combinações de léxico.

Um exemplo recente de aplicação analógica ao seguro de pessoas é o emprego do parágrafo único do art. 15 da Lei n. 9.656/1998, que dispõe sobre os planos de assistência à saúde, traduzindo-se que é abusiva a cláusula que estabelece fatores de aumento do prêmio do seguro de vida de acordo com a faixa etária após o segurado completar 60 anos de idade e ter mais de 10 anos de vínculo contratual[711].

Também, vale referir a aplicação analógica do Código de Defesa do Consumidor aos planos de saúde, matéria objeto da Súmula 608 do STJ:

> STJ – "Súmula 608: Aplica-se o Código de Defesa do Consumidor aos contratos de plano de saúde, salvo os administrados por entidades de autogestão."

Outro caso é a *"extensio legis"* da boa-fé objetiva em seus diferentes campos de aplicação. Vale referir julgados do STJ que consideram abusiva a negativa de renovação ou a modificação súbita do contrato de seguro de vida, mantido sem alterações ao longo dos anos, por ofensa aos princípios da boa-fé objetiva, da cooperação, da confiança e da lealdade[712].

[710] BARTHES, Roland. Op. cit. p. 169.

[711] Brasil: STJ Julgados: AgInt no AREsp 932650/SP, Rel. Ministro Marco Aurélio Bellizze, Terceira Turma, julgado em 12/09/2017, DJe 15/09/2017; EDcl no AgRg no REsp 1567486/RS, Rel. Ministro Paulo De Tarso Sanseverino, Terceira Turma, julgado em 01/09/2016, DJe 12/09/2016; AgRg no REsp 1428005/RS, Rel. Ministro Ricardo Villas Bôas Cueva, Terceira Turma, julgado em 12/04/2016, DJe 19/04/2016; REsp 1376550/RS, Rel. Ministro Moura Ribeiro, 3ª Turma, julgado em 28/04/2015, DJe 12/05/2015. (vide informativo de jurisprudência n. 561)

[712] Brasil: STJ Julgados: AgInt no REsp 1434305/MG, Rel. Ministra Nancy Andrighi, Terceira Turma, julgado em 02/05/2017, DJe 12/05/2017; AgInt no REsp 1551997/PR, Rel. Ministro Antonio Carlos Ferreira, Quarta Turma, julgado em 01/12/2016, DJe 14/12/2016; AgRg no AREsp 150100/SP, Rel. Ministro Raul Araújo, Quarta Turma, julgado em 15/09/2016, DJe 05/10/2016; AgRg no AREsp 427523/ RS, Rel. Ministro Paulo De Tarso Sanseverino, Terceira Turma, julgado em 20/08/2015, DJe 27/08/2015; AgRg no REsp 1470392/ SC, Rel. Ministro Moura Ribeiro, Terceira Turma, julgado em 17/03/2015, DJe 27/03/2015; AgRg no REsp 1408753/SC, Rel. Ministro Sidnei Beneti, Terceira Turma, julgado em 19/11/2013, DJe 06/12/2013. (Vide informativo de jurisprudência n. 467) (vide jurisprudência em tese n. 10)

Também contextualiza o tema o fato de que o contrato de seguro, além de seus instrumentos de tutela da vulnerabilidade[713], pode ter seus vazios regidos por normas de defesa do consumidor, que também permite a solução mais benéfica ao segurado ou tomador[714].

Em todos os casos, sem prejuízo da insegurança jurídica que possa causar, mesmo porque a analogia é da dinâmica do direito, por seu emprego superam-se lacunas na lei a partir de um precedente análogo: legal ou com base em princípios ou fundamentos que se depreendem do direito positivo.

Além disso, como mecanismo de integração e de lógica jurídica a analogia pode ter o sentido de um «equivalente ético», de tratar de modo igualitário os iguais e diferentemente os desiguais.

O sistema do Direito do seguro não poderia ficar alheio a essas influências. Por questão de ordem linguística, ou por seus fundamentos técnico-jurídicos, a analogia tem significativa relevância prática.

Todavia, o recurso à analogia encontra limitações na objetividade da regulação dos seguros privados, além de restrições de ordem compensatória, normas imperativas, mecanismos de proteção da vulnerabilidade e as condições da contratação, com relação às quais a analogia não pode ser fonte de criação de novos direitos ou obrigações não previstos no contrato.

Nessas circunstâncias, verifica-se uma espécie de limitação teleológica ao emprego da analogia, por meio da qual deva preservar a coerência das leis, do costume e dos princípios do contrato de seguro, especialmente da interpretação mais benéfica ao segurado, nos casos de tutela da vulnerabilidade, sem perder de vista os horizontes da contração no caso singular.

De qualquer modo, longe de reprimir as possibilidades da analogia, esta regra pressupõe a necessária adequação ao direito dos seguros privados, razão pela qual não se fala de uma analogia pura e simples, mas de uma analogia inserida no direito do seguro, com a prevalência dos valores e normas cultivados nesse sistema.

[713] Brasil: C.c. Lei 10.406/2002 e CDC Lei 8.078/1990; Espanha: LCS 50/1980 e LGDCU, Ley 26/1984.

[714] Assim: EMBID IRUJO, José Miguel. Op. cit. p. 112.

CAPÍTULO 3
O CONTRATO DE SEGURO: NATUREZA E TEORIAS EXPLICATIVAS

O contrato de seguro é celebrado frente ao segurador para preservar interesses, garantir riscos, capital ou renda, em contrapartida ao prêmio do seguro, prestação atribuída ao tomador.

Ao seu tempo, Clóvis Bevilaqua e Cesare Vivante[715] articularam uma definição corrente valendo-se de quatro elementos: segurador – segurado – prêmio – risco. Modernamente, passou-se a incluir a noção de interesse[716], aplicável aos seguros de danos e de pessoas. Desde a doutrina de Alfredo Manes, e com semelhante ênfase, "não se concebe seguro sem interesse".[717]

O interesse é a vontade contratual protegida pelo seguro:[718] a conservação de determinada coisa, para que não se produza um sinistro ou, ocorrendo, resulte uma indenização, capital ou renda[719].

Nessa recomposição doutrinária passou-se a entender a definição deste contrato a partir da conjugação da empresa seguradora; um interesse legítimo,

[715] Veja-se: *Código Civil dos Estados Unidos do Brasil comentado por Clovis Bevilaqua,* 3ª tiragem. Edição histórica, Editora Rio 1979, p. 562. No mesmo sentido: VIVANTE, Cesare. Op. cit. p. 543. Na doutrina francesa, Jean Bigot, comenta três elementos: um risco, evento futuro, incerto e independente da vontade das partes; um prêmio e uma prestação em caso de realização do risco. BIGOT, Jean. Op. cit. p. 29. O autor também comenta a mutualidade como elemento essencial, espécie de espinha dorsal do contrato de seguro. Op. cit. p. 27.

[716] Veja-se: Capítulo II, 2.3.4 – Princípio do interesse e Capítulo IV, 4.2.1 – Interesse – elemento.

[717] Como decorrência desta lógica, na expressão do mestre alemão, *"o objeto do seguro varia conforme o interesse segurado"*. Veja-se: MANES, Alfredo. Op. cit. p. 26.

[718] JELLINEK, Georg. *Teoría general del estado.* Traducción de Fernando de los Rios, Editorial IB de F, Julio César Faria, Montevideo-Buenos Aires, 2005, p. 42. Na lição de Jellinek: *"interesse é o conteúdo de vontade protegido pelo Direito"*.

[719] França: CA, *Article L121-6. Toute personne ayant intérêt à la conservation d'une chose peut la faire assurer.Tout intérêt direct ou indirect à la non-réalisation d'un risque peut faire l'objet d'une assurance.* México: LS, *"Artículo 85.- Todo interés económico que una persona tenga en que no se produzca un siniestro, podrá ser objeto de contrato de seguro contra los daños."*

causa do contrato; e a relação entre a prestação do segurador e o prêmio do seguro[720].

Não se confunde contrato de seguro com atividade seguradora. Esta, no sentido da participação autorizada no setor de seguros[721], com a ideia da firma[722], unidade empresarial na figura do segurador, ou de mútuas, autorizadas a gerir operações de seguro.

O contrato de seguro, por sua vez, é a relação jurídica em si mesma. É um negócio jurídico típico em várias nações. Por meio do contrato de seguro este direito produz fenômeno jurídico com efeitos às partes, terceiros e à ordem econômica.

Importantes autores classificam-no como contrato mercantil[723], pelo fato da empresa seguradora, ou por suas origens na navegação e no comercio marítimo. Outros, dão ênfase à natureza civilista, por força da legislação e dos princípios gerais de direito civil a que se vincula.[724]

Clóvis Bevilaqua, analisando aplicações deste Direito, enriqueceu exemplos de classificação que destacamos:

> *"O seguro é commercial, quando se refere a um acto coisa ou estabelecimento de commercio, e civil nos outros casos. O marítimo é sempre commercial, e se acha regulado pelas leis commerciaes. Os mútuos e os de vida são civis, e o Código Civil prescreve a disciplina."*[725]

A lição também vale para ilustrar o fato de os seguros inclinarem-se; ora em direção ao direito mercantil; ora em direção à ordem civil. Há uma natureza complexa desde as origens deste contrato, mas vinculada aos pressupostos dos negócios e dos contratos em geral: capacidade das partes, licitude

[720] Uma forma recorrente de definir o contrato de seguro é caracterizada pela garantia de um risco em contrapartida de um prêmio, a exemplo disso veja-se Jean Bigot, que também comenta a doutrina de Hémard nesse mesmo sentido. Op. cit. p. 9.

[721] Cf. BIGOT, Jean. *«Ce contrat est en effect l'espression contractuelle d'une opération d'assurance...»* (In. BIGOT, Jean. Op. cit. p. 7).

[722] Neste sentido: vale recordar a ideia de firma, custos de transação e preços de Ronald H. Coase. In. COASE, R. H. *A firma, o mercado e o direito.* Tradução: Heloisa Gonçalves Barbosa, 2ª Edição. Rio de Janeiro: Forense Universitária, 2017.

[723] GARRIGUES, Joaquin, Op. cit. p. 2.

[724] Nesse sentido: GOMES, Orlando. *Contratos.* Rio de Janeiro, Editora Forense, 1995, p. 410.

[725] BEVILAQUA, Clóvis. *Código Civil dos Estados Unidos do Brasil comentado por Clovis Bevilaqua,* 3ª tiragem. Edição histórica. Editora Rio, 1979, p. 561.

e determinação do objeto, questões de forma[726], ou relativas ao consentimento, objeto e causa da contratação.[727]

Outra característica inerente ao seguro é a mutualidade. Seus fundamentos são relacionados à cooperação entre os indivíduos, amparada em estudos de probabilidades e métodos atuariais, que conferem equilíbrio às equações econômicas e tornam eficiente a atividade seguradora.

A «relação estatística» é da essência do seguro e, na lição de Vivante, baseia-se na ideia de que o azar não reconhece lei quando se estuda em um caso isolado, mas produz regras que podem determinar-se com aproximação nos casos que se multiplicam[728].

Por certo, a melhor compreensão deste contrato deve contemplar certos campos das ciências, da história e do direito, inclusive do ponto de vista legislativo, de onde as leis de contrato de seguro aportam definições e conhecidos instrumentos.

Nessa tarefa, de contextualizar suas características, comentamos algumas definições que facilitam a compreensão deste contrato[729] em suas disposições para o seguro de incêndio, roubo, transportes, lucros cessantes, caução, crédito, responsabilidade civil, defesa jurídica, resseguro[730]; além dos seguros sobre a vida, acidentes, enfermidade e assistência médica.[731]

Entendemos ser possível um conceito unitário de contrato de seguro, capaz de reunir todas essas classificações em uma mesma família, como referiu Cesare Vivante[732], uma aglutinação de tipos contratuais derivados da mesma matriz.

[726] Vide art. 104, incisos I a III do Código Civil brasileiro. No Código Civil de 1916 esta previsão estava contida no Título I, dos Atos Jurídicos, art. 82, todavia não acentuava a necessidade de objeto determinado ou determinável. No direito Espanhol a matéria está regida no art. 1.261 do Código Civil, que cuida dos requisitos essenciais para validade dos contratos, prevendo que não há contrato sem: "*consentimento*" dos contratantes; "*objeto*" certo que seja matéria do contrato e a "*causa*" *da obrigação que se estabelece.*

[727] Espanha: C.C. "*Art. 1.261. No hay contrato sino cuando concurren los requisitos siguientes: 1º. Consentimiento de los contratantes; 2º. Objeto cierto que sea materia del contrato. 3º. Causa de la obligación que se establezca.*" França: C.c. art. 1108 – *Chapitre II – Des conditions essentielles pour la validité des conventions (Articles 1108 à 1108-2): Section 1 – Du consentement (Articles 1109 à 1122) ; Section 2 – De la capacité des parties contractantes (Articles 1123 à 1125-1); Section 3 – De l'objet et de la matière des contrats (Articles 1126 à 1130); Section 4 – De la cause (Articles 1131 à 1133).*

[728] VIVANTE, Cesare. Op. cit. p. 556.

[729] Nesse sentido: SANCHEZ CALERO, Fernando. Op. cit. p. 26.

[730] Espanha: LCS Título, II. Seguros contra danos, Seção Iª a 10ª.

[731] Espanha: LCS Título, II. Seguros de pessoas, Seção Iª a 4ª.

[732] Cf. Cesare Vivante: "*Il vero è que tutti contratti di assicurazione, qualunque sai il loro oggeto, formano uma sola famiglia giuridica.*" Op. cit. p. 397.

O contrato de seguro, do ponto de vista do fenômeno jurídico, dá vida ao direito dos seguros privados e confere forma e limites à vontade contratual. Diferentemente dos seguros sociais, que nascem de lei e da obrigação de contratar; os seguros privados são consensuais e nascem no campo da autonomia privada.

O direito dos seguros, por sua vez, é o *background* de valores, normas e instituições que tornam válido este contrato e seus efeitos no mundo jurídico.[733]

Passamos ao estudo da natureza jurídica e teorias sobre o contrato de seguro, com destaque para a *teoria econômica* de Alfredo Manes, e as teorias *unitária* e *dualista*, com as quais se associam prestigiosos autores.

3.1 Natureza jurídica do contrato de seguro

Em sua constituição jurídica o contrato de seguro reúne elementos relacionados à mutualidade, alocação de riscos, estatística, garantias e fundos de prêmios, condições essenciais[734] para o cumprimento de suas funções socioeconômicas e jurídicas.

Nesse contexto, a relação jurídica contratual repousa em obrigações típicas do seguro. Como relaciona Antônio Menezes Cordeiro, merecem diferenciação certas modalidades de prestações entre os sujeitos deste contrato:

> *"- prestações principais: o prémio, a cobertura do risco e a indemnização, no caso de sinistro;*
>
> *prestações secundárias: as diversas condutas requeridas às partes, para a boa execução do programa assumido, por via legal ou por via contratual e cuja inobservância dá azo a pretensões de cumprimento e/ou de indenização;*
>
> *encargos: as condutas que as partes, normalmente o tomador, devem assumir, para conseguir certos efeitos contratual ou legalmente previstos;*
>
> *deveres acessórios: as atuações exigíveis, às partes, por via dos valores fundamentais do sistema, veiculados através do princípio da boa-fé."*

[733] Emilio Betti refere sobre as respostas oferecidas pelo ordenamento jurídico. Op. cit. p. 5. Sobre os contratos, na expressão de Emilio Betti, *"a relação contratual se eleva à condição de relação jurídica"*. Op. cit. p. 6.

[734] MANES, Alfredo. Op. cit. p.p. 2-9; HALPERIN, Op. cit. p. 19; MAGEE, J. H., Op. cit. p. 11.

Essa diversidade de obrigações, termos e encargos explicita circunstâncias relevantes do contrato de seguro, que dizem muito de sua natureza, existência e de como se desenvolve como sistema.

Outras perspectivas podem ser extraídas de conhecidas classificações jurídicas quanto ao caráter bilateral e sinalagmático; a natureza aleatória; de boa-fé; o caráter oneroso; adesividade e condições gerais; além da natureza consensual e questões de forma. Seguindo a ideia de um sistema de direito, analisamos algumas dessas tópicas que contribuem para a sua compreensão.

3.1.1 Contrato bilateral e sinalagmático

A relação bilateral e sinalagmática entre a empresa seguradora e o tomador ou segurado tem destaque na doutrina e nas leis de seguro. De um lado, a empresa seguradora, legalmente habilitada segundo o sistema de seguros privados de cada país; de outro, o tomador, segurado, beneficiário, contratante ou destinatários da cobertura contratada.

Sabe-se que o tomador e o segurado podem ser figuras distintas nos «seguros por conta própria» ou «por conta alheia»[735], sendo que nos primeiros fundem-se na mesma pessoa.

Há uma polaridade entre as esferas de obrigações destes sujeitos e, na expressão de Jean Bigot, os dois contratantes se comprometem um para com o outro – "*les deux contratants s'engagent réciproquement l'un envers l'autre*".[736] Pode-se referir de uma «teoria da troca»[737]: o segurador se obriga frente à prestação contratada; e o tomador para com o prêmio do seguro, entre outros deveres que, por vezes se estendem ao segurado, beneficiário ou terceiros.

Nos contratos bilaterais, na lição de Orlando Gomes, "as duas partes ocupam, simultaneamente, a dupla posição de credor e devedor. Cada qual tem direitos e obrigações." [738] Por essa polaridade e obrigações recíprocas, diz-se que o contrato de seguro possui natureza bilateral e sinalagmática,

[735] Neste sentido, de negócio em favor de terceiro, ao invés de um negócio representativo ou negócio em favor de terceiro, veja-se: SÁNCHES CALERO, Fernando. Op. cit. p. 269.

[736] Cf. SAINRAPT, Christian. Op. cit. p. 361.

[737] Veja-se: COASE, Ronald Harry. Op. cit. p. 2.

[738] Veja-se: GOMES, Orlando. *Contratos* – 15ª ed. Rio de Janeiro, Editora Forense,1995. 1ª Edição 1959, p. 72.

expressões que resumem um importante nexo de cooperação entre os sujeitos do contrato[739].

A bilateralidade[740] de obrigações é relevante do ponto de vista da distribuição de obrigações, encargos, boa-fé objetiva e expectativas depositadas no contrato. E o sinalagma contratual[741] torna-se evidente na dependência recíproca de obrigações das partes. Por isso é essencial atendê-las, sendo que o descumprimento de uma pode gerar obrigações, desobrigar a outra, ou mesmo causar a resolução do contrato.

O inadimplemento tem o sentido da exceção de contrato não cumprido. No Brasil é conhecida a norma do art. 476 do C.C.: "Nos contratos bilaterais, nenhum dos contratantes, antes de cumprida a sua obrigação, pode exigir o implemento da do outro." Na lição de Clóvis do Couto e Silva, trata-se de princípio adimplemento decorrente do direito germânico, da regra do § 321, 1ª parte do BGB[742].

Sobre a extinção de contrato bilateral é enriquecedora a lição do art. 1.081 do Código Civil e Comercial argentino, que propõe a extinção recíproca e simultânea, e considera as vantagens resultantes do adimplemento

[739] DIEZ-PICAZO, Luis. Fundamentos del Derecho Civil patrimonial. Vol. 1º Introducción Teoria del Contrato. Quinta edición. Madrid: Editorial Civitas, 1996, p. 371. SAINRAPT, Christian. Op. cit. p. 370.

[740] Sobre o caráter bilateral veja-se: SANTOS, Amilcar. *Seguro – doutrina, legislação, jurisprudência.* Rio de Janeiro, Récord Editora, 1959, p. 36; ALVIM, Pedro. Op. cit. p.p. 119-121; HALPERIN, Op. cit. p. 23; MARTINS, João Marcos Brito. *O contrato de seguro: comentado conforme as disposições do novo Código Civil.* Rio de Janeiro, Editora Forense Universitária, 2003, p.19; PEREIRA, Caio Mário da Silva. *Instituições de direito civil.* 10ª ed., Vol. III. Rio de Janeiro. Editora Forense, 2001, p. 303; MONTEIRO, Washington de Barros. *Curso de direito civil.* 4ª ed.,2º Volume, São Paulo, Editora Saraiva, 1965, p.p. 351-352; DINIZ, Maria Helena. *Curso de direito civil brasileiro, 3º volume: teoria das obrigações contratuais e extracontratuais.* 24 Ed. São Paulo, Editora Saraiva, 2008, p. 520; VENOSA, Sílvio de Salvo. *Direito civil.* 3ª ed., Vol. III, São Paulo, Editora Atlas S.A., 2003, p. 377; GONÇALVES, Carlos Roberto. *Direito civil brasileiro, volume III: contratos e atos unilaterais.* 5ª. Ed. São Paulo, Editora Saraiva, 2008, p. 477; MARTINS, Fran. *Contratos e obrigações comerciais.* 15ª ed., Rio de Janeiro, Editora Forense, 2001, p. 360; BITTENCOURT, Marcelo Teixeira. *O contrato de seguros e o código de defesa do consumidor.* Rio de Janeiro. Editora Ideia Jurídica, 2000, p. 7; SOTO, Hector Miguel. SOTO, Héctor Miguel. *Contrato, celebración, forma y prueba (con especial referencia al contrato de seguro).* Buenos Aires, Editora La Ley S.A., 2001, p.p. 2-3.

[741] Sobre o caráter sinalagmático e reciprocidade de obrigações veja-se: GHESTIN, Jacques. Op. cit. p.p. 7-8. DIEZ-PICAZO, Luis. *Fundamentos del Derecho Civil patrimonial. Vol. 1º Introducción Teoría del Contrato.* Quinta edición. Madrid: Editorial Civitas, 1996, p.p. 369-373. GOMES, Orlando. Op. cit. p. 71.

[742] COUTO E SILVA, Clovis. *Obrigação como processo.* Op. cit. p. 143.

das obrigações para fins de restituição ou danos que possam resultar. De outra parte, pondera a frustração da utilidade e outros danos causados[743].

Com efeito, temos que as obrigações centrais e acessórias do contrato de seguro dividem-se em dois polos: da esfera do segurador; e da do tomador ou segurado, ou beneficiários. Para todos, é fundamental o sentido finalístico de adimplemento ou satisfação de interesses baseado na cooperação, boa-fé e reciprocidade contratual.

3.1.2 Contrato aleatório e aspectos comutativos

É comum diferenciar os contratos em comutativos ou aleatórios: os primeiros com equivalência nas prestações das partes; os últimos sujeitos a perdas, ganhos ou acontecimentos incertos[744].

O tema pode ser observado a partir de perspectivas distintas que se construíram sobre o contrato de seguro. O risco traz à tona o caráter aleatório da contratação; e a garantia contratada põe em evidência obrigações conhecidas das partes, referenciando a comutatividade do contrato.

A doutrina dos seguros contempla teorias em ambos os sentidos. Primeiramente, construiu-se a concepção em torno ao caráter aleatório, apoiada no risco como elemento causal da contratação.

Em tempos atuais a visão da garantia como objeto do seguro reforça o caráter comutativo, no sentido de previsibilidade e equilíbrio do ponto de vista econômico-financeiro, segundo acuradas estatísticas.

Certamente, é um sentido a ser observado, eis que o direito contemporâneo não se coaduna com o desequilíbrio ou onerosidade excessiva entre as obrigações das partes em um contrato sinalagmático como é o seguro.

[743] Nesse sentido, consideramos relevantes as contribuições do novo Código Civil e Comercial Argentino, em seu *"Art.1081 – Contrato bilateral. Si se trata de la extinción de un contrato bilateral: a. la restitución debe ser recíproca y simultánea; b. las prestaciones cumplidas quedan firmes y producen sus efectos en cuanto resulten equivalentes, si son divisibles y han sido recibidas sin reserva respecto del efecto cancelatorio de la obligación; c. para estimar el valor de las restituciones del acreedor se toman en cuenta las ventajas que resulten o puedan resultar de no haber efectuado la propia prestación, su utilidad frustrada y, en su caso, otros daños."*

[744] Nesse sentido veja-se: França: C.C. art. 1104; Brasil: C.C. art. 458 a 461.

Ocorre que historicamente este contrato é concebido como de natureza aleatória em razão do risco, cuja existência é essencial no momento da contratação[745]. O risco é causa do seguro[746] e não existe seguro sem risco[747].

Assim, do ponto de vista desse elemento econômico, há incerteza quanto a ocorrência ou não de determinado evento, da mesma forma como não é possível prever sua intensidade ou proporção.

Como dizia Joaquin Garrigues: "*La incertidumbre afecta no sólo a la realización del hecho temido, sino también a la cuantía del daño sufrido*"[748]. Essa incerteza é característica presente em sua natureza jurídica.

Ainda podem ser citadas outras eventualidades relacionadas ao risco no contrato de seguro, como se depreende da lição de Antônio Menezes Cordeiro:

- a supressão ou diminuição de uma vantagem;
- o não-surgimento de uma vantagem;
- o aumento de uma desvantagem;
- o não desaparecimento de uma desvantagem;
- o desaparecimento menor de uma desvantagem.

Essas intercorrências são exemplos de imprevisão, embora possam ser taxadas com eficiente técnica atuarial. O fato é que não se pode dissociar o risco e sua dose de incerteza dessa contratação e a consequente aleatoriedade, embora taxável.

Segundo o mestre português, o termo «alea», é de expressão latina, e reporta a um "*acontecimento incerto*"[749]. O risco é sempre lembrado como

[745] Veja-se: Princípio da anterioridade do risco, Título 2.3.2. A propósito vale recordar a norma contida no art. 4º da Ley de Contrato de Seguro – LCS espanhola: "*Artículo 4. El contrato de seguro será nulo, salvo en los casos previstos por la Ley, si en el momento de su conclusión no existía el riesgo o había ocurrido el siniestro.*"

[746] Espanha: C.C. Art. 1.261, 3º e 1.275. França: C.C. art. 1132.

[747] Nesse sentido: SÁNCHEZ CALERO, Fernando Op. cit. p. 32. ESCOBAR, Manuel Martinez. Op. cit. p. 2. SANTOS, Amílcar. Op. cit. p. 41. BIGOT, Jean. Op. cit. p. 29-32. MAGEE, John, Op. cit. p.126. LOPES, Miguel, Maria de Serpa. Op. cit. p. 429. TZIRULNIK, Ernesto; CAVALCANTI, Flávio de Queiroz B.; PIMENTEL, Ayrton. Op. cit. p. 37. MESSINEO, Francesco. Op. cit. p. 170. STIGLITZ, Rubén S. Derecho de seguros – 5ª Ed. Buenos Aires – La Ley, 2008, p. 289-290.

[748] GARRIGUES, Joaquin. Op. cit. p. 16.

[749] Nesse sentido: CORDEIRO, Direito do Seguro. p. 538

um evento alheio à vontade das partes e imprevisto quanto à ocorrência e proporções.[750]

Também é conhecida a lição de Cesare Vivante, para quem nos contratos aletórios a sorte possui importante papel no equilíbrio das relaões: "*è la sorte che decide quale dei due contraenti ne avrà un danno o un vantaggio; perciò è un contratto aleatorio.*[751]"

A natureza aleatória esteve muito presente na doutrina do século XIX, com ênfase no risco e na índole fortuita de determinados eventos sob os quais giram as garantias contratadas[752].

Nessa linha, ao delinear o conceito de contrato de seguro[753] a lei põe de manifesto o caráter aleatório, de que as partes desconhecem se o risco vai se produzir[754].

Também, por definição legal, no direito francês o art. 1964 do Código Civil inclui o seguro dentre os contratos aleatórios[755]. A matéria, todavia, veio a ser empregada no "*Code des Assurances*", sendo que sua concepção, à luz das modernas leis de seguro, limita-se à garantia contratada[756].

[750] Veja-se: SAINRAPT, Christian. Op. cit. p.p. 359,361. "*la prestation de l'asureur dépend d'un evènement incertain ou certain mais de date de survenance incertaine.*"

[751] VIVANTE, Cesare. Op. cit. p. 420. Observamos que, ao reportar-se à sorte a às partes, o mestre italiano destacou, ao mesmo tempo, a natureza aleatória e bilateral do contrato de seguro.

[752] Sobre o caráter aleatório: VIVANTE, Cesare. Op. Cit. p. 420. SANTOS, Amilcar. Op. cit. p. 36. ALVIM, Pedro. Op. cit. p. 123-124; MARTINS, Fran. Op. cit. p. 360; PEREIRA, Caio Mário da Silva. Op. cit. p. 303; VENOSA, Sílvio de Salvo. Op. Cit. p. 378; GONÇALVES, Carlos Roberto. Op. cit. p. 477; BIGOT, Jean. Op. cit. p.p. 61-85; URIA, Rodrigo. Op. cit. p. 774; MARTINS, João Marcos Brito. Op. cit. p. 20; BITTENCOURT, Marcelo Teixeira. Op. cit. p. 9; GHESTIN, Jacques. Op. cit. p. 14.

[753] Brasil: C.C. 757; Espanha: LCS, art. 1º; Itália: C.C. art. 1.882; Argentina: Lei 17.418/67, art. 1º; França: C.C. art. 1964.

[754] Nesse sentido veja-se: JIMÉNEZ SÁNCHEZ, Guillermo J.(coordinador). *Leciones de Derecho Mercantil* – undécima edición, revisada y puesta al día. Reimpresión, Tecnos, 2007, p.539.

[755] PLANIOL, Marcelo. RIPERT, Jorge. *Derecho civil frances.* Traducción Española Dr, Mario Diaz Cruz con la colaboración del Dr. Eduardo le Riverend Brusone. Tomo XIl, Los contratos civiles. Segunda Parte, *con el concurso de* ANDRES ROUAST, RENE SAVATIER y JEAN LEPARGNEUR. Editorial Cultural, Habana, 1946, p.p. 554-555.

[756] França: *Code des Asurances Article L121-1 «L'assurance relative aux biens est un contrat d'indemnité ; l'indemnité due par l'assureur à l'assuré ne peut pas dépasser le montant de la valeur de la chose assurée au moment du sinistre. Il peut être stipulé que l'assuré reste obligatoirement son propre assureur pour une somme, ou une quotité déterminée, ou qu'il supporte une déduction fixée d'avance sur l'indemnité du sinistre.*

A limitação da garantia contratada faz recordar o princípio indenizatório[757], contemplado nas leis de seguro[758], segundo o qual nos seguros de danos a indenização não pode superar o valor da coisa no momento do sinistro. Nessa perspectiva merece destaque o princípio da «especialidade do risco»[759], de objetividade e pressuposição de riscos.

Modernamente, o caráter empresarial da atividade seguradora e a pronta disponibilização da garantia, refletem a imediatidade e previsibilidade da contratação como destaca Walter Polido[760].

[757] ALVIM, Pedro. Op. cit. p. 302 e segs. TEIXEIRA, Raul. *Os reflexos do novo Código civil nos contratos de seguro.* Rio de Janeiro: Forense, 2004, p. 79 a 81. BIGOT, Jean. *"principe indemnitaire"* Op. cit. p. 12 e seguintes, pp. 1066 e segs. URIA, Rodrigo. Op. cit. p. 793. STIGLITZ, Rubén. Op. cit. Tomo 1, p. 366 ss. VASQUES, José. Op. cit. p.145; GRAVINA, Maurício Salomoni. Direito dos seguros. São Paulo: Almedina, 2020, p. 93-102. S. GRAVINA, Maurício. *Principios jurídicos del contrato de seguro.* 1ª ed. Buenos Aires – Madrid – Mexico: Ciudad Argentina-Hispania Libros, 2015. p. 79-97. Princípios Jurídicos do Contrato de Seguro. 2ª Edição Revista e atualizada, Rio de Janeiro: Fundação Escola Nacional de Seguros – Funenseg, 2018. p. 81-93.

[758] Brasil: C.C. "Art. 778. Nos seguros de dano, a garantia prometida não pode ultrapassar o valor do interesse segurado no momento da conclusão do contrato, sob pena do disposto no art. 766, e sem prejuízo da ação penal que no caso couber." España: LCS, *"Artículo 26. El seguro no puede ser objeto de enriquecimiento injusto para el asegurado. Para la determinación del daño se atenderá al valor del interés asegurado en el momento inmediatamente anterior a la realización del siniestro."* Portugal: DL, "Princípio indenizatório – *Artigo 128.º Prestação do segurador A prestação devida pelo segurador está limitada ao dano decorrente do sinistro até ao montante do capital seguro."* Francia: *CA. «Article L121-1 L'assurance relative aux biens est un contrat d'indemnité; l'indemnité due par l'assureur à l'assuré ne peut pas dépasser le montant de la valeur de la chose assurée au moment du sinistre. Il peut être stipulé que l'assuré reste obligatoirement son propre assureur pour une somme, ou une quotité déterminée, ou qu'il supporte une déduction fixée d'avance sur l'indemnité du sinistre."* Argentina: LS *"Art. 62. Si la suma asegurada supera notablemente el valor actual del interés asegurado, el asegurador o el tomador pueden requerir su reducción. Nulidad: El contrato es nulo si se celebró con la intención de enriquecerse indebidamente con el excedente asegurado. Si a la celebración del contrato el asegurador no conocía esa intención, tiene derecho a percibir la prima por el período de seguro durante el cual adquiere este conocimiento." "Art. 63 El valor del bien a que se refiere el seguro se puede fijar en un importe determinado, que expresamente se indicar como tasación. La estimación será el valor del bien al momento del siniestro, excepto que el asegurador acredite que supera notablemente este valor."* México: LS, *"Artículo 91.- Para fijar la indemnización del seguro se tendrá en cuenta el valor del interés asegurado en el momento de realización del siniestro."* Chile: LS 20.667, *"Art. 550. Principio de indemnización. Respecto del asegurado, el seguro de daños es un contrato de mera indemnización y jamás puede constituir para él la oportunidad de una ganancia o enriquecimiento."*

[759] Sobre o Princípio da especialidade do risco: GRAVINA, Maurício Salomoni. Direito dos seguros. Op. cit. p. 87-93. S. GRAVINA, Maurício. *Principios jurídicos del contrato de seguro.* 1ª ed. Buenos Aires – Madrid – Mexico: Ciudad Argentina-Hispania Libros, 2015. p. 69-78. Princípios Jurídicos do Contrato de Seguro. 2ª Edição Revista e atualizada, Rio de Janeiro: Fundação Escola Nacional de Seguros – Funenseg, 2018. p. 45-78.

[760] POLIDO, Walter A. Contrato de seguro: novos paradigmas. São Paulo: Editora Roncarati, 2010. p. 132

O fato da garantia em contrapartida ao prêmio, comenta com maestria o autor, "diante de situações que sabidamete acontecerão"[761], confirma "contraprestações recíprocas – entre Segurador e Segurado – traduzidas pela comutatividade do contrato de seguro."[762]

É relevante essa doutrina, também na linha de outros prestigiosos autores como Fabio Ulhoa Coelho[763], Ernesto Tzirulnik[764] et al, de que "O segurador não arrisca nunca", levando-se em conta a relativização do infortúnio, e o fato de que o prêmio é o "correspectivo necessário para sustentar os custos desta particular atividade empresarial."[765]

Nessa linha observa-se que o tomador, ao contratar uma garantia, conhecerá o objeto do seguro e o prêmio correspondente à contraprestação, ainda antes da formação do vínculo.

Assim, se por um lado a garantia contratada é certa e previsível; por outro, o risco deve ser incerto quanto à sua ocorrência e proporções.

Por esse conjunto de razões e características do contrato de seguro, é possível dizer que ambas as perspectivas merecem ser cotejadas, com efetivas razões para o fortalecimento da comutatividade na doutrina contemporânea, conciliada com o caráter oneroso e sinalagmático, sem prejuízo da natureza aleatória do risco, relevante causa da contratação.

3.1.3 Contrato de adesão

Outra conhecida classificação diferencia contratos de adesão e contratos negociais. Nos primeiros, um dos contratantes adere às condições predispostas pela outra parte ou por terceiro, sem que contribua na redação[766];

[761] POLIDO, Walter A. Op. cit. p.

[762] Op. cit. p. 132

[763] Veja-se: COELHO, Fabio Ulhoa. Manual de Direito Comercial. São Paulo: Editora Saraiva, 2005, p. 487-488.

[764] Nesse sentido veja-se, ainda: TZIRULNIK, Ernesto; CAVALCANTI, Flávio de Queiroz B.; PIMENTEL, Ayrton: *o contrato de seguro de acordo com o novo Código Civil Brasileiro.* 1ª Edição. São Paulo, Editora Revista dos Tribunais, 2003, p. 30-31.

[765] Op. cit. p. 33.

[766] Veja-se: Argentina a redação do novo Código Civil e Comercial é de grande clareza e propriedade: *"Art. 984- Definición. El contrato por adhesión es aquel mediante el cual uno de los contratantes adhiere a cláusulas generales predispuestas unilateralmente, por la otra parte o por un tercero, sin que el adherente haya participado en su redacción."*

os últimos – contratos negociais – formam-se a partir do acordo de vontades das partes[767].

Em sua larga maioria o contrato de seguros é um contrato por adesão. As partes não negociam as condições da contratação. Excetuadas condições particulares, que dizem respeito às características do risco ou circunstâncias pessoais do tomador, este simplesmente adere às cláusulas contratuais[768].

Por sua difusão e oferta ao público, o contrato de seguro forma-se por meio de documentos pré-elaborados pelo segurador, valendo-se de clausulados comuns para uma pluralidade de contratos[769].

Essa natureza deve-se ao fato de ser um contrato de massa, comercializado em grande escala, mediante a oferta ao público de instrumentos pré-definidos, com formulários e documentação impressos em forma de *standards* contratuais.

Por meio da contratação de massa permite-se previsibilidade e rapidez na formação e conclusão do contrato, que muitas vezes não pode aguardar para que produza efeitos. O mesmo vale para os sistemas de liquidação de sinistros, cada vez mais simplificados, muitos com uso de tecnologia e internet das coisas.

A apólice, documento típico emitido pelo segurador, serve com eficiência à tarefa de documentar, comprovar e fixar as normas que irão reger a relação entre as partes.

Além da apólice, o segurador vale-se de formulários, propostas, bilhetes, questionários, elaborados unilateralmente, segundo os usos da atividade seguradora e as determinações legais e administrativas quando existentes.

Assim, na larga maioria dos contratos de seguro, a vontade do segurado ou tomador não se manifesta livremente. Cabe a este, no âmbito da autonomia

[767] Jacques Ghestin considera essa classificação dentre o que define como "*le classifications doctrinales postérieures au Códe Civil.*" Op. cit. p. 16.;

[768] Sobre o caráter adesivo do contrato de seguros: ALVIM, Pedro. Op. cit. p.p. 133-136; PEREIRA, Caio Mário da Silva. Op. cit. p. 303; LOPES, Miguel Maria de Serpa. Op. cit. p. 436; DINIZ, Maria Helena. Op. Cit. p. 521; MARTINS, Fran. Op. cit. p. 360; VENOSA, Sílvio de Salvo. Op. Cit. p. 379; GONÇALVES, Carlos Roberto. Op. cit. p. 477; BITTENCOURT, Marcelo Teixeira. Op. cit. p. 9; BIGOT, Jean. Op. cit. p.p. 49,59-60. SAINRAPT, Christian. Op. cit. p.p. 359,361.

[769] Sobre o conceito de condições gerais da contratação: Espanha: *Ley 7/1998, de 13 de abril, sobre condiciones generales de la contratación,* "Artículo 1. Ámbito objetivo. 1. Son condiciones generales de la contratación las cláusulas predispuestas cuya incorporación al contrato sea impuesta por una de las partes, con independencia de la autoría material de las mismas, de su apariencia externa, de su extensión y de cualesquiera otras circunstancias, habiendo sido redactadas con la finalidad de ser incorporadas a una pluralidad de contratos."

privada e aptidão para contratar, aderir ou não ao modelo proposto pelo segurador, preenchendo as condições particulares, em geral concernentes a dados pessoais e especificações sobre o objeto do seguro.

Com relação às questões particulares, negociadas individualmente, podem ampliar, limitar, suprimir ou interpretar cláusulas gerais, casos em que a incompatibilidade entre cláusulas gerais e particulares faz com que as últimas prevaleçam, inclusive quando redigidas à mão[770].

As condições gerais, por sua vez, apresentam-se dispostas unilateralmente pelo segurador ou definidas a por lei ou autoridade administrativa.

Com isso, ressalvados casos excepcionais, como nos grandes riscos, o contrato de seguro se apresenta com cláusulas pré-dispostas pelo segurador, e o segurado ou tomador aderem ao modelo contratual, prevalecendo a regra da interpretação contra o predisponente, norma definida no art. 423 do Código Civil brasileiro:

> C.C. "Art. 423. Quando houver no contrato de adesão cláusulas ambíguas ou contraditórias, dever-se-á adotar a interpretação mais favorável ao aderente."

A norma também se evidencia no art. 47 do Código de Defesa do Consumidor e nos Princípios dos Contratos do Comércio Internacional UNIDROIT, cujo artigo 4.6 contempla a ("Interpretação "*contra proferentem*").

O caráter adesivo também enseja instrumentos de controle, relacionados à aprovação das condições gerais por autoridades administrativas, ou de revisão judicial dos contratos.

Parte-se do suposto de que o segurado ou tomador estão em situação de vulnerabilidade técnica e jurídica, que não detêm conhecimentos especializados sobre esses serviços, exigindo-se do segurador clareza e precisão na redação das cláusulas, que não podem ter caráter lesivo ao segurado[771].

[770] Veja-se: Capítulo IV, Título 4.4. – Interpretação e integração contratual. Na Argentina: vale a redação do novo Código Civil e Comercial: "Art. 986 – Cláusulas particulares. Las cláusulas particulares son aquellas que, negociadas individualmente, amplían, limitan, suprimen o interpretan una cláusula general. En caso de incompatibilidad entre cláusulas generales y particulares, prevalecen estas últimas."

[771] Argentina: Novo Código Civil e Comercial *"Art. 985 – Requisitos. Las cláusulas generales predispuestas deben ser comprensibles y autosuficientes. La redacción debe ser clara, completa y fácilmente legible. Se tienen por no convenidas aquellas que efectúan un reenvío a textos o documentos que no se facilitan a la contraparte del predisponente, previa o simultáneamente a la conclusión del contrato. La presente disposición es aplicable a la contratación telefónica, electrónica o similares"*.

A natureza adesiva e suas consequências legais e contratuais evidenciam o desequilíbrio das forças no contrato de seguro e a necessária tutela da vulnerabilidade e boa-fé da contratação.

3.1.4 Contrato de boa-fé

No Direito dos seguros, como ocorre nas obrigações em geral, a boa-fé atua de modo valorizar os efeitos da lealdade nos negócios jurídicos, servindo como critério de interpretação e aplicação do direito[772].

A boa-fé é diretriz de autenticidade, correção de conduta e preponderância do verdadeiro sobre o falso, referencial ético que vincula o direito à moral.

Dentre outros fundamentos de direito patrimonial, pressupõe-se a *confiança recíproca na atuação correta do outro.*[773] Uma rota prudente para que a expectativas sejam alcançadas.

No direito do seguro o dever de boa-fé é positivado em diferentes leis[774], dentre as quais destacamos exemplos do Brasil, Espanha, Portugal e Itália:

> Brasil – Código Civil:
>
> "Art. 765. O segurado e o segurador são obrigados a guardar na conclusão e na execução do contrato a mais estrita boa-fé e veracidade, tanto a respeito do objeto como das circunstâncias e declarações a ele concernentes."
>
> Espanha – Código Civil:
>
> *"Art. 7.1. Los derechos deberán ejercitarse conforme a las exigencias de la buena fe."*
>
> *"Art. 1258. Los contratos se perfeccionan por el mero consentimiento, y desde entonces obligan, no sólo al cumplimiento de lo expresamente pactado, sino también a todas las consecuencias que, según su naturaleza, sean conformes a la buena fe, al uso y a la ley."*

[772] Veja-se: Capítulo II, 2.3.5 – Princípio da boa-fé. Interpretação segundo a boa-fé: Itália: C.c. art. 1.366.

[773] DIEZ-PICAZO, Luis. *Fundamentos del Derecho Civil patrimonial.* Vol. 1º Introducción Teoría del Contrato. Quinta edición. Madrid: Editorial Civitas, 1996, p. 49.

[774] Portugal: DL, art. 25. México: LS, art. 60. Argentina: LS, art. 5-8. Chile: C.com. art. 539.

Portugal – DL:

Artigo 44.º ... 4 – Nos casos previstos nos números anteriores, o tomador do seguro tem direito à devolução do prémio pago, deduzido das despesas necessárias à celebração do contrato suportadas pelo segurador de boa fé. 5 – Em caso de má fé do tomador do seguro, o segurador de boa fé tem direito a reter o prémio pago. 6 – Presume-se a má fé do tomador do seguro se o segurado tiver conhecimento, aquando da celebração do contrato de seguro, de que ocorreu o sinistro.

Itália – Código Civil:

Art. 1337 Trattative e responsabilità precontrattuale – Le parti, nello svolgimento delle trattative e nella formazione del contratto, devono comportarsi secondo buona fede (1366,1375, 2208).

Art. 1366 Interpretazione di buona fede – Il contratto deve essere interpretato secondo buona fede (1337,1371,1375).

Art. 1375 Esecuzione di buona fede – Il contratto deve essere eseguito secondo buona fede (1337,1358,1366, 1460).

No campo das obrigações, a boa-fé deve ser uma virtude contratual recorrente, desde as tratativas para a formação do contrato, passando por sua interpretação, execução e extinção. Na assertiva de Clóvis Beviláqua, os contratos *"estão submetidos aos princípios gerais do justo e do honesto, e devem ser interpretados como atos de boa-fé"*.[775]

No direito brasileiro, a norma da interpretação conforme a boa-fé possui tradição histórica no art. 131, I do Código Comercial, de 1850. O sentido foi reforçado no Art. 113, § 1 e 2 do C.C., pelo qual a hermenêutica deve considerar valores e cláusulas no contexto da boa-fé, dos usos e do lugar da celebração[776].

[775] BEVILAQUA, Clovis. Op. cit. p. 229.

[776] Brasil: C.C. Brasil: C.C. Art. 113. Os negócios jurídicos devem ser interpretados conforme a boa-fé e os usos do lugar de sua celebração. § 1º A interpretação do negócio jurídico deve lhe atribuir o sentido que: I – for confirmado pelo comportamento das partes posterior à celebração do negócio; II – corresponder aos usos, costumes e práticas do mercado relativas ao tipo de negócio; III – corresponder à boa-fé; IV – for mais benéfico à parte que não redigiu o dispositivo, se identificável; e V – corresponder a qual seria a razoável negociação das partes sobre a questão discutida, inferida das demais disposições do negócio e da racionalidade econômica das partes, consideradas as informações disponíveis no momento de sua celebração." (Incluídos pela Lei nº 13.874, de 2019 – Lei da Liberdade Econômica)". A propósito, veja-se: Lei 13.874/2019: "Art. 2º São princípios que norteiam o disposto nesta Lei: I – a liberdade como uma garantia no exercício de atividades econômicas; II – a boa-fé do particular perante o poder público; III – a intervenção subsidiária e excepcional do Estado sobre o exercício de atividades econômicas; e IV – o reconhecimento da vulnerabilidade do particular perante o Estado.

Além disso, a lealdade e boa-fé são eixos a serem observados no campo obrigacional conforme o art. 422 do Código Civil brasileiro[777], como forma de obrigação objetiva nas diversas fases do contrato, desde o nascimento, passando pela formação até a sua conclusão.

Sobre o princípio da boa-fé[778], referimos que traz à tona que a ordem jurídica não é referencial de si mesma, e a legitimidade do direito é vinculada à justiça e à *verdade*[779].

Na hierarquia das normas jurídicas, pode-se dizer que a boa-fé é um princípio supralegal do contrato de seguro. Situa-se na lei e em órbita acima desta, como fonte informadora da produção e aplicação do direito [780].

Em perspectiva funcional, deposita-se na cláusula geral da boa-fé um indicativo de validez do consentimento, com funções de proteger e penalizar o comportamento das partes[781], uma espécie de «crivo ético» para o ingresso e exclusão do mundo jurídico, com repercussão nos sistemas de nulidades.

Como o contrato de seguro possui «conteúdo declaratório», é indispensável a confiança nas declarações[782] e no comportamento negocial. Isto vale para os atos declaratórios, em questionários e formulários de seguros, como é relevante do ponto de vista do balanço das cláusulas e disposições.

Distinguem-se dois tipos de boa-fé: «boa-fé subjetiva», conforme a índole do pensamento; ou «boa-fé objetiva», como fato sensível ao mundo exterior. A boa-fé objetiva é comportamental e essencial à contratação, sendo que se exterioriza por atos e declarações que lhe conferem efeitos do ponto de vista dos atos e fatos jurídicos.

[777] Brasil: C.C. "Art. 422. Os contratantes são obrigados a guardar, assim na conclusão do contrato, como em sua execução, os princípios de probidade e boa-fé." "Art.

[778] Veja-se: Capítulo II, Título 2.3.5.

[779] RAWLS, John. Uma teoria da justiça. Título Original: *A theory of justice*. Tradução Almirno Pisetta e Lenita M. R. Esteves, São Paulo, Martins Fontes, 1997: "A justiça é a primeira virtude das instituições sociais, como a verdade o é para os sistemas de pensamento." p. 3.

[780] Na expressão de Clóvis Beviláqua, os contratos, como espécies de atos jurídicos, *"estão submetidos aos princípios gerais do justo e do honesto, e devem ser interpretados como atos de boa fé"*. BEVILAQUA, Clovis. Op. cit. p. 229.

[781] Vide: CORDEIRO, António Manuel da Rocha e Menezes. *Da boa fé no direito civil*. Coimbra, Editora Almedina, 2001, p. 513.

[782] Veja-se: SANTOS, Amilcar. Op. cit. p. 37. ALVIM, Pedro. Op. Cit. p.p. 130-132; PLANIOL, Marcel. RIPERT, George. Op. Cit. P. 589; MESSINEO, Francesco. Op. Cit. P. 166. DINIZ, Maria Helena. Op. cit. p. 522; BIGOT, Jean. Op. cit. p.p. 60-61. Sobre boa-fé, veja-se: CORDEIRO, António Menezes. Da boa-fé no Direito Civil. Livraria Almedina, Coimbra, 2001.

Em todos os casos, referimos a boa-fé como uma espécie de crivo ético, uma "*redução dogmática*"[783] que vincula o direito à moral[784].

Via de consequência, o princípio da boa-fé veicula o imperativo de vedação da má-fé[785], na medida em que os vícios do consentimento são causas de nulidade dos atos jurídicos[786]. Atos dolosos são causas excludentes do dever de indenizar do segurador «*exceptio doli*»[787]. Nesses casos, entende-se que cabe a quem invoca esta exceção o ônus de provar o descumprimento do dever de boa-fé[788].

No plano legislativo esta obrigação foi contemplada com peculiar rigor no art. 46º do DL português, norma pela qual o segurador fica desobrigado da prestação convencionada se o sinistro foi causado dolosamente pelo tomador, segurado ou beneficiário.

Em contratos por adesão a boa-fé deve estar no equilíbrio contratual; na equivalência das prestações das partes; no destaque das cláusulas limitativas dos direitos do segurado[789]; na clareza da redação; no destaque de

[783] Sobre esse sentido de *"redução dogmática ou generalizações simplificadoras que facultam a transmissão de conhecimentos crescentemente complexos"* vide: CANARIS, Claus-Wilhelm. Op. cit. p. LXVIII.

[784] GRAVINA, Maurício Salomoni. Princípios Jurídicos do Contrato de Seguro. Rio de Janeiro: Fundação Escola Nacional de Seguros – Funenseg, 2015 p.p. 57-66. S. GRAVINA, Maurício. *Princípios jurídicos del contrato de seguro. 1ª ed. Buenos Aires – Madrid – Mexico: Ciudad Argentina-Hispania Libros,* 2015, p.p. 97-113. GRAVINA, Maurício Salomoni. Princípios Jurídicos do Contrato de Seguro. 2ª Edição Revista e atualizada, Rio de Janeiro: Fundação Escola Nacional de Seguros – Funenseg, 2018, p.p. 65-75. A boa fé no contrato de seguro. Cadernos de Seguro. Escola Nacional de Seguros. Ano XXXVI, nº 189, julho/setembro de 2016. ISSN 0101-5818, p.p.33-35. Good faith in the insurance contract. Cadernos de Seguro. Escola Nacional de Seguros. Ano XXXVI, nº 189, julho/setembro de 2016. ISSN 0101-5818, p.p. 73-75. ___. Noções de interpretação nos contratos. Cadernos de seguro. Escola Nacional de Seguros. Ano XXXVII, N° 192, abril/junho de 2017, p.p. 39-42. *Notions on the intepretation of contracts.* Cadernos de seguro. Escola Nacional de Seguros. Ano XXXVII, N° 192, abril/junho de 2017, p.p. 73-75.

[785] A intolerância para com relação à má-fé: Brasil: C.C. Art. 762. Portugal: Código Comercial: Art.º 429.º

[786] MESSINEO, Francesco. *Manual de derecho civil y comercial.* Traducción de Santiago Sentis Melendo. Tomo VI. Buenos Aires. Ed. Jurídicas Europa-América, p. 165. GARRIGUES, Joaquin. Op. cit. p. 57.

[787] Portugal – DL 72-2008: *"Art. 46º. Actos dolosos. 1 – Salvo disposição legal ou regulamentar em sentido diverso, assim como convenção em contrário não ofensiva da ordem pública quando a natureza da cobertura o permita, o segurador não é obrigado a efectuar a prestação convencionada em caso de sinistro causado dolosamente pelo tomador do seguro ou pelo segurado. 2 - O beneficiário que tenha causado dolosamente o dano não tem direito à prestação."*

[788] Veja-se : *"de boné foi: tout manquement à ses engagements de l'une ou l'autre partie doit êntre prouvé par la partie qui l'invoque."* SAINRAPT, Christian. Op. cit. p. 361.

[789] Espanha: LCS, *"Artículo 3. Las condiciones generales, que en ningún caso podrán tener carácter lesivo para los asegurados, habrán de incluirse por el asegurador en la proposición de seguro si la hubiere y necesariamente en la póliza de contrato o en un documento complementario, que se suscribirá por el asegurado y al que*

condições suspensivas ou resolutivas[790]; e no cumprimento oportuno das obrigações, termos e encargos dos sujeitos da contratação.

Do ponto de vista da regularidade da atividade seguradora, há um dever de conformidade para com a sua organização e *stakeholders*; assim como há o dever constante de bem informar. Uma inerente obrigação de esclarecer sobre seus serviços, tipos contratuais, ou mesmo exigências regulatórias, em todos os seus níveis.

Sobre o dever de informar do segurador, ainda antes da contratação[791], ou "*dever especial de esclarecimento*"[792], impõe-se desde a fase pré-contratual[793], no âmbito da publicidade e marketing, passando pelo período – "*in contrahendo*" – de formação contratual, até a resolução ou extinção do contrato.

O art. 23 do DL 72-2008 português descreve circunstâncias em que o segurador incorre em responsabilidade civil e sujeita-se à resolução do contrato por iniciativa do tomador, quando afetado em sua decisão, em até 30 dias a contar da recepção da apólice, prevendo o direito à devolução do prêmio pago.

O mesmo vale para quando as condições da apólice não se mantenham coerentes com as informações prestadas antes da formação do contrato. Nisso inclui-se a «regra da não-surpresa», de não haver contradição ou supressão de garantias entre a proposta e a apólice.

se entregará copia del mismo. Las condiciones generales y particulares se redactarán de forma clara y precisa. Se destacarán de modo especial las cláusulas limitativas de los derechos de los asegurados, que deberán ser específicamente aceptadas por escrito. Las condiciones generales del contrato estarán sometidas a la vigilancia de la Administración Pública en los términos previstos por la Ley. Declarada por el Tribunal Supremo la nulidad de alguna de las cláusulas de las condiciones generales de un contrato la Administración Pública competente obligará a los aseguradores a modificar las cláusulas idénticas contenidas en sus pólizas."

790 Italia: C.C.: "*Art. 1358 Comportamento delle parti nello stato dipendenza Colui che si è obbligato o che ha alienato un diritto sotto condizione sospensiva, ovvero lo ha acquistato sotto condizione risolutiva, deve, in pendenza della condizione, comportarsi secondo buona fede per conservare integre le ragioni dell'altra parte (1175, 1375)*".

791 Brasil: C.C.: Art. 759, 760. CDC: "Art. 46. Os contratos que regulam as relações de consumo não obrigarão os consumidores, se não lhes for dada a oportunidade de tomar conhecimento prévio de seu conteúdo, ou se os respectivos instrumentos forem redigidos de modo a dificultar a compreensão de seu sentido e alcance." Espanha: LCS 50/1980 art. 3º e 10. França: CA, art. L. 113-2. Portugal: DL 72/2008, art. 21º e incisos. Argentina: LS, art. 5, 7, 8, 48. México: LS, art. 47, 52, 53, 60. Chile: C.Com. art. 539.

792 Portugal: Dever especial de esclarecimento: DL – Artigo 22.º.

793 Itália: C.C.:"*Art. 1337 Trattative e responsabilità precontrattuale: Le parti, nello svolgimento delle trattative e nella formazione del contratto, devono comportarsi secondo buona fede (1366,1375, 2208).*" Portugal: Decreto-Lei nº 176/95, *de 26 de julho, Capítulo II – Deveres de Informação. Cód. Comercial, art. 429.* Argentina: LS, art. 4 e 11. México: LS, art. 5-10. Chile: C.com. arts. 518–521.

A jurisprudência brasileira entende que cabe ao segurador estabelecer formulários ou exigir exames clínicos antes da contratação. Em casos assim, a má-fé do segurado deve ser comprovada nos limites destes documentos, para que o segurador possa se eximir do dever de indenizar por omissão de informações sobre doenças preexistentes. Se não exigiu do segurado exames clínicos antes da contratação haverá uma presunção em favor do segurado[794].

A natureza da *boa-fé* no contrato de seguro também incide na delimitação de comportamentos necessários, como a veracidade de informações[795]; o dever de o segurado não omitir vício intrínseco à coisa segurada[796]; o adimplemento do prêmio[797].

São relevantes no contexto da boa-fé o dever de evitar ou informar sobre o agravamento de riscos[798]; informar o sinistro e minorar suas consequências[799];

[794] Veja-se: STJ (Informativo de Jurisprudência N. 529) Julgados: AgInt no AREsp 637787/SP, Rel. Ministro Lázaro Guimarães, Quarta Turma, julgado em 24/10/2017, DJe 31/10/2017; AgInt no REsp 1296733/SC, Rel. Ministro Raul Araújo, Quarta Turma, julgado em 21/09/2017, DJe 20/10/2017; AgInt no AREsp 868485/RS, Rel. Ministro Paulo De Tarso Sanseverino, Terceira Turma, julgado em 22/08/2017, DJe 06/09/2017; AgInt no AREsp 436830/PR, Rel. Ministra Maria Isabel Gallotti, Quarta Turma, julgado em 03/08/2017, DJe 08/08/2017; REsp 1665701/RS, Rel. Ministro Ricardo Villas Bôas Cueva, Terceira Turma, julgado em 09/05/2017, DJe 31/05/2017; AgRg no REsp 1357593/DF, Rel. Ministro Marco Buzzi, Quarta Turma, julgado em 20/04/2017, DJe 02/05/2017.

[795] Brasil: C.C.: "Art. 765. O segurado e o segurador são obrigados a guardar na conclusão e execução do contrato, a mais estrita boa-fé e veracidade, tanto a respeito do objeto como das circunstâncias e declarações a ele concernentes."; Art. 766. Se o segurado, por si ou por seu representante, fizer declarações inexatas ou omitir circunstâncias que possa influir na aceitação da proposta ou na taxa do prêmio, perderá o direito à garantia, além de ficar obrigado ao prêmio vencido.". Portugal: DL, art. 25. México: LS, art. 60. Argentina: LS, art. 5-8. Chile: C.com. art. 539.

[796] Brasil: C.C.: "Art. 784. Não se inclui na garantia o sinistro provocado por vício intrínseco da coisa segurada, não declarado pelo segurado."

[797] Brasil: C.C: "Art. 763. Não terá direito a indenização o segurado que estiver em mora no pagamento do prêmio, se ocorrer o sinistro antes de sua purgação." Espanha: LCS, Art.14. Portugal: DL, art. 58 e 59. México: LS, art. 40. Argentina: LS, art. 31. Chile: C.com. art. 528.

[798] Brasil: C.C.: "Art. 766. Se o segurado, por si ou por seu representante, fizer declarações inexatas ou omitir circunstâncias que possam influir na aceitação da proposta ou na taxa do prêmio, perderá o direito à garantia, além de ficar obrigado ao prêmio vencido. Parágrafo único. Se a inexatidão ou omissão nas declarações não resultar de má-fé do segurado, o segurador terá direito a resolver o contrato, ou a cobrar, mesmo após o sinistro, a *diferença do prêmio.*" Espanha: LCS, art. 11. França: CA, L-113.9. Argentina: LS art. 38. Chile: C.com. art. 525, 526. México: LS, art. 47.

[799] Brasil: C.C.: "Art. 771. Sob pena de perder o direito à indenização, o segurado participará o sinistro ao segurador, logo que saiba, e tomará as providências imediatas para minorar-lhe as consequências. Parágrafo único. Correm à conta do segurador, até o limite fixado no contrato, as despesas de salvamento consequente do sinistro." Espanha: LCS, Art. 17. Argentina: LS, Art. 72.

o respeito à sub-rogação do segurador[800]; e a observância das demais obrigações e encargos do contrato, sob pena de "*culpa in contrahendo*"[801].

A boa-fé também veda o abuso de direito, e é parâmetro de aferição deste ilícito. Neste sentido, é clara a norma do art. 187 do Código Civil brasileiro:

> "Art. 187. Também comete ato ilícito o titular de um direito que, ao exercê-lo, excede manifestamente os limites impostos pelo seu fim econômico ou social, pela boa-fé ou pelos bons costumes."

Conforme o enunciado acima, a boa-fé e os bons costumes são parâmetro de discernimento do que é reto ou razoável, e do que é contrário ao destino econômico e social protegido pelo direito[802].

A boa-fé é um princípio geral, implícito e explícito no Direito dos seguros, com repercussão do ponto de vista da proteção da confiança, de que os contratantes devem sentir-se seguros de que seus atos resultarão os efeitos jurídicos pretendidos[803].

Do ponto de vista normativo, a boa-fé é princípio positivo nas leis das nações mais avançadas, e seu conteúdo material tornou-se da própria essência do contrato de seguro, assim como no direito das obrigações, razões que lhe dão relevo no contexto da natureza jurídica deste contrato.

[800] Sobre o respeito à sub-rogação do segurador: Brasil: C.C.: 786 e 787, com seus respectivos incisos tratam do direito à sub-rogação do segurador, após o pagamento da indenização; a repercussão da sub-rogação para com a família do segurado, e as consequências do dolo; a ineficácia de atos do segurado que prejudiquem esse direito; o dever de comunicar fatos que possam ensejar responsabilidade ao segurador; o dever de dar ciência da ação ao segurado. Espanha: LCS, art. 43. França: C.C. art. 1251. Portugal: art. 25 e 26. Argentina: LS, art. 80. Chile: art. 534. México: LS, art. 111, 143 e 163.

[801] Brasil: C.C. arts. 762,765,768,769 e 773.

[802] BEVILAQUA, Clóvis. *Código civil dos Estados Unidos do Brasil,* comentado por Clovis Bevilaqua, 4ª Edição, Editora Rio, 1979, p. 433. Segundo o mestre: "*é um ato por si só abusivo*".

[803] GRAVINA, Maurício. *Princípios jurídicos del contrato de seguro.* 1ª ed. Madrid – Buenos Aires – Mexico: Hispania Libros – Ciudad Argentina, 2015, p. 183-191. GRAVINA, Maurício Salomoni. *Princípios Jurídicos do Contrato de Seguro.* Rio de Janeiro: Fundação Escola Nacional de Seguros – Funenseg, 2015, p. 113-12S. *Ensuring trustworthiness in the insurance contract.* Cadernos de seguro. Escola Nacional de Seguros. Ano XXXVI, Nº 187, janeiro-março de 2016, ISSN 0101-5818, p. 65-67. *A proteção da confiança no contrato de seguro.* Cadernos de seguro. Escola Nacional de Seguros. Ano XXXVI, Nº 187, janeiro-março de 2016, ISSN 0101-5818, p. 25-27. GRAVINA, Maurício Salomoni. Princípios Jurídicos do Contrato de Seguro. 2ª Edição Revista e atualizada, Rio de Janeiro: Fundação Escola Nacional de Seguros – Funenseg, 2018 p. 65-74.

3.1.5 Contrato oneroso

Seguro é um contrato de caráter oneroso[804]. Ambas as partes suportam efeitos econômicos e aproveitam vantagens patrimoniais[805]. É um tipo contratual que contempla uma variada gama de operações econômicas em que as partes, reciprocamente, obrigam-se a pagar ou praticar condutas visando interesses patrimoniais.

Outro sentido trazido para o seguro, na expressão de Garrigues, é de um contrato "*substantivo e oneroso*", que tem força própria, diferenciando-se de outros negócios:

> "*Seguro es un contrato sustantivo y oneroso por el cual una persona – el asegurador – asume el riesgo de que ocurra un acontecimiento incierto al menos en cuanto al tiempo, obligándose a realizar una prestación pecuniaria cuando el riesgo se haya convertido en siniestro.*"[806]

Como contrato substantivo fala-se do contrato em si, um negócio jurídico singular que possui individualidade e se diferencia dos demais. O prêmio ou remuneração paga ao segurador, em contrapartida à garantia contratada, é obrigação de natureza onerosa, pecuniária, condição de solvência da atividade seguradora[807].

O prêmio deve ser pago no tempo e modo devidos. E seu inadimplemento, quando caracterizado pela mora, pode ensejar a resolução do contrato[808], sem prejuízo da cobrança correspondente.

Do outro lado, a prestação do segurador é igualmente onerosa. Com natureza pecuniária, visa garantir uma indenização, capital ou renda, remediando uma futura e eventual necessidade econômica.

A cobertura contratada, objeto do contrato, corresponde à prestação do segurador frente ao segurado, beneficiário ou terceiros. Possui conteúdo econômico aferível, nos limites das condições da contratação.

[804] Sobre o caráter oneroso veja-se: Espanha: C.C. art. 1.274. França: C.C. art. 1106. Na doutrina: ALVIM, Pedro. Op. cit. p. 121-122; GARRIGUES, Joaquin. Op. Cit. 39. URIA, Rodrigo. Op. cit. p. 774. LOPES, Miguel Maria de Serpa. Op. cit. p. 434-435. BIGOT, Jean. Op. cit. P. 55. SAINRAPT, Christian. Op. cit. p. 361.

[805] Neste sentido veja-se: CORDEIRO, António Menezes. *Direito do seguro*. Op. cit. p. 600.

[806] Cf. GARRIGUES, Joaquin. Op. cit. p. 39.

[807] Brasil: C.C. art. 757. Espanha: LCS 50/1980, art. 1º.

[808] Nesse sentido vide: VIVANTE, Cesare. Op. cit. p. 478.

Há onerosidade nas obrigações das partes, assim como na causa e no objeto deste contrato. Na lição de Garrigues[809], a causa do seguro é uma futura necessidade pecuniária, motivo econômico que conduz à conclusão do contrato.[810] De outra parte, em caso de sinistro, a reparação pecuniária do segurado nos limites contratados é igualmente uma obrigação onerosa do segurador.

Nas modernas leis, assim como se extrai do art. 43 do DL 72-2008 de Portugal, o contrato de seguro pressupõe um interesse digno de proteção, que no seguro de danos diz respeito à conservação ou integridade da coisa; e no de vida reserva cuidados para que não se transforme em uma aposta sobre a vida alheia, ambos vinculados a equações econômicas[811].

De um lado, o segurado busca garantir riscos ou preservar interesses, capital ou renda, conforme a prestação contratada; de outro há uma firma[812], o segurador, cuja função deve preservar interesses no tempo, com equilíbrio de carteiras e lucro.

Como contrato oneroso, a interpretação contratual leva o sentido equitativo do artigo 1.288 do Código Civil espanhol, segundo o qual eventuais dúvidas devem ser resolvidas em favor da "*maior reciprocidade de interesses*"[813].

A reciprocidade de interesses é sempre uma regra coerente e de compromisso social. Na esteira das obrigações econômico-financeiras dessa contratação, é um contrato *singular* e *oneroso*, com repercussão sobre uma coletividade de interesses segurados.

[809] Cf. GARRIGUES, Joaquin – *"Seguro es un contrato sustantivo y oneroso por el cual una persona – el asegurador – asume el riesgo de que ocurra un acontecimiento incierto al menos en cuanto al tiempo, obligándose a realizar una prestación pecuniaria cuando el riesgo se haya convertido en siniestro."* Op. cit. p. 39.

[810] Op. cit. p. 21.

[811] Portugal: DL 72-2008: *"Art. 43º – Interesse. 1 – O segurado deve ter um interesse digno de protecção legal relativamente ao risco coberto, sob pena de nulidade do contrato. 2 – No seguro de danos, o interesse respeita à conservação ou à integridade de coisa, direito ou património seguros.3 – No seguro de vida, a pessoa segura que não seja beneficiária tem ainda de dar o seu consentimento para a cobertura do risco, salvo quando o contrato resulta do cumprimento de disposição legal ou de instrumento de regulamentação colectiva de trabalho."*

[812] A propósito do conceito de *firma*, vale recordar a lição de RONALD H. COASE, como *"firma, a figura que nasce na economia de mercado para minimizar os custos de transação inerentes à atividade e, consequentemente, aumentar o lucro."* Op. cit. p. 90;

[813] Nesse sentido: Espanha: C.C. art. 1.289.

3.1.6 Contrato de duração

Quanto a execução do contrato fala-se de contratos de «execução instantânea», que se consumam em um só momento; ou contratos de «execução sucessiva», também conhecidos como contratos de duração[814] ou vigência continuada.

A duração ou vigência do seguro deve ser fixada de forma clara e compreensível às partes, contexto em que a documentação tem particular relevância.

A vigência pode ser de horas, dias, meses ou anos, nos limites contratados. Este fato projeta o seguro em direção ao tempo futuro, uma "*extensio incorpórea, fluens*"[815], com vigência para a frente, segundo as estipulações contratuais.

Explicitar a vigência contratual é dever de informar do segurador. É obrigação legal[816] e instrumento de proteção dos interesses do tomador, segurado, beneficiário ou terceiros, no contexto da tutela da vulnerabilidade.

A garantia securitária se estende no tempo. Em grande parte, são contratos de vigência anual. Por isso dizer-se de contratos de execução sucessiva ou continuada, em que se espera a manutenção do equilíbrio econômico-financeiro e adequação das partes.

[814] Sobre essa diferenciação veja-se: GHESTIN, Jacques. Op. cit. p.16. Na expressão de Sainrapt "*Contrat de Durée Ferme* ou *Contrat à Echéances Successives*". Op. cit. p.p. 364, 365.

[815] BOMBASSARO, Décio Osmar. O autor comenta o tempo como um intervalo do movimento do universo, algo que surge da alma do mundo; visto por Tomás de Aquino como unidade do tempo do movimento do céu. Comenta o tempo hegeliano, de um todo contínuo e homogêneo. Refere o tempo em Kant, como uma ordem de sucessão causal, no sentido de que as coisas derivam sempre de outras coisas a seguir, como uma regra. Também comenta a relação espaço e tempo como *extensões*, um fluir (*Strömen*), e ainda o primado do devir em Hegel, e o homem como ser temporal. Veja-se BOMBASSARO, Décio Osmar. *O pórtico de Nietzche: a evolução do eterno retorno como ritmo do ser no tempo*. Caxias do Sul, EDUCS, 2002, p.p. 66-115.

[816] Veja-se: França: CA. "*Art. L113-12 La durée du contrat et les conditions de résiliation sont fixées par la police. Toutefois, l'assuré a le droit de résilier le contrat à l'expiration d'un délai d'un an, en envoyant une lettre recommandée à l'assureur au moins deux mois avant la date d'échéance. Ce droit appartient, dans les mêmes conditions, à l'assureur. Il peut être dérogé à cette règle pour les contrats individuels d'assurance maladie et pour la couverture des risques autres que ceux des particuliers. Le droit de résilier le contrat tous les ans doit être rappelé dans chaque police. Le délai de résiliation court à partir de la date figurant sur le cachet de la poste. Les dispositions du présent article ne sont pas applicables aux assurances sur la vie.*" Portugal: DL 72-2008 : *Art. 18*, Sem prejuízo das menções obrigatórias a incluir na apólice, cabe ao segurador prestar todos os esclarecimentos exigíveis e informar o tomador do seguro das condições do contrato, nomeadamente: h) Da duração do contrato e do respectivo regime de renovação, de denúncia e de livre resolução; Veja-se: art.37º, sobre o texto da apólice."

Na Jurisprudência do STJ, contratos mantidos ao longo dos anos devem seguir sem alterações substanciais, como decorrência dos princípios da boa-fé, cooperação e confiança, com precedentes na corte:

> *"é considerada abusiva a negativa de renovação ou a modificação súbita do contrato de seguro de vida, mantido sem alterações ao longo dos anos, por ofensa aos princípios da boa-fé objetiva, da cooperação, da confiança e da lealdade."*[817]

Em sua casuística, o contrato de seguro nem sempre se esgota instantaneamente, em uma única prestação, mas em obrigações diferidas no tempo, ou simplesmente vigentes por períodos duradouros, expressão que reforça o sentido de contratos de duração, execução continuada ou trato sucessivo[818].

Por essa natureza, importa que as condições permaneçam equilibradas durante a vigência do seguro. E, caso tornem-se onerosas para uma das partes, com manifesta vantagem à outra, sejam reequilibradas[819].

Esses fatos merecem ponderação na hermenêutica do seguro. A vigência prolongada é necessária em muitos ramos, à exemplo do seguro de pessoas: vida, acidentes pessoais, benefícios previdenciários, seguro saúde, etc.; nos seguros de danos, muitas classes de são de duração anual, como automóveis, residências, riscos empresariais, crédito, garantia, entre outros.

As modernas leis de seguro cuidam da vigência e prorrogação destes contratos. Na falta de definição é comum a vigência anual, a exemplo do art. 40º do DL 72-2008 de Portugal. Segundo a exposição de motivos, lei portuguesa assenta o *princípio da anuidade do contrato de seguro.*

[817] Brasil: STJ – Julgados: AgInt no REsp 1434305/MG, Rel. Ministra Nancy Andrighi, Terceira Turma, julgado em 02/05/2017,DJe 12/05/2017; AgInt no REsp 1551997/PR, Rel. Ministro Antonio Carlos Ferreira, Quarta Turma, julgado em 01/12/2016, DJe 14/12/2016; AgRg no AREsp 150100/SP, Rel. Ministro Raul Araújo, Quarta Turma, julgado em 15/09/2016, DJe 05/10/2016; AgRg no AREsp 427523/RS, Rel. Ministro Paulo De Tarso Sanseverino, Terceira Turma, julgado em 20/08/2015, DJe 27/08/2015; AgRg no REsp 1470392/SC, Rel. Ministro Moura Ribeiro, Terceira Turma, julgado em 17/03/2015, DJe 27/03/2015; AgRg no REsp 1408753/SC, Rel. Ministro Sidnei Beneti, Terceira Turma, julgado em 19/11/2013, DJe 06/12/2013. (Vide: informativo de jurisprudência n. 467) (Vide: jurisprudência em tese n. 10)

[818] Veja-se: VIVANTE, Cesare. Op. Cit. p. 423. MESSINEO, Francesco. Op. cit. 162. URIA, Rodrigo. Op. cit. p. 774. BIGOT, Jean. Op. cit. p. 56.

[819] Veja-se: Brasil: C.C. Art. 478 e 479.

No mesmo sentido é o art. 41 da LCS Espanhola. Na lei Argentina presume-se a vigência de um ano, salvo disposição em sentido contrário[820].

Na Espanha, conforme o art. 22 da LCS, o prazo de vigência não pode ser superior a 10 anos. Fixou-se um termo entendido pelo legislador como razoável ao equilíbrio destes contratos e da atividade seguradora.

É grande a casuística dos contratos de duração, sentido que torna presente suas obrigações no tempo, seja nas condições da contratação, seja nas previsões legais.

3.1.7 Contrato consensual

Diferenciam-se contratos «consensuais» ou «formais» segundo a necessidade ou não de documento escrito para sua formação[821].

Contratos consensuais não dependem de forma escrita. Concluem-se por acordo de vontades, declaração ou comportamento, sem a exigência de instrumento particular para que se tornem eficazes.

No rol de contratos que não exigem documento escrito, na lição de Manuel M. M. Míguez, reúne-se a grande maioria dos negócios jurídicos... luz, água, gás, transporte, alimentação, lazer, máquinas de compras, e quase tudo o que consumimos em nossas vidas, cuja exigência de documentação é do tipo «*ad substantiam*».

[820] Portugal – DL "Art. 40º – Duração – Na falta de estipulação das partes, o contrato de seguro vigora pelo período de um ano." E, "art. 41º – 1 – Salvo convenção em contrário, o contrato de seguro celebrado pelo período inicial de um ano prorroga-se sucessivamente, no final do termo estipulado, por novos períodos de um ano. 2 – Salvo convenção em contrário, o contrato de seguro celebrado por um período inicial inferior ou superior a um ano não se prorroga no final do termo estipulado. 3 – Considera-se como único contrato aquele que seja objecto de prorrogação." Espanha – LCS: *"Artículo 22. La duración del contrato será determinada en la póliza, la cual no podrá fijar un plazo superior a diez años. Sin embargo, podrá establecerse que se prorrogue una o más veces por un período no superior a un año cada vez. Las partes pueden oponerse a la prórroga del contrato mediante una notificación escrita a la otra parte, efectuada con un plazo de dos meses de anticipación a la conclusión del período del seguro en curso. Lo dispuesto en los párrafos precedentes no será de aplicación en cuanto sea incompatible con la regulación del seguro sobre la vida."* Argentina – SECCION VI: Plazo – *Período de seguro.* Art. 17. Se presume que el período de seguro es de un año salvo que por la naturaleza del riesgo la prima se calcule por tiempo distinto. – *Comienzo y fin de la cobertura – Art. 18. La responsabilidad del asegurador comienza a las doce horas del día en el que se inicia la cobertura y termina a las doce horas del último día del plazo establecido, salvo pacto en contrario."*

[821] Veja-se: Brasil: C.C. art. 107; Espanha: C.C. art. 1.279. Itália: 1.346.

De outra parte, contratos formais ou solenes «*ad solemnitatem*» não se aperfeiçoam pelo simples acordo de vontades ou comportamento. Atendem a exigências de forma. Assim, o contrato formal vale a partir do momento em que é outorgado ou firmado pelas partes, sem prejuízo de produzir efeitos pretéritos.

O seguro ocupa uma posição intermediária. Valendo-nos da expressão de Diez-Picazo[822], é possível considerá-lo como uma «categoria intermediária» entre os contratos formais ou consensuais.

Sabe-se que, em diversos campos do Direito, houve grade desapego ao formalismo, acentuando-se o sentido da liberdade de forma com a expansão do princípio do consensualismo[823], todavia esta liberdade não é ampla no contrato de seguro. Embora exista divergência doutrinária e legislativa[824], é inegável a exigência de documento escrito.

A forma escrita atende ao dever de informar do segurador e à necessidade de definição do objeto do contrato e seus elementos essenciais.

Com isso, confere segurança às partes em suas declarações e no exame do conteúdo do contrato, ainda antes da formação do vínculo, contribuindo para evitar litígios, orientar os julgadores e facilitar a auto execução [825].

A documentação permite a limitação do objeto, identificação dos sujeitos, e prévio conhecimento das condições, além de instrumentalizar a execução do contrato.[826] Assim, contribui para tornar o contrato compreensível, alocar riscos, isolar garantias e preservar interesses de terceiros.

Por meio de documento escrito, na apólice, definem-se riscos cobertos e excluídos, vigência e condições particulares da contratação, relativas às partes e beneficiários ou terceiros.

822 DIEZ-PICAZO Luiz. Op. cit. p. 257.

823 Sobre o consensualismo como diretriz do direito moderno: DIEZ-PICAZO, Op. cit. p. 279.

824 Embora a estrutura das normas de seguro faça previsão ao fato de que se forma através de documento escrito, é comum a Jurisprudência firmar-se em sentido contrário: França – Code Des Assuraces, Art. L.112-3 «*Le contrat d'assurance et lês informations transmises par l'assureur au soucripteur mentionnées dans lê préent code sont rediges par écrit.*» Jurisprudência: *Un écrit n'est pás nécessaire pour la valité d'un avenant, mais pour sa preuvre.* Req. 1er juill. 1941: DC 1943. 57. Civ. 1re, 22 avr. 1992: Bull. Civ. 1. n. 126; RCA 1992. in. BERR, Claude J. e Groutel, Hubert. *Code des assurances.* Neuvième édition. Paris. Éditions Dalloz, p. 10.

825 Sobre a forma escrita: DIEZ-PICAZO, O autor comenta sobre a certeza quanto ao contrato; sobre a possibilidade de isolar o conteúdo contratual; certeza quanto as pessoas e capacidade; certeza quanto ao conteúdo das declarações de vontade, evitando reconstruções posteriores; contribui para evitar litígios e para proteger terceiros. Op. Cit. p. 250.

826 Brasil: C.C. art. 104, II. Espanha: C.C. art. 1.261, 2º. Itália: C.C. art. 1.325, 3º e 1.346. França: C.C. art. 1.108 e 1.129.

A escrita, na lição de Antonio Menezes Cordeiro[827], maior invenção do ser humano, *"permite a comunicação de informações, no presente e no futuro"*[828]. Essa capacidade de transportar o conteúdo contratual no tempo é de grande importância, especialmente nos contratos de duração.

Nos sistemas de proteção do consumidor a «forma contratual» atende às exigências de definição e informação sobre o valor do prêmio, prazo, pagamento, encargos, impostos, vencimento, além dos mediadores de seguro: corretores ou agentes, caso intervenham[829].

Há necessidade de documento escrito para definir os elementos *econômicos, pessoais* e condições da contratação, merecendo destaque as cláusulas limitativas dos direitos dos segurados[830]. É comum às leis de seguro exigências de conteúdo mínimo para a documentação contratual e que, em tempo, esta seja entregue ao tomador[831].

Diferente dos seguros sociais, obrigatórios e com base em leis definidoras de suas condições, os seguros privados formam-se por meio do contrato de seguro e condições escritas em documentos como a proposta, apólice, bilhete de seguro, endossos ou suplementos, entre outros, podendo valer-se e-mail, contratos pela internet, mediante suporte duradouro.

Clóvis Beviláqua, autor do Código Civil Brasileiro de 1916, à frente de sua época, filiava-se ao pensamento de que o contrato de seguro é de natureza formal. Em suas palavras, na língua portuguesa da época dizia: *"A fórma escripta é substancial no contrato de seguro. Não há seguros verbaes."* [832]

[827] CORDEIRO, António Menezes. Op. Cit. p. 50.

[828] Op. Cit. p. 50. Antônio Menezes Cordeiro também comenta o *"phoenus nauticum"*, refere ainda que existem expressões *"phenus"* e *"fenus"*, sendo um instrumento de influência grega. Veja-se: Op. cit. p. 54.

[829] Sobre essas exigências legais veja-se: Espanha – LCS 50/1980, art. 8º.

[830] Cláusulas limitativas: Brasil: CDC, art. 54, § 4°; Espanha: LCS, arts. 3° e 8°; LGDCU, art. 10. Portugal: DL, art. 18 a 34. México: LS, art. 20, bis e 24. Sobre a admissibilidade de cláusulas limitativas: Brasil: STJ Recurso Especial nº 319.707 – SP (2001/0047428-4) Rel.: Ministra Nancy Andrighi. Ementa: "Código de Defesa do Consumidor. Plano de Saúde. Limitação de Direitos. Admissibilidade.

[831] Conteúdo mínimo da apólice: Brasil: C.C. art. 759-761. Espanha: LCS 50/1980, art. 8º. Portugal: DL – art. 5º, 37º, 151º, 154º, 158º, 170º, 171º, 179º, 185º, 187º, 208º. França: CA, art. 112-1, 112-4. Argentina, LS 17. 418, art. 11. Chile: C.com, art. 514, 518, 567. México: LS, art. 20, 24, 25, 26,141,153 e 164.

[832] BEVILAQUA, Clóvis. *Código civil dos Estados Unidos do Brasil, comentado por Clovis Bevilaqua. Edição histórica. Rio de Janeiro, Ed. Rio, 1979, p.564.* Idem: *Código civil dos Estados Unidos do Brasil commentado por Clóvis Bevilaqua.* Rio de Janeiro, Livraria Francisco Alves,1919, p. 185.

No Código Civil brasileiro de 1916, o art. 1. 433 assim definiu:

> *"Art. 1.433 – Este contracto não obriga antes de reduzido a escripto, e considera--se perfeito, desde que o segurador remette a apolice ao segurado, ou faz nos livros o lançamento usual da operação."*

Clóvis Bevilaqua antecipou valores hoje consagrados, inclusive nas modernas leis de contrato de seguro, sobre a obrigação do segurador remeter ao segurado a documentação contratual:

> *"Não basta, porém, qualquer forma escrita. Para a perfeição do contracto é necessário que o segurador entregue ou remetta a apolice ao segurado, ou faça nos seus livros o lançamento da operação."* [833]

Seu entendimento, conforme complementa no artigo 1.434 do Código Civil de 1916[834], reforça o dever de bem informar: "os riscos devem ser declarados na apólice de modo preciso, especificando-se sua natureza e extensão, porque constituem elemento essencial do contrato." [835]

Havia uma verdadeira exigência formal para o contrato de seguros, e a doutrina sempre acentuou a função normativa da apólice e da documentação contratual[836].

Nessa linha, a forma escrita protege os sujeitos do contrato e a coletividade de tomadores, segurados, beneficiários, terceiros, inclusive como meio de prova.

Recentemente, mesmo após o advento do novo Código Civil brasileiro, Maria Helena Diniz, sustenta que *"a forma escrita é da própria substância do ato."* [837] Outros importantes autores brasileiros também defendem o caráter formal do contrato de seguros[838].

[833] Op. cit. p. 185.

[834] Veja-se: Brasil: C.C. de 1916, *"Art. 1.434 – A apolice consignará os riscos assumidos, o valor do objecto seguro, o prémio devido ou pago pelo segurado e quaesquer otras estipulações, que no contracto se firmarem."*

[835] BEVILÁQUA, Clovis. Op. cit. p. 186.

[836] Sobre a função normativa da apólice: SÁNCHEZ CALERO, Fernando (Director), Javier Tirado Suárez, Alberto Javier Tápia Hermida y José Carlos Fernández Rozas. *Ley de* contrato de seguro. Pamplona, Editora Aranzadi, 1999, p. 166.

[837] DINIZ, Maria Helena. DINIZ, Maria Helena. *Curso de direito civil brasileiro,* 3º volume: teoria das obrigações contratuais e extracontratuais. 24 Ed. São Paulo, Editora Saraiva, 2008, p. 521.

[838] Sobre o caráter formal do contrato de seguro: BEVILAQUA, Clovis. *Código civil dos Estados Unidos do Brasil commentado por Clóvis Bevilaqua.* Rio de Janeiro, Livraria Francisco Alves,1919, p. 185.

A doutrina francesa de Jacques Ghestin apoia-se no sentido de que o contrato de seguro está inserido dentre os contratos solenes, ao lado do casamento e da doação, pressupondo a forma escrita e autêntica a fim de proteger as partes ou terceiros[839].

A exigência de conhecimento prévio do conteúdo contratual é ainda mais evidente nos contratos por condições gerais, em que não se reconhecem incorporadas as condições que o aderente não teve oportunidade de conhecer no momento da celebração do contrato [840], ou nos contratos à distância, quando é necessário o uso de suporte de papel ou outro suporte duradouro acessível ao consumidor [841].

A corrente formalista, todavia, não é hegemônica. Prestigiosos autores sustentam a natureza consensual do contrato de seguro[842], de que não

SANTOS, Amilcar. *Seguro – doutrina, legislação, jurisprudência*. Rio de Janeiro, Récord Editora, 1959, páginas 34, 37,61. DINIZ, Maria Helena. Op. cit. p. 521. PEREIRA, Caio Mário da Silva. *Instituições de direito civil*. 10ª ed., Vol III. *Rio de Janeiro. Editora Forense, 2001*, p. 303. GARRIGUES. Joaquin. *Contrato de Seguro Terrestre*. Madrid, 1973, p. X (preliminar). O mestre espanhol, a seu tempo, fez importantes comentários sobre o código de comércio e o caráter formal do pacto. VIVANTE, Cesare, Op. cit. p. 426/428.

839 GHESTIN, Jacques. Op. cit. p. 15.

840 Espanha: Ley 7/1998, de 13 de abril, sobre condiciones generales de la contratación, art. 7º.

841 Espanha: Ley 22/2007, de 11 de julio sobre comercilización a distancia de servicios financieros destinados a los consumidores, art. 9 e, Ley 7/1998, de 13 de abril, sobre condiciones generales de la contratación, art. 5º, 1.

842 Sobre o caráter consensual do contrato de seguro: SÁNCHEZ CALERO, Fernando (Director), Francisco Javier Tirado Suárez, Alberto Javier Tapia Hermida y José Carlos Fernández Rozas. *Ley de contrato de seguro*. Pamplona, Editora Aranzadi, 1999, p. 126, 130, 131, 164 e seguintes; SÁNCHEZ CALERO, Fernando. *Comentarios a la Ley de Contrato de Seguro, (arts. 5 a 24)*. Edición e introdución de Evelio Verdera y Tuelles. Colegio Universitario de Estudios Financieros. Consejo Superior Bancario, Madrid, p. 279, 280, 288; MONTEIRO, Washington de Barros. *Curso de direito civil*. 5ª ed. São Paulo, Editora Saraiva, 1966, p.p. 354; ALVIM, Pedro, op. cit. p. 124. MARTINS, Fran. *Contratos e obrigações comerciais*. 15ª ed., Rio de Janeiro, Editora Forense, 2001, p. 360; LOPES, Miguel Maria de Serpa. *Curso de direito civil: fontes das obrigações: contratos*. Volume IV, 5ª ed., Rio de Janeiro, Freitas Bastos, 1999, p. 441. GONÇALVES, Carlos Roberto. Op. cit. p.478.PICARD, Maurice et André Besson. *Traité genéral des assurances terrestres en droit français*. Paris. Librairie Générale de Droit et de Jurisprudence. 1938, vol. I. p. 224, 225; PLANIOL, Marcel. RIPERT, George. Op. cit. p. 578. BIGOT, Jean. et NICOLAS Véronique. Op. cit. p. 459; MAGEE, John. *Seguros generales*. 2ª ed. Traducción: Carlos Castillo. Mexico. Union Tipografica Editorial Hispano-Americana, 1947, vol. I, p. 147. MESSINEO, Francesco. Op. cit. p. 163. STEIDL, Enrico. *Il contratto di assicurazione*. 2ª ed. Milano, Dott. A. Giuffrè Editore, 1990, p.p. 26-27. 355; SOTO, Héctor Miguel. *Contrato, celebración, forma y prueba (com especial referencia al contrato de seguro)*. Buenos Aires, Editora La Ley S.A., 2001, p. 23. CASTELLANO, Gaetano. *Le assicurazioni private*. Unione Tipografico – Editrice Torinese, p. 125. Na legislação veja-se: Argentina – Ley de Seguros n. 17.418/1967, Naturaleza "Art. 4. El contrato de seguro es consensual; los derechos y obligaciones recíprocos del asegurador y

é necessária a observância de forma escrita para sua formação. A propósito dessa corrente, consentânea com a orientação dos Tribunais, o documento escrito possui função probatória, sendo a consensualidade mais de acordo com as ordens jurídicas da atualidade[843].

A nova Lei chilena, que alterou o art. 515 do Código de Comércio e consagrou a natureza consensual do contrato de seguro e que sua existência e estipulações podem se realizar por todos os meios de prova em Lei admitidos. Todavia, o mencionado artigo impõe a necessidade de existir alguma prova escrita, que emane de qualquer documento, como telex, fax, mensagens de correio eletrônico, ou qualquer outro com palavra escrita ou verbal, com registro digital.

Na referida lei há uma adequada combinação das circunstâncias em que se comprova por escrito e outras por comunicação verbal, com registro digital. Também, prevê a necessidade de entregar-se a apólice ou certificado de cobertura, com seu conteúdo mínimo ao contratante do seguro ou ao corretor que lhe fará a entrega, sob pena de responsabilidade.

Em muitas leis atuais, conforme transcrevemos em nota abaixo[844], exige-se a forma escrita e a entrega da apólice ao tomador. No direito português

asegurado, empiezan desde que se ha celebrado la convención, aun antes de emitirse la póliza." Chile: C.Com. *"Art. 515. Celebración y prueba del contrato de seguro. El contrato de seguro es consensual. La existencia y estipulaciones del contrato se podrán acreditar por todos los medios de prueba que contemplen las leyes, siempre que exista un principio de prueba por escrito que emane de cualquier documento que conste en télex, fax, mensajes de correo electrónico y, en general, cualquier sistema de transmisión y registro digital o electrónico de la palabra escrita o verbal. No se admitirá al asegurador prueba alguna en contra del tenor de la póliza que haya emitido luego de la perfección del contrato. Cuando el seguro conste de un certificado de cobertura definitivo, se entenderá que forman parte de éste los términos y condiciones de la respectiva póliza de seguro colectivo o flotante."* Portugal: *Artigo 32.º Forma. 1 — A validade do contrato de seguro não depende da observância de forma especial. 2 — O segurador é obrigado a formalizar o contrato num instrumento escrito, que se designa por apólice de seguro, e a entregá-lo ao tomador do seguro.* México: *LS "Artículo 19.- Para fines de prueba, el contrato de seguro, así como sus adicciones y reformas, se harán constar por escrito. Ninguna otra prueba, salvo la confesional, será admisible para probar su existencia, así como la del hecho del conocimiento de la aceptación, a que se refiere la primera parte de la fracción I del artículo 21."*

[843] Neste sentido: CORDEIRO, António Menezes. *Da boa-fé no Direito Civil*. Livraria Almedina, Coimbra, 2001. p. 771.

[844] Espanha: LCS *"Artículo 5. El contrato de seguro y sus modificaciones o adiciones deberán ser formalizadas por escrito. El asegurador está obligado a entregar al tomador del seguro la póliza o, al menos, el documento de cobertura provisional. En las modalidades de seguro en que por disposiciones especiales no se exija la emisión de la póliza el asegurador estará obligado a entregar el documento que en ellas se establezca."* Portugal: LS *"Art. 32. 2 — O segurador é obrigado a formalizar o contrato num instrumento escrito, que se designa por apólice de seguro, e a entregá-lo ao tomador do seguro.* México: LS *"Artículo 20.- La empresa aseguradora estará obligada a entregar al contratante del seguro, una póliza en la que consten los derechos y obligaciones de las partes.*

o DL 72-2008 parte de que a validade do contrato não depende da observância de forma especial e que pode ser provado por qualquer meio hábil.

Trata-se de uma decorrência dos princípios gerais da lei civil e de proteção do tomador do seguro, no sentido evolutivo do desapego ao formalismo nos negócios jurídicos, no processo e no Direito em geral.

Efeitos de nulidade não devem pesar de forma desproporcional sobre o tomador, segurado ou beneficiário. É a preservação dos negócios jurídicos, contexto em que a consensualidade tem mais a ver com as escolhas da autonomia privada e simplificação do ponto de vista das exigências legislativas.

Sobre a lei portuguesa, vale referir que impõe a obrigação do segurador reduzir o contrato a escrito na apólice e entregá-la ao tomador. E pode o tomador resolver o contrato caso não lhe seja entregue a apólice, sendo que deve atender à requisitos de conteúdo mínimo e redação destacada nas cláusulas limitativas de direitos.

Diante dessas exigências, ambas as teorias são dignas de ponderação, a par das extraordinárias contribuições das leis e mestres dos seguros.

Aderimos à corrente segundo a qual certo formalismo é necessário e exige-se por força de lei. Foi uma das primeiras lições do mestre Manuel Míguez[845], no sentido da documentação do contrato de seguro como

La póliza deberá contener: I.- Los nombres, domicilios de los contratantes y firma de la empresa aseguradora; II.- La designación de la cosa o de la persona asegurada; III.- La naturaleza de los riesgos garantizados; IV.- El momento a partir del cual se garantiza el riesgo y la duración de esta garantía; V.- El monto de la garantía; VI.- La cuota o prima del seguro; VII.- En su caso, la mención específica de que se trata de un seguro obligatorio a los que hace referencia el artículo 150 Bis de esta Ley, y VIII.- Las demás cláusulas que deban figurar en la póliza, de acuerdo con las disposiciones legales, así como las convenidas lícitamente por los contratantes. Chile: C.Com. "*Art. 519. Entrega de la póliza. El asegurador deberá entregar la póliza, o el certificado de cobertura, en su caso, al contratante del seguro o al corredor que la hubiera intermediado, dentro del plazo de cinco días hábiles contado desde la perfección del contrato. El corredor deberá entregar la póliza al asegurado dentro de los cinco días hábiles siguientes a su recepción. El incumplimiento de la obligación de entrega de la póliza dará derecho al asegurado a reclamar daños y perjuicios al asegurador, o al corredor en su caso." Argentina: LS Ar. 11... "Póliza. El asegurador entregará al tomador una póliza debidamente firmada, con redacción clara y fácilmente legible. La póliza deberá contener los nombres y domicilios de las partes; el interés la persona asegurada; los riesgos asumidos; el momento desde el cual éstos se asumen y el plazo; la prima o cotización; la suma asegurada; y las condiciones generales del contrato. Podrán incluirse en la póliza condiciones particulares. Cuando el seguro se contratase simultáneamente con varios aseguradores podrá emitirse una sola póliza."*

[845] Manuel M. M. Míguez, PhD. Professor de Direito Mercantil da Univesidad de León – Espanha, contribuiu fortemente na direção da tese que levou o nome "Elementos Formais do Contrato de Seguro". Merece todas homenagens, sendo que teve sua vida abreviada antes da formação da banca e apresentação da tese, que se transformou neste livro.

instrumento de tutela da coletividade de tomadores, estampando-se na base documental o dever de boa informação do segurador[846].

No direito internacional ainda valem algumas considerações. Quando a lei impõe a assinatura para formação do contrato, esse requisito também deve ser preenchido na forma eletrônica. Na Lei Modelo da UNITRAL [847] e na DIR 1999/93/CE, verificam-se pertinentes regras quanto aos efeitos da assinatura eletrônica, inclusive no processo[848]. Esse requisito estará satisfeito em uma mensagem de dados desde que se utilize de um método confiável e apropriado para identificar a pessoa à mensagem, conforme tenha sido gerada ou comunicada, à luz das circunstâncias do caso.

Em termos técnicos, quer-se a forma escrita e cuidadosa com relação à proibição de cláusulas discriminatórias[849]; redação com destaque das cláusulas limitativas dos direitos do segurado[850]; que a emissão da apólice seja precedida de proposta escrita com os elementos essenciais da contratação [851]. Todos são fatores que reforçam o dever de conteúdo mínimo na documentação contratual.[852]

[846] Portugal: Decreto-Lei nº 176/95, *de 26 de julho, Capítulo II – Deveres de Informação. Cód. Comercial, art. 429.* Argentina: LS, art. 4 e 11. México: LS, art. 5-10. Chile: C.com. arts. 518–521.

[847] O art. 7º da Lei Modelo da UNCITRAL sobre Comércio Eletrônico dispõe: *"Quando a Lei requeira a assinatura de uma pessoa, este requisito cosiderar-se-á preenchido por uma mensagem eletrônica quando: a) For utilizado algum método para identificar a pessoa e indicar a aprovação para a informação contida na mensagem eletrônica; e b) Tal método seja tão confiável quanto seja apropriado para os propósitos para os quais a mensagem foi gerada ou comunicada levando-se em consideração todas as circunstâncias do caso, incluindo qualquer acordo das partes a respeito".*

[848] DIR. CEE 99-93 de 13 de dezembro de 1999: *Artigo 5º. Efeitos legais das assinaturas eletrônicas 1. Os Estados-Membros assegurarão que as assinaturas eletrônicas avançadas baseadas num certificado qualificado e criadas através de dispositivos seguros de criação de assinaturas: a) Obedecem aos requisitos legais de uma assinatura no que se refere aos dados sob forma digital, do mesmo modo que uma assinatura manuscrita obedece àqueles requisitos em relação aos dados escritos; b) São admissíveis como meio de prova para efeitos processuais. 2. Os Estados-Membros assegurarão que não sejam negados a uma assinatura eletrônica os efeitos legais e a admissibilidade como meio de prova para efeitos processuais apenas pelo fato de: — se apresentar sob forma eletrônica, — não se basear num certificado qualificado,— não se basear num certificado qualificado emitido por um prestador de serviços de certificação acreditado, — não ter sido criada através de um dispositivo seguro de criação de assinaturas.*

[849] Portugal: DL, art. 15º.

[850] Brasil: CDC, art. 54, § 4°; Espanha: LCS, arts. 3° e 8°; LGDCU, art. 10. Portugal: DL, art. 18 a 34. México: LS, art. 20, bis e 24. Sobre a admissibilidade de cláusulas limitativas: Brasil: STJ Recurso Especial nº 319.707 – SP (2001/0047428-4) Rel.: Ministra Nancy Andrighi. Ementa: "Código de Defesa do Consumidor. Plano de Saúde. Limitação de Direitos. Admissibilidade.

[851] Brasil: C.C. art.759; CDC, art. 30-38. Circular SUSEP 491/2014. Espanha: LCS, art. 3º; art, 8º, LGDCU, art. 13.

[852] Brasil: C.C., art. 758. CDC arts. 30-38; Espanha: LCS, art. 3º, 5º e 8º. Portugal: DL, art. 36º-38º. Argentina: LS, art. 11. México: LS, art. 20, 24 e 153.

Parte-se do suposto de que as leis de contrato de seguro e as de proteção do consumidor impõem exigências de documentação informação e conteúdo; e que cheguem ao domínio do tomador de forma clara, antes da contratação, com destaque nas cláusulas limitativas de direitos do segurado.[853]

3.1.8 Contrato de natureza complexa ou mista

A natureza jurídica do contrato de seguro pode ser considerada complexa ou mista[854]. É um tipo contratual que deve manter harmonia com os valores e normas de direito constitucional, mercantil, civil, administrativo, econômico, consumidor, entre outros ramos das ciências jurídicas e do saber humano.

Há uma forte base de direito privado[855], com valores de autonomia privada; mas são igualmente presentes as normas de direito público, com vinculação a licenças, regulação e controles, além das disposições relativas à contratação de massa, consumidor e de proteção da ordem econômica, semelhante aos regimes dos bancos e da emissão de valores mobiliários [856], embora sejam diferentes modelos de negócio[857].

[853] Veja-se: Brasil: CDC, art. 54, §4º. Espanha: LCS, artigos 3º, 5º, 8º, 10º. Ley 7/1998, de 13 de abril, sobre condiciones generales de la contratación, art. 5º.

[854] Sobre a natureza mista: BIGOT, Jean. Op. cit. p. 53.

[855] Veja-se: Princípio da iniciativa privada, Título 2.3.1 GRAVINA, Maurício Salomoni. *Princípios Jurídicos do Contrato de Seguro.* Rio de Janeiro: Fundação Escola Nacional de Seguros – Funenseg, 2015, p.p. 21-26. GRAVINA, Maurício Salomoni. *Princípios Jurídicos do Contrato de Seguro. 2ª ed. ver. atual.* Rio de Janeiro. Fundação Escola Nacional de Seguros – Funenseg, 2018, p.p. 27-32. S. GRAVINA, Maurício. *Principios jurídicos del contrato de seguro.* 1ª ed. Buenos Aires – Madrid – Mexico: Ciudad Argentina-Hispania Libros, 2015. p.p 39-48. S. GRAVINA, Mauricio. *Las libertades públicas en el orden económico.* DROMI, Roberto...et.al. Pensar América: un puente inter-continental – 1ª ed. Buenos Aires – Madrid – Mexico. Ed. Ciudad Argentina – Hispania Libros, 2015, p.p. 339-356.

[856] Nesse sentido: BIGOT, Jean. Op. cit. p. 10.

[857] No Relatório: "*Why insurers differ from banks, Insurance Europe, October 2014*", a Insurance Europe busca reprimir uma tendência de transpor iniciativas regulatórias da atividade bancária e outras indústrias financeiras para o mercado segurador, sem a adequada distinção entre estes modelos de negócios. O Relatório acentua diferenças, que recomendam um tratamento regulatório diferenciado entre bancos e seguradoras: "a principal atividade de seguradoras e resseguradoras é a diversificação de risco e transformação de risco, enquanto a dos bancos é a acumulação de depósitos e a concessão de empréstimos, juntamente com a prestação de uma variedade d serviços baseados em taxas". Além disso, enquanto a atividade bancária gera um risco sistêmico, face à vinculação das instituições a um Banco Central, com riscos decorrentes da concessão do crédito, garantias financeiras e derivativos, seguradoras têm carteiras pulverizadas, com diversificação de risco e desvinculação entre si, o que mitiga a hipótese de um risco sistêmico. "A Insurance Europe é a

Um dos traços característicos do contrato de seguro é a atividade seguradora. É um contrato que nasce por meio da atuação de companhias seguradoras, na garantia de determinados riscos, sendo a técnica atuarial, de compensação de riscos e pagamento de prêmios decisiva para o equilíbrio da contratação[858].

O fato da empresa seguradora, na lição de Vivante, reforça a natureza mercantil deste contrato:

> *"L'assicurazione è sempre um atto di commercio per l'impresa assicuratrice."* [859]

Diferentemente dos seguros sociais, os seguros privados possuem natureza mercantil[860]. É um negócio frente a uma empresa seguradora, uma firma[861], em cuja atividade empresarial giram as operações de seguros.

Sabe-se de suas origens nos seguros marítimos, quando foram precursoras as associações de navegação ou armadores. Mas, este contrato se difundiu mesmo foi com a atividade seguradora[862], por meio de empresas aptas a promover operações com infraestrutura e solvência para grandes volumes capitais, de modo a garantir eficiência, regularidade e lucro.

É bastante claro nas Leis de seguro a necessidade do segurador, inclusive por não se admitir o exercício dessa atividade por empresário individual[863].

Exceções ficam por conta de seguros mútuos, quando operam sem ânimo de lucro, como forma de atender associados em necessidades específicas,

federação europeia de seguros e resseguros. Por intermédio de suas associações nacionais de seguradoras de 34 países, representa todos os tipos de empresas de seguros e resseguros, responsáveis por cerca de 95% do total da receita de prêmios da Europa". p. 2.

858 Cf. BIGOT, Jean. Op. cit. p. 8-11.

859 VIVANTE, Cesare. Op. cit. p. 424.

860 Sobre a natureza mercantil do contrato de seguros privados: DONATTI, Antigono. Op. cit. p. 28. VIVANTE, Cesare. Op. cit. p. 424. GARRIGUES, Joquin. Op. cit. 2. VAZQUES. José. Op. cit. p.p. 15-16. BROSETA PONT, Manuel. *Manual de derecho mercantil.* Décima Edición – Tecnos, Madrid, 1994, 1ª edición, 1971, p. 556.

861 Recordamos a ideia de firma como atividade empresarial em importantes considerações de COASE, R. H. *A firma, o mercado e o direito.* Tradução: Heloisa Gonçalves Barbosa, 2ª Edição. Rio de Janeiro: Forense Universitária, 2017.

862 Veja-se: PLANIOL e RIPERT. Op. cit. p. 556. MESSINEO. Francesco. Op. cit. p. 158. JIMÉNEZ SÁNCHEZ, Guillermo J. (Coordinador) *Lecciones de Derecho Mercantil* – 4ª Ed. Madrid, Tecnos,1999, p. 497.

863 Sobre a vedação do empresário individual: MESSINEO. Francesco. Op. cit. p. 159.

casos em que se considera ausente o caráter mercantil face à predominância do espírito assistencial e cooperativo[864].

Além do caráter empresarial da atividade seguradora, é muito estreita a relação do Direito do seguro com a *ordem civil*. A sujeição à *ordem civil*, aos pressupostos da contratação, à responsabilidade civil e outras necessidades da vida privada trazem à tona essa natureza.

De outra parte, a oferta ao público e a contratação em massa, inclusive por meios eletrônicos, dão ênfase às relações com a ordem econômica e os sistemas de proteção dos consumidores.

Do ponto de vista legislativo, encontra-se sistematizado, por vezes em leis especiais, em forma de microssistema jurídico, em outras nos antigos Códigos.

Nessa diversidade de culturas e do histórico jurídico das nações, consideramos útil ponderar o contexto acima ao lado das teorias explicativas do seguro, que contribuem para a visão sistêmica de sua natureza jurídica.

3.2.1 Teoria econômica

Dentre as conhecidas teorias do contrato de seguro, merece destaque a «teoria econômica» de Alfredo Manes, baseada na ideia de mutualismo e perigos análogos, taxáveis do ponto de vista econômico.

Alfredo Manes concebeu estes estudos na primeira metade do século passado, na concepção de ajuda mútua, que reduz os custos para a satisfação de possíveis gastos fortuitos. Segundo o mestre alemão, a coletividade de indivíduos agrupados no seguro se beneficia pelo fato de que o risco que pesa sobre a totalidade do grupo é menor do que a soma dos riscos individuais.

O mutualismo é um dos traços característicos do seguro. Uma espécie reunião das vontades individuais em busca de uma garantia coletiva, contexto em que se evidencia a tutela de interesses coletivos. Os participantes do seguro, pelo temor de um desembolso penoso de dinheiro, em vez de enfrentá-lo diretamente, antecipam o pagamento de pequenas somas, em forma de prêmio, para contar uma garantia caso chegue esse momento temido[865].

864 Portugal: Código Comercial. art. 425 – exclui a natureza comercial dos contratos de mútuo.

865 MANES, Alfredo. *Tratado de seguros. Teoria general del seguro* – 4ª ed. Tradução Fermín Soto. Madrid, Editorial Logos Ltda.,1930, p. 9.

Suas justificativas e análise econômica valeram-se das leis das estatísticas, dos *grandes números,* e do caráter «*taxável*» da satisfação das coberturas contratadas[866]. Por sua contribuição, o conceito econômico de MANES merece referência em seus próprios termos:

> *"El seguro puede, por tanto, definirse como aquel recurso por medio del cual un gran número de existencias económicas amenazadas por peligros análogos se organizan para atender mutuamente a posibles necesidades tasables y fortuitas de dinero".* [867]

Alfredo Manes comenta que suas definições anteriores eram coincidentes, todavia, não tão completas e precisas como no enunciado acima[868].

A técnica seguradora opera sobre as bases da teoria econômica e das ciências atuariais. Há um racional econômico e de eficiência operacional relacionado com a "capacidade do segurador segmentar e precificar corretamente os riscos que subscreve, distribuir os riscos, tirar proveito da diversificação e otimizar os custos operacionais"[869].

Mais seguros e maior diversificação são da própria essência da atividade seguradora. Como refere o relatório da *Insurance Europe*: "A diversificação de produtos, áreas geográficas ou mercados confere interdependência entre eventos segurados e amplia a probabilidade das perdas reais se aproximem das perdas estimadas"[870].

Nesse contexto é comum supor que grandes companhias refletem maior estabilidade às operações, considerando que *"a correlação entre os riscos enfrentados pelos segurados diminui com o número total de riscos segurados, de acordo com a lei dos grandes números"*[871].

Por essas, entre outras razões, a teoria econômica de Manes deixou sua marca no Direito dos seguros. É uma perspectiva sempre cotejada e vigente na teoria do seguro.

[866] Op. cit. p. 7.

[867] Idem. Op. cit. p. 2.

[868] FEDUCHY, Fernando Ruiz. *Enciclopedia técnica de seguros.* Madrid, Editora Sobrinos de la Sucesora de M. Minuesa de los Ríos, 1932, p. 9.

[869] Veja-se: INSURANCE EUROPE, "*Why insurers differ from banks, Insurance Europe, October 2014*". Tradução. Sandra Mathias Maia, 2014. p. 10.

[870] Op. cit. p. 9.

[871] Idem. p. 28.

3.2.2 Teoria unitária

Cesare Vivante sustentou a possibilidade de um conceito unitário para o contrato de seguro, da mesma maneira como o mestre italiano fez para com relação aos títulos de crédito, agrupando-os por uma relação de parentesco[872].

Em sua "*Teoria Geral do Seguro*", procurou definir este contrato a partir de elementos característicos. Partiu *"de uma identidade íntima e essencial"* do seguro face a empresa seguradora e o fenômeno de garantir riscos a partir de um fundo gerado pela contribuição dos segurados.

Na concepção de Vivante, tanto o seguro de danos como o de pessoas são contratos de seguro e não se distinguem na essência, porque neles estão igualmente reunidos seus elementos essenciais: a empresa seguradora, o risco e o prêmio do seguro[873]. Por essa razão, afirmou que todos esses contratos integram uma única família jurídica:

> *"il vero è che tutti i contratti di assicurazione, qualunque sia il loro oggetto, formano una sola famiglia guiuridica*[874]*".*

Além dessas lições, a teoria econômica de Manes contribuiu para uma identidade homogênea e unitária do contrato de seguro. O sentido econômico de ajuda mútua, em que pequenas contribuições de cada um resultam em proveito dos demais, serviu e segue utilizado, com sentido aplicável para os seguros de danos e de pessoas, indistintamente.

Entende-se pela teoria unitária que o agrupamento desses contratos e de todos os tipos de seguro sob uma mesma unidade é uma consequência natural, uma associação coesa de diferentes tipos ao gênero do contrato de seguro. Nisso consiste o conceito unitário de seguro, na possibilidade de ser

[872] VIVANTE, Cesare. Op. cit. p. 397 e 543. Nesse mesmo sentido, vejam-se os comentários de Tullio Ascarelli sobre importância da obra de Vivante para a teoria unitária dos títulos de crédito, outros tantos autores referem a importância da doutrina deste mestre italiano para a teoria unitária do contrato de seguro. (In. ASCARELLI, Túlio. *Teoria geral dos títulos de crédito.* Tradução de Benedicto Giacobbini. Campinas – São Paulo. Red Livros, 1999, p. Apud. *Trattato.* 5ª ed., vol. III, p. 123). LOPES, Miguel Maria de Serpa. Curso de direito civil: fontes das obrigações: contratos. Volume IV, 5a ed., Rio de Janeiro, Freitas Bastos, 1999, p. 418.

[873] VIVANTE, Cesare. Op. cit. p. 543.

[874] Op. cit. p. 397.

construída uma classificação *una*, capaz de definir todos os tipos de contratos de seguro debaixo de um único conceito[875].

Neste espírito da coesão e de uma forma enunciativa genérica, capaz de cobrir todos os contratos de seguro em um mesmo conceito, a teoria unitária tem importante função na sistematização do direito do seguro.

Na perspectiva unitarista, o cerne da coesão está na reunião de seus elementos essenciais: segurador, tomador, interesse, risco e prêmio. Unitaristas também sustentam que o seguro, de maneira geral, busca a finalidade de reparar danos, e mesmo o seguro de pessoas teria essa natureza reparadora[876].

De outra parte, existem defensores de um conceito unitário cujas teorias se sustentam no *interesse*, ou na teoria da necessidade de Manes. Modernamente, os defensores da teoria unitária valem-se do conceito de que todo contrato de seguro decorre de um interesse, elemento que estaria presente nos seguros de danos e nos de pessoas.

Na doutrina espanhola, Rodrigo Uria observa que a teoria unitária encontra apoio na lei reguladora do contrato de seguro, nas disposições de caráter geral (LCS: arts. 16,17,18 e 20) e nas do seguro de pessoas (LCS: art. 82), que atribui finalidade indenizatória à obrigação assumida pelo segurador[877].

A análise da evolução do contrato de seguro faz crer que a concepção unitária teve um papel importante na caracterização deste contrato, sobretudo por reunir importantes institutos de baixo de um mesmo sistema[878].

3.2.3 Teoria dualista do contrato de seguro

No sentido das lições de Joaquin Garriges, muitos autores sustentaram a necessidade de um conceito dualista para o contrato de seguro[879], que leve em conta as diferenças substanciais entre seguros de danos e seguros de pessoas.

[875] No sentido unitário veja-se: PLANIOL e RIPERT: "*Si se quiere dar una definición que convenga con todos los géneros de seguros, hay que decir que el contrato de seguro es aquel por el cual una persona, denominada asegurador, promete a otra, el asegurado, una prestación subordinada a la realización de un riesgo determinado, mediante una suma denominada prima o cuota.*" Op. cit. p. 554:

[876] Veja-se: VIVANTE, Cesare. Op. cit. p. 543. URIA, Rodrigo. Op. cit. p. 773. José Vasques. Op. Cit. p. 91. LOPES, Miguel Maria de Serpa. *Curso de direito civil: fontes das obrigações: contratos.* Volume IV, 5ª ed., Rio de Janeiro, Freitas Bastos, 1999, p. 418.

[877] URIA, Rodrigo. Op. cit. p. 773.

[878] ASCARELLI, Tullio. *O conceito unitário do contrato de seguro:* in Problema das sociedades anônimas e direito comparado. Campinas – São Paulo, Editora Bookseller, 1999, p. 302 e seguintes.

[879] GARRIGUES. Joaquin. Op. cit. p. 36.

A teoria dualista baseia-se na concepção de que o seguro é um contrato de conteúdo heterogêneo, o que torna impossível reduzi-lo a um único conceito válido para todos os tipos possíveis de contratação[880]. Essa diversidade, segundo os dualistas, recomenda que o tratamento legal, econômico e científico conferidos ao contrato de seguro de danos e de pessoas seja concebido de modo distinto.

Joaquin Garrigues reconheceu a importância da teoria econômica e de sua investigação, com a qual se descobriu a essência do seguro[881], mas nela não encontrou razões para que o seguro se caracterize como um único tipo contratual. Em sua doutrina, acentuou as distinções entre os seguros de danos e de pessoas, e firmou-se na lição segundo a qual nos seguros de pessoas não é possível aplicar o conceito técnico de indenização[882].

A função indenizatória somente se aplica aos seguros de danos, cuja reparação deve ser objetiva e na proporção do dano patrimonial sofrido. Como observamos ao comentar o princípio indenizatório[883], nos seguros de danos a importância segurada não pode superar o valor dos prejuízos, sendo que o seguro não pode ser fonte de enriquecimento indevido[884].

De outro lado, nos seguros de pessoas, a finalidade é o pagamento de um capital ou renda, em proporção ao prêmio pago ao segurador, pois não há como tornar indene a morte ou a perda de órgãos ou sentidos, mas somente cobrir prestações convencionadas para esses fatos.

Nesses casos, de seguros de pessoas, a importância segurada pode ser livremente estabelecida pelo tomador, segundo a oferta do mercado, fato que acentua a diferença substancial entre essas duas classes de seguros.

Com base na negação do caráter indenizatório nos seguros de pessoas[885], a corrente dualista divide o seguro nessas duas grandes classes: «seguros de

[880] Idem, p. 38.
[881] Idem. p. 36.
[882] Idem, p. 41.
[883] Veja-se: Princípio indenizatório, título 2.3.7 acima.
[884] Sobre os fundamentos do princípio indenizatório vide: GARRIGUES, Joaquin. Op. cit. p. 169. URIA, Rodrigo. Op. cit. pp. 781 e segs. JIMÉNEZ SÁNCHEZ, Guillermo. Op. cit. pp. 504 e 505. SANCHEZ CALERO, Fernando. Op. cit. p. 397. COMPARATO, Fábio Konder. "*Substitutivo ao capítulo referente ao contrato de seguro no anteprojeto de Código Civil.*" Revista de Direito Mercantil, Industrial, Econômico e Financeiro. Editora Revista dos Tribunais Ltda. São Paulo, 1973, p. 147. ALVIM, Pedro. Op cit. p. 303. Conforme José Vasques, "*entre as principais implicações do princípio indemnizatório podem indicar-se: i) evitar o sobre-seguro; ii) impedir a cumulação de seguros; iii) opôr-se a que o lesado seja também indemnizado pelo lesante.*" In. Op. cit. p. 146.
[885] GARRIGUES. Joaquin. Op. Cit. p. 304.

danos», a exemplo do incêndio que foi o núcleo para a elaboração desses seguros[886], como roubo, explosão, vendaval, etc.; e «seguros de pessoas», como o seguro de vida, acidentes pessoais, saúde, aposentadoria, etc.; os primeiros com caráter indenizatório, os últimos desprovidos desta natureza.

No pensamento dualista, cada classe de seguro "deve tomar como critério a natureza da prestação do segurador"[887]. A partir dessa problemática, os dualistas compreendem o direito do seguro de forma bipartida, a exemplo da doutrina francesa de Planior e Ripert[888].

Em síntese, somam-se a outros tantos autores que põem ênfase na heterogeneidade dos seguros, e que devam ser disciplinados de forma distinta, conforme cada um desses ramos, sendo que como é comum na sistemática das leis de seguro recepcionar esta dualidade ao separar seguros de danos e de pessoas.

3.3 Definições doutrinárias

A doutrina do seguro reúne um considerável acervo de obras que contribuem para a evolução deste direito. Dela também se extrai o valor teórico e funcional de conceituar este contrato.

Como é comum às ciências, o jurista sente a necessidade de estar frente a determinado objeto e poder descrevê-lo. Nessa tarefa, vale-se de diferentes métodos para alcançar um sentido capaz de definir o contrato de seguro. Com base em algumas associações, apoiam-se nas leis de seguro, nos elementos deste contrato ou em conhecidas teorias científicas.

No primeiro caso, circunscrevem a conceituação às definições legislativas, por meio de comentários às leis de seguro [889], percorrendo o texto das

[886] Op. cit. p. 36.

[887] Op. cit. 46.

[888] PLANIOL e RIPERT, Op. cit. pp. 552-553.

[889] A exemplo das definições baseadas nos conceitos legislativos veja-se: GARRIGUES. Joaquin. Op. Cit. p. 36; BROSETA PONT, Manuel. Manual de derecho mercantil. Décima Edición – Tecnos, Madrid, 1994, 1ª edición, 1971, p.559. SÁNCHEZ CALERO, Fernando (Director), Francisco Javier Tirado Suárez, Alberto Javier Tapia Hermida y José Carlos Fernández Rozas. Ley de contrato de seguro. Pamplona, Editora Aranzadi, 1999, p. 25-27. JIMÉNEZ SÁNCHEZ, Guillermo J. (Coordinador) Leciones de Derecho Mercantil – undécima edición, revisada y puesta al día. Reimpresión, Tecnos, 2007, p. 539. MONTEIRO, Washington de Barros. Curso de direito civil. 4ª ed., São Paulo, Editora Saraiva, 1965, p. 351. PEREIRA, Caio Mário da Silva. Instituições de direito civil. Rio de Janeiro. Editora Forense, 2001, p. 300. DINIZ, Maria Helena. Curso de direito civil brasileiro,

leis quando estas assumem a tarefa de orientar o intérprete e enunciar um conceito legal.

As definições legislativas são igualmente ricas e eficiente referencial para o estudo deste direito. Cesare Vivante, como referimos, baseou sua definição na análise de três elementos essenciais: segurador; risco e prêmio:

> *"L'assicurazione è il contratto per cui un'impresa, costituita per l'esercizio di questi affari, si assume i rischi altrui mediante un premio anticipatamente fissato."*[890]

Para o mestre italiano esses elementos dão a tônica do contrato de seguro, na relação entre segurador e segurado, e na ideia da garantia de determinados riscos em troca de um prêmio antecipado.

Outra forma de definir o contrato de seguro apoia-se na teoria econômica de Alfredo Manes, no mutualismo ou compensação de riscos taxáveis, com ênfase para a proteção econômica como função deste contrato[891]:

> *"El seguro puede, por tanto, definirse como aquel recurso por medio del cual un gran número de existencias económicas amenazadas por peligros análogos se organizan para atender mutuamente a posibles necesidades tasables y fortuitas de dinero".* [892]

Segundo essa teoria, com base na "lei dos grandes números", quanto maior o agrupamento de segurados, mais leve é a contribuição para cada um, sendo

3º volume: teoria das obrigações contratuais e extracontratuais. 24 ed. São Paulo, Editora Saraiva, 2008, p. 517. VENOSA, Sílvio de Salvo. Direito civil. 3ª ed., São Paulo, Editora Atlas S.A., 2003, p. 375. GONÇALVES, Carlos Roberto. Direito civil brasileiro, volume III: contratos e atos unilaterais. 5ª Ed. São Paulo, Editora Saraiva, 2008, p. 475.

[890] VIVANTE, Cesare. Trattato di diritto commerciale. Volume IV. 3ª ed. Milano. Casa Editrice Dottor Francesco Vallardi. 1954, p. 419.

[891] Sobre a ideia de mutualismo no conceito de seguro veja-se: MANES, Alfredo, Op. Cit. p. 9. URIA, Rodrigo. *Derecho mercantil.* 25ª ed., Madrid, Marcial Pons Ediciones Jurídicas y Sociales, 1998, p. 773. SANTOS, Amilcar. *Seguro – doutrina, legislação, jurisprudência.* Rio de Janeiro, Récord Editora, 1959, p.p. 7-9. GOMES, Orlando. *Contratos* – 15ª ed. Rio de Janeiro, Editora Forense,1995. 1ª Edição 1959, p. 410. VENOSA, Sílvio de Salvo. *Direito civil.* 3ª ed., Vol. III, São Paulo, Editora Atlas S.A., 2003, p. 376. MAGEE, John. *Seguros generales.* 2ª ed. Traducción: Carlos Castillo. Mexico. Union Tipografica Editorial Hispano-Americana, 1947, p.4.

[892] Idem. Op. cit. p. 2.

que os participantes escolhem pagar pequenas somas antecipadamente, em forma de prêmio, para uma garantia caso se deparem com o momento temido.

Em contraponto à teoria de Manes, e a ideia de que a compensação de riscos é essencial ao contrato de seguro, Tulio Ascarelli objeta não ser esse um traço exclusivo do seguro[893]. Comenta técnicas atuariais nas pesquisas matemáticas de Pascal, Huyghens e Bernoulli, e nas primeiras tábuas de mortalidade do astrônomo Halley, de 1693 [894]. Também, objeta que a natureza empresarial do contrato de seguro não é um traço distintivo deste contrato, referindo que o jogo também é administrado empresarialmente, como nos grandes cassinos, o que não faz da empresarialidade um traço exclusivo do seguro.

Dentre os chamados fundamentos extrajurídicos, a doutrina enfatiza o "risco como fenômeno circunstancial da vida humana". Em muitas definições esse elemento figura dentre os pontos centrais da definição de seguro, valendo a lição de Garrigues:

> *"El seguro es el antídoto o el anticuerpo del riesgo. El riesgo es un fenómeno circunstancial a la vida humana. Estamos en riesgo permanentemente desde que nacemos hasta que morimos. Riesgo de perder la vida misma y riesgo de perder los bienes materiales que la acompañan (cosas, dinero, salud). Todo riesgo engendra una preocupación y esta, a su vez, un deseo de seguridad. La finalidad del seguro consiste en dar seguridad contra el riesgo."* [895]

A visão de seguro traz a necessidade de classificar riscos e de como suportar as consequências econômicas da realização dos mesmos.

Dentre as teorias sobre o conceito de seguro, Joaquin Garrigues entendeu que uma definição unitária como faziam as leis antigas, baseadas na influência histórica dos seguros marítimos, limita este conceito ao seguro de danos. Assim, propôs uma classificação a partir de seus elementos, ou do que chamava "*fundamentos técnico-econômicos*"[896]:

[893] ASCARELLI, Tullio. O conceito unitário do contrato de seguro: in Problema das sociedades anônimas e direito comparado. Campinas – São Paulo, Editora Bookseller, 1999, p.p. 312, 313.

[894] Com relação a estes estudos do célebre físico, matemático e filósofo francês Blas Pascal, são pertinentes as referências de Manuel Martinez Escobar, que ainda refere as descobertas de Galileo Galilei em uma consulta sobre jogos de dados e de Meré, outro amigo de Pascal. (In. MARTÍNEZ ESCOBAR, Manuel. *Los seguros*. La Habana, Editora Cultural, 1945, p. 5).

[895] GARRIGUES, Joaquin. Op. cit. p. 13..

[896] Cf. GARRIGUES, Joaquin. Op. cit. p. 39.

> *"Seguro es un contrato sustantivo y oneroso por el cual una persona – el asegurador – asume el riesgo de que ocurra un acontecimiento incierto al menos en cuanto al tiempo, obligándose a realizar una prestación pecuniaria cuando el riesgo se haya convertido en siniestro."*[897]

Refere, ainda, que "*todo o seguro tende a satisfazer uma futura necessidade econômica*"[898].

Planiol e Ripert, com base nos elementos dessa contratação, partem da problemática da aplicação de um conceito uno aos seguros de pessoas e propuseram uma definição abrangente a todos os gêneros de seguro:

> *"...el contrato de seguro es aquel por el cual una persona, denominada asegurador, promete a otra, el asegurado, una prestación subordinada a la realización de un riesgo determinado, mediante una suma denominada prima o cuota.*[899]"

Ao lado dessa conceituação, comentaram a crítica aos relatores da lei francesa de 1930, que se abstiveram de aportar uma definição legislativa para o contrato de seguro em razão da dualidade, e de ser um contrato destinado a escapar constantemente das definições doutrinárias"[900].

Consideramos possível um conceito legal e doutrinário para o contrato de seguro, sem perder sua essência ou aptidão para diferentes tipos contratuais. Com base nessa crença, é possível construir uma espécie de unidade conceitual, apoiada nas leis de seguro[901] e seus elementos:

> O contrato de seguro é um contrato celebrado frente ao segurador para cobrir riscos, preservar interesses, capital ou renda, conforme a garantia contratada, em contrapartida ao prêmio do seguro.

[897] Cf. GARRIGUES, Joaquin. Op. cit. p. 39.

[898] Idem, p. 40.

[899] Cf. PLANIOL e RIPERT, Op. cit. p. 554.

[900] Idem. Op. cit. p. 554.

[901] Brasil: C.C. art. 757. Decreto-lei n. 73, art. 25; Lei 6404/76, Resolução CNSP 73/2002, Resolução CNSP 65/2001, Circular SUSEP 234/2003, Circular SUSEP 249/2004 e Carta-Circular SUSEP/ DECON 4/2004. Espanha: LOSSP, art. 7, 1 a 5; LCS 50/1980, art. 1º.

O conceito inclui a empresa seguradora e toma por objeto a garantia de riscos, interesses, capital ou renda, obrigações típicas do segurador nos seguros de danos e de pessoas [902].

Recordando esses temas, são variadas as formas de classificar o contrato de seguro, sendo que as leis de seguro também se incumbem de aportar definições. Valendo-nos do estudo do direito comparado, comentamos alguns conceitos legislativos do contrato de seguro.

3.4 Conceitos legislativos

Nas definições legislativas encontram-se presentes os *elementos centrais* do contrato de seguro: segurador, tomador, prêmio, risco e interesse segurado:

- BRASIL – Código Civil – Lei n° 10.406, de 10 de janeiro de 2002.

> "Art. 757. Pelo contrato de seguro, o segurador se obriga, mediante o pagamento do prêmio, a garantir interesse legítimo do segurado, relativo a *pessoa ou a coisa, contra riscos predeterminados.*
>
> Parágrafo único. Somente pode ser parte, no contrato de seguro, como segurador, entidade para tal fim legalmente autorizada."

- PORTUGAL – Decreto Lei nº 72/2008 – de 16 de abril

> "Art. 1º – Conteúdo típico
>
> *Por efeito do contrato de seguro, o segurador cobre um risco determinado do tomador do seguro ou de outrem, obrigando-se a realizar a prestação convencionada em caso de ocorrência do evento aleatório previsto no contrato, e o tomador do seguro obriga-se a pagar o prémio correspondente."*

- ESPANHA – *Lei de Contrato de Seguro – Ley 50, de 8 de outubro de 1980.*

> *"1. El contrato de seguro es aquel por el que el asegurador se obliga, mediante el cobro de una prima y para el caso de que se produzca el evento cuyo riesgo es objeto*

[902] Evitando empregar o conceito de indenização, preferindo maior generalização, como se aprende das lições do mestre espanhol Joaquin Garrigues ou dos franceses Planiol e Ripert. GARRIGUES, Joaquin. Op. Cit. p. 41. PLANIOL, Marcel. RIPERT, Georg. Op. cit. p. 554.

de cobertura, a indemnizar, dentro de los límites pactados, el daño producido al asegurado o a satisfacer un capital, una renta u otras prestaciones convenidas."

- ARGENTINA – Ley de seguros Nº 17.418, de 30 de agosto de 1967.

"Definición

Artículo 1. Hay contrato de seguro cuando el asegurador se obliga, mediante una prima o cotización, a resarcir un daño o cumplir la prestación convenida si ocurre el evento previsto.

Objeto

Art. 2. El contrato de seguro puede tener por objeto toda clase de riesgos si existe interés asegurable, salvo prohibición expresa de la ley."

- MÉXICO – Ley Sobre el Contrato de Seguro – 04.04.2013

Capítulo I – Definición y Celebración del Contrato

Artículo 1°- Por el contrato de seguro, la empresa aseguradora se obliga, mediante una prima, a resarcir un daño o a pagar una suma de dinero al verificarse la eventualidad prevista en el contrato.

- CHILE – *Código de Comercio – TITULO VIII*

"Del contrato de seguro

Sección Primera. Normas comunes a todo tipo de seguros

Art. 512. Contrato de seguro. Por el contrato de seguro se transfieren al asegurador uno o más riesgos a cambio del pago de una prima, quedando este obligado a indemnizar el daño que sufriere el asegurado, o a satisfacer un capital, una renta u otras prestaciones pactadas.

Los riesgos pueden referirse a bienes determinados, al derecho de exigir ciertas prestaciones, al patrimonio como un todo y a la vida, salud e integridad física o intelectual de un individuo. No sólo la muerte sino que también la sobrevivencia constituyen riesgos susceptibles de ser amparados por el seguro..."

As definições legislativas reúnem seus elementos essenciais, de ordem pessoal, econômica e formal, contribuindo para a compreensão deste contrato, inclusive sobre o âmbito de aplicação das leis.

A definição brasileira, no Código Civil de 2002, adaptou-se à experiência legislativa contemporânea, reproduzindo um conceito geral e abrangente a todas as classes de seguro de danos e pessoas, com definições próprias para os seguros em espécie. Também, incorporou o conceito *interesse legítimo*. A definição ainda manteve a referência expressa ao fato da empresa seguradora.

Trata-se de uma orientação um pouco diferente da posição do Código de 1916[903] a qual, segundo Pontes de Miranda, tomou por referência o Código Civil do Cantão de Zurique[904].

Clovis Bevilaqua, que redigiu um Código Civil avançado para a sociedade brasileira de 1900, confirma a recepção do conceito do Código de Zurique: *"Privat rechtliches Gesetzbuch f.d. Kanton Zuerich"* [905]. O autor comentou que, antes do Código Civil de 1916, não havia legislação sistemática sobre a matéria no Brasil, apenas o art. 685 e seguintes, sobre seguros marítimos, do Código Comercial (Lei n. 556, de 25 de junho de 1850).

Com a evolução do seguro para outros ramos, a partir da difusão dos seguros de pessoas, comenta Pedro Alvim que o Direito teria abandonado a noção de dano passando a ter como objeto o *interesse*, um substantivo suficiente para, em um mesmo conceito, abranger os seguros de danos e os de pessoas[906].

No caso francês, com forte influência dualista, entendeu-se que a tarefa do legislador é regular o contrato e não elaborar uma definição rígida para um tipo contratual de grande complexidade. Jean Bigot comenta que a França, deliberadamente, abandonou a tentativa de definição do contrato de seguro, justificando que à lei cabe estabelecer os princípios, as máximas gerais do Direito, suas linhas e diretrizes[907].

A ausência de definição se observou no Direito português até o advento do Decreto-Lei 72, de 16 de abril de 2008. Referindo-se à lei anterior, José Vasquez ressalvou que aquela não definiu um conceito de contrato de seguro, todavia cuidou de sua disciplina e de seu conjunto de noções[908]. A nova lei portuguesa, de

[903] Código Civil Brasileiro de 1916: *"Art. 1.432. Considera-se contrato de seguro aquele pelo qual uma das partes se obriga para com a outra, mediante a paga de um prêmio, a indeniza-la do prejuízo resultante de riscos futuros, previstos no contrato."*

[904] MIRANDA, Francisco Cavalcanti Pontes de. *Fontes e evolução do Direito Civil brasileiro*. Rio de Janeiro, Editora Forense, 1981, p. 324.

[905] BEVILAQUA, Clovis. *Código Civil dos Estados Unidos do Brasil commentado*. Livraria Francisco Alves, Rio de Janeiro, 1919. Volume V, p. 183 (obrigações – tomo 2).

[906] Nesse sentido: ALVIM, Pedro. Op. cit. p. 103.

[907] BIGOT, Jean. Op. Cit. p. 25. No mesmo sentido: NICOLAS, Veronique, *Essai d'une nouvelle analyse du contrat d'assurance*. Bibliothéque de Droit Privé, Tome 267, Dirigée por Jaques Ghestin, pp. 22 – 23.

[908] Comenta o autor que *"se é certo que o legislador português não definiu o contrato de seguro, a verdade é que em diplomas recentes tem vindo a avançar um conjunto de noções que, apesar de restritas ou próprias do diploma em que se inseriram, foram ganhando alguma uniformidade..."*. Refere-se, nesse caso, à apólice,

N.º 72/2008, por sua vez, concebe uma definição do ponto de vista do "conteúdo típico" do contrato, enunciando seus elementos: segurador, tomador e a prestação convencionada em caso de ocorrência do evento aleatório previsto no contrato.

No Direito espanhol, antes da LCS 50/1980, referiu Garrigues que o Código de Comércio seguiu o sistema dos contratos mercantis e não definiu o contrato de seguro[909]. Nos dias atuais, conforme o art. 1º da LCS 50/1980, acima transcrito, o Direito espanhol conta com uma adequada definição, de comando geral e válido aos seguros de danos e de pessoas.

As leis do México e Chile de 2013, nesse mesmo sentido, se valem de adequadas definições, reunindo os elementos do seguro com base em normas comuns de definição, aplicáveis a todos os tipos de seguros.

Nos parece útil o esforço do legislador em conceituar o contrato de seguro, sobretudo quando reúne com propriedade os elementos deste contrato. Além disso, é uma conceituação possível e útil à compreensão de sua identidade enquanto contrato típico. Conceitos legais contribuem no sentido de orientar o intérprete, por um «léxico legal» que confere clareza à matéria. Há uma função hermenêutica na definição, que traz à tona os horizontes deste contrato e consequente âmbito de aplicação da lei.

Como nos demais campos da ciência, acreditamos que os conceitos e classificações ampliam a visão das coisas ou fenômenos, transformando-os em ideia autônoma *«coisa em si mesma»* [910], com significação própria, o que é útil à ciência do seguro e à aplicação desse direito.

3.5 Formação do contrato de seguro

O contrato de seguro forma-se no âmbito da autonomia privada e da capacidade para contratar. Vale-se de documento escrito e uma técnica peculiar ao setor com o uso da proposta e apólice de seguro[911].

acta adicional, âmbito do contrato, beneficiário, empresa de seguros, grandes riscos, prêmio...", entre outros. (In. VASQUES, José. Op. cit. p. 97)

[909] GARRIGUES, Joaquin. Op. cit. p. 37.

[910] KANT, Immanuel, 1724-1804. *Prolegômenos.* Textos Selecionados, Seleção de textos de Marilena de Souza Chauí. 2ª Edição. Tradução de Tania Maria Bernkopf, Paulo Quintela, Rubens Rodrigues Filho. São Paulo, Abril Cultural, 1884. Volume I – Crítica da Razão Pura, p. 52, 56, 60 III; Volume II, Prolegômenos, pp. 71, 78 e 79.

[911] Sobre a técnica própria da formação do contrato de seguro veja-se: CORDEIRO, António Menezes. *Direito do seguro.* Op. cit. p. 705-713.

Como é comum aos negócios jurídicos, é um acordo de vontades cuja formação é reconhecida pelo Direito[912]. Nasce das leis e do agir comunicativo do homem, capaz de criar, modificar ou extinguir obrigações, incluindo o silêncio como expressão preceptiva[913].

A liberdade ou livre vontade, todavia, são relativas no seguro[914]. Pois, é um contrato sob a regência de controles públicos, leis imperativas[915] e clausulados que vinculam o tomador, sendo que para determinados riscos a contratação é obrigatória[916].

Em sua dinâmica, agentes e corretores de seguro difundem a comercialização desses serviços, com informação técnica e orientação ao mercado. Ressalvados os grandes riscos[917], é celebrado por meio de condições previamente

[912] "...a vontade individual só por si não tem força para criar, modificar ou extinguir direitos; é preciso que ela se manifeste segundo a ordem jurídica." BEVILAQUA, Clovis. Teoria geral do Direito civil. 4ª Edição. Ministério da Justiça, Serviço de Documentação, 1972. Primeira edição 1908. No mesmo sentido, Emilio Betti: *"La institución del negócio jurídico no consagra la faculdad de «querer» en el vacío, como place afirmar a cierto individualismo que no há sido aún extirpado de la dogmática actual."* Op. Cit. p. 51. Pontes de Miranda: "Sem a incidência de regra jurídica, não há ato jurídico." MIRANDA, Francisco Cavalcanti Pontes de. Tratado de direito privado. Campinas. Bookseller, 2ª Edição. Parte Geral, Tomo I – Bens. Fatos Jurídicos. Atualizado por Vilson Rodrigues Alves, 2000, p. 128.

[913] Sobre o silêncio, veja-se: Portugal – DL 176/95, art. 17º e art. 27º da LCS portuguesa. Espanha: LCS, art. 12 – silêncio do tomador.

[914] Sobre o declínio da autonomia da vontade, veja-se Jacques Guestin, *"Le Déclin de L'Autonomie de la Volonté"*. GHESTIN, Jacques. *Traité de droit civil – Le obligation – Le contrat. Principes et caractères essentiels. Ordre public – Consentement, Objet, Cause, Théorie générale des nullités.* Paris. L.G.D.J, 1980, p. 32-51.

[915] Sobre estas leis imperativas veja-se: PLANIOL e RIPERT, Op. Cit. p. 577.

[916] Seguros obrigatórios: na expressão de Orlando Gomes, também chamados seguros coativos, São seguros contratados por obrigação legal. GOMES, Orlando. *Contratos* – 15ª ed. Rio de Janeiro, Ed. Forense,1995. 1ª Edição 1959, p. 29. Determinados riscos ensejam provisão obrigatória de seguros. São estipulados por força de lei. Dentre eles se destacam os seguros de responsabilidade civil em geral; responsabilidade civil dos proprietários de veículos de via terrestre, hidroviários e aeronáuticos; transportes; construtor de imóveis; condomínios; seguro garantia em contratações com o poder público; seguros de crédito à exportação; seguros para animais domésticos ou perigosos; responsabilidade civil patronal; seguro de caçadores; atividades esportivas, viagem, responsabilidade civil de profissionais; a seguridade social e seus benefícios em caso de morte, invalidez, aposentadoria, desemprego, auxílio maternidade, entre outras funções econômicas e sociais de relevância. Brasil – Decreto n. 61.867, de 7 de dezembro de 1967 – Regulamenta os seguros obrigatórios previstos no art. 20 do Decreto-lei n. 73, de 21 de novembro de 1966, e dá outras providências (DOU 8.12.67).

[917] Grandes riscos: não existe definição legal no Brasil. São assim classificados os riscos de aviação, marítimos, transportes, garantia, riscos de engenharia, e de grandes somas de capital segurado. Em geral não se valem da padronização de cláusulas, sendo seguros que demandam expertise na avaliação de riscos e na estipulação de cláusulas particulares.

estabelecidas pelo segurador, apresentando-se o tomador como uma *"espécie de candidato ao seguro"*, na expressão de António Menezes Cordeiro[918].

Na grande massa desses contratos, o tomador se vale de uma proposta preestabelecida pelo segurador, sendo que adere ao clausulado, sem interferir no conteúdo, exceto com relação às condições particulares[919], relativas à personalidade do contratante ou particularidades de riscos e garantias.

A documentação é relevante nesta técnica, assim como é meio de prova e explicitação do conteúdo, além de definir o momento de formação do vínculo, preservar direitos no tempo e frente à terceiros.

Sobre necessidade ou não de documento escrito[920], concluímos por uma classificação intermediária, em que a forma escrita decorre de exigência legal, de tutela da vulnerabilidade, para tornar claras as regras do contrato.

O documento é considerado um meio de «prova qualificada». No mesmo sentido entende a jurisprudência[921]. O requisito formal não é do tipo tudo ou nada, ou sem o qual resultaria a nulidade, mas um dever legal de informar, para expressar os elementos constitutivos do contrato.

Pode-se dizer de um formalismo «*ad substantiam*» ou «*ad probationem*». Não se trata de um formalismo «*ad solemnitatem*», em que o documento é condição

918 Op. cit. p. 705.

919 Conforme definições da SUSEP, "as apólices (contratos de seguro) contêm um conjunto de cláusulas contratuais, chamadas, em conjunto, Condições Contratuais, que estabelecem as obrigações e direitos do Segurado e do Segurador", sendo «condições gerais» aquelas comuns a todas as garantias de um plano de seguro, que estabelecem as obrigações e os direitos das partes contratantes (objeto do seguro, o foro, as obrigações do segurado, etc.); «condições especiais ou acessórias» especificam as diferentes garantias de forma adesiva à apólice e modificam as condições gerais, ampliando ou restringindo disposições; «condições particulares» conjunto de cláusulas que alteram as condições gerais e/ou especiais, modificando ou cancelando disposições já existentes, ou, ainda, introduzindo novas disposições para ampliar ou restringir a cobertura, individualizando tópicos ou coberturas de um contrato em particular."
Veja-se a página da SUSEP: http://www.susep.gov.br/menu/informacoes-ao-publico/planos-e-produtos/seguros/seguro-de-danos

920 Diferenciam-se contratos consensuais ou formais segundo a necessidade ou não de documento escrito para a conclusão do contrato. Veja-se: Brasil: C.C. art. 107; Espanha: C.C. art. 1.279. Itália: 1.346.

921 Embora a estrutura das normas de seguro faça previsão ao fato de que se forma através de documento escrito, é comum a Jurisprudência firmar-se em sentido contrário: França – CA, Art. L.112-3 «*Le contrat d'assurance et lês informations transmises par l'assureur au soucripteur mentionnées dans lê préent code sont rediges par écrit.*» Jurisprudência: *Un écrit n'est pás nécessaire pour la valité d'un avenant, mais pour sa preuvre.* Req. 1er juill. 1941: DC 1943. 57. Civ. 1re, 22 avr. 1992: Bull. Civ. 1. n. 126; RCA 1992. in. BERR, Claude J. e Groutel, Hubert. *Code des assurances.* Neuvième édition. Paris. Éditions Dalloz, p. 10.

de existência do contrato. Mas exigências legais de explicitação de conteúdo, partes, vigência, riscos cobertos e riscos excluídos, com destaque para as cláusulas limitativas dos direitos do segurado ou tomador.

A Lei não dispensa a emissão de documento por parte do segurador, sucedida do envio ao tomador[922], comandos que vêm ao encontro da função esclarecedora do documento, de tornar claros seus elementos constitutivos[923]. É o sentido atribuído por Francesco Carnelutti (de *docere* – ensinar) [924]. Na lição do mestre italiano, além da explicitar o conteúdo, o documento privado possui a função ensinar sobre a contratação.

Em tempos mais recentes, é precisa a lição de Bill Gates, no plano jurídico e tecnológico: "*In fact, a document is anything that tells you something.*"[925] Gates referiu da elevada aptidão dos documentos digitais, que indicam autoria, data, modificação e subscrição, inclusive por assinatura digital[926], e o fazem com maior exatidão do que os em suporte de papel.

Atualmente, esses sistemas contam com leis de proteção de dados[927], que secundam leis sobre comércio eletrônico e assinatura digital[928].

[922] Sobre a forma escrita: Brasil: O novo Código Civil brasileiro, Lei 10.406, de 10 de janeiro de 2002, em seu art. 785 refere: "*Art. 758. O seguro prova-se com a exibição da apólice ou do bilhete de seguro, e, na falta deles, por documento comprobatório do pagamento do respectivo prêmio.*" Esta nova redação substitui a exigência formal do antigo art. 1433, do Código Civil de 1916, que dispunha: "Art. 1.433. Este contrato não obriga antes de reduzido a escrito, e considera-se perfeito desde que o segurador remete a apólice ao segurado, ou faz nos livros o lançamento usual da operação." *França « Art. L. 112-3. Le contrat d'assurance et les informations transmises par l'assureur au souscripteur mentionnées dals le présent code sont rédigés par écrit, en français, en caractère apparents »; Espanha " LCS – Ley 50/1980, de 8 de octubre. Art. 5. El contrato de seguro y sus modificaciones o adiciones deberán ser formalizadas por escrito. El asegurador está obligado a entregar al tomador del seguro la póliza o, al menos, el documento de cobertura provisional. En las modalidades de seguro en que por disposiciones especiales no se exija la emisión de la póliza, el asegurador estará obligado a entregar el documento que en ellas se establezca."*

[923] Veja-se: GHESTIN, Jacques. Op. cit. p. 2.STIGLITZ, Rubén S. Op. Cit. p. 22.

[924] CARNELUTTI, Francesco. *Sistema de direito processual civil*, Vol. II, p. 623.

[925] GATES, Bill. The road ahead. With Nathan Myhrvold and Peter Rinearson. Pearson Educatin Limited, Edimburgh Gate, Harlow, England and Associated Companies throughout the world. Third Impression, 1999. First Published in Great Britain by Viking, 1995. p. 14.

[926] Brasil: Lei 13.709, de 14 de agosto de 2018, que dispõe sobre a proteção de dados pessoais e altera a Lei n 12.965, de 23 de abril de 2014 (Marco Civil da Internet)

[927] BRASIL: Idem. UNIÃO EUROPEIA – *General Data Protection Regulation* (GDPR), Diretiva 95/46/CE, estabelece novos princípios, padrões e regras para o tratamento de dados pessoais.

[928] Assinatura digital, veja-se: O art. 7º da Lei Modelo da UNCITRAL sobre Comércio Eletrônico dispõe: "*Quando a Lei requeira a assinatura de uma pessoa, este requisito cosiderar-se-á preenchido por uma mensagem eletrônica quando: a) For utilizado algum método para identificar a pessoa e indicar a aprovação para a informação contida na mensagem eletrônica; e b) Tal método seja tão confiável quanto seja apropriado para os propósitos para os quais a mensagem foi gerada ou comunicada levando-se em consideração todas*

Nessa contextualização, compreendemos o contrato de seguro em uma categoria intermediária de formalismo[929]. Seus documentos aportam corporalidade para armazenar e transmitir os dados constitutivos do contrato[930], inclusive para o futuro, contribuindo para preservar interesses de terceiros.

Assim como a generalidade dos negócios jurídicos, o seguro forma-se por uma sucessão de atos de comunicação[931], ou mediante declaração conjunta das partes, a um só tempo[932]. No encontro dessas *declarações* ou, *expressões preceptivas,* dá-se o *consenso contratual*[933]. É quando o *suporte fático*[934] do acordo de vontades, combinado às normas, produz o efeito de vincular as partes. Na lição de Pontes de Miranda, as pessoas declaram ou manifestam o consentimento, e a Lei o insere no mundo jurídico[935].

as circunstâncias do caso, incluindo qualquer acordo das partes a respeito". DIR. CEE 99-93 de 13 de dezembro de 1999: *Artigo 5º. Efeitos legais das assinaturas eletrônicas 1. Os Estados-Membros assegurarão que as assinaturas eletrônicas avançadas baseadas num certificado qualificado e criadas através de dispositivos seguros de criação de assinaturas: a) Obedecem aos requisitos legais de uma assinatura no que se refere aos dados sob forma digital, do mesmo modo que uma assinatura manuscrita obedece àqueles requisitos em relação aos dados escritos; b) São admissíveis como meio de prova para efeitos processuais. 2. Os Estados-Membros assegurarão que não sejam negados a uma assinatura eletrônica os efeitos legais e a admissibilidade como meio de prova para efeitos processuais apenas pelo fato de: — se apresentar sob forma eletrônica, — não se basear num certificado qualificado,— não se basear num certificado qualificado emitido por um prestador de serviços de certificação acreditado, — não ter sido criada através de um dispositivo seguro de criação de assinaturas.*

929 DIEZ-PICAZO, é linda a lição deste mestre espanhol, especialmente sobre a documentação dos contratos em geral. Refere que a doutrina moderna estabeleceu uma série de categorias intermediárias no que respeita ao estudo da forma no contrato. Op. Cit. p. 257.

930 *"les éléments constitutifs du contrat"*: GHESTIN, Jacques. Op. cit. p. 2.

931 MARTINS, Fran. *Contratos e obrigações comerciais.* 15ª ed., Rio de Janeiro, Editora Forense, 2001, p. 71. Ainda, sobre a pressuposição de processo de formação: GOMES, Orlando. *Contratos* – 15ª ed. Rio de Janeiro, Editora Forense,1995, p. 50.

932 SOTO, Héctor Miguel. *Contrato, celebración, forma y prueba (con especial referéncia al contrato de seguro).* Buenos Aires, Editora La Ley S.A., 2001. p. 9.

933 Veja-se: ROPPO, Enzo. O contrato. Tradução de Ana Coimbra e M. Januário C. Gomes. Coimbra: Livraria Almedina, 1988. Título Original: "Il Contratto" 1977 – Bologna. p. 73. Segundo Picard et Besson, *«l'accord des parties – c'est-à-dire la determination du moment ou l'échange des consentements est parfait et obligatoire » PICARD, Maurice et André Besson. Traité genéral des assurances terrestres en droit français. Paris. Librairie Générale de Droit et de Jurisprudence.* 1938, p. 224.

934 Ainda vale citação de Pontes de Miranda sobre o suporte fático e a eficácia proveniente do mundo jurídico. *"A manifestação ou declaração de vontade que não consegue fazer-se fato jurídico, essa, ainda que tenha sido clara no destinar-se à eficácia jurídica, não na tem, porque a eficácia é do jurídico, e não do puro suporte fático que seria a manifestação de vontade."* Op. cit. p. 130.

935 Op. cit. Tomo I, p. 129. Sobre esse postulado, também formulado por outros grandes mestres do Direito, Antonio Menezes Cordeiro traz pertinentes comentários à teoria de WINDESCHEID e SAVIGNY, assentada na vontade humana. Refere que, segundo o pensamento desses mestres: "Os direitos subjetivos, o seu exercício e as diversas «relações jurídicas» derivam do reconhecimento,

Extrai-se da teoria geral que a manifestação da vontade pode ser expressa ou tácita, e a forma: verbal, escrita, simbólica, ou por comportamento, incluindo o silêncio, quando hábil para transmitir o consentimento ao mundo exterior[936].

A documentação escrita possui relevância e segue clausulados definidos em lei ou pelo segurador, ou ambos, podendo conter condições escritas à mão (condições gerais modificadas ou condições particulares), sendo que estas, segundo Donati, prevalecem sobre as condições do formulário em caso de incompatibilidade:

> "*las cláusulas convenidas mediante relación singular significan una declaración de voluntad concreta de derogar las condiciones generales.*"[937]

No mesmo sentido é a lição de Carnelutti[938], sobre anotações à margem ou no dorso de títulos de crédito, recibos de quitação ou registros e papeis domésticos, em que anotações escritas à mão tem o peso significativo de adicionar, modificar ou excluir condições.

Como em outros tipos contratuais, o princípio da liberdade de forma[939] é a tônica dos sistemas modernos. Sendo que na contratação de massa e oferta ao público incorpora o dever de bem informar.

No seguro o consentimento vale-se de propostas, apólices, endossos ou suplementos, inclusive mensagens publicitárias, por diversos meios de comunicação. E, a amplitude de formas admitida pela teoria geral, sofre limitações,

pelo Direito, da eficácia jurídica da vontade humana", também, seguro o autor, "cuja declaração, nada mais do que o meio de conhecimento e de prova da vontade". CORDEIRO, António Manuel da Rocha e Menezes. Da boa fé no direito civil. Coimbra, Editora Almedina, 2001, p. 977.

936 Neste sentido: Emilio Betti. Op. Cit. p. 99; sobre classificação das declarações vide: Orlando Gomes. Op. cit. p. 49. ROPPO, Enzo. *O contrato.* Op. cit. p. 93.

937 DONATI, Antígono. Op. cit. p. 35.

938 CARNELUTTI, Francesco. *Sistema de direito processual civil,* Vol. II, p. 623.

939 Liberdade de forma: Brasil – C.C. art. 107. A validade da declaração de vontade não dependerá de forma especial, senão quando a lei expressamente a exigir. Espanha – C.C. art. 1258. *Los contratos se perfeccionan por el mero consentimiento, y desde entonces obligan, no sólo al cumplimiento de lo expresamente pactado, sino también a todas las consecuencias que, según su naturaleza, sean conformes a la buena fe, al uso y a la ley.* Portugal – Código Civil, Art. 405, 1. Dentro dos limites da lei, as partes têm a faculdade de fixar livremente o conteúdo dos contratos, celebrar contratos diferentes dos previstos neste código ou incluir nestes as cláusulas que lhes aprouver. 2. As partes podem ainda reunir no mesmo contrato regras de dois ou mais negócios, total ou parcialmente regulados na lei."

impondo ao segurador a emissão da apólice, e que seja entregue ao tomador em documento escrito[940].

As leis de seguro também estabelecem exigências de conteúdo mínimo[941] para a documentação, devendo ser levada previamente ao conhecimento do tomador, ainda antes da formação do vínculo contratual.

Sem que se perca o sentido da liberdade de forma, o silêncio não deve ser presumido e nem onerar o tomador. Mas merece ser ponderado no contexto das *"expressões preceptivas"*[942], interpretação e integração contratual.

No sistema dos seguros privados a formação do contrato se complementa quando a proposta recebida pelo segurador é aceita por este. Ainda leva em conta o pagamento do prêmio (aceitação + prêmio) ou mesmo o prêmio, exclusivamente, como expressão de aceitação.

Com a proposta do tomador e aceitação pelo segurador forma-se o consentimento contratual. Assim, como fenômeno perceptível, o seguro nasce mediante acordo de vontades segundo a ordem jurídica, a moral e a *confiança na atuação do outro*[943] expressada na documentação contratual.

[940] Brasil: C.C. art. 104, II. Espanha: C.C. art. 1.261, 2º. Itália: C.C. art. 1.325, 3º e 1.346. França: C.C. art. 1.108 e 1.129.

[941] Conteúdo mínimo da apólice: Brasil: C.C. art. 759-761. Espanha: LCS 50/1980, art. 8º. Portugal: DL 72/2008, art. 5º, 37º, 151º, 154º, 158º, 170º, 171º, 179º, 185º, 187º, 208º. França: CA, art. 112-1, 112-4. Argentina, LS 17. 418, art. 11. Chile: C.com, art. 514, 518, 567. México: LS, art. 20, 24, 25, 26,141,153 e 164.

[942] Emprega-se «expressão preceptiva» com a mesma finalidade e dicção doutrinária de Emilio Betti, ou seja, para evitar o grau de subjetividade da vontade que, segundo o autor: *"como quiera que se la entienda, es siempre algo interno, inseparable de la persona y, por tanto, algo incontrolable, el precepto es, conceptualmente, algo «establecido», expresado exteriormente en el medio social y, en consecuencia, controlable sin posibilidad de equívoco."* Op. cit. p. 62. Em sentido semelhante, Pontes de Miranda assevera que "o que se passa interiormente, na vida espiritual interna, não é ato", mesmo o silêncio tem de ser «concludente» "A manifestação pelo silêncio de modo nenhum se confunde com o silêncio, que apenas estabelece presunção de vontade, conhecimento, ou sentimento, ou apenas serve de indício. Quando se fala de silêncio manifestação de vontade, conhecimento ou sentimento, é de silêncio concludente que se cogita". MIRANDA, Francisco Cavalcanti Pontes de. Tratado de direito privado. Campinas. Bookseller, 2ª Edição. Parte Geral, Tomos I e II – Bens. Fatos Jurídicos. Atualizado por Vilson Rodrigues Alves, 2000. p. 128 Tomo I e p. 448, Tomo II.

[943] DIEZ-PICAZO, Luis. (*Fundamentos del Derecho Civil patrimonial. Vol. 1º Introducción Teoría del Contrato.* Quinta edición. Madrid: Editorial Civitas, 1996, p. 49).

Não se trata de um contrato livre de forma, mas com suporte escrito em proposta, apólice ou suplementos, em um sistema consentâneo com o dever de informar e a tutela da vulnerabilidade[944] e das relações de consumo[945].

A forma escrita possui significativo relevo. Não como documento constitutivo ou pressuposto de existência e validade do contrato[946], em que a nulidade aturaria do tipo *tudo ou nada*, mas para definir riscos cobertos, riscos excluídos, prêmio, garantias, vigência, deveres e encargos das partes.

Assim, pode-se concluir que desde os tempos em que era um contrato formal, estabelecido por notários na idade média[947], o seguro se vale de *declarações receptícias*, mediante proposta e aceitação.

3.5.1 Seguros entre presentes e ausentes

Na teoria dos negócios jurídicos a manifestação de vontade pode ser do tipo que precisa ser recebida, ou que dispensa recepção. Nesse contexto, são conhecidas as chamadas declarações receptícias e não-receptícias [948].

[944] Veja-se: GRAVINA, Maurício Salomoni. Princípios Jurídicos do Contrato de Seguro. Rio de Janeiro: Fundação Escola Nacional de Seguros – Funenseg, 2015, p.p. 95-103; GRAVINA, Maurício. Princípios jurídicos del contrato de seguro. 1ª ed. Buenos Aires – Madrid – Mexico: Ciudad Argentina-Hispania Libros, 2015, p.p. 165-183. GRAVINA, Maurício Salomoni. Princípios Jurídicos do Contrato de Seguro. 2ª Edição Revista e atualizada, Rio de Janeiro: Fundação Escola Nacional de Seguros – Funenseg, 2018, p.p. 103-113. GRAVINA, Maurício Salomoni, Noções de interpretação nos contratos. Cadernos de seguro. Escola Nacional de Seguros. Ano XXXVII, N° 192, abril/junho de 2017, p.p. 39-42. *Notions on the intepretation of contracts.* Cadernos de seguro. Escola Nacional de Seguros. Ano XXXVII, N° 192, abril/junho de 2017, p.p. 73-75.

[945] Sobre o caráter consumerista do *Códe des Assurances*, BIGOT, Jean. Op. cit. p. 213.

[946] Sobre a forma escrita: Brasil: O novo Código Civil brasileiro, Lei 10.406, de 10 de janeiro de 2002, em seu art. 785 refere: *"Art. 758. O seguro prova-se com a exibição da apólice ou do bilhete de seguro, e, na falta deles, por documento comprobatório do pagamento do respectivo prêmio."* Esta nova redação substitui a exigência formal do antigo art. 1433, do Código Civil de 1916, que dispunha: "Art. 1.433. Este contrato não obriga antes de reduzido a escrito, e considera-se perfeito desde que o segurador remete a apólice ao segurado, ou faz nos livros o lançamento usual da operação." VIVANTE, Cesare, Op. cit. p. 428.

[947] Alfredo Manes *relata que na cidade de Pisa guarda-se um contrato de seguro celebrado em 1384, e outro em Florença, de 1397.* MANES, Alfredo. *Tratado de seguros. Teoría general del seguro.* Traducción de la 4ª Edición Alemana por Fermín Soto. Editorial Logos Ltda. Madrid, 1930, p. 42-43. MARTINS, João Marcos Brito. *O contrato de seguro: comentado conforme as disposições do novo Código Civil.* Ed. Forense Universitária. Rio de Janeiro, 2003, p. 7. *Ainda sobre a história deste documento, há um antigo contrato de seguro documentado de 1318, para mercadorias transportadas entre Pisa e a Sardenha, que continha essa expressão, depois substituída nas leis de Gênova por "assecuramento de polizza", importante praça portuária do mediterrâneo, onde combinavam "empréstimo, seguro e garantia de câmbio".* CAVICCHINI, Alexis. p. 18-19.

[948] Pontes de Miranda. Op. cit.p. 450. Emilio Betti. Op. cit. p. 105.

Nos seguros privados a formação ocorre mediante declarações receptícias, de modo a proteger o consentimento das partes e preservar a eficácia do contrato no tempo e frente a terceiros.

A apólice[949], que em muitos casos é precedida de proposta, está sujeita a regras de conteúdo mínimo[950], e deve ser levada ao conhecimento do tomador ainda antes da formação do vínculo, conteúdo este compreendido em sua extensão física, econômica e temporal.

Proposta e apólice devem manter coerência de propósito, sendo que a proposta vincula o segurador às condições oferecidas, quando nos moldes estabelecidos por este[951]. A emissão da apólice é a confirmação da proposta ou solicitação do tomador[952].

Além de instrumento probatório por excelência, a apólice confirma a formação do contrato, e cabe ao segurador entregá-la ao tomador[953].

[949] Veja-se: Capítulo IV – 4.3.1. Apólice.

[950] Conteúdo mínimo da apólice: Brasil: C.C. art. 759-761. Espanha: LCS 50/1980, art. 8º. Portugal: DL 72/2008, art. 5º, 37º, 151º, 154º, 158º, 170º, 171º, 179º, 185º, 187º, 208º. França: CA, art. 112-1, 112-4. Argentina, LS 17. 418, art. 11. Chile: C.com, art. 514, 518, 567. México: LS, art. 20, 24, 25, 26,141,153 e 164.

[951] É oportuno o comentário Antônio Menezes Cordeiro a respeito: *"É óbvio que a proposta só será considerada se obedecer a um figurino prefixado pelo próprio segurador e vertido em cgs."* Op. cit. p. 705.

[952] Neste sentido: STIGLITZ, Ruben S. Op. Cit. Tomo II, p. 33.

[953] Sobre a entrega da apólice: Espanha: LCS *"Artículo 5. El contrato de seguro y sus modificaciones o adiciones deberán ser formalizadas por escrito. El asegurador está obligado a entregar al tomador del seguro la póliza o, al menos, el documento de cobertura provisional. En las modalidades de seguro en que por disposiciones especiales no se exija la emisión de la póliza el asegurador estará obligado a entregar el documento que en ellas se establezca."* Portugal: LS *"Art. 32. 2 — O segurador é obrigado a formalizar o contrato num instrumento escrito, que se designa por apólice de seguro, e a entregá-lo ao tomador do seguro.* México: LS *"Artículo 20.- La empresa aseguradora estará obligada a entregar al contratante del seguro, una póliza en la que consten los derechos y obligaciones de las partes. La póliza deberá contener: I.- Los nombres, domicilios de los contratantes y firma de la empresa aseguradora; II.- La designación de la cosa o de la persona asegurada; III.- La naturaleza de los riesgos garantizados; IV.- El momento a partir del cual se garantiza el riesgo y la duración de esta garantía; V.- El monto de la garantía; VI.- La cuota o prima del seguro; VII.- En su caso, la mención específica de que se trata de un seguro obligatorio a los que hace referencia el artículo 150 Bis de esta Ley, y VIII.- Las demás cláusulas que deban figurar en la póliza, de acuerdo con las disposiciones legales, así como las convenidas lícitamente por los contratantes.* Chile: C.Com. *"Art. 519. Entrega de la póliza. El asegurador deberá entregar la póliza, o el certificado de cobertura, en su caso, al contratante del seguro o al corredor que la hubiera intermediado, dentro del plazo de cinco días hábiles contado desde la perfección del contrato. El corredor deberá entregar la póliza al asegurado dentro de los cinco días hábiles siguientes a su recepción. El incumplimiento de la obligación de entrega de la póliza dará derecho al asegurado a reclamar daños y perjuicios al asegurador, o al corredor en su caso."* Argentina: *LS Ar. 11... "Póliza. El asegurador entregará al tomador una póliza debidamente firmada, con redacción clara y fácilmente legible. La póliza deberá contener los nombres y domicilios de las partes; el interés la persona asegurada; los riesgos asumidos; el momento desde el cual éstos se*

Na teoria geral fala-se de «contratos entre presentes» ou «contratos entre ausentes». A classificação não é devida à presença física, mas ao fato de a manifestação de vontade ser «imediata ou simultânea» nos contratos entre presentes, ou «com espaços de tempo» nas comunicações entre ausentes.

Em outras palavras, Emilio Betti classificou essas formas como «imediata» ou «mediata»: a primeira alcança imediatamente o destinatário; a última se vale de um meio comunicador, que à época era a escritura[954].

Na contratação entre presentes está o telefone, cada vez mais utilizado nos seguros; os sistemas de voz sobre IP; programas de comunicação instantânea; páginas interativas de Internet; entre outros.

No contrato entre presentes há uma inclinação no sentido da imediatidade. De que a aceitação deve ser instantânea, sob pena da proposta deixar de ser obrigatória. Na expressão de Caio Mário da Silva Pereira, é *"pegar ou largar, se o oblato não responde logo, dando pronta aceitação, caduca a proposta, liberando-se o proponente"*[955]; para as últimas, de comunicação mediata, deve-se observar o prazo de validade assinalado na proposta. Nos contratos entre ausentes pode-se referir da correspondência por carta; correio eletrônico "e-mail".

Em comentários sobre o *"tráfego jurídico atual"*, Antônio Menezes Cordeiro[956] ainda diferencia *"autômatos* e *computadores"*. Classifica os primeiros como oferta automática ao público, que não se confunde com a contratação por meios eletrônicos ou Internet. Com relação aos computadores, comenta que declaração *"vale como tal"*, ou seja, com equivalência probatória e funcional aos documentos em suporte de papel.

Na contratação à distância a União Europeia brindou a Diretiva 2002/65, sobre comercialização à distância de serviços financeiros prestados ao consumidor. Define: contrato à distância; serviço financeiro, onde inclui seguros; proteção do consumidor; e a necessidade de um suporte duradouro para armazenar a documentação contratual.

asumen y el plazo; la prima o cotización; la suma asegurada; y las condiciones generales del contrato. Podrán incluirse en la póliza condiciones particulares. Cuando el seguro se contratase simultáneamente con varios aseguradores podrá emitirse una sola póliza."

954 BETTI, Emilio. *Teoria general del negocio juridico*. Traduccion y concordancia com el derecho español por A. Martins Perez. 2ª ed., Editorial Revista de Derecho Privado, Madrid, 1959, p. 104. Em sentido contrário, defendendo como critério a *"distancia loci"*: PEREIRA, Caio Mário da Silva. *Instituições de direito civil*. 19ª ed., Vol, III, Rio de Janeiro, Editora Forense, 2001, p. 22.

955 PEREIRA, Caio Mário da Silva. *Instituições de direito civil*. 19ª ed., Vol III, Rio de Janeiro, Editora Forense, 2001, p. 22.

956 MENEZES CORDEIRO. Direito dos Seguros. Op. cit. p. 694-700.

Neste estudo, diferem-se algumas teorias sobre a formação do contrato no tempo[957]: "teoria da expedição ou emissão"; "teoria da recepção"; "teoria da cognição e a "teoria da declaração".

3.5.2 Teoria da emissão

É a teoria empregada no direito brasileiro, nos moldes acima referidos. Conforme o art. 434 e incisos I a III do Código Civil, considera que o vínculo se forma no momento do envio da aceitação ao proponente.

A adoção desta teoria tem a virtude cronológica de conferir velocidade à aceitação e formação do vínculo, necessária no seguro. Além de formulada, a aceitação tem de ser expedida para o proponente, a exemplo do momento que põe a carta no correio, dispara o fax, e-mail, instante do *click agreement* ou voz.

Entende-se relativizada, na medida em que considera inexistente a aceitação se antes dela ou com ela chegar retratação do aceitante (C.C. art. 433); ou, se o proponente houver se comprometido a esperar resposta; e, ainda, quando a resposta não chegar no prazo convencionado (C.C. art. 434, II e III).

Na Espanha o Código de Comércio, diferentemente do art. 1.262 do Código Civil espanhol, adota a teoria da emissão (art. 54 e segs. De 15 de fevereiro de 1974). Dentre as suas virtudes está o fato de não ser necessário um *"verdadeiro concurso de vontades"* e não se cair no impasse do sistema da cognição e sua intangibilidade, de saber se foi lida ou não a mensagem[958].

No seguro essa teoria tem sido empregada em combinação com o pagamento do prêmio (aceitação + prêmio) ou mesmo o prêmio, exclusivamente, como expressão de aceitação.

Seja com a expedição da aceitação, seja com o prêmio, forma-se a presunção em favor do tomador ou segurado, podendo-se comprovar que o contrato se efetivou, eis que a apólice não é o único meio de prova do contrato de seguro. Neste caso, a aceitação da proposta pode se dar expressamente, através da expedição de comunicação ao segurador, agente ou corretor de seguro, ou pelo simples pagamento do prêmio, como forma de adesão aos termos da proposta.

[957] Sobre essas classificações vide: PEREIRA, Caio Mário da Silva. *Instituições de direito civil.* 19ª ed., Vol. III, Rio de Janeiro, Editora Forense, 2001, p. 25. SOTO, Héctor Miguel. *Contrato, celebración, forma y prueba (con especial referencia al contrato de seguro).* Buenos Aires, Editora La Ley S.A., 2001, p. 11.

[958] Nesse sentido: BEVILAQUA, Clovis. *Direito das obrigações: edição histórica.* 1ª ed. 1895. Campinas – São Paulo, Editora Red Livros, 2000, p. 236.

3.5.3 Teoria da recepção

Por esta teoria conclui-se o contrato quando o proponente recebe a aceitação, ou quando esta chega ao seu alcance, mesmo que não tenha sido lida ou tomado conhecimento. É suficiente que receba a carta, telegrama, e-mail, etc. Exemplo disso é o art. 1.262, parágrafo segundo do Código Civil Espanhol, o qual prevê que a aceitação por carta não obriga o proponente senão quando chega ao seu conhecimento [959].

No sentido da recepção dispõem os artigos 15, 1ª parte e art. 18, 2ª parte da Convenção de Viena de 1980, (Convenção das Nações Unidas Sobre Contratos de Compra e Venda Internacional de Mercadorias).

Esta teoria também se mostra apropriada ao contrato de seguro por meios eletrônicos. Pressupõe que o segurador receba a aceitação do tomador, para que passe às providências de formação do contrato, com a emissão da apólice, bilhete ou certificado de seguro.

Os autores que se contrapõem a esta teoria, referem que, se o contrato deve se formar com a simples coexistência de vontades, não seria preciso esperar esta chegar ao proponente, sendo suficiente que o aceitante se desaposse de sua resposta. Isso tem sido aplicado em muitos sistemas, todavia, no contrato de seguro são igualmente válidas as observações sobre a teoria da recepção, em especial a justificativa dos controles nos sistemas de seguro.

O emprego da teoria da recepção confere a indústria do seguro e autoridades administrativas melhores controles. Além de facilitar a emissão da documentação contratual e envio, com as condições gerais ao tomador, cumprindo importante dever de informar do segurador, como previsto no art. 5º da LCS – Espanhola, e contribuir para elevar os níveis de confiança.

3.5.4 Teoria da cognição

Considera concluído o contrato no instante em que o proponente conhece a aceitação. Neste caso, quando o segurador recebe a informação da aceitação expedida pelo tomador. É o momento em que responde por telefone,

[959] Em comentários a esse artigo vide: JIMÉNEZ SÁNCHEZ, Guillermo J. (Coordinador) *Leciones de Derecho Mercantil* – 4ª Ed. Madrid, Tecnos,1999. O autor também observa a regra do art. 54 do Código Civil espanhol, p. 300. No mesmo sentido: URIA, Rodrigo. *Derecho mercantil.* 25ª ed., Madrid, Marcial Pons Ediciones Jurídicas y Sociales, 1998, p. 642.

com gravação de segurança, ou que lê a carta, fax, e-mail, identificando o conteúdo da aceitação.

Segundo esta teoria, é preciso que o proponente tome conhecimento da aceitação da proposta para que *"se consorciem as vontades"*[960]. Observa o professor Caio Mário da Silva Pereira, na linha de Clóvis Bevilaqua, que esta teoria era *"adotada pelo Código Austríaco e pelos Códigos Civil e Comercial da Argentina, com o inconveniente de deixar ao arbítrio do proponente abrir a correspondência para conhecer a resposta do oblato"* [961].

Nesse sentido dispõe o art. 1.262 do Código Civil da Espanha, cuja regra prevê que a aceitação feita por carta não obriga o proponente senão quando chega ao seu conhecimento. Todavia, essa norma diverge do Código de Comércio espanhol, cujo art. 54 adotou a teoria da emissão, em benefício da celeridade das transações, criando embaraços, mas que não afetam o contrato de seguro, uma vez que este é regido por legislação especial, tendo a LCS 50/1980 definido uma sistemática própria, superando a velha distinção entre seguro civil e mercantil [962].

A cognição resultaria em um critério de difícil comprovação, podendo colocar o tomador ou segurado em situação de desvantagem, dependendo,

[960] A expressão é de Clóvis Bevilaqua que, segundo sua doutrina de 1895, distinguia duas opiniões doutrinárias quanto ao momento da formação do contrato: *"Primeira opinião": "theoria da cognição" – onde faz referência ao Código Civil da Áustria, parágrafo 862; argentino, art. 1.150; comercial argentino, art. 204, entre outros; "Segunda opinião": "theoria ou systema da agnição ou declaração"*, segundo o autor, consagrada no Código Civil brasileiro. Além disso, definiu *"subtheorias"*, incluindo as teorias da expedição e recepção. BEVILAQUA, Clovis. *Direito das obrigações: edição histórica.* 1ª ed. 1895. Campinas – São Paulo, Editora Red Livros, 2000, p. 232.

[961] Ob. Cit. p. 25. Em sentido contrário, o Dr. Héctor Miguel Soto refere que, com base na *oferta* e *aceitação*, o Código Civil Argentino admite, como princípio geral, a teoria da expedição, ainda que com certas modificações. SOTO, Héctor Miguel. *Contrato, celebración, forma y prueba (con especial referencia al contrato de seguro).* Buenos Aires, Editora La Ley S.A., 2001, p. 11. Da mesma maneira, Ricardo Luis Lorenzetti refere que, na Argentina, *"na contratação entre ausentes, aplica-se, como regra a teoria da expedição, de modo que o contrato se aperfeiçoa desde que a aceitação da oferta seja enviada pelo aceitante àquele que faz a oferta."* Quando se trata de contrato de consumo observa o autor o art. 33 da Lei n. 24.240, o art. 34 quanto ao direito de revogação e a proibição de propostas ou envios não autorizados. LORENZETTI, Ricardo Luis. *Direito & internet.* In. *Infomática, Cyberlaw, E-commerce.* Lucca, Newton De e Adalberto Simão Filho (Coordenadores) e outros. Direito & Internet – Aspectos Jurídicos Relevantes, Bauru, SP: Edipro, 1ª reimp. 2001, p. 433 e 435.

[962] Nesse sentido: SÁNCHEZ CALERO, Fernando (Director), Javier Tirado Suárez, Alberto Javier Tápia Hermida y José Carlos Fernández Rozas. *Ley de contrato de seguro.* Pamplona, Editora Aranzadi, 1999. p. 47. URIA, Rodrigo. *Derecho mercantil.* 25ª ed., Madrid, Marcial Pons Ediciones Jurídicas y Sociales, 1998, p. 643. JIMÉNEZ SÁNCHEZ, Guillermo J. (Coordinador) *Leciones de Derecho Mercantil* – 4ª Ed. Madrid, Tecnos,1999, p. 300.

exclusivamente da boa-fé do segurador, em prejuízo da facilitação da defesa do aderente. Como exemplo, em um sinistro ocorrido imediatamente após a contratação, poderia a seguradora desobrigar-se sob a alegação de que não *conheceu* a confirmação do seguro. Assim, receia-se que a adoção desta teoria possa desequilibrar o contrato.

3.5.5 Teoria da declaração

Define-se o vínculo quando o destinatário da proposta declara aceitá-la, ainda que isso ocorra antes de remeter a aceitação ao proponente. Segundo esta teoria, conclui-se o contrato quando é declarada a aceitação à proposta. No momento em que se expressa intenção, por exemplo, quando redige a carta, fax, e-mail, *click agreement*, ou mesmo a aceitação por voz, ao telefone, entre outros instantes similares.

Como observou Clóvis Bevilaqua, é um momento em que o consentimento deixa de ser um simples *"propositum in mente retentum"* para haver uma exteriorização da vontade. Todavia questiona: *"Mas se o aceitante não expedir a carta?"*[963].

O mestre brasileiro referia que essa interrogação deixa clara a fragilidade da teoria. Por meio dela há dificuldade de se determinar a exteriorização da vontade, deixando este controle exclusivamente nas mãos do tomador do seguro. Pela teoria da declaração, a seguradora poderia ficar indevidamente obrigada durante o período de validade da proposta, transformando-a em uma espécie de documento de cobertura provisória, na dependência exclusiva da boa-fé do tomador do seguro.

De qualquer maneira, deve-se observar que os meios eletrônicos, reforçam a possibilidade prática do emprego desta teoria. Com os modernos *softwares*, o momento em que se formula a aceitação da proposta pode ser registrado por dados, não ficando mais na dependência da boa-fé do aceitante.

Diferentemente da carta em papel, nos meios eletrônicos há condição de constituir-se prova do momento da expressão da vontade. Os *softwares* redatores de texto, ou mesmo de imagens e voz, detalham dados desde a criação, modificação e extinção dos mesmos, o que revigora a possibilidade da teoria da declaração nos contratos à distância, com a sua imediatidade.

[963] BEVILAQUA, Clovis. *Direito das obrigações: edição histórica*. 1ª ed. 1895. Campinas – São Paulo, Editora Red Livros, 2000, p. 235.

Adotada esta teoria, a aceitação passa a ter um caráter instantâneo ao momento de expressão da vontade do tomador, significando efetiva vantagem cronológica em favor deste, que contaria, desde logo, com a cobertura securitária.

De outra parte, poderia oferecer prejuízo à Seguradora. Como questionou Clóvis: Quem garante que a resposta seria expedida para a seguradora? Em caso negativo, a seguradora estaria suscetível à simulação. Dessa maneira, também nos parece reprovável a teoria da declaração, na medida em que não garante a plena exteriorização da vontade, que pode ficar restrita ao espaço do suposto declarante.

Vale observar que não há unidade nessa formulação de regras ou critérios definidores do momento de formação do contrato[964]. As nações preservam suas tradições, sujeitando a formação do contrato de seguro às exigências que lhe são próprias.

A Espanha possui previsão na Lei de Contrato de Seguros – Ley 50/1980. A matéria, que era regida pelo Código de Comércio de 1885 (arts. 380-428) e, em parte, pelo Código Civil (art. 1791-1797), passou a receber um tratamento legislativo mais adequado às exigências dos usos e técnicas da atividade seguradora.

Embora o art. 1.267 do Código civil espanhol preveja que a formação do contrato por carta se dá a partir do momento que a aceitação chega ao proponente, adotando a teoria da cognição e, de outro lado, o Código de Comércio, em seu art. 54, se vincule à teoria da emissão, privilegiando a celeridade das transações mercantis[965], há que se compreender a formação do contrato de seguro a partir da interpretação sistemática da LCS, e não cotejando, isoladamente, as regras contraditórias destes dois códigos da Espanha.

Na LCS, observa Fernando Sanches Calero, procurou-se um esquema contratual nos moldes do art. 1.262 do Código Civil espanhol, segundo o qual, para formar-se o contrato, deve concorrer oferta e aceitação, independentemente

[964] Sobre a inexistência de unanimidade quanto ao momento de formação do contrato, Ronaldo Alves de Andrade refere que na Itália vigora a teoria da recepção; e o mesmo ocorre na doutrina francesa. In. ANDRADE, Ronaldo Alves de. *Contrato eletrônico no novo Código Civil e no Código do Consumidor.* Barueri – SP: Manole, 2004, p. 44 e 45.

[965] Nesse sentido: URIA, Rodrigo. *Derecho mercantil.* 25ª ed., Madrid, Marcial Pons Ediciones Jurídicas y Sociales, 1998, p. 643. JIMÉNEZ SÁNCHEZ, Guillermo J. (Coordinador) *Leciones de Derecho Mercantil* – 4ª Ed. Madrid, Tecnos,1999, p. 300. SÁNCHEZ CALERO, Fernando (Director), Javier Tirado Suárez, Alberto Javier Tápia Hermida y José Carlos Fernández Rozas. *Ley de contrato de seguro.* Pamplona, Editora Aranzadi, 1999. p. 47.

de a iniciativa partir do segurador ou tomador. Observa o autor que o artigo 6º do anteprojeto de 1970 sofreu reformas supressivas, de maneira a proteger o tomador. Resultaram na redação original do art. 6º, no sentido de dar tempo ao tomador, para refletir sobre as condições do contrato.

Comenta que a proposta ou solicitação de seguro feita pelo tomador é um convite ao segurador contratar, na qual são fornecidos os dados referentes ao tomador e ao risco. Em posse destes dados, caso o segurador faça uma proposta ao tomador, esta é irrevogável durante o prazo de 15 dias.

Pela Lei espanhola o tomador terá o prazo de 15 dias, ou seja, tempo razoável para estudar se aceita as condições do contrato redigidas pelo segurador, aderindo a elas, podendo desistir ou solicitar nova proposta em caso de discordância com os termos definidos pelo segurador [966]. No sistema da LCS é peculiar um esquema de formação progressiva do contrato, podendo haver casos em que a contratação é imediata, como nos seguros de viagem ou automóvel, sobretudo nos casos em que o tomador adquire um veículo e pretende trafegar com a garantia contratada.

A contratação por meios eletrônicos também passou a ter relevo e difusão. Além do prazo de 15 dias, definido no art. 6 da LCS, no caso de contrato por meios eletrônicos, deve-se observar a transposição da Diretiva 2002/65/CE[967] – sobre comercialização à distância de serviços financeiros prestados a consumidores (internet – telefone – fax), e que altera as Diretivas 90/619/CEE do Conselho, 97/7/CE e 98/27/CE.

Referida Diretiva, conforme o art. 2º, alíneas "a" e "b", define um prazo de reflexão de 14 dias para rescindir o contrato, sem indicação de motivo ou penalidade, e 30 dias para seguro de vida e pensões individuais, além de fixar exigências de informações prévias e proteção contra serviços não solicitados.

Em Portugal, sobre a celebração do contrato, o art. 27º, 1 do Decreto-Lei n.º 72/2008, que dispõe sobre a formação contratual, inclusive no silêncio do segurador, desde que vinculada à uma proposta originada por este:

> *"Art. 27º ...*
>
> *1 – O contrato de seguro individual em que o tomador do seguro seja uma pessoa singular tem-se por concluído nos termos propostos em caso de silêncio do segurador durante 14 dias contados da recepção de proposta do tomador do seguro feita em impresso do próprio segurador, devidamente preenchido, acompanhado dos*

[966] SÁNCHEZ CALERO, Fernando. Ob. cit. p.137/138.

[967] Portugal: Decreto-Lei n. 24-2014, de 14 de fevereiro; Alemanha: BGB, Lei de 30 mar-2000.

documentos que o segurador tenha indicado como necessários e entregado ou recebido no local indicado pelo segurador. 2 – O disposto no número anterior aplica-se ainda quando o segurador tenha autorizado a proposta feita de outro modo e indicado as informações e os documentos necessários à sua completude, se o tomador do seguro tiver seguido as instruções do segurador. 3 – O contrato celebrado nos termos dos números anteriores rege-se pelas condições contratuais e pela tarifa do segurador em vigor na data da celebração. 4 – Sem prejuízo de eventual responsabilidade civil, não é aplicável o disposto nos números anteriores quando o segurador demonstre que, em caso algum, celebra contratos com as características constantes da proposta."

Admite-se a formação do contrato no silêncio do segurador. Todavia, perante uma proposta deste, não se admitindo os mesmos efeitos para propostas de características distintas das definidas pelo segurador.

Ainda no modelo português, é oportuna a doutrina de Antônio Menezes Cordeiro sobre as hipóteses de proposta e contraproposta, e comentários segundo os quais a primeira nem sempre sai completa do tomador, pois, pode depender da definição de garantias pelo segurador, circunstâncias que exigirão uma nova aceitação por parte do tomador[968].

Por fim, são elemento que giram em torno à proposta e aceitação. Via de regra, fala-se de proposta e apólice de seguro, documentos típicos cuja emissão e recepção produzem efeitos no mundo jurídico.

3.6 Contrato internacional de seguro

O contrato internacional de seguro, na definição de Fernando Sánchez Calero, é aquele que possui elementos estrangeiros em seu contexto:

> *"cualquiera de los elementos personales, reales o formales y circunstanciales del contrato sea extranjero respecto de los demás"* [969].

[968] CORDEIRO, António Menezes. *Direito dos seguros*. Op. cit. p. 706.

[969] Veja-se: SÁNCHEZ CALERO, Fernando. *Comentarios al codigo de comercio y legislación mercantil especial*. Dirigido por Miguel Matos y Manuel Albaladejo. Tomo XXIV, Ley de Contrato de Seguro, Vol. 1º Artículos 1 a 44, comentados por Fernando Sanchez Calero – Catedrático de Derecho Mercantil y Francisco Javier Tirado Suarez – Profesor Titular de Derecho Mercantil y de Derecho de Seguro Privado y Seguros Sociales. Editorial Revista de Derecho Privado, Editoriales de Derecho Reunidas, 1984, p. 51.

Leva-se em conta seus elementos constitutivos no sentido de que, havendo mais de uma ordem jurídica na relação entre estes, trata-se de contrato internacional [970].

No contexto transnacional, as leis do seguro de cada país convivem com as normas de Direito internacional e interno, ao lado das leis de contratos à distância, ou por condições gerais, além das modernas normas do direito eletrônico, segundo o regime incorporado na ordem interna das nações.

A questão da harmonização das leis de direito interno e internacional merece relevo, especialmente do ponto de vista de matérias sensíveis como é o contrato de seguros [971].

[970] Sobre a classificação contrato interno e contrato internacional vide: STRENGER, Irineu. *Contratos internacionais do comércio.* 3ª ed. Revista e ampliada. São Paulo, Editora LTr., 1998, p. 29-31.

[971] Quanto à sujeição dos Estados à ordem internacional e o regime de incorporação desta ao Direito Interno, veja-se: Brasil – A Constituição estabelece a competência privativa do Presidente da República para celebrar tratados, convenções e atos internacionais, *ad referendum* do Congresso Nacional (art. 84, III); Tratados sobre direitos humanos são de aplicação imediata «*self-executing*», por força do art. 5º, parágrafos primeiro e segundo da Constituição Federal. No art. 49, fica estabelecido que tratados, acordos ou atos internacionais que acarretem compromissos gravosos sujeitam-se à competência exclusiva do Congresso Nacional. Recentemente, foi incorporado um novo parágrafo ao art. 5º, através da Emenda Constitucional n. 45, de 8 de Dezembro de 2004, que dispõe: "§ 3º *Os tratados e convenções internacionais sobre direitos humanos que forem aprovados, em cada Casa do Congresso Nacional, em dois turnos, por três quintos dos votos dos respectivos membros, serão equivalentes às emendas constitucionais.*" Espanha – Constituição, art. 94 cuida da prévia autorização das "*Cortes Generales*" e informação ao Congresso e Senado, para que o Estado possa obrigar-se; o art. 96 dispõe sobre a publicação e eficácia interna: "*Los tratados internacionales válidamente celebrados, una vez publicados oficialmente en España, formarán parte del ordenamiento interno. Sus disposiciones sólo podrán ser derogadas, modificadas o suspendidas en la forma prevista en los propios tratados o de acuerdo con las normas generales del Derecho internacional.*"; e, o art. 97 prevê para denúncia dos tratados as mesmas regras que para sua aprovação, contidas no mencionado art. 94 da Constituição. O art. 149, 1, 2º que prevê a competência exclusiva do Estado em temas de relações internacionais. Código Civil, "art. 1, 5 *Las normas jurídicas contenidas en los tratados internacionales no serán de aplicación directa en España en tanto no hayan pasado a formar parte del ordenamiento interno mediante su publicación íntegra en el Boletín Oficial del Estado*", veja-se: Capítulo IV Código Civil. Portugal: O art. 7º cuida, entre outros da consagração do princípio da igualdade entre os Estados e do empenho no fortalecimento de laços europeus em prol do desenvolvimento econômico; o art. 8º da Constituição da República Portuguesa dispõe: 1 – que as normas e os princípios de direito internacional geral ou comum fazem parte integrante do direito português, 2 – que as normas constantes de convenções internacionais regularmente ratificadas ou aprovadas vigoram na ordem interna após a sua publicação oficial e enquanto vincularem internacionalmente o Estado português, e 3 – que as normas emanadas de organizações internacionais de que Portugal faça parte vigoram diretamente na ordem interna, desde que assim disponham os respectivos tratados constitutivos. Itália: o art. 10 da Constituição refere que o ordenamento jurídico italiano não conflita com as normas de direito internacional, geralmente reconhecidas; art. 80 – as Câmaras autorizam mediante lei a ratificação de tratados

No contexto transnacional é comum a superposição de normas com eficácias distintas, em forma de recomendação, outras de caráter imperativo ou supletivo, sendo que a força dos tratados pode seguir sistemáticas distintas.

Essa estruturação de normas pode oferecer dificuldades[972] em licenças governamentais para a atividade seguradora; controle administrativo; lei aplicável; competência jurisdicional ou arbitral; idioma; moeda; etc., sendo comum tais matérias serem levadas ao domínio reservado, no âmbito das escolhas de cada nação.

Some-se uma série de cautelas na formação dos contratos internacionais de seguro, baseadas na reciprocidade, não discriminação e ampliação da oferta e da qualidade de bens e serviços.

internacionais de natureza política que preveem arbitragens ou regulamentos judiciários, ou que comportem variações de territórios ou ônus às finanças ou modificações de leis. É o Presidente da República que acredita representantes diplomáticos e ratifica tratados internacionais, com autorização da Câmera (art. 87) Argentina: segundo o art. 27 da Constituição Argentina, o Governo federal se obriga a afiançar relações de paz e de comércio com as potências estrangeiras, por meio de tratados que estejam em conformidade com os princípios de Direito público estabelecidos na Constituição. O art. 31 recepciona os tratados com países estrangeiros como *"ley suprema de la Nación"*, com primazia sobre as leis de Direito interno. No art. 75, 13 – atribui competência ao Congresso para regular o comércio com nações estrangeiras e das províncias entre si. No inc. 24, do art. 75, também fica sob a competência do Congresso a aprovação de tratados de integração, conferindo à estes hierarquia superior à das leis. Além destes, o art. 124 da Constituição Argentina confere competência às províncias para celebrar convênios internacionais «*treaty making power* », desde que mantenham compatibilidade com a política exterior do país. França: na França nos artigos 52 a 55 da Constituição. A competência para negociar e ratificar tratados é do Presidente da República, que deve ser informado das negociações destinadas à celebração de qualquer acordo internacional, mesmo que não sujeito à ratificação. Tratados de paz, de comércio, relativos à organização internacional, que impliquem mudanças legislativas ou obrigações para as finanças do Estado, relativos ao estado das pessoas, ou territórios – cessão, troca ou anexação – devem ser ratificados por lei e só se tornam eficazes depois de ratificados e aprovados. No art. 54 fica previsto que, caso algum compromisso internacional comporte cláusula contrária à Constituição, a autorização para ratificação ou aprovação não poderá ser concedida antes da revisão constitucional. Ainda importa mencionar o art. 55 da Constituição francesa, o qual refere que os tratados regularmente ratificados e aprovados possuem, desde a sua publicação, autoridade superior à das leis, sob reserva, em cada caso, de aplicação pela outra parte.

[972] O professor François Rigaux destaca quatro tipos de conflitos próprios do Direito internacional privado: de nacionalidade; da condição de estrangeiro; conflitos de autoridades e de jurisdição; e conflitos de leis RIGAUX, François. *Derecho internacional privado. Parte general.* Traducción y adaptación al Derecho español por Alegria Borras Rodríguez. Madrid: Editorial Civitas, 1985, p. 99.

Na Ordem Internacional, ressalvados os casos de «*ação relativa a ameaças à paz* [973]», como nos embargos comerciais, busca-se evitar barreiras ao livre mercado.

Desde a Constituição da Organização das Nações Unidas, passando pela Rodada do Uruguai, de 1986 a 1994, que originou a Organização Mundial do Comercio – OMC; o Acordo Geral sobre Comércio de Serviços – GATS[974]; concretizam-se importantes ações no sentido da ampliação de mercados, redução de barreiras e maior oferta aos consumidores de produtos e serviços, inclusive serviços financeiros, onde se inclui o contrato internacional de seguro.

A contenção das políticas e atos de integração, salvo por relevante motivo de segurança nacional, nos parece um retrocesso no contexto da liberdade econômica e no concerto ou pacto das nações.

Na União Europeia e no conjunto de tratados que lhe originaram, o *escopo*[975] é o mesmo. Entre outros objetivos, a expansão e abertura de mercados, e a liberdade de estabelecimento e prestação de serviços. Cuidam da livre circulação de pessoas, bens e serviços, como no Tratado de Roma, de 1980 [976]; o Tratado de Maastricht, de 1992, que consolida o mercado único[977]; e a cooperação sistemática entre os Estados e livre mercado no sistema de *"cooperação reforçada"* [978], e no Tratado de Nice [979].

[973] Artigos 41 e 42 da Carta das Nações, de 1945.

[974] Vide DIR 2002/65/CE – *"(32) A Comunidade e os Estados-Membros assumiram compromissos no âmbito do Acordo Geral sobre o Comércio de Serviços (GATS), da OMC, relativamente à possibilidade de os consumidores comprarem no estrangeiro serviços bancários e serviços de investimento. O GATS permite aos Estados-Membros adoptarem medidas por razões prudenciais, incluindo medidas de protecção dos investidores, dos depositantes, dos segurados ou das pessoas a quem um prestador de serviços financeiros preste um serviço desse tipo. Essas medidas não devem impor restrições superiores às necessárias à garantia da protecção dos consumidores."* DIRECTIVA 2002/65/CE DO PARLAMENTO EUROPEU E DO CONSELHO de 23 de Setembro de 2002 relativa à comercialização à distância de serviços financeiros prestados a consumidores e que altera as Diretivas 90/619/CEE do Conselho, 97/7/CE e 98/27/CE.

[975] *"Scopi delle Comunità europee"*, vide: CONFORTI, Benedetto. *Diritto internazionale*. Quinta edizione. Napoli: Editoriale Scientifica, 1999. 1ª edizione – 1976 (com il titolo: Appunti dalle lezioni di diritto internazionale), p. 159.

[976] No Tratado de Roma merecem referência, dentre outros, o art. 3º e o art. 61, 2, o qual prevê que liberalização dos serviços bancários e de seguros ligados a movimentos de capitais deve efetuar-se de harmonia com a progressiva liberalização da circulação dos capitais.

[977] Vale observar os princípios definidos nos artigos 2 e 3 do Tratado de Roma.

[978] Em comentários sobre *"la cumbre de Niza"* e seu sistema de cooperação reforçada vide: DROMI SAN MARTINO, Laura. *Derecho constitucional de la integración*. Marcial Pons/Ciudad Argentina/ Servicio de Publicaciones – Facultad de Derecho Universidad Complutense, Madrid – Buenos Aires, 2002, p. 161.

[979] Disposições sobre livre mercado, art. 5 a 8 (emendas modificativas nos arts. 100. 111 e 123, 133 de Maastricht).

Na UE existem diretivas próprias à integração do contrato de seguro e sua harmonização legislativa em matéria de coordenação das disposições legais, regulamentares e administrativas, inclusive sobre reservas técnicas, solvência, agências ou sucursais, etc.[980]. Ainda merecem referência Diretivas relativas à harmonização do seguro de responsabilidade civil de veículos automóveis [981]; à livre prestação de serviços nas atividades do agente e corretor de seguro [982]. Outras cuidam de coordenação em matéria de cosseguro comunitário [983]; seguros de crédito e caução[984]; seguro de crédito à exportação[985]; sobre contas das empresas seguradoras[986].

980 DIR 73/239/CE, de 24 de julho de 1973 – Coordenação das disposições legais, regulamentares e administrativas relativas ao acesso à atividade de seguro direto, não-vida e ao seu exercício; DIR 76/580, de 29 de junho de 1976, também sobre acesso à atividade de seguro não vida e seu exercício; DIR 79/267/CE, de 5 de março de 1979, relativa à coordenação das disposições legais, regulamentares e administrativas respeitantes ao acesso à atividade de seguro direto de Vida e seu exercício; DIR 87/343/CE, de 22 de junho de 1987; sobre seguro de crédito e caução e também sobre acesso à atividade de seguro direto de vida; DIR 84/641/CE, de 10 de dezembro de 1987, relativa a assistência turística e disposições sobre acesso à atividade de seguro direto de vida; DIR 88/357/CE, de 22 de junho de 1988, que altera a DIR 73/239/CE, com disposições regulamentares e administrativas de seguro direto não- vida; DIR 90/618/CE, de 8 de novembro de 1990; sobre RC auto e seguro direto não vida; DIR 90/619/CEE, de 9 de novembro de 1990, sobre disposições legais, regulamentares e administrativas relativas a seguro direto de vida e que também dispõe sobre a facilitação do exercício da livre prestação de serviços; DIR 92/49/CE, de 18 junho, de 1992, que modifica as DIR 73/239/CE e 88/357/CE; DIR 92/96/CE, de 10 de novembro de 1992. DIR 95, DE 29 de junho de 1995, relativa a seguro de vida e não vida;

981 DIR 72/166/CEE, de 24 de abril de 1972, sobre responsabilidade civil resultante da circulação de veículos automotores; DIR 72/430/CEE, de 19 de dezembro de 1972 também sobre RC auto e sua fiscalização; DIR 84/5/CEE, de 30 de dezembro de 1983, relativa à aproximação das leis dos Estados-membros em matéria de RC auto; DIR 90/232/CEE, de 14 de maio de 1990, sobre aproximação das legislações dos Estados-membros em seguro de responsabilidade civil relativo à circulação de veículos automotores; DIR 90/618/CEE, de 8 de novembro de 1990; sobre RC auto e seguro direto não vida; DIR 91/323/CE, de 30 de maio de 1991, aproximação das legislações de RC auto e fiscalização da obrigação de segurar; DIR 2000/26/CEE, de 16 de maio de 2000, sobre aproximação das leis de RC veículos entre os Estados-membros.

982 DIR 77/92/CEE, de 13 de dezembro de 1976, que, com base nos artigos 49, 57, 66 e 235 do Tratado que instituiu a União Europeia, facilita a liberdade de estabelecimento e a livre prestação de serviços nas atividades de agente e corretor de seguros.

983 DIR 78/473/CEE, sobre coordenação em matéria de cosseguro comunitário.

984 DIR 87/343/CEE, de 22 de junho de 1987; sobre seguro de crédito e caução e também sobre acesso à atividade de seguro direto de vida.

985 DIR 98/29/CEE, de 7 de maio de 1998, relativa a harmonização das principais disposições aplicáveis ao seguro de crédito à exportação.

986 DIR 91/674/CEE, de 19 de dezembro de 1991, relativa às contas das empresas de seguros. DIR 98/78/CEE, de 27 de outubro de 1998, relativa à fiscalização complementar de empresas de seguros que fazem parte de um grupo segurador. DIR 2001/17/CEE, de 19 de março de 2001, relativa ao saneamento e à liquidação das empresas de seguro.

De forma condizente com a evolução tecnológica e suas necessidades, existem Diretivas relativas ao emprego dos meios eletrônicos[987] e venda à distância, garantindo maior liberdade de escolha aos consumidores e um elevado nível de proteção, inclusive com relação à privacidade e o respeito no tratamento de dados pessoais[988].

Também no contexto dos tratados internacionais, vale referir o NAFTA - "*North American Free Trade Agreeement*" - em vigor em 1º de janeiro de 1994, cujo objeto estabeleceu uma zona de livre comércio entre Estados Unidos, México e Canadá, a qual dedica comitês especializados em assuntos financeiros (capítulo IX), telecomunicações (capítulo VIII do Tratado).

Essa integração teve início com o resseguro, cuja natureza preponderantemente internacional teria impulsionado a Diretiva 64/225/CEE, de 25 de fevereiro de 1964. Sucederam-se a liberdade de estabelecimento das seguradoras comunitárias em outro estado-membro; a quebra de obstáculos à livre prestação de serviços e um processo de mercado único de seguro [989]. Nesta terceira fase, a União Europeia consolida a "*autorização administrativa única*"[990].

Em outros blocos econômicos não se conhece níveis tão elevados de integração. Existem, todavia, importantes passos nesse sentido da expansão de mercados e serviços para outras nações.

Na Área de Livre Comércio das Américas - ALCA, que inclui mais de 30 países da América, tem-se por objeto níveis crescentes de investimentos e comércio de mercadorias, bens e serviços, com abertura de mercados, regras claras e estáveis; e infraestrutura que propicie o desenvolvimento.

Mais relacionado ao seguro e à tecnologia da informação, o art. 8° da Terceira Minuta de Acordo da ALCA, prevê a cooperação em matéria regulatória e a convergência ou a equivalência dos regulamentos e normas técnicas.

[987] DIR 1999/93/CEE, de 13 de dezembro de 1999, relativa a um quadro legal comunitário para assinaturas eletrônicas; DIR 2002/58/CEE do Parlamento Europeu, de 12 de Julho de 2002, relativa a dados pessoais e à proteção da privacidade no setor das comunicações eletrônicas. DIR 2002/65/CEE, de 23 de setembro de 2002, relativa à comercialização à distância.

[988] Veja-se: Regulamento (UE) 2016/679 do Parlamento Europeu e do Conselho de 27 de abril de 2016, relativo à proteção das pessoas singulares no que diz respeito ao tratamento de dados pessoais e à livre circulação desses dados e que revoga a Diretiva 95/46/CE (Regulamento Geral sobre a Proteção de Dados) (JO L 119 de 4.5.2016, p. 1). Brasil: Lei n. 13.709-2018, que dispõe sobre a proteção de dados pessoais e altera a Lei n. 12.965, de 2014, que instituiu o Marco Civil da Internet.

[989] FERNANDES ROZAS, José Carlos; FUENTES CAMACHO, Victor e CRESPO HERNÁNDEZ, Ana. In. *Ley de contrato de seguro*. Fernando Sánchez Calero (Director), Javier Tirado Suárez, Alberto Javier Tapia Hermida y José Carlos Fernández Rozas. Pamplona, Editora Aranzadi, 1999, p. 1910.

[990] Op. Cit. p. 1911.

Cuida, ainda, de diretriz para que as partes desenvolvam e aperfeiçoem seus centros e sistemas de informação, conforme o art. 12.1 – Terceira Minuta ALCA – de 21 de novembro de 2003 [991].

A constituição do MERCOSUL, um dos marcos de integração na América Latina, teve reflexos na expansão da oferta de serviços e na demanda por informação ágil e segura. Desde o tratado de Assunção, firmado em 31 de dezembro de 1994, passando pelo Protocolo de Ouro Preto, de 17 de dezembro do mesmo ano, a aproximação de leis tem resultado na possibilidade de empresas binacionais, a partir do Tratado firmado em 6 de julho de 1990 [992]. Também, foi criado um sistema para solução de conflitos – Protocolo de Brasília, de 17 de dezembro de 1991, entre outros marcos de integração.

Sobre a abertura de mercados, merece referência o Acordo Internacional de Cooperação entre União Europeia e Mercosul, firmado em 15 de dezembro de 1995, em Madrid. Há exemplos de integração econômica e sobre seguros na *Liga dos Estados Árabes,* de 22 de março de 1945; na Comunidade Econômico Africana – CEA, cujo tratado constitutivo de Abujama – Nigéria, é de 1991; Mercado Comum Centroamericano – MCCA, que nasceu de uma série de tratados bilaterais; Mercado Comum do Caribe – CARICOM, criado pelo Tratado de Charaguamas, de 4 de julho de 1973; Comunidade Andina, decorrente do Pacto Andino, de 1960; Associação Latino Americana de Integração (ALADI), subscrita em 18 de fevereiro de 1960, em Montevideo e, mais tarde com o tratado de Montevideo de 12 de agosto de 1980 [993].

Em matéria de comércio eletrônico eventuais deficiências legislativas podem ser superadas pela incorporação de Tratados Internacionais, assim como pelas soluções das Leis Modelo da UNCITRAL sobre comércio eletrônico e firmas eletrônicas. Em face de eventual lacuna, estas podem ser dirimidas no âmbito da iniciativa das partes, devendo-se observar que a personalidade jurídica é conferida segundo as leis de cada país[994].

Nos contratos internacionais há maior liberdade às partes, ambiente em que são também difundidos o resseguro e cosseguro, além dos seguros de

[991] Vide Site Institucional: http://www.ftaa-alca.org/.

[992] Em importante obra sobre avanços do Mercosul, o Prof. Roberto Bloch, comenta sobre "Empresa Binacional" e a Ley 23.935, sancionada em 18 de abril de 1991, na Argentina. BLOCH, Roberto. *La construcción del Mercosur – la evolución de un nuevo actor en las relaciones internacionales.* Editorial Duplicar, 2003, p. 6.

[993] Sobre estes tratados vide DROMI, Roberto. *Derecho administrativo.* 10ª edición, Buenos Aires – Madrid: Editorial Ciudad Argentina, 2004, p. 802 a 804.

[994] Código Bustamante, art. 176.

grandes riscos. Nesses a imperatividade de determinadas normas é relativa em contratos internacionais, especialmente quando as partes podem eleger a lei de outro país, por vezes desprovida de caráter imperativo [995].

Assim, a formação do contrato de seguros sujeita-se às leis de seguro e à superposição de normas nos contratos internacionais, circunstância inerente à integração econômica das nações. Trata-se de um ambiente transnacional em que se estende a regra universal da reciprocidade, sendo que seu *background* gira no contexto da autonomia privada, da capacidade das partes e interdependência dos povos[996].

3.7 Prescrição

A influência do tempo sobre o direito permite compreender o momento em que se realizam os acontecimentos e suas consequências jurídicas; e o seu decurso pode confirmar ou desfazer essas relações ou direitos.

Nesse contexto a prescrição atua como solução de segurança jurídica, estabilizando o exercício das pretensões patrimoniais. A regra geral do Art. 189 do Código Civil assim dispõe:

> C.C. – "Art. 189. Violado o direito, nasce para o titular a pretensão, a qual se extingue, pela prescrição, nos prazos a que aludem os arts. 205 e 206."

Prescrição é matéria de ordem pública[997], imposta pela necessidade de certeza nas relações jurídicas, sendo que seus prazos não podem ser alterados pelas partes[998]. Segundo Clóvis Bevilaqua[999], deve atender a dois requisitos: a negligência ou inação do titular do direito e o decurso do tempo.

[995] Neste sentido: SÁNCHEZ CALERO, Fernando (Director), Javier Tirado Suárez, Alberto Javier Tapia Hermida y José Carlos Fernández Rozas. *Ley de contrato de seguro*. Pamplona, Editora Aranzadi, 1999, p. 58.

[996] Sobre independência das partes vide: MACKELDEY, F. *Elementos del Derecho Romano que contienen La Teoria de la Instituta precedida de uma Introdución al estudio del mismo Derecho*. Cuarta Edición Corregida. Madrid: Libraria Leocadio López, Cármen 13, 1886, p. 237

[997] BEVILAQUA, Clovis. *Código civil dos Estados Unidos do Brasil, comentado por Clovis Bevilaqua*. Op. cit. p. 438. KULLMANN, Jérôme. "... *le recurs à las notion d'odre public es ici essencitel.*" *La presciprion. Traité de droit de assurances. Tome 3. Sous la Direction de Jean Bigot*. Op. cit. p. 1313 e 1316.

[998] Brasil: C.C. Art. 192. Os prazos de prescrição não podem ser alterados por acordo das partes.

[999] Veja-se: BEVILAQUA, Clovis. *Teoria geral do direito civil*. Op. cit. p. 308.

No Brasil, a pretensão do segurado ou tomador para exigir a prestação do segurador sujeitam-se ao prazo legal de um ano[1000], de acordo com o art. 206, § 1º, II do C.C. Assim, para o segurado ou tomador é de um ano a pretensão condenatória de receber a garantia contratada em caso de sinistro.

Para o beneficiário o Código prevê o prazo trienal para exercer a pretensão contra o segurador[1001].

Antes do novo Código Civil era comum a jurisprudência valer-se do antigo art. 178, § 1º, II, do C.C. e da Súmula 101 do Superior Tribunal de Justiça quando o prazo de prescrição da ação de indenização do segurado contra o segurador era de um ano. O beneficiário, segundo a jurisprudência, estaria na categoria das ações pessoais, que prescreviam em vinte anos, segundo o antigo art. 177, do Código Civil de 1916[1002].

Esse período de prescrição mais delongada fazia sentido no século passado, quando a informação não era tão fluida como nos dias atuais, razão pela qual os prazos prescricionais foram reduzidos substancialmente, sendo que a prescrição geral máxima foi reduzida para dez anos.

Mais recentemente, confirmando-se o conceito de prescrição como matéria de ordem pública, pode ser declarada de ofício pelo juiz, revogando-se o antigo art. 166 do Código Civil de 1016. O art. 487, do CPC considera matéria apreciável *"ex officio"* pelo juiz singular. Mesmo havendo norma similar no CPC/73, o novo Código ressalva o princípio do contraditório, no sentido de o magistrado não proferir a decisão sem a prévia manifestação das partes[1003].

Não se entende que a mesma faculdade exista com esta amplitude frente aos tribunais superiores, cuja competência pressupõe reexaminar a matéria, que deveria ter sido suscitada no contexto do julgamento revisado[1004].

[1000] França: *"Principes généraux de la prescription de deux ans. L. 114-1"*.

[1001] Em comentários ao referido artigo, veja-se: CAHALI, Yussef Said. *Prescrição e decadência*. São Paulo. Editora Revista dos Tribunais, 2008. p. 149.

[1002] Brasil – Superior Tribunal de Justiça – STJ – REsp 591827/SP; RECURSO ESPECIAL 2003/0164457-6, Rel. Ministro BARROS MONTEIRO; Quarta Turma, Julgamento em 08/11/2005. Publicação Oficial DJ 19.12.2005 p. 418.

[1003] Brasil: CPC – "Art. 487. Haverá resolução de mérito quando o juiz: II – decidir, de ofício ou a requerimento, sobre a ocorrência de decadência ou prescrição;" Parágrafo único. Ressalvada a hipótese do § 1º do art. 332 , a prescrição e a decadência não serão reconhecidas sem que antes seja dada às partes oportunidade de manifestar-se."

[1004] Brasil: CF – "Art. 102. Compete ao Supremo Tribunal Federal, precipuamente, a guarda da Constituição, cabendo-lhe: III – julgar, mediante recurso extraordinário, as causas decididas em única ou última instância, quando a decisão recorrida:" Art. 105. Compete ao Superior Tribunal de

No caso, vale a diferenciação entre os recursos aos tribunais superiores com objeto de cassação ou revisão, sendo apreciável a prescrição nos casos de juízo de revisão, que permite o julgamento integral da matéria examinada. Leva-se em conta que nas demais hipóteses é vedado ao STJ julgar matéria não decidida. No caso, aplica-se a Súmula 211 do STJ[1005].

De todo o modo, a prescrição pode ser alegada pela parte a quem interessa, em qualquer grau de jurisdição. Assim dispõe o art. 193 do CPC, alargando essa possibilidade às diversas instâncias[1006].

Entende-se que pode haver suspensão ou interrupção do prazo prescricional segundo a casuística deste contrato, que é ampla, encontrando-se acórdãos em ambos os sentidos no STJ, a quem compete a revisão de lei federal. O fato é que existem situações particulares nesses contratos que impedem o exercício do direito de ação, notadamente as providências de análise e regulação de sinistros que, em riscos mais complexos, podem demandar tempo e estudos especializados[1007].

É relevante a Súmula 229 do STJ que considera a suspensão do prazo consumido pelo segurador para analisar a liquidação do sinistro, o que pode levar tempo, inclusive nos casos de sinistros continuados, que possam apresentar danos sucessivos. Assim, suspende-se o prazo até que o segurado tenha uma decisão estável sobre a negativa de indenização.

Também merece destaque a jurisprudência da Terceira Turma do STJ, colacionada pelo Dr. Voltaire Marensi, onde comenta a contagem do prazo prescricional em contrato por telefone, sendo que o termo inicial se deu a partir da remessa da apólice ao segurado, em razão do dever de informar o consumidor sobre os termos do contrato[1008].

Destacam-se algumas Súmulas do Superior Tribunal de Justiça sobre prescrição em matéria de contrato de seguro:

Justiça: I – processar e julgar, originariamente: III – julgar, em recurso especial, as causas decididas, em única ou última instância, pelos Tribunais Regionais Federais ou pelos tribunais dos Estados, do Distrito Federal e Territórios, quando a decisão recorrida:"

1005 Brasil: STJ – "Súmula 211 – Inadmissível recurso especial quanto à questão que, a despeito da oposição de embargos declaratórios, não foi apreciada pelo Tribunal a quo."

1006 Brasil: C.C. "Art. 193. A prescrição pode ser alegada em qualquer grau de jurisdição, pela parte a quem aproveita."

1007 Argentina: *"La Corte Suprema de La Nación há efectuado una aplicación amplia del art. 3986, CCiv., habiendo declarado que la causal de suspención allí contenida se aplica incluso en matéria comercial." Corte Sup., 3/12/1991 – "Cornes, Guillermo J.J. v. Massduh SA".*

1008 MARENSI, Voltaire Giavarina. *O seguro a vida e sua modernidade.* Op. cit. p. 303-310.

STJ – "SÚMULA 101 - A ação de indenização do segurado em grupo contra a seguradora prescreve em um ano. Data da Publicação – DJ 05.05.1994 p. 10379"

STJ – "SÚMULA 106 - Proposta a ação no prazo fixado para o seu exercício, a demora na citação, por motivos inerentes ao mecanismo da justiça, não justifica o acolhimento da arguição de prescrição ou decadência. Data da Publicação – DJ 03.06.1994 p. 13885"

STJ – "SÚMULA 229 – O pedido do pagamento de indenização à seguradora suspende o prazo de prescrição até que o segurado tenha ciência da decisão. Data da Publicação – DJ 20.10.1999 p. 49"

STJ – "SÚMULA 278 – O termo inicial do prazo prescricional, na ação de indenização, é a data em que o segurado teve ciência inequívoca da incapacidade laboral. Data da Publicação – DJ 16.06.2003 p. 416"

STJ – "SÚMULA 405 – A ação de cobrança do seguro obrigatório (DPVAT) prescreve em três anos. Data da Publicação – DJ-e 24-11-2009."

Além dos casos de suspensão ou interrupção, também pode haver certa confusão entre a aplicabilidade do art. 206, § 1º do Código Civil[1009], ou do Código de Defesa do consumidor, para o defeito de serviços.

Certamente, a casuística é rica e merece ser considerada a cada circunstância singular. De todo o modo tem sido majoritária a preferência pela prescrição especial do seguro do que a do Código de Defesa do Consumidor[1010].

Com relação ao seguro de responsabilidade civil, comenta Yuseff Said Cahali, o art. 206, § 1º, II, "a" define o prazo prescricional de um ano, contado da data em que o segurado é citado para a ação interposta pelo terceiro

[1009] Brasil: "Art. 206. Prescreve: § 1º Em um ano: I – a pretensão dos hospedeiros ou fornecedores de víveres destinados a consumo no próprio estabelecimento, para o pagamento da hospedagem ou dos alimentos; II – a pretensão do segurado contra o segurador, ou a deste contra aquele, contado o prazo. a) para o segurado, no caso de seguro de responsabilidade civil, da data em que é citado para responder à ação de indenização proposta pelo terceiro prejudicado, ou da data que a este indeniza, com a anuência do segurador; b) quanto aos demais seguros, da ciência do fato gerador da pretensão;' [...].

[1010] Neste sentido: CAHALI, Yussef Said. *Prescrição e decadência*. São Paulo. Editora Revista dos Tribunais, 2008. p.p. 146-147.

prejudicado, ou da data em que indeniza, quando expressamente autorizado pelo segurador[1011].

Do ponto de vista da sub-rogação do segurador, nos casos de ações regressivas, tem se considerado como ação indenizatória autônoma, e não como ação de cobrança de seguro. Portanto, a ação regressiva sujeita-se à incidência da prescrição comum de três anos, conforme o art. 206, § 3º, V do Código Civil.

Nos seguros de danos sabe-se que, com o pagamento da indenização pelo segurador, este sub-roga-se[1012] nos direitos do segurado, para reclamar do causador dos danos.

Esse efeito translativo, todavia, não permite confundir a pretensão do segurado, que cobra do segurador, com a pretensão deste frente ao terceiro, que não se submete à prescrição ânua[1013], mas à prescrição trienal. Nesse sentido, Yuseff Said Cahali ainda comenta que, na sistemática do Código anterior, a prescrição era vintenária, considerando a natureza pessoal do crédito. E, vale dizer que, antes disso, existiam prazos de 30 e 40 anos.

No sistema anterior, na vigência do Código Civil de 1916, segundo a redação de seu art. 177, parágrafo 6º, inciso II, a data em que o segurado tomava ciência do sinistro era o marco inicial da contagem do prazo prescricional. Dessa forma, o prazo era suspenso a partir do pedido de indenização à seguradora e recomeçava somente após a ciência, pelo segurado, da negativa de cobertura.

Atualmente, passou-se a considerar que o "*dies a quo*" se dá com fato violador do direito do segurado, a partir da negativa da seguradora em pagar pela cobertura contratada. Recentemente a Terceira Turma do STJ, no relatório da Ministra Nancy Andrighi, definiu o termo inicial do prazo prescricional a partir da ciência do segurado sobre a negativa da cobertura pelo segurador. (STJ - REsp 10.970.111). A matéria ainda merece observar o dever de informar o sinistro na primeira oportunidade, para que não ocorra a perda de direitos, conforme o artigo 771 do C.C..

Antes da efetiva ciência da negativa do pagamento, não há pretensão resistida e, consequentemente, entende-se que se trata de um período de análise, cálculo ou liquidação de sinistro em que inexiste interesse processual, condição da ação prevista nos artigos 3º e 267, VI do CPC.

Como é sabido, o interesse processual corresponde à necessidade da tutela jurisdicional. Sem a negativa da indenização, o Segurado mantém a expectativa legítima de receber a garantia contratada. Assim, o interesse processual

[1011] Idem. Op. cit. p. 147.

[1012] Veja-se: Capítulo II, 2.3.8 – princípio da sub-rogação do segurador.

[1013] Neste sentido: CAHALI, Yussef Said. *Prescrição e decadência*. Op. cit. p. 153.

passa a existir a partir do momento em que o segurado vê frustrada a confiança na cobertura securitária[1014].

O tema envolve não somente o direito do seguro, como matéria de natureza processual, combinada às condições da ação e o direito ao devido processo legal, com diálogo de fontes.

No direito espanhol, os prazos prescricionais estão contidos no art. 23 da LCS 50/1980, que define dois anos para o seguro de danos e cinco para o seguro de pessoas[1015].

Na França, o *Art. L 114-1 do Code des Assurances* também prevê o prazo bienal[1016] para todas as ações decorrentes do contrato de seguro, fixando com dies a quo o evento que deu origem[1017].

No direito argentino o art. 58 da LS 17.418 prevê o prazo de um ano para as ações fundadas no contrato de seguro, computado desde que a obrigação se faz exigível, sendo que, em continuação, estabelece que para cobrar o prêmio, conta-se o vencimento a partir da última cota, devendo o tomador ser intimado do pagamento[1018]. A norma do art. 59 da Ley Argentina 14.418, igualmente, deixa claro que o prazo não pode ser abreviado.

A renúncia é admitida, de forma expressa ou tácita, desde que depois de consumada[1019]. Além disso, segundo o art. 191 do Código Civil, é válida desde que não prejudique direitos de terceiro.

Nesse esforço por segurança jurídica vale considerar que referidos prazos prescricionais, além das matérias de ordem pública e econômica, devem atentar para o equilíbrio do ônus que se atribui às partes, com zelo para as circunstâncias de vulnerabilidade e viabilidade do exercício do direito de ação.

[1014] Brasil: STJ – "O termo a quo para a contagem do prazo prescricional é a data em que a segurada teve conhecimento inequívoco da recusa do pagamento da indenização pela seguradora, quando, então, surge o direito de ação para o cumprimento coercitivo." (RESP 726.133-RJ, trecho do voto do relator, Min. Jorge Scartezzinni, j. 7.6.2005); "A partir da recusa ao pagamento da cobertura securitária surge o direito do segurado à ação contra a empresa seguradora." (RESP 242.745-MG, rel. Min. Antônio de Pádua Ribeiro, j. 2.12.2003).

[1015] Espanha: LCS 50/1980: *"Artículo 23. Las acciones que se deriven del contrato de seguro prescribirán en el término de dos años si se trata de seguro de daños y de cinco si el seguro es de personas."*

[1016] França: *Code des Assurances: "Art. L 114-1. Toutes actions dérivant d'un contrat d'assurance sont prescrites par deux ans à compter de l'événement qui y donne naissance."*

[1017] Em comentários ao princípio bienal do Code des Assurances veja-se: KULLMANN, Jérôme. *"... le recurs à las notion d'odre public es ici essencitel." La presciprion. Traité de droit de assurances. Tome 3. Sous la Direction de Jean Bigot.* Op. cit. p. 1323- 1325.

[1018] Sobre a prescrição na Argentina: SAAVEDRA, Domingo M. Lopez. Op. cit. p.p. 117-120.

[1019] BEVILAQUA, Clovis. *Código civil dos Estados Unidos do Brasil, comentado por Clovis Bevilaqua.* Op. cit. p. 338.

CAPÍTULO 4
ELEMENTOS DO CONTRATO DE SEGURO

O Direito do seguro reúne elementos característicos, produto dos usos, leis e da atividade seguradora. Suas funcionalidades e significados linguísticos, inclusive no campo legislativo, permitem classificá-los como elementos pessoais, econômicos e formais do contrato de seguro.

Segundo a metodologia jurídica de Kark Larenz, dentre esses elementos destacam-se «conceitos classificatórios do seguro», empregados com natureza técnico-jurídica, como lugares especiais[1020], cujo eixo da linguagem tem a ver com a substância deste negócio jurídico. Conforme o mestre alemão, conceitos dessa natureza se revelam como definições práticas, com base na lógica formal, e que permitem clareza e compreensão do direito[1021].

A boa técnica dos seguros valeu-se de expressões simples[1022], de uso corrente neste contrato [1023]. E, seu refinamento tem a ver com a evolução desse

[1020] BARTHES, Roland. *A aventura semiológica.* Tradução de Mário Laranjeira. São Paulo, Editora Martins Fontes, 2001, p. 74.

[1021] LARENZ, Karl. *Metodologia da ciência do Direito.* 3 ed., Tradução: José Lamego, Lisboa, Fundação Calouste Gulbenkian, 1997, p. 315. *"Uma grande parte dos conceitos com que o jurista trabalha é, de resto, de natureza puramente técnico-jurídica: trata-se de conceitos formados com base na lógica formal e que são «conceitos classificatórios». Estes proporcionam simplesmente clareza e facilidade na aplicação do Direito, uma vez que tornam possível uma subsunção. Aqui incluem-se conceitos tais como letra, cheque, ordem de pagamento, inscrição provisória, reserva, graduação, registro, cancelamento (no registro predial) e muitos mais. Estes conceitos estão já, frequentemente, definidos na lei ou é fácil retirar dela sua definição. Como são definições nominais, a sua formação tem lugar, ou mediante uma estatuição do legislador, ou por convenção."*

[1022] Sobre a necessária clareza das classificações jurídicas prestamos nossa adesão aos mestres citados e também ao Professor Hector Miguel Soto: *"Cuanto más claridad aporta una determinada clasificación jurídica, más útil es. En cambio, cuando no aporta claridad, o lo que es peor, cuando aumenta la confusión, tal clasificación no es útil."* (In. SOTO, Héctor Miguel. *Contrato, celebración, forma y prueba (con especial referencia al contrato de seguro.* Buenos Aires, La Ley S.A., 2001, p. 3).

[1023] Sobre o uso correto da linguagem jurídica e os cuidados na elaboração das definições e da autonomia destas Carnelutti faz importantes referências de técnica jurídica e legislativa, no sentido

direito e da atividade seguradora. Diante de sua pluralidade de sentidos, vale a expressão do mestre italiano Francesco Carnelutti, para quem "a elaboração dos fenômenos do Direito mediante conceitos, sempre mais refinados, permite descobrir a regra da experiência jurídica." [1024]

Com esse espírito, procuramos examinar tais elementos como definições de pré-compreensão, que conferem sentido ao Direito do seguro como ciência que opera com uma lógica própria.

A doutrina varia conforme o foco ou discurso dos diferentes autores[1025], o que não é motivo de crítica, pois contribuem fortemente para resolver as questões centrais desta contratação.

Na presente obra, por escolha metodológica, são analisados os elementos pessoais, a partir do segurador, tomador, beneficiário e mediadores de seguro.

4.1 Elementos pessoais

Consideram-se elementos pessoais do contrato de seguros seus sujeitos típicos, definidos nas leis e consagrados nos usos e técnica desta contratação.

Como elemento central, a empresa seguradora, entidade habilitada segundo os sistemas nacionais de seguros; o tomador ou estipulante, sujeito que contrata o seguro; o segurado ou beneficiário, em nome de quem se estabelece a garantia contratada.

Também, é comum a mediação de corretores e agentes de seguro, que conferem expertise e boa técnica à formação deste contrato, com destaque no Brasil para os corretores de seguro e sua atuação desde a fase pré-contratual até a resolução, inclusive na ocorrência de sinistro.

Para melhor compreender os elementos do contrato de seguro, suas características e funções, passamos a examiná-los.

da clareza, objetividade e precisão. Comenta o mestre italiano: *"O conceito, nascido e formado do pensamento, deve, até certo ponto, sair deste, transferindo-se a uma ideia e, assim, tomar sede diversa no homem. Não vejo, ao menos por ora, outro meio para tal transferência que a linguagem. Assim, da formação interna se passa à formação externa do conceito; pudera dizer-se de sua formação à sua expressão."* CARNELUTTI, Francesco. *Metodologia do direito.* Tradutor: Frederico A. Paschoal. 1ª ed. Campinas, Bookseller, 2000. pp. 68 e 75.

[1024] CARNELUTTI, Francesco. *Sistema de direito processual civil,* Vol. II, p. 623.

[1025] TZIRULNIK, Ernesto, Flavio Queiroz B. Cavalcanti, Airton Pimentel. *O contrato de seguro.* Op. cit. p.p. 29-40. PIMENTA, Melisa Cunha. Op. cit. p.p. 34-77. BIGOT, Jean. *Traité de droit des assurances. Op. cit.* p.p. 29-49. SOTO, Héctor Miguel. Op. cit. p. 5.

4.1.1 Segurador

Segundo Planiol e Ripert, o contrato de seguro não é digno de tal nome senão quando praticado por uma empresa que toma a responsabilidade de um grande número de riscos, compensando-os, de modo racional, com estatística e a ciência das probabilidades[1026].

Com a mesma essencialidade, Cesare Vivante refere-se ao segurador como empresa que exerce a atividade seguradora de forma regular e assume profissionalmente riscos em contraprestação ao somatório de prêmios dos segurados[1027].

Empregam-se, ainda, outras designações a esse sujeito: Companhia de Seguros, Seguradora, Empresa de Seguros, esta última, capaz de representar o caráter empresarial, sendo a definição preferida no direito português [1028].

O segurador é sujeito de direito público ou privado, autorizado, que mediante o recebimento do prêmio obriga-se a garantir a cobertura de um risco, capital, renda ou outras prestações convencionadas.

Na lei[1029] e doutrina francesa contemporânea, Jean Bigot[1030] comenta que, essencialmente, o segurador obriga-se de duas formas: assume o dever de cobertura do risco durante a vigência contratual; assume a obrigação de executar determinada prestação em caso de sinistro.

A obrigação do segurador nasce com o «termo inicial» da vigência do seguro, quando se inicia a cobertura. Depois, realizando-se o evento cujo risco é objeto do contrato, haverá de adimplir a obrigação assumida[1031].

Em contrapartida, ao segurador é pago o prêmio do seguro. E, quando pago ao agente, considera-se efetuado ao segurador, que fica responsável por todas as obrigações decorrentes conforme o art. 7º, § 2º da Res. CNSP 297-2013.

[1026] Nesse sentido: PLANIOL e RIPERT. Op. cit. p. 556; BIGOT, Jean. Op. cit. p. 44.

[1027] Veja-se: VIVANTE, Cesare. Op. cit. p. 308.

[1028] Nesse sentido veja-se: VASQUES, José. Op. cit. p. 98 e 99.

[1029] França: Art. L. 113-5, Code des assurances.

[1030] Sobre essa dúplice obrigação veja-se BIGOT, Jean. Op. cit. p. 45: *"Il est rappelé pour mémoire, que l'assureur es tenu de deux obligations distinctes: une oblication de coverture du risque; une obligation d'exécuter la prestation convenue em cas de sinistre."* No mesmo sentido é a doutrina espanhola de Fernando Sanchez Calero: *"Como señala la doctrina más autorizada, las distintas orientaciones pueden reconducierse a dos dictrizes fundamentales. En la primera se colocan aquellos autores que centran la prestación fundamental del asegurador en la que tiene por objeto la prestación del pago de una cantidad de dinero cuando se produce el evento asegurado. La segunda directriz engloba aquellos otros que entienden que la obligación del assegurador es la asunción o cobertura del riesgo..."* Ley de Contrato de Seguro. Op. cit. p. 34.

[1031] Veja-se: Fernando Sanchez Calero. Op. cit. p. 35-39.

As leis e a doutrina do seguro são avessas à possibilidade de seguro sem empresa seguradora, considerando para esse fim a sociedade autorizada segundo os sistemas nacionais de seguros. Assim, fala-se de empresa seguradora autorizada e não de empresa ou atividade individual [1032]. Cesare Vivante, ao seu tempo, soube advertir que o caráter empresarial é inerente à atividade seguradora:

> *"Teoricamente non si può escludere che un'impresa di assicurazione possa essere esercitata da un solo individuo: basta che raccolga intorno a sè, mediante un grande numero di affari, un fondo di premi capace di fornire i capitai assicurati alle scadenze promesse perchè la sua impresa funzioni in modo normale. Ma in pratica non si può regginungere questo equilibrio industriale fra i premie e i capitali dovuti agli assicurati se non si continuano per una lunga serie di anni, se non si guadagna la fiducia degli assicurati com forti capitali di garanzia."* [1033]

É prevalente esse pensamento no sentido da empresarialidade, coletividade de riscos, um fundo de prêmio, por uma longa série de anos e num regime de confiança.

Divergindo em parte dessa natureza *empresarial*, para Tulio Ascarelli este contrato é definido por um conjunto de características jurídicas, não só pela empresa seguradora, não sendo este o traço distintivo que diferencia o seguro do jogo ou da aposta, uma vez que também existem empresas especializadas em jogo e aposta, detentoras de notável conhecimento das probabilidades.

A doutrina de Tulio Ascarelli admite que o seguro possa ser concluído isoladamente, sem uma coletividade de riscos. Embora não desempenhe a função econômica de superar o caráter aleatório pela massificação de contribuições, entende que sempre permanecerá sob o aspecto de contrato de seguro, não se transformando em um contrato diverso[1034].

Ainda sobre o caráter empresarial da atividade seguradora, Jean Bigot exemplifica que também empresas especializadas em jogos de azar como a roleta, que contam com bases atuariais semelhantes[1035]. Infere que o fato da

[1032] Como conhecido segurador individual Pedro Alvim recorda o *"Underwriter"* do Lloyd's de Londres, mas refere que, *"mesmo assim age quase sempre em conjunto com os seus colegas, trabalhando mais como co-segurador"*. ALVIN, Pedro. Op. cit. p. 55.

[1033] VIVANTE, Cesare. Op. cit. p. 438.

[1034] ASCARELLI, Túlio. Op. cit. p. 311-315.

[1035] BIGOT, Jean. Op. Cit. p. 10. No mesmo sentido, veja-se: ASCARELLI, Túlio. O conceito unitário do contrato de seguro: in Problema das sociedades anônimas e direito comparado. Campinas – São Paulo, Editora Bookseller, 1999, p. 313.

empresa tecnicamente especializada não é um traço distintivo do contrato de seguro, assim como a álea, uma vez que presentes no jogo e na aposta.

Independentemente dessas possíveis contradições, segundo o direito vigente a atividade seguradora é atividade empresarial, autorizada e regulada pelo poder público, sujeita a controles administrativos e judiciais, com relevante função social[1036].

Sem prejuízo das indagações que possa suscitar, o direito do seguro prima pela natureza empresarial, regulada e controlada, da atividade seguradora. Mútuas também podem se inserir em um contexto similar, embora não se confundam com seguradora.

Pedro Alvim refere que não há notícia de segurador individual na história brasileira[1037]. De outra parte, para com relação às mútuas, ou *sociedades sem fins lucrativos*, comenta que embora desfrutem de posição favorável em alguns países, no Brasil não se desenvolveram, desaparecendo pela falta de incentivo do lucro, da concorrência do mercado e pela legislação especial de seguro (Decreto-lei, n. 73, de 21.11.66), que proibiu a constituição de novas sociedades mútuas para exploração do seguro[1038].

Assim, fala-se de empresa seguradora, regulação e controles, porque a atividade seguradora é regida por normas administrativas, conforme os Sistemas de Seguros Privados de cada Nação, acentuando-se os valores de coexistência do livre mercado e controles estatais[1039].

Conforme Amilcar Santos [1040], a atividade seguradora evoluiu do sujeito individual, "que arriscava, em um verdadeiro jogo de sorte", para uma operação coletiva realizada pela empresa de seguros, fundada em bases técnicas,

[1036] Em sentido contrário a esta concepção de operação empresarial, Cristian Sainrapt refere que também pode ser considerado segurador pessoa física ou sujeito mandatário da Cia. Seguradora, como ocorre com os agentes de seguro, ou agentes de produção, sejam eles assalariados ou não. Refere o autor: *"L'assureur, c'est égalemet la personne physique autorisée à présenter des opérations d'assurance qui démarche un prospect et lui fait souscirre un contrat d'assurance : un agent généreal d'assurance, un mandataire non salarié ou un producteur d'assurance salarié."* (In. SAINRAPT, Christian. Dictionnaire général de l'assurance. Éditions Arcature, 1996, 85bis, route de Grigny 91130 Ris-Orangis). Nesse caso, observamos que, como uma idéia geral, pode-se identificar esses sujeitos ao segurador, todavia, sem perder de vista o sentido da *«representação»*, de funcionarem como mandatários ou agentes, ou mesmo gestor de negócios, pois somente o segurador autorizado pode praticar validamente esse negócio jurídico.

[1037] Idem: Op. Cit. p. 183.

[1038] Mútuas: sociedades de seguro sem fins lucrativos, cujos prêmios são pagos pelos sócio a título de contribuição. Veja-se: ALVIM, Pedro. Op. cit. p. 69. GOMES, Orlando. Op. cit. p. 417.

[1039] Veja-se: Princípio da autonomia privada, Título 2.3.1.

[1040] SANTOS, Amílcar. Op. cit. p. 8.

jurídicas, econômicas e de integração com os sistemas financeiros ou de seguros dos países onde operam.

Mesmo nos casos em que o Estado não assume diretamente esta atividade, intervém no domínio privado[1041], por leis e organismos com autoridade para planejar, fiscalizar e reprimir abusos[1042]. Controla reservas técnicas, margem de solvência, e sujeita o segurador à apresentação periódica de documentos para o exercício da fiscalização[1043], sob pena de sanções e intervenção.

No direito brasileiro o caráter empresarial do contrato de seguro tem destaque no parágrafo único do art. 757 do novo Código Civil ao referir: "Somente pode ser parte, no contrato de seguro, como segurador, entidade para tal fim legalmente autorizada".

A atividade pressupõe a regular integração do segurador ao Sistema Nacional de Seguros Privados, com sujeição ao Conselho Nacional de Seguros Privados – CNSP e à fiscalização da Superintendência de Seguros Privados – SUSEP (Decreto-lei n. 73, art. 36, h).

Para tanto, devem assumir a forma de sociedade anônima com ações nominativas não se admitindo ações à ordem ou ao portador (Decreto-lei n. 73, art. 25)[1044]. Nos casos de sociedades destinadas a seguros agrícolas, de saúde ou acidente de trabalho, podem constituir-se como cooperativas (Decreto-lei n. 73, art. 24, parágrafo único)[1045].

Em todos os casos, o segurador somente pode atuar nas áreas dos riscos para os quais foi autorizado, não sendo suscetível à falência, mas ao regime de intervenção e liquidação extrajudicial (Decreto-lei n. 73, art. 26), sujeito à competência do Banco Central do Brasil.

[1041] Em comentários sobre a ampla discricionariedade no Direito inglês, e relações com os Estados Unidos e França, vide: DI Pietro, Maria Sylvia Zanella. *Direito administrativo*. 10. ed. São Paulo, Editora Atlas, 1998, p. 32. Sobre a limitação do poder de polícia, vide referências de Marcelo Caetano quanto à revolução francesa e as primeiras tendências para limitar eficazmente o Poder, submetendo-o ao Direito definido nas declarações dos direitos do homem. (In. CAETANO, Marcelo. *Manual de direito administrativo*. 10. Ed. 6ª Reimpressão revista e atualizada pelo Prof. Doutor Diogo Freitas do Amaral, 2 Tomos. Coimbra, Portugal: Editor Livraria Almedina, 1999, p. 1147.)

[1042] Autoridade, veja-se: DIR 92/49/CEE. art. 1 Definições: "*autoridades nacionais que exercem, por força de lei ou de regulamentação, a supervisão das empresas de seguros*".

[1043] Vide: DIR/73/239/CEE, de 24 de julho de 1973, art. 14 e segs.

[1044] Brasil: Lei 6404/76, Resolução CNSP 73/2002, Resolução CNSP 65/2001, Circular SUSEP 234/2003, Circular SUSEP 249/2004 e Carta-Circular SUSEP/DECON 4/2004.

[1045] Veja-se: MARTINS, Fran. *Contratos e obrigações comerciais*. 15ª ed., Rio de Janeiro, Editora Forense, 2001, p. 355.

Do ponto de vista da história institucional, a primeira seguradora instalada no Brasil levou a denominação "Boa Fé"[1046]. Foi estabelecida por Decreto, em 24 de fevereiro de 1808, com a autorização do Príncipe Regente de Portugal.

A atividade seguradora no país é regida por um plexo de normas, fundamentalmente, a partir do Decreto-lei 73, de 21 de novembro de 1966, que dispõe sobre o Sistema Nacional de Seguros Privados, regula as operações de seguros, resseguros e dá outras providências[1047].

Como dever de conformidade, o segurador deve observar sua capacidade e limites técnicos, para atuar nas áreas ou classes de seguros que lhe são permitidos[1048].

Quanto à oferta de seguros e sua documentação, o segurador utiliza formulário impresso, que acompanha a solicitação de seguro ou proposta, para classificar adequadamente o risco[1049] e orientar o tomador.

Modernamente, tem se amplificado o dever de informação do segurador, e o dever de proteção de dados[1050], eis que sua atividade pressupõe o tráfego de informações relevantes entre os sujeitos do contrato.

O dever de informação reforça a necessidade de o segurador orientar o tomador sobre as modalidades de seguro mais apropriadas, com informação

[1046] ALVIM, Pedro. Op. Cit. p. 50. No mesmo sentido: ALVES, Jones Figueiredo (In. *Novo Código Civil comentado.* Coordenação Ricardo Fiúza, 5ª Ed. São Paulo: Saraiva, 2006, p. 616.

[1047] Decreto n. 60.459, de 13 de março de 1967, que Regulamenta o Decreto-lei n. 73, de 21 de novembro de 1966, com as modificações introduzidas pelos Decretos-leis n. 168, de 14 de fevereiro de 1967, e n. 296, de 28 de fevereiro de 1967. (DOU 14.3.67); Decreto n. 61.589, de 23 de outubro de 1967 – Retifica disposições do Decreto n. 60.459, de 13 de março de 1967, no que tange a capitais, início da cobertura do risco e emissão da apólice, a obrigação do pagamento do prêmio e da indenização e a cobrança bancária; Decreto n. 61.867, de 7 de dezembro de 1967, que Regulamenta os seguros obrigatórios previstos no art. 20 do Decreto-lei n. 73, de 21 de novembro de 1966, e dá outras providências; Decreto n. 65.268, de 3 de outubro de 1969 – Altera disposições do Decreto n. 61.589, de 23 de outubro de 1967, no que tange a capitais mínimos das Sociedades Seguradoras, e dá outras providências; Lei n. 6.194, de 19 de dezembro de 1974 – Dispõe sobre Seguro Obrigatório de Danos Pessoais causados por veículos automotores de via terrestre, ou por sua carga, a pessoas transportadas ou não, entre outras normas conexas.

[1048] Brasil: Decreto-lei 73/66, art. 73. Espanha: Real Decreto 6/2004, art. 5º, 7. Portugal: Decreto 72/2008, art. 16º, 1 e 2. Argentina: Ley 20.091/73, art. 7º e 8º. México: LS, art. 2º.

[1049] MANES, Op. Cit. p, 207.

[1050] Brasil: Lei nº 13.709, de 14 de agosto de 2018, que dispõe sobre a proteção de dados pessoais e altera a Lei nº 12.965, de 23 de abril de 2014 (Marco Civil da Internet).

sobre o risco, coberturas, prêmio, vigência e demais condições essenciais à contratação, ainda antes da formação do contrato[1051].

A exemplo, são conhecidas as exigências de redação clara e precisa das condições gerais, com destaque para cláusulas limitativas dos direitos dos segurados[1052]; a obrigação de conteúdo mínimo da apólice[1053], merecendo ser vistas estas obrigações também na classificação de riscos e orientação para a formação do contrato.

Nesse contexto, o segurador, seus agentes ou corretores de seguro devem prestar esclarecimentos, alertar para o âmbito da cobertura proposta, especialmente exclusões, carência, regime de cessão do contrato, sucessão, ou sobre os diferentes tipos de risco quando presentes na proposta.

O descumprimento do dever de informação enseja a responsabilidade civil do segurador, facultando ao tomador o direito de resolução do contrato[1054].

Nesse sentido se inclui o dever de informar a eventual carência de risco. Em caso de contratação sem a ocorrência de risco, o direito brasileiro supõe um erro ou imoralidade por parte do segurador, que deverá pagar em dobro o prêmio estipulado. Esta norma tem previsão no art. 773 do Código Civil Brasileiro[1055].

De parte do segurador, tem o dever de prestar informações claras, precisas e adequadas relacionadas aos produtos ofertados, conferindo integral orientação e assistência ao tomador, segurado e beneficiários[1056].

Deve, ainda, supervisionar a atuação de seus representantes, com equipe técnica à disposição, atendimento, documentação e um canal de comunicação sobre produtos e serviços, com sistemas internos de qualidade e conformidade, e programas de qualidade[1057]. Mais recentemente cabe adotar

[1051] Portugal: DL 72/2008 – Também, com antecedência a formação do contrato, a norma do artigo 22º do Decreto 72/2008, de Portugal, disciplina o "dever especial de esclarecimento" do segurador.

[1052] LCS – 50/1980 – Artículo 3.

[1053] LCS – 50/1980 – Artículo 8.

[1054] Portugal: DL 72/2008, art. 18º, 21º e 22º. De forma complementar, o artigo 36 DL 72/2008 exige redação clara, em língua portuguesa e com linguagem corrente, sempre que não sejam necessárias expressões técnicas ou legais. No mesmo sentido, no direito Francês o art. L 112-3 do Code des assurances exige redação escrita, em francês, com caracteres aparentes: *«Le contrat d'assurance et les informations transmises par l'assureur au souscripteur mentionnées dans le présent code sont rédigés par écrit, en français, en caractère apparents»*.México: LS, reformada em 2013, artigos 24-26.

[1055] Brasil: C.C. 773. Veja-se: BEVILAQUA, Clóvis. *Código civil dos Estados Unidos do Brasil, comentado por Clovis Bevilaqua. Edição histórica. Rio de Janeiro, Ed. Rio, 1979.* p. 575.

[1056] Brasil: Res. CNSP 297-2013, arts. 6º e 7º.

[1057] Brasil: Res. CNSP 297-2013, arts. 11 e 12.

cuidados especiais do ponto de vista da proteção de dados pessoais, nos termos da Lei 13.709, de 14 de agosto de 2018.

Dentre o dever de proteção de dados, cumpre zelar por dados pessoais, com o objetivo de tutela de direitos fundamentais de liberdade e privacidade, além do livre desenvolvimento da personalidade individual[1058].

Em síntese, ao segurador reservam-se obrigações gerais e específicas de solvência, transparência de balanços, equidade nas estipulações contratuais, publicidade adequada, dever de orientação, facilitação do acesso à fiscalização[1059].

Embora os precedentes no Código de Comércio, de 1850[1060] e no Código Civil de 1916[1061], cuja disciplina dos seguros acompanhou o século e ainda reflete importantes institutos, a atividade seguradora somente tornou-se institucionalizada por meio do Decreto de 24 de fevereiro de 1808, que autorizou o estabelecimento da Companhia de Seguros – Boa Fé.

No contexto histórico vale citar algumas normas relativas à atividade seguradora no Brasil, que teve suas origens associadas a abertura dos portos no país, no ano de 1808.

[1058] Brasil: LGPD, "Art. 2º A disciplina da proteção de dados pessoais tem como fundamentos: I – o respeito à privacidade; II – a autodeterminação informativa; III – a liberdade de expressão, de informação, de comunicação e de opinião; IV – a inviolabilidade da intimidade, da honra e da imagem; V – o desenvolvimento econômico e tecnológico e a inovação; VI – a livre iniciativa, a livre concorrência e a defesa do consumidor; e VII – os direitos humanos, o livre desenvolvimento da personalidade, a dignidade e o exercício da cidadania pelas pessoas naturais."

[1059] Brasil: CF/1988 art. 21, VIII, Lei nº 10.406/2002 (Código Civil), Lei nº 8.078/90 (Código de Defesa do Consumidor); Decreto-lei 73/66, que dispõe sobre o Sistema Nacional de Seguros Privados, regula as operações de seguros, resseguros e dá outras providências. Decreto nº 60.459/67, que Regulamenta o Decreto-lei nº 73/66, com as modificações introduzidas pelos Decretos-leis nº 168, de 14 de fevereiro de 1967, e nº 296, de 28 de fevereiro de 1967. (DOU 14.3.67); Decreto nº 61.589/67 – Retifica disposições do Decreto nº 60.459, de 13 de março de 1967, no que tange a capitais, início da cobertura do risco e emissão da apólice, a obrigação do pagamento do prêmio e da indenização e a cobrança bancária; Decreto nº 61.867/67 – Regulamenta os seguros obrigatórios; Decreto nº 65.268/69 – Altera disposições do Decreto nº 61.589/67, no que tange a capitais mínimos das Sociedades Seguradoras, e dá outras providências; Espanha: CF art. 149. 1, 13ª; LCS 50/1980, Real Decreto Legislativo 6/2004, de 29 de octubre, por el que se aprueba el texto refundido de la Ley de ordenación y supervisión de los seguros privados. Modificado por Ley 5/2005. Portugal: Decreto-lei 72/2008; UE: DIR 73/239/CEE, de 24 de julho de 1973. Argentina: Ley 17.418 (Ley de Seguros), 20.091 (Ley de Entidades de Seguros y su Control) e 24.240 (Ley de Defensa del Consumidor); Ley 12.988 (Crea el Instituto Mixto de Reaseguros).

[1060] Brasil: Código Comercial Brasileiro" – Lei nº 556, de 25 de junho de 1850.

[1061] Brasil: Código Civil, Lei 3.071, de 1º de janeiro de 1916.

– Decreto de 24 de fevereiro de 1808 – Autoriza o estabelecimento da Companhia de Seguros – Boa Fé.

– Decreto n.º 14.593, de 31 de dezembro de 1920, regulamenta a exploração fiscalização da atividade de seguro. (revogado)

– Decreto n.º 21.828, de 4 de setembro de 1932, aprova o regulamento de seguros. (revogado)

– Decreto n.º 85, de 14 de março de 1935, normas para operações de seguro de acidentes de trabalho. (revogado)

– Decreto n.º 164, de 15 de maio de 1935, que altera o Decreto nº 85, de 14 de março de 1935.

– Decreto-lei n.º 926, de 5 de dezembro de 1938, que dispõe sobre a constituição, funcionamento e fiscalização das sociedades cooperativas de seguros. (revogado)

– Decreto-lei n.º 1.186, de 3 de abril de 1939, que criou o Instituto de Resseguros do Brasil. (revogado)

– Decreto-lei n.º 1.805, de 27 de novembro de 1939, que aprova os Estatutos do Instituto de Resseguros do Brasil.

– Decreto-lei n.º 2.063, de 7 de março de 1940, que regulamenta as operações de seguros privados e sua fiscalização.

– Decreto-lei nº 3.250, de 8 de maio de 1941, que dispõe sobre reservas de sociedades de seguros e capitalização.

– Decreto-lei nº 3.784, de 30 de outubro de 1941, que regula a aceitação de retrocessão do Instituto de Resseguros do Brasil – IRB.

– Decreto-lei n.º 3.908, de 8 de dezembro de 1941, que dispõe sobre sociedades mútuas de seguro.

– Decreto-lei n.º 4.608, de 22 de agosto de 1942, que dispõe sobre sociedades mútuas de seguro. (revogado)

– Decreto-lei n.º 4.609, de 22 de agosto de 1942, que estabelece garantia subsidiária do Governo Federal às sociedades mútuas de seguros e dá outras providências.

– Decreto-lei n.º 1.569, de 5 de outubro de 1942, sobre seguros de acidentes;

– Decreto-lei n.º 6.319, de 6 de março de 1944, sobre prazos de depósito e seguro contra riscos de mercadoria depositada em armazéns gerais.

– Decreto-lei n.º 6.388, de 30 de março de 1944, dispõe sobre a extinção dos resseguros no ramo de vida, após o início das operações do Instituto de Resseguros do Brasil.

– Decreto-lei n.º 6.400, de 3 de abril de 1944, autoriza o Instituto de Resseguros a organizar a Bolsa Brasileira de Seguros.

- Decreto-lei n.º 7.377, de 13 de março de 1945, que dispõe sobre o ativo das sociedades mútuas de seguro.
- Decreto-lei n.º 18.809, regulamenta a Lei de Acidentes do Trabalho.
- Decreto-lei n. 9.735, de 4 de setembro de 1946, que consolida a legislação relativa ao Instituto de Resseguros do Brasil.
- Decreto n.º 21.810, de 4 de setembro de 1946, que reforma os Estatutos do Instituto de Resseguros do Brasil. (revogado)
- Lei n.º 4.594, de 29 de dezembro de 1964, regulamenta a profissão de corretor de seguros. (revogado)
- Decreto n.º 56.900, de 28 de dezembro de 1965 e Portaria n. 136, de 6 de junho de 1996, sobre normas para funcionamento de Companhias de Seguro.
- Decreto n.º 63.260, de 20 de setembro de 1968, dispõe sobre o regime de penalidades aplicáveis às sociedades seguradoras, aos corretores de seguros e às pessoas que deixarem de realizar seguros obrigatórios.
- Decreto-lei n.º 73, de 21 de novembro de 1966, que dispõe sobre o Sistema Nacional de Seguros Privados e regula operações de seguros e resseguros.
- Decreto n.º 60.459, de 13 de março de 1967, que regulamenta o Decreto-lei n.º 73, de 21 de novembro de 1966.
- Lei n.º 10.406, de 10 de janeiro de 2002, que instituiu o Código Civil Brasileiro.

Esse conjunto de normas estruturantes do sistema brasileiro de seguros[1062], muitas modificadas, faz observar que sua evolução no país foi baseada na pessoa do segurador, sua responsabilidade e estabilidade econômica, necessárias à formação do contrato de seguros e ao funcionamento desse sistema.

Também, ao lado da empresa seguradora, que teve sua autorização no ano 1808, viu-se a normatização de mútuas e cooperativas de seguros, sendo que a atividade empresarial, com o fim lucrativo, foi o modelo prevalente, que se desenvolveu com forte base regulatória e investimentos, o que é uma consequência natural deste modelo de negócio.

Sabe-se que as seguradoras devem investir os prêmios de seguro para pagar sinistros e benefícios, zelando por seus custos operacionais e de capital,

[1062] A referência, destaca acurada pesquisa do Dr. António Menezes Cordeiro relativa à atividade seguradora. In. CORDEIRO. António Menezes. Direito do Seguro, Op. cit. p.p. 114-116.

sobretudo nos seguros de vida e previdência, considerados de longo prazo (5 a 30 anos e mais), quando os investimentos devem se pautar por ativos de duração equivalente [1063]

Nesse contexto financeiro, além das características fáticas e de incidência do risco, cabe ao segurador avaliar sua capacidade técnica e a conveniência ou necessidade de cosseguro ou resseguro, para transferir riscos que não pretende suportar, ou para preservar margens ou reservas técnicas[1064].

A avaliação do risco é um dos conhecidos eixos da atividade seguradora. Trata-se de típica tarefa do segurador, cuja função social e tutela da confiança lhe impõem a responsabilidade sobre um grande número de interesses.

No direito espanhol, a atividade seguradora é regulada e baseada na atuação das sociedades seguradoras, embora outros tipos de organização sejam legitimados para operações de seguro. Na planificação dessa atividade, conforme o art. 149.1.13 da Constituição da Espanha, leva-se em conta garantias financeiras, solvência e a máxima proteção dos interesses dos segurados e beneficiários. Há liberdade para decidir a contratação e escolher a seguradora, conforme a Lei 33/1984, de 2 de agosto, com preferência dos créditos dos segurados e beneficiários frente à entidade seguradora.

Na "*Ley de ordenación y supervisión de los seguros privados*" – LOSP, em especial seu artigo 7º, o direito espanhol admite que operações de seguro sejam praticadas por determinados tipos de empresas, que garantam solvência e infraestrutura aptas a esses serviços.

Nos comentarios de Rodrigo Uria, podem exercer a atividade seguradora no direito espanhol:

> *"sociedad anónima, mutua, cooperativa y mutualidad de previsión social y aquellas entidades de Derecho público que tengan por objeto la realización de operaciones de seguro en condiciones equivalentes a las de las entidades aseguradoras privadas"* [1065]. É necessário que se adote uma dessas formas, o que insere a Espanha nas práticas do Direito Comunitário Europeu[1066].

[1063] INSURANCE EUROPE, "*Why insurers differ from banks, Insurance Europe, October 2014*". Tradução. Sandra Mathias Maia, 2014. Por dados da Insurance Europe, a indústria dos seguros ocupou o papel de maior investidor institucional da Europa em 2014, com € 8,400 bi. p. 12.

[1064] VIVANTE, Cesare. Op. cit. pp. 483 e 506; GARRIGUES, op. cit. p. 14.

[1065] Nesse sentido: URIA, Rodrigo. Op. cit. p. 776.

[1066] Veja-se: CARBONEL PUIG, Jordi. *Los contratos de seguro de vida. Normativa interna y comunitaria.* 1ª Edición, Barcelona, Bosch Casa Editorial S.A., 1994, p. 22.

A atividade seguradora privada espanhola é regulada em quatro importantes diplomas legais, além de outras normas de ramo inferior. Dentre essas leis, a *"Ley de 8 de octubre de 1980 de Contrato de Seguro"*, modificada pela *"Ley de 13 de mayo de 1997"*, que dá a disciplina geral sobre o contrato de seguro, derrogando expressamente as disposições do Código Civil e de Comércio; a *"Ley de Mediación en Seguros Privados, de 30 de abril de 1992"*, que regula a atuação dos Agentes e Corretores de Seguros e estabelece o estatuto jurídico desses sujeitos profissionais da contratação; e a *"Ley de 8 de noviembre de 1995, de Ordenación y Supervisión de los Seguros Privados"*, que incorporou Diretivas comunitárias, introduzindo princípios e modificações nas leis de seguro privado. Além disso, harmonizando-se ao Direito comunitário europeu, o Direito espanhol recepciona as normas relativas ao exercício da atividade, mecanismos de controle e supervisão, inclusive sobre ativos e provisões técnicas.

No México, a Ley sobre contrato de seguro, em seu art. 2º dispõe que as empresas de seguro somente poderão organizar-se e funcionar conforme a Ley General de Instituciones de Seguros. A nova *"Ley de Instituciones de Seguros y de Fianzas (LISF)"*, publicada em 4 de abril de 2013, fortalece o marco jurídico em matéria de solvência, estabilidade e segurança, com vistas ao desenvolvimento ordenado destas instituições, baseado em boas práticas, transparência e governança[1067]. Com fôlego no trato da matéria, em seus mais de 500 artigos, a LISF cuida de diferentes tipos de empresas, instituições de seguro, fianças, financeiras e resseguradoras.

Com relação ao tipo societário, os artigos 2º, inciso XVI, combinado com o art. 48, preconizam a sociedade anônima autorizada. O art. 20 proíbe pessoa física ou moral, distintas das instituições de seguros e sociedades mutualistas à prática de qualquer operação de seguro em todo o território nacional. A referida lei também disciplina as operações e ramos de seguros, com regime de autorização, segundo os diferentes tipos de riscos, sendo eu o segurador deverá atuar nas áreas ou ramos que lhe são permitidos.

Em Portugal, ao lado do Decreto-lei 72, de 2008, há disciplina própria para as sociedades de seguro, na esteira das Diretivas 73/239/CE (ramos não vida) e 79/267/CEE (ramo vida), com a participação do Instituto de Seguros de Portugal, em suas atribuições na regulação e supervisão dos sujeitos do setor. Referidas diretivas têm correspondência no Decreto-lei 188/84, de 5 de junho, que individualiza seguro e resseguro e autoriza o exercício de atividades conexas ou complementares.

[1067] Veja-se: Ley, Sección III – Del Gobierno Corporativo, art. 69-73.

A forma jurídica, conforme o art. 2º do Decreto-lei 188/84, admite empresas na forma de sociedade anônima ou mútua de seguros, com exigências para autorização, de apresentação de um programa de atividades, idoneidade e experiência dos dirigentes, capital mínimo, além da suficiência dos meios técnicos e recursos financeiros relativamente aos ramos que pretende explorar. A autorização é concedida mediante portaria conjunta do Primeiro Ministro e do Ministro das Finanças, precedida de parecer do Instituto de Seguros de Portugal.

A lei de contrato de seguro portuguesa – DL 72/2008 – segue com tais exigências: o art. 2º menciona o segurador como sujeito como o qual se contrata o seguro; e o art. 16 prevê que o segurador deve estar legalmente autorizado, sendo nulo o contrato de seguro em inobservância desta regra. Todavia, aquele que aceitou cobrir o risco, não poderá se desobrigar, e deverá responder como se o contrato fosse válido, salvo se comprovada má-fé da parte contrária[1068].

Além das obrigações convencionais do segurador, define-se um dever especial de esclarecimento[1069], de alertar para o âmbito da cobertura proposta, exclusões, carência, sucessão, e ainda os casos de modificação do contrato.

Na Argentina, a Lei de Seguros nº 17.418, de 30 de agosto de 1967, dispõe sobre o segurador, referindo-se ao sujeito a quem caberá ressarcir um dano ou atender à prestação convencionada[1070].

[1068] Portugal: DL 72-2008: art. 16º, "2 — *Sem prejuízo de outras sanções aplicáveis, a violação do disposto no número anterior gera nulidade do contrato, mas não exime aquele que aceitou cobrir o risco de outrem do cumprimento das obrigações que para ele decorreriam do contrato ou da lei caso o negócio fosse válido, salvo havendo má fé da contraparte.*"

[1069] Dever especial de esclarecimento: "*Artigo 22.º Dever especial de esclarecimento 1 — Na medida em que a complexidade da cobertura e o montante do prémio a pagar ou do capital seguro o justifiquem e, bem assim, o meio de contratação o permita, o segurador, antes da celebração do contrato, deve esclarecer o tomador do seguro acerca de que modalidades de seguro, entre as que ofereça, são convenientes para a concreta cobertura pretendida. 2 — No cumprimento do dever referido no número anterior, cabe ao segurador não só responder a todos os pedidos de esclarecimento efectuados pelo tomador do seguro, como chamar a atenção deste para o âmbito da cobertura proposta, nomeadamente exclusões, períodos de carência e regime da cessação do contrato por vontade do segurador, e ainda, nos casos de sucessão ou modificação de contratos, para os riscos de ruptura de garantia. 3 — No seguro em que haja proposta de cobertura de diferentes tipos de risco, o segurador deve prestar esclarecimentos pormenorizados sobre a relação entre as diferentes coberturas. 4 — O dever especial de esclarecimento previsto no presente artigo não é aplicável aos contratos relativos a grandes riscos ou em cuja negociação ou celebração intervenha mediador de seguros, sem prejuízo dos deveres específicos que sobre este impendem nos termos do regime jurídico de acesso e de exercício da actividade de mediação de seguros.*"

[1070] Argentina: LS "*Artículo 1. Hay contrato de seguro cuando el asegurador se obliga, mediante una prima o cotización, a resarcir un daño o cumplir la prestación convenida si ocurre el evento previsto.*"

Quanto ao tipo societário, a Lei 20.091 (Ley de Entidades de Seguros y su Control), em seu art. 2º, diz que só podem realizar operações de seguro: a) sociedades anônimas, cooperativas e de seguros mútuos; b) sucursais ou agências de sociedades estrangeiras, dos tipos acima; e c) organismos e entes oficiais ou mistos, nacionais, provinciais e municipais.

A lei prevê que estas empresas tenham sido constituídas de acordo com as leis gerais e disposições específicas como as do art. 7º: constituição legal; objeto exclusivo; capital mínimo; duração; planos; domicílio; conformidade; responsabilidade e controle exclusivo das autoridades de seguro.

Além das características acima, o segurador tem vedadas certas operações mercantis que possam comprometer a segurança de sua atividade[1071]. Deverá dispor de reservas técnicas, sujeitar-se a regras de investimentos[1072], e atuar somente nas áreas ou ramos que lhe são permitidos[1073].

A Lei foi inovadora com relação à vedação do uso da palavra seguro ou segurador por quem não esteja autorizado para tanto[1074], e sobre publicidade que contenha informações falsas, ambíguas ou que possa suscitar equívoco[1075].

Como nas demais nações, trata-se de um contrato que requer controle diligente do Estado, devendo-se preservar a confiança pública, princípio fundamental à ordem econômica[1076]. Como autoridade de controle, são definidas as competências da *Superintendência de Seguros de la Nación*[1077], e diretrizes para suas resoluções. Na expressão de Ruben Stiglitz, este contrato pressupõe vigilância, inspeção e fiscalização, para assegurar o atendimento das obrigações e sancionar penalidades em caso de infração à lei, exercício anormal das funções, comprometimento econômico-financeiro ou obstáculo à fiscalização[1078].

No Chile, o Código de Comercio define o papel do segurador, "*el que toma de su cuenta el riesgo*"[1079]. Além disso, define a obrigação central dessa atividade, de satisfazer um capital, renda ou prestações que tenha se obrigado[1080].

1071 Argentina: Ley 20.091/73, art. 29, alineas "a" a "j".

1072 Argentina: Ley 20.091/73, art. 33-35.

1073 Argentina: Ley 20.091/73, art. 7º, 8º e 23.

1074 Argentina: Ley 20.091/73, art. 56.

1075 Argentina: Ley 20.091/73, art. 57.

1076 Veja-se: *Princípio da proteção confiança*, Capítulo II, 2.3.10. No mesmo sentido: STIGLITZ, Rubén S. Op. cit. p. 46.

1077 Argentina: Ley 20.091/73, art. 64 e segs.

1078 Veja-se: STIGLITZ, Rubén S. Op. cit. p. 68.

1079 Chile: C.Com. art. 513, "b".

1080 Chile: C.Com. "*Art. 512. Por el contrato de seguro se transfieren al asegurador uno o más riesgos a cambio del pago de una prima, quedando esté obligado a indemnizar el daño que sufriere el asegurado, o a satisfacer un capital, una renta u otras prestaciones pactadas.*"

No art. 521 do referido Código estão elencados os requisitos essenciais do contrato de seguro, dentre os quais a obrigação do segurador de indenizar, sendo que a carência, ou ausência deste sujeito resulta em nulidade do contrato[1081]. Ao lado do Código de Comércio, a *Ley Nº 251, de 1931, con modificaciones por la Ley N° 20.255, del 17/03/2008, define as atribuições da Superintendência de Valores e Seguros.*

No direito do seguro o licenciamento e integração à ordem econômica de cada país é da própria natureza do contrato de seguro. Sem autorização subverte-se a lei, e seguros irregulares podem ser considerado como negócio fiduciário, burla ou crime contra a ordem financeira, segundo as leis de cada nação.

No campo das licenças governamentais, o Direito contemporâneo acentua o sentido da integração entre Estados em matéria de seguro. É um esforço que atenua fronteiras e incrementa a cooperação internacional.

No Direito europeu, com base em acordos internacionais, as seguradoras podem estabelecer sucursais em outros estados membros. O art. 2º da DIR 2001/17/CE, de 19 de março de 2001, considera sucursal: "*qualquer presença permanente de uma empresa de seguros no território de um Estado-Membro que não o Estado-Membro de origem, que exerça a atividade seguradora*".

O Direito comunitário europeu eliminou restrições ao estabelecimento de sucursal nos Estados membros, todavia preserva a sujeição e controle do Estado onde se instalou[1082].

Na UE há o regime de licença única e livre prestação de serviços, pelo qual uma empresa estabelecida em um estado-membro pode atuar nos demais Estados, sem a necessidade de sucursais. A autorização, conforme o art. 5º da DIR 92/49/CEE, é válida para toda a Comunidade Europeia, permitindo o desenvolvimento da atividade em *regime de estabelecimento* ou *de livre prestação de serviços* [1083].

[1081] Chile: C.Com. "Art. 521. Requisitos esenciales del contrato de seguro. Nulidad. Son requisitos esenciales del contrato de seguro, el riesgo asegurado, la estipulación de prima y la obligación condicional del asegurador de indemnizar. La falta de uno o más de estos elementos acarrea la nulidad absoluta del contrato."

[1082] No seguro de responsabilidade civil automobilística, o art. 2º, inciso 1 da DIR 72/166/CEE, prevê que cada Estado-membro abster-se-á de fiscalizar o seguro de responsabilidade civil que resulta da circulação de veículos que tenham o seu estacionamento habitual no território de outro Estado-membro. Nesse sentido vide: VASQUES, José. Op. cit. p. 27.

[1083] O art. 6º da DIR 73/239/CEE, de 24 de julho de 1973, estabelece que cada Estado-membro fará depender de uma autorização administrativa o acesso ao seu território à atividade de seguro direto; e o art. 7º, revogado pelo mencionado art. 5º da DIR 92/49/CEE, previa que a autorização somente era válida para "*o conjunto do território nacional" ou mesmo em parte dele, conforme a amplitude da licença.*

Para agencias e sucursais, a DIR 73/239/CEE dispõe sobre regras aplicáveis às empresas cuja sede social está fora da União Europeia. Sintetizamos algumas regras de *licenciamento* e *controles* público-comunitários:

- que a empresa esteja habilitada, de acordo com a legislação nacional a que está submetida a praticar operações de seguro;
- que estabeleça uma agência ou sucursal no território do Estado em que pretenda operar;
- que organize, na sede da agência ou sucursal, uma contabilidade adequada à atividade ali exercida, mantendo nesse local os respectivos documentos dos negócios celebrados;
- que designe um mandatário, a ser aprovado pela autoridade competente;
- que disponha de ativos em montante adequado para um fundo de garantia, e deposite, a título de caução, um quarto deste mínimo;
- que garanta margem de solvência, segundo parâmetros legais, constituída de ativos livres de qualquer obrigação previsível e deduzidos dos elementos incorpóreos;
- que apresente um programa de atividades.

Essas exigências constituem normas de controles mínimos e solução multilateral no trato das respectivas matérias. São matérias de ordem interna e internacional. E respeitam as diretrizes desses dois sistemas, o que faz observar que as licenças administrativas não constituem sempre norma de «domínio reservado», de competência exclusiva de cada País.

Acredita-se, pois, na cooperação internacional entre as instituições financeiras e as nações, fato que relativiza a ideia de *domínio reservado* [1084]. Por esses fatores, sujeita-se a licenças internas e internacionais, impondo-se a autorização governamental e *controle* de atividades, inclusive quanto aos seus requisitos financeiros, técnicos e profissionais.

[1084] Nesse sentido, da relativização do "*domínio privado*" o Prof. Hee Moon Jo comenta que: "*o pensamento dominante atual é que a competência ou jurisdição do Estado está baseada no DI, e não existe, na verdade, o domínio reservado do Estado.*" (In. JO, Hee Moon. Introdução ao Direito internacional. São Paulo: Editora LTr, 2000, p. 238).

4.1.2 Tomador

«Tomador, estipulante ou subscritor», definições comuns no Direito espanhol, brasileiro e português é o sujeito que contrata com o segurador. É a pessoa física ou moral que pratica os atos de comunicação e formação do vínculo contratual, obrigando-se por si ou terceiro.

Deve possuir capacidade jurídica e poderes para contrair obrigações em nome próprio ou por conta alheia. Podem ser poderes de representação legal ou convencional, sendo legitimado a contratar por disposição de lei ou estipulação de vontade.

Na contratação por conta própria confunde-se, na mesma pessoa, o tomador e o segurado; na contratação por conta alheia o tomador atua como representante do segurado perante o segurador, como é comum quando empresas ou instituições contratam apólices de seguro para seus funcionários. Nestes casos, de seguro por conta alheia, o estipulante não representa o segurador perante o grupo segurado (Dec. 73/66, art. 21, § 2º).

Nesse último caso, deve possuir legitimidade para contratar por conta alheia, por disposição legal, declaração de interesse, autorização do segurado ou presunção [1085]. Ou seja, além de capacidade jurídica, deve haver legitimação para promover uma estipulação em nome de terceiro.

Trata-se de pressuposto diverso da capacidade jurídica, relacionado aos poderes de representação legal ou convencional, razão pela qual também se admite a contratação em nome de incapazes, como ato de administração, a exemplo dos pais ou tutores que administram o patrimônio dos filhos até alcançarem a maioridade [1086].

No direito brasileiro a contratação por conta alheia pressupõe a presunção de legitimidade ou a demonstração de interesse jurídico pela preservação da vida do segurado, que deve ser procedida através de declaração expressa.

[1085] Brasil: C.C. *"Art. 790. No seguro sobre a vida de outros, o proponente é obrigado a declarar, sob pena de falsidade, o seu interesse pela preservação da vida do segurado. Parágrafo único. Até prova em contrário, presume-se o interesse, quando o segurado é cônjuge, ascendente ou descendente do proponente."* Espanha: LCS 50/1980: *"Artículo 83. El seguro puede estipularse sobre la vida propia o la de un tercero, tanto para caso de muerte como para caso de supervivencia o ambos conjuntamente. En los seguros para caso de muerte, si son distintas las personas del tomador del seguro y del asegurado, será preciso el consentimiento de éste, dado por escrito, salvo que pueda presumirse de otra forma su interés por la existencia del seguro. Si el asegurado es menor de edad, será necesaria, además, la autorización por escrito de sus representantes legales. No se podrá contratar un seguro para caso de muerte, sobre la cabeza de menores de catorce años de edad o de incapacitados."*

[1086] Atos de representação, veja-se: LOPES, Miguel Maria de Serpa. *Curso de direito civil: fontes das obrigações: contratos.* Volume IV, 5ª ed., Rio de Janeiro, Freitas Bastos, 1999, pp. 437-438.

Segundo o art. 790 do Código Civil, presume-se o interesse, quando o segurado é cônjuge, ascendente ou descendente do tomador ou *proponente.*

Na tradição brasileira o «tomador» foi usualmente designado «estipulante». Segundo a linguagem própria, é o sujeito que estipula a apólice, que empreende a iniciativa de convencioná-la em nome de terceiros que representa na formação do contrato. Atualmente a expressão tem sido substituída pela expressão tomador, bastante empregada no direito comparado.

A propósito, nos seguros de pessoas, que podem ser celebrados para uma pessoa ou um determinado grupo[1087], é comum o tomador contratar o seguro em nome de uma coletividade, sendo que os segurados podem designar beneficiário e modificar ou revogar essa indicação sem que seja necessário o consentimento do segurador[1088].

Nos seguros contributários, vale recordar a obrigação do segurado pagar ao tomador a sua parcela no prêmio. Nos seguros não contributários essa obrigação é inexistente[1089].

Conforme o art. 801, § 1º do Código Civil, o tomador (estipulante) não representa o segurador perante o grupo segurado, e é o único responsável, para com o segurador, pelo cumprimento de todas as obrigações contratuais, sendo que, segundo o § 2º deste mesmo artigo, modificações na apólice dependem da anuência expressa de segurados que represente três quartos do grupo.

O tomador ou estipulante é designado para casos de seguro por conta alheia. No Brasil, para os seguros em nome próprio, costuma-se designar simplesmente segurado.

Sem prejuízo dessa tendência, o substantivo *tomador* é igualmente conhecido, no mesmos moldes que o Direito espanhol, como forma de referir-se ao sujeito que contrai obrigações nos diferentes tipos contratuais.

Na Lei de Contrato de Seguro espanhola (LCS 50/1980), não há distinção: nos seguros por conta própria ou nos seguros por conta alheia o tomador é sempre o sujeito que contrata com o segurador [1090]. Esta parece ser a boa técnica legislativa, também recepcionada pelo Direito português.

[1087] Espanha: LCS 50/1980, art. 81.

[1088] Brasil: C.C. arts. 791 e 792. Espanha: LCS, arts. 84 a 87.

[1089] Veja-se: TZIRULNIK, Ernesto, Flavio Queiroz B. Cavalcanti, Airton Pimentel. *O contrato de seguro*. Op. cit. p. 206.

[1090] Nesse sentido: SANCHEZ CALERO, Fernando. Op. cit. p. 28. Rodrigo Uria também define o tomador: *"pessoa que contrata com o segurador e firma a apólice de seguro"*. veja-se: URIA, Rodrigo. Op. cit. p. 777.

A lei e a doutrina passam a estabelecer uma espécie de primazia deste conceito «tomador», o que é muito útil pelo caráter funcional de definir o sujeito que contrai obrigações frente ao segurador.

O tomador possui a responsabilidade de agir com lealdade, diligência e boa-fé antes, durante e após a formação do contrato. É o chamado dever de boa-fé objetiva. Deve prestar declarações exatas e verdadeiras, segundo os formulários do segurador, referindo as circunstâncias que possam agravar o risco, além de contribuir para evitá-las [1091]. Também tem o dever de não omitir vício intrínseco à coisa segurada[1092]. Nos seguros de pessoas é comum o dever de o estipulante informar o ingresso ou exclusão de segurados, encargo em razão dos movimentos de renovação de colaboradores nas empresas.

O descumprimento doloso do dever de lealdade e veracidade de informações enseja a nulidade do contrato, podendo resultar na perda do direito à garantia ou indenização[1093].

[1091] Brasil: C.C.: Art. 766. Espanha: LCS 50/1980 "Artículo 11. França: Code des assurances: art. L. 113-2-3º. (Loi nº 89-1014 du 31 décembre 1989 art. 10 Journal Officiel du 3 janvier 1990 en vigueur le 1er mai [1990])

[1092] Brasil: C.C. "Art. 784. Não se inclui na garantia o sinistro provocado por vício intrínseco da coisa segurada, não declarado pelo segurado."

[1093] Brasil: C.C. Art. 145. São os negócios jurídicos anuláveis por dolo, quando este for a sua causa. "Art. 762, Nulo será o contrato para garantia de risco proveniente de ato doloso do segurado, do beneficiário, ou de representante de um ou de outro."; "Art. 765. O segurado e o segurador são obrigados a guardar na conclusão e execução do contrato, a mais estrita boa-fé e veracidade, tanto a respeito do objeto como *das circunstâncias e declarações a ele concernentes."; Art. 766. Se o segurado, por si ou por seu representante, fizer declarações inexatas ou omitir circunstâncias que possa influir na aceitação da proposta ou na taxa do prêmio, perderá o direito à garantia, além de ficar obrigado ao prêmio vencido. Parágrafo único. Se a inexatidão ou omissão nas declarações não resultar de má-fé do segurado, o segurador terá direito a resolver o contrato, ou a cobrar, mesmo após o sinistro, a diferença do prêmio".* Espanha: *LCS 50/1980 "Artículo 10. El tomador del seguro tiene el deber, antes de la conclusión del contrato, de declarar al asegurador, de acuerdo con el cuestionario que éste le someta, todas las circunstancias por él conocidas que puedan influir en la valoración del riesgo. El asegurador podrá rescindir el contrato mediante declaración dirigida al tomador del seguro en el plazo de un mes, a contar del conocimiento de la reserva o inexactitud del tomador del seguro. Corresponderán al asegurador, salvo que concurra dolo o culpa grave por su parte, las primas relativas al período en curso en el momento que haga esta declaración. Si el siniestro sobreviene antes de que el asegurador haga la declaración a la que se refiere el párrafo anterior, la prestación de éste se reducirá proporcionalmente a la diferencia entre la prima convenida y la que se hubiese aplicado de haberse conocido la verdadera entidad del riesgo. Si medió dolo o culpa grave del tomador del seguro quedará el asegurador liberado del pago de la prestación."* França : *Code des assurances. « Article L. 113-2, L'assuré est obligé : 2º De répondre exactement aux questions posées par l'assureur, notamment dans le formulaire de déclaration du risque par lequel l'assureur l'interroge lors de la conclusion du contrat, sur les circonstances qui sont de nature à faire apprécier par l'assureur les risques qu'il prend en charge ; ». (Loi nº 89-1014 du 31 décembre 1989 art. 10 Journal Officiel du 3 janvier 1990 en vigueur le 1er mai 1990).*

Na ocorrência de sinistro, o tomador tem o dever de informá-lo ao mediante declaração de conhecimento inequívoco do segurador, cabendo--lhe empreender esforços para minorar suas consequências ou prejuízos[1094].

Nos seguros por conta de terceiros, nos casos de aviso de sinistro e pagamento dos capitais contratados, vale observar que o tomador atua por representação[1095], mediando as comunicações entre o segurado e segurador.

Nos casos de indenização de sinistro, cumpre ao tomador respeitar os direitos à sub-rogação do segurador[1096], sendo-lhe proibido reconhecer responsabilidade, confessar a ação, transigir ou indenizar terceiro sem anuência expressa[1097].

Do ponto de vista econômico, segundo o ônus natural do contrato de seguros privados, cumpre-lhe o pagamento regular do prêmio, sob pena de perda do direito à cobertura nos casos de mora, permitindo ao segurador a faculdade de resolver o contrato ou de cobrar o prêmio devido[1098].

No direito espanhol o segurador pode, inclusive, valer-se da via executiva para exigir o cumprimento da obrigação, conforme o disposto no artigo 15 da LCS.

Do ponto de vista processual, caso interposta ação relacionada ao objeto do seguro, deve o tomador informá-la tempestivamente ao segurador [1099].

Dentre os institutos relacionados ao tomador, destacam-se: a faculdade de contratar em nome de outrem [1100]; a faculdade unilateral de resolver o contrato [1101]; o direito à devolução proporcional do prêmio em caso legais de rescisão,

[1094] Brasil: C.C. art. 765, 766 e parágrafo único, e 769 e 771. Espanha: LCS 50/1980 "Arts. 10 e 16. França : Code des assurances. « Article L. 113-2, (Loi nº 89-1014 du 31 décembre 1989 art. 10 Journal Officiel du 3 janvier 1990 en vigueur le 1er mai 1990)».

[1095] Neste sentido: TZIRULNIK, Ernesto, Flavio Queiroz B. Cavalcanti, Airton Pimentel. *O contrato de seguro*. Op. cit. p. 203.

[1096] Brasil: C.C.: 786 e 787 e incisos. Espanha: LCS 50/1980, art. 43.2. França: C.C. art. 1250.

[1097] Brasil: C.C. art. 787 e parágrafos.

[1098] Brasil: C.C. art. 763. Jurisprudência – Veja-se a "Súmula 616: "A indenização securitária é devida quando ausente a comunicação prévia do segurado acerca do atraso no pagamento do prêmio, por constituir requisito essencial para a suspensão ou resolução do contrato de seguro." Espanha: LCS 50/1980, *"Artículo 14.* França: Code des assurances: *art. L. 113-2-1º. (Loi nº 89-1014 du 31 décembre 1989 art. 10 Journal Officiel du 3 janvier 1990 en vigueur le 1er mai 1990).*

[1099] Brasil: C.C. art. 787, parágrafo 3º.

[1100] Brasil: C.C. art. 190 e parágrafo único. Espanha: LCS, art. 83.

[1101] Brasil: CDC, art. 49, no caso de contrato celebrado fora do estabelecimento mercantil, o consumidor tem o prazo de 7 dias para exercitar o direito de resolver unilateralmente o contrato. Espanha: (LCS art. 83.a). O mencionado artigo da LCS 50/1980 dispõe sobre a faculdade do tomador resolver o contrato unilateralmente no prazo de 15 dias após receber a apólice, como fórmula de proteção do consentimento e da vulnerabilidade.

ou quando o contrato é rescindido por culpa do segurador[1102]; poder designar beneficiário e modificar ou revogar essa designação sem o consentimento do segurador [1103]; poder ceder ou penhorar a apólice [1104]; e o dever de comunicar ao segurador a celebração de outro contrato relativo ao mesmo risco ou mesma pessoa[1105].

Ao tomador ainda valem direitos no campo da proteção da vulnerabilidade, por ser parte aderente ao contrato. Assim, conta com leis especiais de seguro [1106]; com a interpretação mais benéfica[1107]; redação com destaque das cláusulas limitativas de direitos[1108]; a emissão da apólice precedida de proposta escrita com os elementos essenciais da contratação[1109]; tem assegurada a forma escrita e o dever de conteúdo mínimo na documentação[1110]; vedação e sujeição à nulidade das cláusulas abusivas [1111]; facilitação da defesa, definindo seu domicílio para determinar a lei aplicável [1112] e fixar a competência do foro para resolução de litígios [1113].

Certamente, é relevante a construção do «tomador» na lei e doutrina do seguro, por suas atribuições nos atos de formação e execução contratual frente ao segurador.

[1102] Brasil: C.C. Art. 186 e 927. Espanha: LCS, Art. 35.

[1103] Brasil: C.C. Art. 791 e 792. Espanha: LCS, Art. 84 a 87.

[1104] Espanha: LCS, art. 99. Não existe precedente no Direito brasileiro.

[1105] Espanha: LCS, art. 101. Não existe precedente no Direito brasileiro.

[1106] Espanha: LCS, art. 3º. Não existe precedente no Direito brasileiro.

[1107] Brasil: CDC, Art. 47. Espanha: LCS, art. 3º.

[1108] Brasil: CDC, Art. 31 e 54, § 4°; Espanha: LCS, Art. 3° e 8°; LGDCU, art. 10.

[1109] Brasil: C.C., art. 759; CDC, arts. 30-38. Espanha: LCS, Art. 3º; art, 8º, LGDCU, art. 13.

[1110] Brasil: C.C., art. 758. CDC arts. 30-38; Espanha: LCS, Art. 3º, 5º e 8º.

[1111] Brasil: CDC Art. 6º, V e 51; Espanha: LCS, art. 3º; LGDCU art. 10bis e 10 ter.

[1112] Espanha: Art. 107, "a".

[1113] Brasil: No Direito brasileiro não há previsão específica do foro do consumidor ou do segurado. Para as relações de consumo, a matéria é pacífica na jurisprudência de nossos Tribunais, consolidada a partir da interpretação extensiva dos arts 5º, XXXII e 170, V, da Constituição Federal de 1988 e, especialmente, dos arts. 6º, VIII e 51, IV, do Código de Defesa do Consumidor - CDC, que determinam a competência do foro do consumidor. No plano legal, por iniciativa da Secretaria de Direito Econômico, a Portaria n. 4, de 13 março de 1998, previu que deve-se divulgar, em aditamento ao art. 51 da lei n. 8.078/90 - CDC, que *"são nulas de pleno direito as cláusulas que elejam foro para dirimir conflitos decorrentes de relação de consumo diverso daquele onde reside o consumidor."* Espanha: LCS, art. 24. LGDCU Disp. Adic. - n. 27.

4.1.3 Segurado

O segurado é a pessoa física ou jurídica em nome de quem se estabelece a garantia contratada. É o sujeito do interesse ou titular do risco[1114]. Pela posição que ocupa, encontra-se frente ao segurador como um consumidor de serviços, sobre o qual projetam-se os riscos e garantias do seguro.

Essa posição fica evidente nos seguros por conta própria, em que não há estipulante, estabelecendo-se uma relação direta entre segurador e segurado[1115], com atribuições de caráter sinalagmático.

Ressalvados os grandes riscos, o segurado é parte aderente do contrato de seguro, sujeitando-se às condições da contratação, usualmente redigidas pelo segurador. Por essa razão, e pelo equilíbrio que cumpre à ordem jurídica, o segurado é destinatário de uma tutela específica de proteção da vulnerabilidade [1116]. Conta com leis especiais de seguro e normas de defesa do consumidor, havendo confluência entre estes sistemas nos casos de segurado-consumidor.

O segurado é protegido por um sistema compensatório, que dispõe de instrumentos jurídicos como: a eficácia imperativa das normas de seguro [1117]; a interpretação mais benéfica ao segurado[1118]; a redação com destaque das cláusulas limitativas dos direitos do segurado[1119]; a emissão da apólice precedida de proposta escrita com os elementos essenciais da contratação [1120]; a forma escrita e o dever de conteúdo mínimo [1121]; nulidade de cláusulas abusivas [1122]; facilitação da defesa no foro do domicílio do segurado [1123], entre outras normas de equidade ou da hermenêutica do seguro.

1114 Sobre o segurador como titular do Risco: ALVIM, Pedro. Op. cit. p. 195

1115 Idem. Op. cit. p. 195.

1116 Sobre o princípio da tutela compensatória do segurado veja-se: Capítulo II, 2.3.9.

1117 Espanha: LCS, art. 3º. Não existe precedente no Direito brasileiro.

1118 Brasil: CDC, art. 47. Espanha: LCS, art. 3º.

1119 Brasil: CDC, art. 54, § 4°; Espanha: LCS, Art. 3° e 8°; LGDCU, art. 10.

1120 Brasil: C.C., art. 759; CDC, arts. 30-38. Espanha: LCS, art. 3º; art, 8º, LGDCU, art. 13.

1121 Brasil: C.C., art. 758. CDC arts. 30-38; Espanha: LCS, Art. 3º, 5º e 8º.

1122 Brasil: CDC Art. 6º, V e 51; Espanha: LCS, art. 3º; LGDCU art. 10bis e 10 ter.

1123 Brasil: Como observamos no título acima, não há previsão específica do foro do consumidor ou do segurado. Para as relações de consumo a matéria é pacífica na jurisprudência de nossos Tribunais, consolidada a partir da interpretação extensiva dos arts 5º, XXXII e 170, V, da Constituição Federal de 1988 e, especialmente, dos arts. 6º, VIII e 51, IV, do Código de Defesa do Consumidor – CDC, que determinam a competência do foro do consumidor. No plano legal, por iniciativa da Secretaria de Direito Econômico, a Portaria n. 4, de 13 março de 1998, previu que deve-se divulgar, em aditamento ao art. 51 da lei n. 8.078/90 – CDC, que "*são nulas de pleno direito as cláusulas que elejam*

O segurado possui direitos e obrigações, por vezes similares aos do tomador, nos casos de contratação por conta própria, quando acumula as funções de destinatário do contrato além de praticar os atos de formação.

Por força da relação bilateral e sinalagmática, que estabelece deveres para ambas as partes, definem-se obrigações próprias do segurado. Sendo um contrato oneroso, quando em nome próprio o segurado tem a obrigação pecuniária do prêmio, que deve ser paga no lugar, tempo e forma convencionados. No contrato por conta alheia a obrigação recai sobre o tomador.

O inadimplemento culposo da obrigação de pagar o prêmio, quando caracterizada a mora, enseja a perda da garantia securitária, permitindo ao segurador resolver o contrato ou de cobrar o prêmio devido. A mora provoca o dever do segurador no sentido de notificar o tomador nos casos de inadimplência. No Brasil, é recente a Súmula 616 do STJ:

> "Súmula 616: "A indenização securitária é devida quando ausente a comunicação prévia do segurado acerca do atraso no pagamento do prêmio, por constituir requisito essencial para a suspensão ou resolução do contrato de seguro."

É importante a orientação do STJ acerca do atraso de pagamento e do dever de informar do segurador, no sentido de tornar inequívoca a cobrança e a sujeição à perda da garantia contratada.

O segurado, de outra parte, tem dever de conduta, de prestar informações claras e verdadeiras ao segurador [1124]; e não omitir vício intrínseco à coisa

foro para dirimir conflitos decorrentes de relação de consumo diverso daquele onde reside o consumidor." Para tentar suprir essas lacunas enviamos à Casa Civil da Presidência da República Projeto de Lei para a facilitação da defesa do consumidor e do segurado. Referido projeto propõe introduzir 2 (dois) incisos no art. 100 do Código de Processo Civil – CPC: o inciso "VI", com a competência do foro do consumidor para as relações de consumo, podendo a incompetência ser declarada *ex officio* pelo juiz; e o inciso "VII", que prevê o foro do domicílio do segurado para os contratos de seguro. Espanha: LCS, art. 24. LGDCU Disp. Adic. – n. 27.

[1124] Brasil: C.C.: *"Art. 765. O segurado e o segurador são obrigados a guardar na conclusão e execução do contrato, a mais estrita boa-fé e veracidade, tanto a respeito do objeto como das circunstâncias e declarações a ele concernentes."*; *Art. 766. Se o segurado, por si ou por seu representante, fizer declarações inexatas ou omitir circunstâncias que possa influir na aceitação da proposta ou na taxa do prêmio, perderá o direito à garantia, além de ficar obrigado ao prêmio vencido."*; Espanha: LCS 50/1980 *"Artículo 10. El tomador del seguro tiene el deber, antes de la conclusión del contrato, de declarar al asegurador, de acuerdo con el cuestionario que éste le someta, todas las circunstancias por él conocidas que puedan influir en la valoración del riesgo. El asegurador podrá rescindir el contrato mediante declaración dirigida al tomador del seguro en el plazo de un mes, a contar del conocimiento de la reserva o inexactitud del tomador del seguro. Corresponderán al asegurador, salvo que*

segurada [1125], sob pena de violação ao dever de boa-fé, princípio essencial a este contrato. São casos em que se leva em conta os questionários do segurador e a boa-fé do segurado.

Para garantir a qualidade das informações disponibilizadas, e proteger o segurado ou tomador, o art. 10 da LCS 50/1980 da Espanha contém importante diretriz:

> *"Art. 10. El tomador del seguro tiene el deber, antes de la conclusión del contrato, de declarar al asegurador, de acuerdo con el cuestionario que éste le someta, todas las circunstancias por él conocidas que puedan influir en la valoración del riesgo."*

A norma espanhola estampa o dever de informação do segurado ou tomador, mas lhes protege e não impõe o detalhamento de questões técnicas ou circunstâncias relacionadas ao risco que não lhe tenham sido questionadas.

Além de declarar possíveis causas de agravamento do risco, o segurado deve contribuir para evitar que este se agrave, e informar prontamente o segurador caso ocorra[1126]. O dever de informar as características do risco

concurra dolo o culpa grave por su parte, las primas relativas al período en curso en el momento que haga esta declaración. Si el siniestro sobreviene antes de que el asegurador haga la declaración a la que se refiere el párrafo anterior, la prestación de éste se reducirá proporcionalmente a la diferencia entre la prima convenida y la que se hubiese aplicado de haberse conocido la verdadera entidad del riesgo. Si medió dolo o culpa grave del tomador del seguro quedará el asegurador liberado del pago de la prestación." França : Code des assurances. «*Article L. 113-2, L'assuré est obligé : 2º De répondre exactement aux questions posées par l'assureur, notamment dans le formulaire de déclaration du risque par lequel l'assureur l'interroge lors de la conclusion du contrat, sur les circonstances qui sont de nature à faire apprécier par l'assureur les risques qu'il prend en charge ;». (Loi nº 89-1014 du 31 décembre 1989 art. 10 Journal Officiel du 3 janvier 1990 en vigueur le 1er mai 1990)*

[1125] Brasil: C.C.: *"Art. 784. Não se inclui na garantia o sinistro provocado por vício intrínseco da coisa segurada, não declarado pelo segurado."*

[1126] Brasil: C.C.: *"Art. 766. Se o segurado, por si ou por seu representante, fizer declarações inexatas ou omitir circunstâncias que possam influir na aceitação da proposta ou na taxa do prêmio, perderá o direito à garantia, além de ficar obrigado ao prêmio vencido. Parágrafo único. Se a inexatidão ou omissão nas declarações não resultar de má-fé do segurado, o segurador terá direito a resolver o contrato, ou a cobrar, mesmo após o sinistro, a diferença do prêmio."* Espanha: LCS 50/1980 *"Artículo 11. El tomador del seguro o el asegurado deberán durante el curso del contrato comunicar al asegurador, tan pronto como le sea posible, todas las circunstancias que agraven el riesgo y sean de tal naturaleza que si hubieran sido conocidas por éste en el momento de la perfección del contrato no lo habría celebrado o lo habría concluido en condiciones más gravosas."* França: Code des assurances: *art. L. 113-2-3º. « L'assuré est obligé : 3º De déclarer, en cours de contrat, les circonstances nouvelles qui ont pour conséquence soit d'aggraver les risques, soit d'en créer de nouveaux et rendent de ce fait inexactes ou caduques les réponses faites à l'assureur, notamment dans le formulaire mentionné au 2º ci-dessus.» (Loi nº 89-1014 du 31 décembre 1989 art. 10 Journal Officiel du 3 janvier 1990 en vigueur le 1er mai 1990).*

tem o sentido da boa-fé e manutenção do equilíbrio contratual, evitando-se o infrasseguro, sobresseguro, ou seguro em duplicidade.

As leis de diferentes nações preveem hipóteses em que o segurado deve informar ao segurador o agravamento ou redução do risco durante a vigência contratual[1127].

O agravamento intencional do risco por parte do segurado pode causar o decaimento da garantia contratada, desobrigando o segurador. Assim dispõe o art. 768 do Código Civil:

> "Art. 768. O segurado perderá o direito à garantia se agravar intencionalmente o risco objeto do contrato."

O agravamento intencional é falha grave, do tipo dolosa. Via de consequência, viola os princípios da boa-fé[1128] e do interesse[1129], sendo causa típica de perda do direito à garantia.

Outro dever de informar do segurado diz respeito à ocorrência do sinistro. É dever de declaração unilateral e receptícia[1130], de modo inequívoco ao segurador.

Ocorrendo sinistro, ressalvados os casos de força maior, o segurado ou o tomador devem informá-lo ao segurador e empreender esforços para minorar as consequências.[1131]

[1127] Brasil: C.C. art. 768 e art. 769. Espanha: LCS, arts. 11 a 13. Portugal: DL 72/2008, art. 78º, 79º, 91º, 92º, 93º e 94º; França: CA, 113-2, 2º. Itália: C.C. art. 1.897 e 1.858. Argentina: LS art. 34, 35, 38-45. México: LS, art. 88. Chile: C.com. art. 526 e 1.176.

[1128] Veja-se: Capítulo II, 2.3.5.

[1129] Veja-se: Capítulo II, 2.3.4.

[1130] Neste sentido: SANCHEZ CALERO, Fernando. Op. cit. p. 212.

[1131] Brasil: C.C.: "*Art. 771. Sob pena de perder o direito à indenização, o segurado participará o sinistro ao segurador, logo que saiba, e tomará as providências imediatas para minorar-lhe as conseqüências. Parágrafo único. Correm à conta do segurador, até o limite fixado no contrato, as despesas de salvamento conseqüente do sinistro.*" Espanha: LCS 50/1980, "*Artículo 16. El tomador del seguro o el asegurado o el beneficiario deberán comunicar al asegurador el acaecimiento del siniestro dentro del plazo máximo de siete días de haberlo conocido, salvo que se haya fijado en la póliza un plazo más amplio. En caso de incumplimiento, el asegurador podrá reclamar los daños y perjuicios causados por la falta de declaración. Este efecto no se producirá si se prueba que el asegurador ha tenido conocimiento del siniestro por otro medio. El tomador del seguro o el asegurado deberá, además, dar al asegurador toda clase de informaciones sobre las circunstancias y consecuencias del siniestro. En caso de violación de este deber, la pérdida del derecho a la indemnización sólo se producirá en el supuesto de que hubiese concurrido dolo o culpa grave.*" "*Artículo 17. El asegurado o el tomador del seguro deberán emplear los medios a su alcance para aminorar las consecuencias del siniestro. El incumplimiento de este deber dará derecho al asegurador a reducir su prestación en la proporción oportuna, teniendo en cuenta*

Do ponto de vista da relação frente à terceiros, inclusive o causador dos danos, o segurado deve respeito ao direito de sub-rogação do segurador. Não pode comprometer ou renunciar créditos que reverteriam ao segurador por força da *sub-rogação legal* ou contratual [1132]. Cumpre-lhe preservar esses direitos, respondendo por prejuízos que der causa.

Fica claro que o segurado não pode dispor desses direitos, e deve contribuir para a substituição ou transferência patrimonial, como ocorre com os chamados «salvados», que passam à propriedade do segurador, após o pagamento da cobertura.

la importancia de los daños derivados del mismo y el grado de culpa del asegurado. Si este incumplimiento se produjera con la manifiesta intención de perjudicar o engañar al asegurador, éste quedará liberado de toda prestación derivada del siniestro. Los gastos que se originen por el cumplimiento de la citada obligación, siempre que no sean inoportunos o desproporcionados a los bienes salvados serán de cuenta del asegurador hasta el límite fijado en el contrato, incluso si tales gastos no han tenido resultados efectivos o positivos. En defecto de pacto se indemnizarán los gastos efectivamente originados. Tal indemnización no podrá exceder de la suma asegurada. El asegurador que en virtud del contrato sólo deba indemnizar una parte del daño causado por el siniestro, deberá rembolsar la parte proporcional de los gastos de salvamento, a menos que el asegurado o el tomador del seguro hayan actuado siguiendo las instrucciones del asegurador." França: Code des assurances: *art. L. 113-2-4º. "L'assuré est obligé: 4º De donner avis à l'assureur, dès qu'il en a eu connaissance et au plus tard dans le délai fixé par le contrat, de tout sinistre de nature à entraîner la garantie de l'assureur. Ce délai ne peut être inférieur à cinq jours ouvrés. Ce délai minimal est ramené à deux jours ouvrés en cas de vol et à vingt-quatre heures en cas de mortalité du bétail. Les délais ci-dessus peuvent être prolongés d'un commun accord entre les parties contractantes.Lorsqu'elle est prévue par une clause du contrat, la déchéance pour déclaration tardive au regard des délais prévus au 3º et au 4º ci-dessus ne peut être opposée à l'assuré que si l'assureur établit que le retard dans la déclaration lui a causé un préjudice. Elle ne peut également être opposée dans tous les cas où le retard est dû à un cas fortuit ou de force majeure. Les dispositions mentionnées aux 1º, 3º et 4º ci-dessus ne sont pas applicables aux assurances sur la vie. (Loi nº 89-1014 du 31 décembre 1989 art. 10 Journal Officiel du 3 janvier 1990 en vigueur le 1er mai 1990).*

[1132] Sobre o respeito à sub-rogação do segurador: Brasil: C.C.: 786 e 787, com seus respectivos incisos tratam do direito à sub-rogação do segurador, após o pagamento da indenização; a repercussão da sub-rogação para com a família do segurado, e as consequências do dolo; a ineficácia de atos do segurado que prejudiquem esse direito; o dever de comunicar fatos que possam ensejar responsabilidade ao segurador; o dever de dar ciência da ação ao segurado. Brasil: C.C.: *"Art. 786. ... § 2º É ineficaz qualquer ato do segurado que diminua ou extinga, em prejuízo do segurador, os direitos a que se refere este artigo."* Espanha: LCS 50/1980, art. 43.2 ... *"El asegurado será responsable de los perjuicios que, con sus actos u omisiones, pueda causar al asegurador en su derecho a subrogarse."* França: C.c. art. 1250. *Cette subrogation est conventionnell : 1º Lorsque le créancier recevant son paiement d'une tierce personne la subroge dans ses droits, actions, privilèges ou hypothèques contre le débiteur: cette subrogation doit être expresse et faite en même temps que le paiement ;2º Lorsque le débiteur emprunte une somme à l'effet de payer sa dette, et de subroger le prêteur dans les droits du créancier. Il faut, pour que cette subrogation soit valable, que l'acte d'emprunt et la quittance soient passés devant notaires ; que dans l'acte d'emprunt il soit déclaré que la somme a été empruntée pour faire le paiement, et que dans la quittance il soit déclaré que le paiement a été fait des deniers fournis à cet effet par le nouveau créancier. Cette subrogation s'opère sans le concours de la volonté du créancier.*

Além dessas previsões, também por força da relação bilateral e do princípio da força vinculante do contrato, o segurado deve observância às condições do contrato, sob pena de "*culpa in contrahendo*".

Nesse campo de definições doutrinárias, vale concluir com o segurado ao centro da contratação, como consumidor desses serviços e titular de interesses segurados, sendo o destinatário da garantia contratada.

4.1.4 Beneficiário

O beneficiário é a pessoa física ou jurídica destinatária da prestação do segurador. Quando presentes os fatos e condições previstos no contrato, o beneficiário é o credor da garantia contratada.[1133]

Segundo a posição que ocupa no contrato, o beneficiário é o sujeito designado pelo tomador que receberá a indenização, garantia ou prestação segurada.

No Direito do seguro, conforme Francisco Javier Tirado Suarez, a figura do Beneficiário surgiu ao fim do século XIX, com a necessidade de uma construção dogmática para o contexto do Direito sucessório e sua relação com os seguros de vida para caso de morte. Para atender a essa necessidade, definiu-se como uma espécie de terceiro: "que não interveio no contrato, mas de cujos benefícios irá participar" [1134].

Com a figura do beneficiário tornou-se possível a estipulação de cobertura em favor de outrem, sem repercussão no campo da sucessão legal.

O beneficiário, com isso, é o destinatário da garantia contratada. Conforme José Vasques, "*adquire um direito autônomo, fundado na cláusula de designação, estranho à sucessão do estipulante, ficando liberto da ação dos herdeiros e credores deste.*" [1135] Assim, trata-se de um elemento pessoal com características distintas das do segurado ou tomador, com função própria na relação contratual e previsão legal em diferentes ordenamentos jurídicos [1136].

[1133] Sobre o conceito de beneficiário, veja-se: GARRIGUES, Joaquin. Op. Cit. p. 91. Francisco Javier Tirado Suárez (In. SÁNCHEZ CALERO, et al. *Ley de contrato de seguro*. Pamplona, Editora Aranzadi, 1999, p. 1576); VASQUES, José. Op. cit. p. 174.

[1134] Nesse sentido: LOPES, Miguel Maria de Serpa. Op. cit. p. 456. GOMES, Orlando. Op. cit. p. 423. ESCOBAR, Manuel Martinez. Op. cit. p. 191.

[1135] Veja-se: VASQUES, José. Op. cit. p. 176.

[1136] Brasil: No Código Civil brasileiro existem previsões específicas para o beneficiário do contrato de seguro nos artigos 206, parágrafo 1º, II, parágrafo 3º, IX; 760; 762; 791 e parágrafo único; 792; 793; 797; 798 e 800. Decreto-lei 73, de 21.111.66, art. 11, parágrafo 1º. Espanha: No Direito espanhol havia previsão nos artigos 416 e 419 do Código de Comércio, derrogado pela Ley 50/1980. Nesta

Para melhor compreender sua posição no contrato de seguro, observa-se que a cobertura pode aproveitar ao segurado, ao tomador, como a terceiro por eles nomeado ou indicado pela ordem de sucessão legal. Em todos os casos, o destinatário da cobertura é chamado beneficiário.

Essa distinção levou Joaquin Garrigues[1137] a diferenciar, frente ao Segurador, três sujeitos:

> – «*segurado*», aquele cujos bens ou cuja pessoa estão expostos a um risco;
> – «*contratante*», o subscritor do contrato, que assume as obrigações ante o segurador, modernamente designado tomador;
> – «*beneficiário*», aquele que tem direito à prestação do segurador.

Na doutrina de José Vasques, a natureza jurídica do beneficiário é identificada como uma «*estipulação em favor de terceiro*» [1138]. É realizada mediante declaração contratual, por meio de documento escrito, facultando ao beneficiário o poder de exigir o cumprimento de estipulação em seu favor.

Como estipulação em favor de terceiro, encontra origens mais recentes nos artigos 436 do Código Civil Brasileiro[1139]:

> "Art. 436. O que estipula em favor de terceiro pode exigir o cumprimento da obrigação.
>
> Parágrafo único. Ao terceiro, em favor de quem se estipulou a obrigação, também é permitido exigi-la, ficando, todavia, sujeito às condições e normas do contrato, se a ele anuir, e o estipulante não o inovar nos termos do art. 438."

Referidas normas atribuem direitos ao estipulante e ao terceiro em favor de quem é conferido o seguro, para promover o cumprimento da obrigação. É uma noção de natureza técnica, com relevante repercussão no contrato, especialmente com relação ao crédito que nasce frente ao segurador. E, não

última, passou a receber um tratamento específico nos artigos 7º, 8º; 16; 84; 85; 86; 87; 88; 92; 99 e102. Portugal: Segundo o Direito Português, é legalmente definido como a *"pessoa singular ou coletiva a favor de quem reverte a prestação da seguradora decorrente do contrato de seguro ou de uma operação de capitalização"* Art. 1º do DL 176/95, de 26 de Julho, de Portugal.

[1137] GARRIGUES, Joaquin. Op. cit. p. 91.

[1138] Nesse sentido veja-se: VASQUES, José. Op. cit. p. 175.

[1139] França: C.C. art. 1.121.

se confunde beneficiário com o *tomador* ou *segurado*[1140], pois estes últimos, diferentemente do primeiro, praticam atos de formação do contrato.

Em razão dessa diferenciação, e de não participar da formação do contrato, salvo quando estipulado em nome próprio, é comum o beneficiário não receber a documentação contratual, que é usualmente dirigida ao *tomador* ou ao *segurado*, por força da relação direta que mantêm com o segurador.

Esse procedimento, de endereçamento da documentação, também é aceito pela jurisprudência, não exigindo os Tribunais outra conduta do segurador para com relação ao beneficiário[1141].

No plano legal do direito comparado, observa-se que o direcionamento da documentação contratual para o tomador ou segurado tem previsão nos artigos 3º e 5º da LCS 50/1980, cujo dispositivo determina que cópias das condições gerais da contratação, apólice ou documentos de cobertura provisória serão entregues ao segurado. Portanto, não se espera que se faça diretamente ao beneficiário.

Havendo legítimo interesse em obter informações não privativas e que lhe digam respeito, o beneficiário poderá requerê-las ao segurador, ou buscar judicialmente se não lograr êxito na via consensual.

De outro lado, cumpre ao segurador respeitar as limitações do beneficiário quanto aos dados e informações que pretende exigir sobre o segurado ou tomador nos casos de sinistro. Não cabe ao segurador submeter ao beneficiário questionários complexos, exigindo-lhe respostas sobre fatos desconhecidos e que possam acarretar atraso no pagamento, ou criar embaraços à garantia contratada.

Do ponto de vista da prescrição, os prazos são computados de forma distinta para com relação ao segurado/tomador e o beneficiário. No Direito brasileiro, o segurado ou tomador sujeitam-se ao prazo legal de um ano, de acordo com o art. 206, § 1º, II do C.C. Para o beneficiário, o mesmo Código Civil prevê o prazo de três anos para exercer a pretensão contra o segurador, assim como o terceiro prejudicado no seguro de responsabilidade civil obrigatório.

[1140] Sobre a distinção, deveres e obrigações vide: Espanha: LCS 50/1980, art. 7º.

[1141] Nesse sentido veja-se: Brasil – Superior Tribunal de Justiça – STJ RESP 612903/SP; RECURSO ESPECIAL 2003/0223017-2, Rel. Ministro CASTRO FILHO. Terceira Turma, Julgamento em 19/09/2006. Publicação Oficial DJ 23.10.2006 p. 298

No direito espanhol, os prazos prescricionais da pretensão a ser exercida contra o segurador estão contidos no art. 23 da LCS 50/1980, que define 2 (dois) anos para o seguro de danos e 5 para o seguro de pessoas[1142]. Pensamos que esse prazo, mais delongado é compensatório e mais conforme o princípio de proteção da vulnerabilidade no contrato.

Outro dever atribuído ao beneficiário está na responsabilidade – solidária com o tomador e o segurado – de comunicarem o segurador sobre o acontecimento de sinistro logo que tomem conhecimento do mesmo.

Quanto ao dever de informar não existe previsão para o beneficiário no direito brasileiro. Na Espanha, a LCS 50/1980 incluiu o beneficiário em condições equivalentes com o tomador e o segurado devendo informar o segurador do acontecimento do sinistro, no prazo de até 7 (sete) dias após a ciência do ocorrido[1143].

Dentre outras características, vale destacar que o direito ao benefício do capital segurado decorre da cláusula de designação, que deve ser clara e suficientemente explícita, mediante documento escrito, e é independente de aceitação imediata do beneficiário, a qual será ratificada ou declarada no momento em que este se habilitar para o recebimento da soma segurada[1144].

Assim, há possibilidade de o beneficiário *renunciar à faculdade* ou mesmo *ser substituído*, por ato entre vivos ou de última vontade, devendo a mesma ser cientificada ao segurador, sob pena de pagar o capital segurado ao antigo

[1142] Espanha: LCS 50/1980: "*Artículo 23. Las acciones que se deriven del contrato de seguro prescribirán en el término de dos años si se trata de seguro de daños y de cinco si el seguro es de personas.*"

[1143] Brasil: No direito brasileiro não há menção ao beneficiário ou ao tomador quanto a esta obrigação de informar o sinistro logo que se tome conhecimento do mesmo. "*Art. 771. Sob pena de perder o direito à indenização, o segurado participará o sinistro ao segurador, logo que o saiba, e tomará as providências imediatas para minorar-lhe as conseqüências. Parágrafo único. Correm à conta do segurador, até o limite fixado no contrato, as despesas de salvamento conseqüente ao sinistro.*" Espanha: LCS 50.1980: "*Artículo 16. El tomador del seguro o el asegurado o el beneficiario deberán comunicar al asegurador el acaecimiento del siniestro dentro del plazo máximo de siete días de haberlo conocido, salvo que se haya fijado en la póliza un plazo más amplio. En caso de incumplimiento, el asegurador podrá reclamar los daños y perjuicios causados por la falta de declaración. Este efecto no se producirá si se prueba que el asegurador ha tenido conocimiento del siniestro por otro medio. El tomador del seguro o el asegurado deberá, además, dar al asegurador toda clase de informaciones sobre las circunstancias y consecuencias del siniestro. En caso de violación de este deber, la pérdida del derecho a la indemnización sólo se producirá en el supuesto de que hubiese concurrido dolo o culpa grave.*"

[1144] Nesse sentido: veja-se VASQUES, José. Op. cit. p. 176.

beneficiário caso não tenha sido comunicado oportunamente[1145], ou ao tomador, conforme o exemplo do apartado terceiro do art. 84 da LCS 50/1980[1146].

Na falta de indicação do beneficiário, ou se não prevalecer a escolha feita, como no caso em que o beneficiário mata o segurado [1147], é comum o pagamento ao cônjuge não separado e o restante aos herdeiros do segurado, conforme a ordem da vocação hereditária.

Segundo o Código Civil brasileiro, na falta das pessoas indicadas, serão beneficiários os que provarem que a morte do segurado os privou dos meios necessários à subsistência[1148].

A antiga polêmica sobre a possibilidade de designar como beneficiário o companheiro também é superada pela moderna concepção das sociedades afetivas e dos novos tipos de relações familiares, não havendo restrições a esta estipulação.

No Código Civil brasileiro fica expressamente permitida a instituição do companheiro como beneficiário, com a ressalva de o segurado ser separado judicialmente ao tempo do contrato, ou se já se encontrava separado de fato. Recentemente, a Quarta Turma do STJ definiu que o seguro de vida não pode ser instituído por pessoa casada – que não é separada judicialmente, nem de fato – em benefício de pessoa concubinária, por força vedação legal presente nos artigos 550 e 793 do Código Civil de 2002 (REsp 1391954)[1149].

[1145] Brasil: C.C. *"Art. 791. Se o segurado não renunciar à faculdade, ou se o seguro não tiver como causa declarada a garantia de alguma obrigação, é lícita a substituição do beneficiário, por ato entre vivos ou de última vontade. Parágrafo único. O segurador, que não for cientificado oportunamente da substituição, desobrigar-se-á pagando o capital segurado ao antigo beneficiário."*

[1146] Espanha: *"Artículo 84. El tomador del seguro podrá designar beneficiario o modificar la designación anteriormente realizada, sin necesidad de consentimiento del asegurador. La designación del beneficiario podrá hacerse en la póliza, en una posterior declaración escrita comunicada al asegurador o en testamento. Si en el momento del fallecimiento del asegurado no hubiere beneficiario concretamente designado, ni reglas para su determinación, el capital formará parte del patrimonio del tomador."*

[1147] Espanha: *"Artículo 92. La muerte del asegurado, causada dolosamente por el beneficiario, privará a éste del derecho a la prestación establecida en el contrato, quedando ésta integrada en el patrimonio del tomador." "Artículo 102. Si el asegurado provoca intencionadamente el accidente, el asegurador se libera del cumplimiento de su obligación. En el supuesto de que el beneficiario cause dolosamente el siniestro quedará nula la designación hecha a su favor. La indemnización corresponderá al tomador o, en su caso, a la los herederos de éste."*

[1148] Brasil: C.C. *"Art. 792. Na falta de indicação da pessoa ou beneficiário, ou se por qualquer motivo não prevalecer a que for feita, o capital segurado será pago por metade ao cônjuge não separado judicialmente, e o restante aos herdeiros do segurado, obedecida a ordem da vocação hereditária. Parágrafo único. Na falta das pessoas indicadas neste artigo, serão beneficiários os que provarem que a morte do segurado os privou dos meios necessários à subsistência."*

[1149] Nesse sentido, veja-se: Brasil – Superior Tribunal de Justiça – STJ REsp 100888/BA; Recurso Especial 1996/0043529-4, Rel. Ministro Aldir Passarinho Junior. Quarta Turma, Julgamento em 19/09/2006. Publicação Oficial DJ 12.03.2001 p. 144.

Com relação às dívidas do segurado ou tomador, é comum no seguro de pessoas, no caso de morte, que o capital segurado esteja imune a estas. De outra parte, o benefício do seguro não se confunde com herança, para os efeitos de Direito[1150].

No que respeita à capacidade jurídica, como o beneficiário não é o sujeito que estabelece o vínculo contratual com o segurador, entende-se desnecessária, uma vez que se pode definir como beneficiários menores e incapazes, a exemplo dos pais que nomeiam filhos no seguro de vida e acidentes pessoais para casos de morte, ou mesmo em circunstâncias de incapacidade para manifestarem o pensamento.

Quando aos efeitos de sub-rogação no seguro de pessoas, o segurador não pode sub-rogar-se nos direitos e ações do segurado, ou do beneficiário, contra o causador do sinistro. Como ressalva, observamos que a LCS 50/1980 excetua dessa regra as despesas de assistência médica[1151].

4.1.5 Corretor de seguro

O corretor de seguros é pessoa física ou jurídica que desenvolve regularmente e de forma remunerada serviços de mediação de contratos de seguros[1152].

Atua de forma independente na captação, orientação e promoção de contratos de seguro, de modo a assessorar o tomador, segurado, beneficiários, tendo em conta as suas necessidades específicas e os produtos disponíveis no mercado.

Exerce atividade de importância econômica e social de incremento da atividade seguradora[1153] e seus bons níveis de contratação, contribuindo na proteção do consumidor.

[1150] Brasil: C.C. "Art. 794. No seguro de vida ou de acidentes pessoais para o caso de morte, o capital estipulado não está sujeito às dívidas do segurado, nem se considera herança para todos os efeitos de direito."

[1151] Brasil: C.C. "Art. 800. Nos seguros de pessoas, o segurador não pode sub-rogar-se nos direitos e ações do segurado, ou do beneficiário, contra o causador do sinistro." Espanha: LCS 50/1980 – *"Artículo 82. En los seguros de personas el asegurador, aun después de pagada la indemnización, no puede subrogarse en los derechos que en su caso correspondan al asegurado contra un tercero como consecuencia del siniestro. Se exceptúa de lo dispuesto en el párrafo anterior lo relativo a los gastos de asistencia sanitaria."*

[1152] Brasil: Decreto-lei 73, de 21.11.66, art. 122; Lei nº 4.594, de 29 de dezembro de 1964. A matéria também possui legislação infralegal,

[1153] Brasil: Decreto-lei n. 73, de 21.11.66, art. 122.

O corretor é uma das espécies de mediadores do contrato de seguro. É um sujeito típico dos sistemas de seguros privados, com previsão específica dentre as disposições legais aplicáveis[1154].

No Brasil merece destaque a definição legal, prevista nos artigos 1º da Lei nº 4.594, de 29 de dezembro de 1964:

> "Art. 1º O corretor de seguros, seja pessoa física ou jurídica, é o intermediário legalmente autorizado a angariar e a promover contratos de seguros, admitidos pela legislação vigente, entre as Sociedades de Seguros e as pessoas físicas ou jurídicas, de direito público ou privado."

Suas atividades consistentes na apresentação, proposta ou realização de trabalhos prévios a celebração de um contrato de seguro ou de resseguro, assim como o assessoramento na análise de riscos, gestão e execução destes contratos, inclusive em caso de sinistro[1155].

Face às aptidões profissionais e à especialidade de suas funções, ficam excluídas da categoria de mediadores de seguro estas atividades quando praticadas por entidade seguradora ou resseguradora, ou seus empregados.

Também, não corresponde à corretagem de seguros a atividade do segurador quando abridor de operações de resseguro, ou as demais informações com caráter assessório no contexto de outra atividade profissional, inclusive atividades de perícia e liquidação de sinistro.

Como referido, para o exercício de suas funções, o corretor de seguros está condicionado ao cumprimento de requisitos de habilitação profissional, com registro precedido de capacitação, exames e inscrição junto ao organismo ou autoridade competente de seu país[1156].

São normas que definem o corretor de seguros como pessoa física ou jurídica, intermediário autorizado a angariar e promover contratos de seguro

[1154] Brasil: Decreto-lei n. 73, de 21.11.66. Circular Susep 510-15. UE: Diretiva 2002/92/CE do Parlamento Europeu e do Conselho, de 9 de dezembro de 2002, dispõe sobre a mediação nos seguros e estabelece as bases para a harmonização da atividade de mediação de seguros na União Europeia. Espanha: Lei 26/2006. Portugal: Decreto-Lei n. 388/91, de 10 de Outubro.

[1155] Nesse sentido, veja-se: Espanha: art. 2, 1 da Lei 26/2006. Portugal: Decreto-Lei n. 388/91, de 10 de Outubro, art. 2º.

[1156] Brasil: Sobre a necessidade habilitação veja-se: art. 123 do Decreto-lei 73, de 21.11.66; Dec. n. 60.459, de 1967, art. 34, n. XII e art. 102). Espanha: Ley 26/2006, art. 5º, 1 e art. 52. Portugal: Decreto-Lei n. 388/91, de 10 de Outubro, art. 3º e art. 20º e seguintes.

entre as sociedades seguradoras e o público consumidor em geral[1157]. Também define as instruções para registro, de competência da Superintendência de Seguros Privados – Susep[1158].

Antes de iniciar a atividade profissional, há uma tradição de estudos técnicos e a necessidade de inscrição junto ao Registro competente[1159], sendo que alterações de dados cadastrais devem ser informados[1160].

Tratando-se de pessoa física, procede-se o registro em seu nome, sendo pessoa jurídica é realizado em nome do profissional responsável[1161], também considerado administrador técnico[1162], corretor de seguros registrado na SUSEP.

Como é comum à certas profissões regulamentadas, que exigem habilitação e registro profissional, o corretor deve fazer constar em sua documentação, publicidade e instrumentos de comunicação o número de sua inscrição junto ao órgão competente[1163], como será conduzida a matéria é objeto de insegurança jurídica no presente momento.

Dentre as atribuições inerentes, o corretor de seguros deve ser idôneo e atuar com diligência, transparência, competência, discrição, devendo guardar segredo profissional[1164]. Sua responsabilidade encontra definição genérica no art. 723 do Código Civil:

[1157] Brasil: Circular Susep 510-15: "Art. 1.º O registro e as atividades de corretagem de seguros, de capitalização e de previdência realizadas no país ficam subordinadas às disposições desta Circular." § 1.º O corretor de seguros, pessoa física ou jurídica, é o intermediário legalmente autorizado a angariar e promover contratos de seguro entre as sociedades seguradoras e o público consumidor em geral e seu registro obedecerá às instruções estabelecidas na presente Circular".

[1158] Brasil: Circular Susep 510-15: "Art. 2.º Cabe à Superintendência de Seguros Privados – Susep conceder o registro para o exercício da atividade de corretagem de seguros, de capitalização e de previdência."

[1159] Espanha: Ley 26/2006, art. 6º, 4. Portugal: Decreto-Lei n. 388/91, de 10 de Outubro, art. 3º.

[1160] Brasil: Circular Susep 510-15, Da Alteração de Dados Cadastrais: "Art. 8.º O corretor de seguros deverá manter atualizada suas informações cadastrais perante a Susep, encaminhando, por meio digital, o formulário próprio e a documentação pertinente, observando-se os seguintes prazos, contados a partir da data de sua ocorrência: I – 30 dias, se corretor pessoa física; e II – 60 dias, se corretor pessoa jurídica. § 1.º As alterações contratuais ou estatutárias do corretor de seguros, pessoa jurídica, deverão ser encaminhadas com a devida comprovação de arquivamento no registro competente, na forma do caput deste artigo. § 2.º Os pedidos de alteração cadastral, que não atenderem ao disposto nesta seção serão postos em exigência."

[1161] Espanha: Ley 26/2006, art. 52, 1. Portugal: Decreto-Lei n. 388/91, de 10 de Outubro, art. 20º e seguintes.

[1162] Brasil: Circular Susep 510-15, art. 9º, § 1º.

[1163] Espanha: Ley 26/2006, art. 6º, 3.

[1164] Portugal: Decreto-Lei n. 388/91, de 10 de Outubro, art. 8º, "j".

> C.C. *"Art. 723 – O corretor é obrigado a executar a mediação com a diligência e prudência que o negócio requer, prestando ao cliente, espontaneamente, todas as informações sobre o andamento dos negócios. Parágrafo único. Sob pena de responder por perdas e danos, prestar ao cliente todos os esclarecimentos que estiverem ao seu alcance, acerca da segurança ou risco do negócio, das alterações de valores e do mais que possa influir nos resultados da incumbência."*

Do ponto de vista regulatório tem o dever de escriturar as propostas encaminhadas às empresas seguradoras, cumprindo-lhe arquivá-las[1165], valendo o mesmo para os pedidos de alterações de contratos[1166].

No âmbito de sua responsabilidade, sujeita-se a penalidades próprias, inclusive multa, suspensão temporária e perda da habilitação para o exercício da profissão, além do cancelamento de registro, dependendo da infração apurada em processo disciplinar[1167], assegurando-se o direito à ampla defesa, garantia fundamental no direito contemporâneo.

Quanto a responsabilidade civil, subsiste perante o tomador ou segurado, assim como frente às Sociedades Seguradoras, pelos prejuízos que causar por omissão, imperícia ou negligência[1168].

Nesse tipo de responsabilidade, o corretor não responde como na representação ou no mandato. Todavia, tem o dever profissional de lealdade e competência ao informar o tomador ou segurado sobre as condições da contratação, e quanto aos procedimentos com a documentação, pagamentos e orientação nos sinistros e na renovação do seguro, quando se reiniciam os trabalhos para uma nova contratação[1169].

Vale diferenciar a corretagem de seguros do mandato de prestação de serviços e da representação, pois se trata de um tipo profissional independente, seja para com relação ao segurador, seja para com ao tomador ou segurado.

[1165] Brasil: Circular Susep 510-15, art. 12.

[1166] Brasil: Circular Susep 510-15, arts. 14 e 15.

[1167] Brasil: Decreto-lei 73, de 21.11.66, art. 128. Espanha: Ley 26/2006, art. 53, "b"; Infrações: Ley 26/2006, art. 55. Portugal: Decreto-Lei n. 388/91, de 10 de Outubro, art. 16º.

[1168] Brasil: Decreto-lei 73, de 21.11.66, art. 126. Portugal: Decreto-Lei n. 388/91, de 10 de Outubro, art. 9º.

[1169] Brasil: No Direito brasileiro o art. 723 do C.C. funciona como uma *cláusula geral* suficientemente esclarecedora sobre a natureza da responsabilidade do corretor, "*verbis*": *"Art. 723. O corretor é obrigado a executar a mediação com a diligência e prudência que o negócio requer, prestando ao cliente, espontaneamente, todas as informações sobre o andamento dos negócios; deve, ainda, sob pena de responder por perdas e danos, prestar ao cliente todos os esclarecimentos que estiverem ao seu alcance, acerca da segurança ou risco do negócio, das alterações de valores e do mais que possa influir nos resultados da incumbência."*

A independência do corretor foi tratada como matéria de direito público no STJ, no âmbito da Súmula 584 que assentou ser a intermediação de contratos de seguro, no interesse do segurado, uma atividade sem subordinação ou relação empregatícia, conforme o art. 722 do Código Civil.

A independência é um dos traços de sua atividade. De outro lado, o corretor de seguro não representa a parte nem o segurador, salvo se dispuserem de modo contrário, mediante a outorga de poderes específicos.

Nesse sentido, a comunicação ao corretor de seguro, especialmente no caso de negativa de indenização, não deve ter o poder de definir a contagem do termo inicial de prescrição. Ressalvado o caso deste possuir poderes especiais, a comunicação deverá ser dirigida à parte, segurado ou tomador, para fins de conferir certeza e previsibilidade, especialmente se no contrato constar endereço para comunicação entre as partes.

Não sendo mandatário, o corretor não pode dar como celebrado um contrato em nome de uma seguradora sem a prévia aprovação desta[1170]. E, nos casos em que recebe quantias de seus clientes, para o pagamento de prêmios de seguro, o corretor é considerado depositário das mesmas, devendo transferi-las ao segurador.

De igual forma, em muitas circunstâncias, considera-se depositário das somas pagas pelo segurador a título de garantia securitária ou reembolso de prêmios destinados aos seus clientes, casos em que recebe valores de um e entrega ao outro[1171].

Na gestão de valores, é vedado ao corretor proceder descontos em prêmios, receber remuneração que contrariem as normas pertinentes, bem como conceder comissões ou parte de comissões a tomadores de seguro, segurados, terceiros ou outros mediadores, salvo nos casos admitidos em lei[1172], ou quando autorizado pelo segurador.

O tomador tem direito de escolher o corretor de seguro[1173]. Pode procurar o profissional de sua confiança, transmitindo a ele suas expectativas para que lhe sejam apresentados os seguros mais adequados.

Sua remuneração, segundo usos nos seguros privados, é fixada a partir de *comissão* sobre os contratos, paga pelo segurador ou ressegurador ao corretor[1174].

[1170] Portugal: Decreto-Lei n. 388/91, de 10 de Outubro, art. 4º.

[1171] Espanha: Ley 26/2006, Art. 6º, 2.

[1172] Portugal: Decreto-Lei n. 388/91, de 10 de Outubro, art. 10º "a", "b" e "c".

[1173] Portugal: Decreto-Lei n. 388/91, de 10 de Outubro, art. 5º.

[1174] Brasil: Decreto-lei 73, de 21.11.66, art. 124.

Dentre os tipos de comissão, a legislação portuguesa diferencia três espécies aplicáveis aos mediadores de seguro[1175]:

- *"comissão de mediação"* - atribuída aos agentes e angariadores pelo exercício das funções de corretagem;
- *"comissão de corretagem"* - atribuída ao corretor pelas funções de corretagem;
- *"comissão de cobrança"* - atribuída ao mediador em relação aos prêmios de seguro por ele efetivamente cobrados, desde que lhe tenham sido previamente atribuídas funções de cobrança pela seguradora.

Conforme o tipo de contrato, a comissão pode ser única ou parcelada, como é comum quando se pratica o parcelamento do prêmio.

No Direito espanhol não pode exercer corretagem de seguro pessoa com proibições ou impedimentos para o exercício do comércio, nem aquela que, por sua relação profissional, possa ensejar perigo concreto à liberdade dos interessados na contratação ou na escolha do segurador[1176].

Veja-se que a liberdade do corretor é um de seus traços característicos, com repercussão nas negociações e no consentimento, havendo um viés de desregulamentação no direito brasileiro.

O direito brasileiro zelou pela impossibilidade de o corretor aceitar ou exercer emprego de pessoa jurídica de direito público ou manter relação de emprego ou de direção com Sociedade Seguradora, impedimento que se aplica também aos sócios e diretores de empresas de corretagem de seguro[1177].

De outro lado, existe vedação para o corretor de seguros assumir, direta ou indiretamente, a garantia de qualquer classe de risco, no todo ou em parte, sendo nula disposição em contrário, eis que tais atividades são próprias do segurador ou ressegurador[1178].

Não pode, ainda, utilizar em sua publicidade ou na identificação de suas atividades ou denominação social, expressões que estejam reservadas às seguradoras ou resseguradoras, que possam induzir em confusão[1179].

Também, não deve realizar atividades de mediação em favor de entidades que não cumpram os requisitos legais, que atuem excedendo os limites de

[1175] Portugal: Decreto-Lei n. 388/91, de 10 de Outubro, art. 12º.

[1176] Espanha: Ley 26/2006, Art. 5º, 2.

[1177] Brasil: Decreto-lei 73, de 21.11.66, art. 125, "a", "b" e parágrafo único.

[1178] Portugal: Decreto-Lei n. 388/91, de 10 de Outubro, art. 8º, "f".

[1179] Espanha: Ley 26/2006, Art. 5º, 2, "d".

autorização concedida ou mesmo para sociedades mútuas ou cooperativas a prêmio variável[1180]. Outra vedação na Lei espanhola dispõe sobre a impossibilidade de o corretor de seguro impor, direta ou indiretamente a celebração de um contrato de seguro, bem como a celebração sem o consentimento do cliente[1181].

Igualmente, não pode acrescentar valores ou ônus sobre os recibos de prêmios emitidos pelas sociedades seguradoras, sendo vedado pacto em contrário[1182].

Seguindo as linhas do Direito comunitário europeu, o direito português traz exemplos importantes de normas de proteção do consentimento. Dentre estes, normas que vedam ao «*mediador* do contrato de seguro», dentre os quais se inclui o corretor de seguro receber remunerações que contrariem as normas pertinentes. Ficam proibidos de conceder comissões ou parte de comissões a tomadores de seguro, segurados, terceiros ou a outros mediadores, salvo quando expressamente permito por lei[1183].

Igualmente, segundo a Lei portuguesa, é vedado ao corretor de seguro exercer sua atividade quando o segurado é o próprio mediador; empresa ou organização em que o mediador seja sócio, administrador ou gerente; cônjuge ou parente em linha reta ou até o 2º grau, inclusive, na linha colateral do mediador; ou empresas ou organizações de que as pessoas acima sejam sócias, administradoras ou gerentes[1184].

O Corretor de seguros pode ter prepostos, *agentes de seguros ou angariadores* [1185] na captação de clientela e contratação de seguros como auxiliares, colaborando na distribuição de produtos de seguros e funções auxiliares de tramitação administrativa, sem assumir obrigações ou atribuições reservadas aos corretores.

Conforme as Leis de seguro, os prepostos também não podem assumir em seu próprio nome a cobertura de riscos e, em nenhum caso, poderão prestar assistência na gestão, execução e formalização de contratos de seguro, nem mesmo em caso de sinistro[1186].

[1180] Espanha: Ley 26/2006, Art. 5º, 2, "b" e "c".

[1181] Espanha: Ley 26/2006, Art. 5º, 2, "e" e "g". Portugal: Decreto-Lei n. 388/91, de 10 de Outubro, art. 10º, "d".

[1182] Espanha: Ley 26/2006, Art. 5º, 2, "f".

[1183] Portugal: Decreto-Lei n. 388/91, de 10 de Outubro, art. 10º, "a" e "b".

[1184] Portugal: Decreto-Lei n. 388/91, de 10 de Outubro, art. 10º, 2.

[1185] Portugal: Decreto-Lei n. 388/91, de 10 de Outubro, art. 36º, 2.

[1186] Espanha: Ley 26/2006, Art. 8º, 2.

A exigência de registro para prepostos de corretor de seguro é comum, variando segundo as normas de cada país[1187].

Com relação à necessidade da intervenção do corretor, a contratação pode dispensá-lo, como nos seguros através de bilhete, ou na previsão expressa do art. 4º da Ley 26/2006 espanhola, que dispõe ser permitida a distribuição de produtos de seguro através de redes de entidades seguradoras, e que estas podem aceitar a contratação de seguro sem a intervenção de mediador[1188].

Consideramos relevante o corretor de seguros como um medidor especializado, capaz de contribuir para minimizar as dificuldades da contratação, nem sempre de fácil compreensão.

Por essas razões, entendemos que cumpre aos diferentes sistemas legais priorizar a contratação por intermédio de corretores de seguros, profissionais capacitados a incrementar o mercado e elevar os níveis dessa contratação.

4.1.6 Agente de seguro

A agência é outra forma típica de mediação de seguros, conhecida em muitos países. O agente representa o segurador na comercialização de seguros como auxiliar na captação de negócios, ou para contribuir na formação e execução do contrato.

É pessoa física ou jurídica que, por meio de um contrato de agência, com uma ou várias seguradoras[1189], atua na captação, subscrição e orientação nos contratos de seguros.

O contrato entre o agente e o segurador, além de outros itens, deverá conter: a delimitação da zona de atuação; exclusividade; rescisão e vigência, por prazo determinado ou indeterminado[1190]. Além disso, deve conter a forma de remuneração do agente, inclusive despesas operacionais e hipóteses de indenização por rescisão contratual[1191].

1187 Brasil: Decreto-lei 73, de 21.11.66, art. 123, § 2º e § 3º. Espanha: Ley 26/2006, Art. 8º, 3.

1188 Espanha: Ley 26/2006, Art. 4º, 1.

1189 A possibilidade de agente de mais de uma companhia seguradora é uma realidade da União Europeia, em atendimento às demandas desse mercado. UE: Diretiva 2002/92/CE do Parlamento Europeu e do Conselho, de 9 de dezembro de 2002, dispõe sobre a mediação nos seguros e estabelece as bases para a harmonização dessa atividade na União Europeia. Espanha: Lei 26/2006. Portugal: Decreto-Lei n. 388/91, de 10 de Outubro.

1190 Brasil: Res. CNSP 297-2013, art. 1º, § 10.

1191 Brasil: Res. CNSP 297-2013, art. 2º, § 2º.

Segundo a normativa brasileira, contratos firmados por representante pessoa jurídica devem prever, ao menos, um dos seguintes serviços:

> I – oferta e promoção de planos de seguro, inclusive por meios remotos, em nome de sociedade seguradora;
> II – recepção de propostas de planos de seguro, emissão de bilhetes de seguros e apólices individuais em nome de sociedade seguradora;
> III – coleta e fornecimento à sociedade seguradora dos dados cadastrais e de documentação de proponentes, segurados, beneficiários e corretores de seguros e seus prepostos;
> IV – recolhimento de prêmios de seguro, em nome da sociedade seguradora;
> V – recebimento de avisos de sinistros, em nome da sociedade seguradora;
> VI – pagamento de indenização, em nome da sociedade seguradora;
> VII – orientação e assistência aos segurados e seus beneficiários, no que compete aos contratos de seguros, inclusive por meios remotos, em nome da sociedade seguradora;
> VIII – orientação aos corretores de seguros e seus prepostos, se for o caso;
> IX – apoio logístico e administrativo à sociedade seguradora, visando à manutenção dos contratos de seguro; e
> X – outros serviços de controle, inclusive controle e processamento de dados das operações pactuadas em nome da sociedade seguradora[1192].

Diferentemente da independência do corretor de seguro, o agente intervém vinculado ao segurador [1193] por meio de um contrato escrito, de natureza mercantil [1194], que atribui poderes de agente de uma ou mais seguradoras, segundo o que livremente acordarem[1195].

A diferença é substancial com relação à liberdade de atuação: o corretor é independente, enquanto o agente atua vinculado a uma ou mais seguradoras, como representante destas. A propósito, é vedado ao agente o exercício da

[1192] Brasil: Res. CNSP 297-2013, art. 2º e incisos I a X.
[1193] Nesse sentido, veja-se: URIA, Rodrigo. Op. cit. p. 776.
[1194] Espanha: Lei 26/2006, art. 10, 2.
[1195] Espanha: Lei 26/2006, art. 10, 3.

atividade de corretagem de seguros, ou mesmo a atuação como estipulante ou sub-estipulante[1196], circunstâncias que revelariam conflito de interesses.

Conforme a lição de Ricardo Bechara Santos, a agência tem um significado peculiar na operação de seguro, "que em nada se confunde com a figura do corretor." Mas ambos, figuras tradicionais do mercado, sempre contribuíram e devem coexistir em harmonia[1197]. Comenta que a comercialização de seguro realizada pelo agente é considerada como venda direta a que alude o artigo 18 da Lei nº 4.594/64 e, por isso, não há dupla intermediação se a venda ocorrer por meio do *corretor* junto ao *agente*[1198].

> "Art. 18. As sociedades de seguros, por suas matrizes, filiais, sucursais, agências ou representantes, só poderão receber proposta de contrato de seguros: a) por intermédio de corretor de seguros devidamente habilitado; b) diretamente dos proponentes ou seus legítimos representantes."

A possibilidade de venda direta, por agentes de seguro, possui amparo no art. 1º, § 6º da Resolução CNSP n. 297-2013:

> "§ 6º – A contratação de seguro feita pelo proponente junto ao representante de seguros, sem a participação de corretor de seguros ou de seu preposto, caracteriza-se, também, como venda direta da sociedade seguradora, observando-se o disposto no Art.19 da Lei n. 4.594, de 29 de dezembro de 1964."

No regime do Código Civil brasileiro fica evidenciada a natureza solidária de representação para os contratos agenciados, sendo que o segurador responde pelos danos ao tomador ou segurado provocados pelo agente[1199]:

> "Art. 775. Os agentes autorizados do segurador presumem-se seus representantes para todos os atos relativos aos contratos que agenciarem."

No Brasil coube ao Conselho Nacional de Seguros Privados, órgão do Ministério da Fazenda, regulamentar a matéria, por meio da Resolução CNSP

[1196] Brasil: Res. CNSP 297-2013, art. 1º, § 7º.

[1197] BECHARA, Ricardo.http://www.oabsp.org.br/comissoes2010/gestoes-anteriores/direito-securitario/artigos/a-figura-do-agente-na-atividade-de-seguro

[1198] Idem. Op. cit. p. 1

[1199] Neste Sentido: Ricardo Bechara Santos. Op. cit. Idem.

nº 297, de 2013, que disciplina as operações das sociedades seguradoras por seus representantes de seguros.

O art. 3º da Resolução limita a atuação deste representante a determinados ramos de seguros[1200], sendo que o segurado que contratar por meio deste representante poderá desistir no prazo de 7 (sete) dias corridos, a contar da assinatura da proposta[1201].

A remuneração do agente deve ser razoável, consoante a tutela das relações de consumo e a livre concorrência, sendo vedada vantagem excessiva (art. 39, V da Lei nº 8.078-1990)[1202].

De parte do segurador, deve disponibilizar ao agente informações claras e adequadas sobre os produtos ofertados. Ambos possuem a obrigação de promover os seguros com clareza e precisão, conferindo orientação e assistência ao tomador, segurado e beneficiários[1203].

O agente é apoiado e supervisionado pelo segurador. Este deve colocar equipe técnica à sua disposição, com atendimento, documentação e um canal de comunicação sobre produtos e serviços, com sistemas de qualidade e conformidade[1204].

O dever de boa informação se estende desde a elaboração da proposta, passando pela vigência, até as situações de sinistro e sua regulação[1205].

Além de apresentar, propor, preparar a celebração e prestar assistência aos contratos[1206], é um profissional comprometido com os serviços e a proteção dos consumidores: tomadores de seguros e segurados[1207].

[1200] Brasil: Res. CNSP 297-2013, "Art. 3º Os planos de seguros ofertados por representantes de seguros, em nome de sociedade seguradora, estão limitados aos seguintes ramos: I – Ramo 0171 – Riscos Diversos; II – Ramo 0195 – Garantia Estendida/Extensão de Garantia – Bens em Geral; III – Ramo 0524 – Garantia Estendida/Extensão de Garantia Auto; IV – Ramo 1329 – Funeral; V – Ramo 1369 – Viagem VI – Ramo 1377 – Prestamista; VII – Ramo 1387 – Desemprego/Perda de Renda; VIII – Ramo 1390 – Eventos Aleatórios; IX – Ramo 1164 – Animais; X – Ramo 1601 – Microsseguro de Pessoas; XI – Ramo 1602 – Microsseguro de Danos; XII – Ramo 1603 – Microsseguro/ Previdência; XIII – Ramo 0542 – Assistência e outras coberturas – Auto. (Inciso incluído pela Resolução CNSP nº 314/2014)"

[1201] Brasil: Res. CNSP 297-2013, art. 5º.

[1202] Brasil: Res. CNSP 297-2013, art. 2º, § 3º, § 4º e § 5º.

[1203] Brasil: Res. CNSP 297-2013, arts. 6º e 7º.

[1204] Brasil: Res. CNSP 297-2013, arts. 11 e 12.

[1205] Brasil: Res. CNSP 297-2013, art. 7º, II.

[1206] Portugal: Veja-se Decreto-Lei n. 388/91, de 10 de Outubro, art. 18º.

[1207] UE: Directiva 2002/92/CE del Parlamento Europeo y del Consejo, de 9 de diciembre de 2002. Espanha: Lei 26/2006, art. 10, 1.

O Agente representa o segurador[1208]. Por força dessa representação, as comunicações que efetue com o tomador no âmbito do contrato, surtirão os mesmos efeitos que se houvesse realizado diretamente à seguradora.

O agente pode contratar, inclusive, por meio de corretor de seguro[1209]. Em todos os casos, é responsável por repassar os prêmios arrecadados ao segurador, nos termos dos contratos estabelecidos[1210]. O recebimento do prêmio pelo agente, conforme o art. 7º, § 2º da Res. CNSP 297-2013, considera-se efetuado ao segurador, que fica responsável por todas as obrigações decorrentes.

Por fim, vale dizer que a Resolução brasileira também veda práticas impróprias, vincula à política de dados e prevenção de lavagem de dinheiro[1211]. Face às suas funções, o agente merece tratamento de leis especiais no Direito comparado[1212], sujeitando-se às exigências de registro nos países em que for exigível[1213], sendo que no Brasil a Superintendência de Seguros Privados – SUSEP possui competência para estes controles[1214]. A Resolução 297 ainda prevê que o segurador deverá disponibilizar página da internet com a relação de representantes[1215], devendo zelar por um serviço de ouvidoria segregado[1216].

De forma punitiva, a Resolução prevê multas entre R$ 10.000,00 e R$ 500.000,00, de infrações por condicionar descontos à contratação de seguros; receber outros valores exceto o prêmio de seguro; não repassar os

[1208] Brasil: C.C. art. 775.

[1209] Portugal: Decreto-Lei n. 388/91, de 10 de Outubro, art. 18º, 2.

[1210] Brasil: Res. CNSP 297-2013, art. 7º § 1º.

[1211] Brasil: Res. CNSP 297-2013, art. 10, parágrafos e incisos.

[1212] UE: Diretiva 2002/92/CE do Parlamento Europeu e do Conselho, de 9 de dezembro de 2002, dispõe sobre a mediação nos seguros e estabelece as bases para a harmonização dessa atividade na União Europeia. Espanha: Lei 26/2006. Portugal: Decreto-Lei n. 388/91, de 10 de Outubro.

[1213] Espanha: Lei 26/2006, art. 9º, 1.

[1214] Brasil: Res. 297-2013, art. 13, 14.

[1215] Brasil: Res. 297-2013, "Art. 15 A sociedade seguradora deverá manter, em página própria da rede mundial de computadores acessível a todos os interessados, a relação atualizada de seus representantes de seguros, contendo as seguintes informações: I – razão social, nome fantasia, endereço da sede e o número de inscrição no Cadastro Nacional da Pessoa Jurídica (CNPJ) de cada contratado; II – endereços dos pontos de atendimento ao público e respectivos nomes e números de inscrição no CNPJ; III – relação dos serviços prestados incluída no contrato, especificada por ponto de atendimento; e IV – relação de ramos de seguro a que estão autorizados a promover à conta e em nome da sociedade seguradora."

[1216] Brasil: Res. 297-2013, art. 17.

prêmios ao segurador; e não repassar o valor da integralidade do sinistro na hipótese em que o representante for contratualmente designado para isso[1217].

Na Europa foi relevante a Diretiva 2002/92/CE do Parlamento Europeu e do Conselho, de 9 de dezembro de 2002, que estabeleceu novas bases para a mediação nos seguros e para a harmonização da atividade na União Europeia.

Segundo a transposição desses valores, para celebrar um contrato de agência com uma entidade seguradora é necessário capacidade jurídica e idoneidade «*comercial e profissional*», levando-se em conta a trajetória pessoal e o respeito às leis e às boas práticas comerciais, financeiras e de seguros[1218].

No Direito europeu, que harmoniza a disciplina da mediação de seguros a partir da Diretiva 2002/92/CE, de 9 de dezembro de 2002, se estabelecem duas classes de agentes de seguros: o agente exclusivo e o agente vinculado a várias seguradoras[1219].

O agente exclusivo tem atuação determinada pelo segurador, que deverá certificar-se da formação técnica, idoneidade, além da inscrição no registro competente, antes da celebração do contrato de agência [1220]; quando vinculado a várias seguradoras, deverá estar credenciado junto a estas, com semelhantes requisitos de qualificação, mas sem subordinação exclusiva.

As seguradoras deverão adotar medidas de capacitação contínua. Nesses programas, observam regras de documentação, conteúdo, linhas gerais e os princípios básicos ditados pelo órgão competente [1221].

O agente pode atuar diretamente, ou por auxiliares externos, que colaborem na distribuição de produtos, captação de clientela, além de funções auxiliares de trâmites administrativos, desde que não impliquem assunção de obrigações contratuais de agentes ou outros mediadores para os quais se quer habilitação[1222].

O agente vinculado é outra figura do direito europeu. É pessoa física ou jurídica, com inscrição em registro especial de mediadores de seguros, vinculada a várias entidades seguradoras, por meio de contrato de agência, que se compromete frente a estas a realizar atividade de mediação de seguros,

[1217] Brasil: Res. 297-2013, art. 19.

[1218] Espanha: Lei 26/2006, art. 10, 1.

[1219] UE: Directiva 2002/92/CE del Parlamento Europeo y del Consejo, de 9 de diciembre de 2002. Espanha: Lei 26/2006, art. 7º, 2 e art. 9º, 2. Portugal: Decreto-Lei n. 388/91, art. 18º, 2.

[1220] Vide: Espanha: Lei 26/2006, Exposição de Motivos, IV e arts. 15 e 16. Portugal: Decreto-Lei n. 388/91, art. 20º e segs.

[1221] Espanha: Lei 26/2006, art. 16.

[1222] Espanha: Lei 26/2006, art. 10.

conforme as respectivas obrigações contratuais[1223]. O agente vinculado a várias seguradoras deve certificar o cumprimento dos requisitos exigidos: de conhecimento necessário, idoneidade, além de capacidade financeira comprovada, quando manejam fundos de terceiros.

Na publicidade e documentação mercantil impõe-se ao agente adotar a expressão «Agente de Seguro», devendo seus auxiliares informar ao cliente os dados de inscrição correspondentes ao agente por conta de quem atuam[1224].

Havendo a rescisão do contrato de agência, deve o segurador comunicá-la aos tomadores de seguros nos contratos realizados com a intervenção do agente que se retira. Da mesma forma, pode o agente comunicá-los, uma vez que os contratos tenham sido celebrados sob a sua mediação[1225].

4.2 Elementos econômicos

Determinados elementos, por sua função predominantemente econômica, podem ser classificados como «elementos econômicos» do contrato de seguro. Como vimos, são essenciais, também considerados elementos específicos[1226], sem os quais este contrato não se perfectibiliza.

Por sua funcionalidade, são presentes nas leis e na doutrina dos seguros, associados à eficiência da atividade seguradora, e ao objeto e causa da contratação.

Dentre os principais elementos econômicos do contrato de seguros destacam-se: o interesse segurado; garantia e prêmio, que passamos a examinar.

4.2.1 Interesse

Dentre os conceitos classificatórios do seguro o interesse aparece ao lado de elementos econômicos como prêmio, risco, garantia, sinistro, indenização.

[1223] Espanha: Lei 26/2006, art. 20.

[1224] Espanha: Lei 26/2006, art. 17.1 e 22.

[1225] Espanha: Lei 26/2006, art. 11. 3.

[1226] Sobre "*elementos específicos del contrato*" veja-se: SOTO, Hector M. Op. cit. p. 5.

São lugares especiais[1227] deste contrato e da atividade seguradora, definições recorrentes na lei, nas condições da contratação e no ensino especializado[1228].

Etimologicamente o substantivo tem procedência latina: interesse – "estar entre, no meio, participar"[1229].

Na doutrina dos seguros é considerado como uma "relação de caráter econômico entre determinado sujeito e um bem"[1230], espécie de elo que vincula a intenção econômica à cobertura securitária.[1231]

Variam acepções exegéticas em razão do contexto em que é empregado, por vezes ao lado da garantia de um risco, em contraprestação ao prêmio; em outras como pressuposto de uma causa lícita originadora do contrato.

Como referimos, o interesse tem suas aplicações ora relacionadas à titularidade de direitos, no seguro por conta própria ou por conta alheia; ora voltado à garantia contratada, quando lhe é comum a designação interesse segurado.

Na expressão interesse segurado, o termo figura ao lado da garantia, embora não se confunda com esta, uma vez que são conceitos de natureza distinta. Nesta definição está mais próximo do objeto do seguro, ou seja, da cobertura securitária, razão de ser da contratação.

Como interesse segurado deve estar previsto na apólice ou documentação contratual, com a indicação de seu titular, atuando como referencial

[1227] A expressão «lugares especiais» equipara-se aos «lugares comuns», estes como uma espécie de "clichês" do cotidiano; aqueles associados aos conceitos e expressões empregados em alguma ciência, com caráter funcional. Cf. BARTHES, Roland. A aventura semiológica. Tradução de Mário Laranjeira. São Paulo, Editora Martins Fontes, 2001, p. 74.

[1228] Embora em muitos países ainda existam vazios no desenvolvimento desses estudos, vale observar que se trata de uma ciência bastante madura e, na lição de Manes, há uma autêntica *"enseñanza científica del seguro"*, com muitas instituições pelo mundo, inclusive universidades, cuja base teórica possui sua história literária em importantes obras do contexto jurídico e fora dele. (MANES, Alfredo. *Tratado de seguros. Teoria general del seguro* – 4ª ed. Tradução Fermín Soto. Madrid, Editorial Logos Ltda.,1930, p. 411).

[1229] Novo Dicionário Eletrônico Aurélio versão 5.0 © O Novo Dicionário Aurélio da Língua Portuguesa corresponde à 3ª. edição, 1ª. impressão da Editora Positivo, revista e atualizada do Aurélio Século XXI, O Dicionário da Língua Portuguesa, contendo 435 mil verbetes, locuções e definições© 2004 by Regis Ltda.

[1230] Cf. SÁNCHEZ CALERO, Fernando. *"la relación de carácter económico entre un sujeto y un bien"*. Op. cit. p. 386.

[1231] Cf. HALPERIN, Isaac. Seguros. Exposición crítica de las Leyes 17418, 20091 y 22400. 3ª Ed. Actualizada por Nicolás H. Barbato. Buenos Aires, Depalma, 2001, p. 890. No mesmo sentido: Rubén Stiglitz, Op. cit. p. 364-365. Como relação jurídica veja-se: TZIRULNIK, Ernesto; CAVALCANTI, Flávio de Queiroz B.; PIMENTEL, Ayrton.: *o contrato de seguro de acordo com o novo Código Civil Brasileiro*. 1ª Edição. São Paulo, Editora Revista dos Tribunais, 2003, p. 32.

a permitir a verificação de infrasseguro, sobresseguro, seguro pleno e eventual rateio, definições relacionadas ao equilíbrio da contratação.

Dentre as suas significações, ainda pode levar o sentido de «interesse segurável», relação entre o segurado e o bem exposto a um risco passível da contratação de seguro[1232]. Nesse caso, observa-se o conceito do ponto de vista de um contrato que pode se realizar e existem condições para tanto.[1233]

Além de elemento técnico, descrevemos o interesse como princípio jurídico do seguro[1234], no sentido de que é um «contrato causal»[1235], dependente de uma causa lícita que lhe origine, contexto em que atua no campo subjetivo da vontade. Para que seja levado a efeito, o contrato de seguro deve contemplar um interesse legítimo e socialmente aceito, que dê causa à contratação[1236].

Assim, dentre as suas causas[1237], o contrato de seguro pressupõe um interesse segurável, reconhecido pelo mundo jurídico.

Como referimos anteriormente, na gênese do contrato de seguro, como é comum aos negócios causais, deve haver um interesse socialmente aceito, ponderável e de relevância jurídica.

A expressão «interesse» ou a locução «interesse legítimo» projetam este termo para o campo dos requisitos essenciais da contratação. Nessa forma geral, concebemos como pressuposto causal do contrato.

[1232] Cf. BECHARA SANTOS, op. cit., p. 122.

[1233] A validade dos negócios pressupõe a titularidade e o reconhecimento de direitos pela ordem jurídica. Nesse sentido veja-se: GUERRA, Alexandre. *Princípio da conservação dos negócios jurídicos.* São Paulo: Almedina, 2016, p. 59. *"O negócio jurídico válido é aquele cujo "suporte fático" encontra-se perfeito. Nele, os seus elementos capitais (elementos nucleares) não apresentam qualquer "deficiência invalidante". É dizer, não há falta de qualquer requisito."*

[1234] Sobre o Princípio do Interesse veja-se: Capítulo, II, 2.3.4.

[1235] Determinados negócios *necessitam de um «nexo de causalidade jurídica», por isso a denominação «contratos causais». De outra* parte, existem «negócios abstratos», independentes de causa, como o cheque e outros títulos de crédito, cuja natureza permite ao portador exercitar os direitos previstos no título independentemente do exame dos atos que resultaram na criação do título. Nesse sentido, veja-se: DIEZ-PICAZO, Luis. *Fundamentos del Derecho civil patrimonial.* Volumen Primero. Editorial Civitas, Madrid, 1996, p.217.

[1236] Veja-se: JELLINEK, Gerog. Op. cit. p. 42. Na lição de JELLINEK, o universo jurídico revela um agrupamento de acontecimentos associados à vontade, e "o conteúdo de vontade protegido pelo Direito são os interesses"

[1237] Interesse como causa do contrato de seguro. Nesse sentido veja-se: PIMENTA, Melisa Cunha. *Seguro de responsabilidade civil.* São Paulo: Ed. Atlas, 2010, p. 39. Em sentido divergente, do interesse como objeto do seguro veja-se: URIA, Rodrigo.: *"El objeto del seguro está constituído por el interés que tiene el assegurado en el bien expuesto al riesgo. Se asegura ese interés no el bien en si."* Op. cit. p.p. 780-781

As condições para contratar são amplas. Muitas relacionadas à conservação de determinada coisa, para que não se produza um sinistro ou, ocorrendo, resulte uma indenização, capital ou renda.[1238]

Na lição de Emilio Betti, sobre a estrutura subjetiva dos negócios jurídicos, refere que possuem uma intenção típica: a *vontade típica do negócio*[1239]. Quem compra almeja um bem, quem doa o faz por seus motivos, quem transporta quer conduzir algo, quem se associa espera cooperação, etc.

O contrato de seguro supõe um interesse típico frente ao segurador[1240], de reparação das consequências pecuniárias de um dano material nos seguros de danos; ou para assegurar condições de existência, saúde, previdência, sucessão nos seguros de pessoas[1241]. Em todos os casos deve haver um nexo jurídico entre a vontade do segurado ou tomador e a função do contrato.

Segundo Joaquin Garrigues, expoente do pensamento dualista, este princípio teve seu marco no seguro contra danos[1242], vinculado ao dano patrimonial[1243], onde é referencial para a cobertura, estabelecendo a medida do interesse segurado. Supõe-se que proceda do art. 1.904 do Código Civil italiano, do qual teria se valido o art. 25 da Lei espanhola[1244]. À falta de interesse, ambas as leis declaram a nulidade do contrato[1245].

1238 França: CA, *Article L121-6. Toute personne ayant intérêt à la conservation d'une chose peut la faire assurer.Tout intérêt direct ou indirect à la non-réalisation d'un risque peut faire l'objet d'une assurance.* México: LS, "*Artículo 85.- Todo interés económico que una persona tenga en que no se produzca un siniestro, podrá ser objeto de contrato de seguro contra los daños.*"

1239 Cf. BETTI, op. cit., p. 145.

1240 Em outras palavras: "Causa e tipo negoziali – (*circonstanza che in modo obiettivo assumono la terminologia di «motivi reilevanti») e dall'altro, l'analisi della struttura contratuale, cioè del tipo,che le parti hano preceleto*". ROSSELLO, op. cit., p. 384.

1241 Portugal: "*Art. 43. Interesse. 1 – O segurado deve ter um interesse digno de protecção legal relativamente ao risco coberto, sob pena de nulidade do contrato. 2 – No seguro de danos, o interesse respeita à conservação ou à integridade de coisa, direito ou património seguros. 3 – No seguro de vida, a pessoa segura que não seja beneficiária tem ainda de dar o seu consentimento para a cobertura do risco, salvo quando o contrato resulta do cumprimento de disposição legal ou de instrumento de regulamentação colectiva de trabalho.*"

1242 GARRIGUES, op. cit. p. 22. Em sentido contrário, Fernando Sanches Calero refere que o interesse é "*un elemento común a todas las clases de contrato de seguro*" (Op. cit. p. 385). Nesse sentido, Rubén S. Stiglitz comenta: "*Este interés puede existir (existe) ante todo en un sujeto con respecto a sí mismo, a su vida y a su integridad física.*" Op. cit. Vol. I, p. 369.

1243 GARRIGUES, op. cit., p. 22.

1244 SÁNCHEZ CALERO, op. cit., p. 385.

1245 Espanha: LCS, "*Artículo 25. Sin perjuicio de lo establecido en el artículo cuarto, el contrato de seguro contra daños es nulo si en el momento de su conclusión no existe un interés del asegurado a la indemnización del daño.*" SANCHES CALERO, op. cit., p. 385.

Em retrospectiva histórica, José Vasques refere antecedentes no *"Life Assurance Act de 1774"*[1246]. Comenta que antes da mencionada lei inglesa, apostas também tomavam forma de seguro de vida[1247], hoje inaceitável do ponto de vista dos direitos do homem e do paralelismo entre o contrato de seguro e as conhecidas figuras do jogo ou aposta[1248].

Ainda na doutrina portuguesa, Antonio de Menezes Cordeiro faz importante alusão ao sentido histórico, de que a expressão interesse traz consigo vedar-se a locupletação, dentre outros juízos éticos, como um elemento moralizador[1249] do contrato.

No Direito espanhol sua necessidade é afirmada na lei e nos Tribunais, de tal forma que o artigo 25 da LCS 50/1980 prevê a nulidade do contrato para os casos de falta de interesse no momento da sua conclusão. Fernando Sanchez Calero comenta que a essencialidade do interesse foi ratificada pela Sentença de 9 de julho de 1994 (RJ 1994, 6383):

> *"en los seguros de daños, el interés del asegurado a la indemnización procedente por consecuencia del riesgo que se asegura, viene a ser requisito esencial para la validez del contrato, pues en otro caso vendría a ser nulo".* [1250]

Atualmente, alarga-se o consenso segundo o qual se estende aos seguros de pessoas, tornando ampla sua significação nesse contrato. Adota-se o sentido segundo o qual "o contrato de seguro não garante riscos, mas interesses do segurado contra a realização do risco[1251]".

Nesse âmbito de aplicação, para os seguros de danos e de pessoas, o interesse define um elo de «relação jurídica»[1252] entre a intenção de um sujeito e a cobertura securitária[1253].

1246 *"Life Assurance Act – 1774"* /http://www.legislation.gov.uk/apgb/Geo3/14/48. Acesso 24/07/2014 11:25.

1247 VASQUES, José. *Contrato de seguro.* Coimbra Editora,1999. p. 143.

1248 Veja-se: BECHARA SANTOS, op. cit., p. 129-131.

1249 CORDEIRO, op. cit., p. 559.

1250 Cf. Fernando Sanchez Calero, op. cit., p. 389.

1251 Veja-se: IBDS – Instituto Brasileiro de Direito do Seguro. *Contrato de Seguro: Uma Lei para todos* – São Paulo: Quartier Latin, 2013, p. 60.

1252 Nesse sentido: TZIRULNIK, Ernesto; CAVALCANTI, Flávio de Queiroz B.; PIMENTEL, Ayrton: *O contrato de seguro de acordo com o novo Código Civil Brasileiro.* 1ª Edição. São Paulo, Editora Revista dos Tribunais, 2003, p. 32.

1253 Cf., HALPERIN, Isaac. Seguros. Exposición crítica de las Leyes 17418, 20091 y 22400. 3ª Ed. Actualizada y ampliada por Nicolás H. Barbato. Buenos Aires, Depalma, 2001, p. 890.

Nem todas as nações tratam do mesmo modo a questão. Na Argentina, há previsão sobre a desaparição do interesse ou substituição do titular[1254] nos artigos 81 a 83 da LS 17.418. O artigo 81 prevê duas hipóteses diferentes com relação à inexistência de interesse: quando não existe no início da vigência do contrato; e quando a inexistência se produz no curso do contrato, após o início da cobertura[1255].

Rubén Stiglitz comenta que o mencionado artigo 81 da Lei de Seguros argentina omite consignar a consequência jurídica da falta de causa, todavia enuncia efeitos: no primeiro caso, o tomador fica liberado do pagamento do prêmio; e no último, há o direito de reembolso do segurador pelos gastos, mais um adicional que não pode exceder a 5% do prêmio[1256].

Em Portugal, o artigo 43 do Decreto-Lei n.º 72/2008 prevê a exigência de um interesse digno de proteção legal relativo ao risco coberto, sob a cominação de nulidade.

No direito francês o princípio do interesse tem previsão no art. L121-6 do *Code des Assurances*, no sentido de que "Toda pessoa que tenha interesse na conservação de uma coisa pode segurá-la. Todo interesse direto ou indireto na não realização de um risco pode constituir objeto de um seguro."[1257]

Na lei de seguros do México, atualizada em 2013, o interesse segurável tem sentido amplo, semelhante à lei francesa[1258], servindo como parâmetro para fixar a indenização no momento da realização do sinistro. Além disso, serve para estabelecer uma regra de proporcionalidade em caso de infra seguro [1259], quando o seguro é inferior ao valor do bem objeto da garantia. Na lei mexicana "o contrato será nulo se no momento da sua celebração a coisa segurada houver perecido ou não puder seguir exposta aos riscos"[1260].

No Chile, o Código de Comércio, que teve o Título VII, Livro III modificado, prevê a necessidade de um interesse segurável, atual ou futuro, relativo ao objeto do seguro. Impõe que exista interesse no momento do sinistro,

1254 Argentina: LS, arts. 81 a 83.

1255 Sobre a falta de interesse do segurado na Argentina veja-se: HALPERIN, op. cit., p. 342, LOPEZ SAAVEDRA, op. cit., p. 81. STIGLIZ, op. cit., vol. 1, p. 375-376.

1256 STIGLITZ, op. cit., Tomo I, p. 373.

1257 França: CA. «*Article L121-6. Toute personne ayant intérêt à la conservation d'une chose peut la faire assurer.Tout intérêt direct ou indirect à la non-réalisation d'un risque peut faire l'objet d'une assurance.*»

1258 México: LS, "*Artículo 85.- Todo interés económico que una persona tenga en que no se produzca un siniestro, podrá ser objeto de contrato de seguro contra los daños.*"

1259 México: LS, art. 86, 91 e 92.

1260 México: LS, art. 88.

sob a pena do segurado não poder reclamar a indenização[1261]. De forma alternativa, se o interesse não chegar a existir, ou cessar durante a vigência do seguro, a lei prevê que o contrato terminará e o segurado terá direito à restituição do prêmio correspondente ao tempo não transcorrido[1262].

O Código de Comércio do Chile contempla, ainda, o princípio positivo do interesse nos seguros de pessoas, com a ressalva de que podem ser contratados em nome próprio pelo segurado ou por pessoa que tenha interesse.

No seguro por morte, se são distintas as pessoas do tomador e do segurado, é obrigatório o consentimento do último, com a indicação da importância segurada e o nome do beneficiário, vedado o seguro de menores ou incapazes[1263].

Para os seguros de pessoas, em diversas nações, inclusive do ponto de vista do Direito brasileiro, é comum verificar-se o interesse em razão de determinadas necessidades, riscos, ou de previsão legal, como no interesse entre cônjuges, companheiros, ascendentes ou descendentes, também chamado «interesse presumido»[1264].

Para ambos os seguros, de danos e pessoas, o Direito brasileiro contém norma específica sobre o interesse no Capítulo XV do Código Civil. O artigo 757 do C.c. dispõe:

> "Pelo contrato de seguro, o segurador se obriga, mediante o pagamento do prêmio, a garantir interesse legítimo do segurado, relativo à pessoa ou à coisa, contra riscos pré-determinados."

Além de atender a necessidade de um "nexo de causalidade jurídica"[1265], o enunciado contempla a legitimidade para contratar, exigível no seguro por conta própria ou de terceiros, sem cominação de nulidade para os casos de inexistência de interesse na contratação.

A nulidade, todavia, pode ser uma decorrência de decisão judicial, arbitral, ou mesmo do entendimento das partes ou de autoridade, com base nos pressupostos dos negócios jurídicos e sua valoração em cada caso.

[1261] Chile: C.com. art. 546.
[1262] Chile: C.com. art. 520.
[1263] Chile: C.com. art. 589.
[1264] Espanha: LCS, art. 83 e 85.
[1265] BETTI, op. cit., p. 5.

Na realidade, a norma do art. 757 do Código Civil brasileiro dá relevo ao princípio do interesse para deixar claro que seguro não é negócio abstrato, com existência independente dos fatos que lhe originaram.

No Brasil não existe uma previsão normativa rígida que torne clara a nulidade do contrato de seguro por falta de interesse. Não há o sentido do "tudo ou nada" como em outros ordenamentos jurídicos, o que nos parece positivo, na medida em que a mobilidade conferida ao intérprete brasileiro permite a ponderação de outras variáveis, inclusive sob o ponto de vista da interpretação mais favorável ao segurado ou ao tomador, a quem o ônus da nulidade poderia pesar de maneira desproporcional.

Não nos parece ruim a ausência de previsão normativa de nulidade quando a ordem jurídica permite outras soluções menos gravosas e no sentido da preservação do negócio jurídico.

O interesse no contrato de seguro era desconhecido na legislação brasileira até o Código Civil de 2002. Todavia, no Código de 1916 estavam previstos os requisitos gerais dos atos jurídicos, aplicáveis ao contrato seguro ao lado da sua disciplina específica[1266]. O mesmo ocorre no Direito vigente, haja vista que os requisitos essenciais dos contratos são procedentes de norma geral com incidência sobre os seguros privados.

Assim, pode-se encontrar uma combinação sistemática de requisitos típicos dos negócios jurídicos. No Brasil, o artigo 104 e seguintes, e o artigo 166 e incisos do C.C., dispõem sobre os elementos essenciais do ato negocial. Essas normas tiveram correspondência no artigo 82 do Código de 1916 que, segundo Clóvis Bevilaqua inspirado no Código Civil Francês, entre outros[1267], considerando que o ato jurídico visa uma declaração de pessoa capaz e conteúdo conforme os fins éticos do direito, a moral e a ordem pública[1268].

Do ponto de vista histórico, como observou o mestre brasileiro, são conhecidos dentre os pressupostos contratuais do art. 1.108 do Código de Napoleão ou Código Civil Francês[1269], com similar redação no art. 1.261 do Código Civil

[1266] Brasil: C.C. de 1916, art. 1.432 e seguintes.

[1267] Cf. BEVILAQUA, Clovis. *Código civil dos Estados Unidos do Brasil, comentado por Clovis Bevilaqua. Edição histórica. Rio de Janeiro, Ed. Rio, 1979.* Segundo o autor, o art. 82 do código de 1916, teve precedência no Código Civil francês, italiano, venezuelano e uruguaio p. 328.

[1268] BEVILAQUA, Clovis. op. cit. p. 329.

[1269] França: C.c. « Art. 1108 – *Chapitre II – Des conditions essentielles pour la validité des conventions* (Articles 1108 à 1108-2): *Section 1 – Du consentement* (Articles 1109 à 1122) ; *Section 2 – De la capacité des parties contractantes* (Articles 1123 à 1125-1); *Section 3 – De l'objet et de la matière des contrats* (Articles 1126 à 1130); *Section 4 – De la cause* (Articles 1131 à 1133).

espanhol[1270]. Ambos com os requisitos da "capacidade para contratar, consentimento, objeto e causa", esta relacionada ao interesse.

Observamos que no Brasil o legislador não considerou o princípio da causalidade como pressuposto contratual típico. A *racio legis* dos mencionados artigos 104 e 166, do C.C. leva em conta os pressupostos da capacidade do agente, objeto e forma prescrita ou não defesa em lei.

Sobre a problemática do interesse como objeto ou causa do contrato, recordamos os capítulos precedentes para reforçar a classificação ora como elemento causal[1271], ora como objeto[1272] – na função de interesse segurado.

A questão tem relevo na medida em que o estudo da *causa* permite ponderar vícios de consentimento, simulação, fraude, má-fé, reserva mental, enriquecimento sem causa, ou qualquer forma de «causa falsa», à luz de critérios jurídicos reconhecidos.

Inexistindo interesse haverá contrato sem causa. Ou, ao mínimo, contrato sem esta causa específica. Isso importa aos negócios causais, veja-se o brocardo: *"nulla obligatio est sine causa"*.

Além disso, o interesse deve ser legítimo e corresponder à titularidade dos bens e direitos dos sujeitos da contratação. Eventual dissociação entre o figurante do contrato e o titular do bem ou direito pode comprometer a validade do contrato de seguro[1273].

Por essa lógica, o interesse é um elemento que pode ensejar repercussões sobre os sistemas de nulidade do contrato de seguro. Em alguns países a Lei

[1270] Espanha: C.c. *Art. 1.261. No hay contrato sino cuando concurren los requisitos siguientes: 1º. Consentimiento de los contratantes; 2º. Objeto cierto que sea materia del contrato. 3º. Causa de la obligación que se establezca.*

[1271] Interesse como causa do contrato de seguro: SANCHEZ CALERO, op. cit., p. 389; STIGLITZ, op. cit., tomo 1, p. 364-385.

[1272] Veja o *interesse* como objeto do seguro: MANES, Alfredo. Op. cit. p. 26. MARTINS, Fran. *Contratos e obrigações comerciais.* 15ª ed., Rio de Janeiro, Editora Forense, 2001, p. 357. *"El asegurado necesita tener un interés definido en el objeto asegurado, al que trate de proteger contra peligros ciertos claramente expresados en la póliza, a que esté expuesto."* ESCOBAR, Manuel Martinez. Op. cit. p. 55. HALPERIN, op. cit., p. 342.

[1273] Sobre essa legitimidade para contratar seguro sobre o patrimônio alheio e sua problemática veja-se: TZIRULNIK, Ernesto; CAVALCANTI, Flávio de Queiroz B.; PIMENTEL, Ayrton. Os autores comentam casos em que a formação do contrato e a respectiva avaliação do risco depende da pessoa, além dos casos de seguros de pessoas, celebrado sobre a vida de outrem, onde o interesse pode ser presumido no caso de cônjuge, ascendente o descendente ou mesmo nos casos em que é exigida declaração do interesse pelo proponente. Op. cit. p. 32-33 e 36.

determina a nulidade do seguro em que não houver interesse[1274]. Em outros, o conceito é igualmente relevante sem cominação de nulidade.

Seu bom manejo depende da razão e sensibilidade das partes e do julgador, segundo as circunstâncias e os valores e normas do direito dos seguros, inclusive nos casos de transferência do objeto do seguro e do dever de informar ao segurador[1275].

A propósito, em matéria de transferência do bem segurado, foi relevante a Súmula 465 do STJ, ao encontro da preservação do seguro de automóvel, pacificando casos repetitivos com a merecida uniformidade:

> "Súmula 465 – Ressalvada a hipótese de efetivo agravamento do risco, a seguradora não se exime do dever de indenizar em razão da transferência do veículo sem a sua prévia comunicação".

A Súmula 465 veicula o "princípio da preservação dos negócios jurídicos", de que os pactos devem confirmar-se, e eventual descumprimento de

[1274] Espanha: LCS, *"Artículo 25. Sin perjuicio de lo establecido en el artículo cuarto, el contrato de seguro contra daños es nulo si en el momento de su conclusión no existe un interés del asegurado a la indemnización del daño."* Portugal: DL *"Artigo 43.º – Interesse – 1 — O segurado deve ter um interesse digno de proteção legal relativamente ao risco coberto, sob pena de nulidade do contrato."* Itália: C.c. *"Art. 1904 Interesse all'assicurazione. Il contratto di assicurazione contro i danni è nullo (1418 e seguenti) se, nel momento in cui l'assicurazione deve avere inizio, non esiste un interesse dell'assicurato al risarcimento del danno."* Argentina: LS, *"Art. 60. Puede ser objeto de estos seguros cualquier riesgo si existe interés económico lícito de que un siniestro no ocurra."* México: LS *"Artículo 85.- Todo interés económico que una persona tenga en que no se produzca un siniestro, podrá ser objeto de contrato de seguro contra los daños. Artículo 163.- El seguro de personas puede cubrir un interés económico de cualquier especie, que resulte de los riesgos de que trata este Título, o bien dar derecho a prestaciones independientes en absoluto de toda pérdida patrimonial derivada del siniestro."* Chile: C.com. *"Art. 520. Interés asegurable. El asegurado debe tener un interés asegurable, actual o futuro, respecto al objeto del seguro. En todo caso es preciso que tal interés exista al momento de ocurrir el siniestro. Si el interés no llegare a existir, o cesare durante".*

[1275] Espanha: LCS, art. 34. Apartado segundo: *"El asegurado está obligado a comunicar por escrito al adquirente la existencia del contrato del seguro de la cosa transmitida. Una vez verificada la transmisión, también deberá comunicarla por escrito al asegurador o a sus representantes en el plazo de quince días."* Portugal: DL, 95, 2 — *Salvo disposição legal ou convenção em contrário, em caso de transmissão do bem seguro, sendo segurado o tomador do seguro, o contrato de seguro transmite -se para o adquirente, mas a transferência só produz efeito depois de notificada ao segurador."* Argentina: LS, *"Cambio del titular del interés": Art. 82. El cambio del titular del interés asegurado debe ser notificado al asegurador quien podrá rescindir el contrato en el plazo de veinte días y con preaviso de quince días, salvo pacto en contrario."* México: LS, *"Artículo 106.- Si el objeto asegurado cambia de dueño, los derechos y obligaciones que deriven del contrato de seguro pasarán al adquirente. El propietario anterior y el nuevo adquirente quedarán solidariamente obligados a pagar las primas vencidas y pendientes de pago en el momento de la trasmisión de propiedad."*

obrigação acessória não merece impedir a consecução dos efeitos pretendidos. Seu alcance substancial leva a um entendimento garantístico relativo à transferência de bens segurados, com motivação na boa-fé e tutela da parte débil da contratação.

Por fim, pode-se dizer que o interesse segurável é requisito de validez do contrato de seguros privados[1276], podendo ser o objeto da contratação. Inexistindo interesse haverá contrato sem relação entre o risco e o tomador ou segurado[1277]. Se estará diante da inexistência ou *extinção da relação seguradora*[1278].

4.2.2 Garantia

Por sua finalidade frente a uma indenização, capital ou renda, ou para remediar futura necessidade, a garantia é o objeto do contrato de seguro.

De conteúdo econômico, conforme as importâncias seguradas, na garantia fica estabelecida a prestação do segurador, conferindo ao contratante uma condição de segurança psicológica e financeira, dado o valor disponível em caso de sinistro.

Segundo o art. 757 do Código Civil, é objeto do contrato de seguro a garantia de um interesse legítimo do segurado relativo à pessoa ou coisa contra riscos predeterminados:

> C.C. "Art. 757. Pelo contrato de seguro, o segurador se obriga, mediante o pagamento do prêmio, a garantir interesse legítimo do segurado, relativo à pessoa ou a coisa, contra riscos predeterminados."

Com a contratação fica estabelecida a cobertura securitária como um elemento geral dos contratos de seguro, independentemente de se produzir o evento previsto.

[1276] Em sentido diferente, Alfredo Manes e Fran Martins referem o interesse como objeto do seguro, em vez de causa deste contrato. MANES, Alfredo. Op. cit. p. 26. MARTINS, Fran. *Contratos e obrigações comerciais*. 15ª ed., Rio de Janeiro, Editora Forense, 2001, p. 357.

[1277] Veja-se: ESCOBAR, Manuel Martinez. Op. cit. p. 55.

[1278] SÁNCHEZ CALERO, Fernando. Instituciones de derecho mercantil. Tomo II. (Títulos y valores, contratos mercantiles, derecho concursal y marítimo). 22ª Ed., Mac Graw Hill, Madrid, 1999, p. 382.

Em outras palavras, por força da garantia operam-se os efeitos do contrato. Com isso, na lição de Jean Bigot, o segurador obriga-se de duas formas: assume o dever de cobertura do risco durante a vigência contratual; assume a obrigação de executar determinada prestação em caso de sinistro[1279].

Nos limites da importância segurada, o contrato de seguro cumpre a utilidade econômica e social de transferência do ônus financeiro de certas ocorrências para o segurador.

Na doutrina de Antonio Menezes Cordeiro, o tomador compra um bem "segurança", que não possui existência física, mas resulta de prestações do segurador[1280]. Em outras palavras, a garantia de um interesse legítimo do segurado, relativo a pessoas ou coisa, é a razão de ser do seguro.

Veja-se que a doutrina e a lei, aos poucos, passaram a abandonar a expressão indenização, cuja incidência é voltada aos seguros de danos, para utilizar o sentido de garantia ou cobertura, conceitos mais abrangentes e aplicáveis aos seguros de danos e de pessoas[1281].

O Código Civil brasileiro abandonou o conceito de indenização do art. 1.432 do Código de 1916, para adotar a expressão "garantia de um interesse legítimo", conforme o art. 757 do Código de 2002.

A cobertura do risco ou garantia é uma resposta às diferentes necessidades individuais e sociais abrangidas pelo seguro. Na lição de Ernesto Tzirulnik, a garantia propicia uma condição vantajosa ao tomador, segurado, beneficiário ou terceiros, sem a qual "permaneceriam em estado de potencial dano"[1282].

A garantia é a obrigação essencial do segurador frente ao tomador, segurado, beneficiário ou terceiros[1283]. A relação, todavia, é estabelecida entre os contratantes.

No quesito da legitimidade processual, a jurisprudência brasileira tem se fixado no sentido de que a garantia cabe ao segurado e não à terceiros. A propósito, em maio de 2015, o STJ editou a súmula 529:

[1279] Sobre essa dúplice obrigação veja-se BIGOT, Jean. Op. cit. p. 45: *"Il est rappelé pour mémoire, que l'assureur es tenu de deux obligations distinctes: une oblication de coverture du risque; une obligation d'exécuter la prestation convenue em cas de sinistre."*

[1280] CORDEIRO, António Menezes. Op. cit. p. 573.

[1281] Neste sentido: PIMENTA, Melisa. Op. cit. p. 36.

[1282] TZIRULNIK, Ernesto; CAVALCANTI, Flávio de Queiroz B.; PIMENTEL, Ayrton.: *o contrato de seguro de acordo com o novo Código Civil Brasileiro.* Op. cit. p. 30.

[1283] Neste sentido veja-se: BIGOT, Jean. *"la couverture d'um risque qui constitue à nos yeux l'obligation essentielle du contrat"*. Op. cit. p. 32.

> "STJ – Súmula 529 – No seguro de responsabilidade civil facultativo, não cabe o ajuizamento de ação pelo terceiro prejudicado direta e exclusivamente em face da seguradora do apontado causador do dano" STJ. 2ª Seção. Aprovada em 13/05/2015."

A Súmula 529 consagrou o entendimento de que no seguro de responsabilidade civil facultativo descabe ação do terceiro prejudicado contra a seguradora em demanda que não interveio o segurado.[1284] A matéria tem a ver com o princípio da ampla defesa.

Outra questão relativa à garantia diz respeito à pressuposição de riscos. Segundo o princípio da especialidade do risco[1285], a garantia cotejada é aquela prevista no contrato.

Cumpre afastar o subjetivismo da vontade para identificar o objeto da contratação relacionado à cobertura de determinados e riscos e seus limites[1286].

Conforme a importância segurada, e circunscritos a esta, ficam estabelecidos os limites da obrigação do segurador caso ocorra o evento previsto no contrato[1287]. Nesse contexto, é tarefa do segurador delimitar os riscos cobertos e excluídos, e a boa técnica supõe garantir determinadas categorias de riscos por coberturas individualizadas[1288], sujeitas a interpretação restritiva[1289].

[1284] Brasil – STJ – Súmula 529: Segundo o relator, isso ocorre porque "a obrigação da seguradora de ressarcir danos sofridos por terceiros pressupõe a responsabilidade civil do segurado, a qual, de regra, não poderá ser reconhecida em demanda em que não interveio, sob pena de vulneração do devido processo legal e da ampla defesa".

[1285] Sobre o Princípio da Especialidade do Risco, veja-se: Capítulo II, 2.3.3.

[1286] Brasil: C.C. "Art. 757. Pelo contrato de seguro, o segurador se obriga, mediante o pagamento do prêmio, a garantir interesse legítimo do segurado, relativo à pessoa ou à coisa, contra riscos pré-determinados." Espanha: LCS, *"Artículo 1. El contrato de seguro es aquel por el que el asegurador se obliga, mediante el cobro de una prima y para el caso de que se produzca el evento cuyo riesgo es objeto de cobertura a indemnizar, dentro de los límites pactados, el daño producido al asegurado o a satisfacer un capital, una renta u otras prestaciones convenidas."* Portugal: Decreto 72/2008, Art. 24º, incisos 1 a 4. *Declaração Inicial do Risco. "1. O tomador do seguro ou segurado está obrigado, antes da celebração do contrato, a declarar com exatidão todas as circunstâncias que conheça e razoavelmente deva ter por significativas para a apreciação do risco pelo segurador."* Argentina: LS, *"Artículo 1. Hay contrato de seguro cuando el asegurador se obliga, mediante una prima o cotización, a resarcir un daño o cumplir la prestación convenida si ocurre el evento previsto."* México: LS, *"Artículo 1°- Por el contrato de seguro, la empresa aseguradora se obliga, mediante una prima, a resarcir un daño o a pagar una suma de dinero al verificarse la eventualidad prevista en el contrato."* Veja-se: Art. 86 e 145. Chile: C.com. art. 512, 548 e 572.

[1287] Nesse sentido, veja-se: ALVIM, Pedro. Op. cit. p. 303.

[1288] SANCHEZ CALERO, op. cit., p. 31.

[1289] Cf. JIMÉNEZ SÁNCHEZ, Guillermo J. Op. Cit. p. 501. MARTINS, João Marcos Brito. Op. Cit. p. 43. *Nesse sentido, também foi relevante a norma do art. 1.460 do Código civil brasileiro de 1916, com copiosa*

Com relação à extensão da cobertura securitária, vale lembrar que nos seguros de danos a garantia deve guardar proporção com os riscos e interesse segurado, evitando o enriquecimento indevido[1290].

Há um ideal de equivalência entre as prestações das partes, de modo que a importância segurada possa ser proporcional ao valor do interesse, confirmando-se um seguro pleno, em vez de sobresseguro ou infrasseguro:

- ("*seguro pleno*") – o valor do interesse coincide com a importância segurada;
- ("*sobresseguro*")[1291] – a importância segurada é superior ao interesse;
- ("*infrasseguro*")[1292] – a importância segurada é inferior ao interesse[1293].

Por razões macroeconômicas ou mesmo face ao tipo de risco segurado, nem sempre se alcança um seguro pleno. Assim, recorre-se à conhecidos mecanismos de reequilíbrio da contratação.

Havendo sobresseguro, deve-se promover o reequilíbrio do contrato mediante a redução da importância segurada e do prêmio, ou pela devolução do excedente em caso de sinistro total[1294].

jurisprudência para fundamentar que a responsabilidade do segurador é limitada ao risco assumido. Assim, como referia Clóvis Bevilaqua, o seguro de incêndio de um prédio não comporta a indenização por eventual necessidade pública, terremoto ou bombardeio. Veja-se. BEVILAQUA, op. cit., p. 588.

1290 Veja-se: Capítulo II, 2.3.4 – Princípio do Interesse.

1291 Em francês emprega-se a expressão *«la surassurance»*, como se depreende do conteúdo do art. L.121-3 *du Code des assurances*. Em Portugal, o Decreto 72/2008, de 16 de abril de 2008, ao consolidar os termos aplicados ao seguro emprega o conceito "*subseguro*", definido no "*Art. 134. Salvo convenção em contrário, se o capital seguro for inferior ao valor do objecto seguro, o segurador só responde pelo dano na respectiva proporção.*"

1292 Espanha: LCS, art. 30. França: CA, L. 121-5. México: LS, art. 92. Argentina: art. 65. Chile: C.Com. art. 553.

1293 Sobre essas circunstâncias das indenizações vide: MANES, Alfredo. Op. cit. p. 303. JIMÉNEZ SÁNCHEZ, Guillermo. Op. Cit. p. 505.

1294 Sobresseguro: Brasil: C.C. Tribunal de Justiça do Rio Grande do Sul: Súmula N°12 Seguro de Automóvel: Perda Total. – No caso de perda total, a indenização a ser paga pela Seguradora será equivalente ao valor estipulado para a cobertura do sinistro e não pelo valor médio de mercado do veículo (Art. 1462, C.Civil). Espanha: LCS, "*Artículo 31. Si la suma asegurada supera notablemente el valor del interés asegurado, cualquiera de las partes del contrato podrá exigir la reducción de la suma y de la prima, debiendo restituir el asegurador el exceso de las primas percibidas. Si se produjere el siniestro, el asegurador indemnizar el daño efectivamente causado. Cuando el sobreseguro previsto en el párrafo anterior se debiera a mala fe del asegurado, el contrato será ineficaz. El asegurador de buena fe podrá, no obstante, retener las primas vencidas y las del período en curso.*" Portugal: DL., art. 132. "*Artigo 132.º Sobresseguro. 1 — Se o capital seguro exceder o valor do interesse seguro, é aplicável o disposto no artigo 128.º, podendo as partes pedir a redução do contrato.*"

O «seguro duplo» ou pluralidade de seguros ou de apólices é outra forma de acumulação de seguros, quando dois ou mais seguradores dão cobertura ao mesmo risco simultaneamente. Para o caso é também comum a expressão concorrência de apólices, em que cada apólice contribuirá para a indenização dos prejuízos, todavia sem superar o valor do interesse segurável.

Ressalvados os seguros de pessoas, para os quais não se aplica o princípio indenizatório, havendo sinistro, o segurado não receberá as duas coberturas[1295], não se permitindo o enriquecimento indevido.

Também, vale advertir que o tomador de um novo contrato sobre os bens garantidos por outra apólice deve comunicar sua intenção ao segurador, sob pena de perda de direito[1296].

2 — Estando o tomador do seguro ou o segurado de boa-fé, o segurador deve proceder à restituição dos sobreprémios que tenham sido pagos nos dois anos anteriores ao pedido de redução do contrato, deduzidos os custos de aquisição calculados proporcionalmente." Argentina: LS, *"Art. 65. Si al tiempo del siniestro el valor asegurado excede del valor asegurable, el asegurador sólo está obligado a resarcir el perjuicio efectivamente sufrido; no obstante, tiene derecho a percibir la totalidad de la prima."* França: *"Article L121-3 Lorsqu'un contrat d'assurance a été consenti pour une somme supérieure à la valeur de la chose assurée, s'il y a eu dol ou fraude de l'une des parties, l'autre partie peut en demander la nullité et réclamer, en outre, des dommages et intérêts. S'il n'y a eu ni dol ni fraude, le contrat est valable, mais seulement jusqu'à concurrence de la valeur réelle des objets assurés et l'assureur n'a pas droit aux primes pour l'excédent. Seules les primes échues lui restent définitivement acquises, ainsi que la prime de l'année courante quand elle est à terme échu.»* Chile: C.com. *"Art. 558. Sobreseguro. Si la suma asegurada excede el valor del bien asegurado, cualquiera de las partes podrá exigir su reducción, así como la de la prima, salvo el caso en que se hubiere pactado dicho valor conforme al artículo 554. Si ocurriere un siniestro en tales circunstancias, la indemnización cubrirá el daño producido, de acuerdo con el valor efectivo del bien. Si el sobreseguro proviene de mala fe del asegurado, el contrato será nulo, no obstante lo cual el asegurador tendrá derecho a la prima a título de pena, sin perjuicio de la acción criminal a que hubiere lugar."* México: LS, *"Artículo 95.- Cuando se celebre un contrato de seguro por una suma superior al valor real de la cosa asegurada y ha existido dolo o mala fe de una de las partes, la otra tendrá derecho para demandar u oponer la nulidad y exigir la indemnización que corresponda por daños y perjuicios. Si no hubo dolo o mala fe, el contrato será válido, pero únicamente hasta la concurrencia del valor real de la cosa asegurada, teniendo ambas partes la facultad de pedir la reducción de la suma asegurada. La empresa aseguradora no tendrá derecho a las primas por el excedente; pero le pertenecerán las primas vencidas y la prima por el período en curso, en el momento del aviso del asegurado."*

[1295] Cf. GARRIGUES, Joaquin. Op. cit. p. 179. MANES, Alfredo. Op. cit. p. 305

[1296] Brasil: C.C. "Art. 782. O segurado que, na vigência do contrato, pretender obter novo seguro sobre o mesmo interesse, e contra o mesmo risco junto a outro segurador, deve previamente comunicar sua intenção por escrito ao primeiro, indicando a soma por que pretende segurar-se, a fim de se comprovar a obediência ao disposto no art. 778." Espanha: LCS, *"Artículo 32. Cuando en dos o más contratos estipulados por el mismo tomador con distintos aseguradores se cubran los efectos que un mismo riesgo puede producir sobre el mismo interés y durante idéntico período de tiempo el tomador del seguro o el asegurado deberán, salvo pacto en contrario, comunicar a cada asegurador los demás seguros que estipule. Si por dolo se omitiera esta comunicación, y en caso de sobreseguro se produjera el siniestro, los aseguradores no están obligados a pagar la indemnización. Una vez producido el siniestro, el tomador del seguro o el asegurado deberá comunicarlo, de acuerdo con lo previsto en el artículo dieciséis, a cada asegurador, con indicación del nombre de los demás. Los aseguradores contribuirán al abono*

O «sobresseguro» pode ocorrer de boa-fé. Nesse caso, segundo a Lei portuguesa (art. 132, 2, do Decreto-Lei 72/2008), estando o tomador ou o segurado de boa-fé, *"o segurador deve proceder à restituição dos sobreprémios que tenham sido pagos nos dois anos anteriores ao pedido de redução do contrato, deduzidos os custos de aquisição calculados proporcionalmente."*

Na Lei argentina, havendo sobresseguro caberá reequilibrar o contrato, com a redução da garantia segundo o valor atual do interesse[1297]. No caso de má-fé do tomador, ou enriquecimento ilícito, será nulo o contrato, ressalvado ao segurador receber o total do prêmio[1298].

Se a desproporção da garantia ensejar infrasseguro aplica-se uma fórmula de rateio «regra proporcional», calculando-se a indenização segundo um critério de proporção com o seguro contratado[1299]. Na doutrina francesa vale

de la indemnización en proporción a la propia suma asegurada, sin que pueda superarse la cuantía del daño. Dentro de este límite el asegurado puede pedir a cada asegurador la indemnización debida, según el respectivo contrato. El asegurador que ha pagado una cantidad superior a la que proporcionalmente le corresponda podrá repetir contra el resto de los aseguradores. Si el importe total de las sumas aseguradas superase notablemente el valor del interés, será de aplicación lo previsto en el artículo treinta y uno." Portugal: DL, "Artigo 133.º Pluralidade de seguros 1 — Quando um mesmo risco relativo ao mesmo interesse e por idêntico período esteja seguro por vários seguradores, o tomador do seguro ou o segurado deve informar dessa circunstância todos os seguradores, logo que tome conhecimento da sua verificação, bem como aquando da participação do sinistro." França: CA. L.121.4. México: art. 100-105. Chile: C.com. art. 556.

1297 Argentina: LS, *"Art. 62-1. Si la suma asegurada supera notablemente el valor actual del interés asegurado, el asegurador o el tomador pueden requerir su reducción."*

1298 Argentina: LS, *"El contrato es nulo si se celebró con la intención de enriquecerse indebidamente con el excedente asegurado. Si a la celebración del contrato el asegurador no conocía esa intención, tiene derecho a percibir la prima por el período de seguro durante el cual adquiere este conocimiento."*

1299 Infrasseguro: Brasil: C.C.: "Art. 783. Salvo disposição em contrário, o seguro de um interesse por menos do que valha acarreta a redução proporcional da indenização, no caso de sinistro parcial." Espanha: LCS, *"Artículo 30. Si en el momento de la producción del siniestro la suma asegurada es inferior al valor del interés, el asegurador indemnizar el daño causado en la misma proporción en la que aquélla cubre el interés asegurado. Las partes, de común acuerdo, podrán excluir en la póliza, o con posterioridad a la celebración del contrato, la aplicación de la regla proporcional prevista en el párrafo anterior."* Portugal: DL., *"Artigo 134.º Subseguro. Salvo convenção em contrário, se o capital seguro for inferior ao valor do objecto seguro, o segurador só responde pelo dano na respectiva proporção."* Argentina: LS., Art. 65,2. "Si el valor asegurado es inferior al valor asegurable, el asegurador sólo indemnizar el daño en la proporción que resulte de ambos valores, salvo pacto en contrario." México: LS, *"Artículo 92.- Salvo convenio en contrario, si la suma asegurada es inferior al interés asegurado, la empresa aseguradora responderá de manera proporcional al daño causado."* Argentina: LS, Art. 65. Bis. *"...Infraseguro. Si el valor asegurado es inferior al valor asegurable, el asegurador sólo indemnizar el daño en la proporción que resulte de ambos valores, salvo pacto en contrario." "Art. 111. El pago de los gastos y costas se debe en la medida que fueron necesarios."* Chile: C.com. *"Art. 553. Regla proporcional. Si al momento del siniestro la suma asegurada es inferior al valor del bien, el asegurador indemnizará el daño a prorrata entre la cantidad asegurada y la que no lo esté. Sin embargo, las partes podrán pactar que no se aplique la regla proporcional prevista en el inciso anterior, en cuyo caso el asegurado no soportará parte alguna del daño si ocurriera un siniestro, a menos que éste exceda la suma asegurada."*

a lição de Véronique Nicolas, segundo a qual o infrasseguro é lícito e não se confunde com a falsa declaração do risco, que pode ensejar a nulidade do contrato. Nesses casos, comenta a incidência da regra de proporcionalidade *"règle proportionnelle"*[1300].

Segundo e «regra proporcional» a indenização é igual ao valor segurado, vezes o dano, dividido pelo valor do interesse segurado[1301]. A lei chilena é bastante clara em seu enunciado:

> *C.Com. "Art. 553. Regla proporcional. Si al momento del siniestro la suma asegurada es inferior al valor del bien, el asegurador indemnizará el daño a prorrata entre la cantidad asegurada y la que no lo esté. Sin embargo, las partes podrán pactar que no se aplique la regla proporcional prevista en el inciso anterior, en cuyo caso el asegurado no soportará parte alguna del daño si ocurriera un siniestro, a menos que éste exceda la suma asegurada.*

Observa-se que a segunda parte do art. 553 do Código de Comércio do Chile excetua o rateio parcial nos «seguros a primeiro risco»[1302], nos quais existem vários interesses cobertos por um mesmo contrato de seguro. Nestes casos, como observa José Vasques, são contratos em que *"as partes integram nas cláusulas contratuais a renúncia à aplicação do princípio indenizatório"*[1303].

A atividade seguradora emprega as formas usuais de contratação do limite máximo da garantia: cobertura a risco total; cobertura a primeiro risco absoluto; e cobertura a primeiro risco relativo e cobertura em valor de novo, que contextualizamos abaixo:

> – Cobertura à «risco total»: o limite máximo de indenização contratado pelo segurado deverá ser equivalente ao valor do bem;
>
> – Cobertura a «primeiro risco absoluto»: o segurador responde integralmente pelos prejuízos, até o limite máximo de indenização, sem

1300 In. *Traité de droit des assurances, Tome 3, Le contrat d'assurance.* (direcion) BIGOT, Jean. Avec la colaboration de Jean Beauchard, Vincent Heuzé, Jérôme Kullmann, Luc Mayaux e Véronique Nicolas.L.D.G.J – Librarie Générale de Droit et de Jurisprudence, EJA, 2002, 31,rue Falguière 75741 Paris Cedex 15, p. 1085.

1301 Cf. URIA, Rodrigo. Op. cit. p. 785. No mesmo sentido: VIVANTE, Cesare. *Trattato di diritto commerciale.* Volume IV. 3ª ed. Milano. Casa Editrice Dottor Francesco Vallardi. 1954. p. 527. VÈRONIQUE NICOLAS, Op. Cit. p. 1086.

1302 Cf. MANES, Alfredo. Op. Cit. p. 303.

1303 Cf. VASQUES, José. Op. Cit. p. 151.

cláusula de rateio. O tomador pode estabelecer o limite máximo de indenização conforme o dano máximo provável;

– Cobertura a «primeiro risco relativo» o tomador declara o valor em risco do bem. Se, por ocasião do sinistro, o valor atual for igual ou inferior ao valor declarado pelo tomador, não haverá rateio. Caso o valor atual seja superior ao valor declarado, a indenização será determinada pela proporção entre o valor declarado e o valor atual;

– Cobertura de «seguro em valor de novo»: havendo sinistro, a indenização não leva em conta a depreciação do bem segurado, reparando-se por valor de novo[1304], conforme o valor de mercado referenciado (VMR).

Com o aumento da complexidade da vida social e seus diferentes riscos, as coberturas securitárias vão assumindo novas formas e diferentes modalidades de contratação. As coberturas mais comuns, todavia, correspondem a conhecidos ramos dos seguros:

- Seguros de incêndio, raio, explosão, alagamento;
- Seguros de roubo;
- Seguro de transportes;
- Seguro de veículos;
- Seguro de lucros cessantes;
- Seguro de enfermidade e acidentes;
- Seguros de danos elétricos;
- Seguros de vidros e cristais;
- Seguros de instalações produtoras, ou seguros empresariais;
- Seguros de crédito;
- Seguro de caução;
- Seguros de pessoas (vida, acidentes, despesas médicas, etc..)
- Seguro de assistência jurídica;
- Seguros de responsabilidade civil.

Na medida em que se desenvolvem as economias torna-se crescente a atividade seguradora e o incremento de tipos de seguros, que vão muito além desses exemplos, havendo uma tendência à personalização das garantias, por meio da inteligência artificial, algoritmos e os novos meios eletrônicos com seus riscos cibernéticos.

1304 Cf. VASQUES, José. Op. cit. p. 151

Em todos os casos, as garantias contratadas sujeitam-se a limites legais, contratuais e regulatórios, inclusive de autorização para o segurador operar cada um desses ramos.

Outro limitador da garantia é a «franquia», que representa a parte do prejuízo à cargo do segurado. Com valor expresso na proposta e apólice de seguro, a franquia é uma participação obrigatória do segurado ou contribuição por ocasião do sinistro, inclusive como medida de desestímulo econômico às ocorrências danosas.

Franquias são largamente utilizadas nos seguros de danos como instrumento de coparticipação e zelo do segurado, de função colaborativa. Nos usos do seguro é um valor descontado pelo segurador no montante da indenização, tornando-se uma obrigação de cooperação e auxílio do segurado por ocasião do sinistro.

A garantia ou cobertura contratada, em outras palavras, é um ativo segundo o qual o tomador ou segurado adquire segurança, assunção de risco ou benefícios, segundo os valores da autonomia privada, alocação de riscos e franquias, no contexto da licitude e do respeito à moral, à ordem pública e aos bons costumes[1305].

4.2.3 Prêmio

O prêmio é a contraprestação do tomador do seguro ao segurador. É a soma em dinheiro paga ao segurador pela garantia securitária, que passa a integrar seus ativos e provisões.

[1305] Brasil: C.C. Art. 122. São lícitas, em geral, todas as condições não contrárias à lei, à ordem pública ou aos bons costumes; entre as condições defesas se incluem as que privarem de todo efeito o negócio jurídico, ou o sujeitarem ao puro arbítrio de uma das partes. Espanha: C.C. *"Art. 1.116 Las condiciones imposibles, las contrarias a las buenas costumbres y las prohibidas por la ley anularán la obligación que de ellas dependa." "Art.1.271...Pueden ser igualmente objeto de contrato todos los servicios que no sean contrarios a las leyes o a las buenas costumbres."* Itália: C.C. *"Art. 1343 Causa illecita La causa è illecita quando è contraria a norme imperative, all'ordine pubblico o al buon costume (prel. 1, 1418, 1972)."* Argentina: C.c. *"Art.21.- Las convenciones particulares no pueden dejar sin efecto las leyes en cuya observancia estén interesados el orden público y las buenas costumbres."* México: C.c. *"Articulo 1830. Es ilícito el hecho que es contrario a las leyes de orden público o a las buenas costumbres."*

Pressupõe o caráter oneroso do contrato[1306], sendo definido a partir de cálculos atuariais e pagável no domicílio do tomador, especialmente se a apólice não fixar o lugar do pagamento.[1307]

É por meio do prêmio e sua essencialidade que a empresa seguradora forma o fundo necessário à solvência de suas obrigações, para fazer frente aos riscos e possíveis sinistros[1308]. Na expressão de Cesare Vivante: "*il premio è il compenso del reischio*"[1309].

O prêmio deve considerar os estudos atuariais em cada ramo de seguro e, ao mesmo tempo, a vedação de excessos, sob pena de tornar o contrato lesivo, ensejando a revisão ou resolução em caso de onerosidade excessiva[1310].

No atual estágio dos negócios jurídicos, e de uma sociedade de massa que zela pela tutela da vulnerabilidade, cumpre observar no prêmio o princípio da equidade[1311] e o equilíbrio das prestações das partes[1312].

Para o cálculo do prêmio o segurador leva em consideração dois fatores relevantes: "a probabilidade de realização do evento" e a "intensidade do dano que pode ocorrer" [1313]. De todo o modo, o pagamento do prêmio é condição para o segurador garantir o interesse segurado, relativo à pessoa ou coisa, contra riscos predeterminados[1314].

É usual ser pago em momento prévio, a partir da contratação. Como refere António Menezes Cordeiro "*o prémio deve mesmo ser pago em momento prévio*"[1315], comenta que transcorrido o risco não fará mais sentido o seguro.

A falta de pagamento no seu vencimento pode ensejar a resolução do contrato[1316], sem prejuízo da cobrança pendente. Assim dispõem as leis de seguro

1306 Nesse sentido veja-se: BIGOT, Jean. Op. cit. p. 605.

1307 Espanha : LCS 50/1980, art. 14. França: Article L113-3 (Loi nº 81-5 du 7 janvier 1981 art. 31 Journal Officiel du 8 janvier 1981 rectificatif JORF 8 février 1981)

1308 Nesse sentido vide: GARRIGES, Joaquin. Op. cit. p. 189.

1309 Op. cit. p. 475.

1310 Brasil: C.C. artigos 157, 478, 479 e 480.

1311 *Sobre a equidade como princípio jurídico do contrato de seguro, veja-se: S. GRAVINA, Maurício. Principios jurídicos del contrato de seguro.* 1ª ed. Buenos Aires – Madrid – Mexico: Ciudad Argentina-Hispania Libros, 2015, p.p. 193-217. GRAVINA, Maurício Salomoni. Princípios Jurídicos do Contrato de Seguro. 2ª Edição Revista e atualizada, Rio de Janeiro: Fundação Escola Nacional de Seguros – Funenseg, 2018, p.p. 121-136.

1312 Veja-se capítulo II, 2.6 – Equidade no contrato de seguro.

1313 BIGOT, Jean. Op. cit. p. 608.

1314 Brasil: C.C. art. 757. Espanha: LCS 50/1980, art. 1º.

1315 CORDEIRO, António Menezes. *Direito do Seguro*. Op. cit. p. 572.

1316 Nesse sentido vide: VIVANTE, Cesare. Op. cit. p. 478.

de diferentes nações, como base objetiva do negócio. Se o prêmio não foi pago antes do sinistro, o segurador poderá estar liberado de sua obrigação[1317].

O Código Civil brasileiro, em seu art. 763, dispõe sobre a necessidade do prêmio e a caracterização da mora como condição de resolução contratual:

> "Art. 763. Não terá direito a indenização o segurado que estiver em mora no pagamento do prêmio, se ocorrer o sinistro antes de sua purgação."

Sobre o prazo ou momento para pagar o prêmio, não havendo previsão na apólice, presume-se que o prêmio é pago antecipadamente[1318]. Nos prêmios periódicos é usual o pagamento da primeira quando firmado o contrato[1319].

Quanto aos valores, incluem impostos, taxas, carga fiscal em geral, e o prêmio corresponde ao valor final submetido ao tomador. Essa obrigação é usualmente denominada «prêmio total».

A questão da mora, por sua vez, é pauta presente nos Tribunais. Há necessidade de "prévia constituição em mora do contratante pela seguradora". Está é a conclusão no Resp. 867.489 – PR, que teve como Relator o Min. Aldir Passarinho Júnior. Nesse sentido, diante de reiterados julgados, a matéria foi objeto da Súmula 616 do STJ, que definiu a comunicação prévia ao tomador ou segurado como requisito essencial para a suspensão ou resolução contratual:

> "Súmula 616-STJ: A indenização securitária é devida quando ausente a comunicação prévia do segurado acerca do atraso no pagamento do prêmio, por constituir requisito essencial para a suspensão ou resolução do contrato de seguro". STJ. 2ª Seção. Aprovada em 23/05/2018, DJe 28/05/2018.

No STJ observa-se a teoria do adimplemento substancial, a partir de precedentes segundo os quais, tendo ocorrido o adimplemento parcial do prêmio, muito próximo ao resultado final, e daí a expressão "adimplemento

[1317] Brasil: C.C. art. 763; Decreto-lei n. 73, art. 27. Espanha: LCS 50/1980, art. 15. França: Article L113-3 (Loi nº 81-5 du 7 janvier 1981 art. 31 Journal Officiel du 8 janvier 1981 rectificatif JORF 8 février 1981)

[1318] Idem. p. 477. Sobre o pagamento do prêmio em momento prévio, veja-se: VIVANTE, Cesare. Op. cit. p. 477; CORDEIRO, António Menezes. Direito do seguro. Op. cit. p. 572.

[1319] Espanha: LCS 50/1980, art. 14.

substancial", deve-se ponderar a conservação do negócio jurídico[1320], especialmente se a resolução do contrato representar um exagero. (STJ – Recurso Especial n.º 1.200.105 – AM (2010/0111335-0), relator ministro Paulo de Tarso Sanseverino, julgamento 19/06/2012)

Também referimos o julgamento no Recurso Especial (RESp) 76.362-MT, de 1995, de relatoria do Min. Ruy Rosado de Aguiar, baseado no princípio do "adimplemento substancial". O caso, considerando o valor global do negócio, não autorizava a seguradora a resolver o contrato, pois o segurado havia cumprido substancialmente sua obrigação. Entretanto, o acórdão consignou que, como havia ocorrido o sinistro, do crédito da autora deveria ser deduzido o valor do prêmio em atraso, com juros e correção monetária, assegurando-se o direito indenizatório ao segurador[1321].

O pagamento do prêmio é meio de prova do contrato, conforme o art. 758 do Código Civil brasileiro, com relevante papel na reconstrução dos fatos:

> "Art. 758. O contrato de seguro prova-se com a exibição da apólice ou do bilhete do seguro, e, na falta deles, por documento comprobatório do pagamento do respectivo prêmio."

O adimplemento do prêmio evidencia a formação do vínculo e torna efetiva a vigência contratual.

A jurisprudência do STJ também cuida do pagamento do prêmio como meio de prova. Exemplo disso é o Recurso Especial que, examinando a proposta e o recebimentos de parcelas pelo segurador, considerou a vigência desde a assinatura da proposta. Dispôs, ainda, que não pode o segurador supor que o contrato somente se perfectibiliza com a emissão da apólice[1322]. Sendo que o prêmio tende a confirmar a vigência contratual[1323].

1320 Sobre a conservação dos negócios jurídicos veja-se: GUERRA, Alexandre. Princípio da conservação dos negócios jurídicos. São Paulo, Almedina, 2016.

1321 No mesmo sentido veja-se: STJ – REsp 272.739-MG, julgado em março de 2001, também de Relatoria do então Ministro Ruy Rosado de Aguiar.

1322 STJ – Resp. 79090/SP, Rel. Ministro Ruy Rosado de Aguiar, quarta turma, julgado em 05/03/1996, DJ 29/04/1996, p. 13422. No mesmo sentido: STJ – REsp 600169/ES, Rel. Ministro Massami Uyeda, Quarta Turma, julgado em 04/12/2007, DJ 17/12/2007, p. 176.

1323 STJ – REsp. 722469/PB, Rel. Ministro Castro Filho, terceira turma, julgado em 23/08/2007, DJ 17/09/2007, p. 252. Em outro julgado relativo ao prêmio, o STJ entendeu: "Desde que aceita a proposta de seguro, o fato de a morte ter ocorrido antes do pagamento da primeira parcela do prêmio, não obsta a execução.

No direito espanhol essas regras são previstas no art. 15 da LCS. Em caso de falta do pagamento de um dos prêmios a cobertura do segurador fica suspensa um mês após seu vencimento. Se o segurador não reclama o pagamento dentro dos seis meses seguintes ao vencimento, o contrato se extingue, sendo que se o contrato estiver suspenso, o segurador só poderá exigir o prêmio do período que está em curso. Caso o contrato não seja extinto, conforme as hipóteses anteriores, a cobertura volta a ter efeito em vinte e quatro horas do dia que o tomador pagou o prêmio[1324].

Ainda na Espanha o prêmio é considerado título executivo, e o segurador pode valer-se da via executiva para exigi-lo, conforme o artigo 15 da LCS[1325].

Frente ao dever de informação, o prêmio deve constar nas condições da apólice, no bilhete de seguro, ou em aditivos que promovam modificações com ônus econômico para o tomador ou segurado, inclusive fazendo constar o vencimento, local e forma de pagamento[1326].

De parte do tomador ou segurado, havendo declarações inexatas, que possam alterar a taxa correspondente ao prêmio, perderá o direito à garantia, além de ficar obrigado a pagar o prêmio vencido[1327].

Caso não proceda de má-fé, o segurador terá o direito a resolver o contrato ou, mesmo após o sinistro, cobrar a diferença do prêmio[1328].

1324 Espanha: LCS 50/1980, art. 15.

1325 Brasil: C.C.: *"Art. 763. Não terá direito a indenização o segurado que estiver em mora no pagamento do prêmio, se ocorrer o sinistro antes de sua purgação."* Espanha: LCS 50/1980, *"Artículo 14. El tomador del seguro está obligado al pago de la prima en las condiciones estipuladas en la póliza. Si se han pactado primas periódicas, la primera de ellas será exigible una vez firmado el contrato. Si en la póliza no se determina ningún lugar para el pago de la prima, se entenderá que éste ha de hacerse en el domicilio del tomador del seguro." "Artículo 15. Si por culpa del tomador la primera prima no ha sido pagada, o la prima única no lo ha sido a su vencimiento, el asegurador tiene derecho a resolver el contrato o a exigir el pago de la prima debida en vía ejecutiva con base en la póliza. Salvo pacto en contrario, si la prima no ha sido pagada antes de que se produzca el siniestro, el asegurador quedará liberado de su obligación. En caso de falta de pago de una de las primas siguientes, la cobertura del asegurador queda suspendida un mes después del día de su vencimiento. Si el asegurador no reclama el pago dentro de los seis meses siguientes al vencimiento de la prima se entenderá que el contrato queda extinguido. En cualquier caso, el asegurador, cuando el contrato esté en suspenso, sólo podrá exigir el pago de la prima del período en curso. Si el contrato no hubiere sido resuelto o extinguido conforme a los párrafos anteriores, la cobertura vuelve a tener efecto a las veinticuatro horas del día en que el tomador pagó su prima.* França: Code des assurances: *art. L. 113-2-1º.* L'assuré est obligé : *«1º De payer la prime ou cotisation aux époques convenues ; (Loi nº 89-1014 du 31 décembre 1989 art. 10 Journal Officiel du 3 janvier 1990 en vigueur le 1er mai 1990).*

1326 Brasil: C.C. art. 760. Espanha: LCS 50/1980, art. 8º, 6.

1327 Brasil: C.C. art. 766.

1328 Brasil: C.C. art. 766, parágrafo único.

Também no direito espanhol, há referência ao dever de declarar do tomador, conforme o questionário que o segurador lhe submeta. Havendo divergência de informações frente ao questionário, o segurador pode rescindir o contrato, mediante declaração dirigida ao tomador em um prazo de até um mês, a contar do conhecimento da inexatidão, correspondendo a ele os prêmios relativos ao período em curso até o momento da declaração, salvo se tenha agido com dolo ou culpa grave.

Caso o sinistro sobrevenha antes de o segurador proceder essa declaração, a cobertura será reduzida proporcionalmente entre a diferença do prêmio convencionado e o que se aplicaria se houvesse conhecido a verdadeira natureza do risco. Todavia, se houver dolo ou culpa grave do tomador, o segurador estará liberado do pagamento da cobertura [1329].

Outro aspecto relativo ao prêmio tem a ver com os agentes de seguro e seu poder de representação, o pagamento do prêmio efetuado ao agente ou representante do segurador surtirá os mesmos efeitos que se realizado diretamente a este[1330].

Com relação ao corretor de seguro, deve evitar indicar seu endereço profissional como endereço para cobrança. Caso assim o faça, e o prêmio fique pendente de pagamento, isso pode caracterizar falha na prestação de serviço[1331].

De parte do segurador, não pode contratar e receber o prêmio se é do seu conhecimento que o risco passou ou é inexistente. Nesses casos, segundo o art. 773 do Código Civil brasileiro, a lei sanciona o segurador condenando-lhe a pagar ao tomador em dobro o prêmio estipulado, tornando-se nulo o contrato.

Do ponto de vista do princípio indenizatório, a compensação do risco guarda equivalência nos seguros de danos, podendo aumentar ou reduzir segundo a variação do risco[1332]. Por isso, o segurado é obrigado a comunicar ao segurador incidentes que agravem o risco, sob pena de perda da garantia

[1329] Espanha: LCS 50.1980, art. 10.

[1330] Espanha: LCS 50/1980, art. 21.

[1331] Brasil – C.C. "Art. *723 – O corretor é obrigado a executar a mediação com a diligência e prudência que o negócio requer, prestando ao cliente, espontaneamente, todas as informações sobre o andamento dos negócios; deve, ainda, sob pena de responder por perdas e danos, prestar ao cliente todos os esclarecimentos que estiverem ao seu alcance, acerca da segurança ou risco do negócio, das alterações de valores e do mais que possa influir nos resultados da incumbência.*".

[1332] Idem. p. 476.

caso silencie de má-fé. Nessas circunstâncias, o segurador pode resolver o contrato, restituindo a diferença do prêmio[1333].

Havendo sobresseguro de má-fé do segurado, o contrato será ineficaz e o segurador poderá reter os prêmios vencidos do período em curso[1334]. Ocorrendo a diminuição do risco no curso do contrato, esta não enseja a redução do prêmio, somente se for significativa poderá o segurado exigir a revisão do prêmio ou a resolução do contrato[1335].

No seguro de pessoas os valores são calculados segundo as importâncias seguradas, levando em conta fatores pessoais como a idade, exames de saúde, garantias contratadas, o longo prazo e aumento progressivo da idade dos segurados, segundos os critérios do segurador e a liberdade de contratar.

Por essa natureza, o prêmio no seguro de vida é por prazo limitado ou por toda a vida do segurado[1336]. Nesses casos, a inadimplência do tomador pode acarretar a resolução do contrato, ou a redução do capital segurado, proporcionalmente ao prêmio pago[1337].

Por fim, embora a relatividade trazida pela jurisprudência brasileira face a teoria do adimplemento substancial e o dever de notificação do segurador, cumpre observar a existência de normas segundo as quais qualquer indenização decorrente do contrato de seguros dependerá de prova do pagamento do prêmio devido, antes da ocorrência do sinistro[1338].

Nos seguros obrigatórios, em que o estipulante contrata o seguro em nome de terceiros, o não recolhimento de prêmios recebidos dos segurados, nos prazos devidos, sujeita o estipulante à multa, além de sanções penais por apropriação indébita dos valores de terceiros[1339].

Nas hipóteses de transmissão do seguro, observa-se na legislação espanhola norma que prevê solidariedade entre o adquirente e o anterior titular para com relação aos prêmios vencidos até o momento da transmissão[1340].

[1333] Brasil: art. 769 e parágrafos.

[1334] Espanha: LCS 50/1980, art. 31 apartado 2.

[1335] Brasil: C.C.: "Art. 770. Salvo disposição em contrário, a diminuição do risco no curso do contrato não acarreta a redução do prêmio estipulado; mas, se a redução do risco for considerável, o segurado poderá exigir a revisão do prêmio, ou a resolução do contrato."

[1336] Brasil: C.C. Art. 796. O prêmio, no seguro de vida, será conveniado por prazo limitado, ou por toda a vida do segurado.

[1337] Brasil: C.C.: art. 796 e parágrafo único.

[1338] Brasil: art. 12 do Decreto-lei 73

[1339] Brasil: Decreto-lei n. 73, art. 21, parágrafo 4º.

[1340] Espanha: LCS 50/1980, art. 34.

Caso o segurador venha a rescindir por escrito o contrato, dentro dos quinze dias seguintes àquele que tenha conhecimento da transmissão verificada, permanecerá obrigado, durante um mês, e deverá restituir a parte do prêmio em que não haja suportado o risco[1341].

Certamente, é grande a casuística, todavia procuramos destacar alguns tópicos relacionados ao prêmio do seguro, partindo de reflexões da doutrina, das leis e da visão de Tribunais.

4.2.4 Risco

A expressão é de origem árabe, embora apareça em textos latinos do século XVI, em contratos de responsabilidade na navegação: *"ad risicum et fortunam, pro securitate et reisiko"* [1342].

Inicialmente entendeu-se por risco a pessoa ou coisa sobre o que se pensa celebrar o contrato[1343]. Nos dias atuais, afirma-se a acepção de um estado de risco (*periculum*)[1344], relativo às condições para a ocorrência do evento relacionado à garantia securitária.

O risco é um elemento causal que corresponde à possibilidade de ocorrência do evento objeto da cobertura securitária[1345]. Não existe seguro

[1341] Espanha: LCS 50/1980, art. 35.

[1342] Veja-se: MAGALHÃES, Juliana Neuenschwander. *In. Dicionário de Filosofia do Direito.* Coordenador Vicente de Paulo Barreto. São Leopoldo, Editora UNISINOS e Rio de Janeiro, Editora Renovar, 2006, p. 734.

[1343] Neste sentido: MANES, Alfredo. Op. cit. p. 206.

[1344] Neste sentido: GARRIGUES, Joaquin. Op. cit. p. 14. BIGOT, Jean. Op. Cit. p. 37. SÁNCHEZ CALERO, Fernando Op. cit. p. 32 e 114. SANTOS, Amílcar. Op. cit. p. 41. ESCOBAR, Manuel Martinez. Op. cit. p. 2., MAGEE, John, Op. cit. p.126. LOPES, Miguel, Maria de Serpa. Op. cit. p. 429. TZIRULNIK, Ernesto; CAVALCANTI, Flávio de Queiroz B.; PIMENTEL, Ayrton. Op. cit. p. 37.

[1345] Veja-se: SÁNCHEZ CALERO, Fernando Op. cit. p. 32. ESCOBAR, Manuel Martinez. Op. cit. p. 2. SANTOS, Amílcar. Op. cit. p. 41. BIGOT, Jean. Op. cit. p. 29. MAGEE, John, Op. cit. p.126. LOPES, Miguel, Maria de Serpa. Op. cit. p. 429. BIGOT, Jean. Op. cit. p. 32. TZIRULNIK, Ernesto; CAVALCANTI, Flávio de Queiroz B.; PIMENTEL, Ayrton. Op. cit. p. 37.

sem risco, na medida em que não há contrato sem causa[1346]. À falta de risco, resulta nulo o contrato[1347].

Conforme a tradição francesa, do art. 1.108 do Código Civil[1348], e similar redação no art. 1.261 e seguintes do Código Civil espanhol[1349], são conhecidos os pressupostos contratuais da *"capacidade para contratar, consentimento, objeto e causa"*.

[1346] Risco: Na observação de MESSINEO, o seguro se compreende em sua essência prática quando se põe em relação ao conceito de risco. O risco, segundo o prestigioso autor *"consiste en el hecho de que un sujeto está expuesto a la eventualidad de un daño a la persona o al patrimonio, debido a un siniestro. Siniestro es, precisamente, el hecho (o caso) fortuito de que el riesgo de daño potencial que es, se verifique convirtiéndose en daño actual y efectivo.* MESSINEO, Francesco. *Manual de derecho civil y comercial.* Traducción de Santiago Sentis Melendo. Tomo VI. Buenos Aires. Ediciones Jurídicas Europa-América, p. 156. HECTOR MIGUEL SOTO define o risco por *"elementos específicos del contrato: "La eventualidad de un hecho que, de producirse, origina la obligación del asegurador de pagar la prestación convenida (riesgo)". p.* 5.

[1347] Espanha: LCS, *"Artículo 4. El contrato de seguro será nulo, salvo en los casos previstos por la Ley, si en el momento de su conclusión no existía el riesgo o había ocurrido el siniestro."* Portugal: Decreto 72/2008, "Art. 44º, incisos 1 a 6, Inexistência do Risco. *"1. Salvo nos casos legalmente previstos, o contrato é nulo se, aquando da celebração, o segurador, tomador do seguro ou o segurado tiver conhecimento que o risco cessou."* Argentina: LS – *"Inexistencia de riesgo Art. 3. El contrato de seguro es nulo si al tiempo de su celebración el siniestro se hubiera producido o desaparecido la posibilidad de que se produjera. Si se acuerda que comprende un período anterior a su celebración, el contrato es nulo sólo si al tiempo de su conclusión el asegurador conocía la imposibilidad de que ocurriese el siniestro o el tomador conocía que se había producido."* Itália: *"Art. 1895 Inesistenza del rischio. Il contratto è nullo (1418 e seguenti) se il rischio non è mai esistito o ha cessato di esistere prima della conclusione del contratto."* México: *"Artículo 88.- El contrato será nulo si en el momento de su celebración, la cosa asegurada ha perecido o no puede seguir ya expuesta a los riesgos. Las primas pagadas serán restituidas al asegurado con deducción de los gastos hechos por la empresa. El dolo o mala fe de alguna de las partes, le impondrá la obligación de pagar a la otra una cantidad igual al duplo de la prima de un año."* Chile: *"Art. 521. Requisitos esenciales del contrato de seguro. Nulidad. Son requisitos esenciales del contrato de seguro, el riesgo asegurado, la estipulación de prima y la obligación condicional del asegurador de indemnizar. La falta de uno o más de estos elementos acarrea la nulidad absoluta del contrato. Son nulos absolutamente también, los contratos que recaigan sobre objetos de ilícito comercio y sobre aquellos no expuestos al riesgo asegurado o que ya lo han corrido."*

[1348] França: C.C. art. 1108 – *Chapitre II – Des conditions essentielles pour la validité des conventions (Articles 1108 à 1108-2): Section 1 – Du consentement (Articles 1109 à 1122) ; Section 2 – De la capacité des parties contractantes (Articles 1123 à 1125-1); Section 3 – De l'objet et de la matière des contrats (Articles 1126 à 1130); Section 4 – De la cause (Articles 1131 à 1133).*

[1349] Espanha: Código Civil – *Art. 1.261. No hay contrato sino cuando concurren los requisitos siguientes: 1º. Consentimiento de los contratantes; 2º. Objeto cierto que sea materia del contrato. 3º. Causa de la obligación que se establezca.*

"El seguro es el antídoto o el anticuerpo del riesgo" dizia Joaquin Garrigues[1350], capaz de suprir uma futura necessidade pecuniária por meio da cobertura contratada.[1351]

Na lição do mestre espanhol, trata-se de uma garantia em si mesma. Não ocorre a transferência do risco ao segurador (*Gefahrtragungstheorie*), pois o segurador não assume o mesmo risco que recai sobre o segurado, senão as consequências econômicas de determinados fatos[1352].

Historicamente o risco é avaliado segundo as leis da estatística e dos grandes números[1353], pela probabilidade de realização do evento contra o qual se deseja prevenir. A incerteza ou aleatoriedade não impede de observar sua incidência e aplicar determinadas métricas em fenômenos de massa[1354].

Não se confunde risco com sinistro[1355], o sinistro e a ocorrência do risco. E o fato de não se verificar o risco, salvo disposição em contrário, não exime o pagamento do prêmio do seguro[1356].

Nesse paralelismo, o risco reflete na taxa do seguro, que é calculada segundo estudos atuariais[1357]. A fórmula usual nas tarifas de seguro, segundo a lição de Garrigues, apresenta-se na seguinte configuração:

> "Así, siendo los hechos ocurridos = 10, y las observaciones efectuadas = 100, 10/100 = 0,1, que será el coeficiente de probabilidad estadística" [1358].

Como referimos, o segurador tem o dever de não contratar se não houver risco ou quando toma conhecimento de que o risco se tornou inexistente. Entende-se má-fé quando, sabendo da impossibilidade do risco, contrata o seguro. O art. 773 do Código Civil prevê que o segurador que sabe estar

1350 Nesse sentido veja-se: GARRIGUES, Joaquin. Op. cit. p. 13.

1351 Assim, veja-se GARRIGUES, Joaquin. Op. cit. p. 13 e 21.

1352 GARRIGUES, Joaquin. Op. Cit. p. 40. No mesmo sentido: BROSETA PONT, Manuel. Op. Cit. p. 556.

1353 Veja-se: MANES, Alfredo. Op. cit. p. 209. GARRIGUES, Joaquin. Op. cit. p. 19. MAGEE, John. H. Op. cit. p. 137.

1354 Por estatística, segundo Manes, se entende a investigação científica dos fenômenos de massa, mediante a observação de todos os elementos que os integram, com base em números e medidas. (In. MANES, Alfredo. Op. cit. p. 208).

1355 GARRIGUES, Joaquin: *"La diferencia entre riesgo y siniestro se ve clara cuando se piensa que lo que provoca la prestación del asegurador no es el primero sino el segundo"*. Op. cit. p. 14.

1356 Brasil: C.C. art. 764.

1357 Nesse sentido veja-se: MANES, Alfredo. Op. cit. p. 209. GARRIGUES, Joaquin. Op. cit. p. 19. MAGEE, John. H. Op. cit. p. 137.

1358 GARRIGUES, Joaquin. Op. cit. p. 19.

passado o risco e, mesmo assim, expede a apólice, pagará em dobro o prêmio estipulado[1359].

Com relação à descrição das características do risco e sua delimitação contratual, o Direito do seguro tem se desenvolvido no sentido de preconizar o dever de informação do segurador e do segurado ou tomador[1360] e de observar os limites das garantias contratadas.

O dever de esclarecimento, na lição de Clovis do Couto e Silva, dirige-se ao outro participante da relação jurídica, para tornar clara certa circunstância relacionada a algo relevante.[1361]

No âmbito do dever de esclarecimento cumpre ao segurador descrever os riscos cobertos, riscos excluídos, na medida em que exista obrigação de conteúdo mínimo na documentação[1362], com redação destacada nos casos de cláusulas limitativas de direitos do segurado ou consumidor.

Ao tomador, atribuem-se deveres de declaração sobre as circunstâncias do risco quando da conclusão do contrato e outras que possam agravar durante a contratação[1363].

O Código Civil brasileiro prevê algumas circunstâncias relacionadas ao risco que merecem destaque, inclusive sob a cominação de nulidade:

> C.C. – "Art. 762. Nulo será o contrato para garantia de risco proveniente de ato doloso do segurado, do beneficiário, ou de representante de um ou de outro."
>
> C.C. – "Art. 766. Se o segurado, por si ou por seu representante, fizer declarações inexatas ou omitir circunstâncias que possam influir na aceitação da proposta ou na taxa do prêmio, perderá o direito à garantia, além de ficar obrigado ao prêmio vencido."
>
> C.C. – "Art. 768. O segurado perderá o direito à garantia se agravar intencionalmente o risco objeto do contrato."

1359 Brasil: C.C. 773. Portugal: Cod. Comercial. Art.º 436.

1360 Sobre a declaração de riscos veja-se: NICOLAS, Véronique. In. *Traité de droit des assurances*. Sous la direction de Jean Bigot. Op. cit. p.p. 674-761.

1361 COUTO E SILVA, Clóvis. *A obrigação como processo*. O autor enfatiza, ainda, que "não se trata de dever para consigo mesmo, mas em favor de outro". Op. cit. p. 117.

1362 Brasil: C.c., art. 758. CDC arts. 30-38; Espanha: LCS, art. 3º, 5º e 8º. Portugal: DL, art. 36º-38º. Argentina: LS, art. 11. México: LS, art. 20, 24 e 153.

1363 Idem.

> C.C. – "Art. 769. O segurado é obrigado a comunicar ao segurador, logo que saiba, todo incidente suscetível de agravar consideravelmente o risco coberto, sob pena de perder o direito à garantia, se provar que silenciou de má-fé."

Para que possa ser segurado, o risco deve ser efetivo e predeterminado nas condições contratuais, como forma de delimitar as obrigações do segurador e o correspondente direito à cobertura contratada[1364].

Fala-se do «princípio da especialidade do risco»[1365], segundo o qual trata-se do risco previsto no contrato[1366].

Exclusões legais ocorrem como nos casos de agravamento intencional do risco[1367]; casos de guerra; riscos nucleares; ou quando há culpa intencional do segurado. O dolo ou má-fé do segurado é típico exemplo de exclusão legal da cobertura[1368], considerando-se nulo o contrato para garantia de risco proveniente de ato doloso do segurado, beneficiário ou de representante destes.

As exclusões contratuais, de outro lado, são previstas no corpo da apólice ou dentre as condições gerais, merecendo redação com destaque[1369], na medida em que significam cláusulas limitativas dos direitos do segurado.

Na jurisprudência brasileira a delimitação do risco teve recente destaque em julgado da quarta turma do STJ, em matéria de direito do consumidor, quando observados os riscos excluídos na delimitação da cobertura securitária[1370], conforme o relatório do Ministro Antonio Carlos Ferreira,

[1364] Brasil: C.C. Art. 757. Espanha: LCS 50/1980, art. 1º e 4º, 3.

[1365] GRAVINA, Maurício Salomoni. Princípios Jurídicos do Contrato de Seguro. 2ª Edição Revista e atualizada, Rio de Janeiro: Fundação Escola Nacional de Seguros – Funenseg, 2018, p.p. 45-53. GRAVINA, Maurício Salomoni. *Principles of retrospective risk and speciality risk*. Revista Brasileira de Risco e Seguro: http://www.rbrs.com.br/arquivos/rbrs_18_3.pdf.

[1366] URIA, Rodrigo. Op. cit., p. 777.

[1367] Brasil: C.C. art. 768.

[1368] Brasil: C.C. art. 762. Espanha: LCS 50/1980, art. 19. Itália: C.C. art. 1900. Argentina: Ley de seguro n. 17, art. 70. No Direito italiano e argentino, a regra excludente possui ainda maior abrangência, incluindo não somente o *dolo* como também os casos de *culpa grave*, como condição excludente de cobertura securitária.

[1369] Brasil: CDC, art. 54, § 4°; Espanha: LCS, arts. 3° e 8°; LGDCU, art. 10. Portugal: DL, art. 18 a 34. México: LS, art. 20, bis e 24. Sobre a admissibilidade de cláusulas limitativas: Brasil: STJ Recurso Especial nº 319.707 – SP (2001/0047428-4) Rel.: Ministra Nancy Andrighi. Ementa: "Código de Defesa do Consumidor. Plano de Saúde. Limitação de Direitos. Admissibilidade.

[1370] Brasil – STJ: Recurso Especial Nº 1.358.159 – SP (2012/0261526-2) Relator: Ministro Antonio Carlos Ferreira – "É legítima a negativa da seguradora à cobertura na hipótese de exclusão ou limitação expressa de cobertura, porquanto as cláusulas do contrato de seguro devem ter interpretação restritiva." Julgamento em 08.07.2021.

de interpretação restritiva das cláusulas do contrato, e respeito ao espaço conferido à autonomia privada, em ação movida por associação de consumidores.

Outra matéria é o agravamento de risco. Para evitar a caracterização de dolo do segurado e, ao mesmo tempo permitir o equilíbrio contratual, o segurado é obrigado a comunicar ao segurador incidentes suscetíveis de agravar o risco, sob pena de perder o direito à garantia se ficar comprovado que silenciou de má-fé [1371]. O tema tem a ver com o referido dever de indicação ou esclarecimento, em favor da outra parte[1372].

Da mesma sorte, a redução do risco no curso do contrato não acarreta a redução do prêmio, salvo se for considerável, quando o segurado poderá exigir a revisão do prêmio, ou a resolução do contrato[1373]. Referida providência, caso aceita, deverá acarretar a redução do prêmio do seguro.

Regra similar no direito espanhol permite ao segurado dar a conhecer ao segurador circunstâncias que diminuam o risco que, se fossem do conhecimento no momento da formação do contrato, gerariam condições mais favoráveis. Nesses casos, ao finalizar o período coberto, deverá reduzir-se o pagamento do prêmio futuro, tendo o tomador, em caso contrário, direito à resolução do contrato e a devolução do prêmio satisfeito e o que deveria pagar, desde o momento que deu conhecimento da diminuição do risco[1374].

Havendo excesso de risco, o segurador pode valer-se de cosseguro[1375] ou resseguro, transferindo para outros seguradores ou resseguradores a parcela que não pode suportar sem o comprometimento de suas margens ou reservas [1376]. Nesses casos, seguradores e resseguradores[1377] respondem conforme a respectiva cota[1378], de forma a controlar o acúmulo de riscos e manter o equilíbrio das operações.

Nos seguros de danos, quando contratados dois ou mais pelo mesmo tomador sobre o mesmo risco com distintos seguradores, durante idêntico período, o tomador deverá comunicar ao segurador sobre os demais seguros

[1371] Brasil: C.C. art. 769. Espanha: LCS 50/1980, art. 10, 11 e 14.

[1372] Veja-se: COUTO E SILVA, Clovis. *A obrigação como processo*. Op. Cit. p. 117.

[1373] Brasil: C.C. art. 770. Espanha: LCS 50/1980, art.13.

[1374] Espanha: LCS 50/1980, art. 13 combinado com art. 31.

[1375] Brasil: C.C. art. 761.

[1376] Nesse sentido, veja-se: GARRIGUES, Joaquin. Op. cit. p. 14; VIVANTE, Cesare. Op. cit. pp. 483 e 506.

[1377] Sobre as coberturas de resseguro e exclusões: MELLO, Sergio Ruy Barroso. Contrato de resseguro. Rio de Janeiro: Escola Nacional de Seguros – Funenseg, 2011, pp. 170-201.

[1378] Espanha: LCS 50/1980, art. 33.

estipulados. A omissão dolosa, em caso de sobresseguro ou seguro duplo, desobrigará o segurador [1379].

No contexto do risco é comum a expressão «grandes riscos», em contraposição aos seguros convencionais de massa.

Não existe definição legal no Brasil. São classificados como «grandes riscos» os riscos de aviação, marítimos, transportes, garantia, riscos de engenharia, e de grandes somas de capital segurado, sendo seguros que demandam expertise na avaliação de riscos.

Ainda vale recordar a expressão «risco segurável», do ponto de vista da possibilidade contratual, e de sua delimitação por meio de estipulações convencionais ou legais.

É relevante a diferenciação entre risco segurável e risco garantido. Sobre o primeiro comentamos acima, com relação ao «risco garantido» é aquele coberto pelo contrato de seguro, considerando do ponto de vista da garantia e vigência contratual[1380].

Outra referência no direito dos seguros é o «risco putativo», que foge ao conhecimento do tomador, o qual pode se equivocar quanto à existência do risco ou ignorar que tenha ocorrido o sinistro. Segundo Jean Bigot «*un risque imaginaire qui doit exister dans l'imagination des deux parties*»[1381]. O equívoco com relação à existência ou ocorrência do risco é factível, especialmente em seguros de serviços, equipamentos, bens sujeitos à degradação de materiais, corrosão, novas tecnologias, riscos ambientais, entre outros[1382].

Assim como na tradição dos seguros marítimos, o risco putativo é reconhecido nos seguros terrestres[1383], com ressalvas à exigência de anterioridade do risco, sendo que se considera nulo o contrato de seguro em que não há risco no momento da contratação, salvo os casos previstos em lei"[1384].

Nessa excepcionalidade fica contemplada a incerteza ou falsa noção do risco, como também ocorre nos casos em que as partes convencionam que

[1379] Brasil: C.C. 782. Espanha: LCS 50/1980, art. 32.

[1380] Neste sentido: MAYAUX, Luc. *Traité de droit des assurances, tome 3, sous la Direction de Jean Bigot.* Op. cit., p. 847-848.

[1381] Videm. Op. cit., p.767-769.

[1382] Cf. SAINRAPT, Op. cit., p. 1241.

[1383] Cf. SÁNCHES, Op. cit., p. 117. BIGOT, Op. cit. p. 769-777.

[1384] Espanha: LCS, art. 4º; C. Com. art. 784 e 785 – seguros marítimos. França: CA, art. L.172-4. Portugal: Decreto 72/2008 art. 44º, 2. México: LS. art. 82.

a cobertura abrange riscos anteriores à celebração do contrato[1385], circunstância com peculiar no que respeita ao conhecimento do sinistro[1386].

Há casos em que o risco se manifesta de forma ulterior, como em apólices flutuantes[1387], usadas nos seguros de transportes, por meio de averbação ou declarações periódicas, nas quais as partes convencionam que a cobertura abrangerá riscos futuros, declarados oportunamente, em que é comum a apólice ficar aberta durante a vigência contratual "*open policy*", nas quais o segurado averba os embarques[1388].

Por fim e pela relevância do risco como elemento do seguro, a apólice, bilhete, ou condições gerais devem especificar os riscos cobertos, excluídos, vigência e o prêmio do seguro[1389].

Essa delimitação contratual permite definir os horizontes de cada contrato, podendo haver exclusões legais e contratuais, conforme o ramo ou tipo de seguro, não merecendo interpretação extensiva.

4.2.5 Sinistro

O sinistro é o evento previsto na apólice que, por sua ocorrência, deflagra o nascimento da prestação do segurador, de adimplemento da garantia securitária.

Trata-se do acontecimento que acarreta danos materiais, pessoais, morais, entre outros, cuja ocorrência independe da vontade humana, sobretudo daquele a quem se oferece a cobertura securitária [1390].

[1385] Portugal: Decreto 72/2008, art. 42º, 2.

[1386] Sobre a problemática do seguro retroativo, Halperin comenta o caso do segurado saber do sinistro antes da contratação; de apenas o segurador saber; ou quando ambos conheciam a ocorrência do sinistro, caso que não há contrato eficaz e o segurador não tem direito ao prêmio, "*porque no existe el riesgo a asumirse*". Halperin, Isaac. Op. cit. p. 340-341.

[1387] França: CA, art. L 173-17. Veja-se "*police flottante*": SAINRAPT, Christian. Op. cit. p. 980. Espanha: LCS, art. 8º, apartado segundo. Argentina: LS, art. 123.

[1388] Sobre apólices flutuantes ou "*de abono*", Lopez Saavedra comenta que são uma forma de contratar seguros amparando o transporte de mercadoria através de uma só apólice, que abrangerá os embarques durante a sua vigência, dentro dos limites nela estabelecidos, com referência ao tipo de mercadorias, lugares de carga e descarga, meios de transporte, viagens a realizar, condições e limites de cobertura, exclusões, prêmios aplicáveis. SAAVEDRA, Lopes. Op. cit. p. 242.

[1389] Brasil: C.C. art. 759, 760 e 761. CDC arts. 30-38; Espanha: LCS, art. 3º, 5º e 8º. Portugal: DL, art. 36º-38º. Argentina: LS, art. 11. México: LS, art. 20, 24 e 153.

[1390] Veja-se: MANES, Alfredo. Op. cit. p. 6.

Com o sinistro, estando presentes as condições de regularidade do contrato, nasce para o segurado ou beneficiário um direito de crédito exigível frente ao segurador. Segundo Alfredo Manes, só pode se dizer perfeito o seguro que, chegado este momento, acuda o segurado de modo mais rápido e completo[1391].

O atraso do segurador em pagar o sinistro ensejará atualização monetária da importância segurada, segundo índices oficiais, além de juros moratórios.[1392]

Na terminologia do seguro o sinistro pode ser parcial ou total, conforme a proporção com que atinge o objeto segurado. Em qualquer circunstância, é essencial que não tenha se produzido antes da contratação.[1393]

Em casos de dolo do segurado, ou se o prêmio não foi pago antes de que se produza o sinistro, o segurador ficará liberado de sua obrigação de pagar a cobertura securitária[1394].

Com o sinistro ou evento coberto pela apólice, a cobertura securitária deverá ser paga ao segurado ou ao beneficiário nos casos de estipulação em favor de terceiro.

O pagamento, desde a antiga lição de Alfredo Manes, pode ser "*en dinero, en especie o en servicios*". O mais frequente, como se consolidou no mundo, é o pagamento em dinheiro, que pode adotar a forma de capital ou renda.

1391 MANES, Alfredo. Op. cit. p. 296.

1392 Brasil: C.C. art. 772.

1393 Espanha: LCS, "*Artículo 4. El contrato de seguro será nulo, salvo en los casos previstos por la Ley, si en el momento de su conclusión no existía el riesgo o había ocurrido el siniestro.*" Portugal: Decreto 72/2008, "Art. 44º, incisos 1 a 6, Inexistência do Risco. "*1. Salvo nos casos legalmente previstos, o contrato é nulo se, aquando da celebração, o segurador, tomador do seguro ou o segurado tiver conhecimento que o risco cessou.*" Argentina: LS – "*Inexistencia de riesgo Art. 3. El contrato de seguro es nulo si al tiempo de su celebración el siniestro se hubiera producido o desaparecido la posibilidad de que se produjera. Si se acuerda que comprende un período anterior a su celebración, el contrato es nulo sólo si al tiempo de su conclusión el asegurador conocía la imposibilidad de que ocurriese el siniestro o el tomador conocía que se había producido.*" Itália: "*Art. 1895 Inesistenza del rischio. Il contratto è nullo (1418 e seguenti) se il rischio non è mai esistito o ha cessato di esistere prima della conclusione del contratto.*" México: "*Artículo 88.- El contrato será nulo si en el momento de su celebración, la cosa asegurada ha perecido o no puede seguir ya expuesta a los riesgos. Las primas pagadas serán restituídas al asegurado con deducción de los gastos hechos por la empresa. El dolo o mala fe de alguna de las partes, le impondrá la obligación de pagar a la otra una cantidad igual al duplo de la prima de un año.*" Chile: "*Art. 521. Requisitos esenciales del contrato de seguro. Nulidad. Son requisitos esenciales del contrato de seguro, el riesgo asegurado, la estipulación de prima y la obligación condicional del asegurador de indemnizar. La falta de uno o más de estos elementos acarrea la nulidad absoluta del contrato. Son nulos absolutamente también, los contratos que recaigan sobre objetos de ilícito comercio y sobre aquellos no expuestos al riesgo asegurado o que ya lo han corrido.*"

1394 Brasil: C.c. art. 763. Espanha: LCS 50/1980, art. 15.

As indenizações em espécie ou em natura são aquelas por vezes praticadas nos seguros de bens, de reparação do objeto deteriorado ou sua reposição. Quanto aos serviços, vale lembrar os serviços médicos e de assistência jurídica, entre outros.

No Direito espanhol, se o segurador não houver realizado a reparação do dano, ou indenizado o importe financeiro por causa injustificada, a indenização se incrementará de 20% (vinte por cento) ao ano[1395]. Para tanto, o segurado ou tomador devem encaminhar ao segurador o aviso de sinistro, tão logo tenham conhecimento do mesmo, no prazo máximo de 7 dias após haver conhecido, salvo se a apólice tenha fixado prazo mais amplo [1396].

Diante do sinistro, o segurador deve ser logo informado, ao lado das providências para minorar os danos, conforme dispõem as leis de seguro[1397], em especial o art. 771 do Código Civil brasileiro:

> C.C. – "Art. 771. Sob pena de perder o direito à indenização, o segurado participará o sinistro ao segurador, logo que o saiba, e tomará as providências imediatas para minorar-lhe as consequências."

O «aviso de sinistro» é uma peça usual. Deve ser preenchido em formulários fornecidos pelo segurador, que detalham as consequências do evento danoso, segundo cada tipo de risco coberto, inclusive com desenhos gráficos, imagens, etc. Modernamente também se vale de imagens e meios eletrônicos.

Além de comunicar o sinistro ao segurador, o segurado tem o dever de zelar pelos salvados, evitar o furto, fraudes ou repercussão que aumente os prejuízos ocorridos. Realizará essas providências no interesse do segurador, que deverá ressarcir os gastos do segurado em razão do sinistro[1398].

Nesse caso, correm por conta do segurador as despesas de salvamento consequente do sinistro, até o limite fixado no contrato[1399].

Entregue o aviso de sinistro ao segurador, deve este examinar as reclamações e as respectivas consequências físico-financeiras do evento. Ainda é comum valer-se de peritos, técnicos em seguro e liquidação de sinistro, ou mesmo experts na área de conhecimento do risco ocorrido.

[1395] Espanha: LCS 50/1980, art. 20.

[1396] Espanha: LCS 50/1980, art. 16.

[1397] Brasil: C.C. art. 771. Espanha: LCS 50/1980, artigos 10, 16 e 17.

[1398] Veja-se: ALVIN, Pedro. Op. cit. p. 401. Espanha: LCS 50/1980, art. 17.

[1399] Brasil: C.C. art. 771, parágrafo único. Espanha: LCS 50/1980, art. 17.

No Direito espanhol, após os estudos e investigações, segundo a LCS 50/1980 da Espanha, o segurador deverá efetuar, dentro de quarenta dias, a partir da recepção da declaração de sinistro, o pagamento do importe mínimo do que o segurador possa dever, segundo as circunstâncias por ele conhecidas [1400].

Ocorrendo o evento previsto na apólice, a cobertura será indenizada, sendo que nos seguros de danos a indenização não pode ultrapassar o valor do interesse segurado no momento do sinistro, nem o limite máximo da garantia na apólice.

Como forma de atenuar esta regra indenizatória, o artigo 28 da LCS 50/1980 prevê uma norma de exceção. Nela as partes podem fixar de comum acordo o valor do interesse segurado, que há de tomar-se em conta para a indenização em caso de sinistro. Isso pode ser estabelecido no momento da formação do contrato ou a posteriori.

O segurador somente poderá negar o valor estimado quando sua aceitação decorre de violência, intimidação ou dolo, ou quando por erro de estimação seja notavelmente superior ao valor real do interesse no momento do sinistro[1401].

De forma semelhante, no caso de «sinistro parcial», salvo disposição em contrário, o seguro de um interesse por menos que o valha, enseja a redução proporcional da indenização[1402].

Havendo sobresseguro, embora o segurado pague prêmio acima do devido, o princípio indenizatório impede que a indenização supere os prejuízos.

As partes, todavia, podem promover o reequilíbrio do contrato, com a redução da importância segurada e do prêmio, ou mesmo a devolução do excedente em caso de sinistro total [1403].

O mesmo vale para o seguro duplo, quando dois ou mais seguradores dão cobertura ao mesmo risco, simultaneamente, casos em que o segurado não pode lucrar com as duas coberturas[1404], sob pena de enriquecimento indevido.

[1400] Espanha: LCS 50/1980, art. 18.

[1401] Espanha: LCS 50/1980, art. 28.

[1402] Brasil: C.C. art. 783.

[1403] Brasil: Art. 781. A jurisprudência, todavia, tem atenuado o princípio indenizatório em casos conhecidos do Tribunal de Justiça do Rio Grande do Sul: Súmula N°12 Seguro de Automóvel: Perda Total. – No caso de perda total, a indenização a ser paga pela Seguradora será equivalente ao valor estipulado para a cobertura do sinistro e não pelo valor médio de mercado do veículo (Art. 1462, C.C.). Espanha: LCS 50/1980 Art. 31. Portugal: Cód. Comercial: Art.º 435.º

[1404] Nesse sentido: GARRIGUES, Joaquin. Op. cit. p. 179. MANES, Alfredo. Op. cit. p. 305

O tomador deve informar aos seguradores o seguro existente, com o nome dos demais seguradores, a fim de preservar o respeito ao princípio indenizatório, de modo que cada segurador deverá contribuir para a cobertura securitária na proporção da importância segurada, sem que possam superar a quantia do dano[1405].

Também, conforme referimos sobre o princípio indenizatório, no infrasseguro, ocorrendo o evento danoso, aplica-se uma fórmula de rateio parcial «regra proporcional», calculando-se a indenização com equivalência e proporção ao seguro contratado[1406].

Outra medida legal, de preservação do equilíbrio do segurador diz respeito aos vícios do produto, casos em que não se inclui na indenização o sinistro provocado por vício intrínseco da coisa segurada, não declarado ao segurador[1407].

Nos seguros de vida o pagamento do sinistro pode estar condicionado a um termo de carência, um prazo dentro do qual o segurador não responderá pela ocorrência do sinistro[1408]. Outra característica deve-se ao fato do segurador não se sub-rogar nos direitos e ações do segurado ou do beneficiário contra o causador do sinistro[1409].

Quanto aos seguros obrigatórios, a indenização por sinistro será paga pelo segurador diretamente ao terceiro prejudicado [1410].

Sendo o sinistro provocado de má-fé do segurado, o segurador estará desobrigado do pagamento da cobertura securitária[1411].

Na Espanha o artigo 38 da LCS 50/1980 estabelece uma disciplina quanto ao dever de informar o sinistro ao segurador no prazo de 5 dias, com a relação de objetos, dos salvados e uma estimativa dos danos. Além disso, impõe-se ao segurado o ônus da prova da preexistência dos objetos, havendo presunção valendo o conteúdo da apólice como prova em seu favor.

Inicialmente, espera-se a possibilidade de conciliação das partes sobre a forma de indenização e salvados. Nesses casos, haverá o simples pagamento do segurador. Não resultando acordo no prazo de 40 dias após o aviso de

[1405] Brasil: C.C. Art. 782 e 778. Espanha: LCS 50/1980. Artículo 32.

[1406] Brasil: C.C.: Art. 783. Espanha: LCS 50/1980 Artículo 30. Portugal: C.C. Art.º 433.º.

[1407] Brasil: C.C. art. 784.

[1408] Brasil: C.C. art. 797.

[1409] Brasil: C.C. art. 800.

[1410] Brasil: C.C. art. 788.

[1411] Espanha: LCS 50/1980, art. 19.

sinistro, cada parte designará um perito, devendo constar por escrito a aceitação destes, à semelhança do procedimento arbitral.

Havendo acordo entre os peritos, estes elaborarão uma ata conjunta, que fará constar a causa do sinistro, o valor dos danos e demais circunstâncias que repercutam na indenização. Em caso de recalcitrância, os peritos seguirão o procedimento previsto no artigo, devendo eleger um terceiro. Caso frustrada mais esta tentativa, a designação será procedida pelo juiz competente para julgar a causa, segundo as leis do processo civil, e o parecer será prolatado no prazo definido pelas partes, ou em trinta dias, a partir da nomeação do terceiro perito.

O parecer será notificado às partes, sendo vinculante para ambos, salvo se impugnado no prazo de 30 (trinta dias) para o segurador, e 180 (cento e oitenta dias para o segurado, contados da data de sua notificação. Não havendo a correspondente impugnação o parecer considera-se inatacável. Se o parecer for impugnado, o segurador deverá pagar o importe mínimo previsto no art. 18 da LCS, senão pagará no prazo de cinco dias.

Havendo demora do segurador no pagamento da cobertura convencionada, caso o segurado obrigue-se a reclamar judicialmente indenização inatacável, esta será adicionada de juros previsto no art. 20 da LCS (20% ao ano), com a soma dos gastos feitos pelo segurado com o processo[1412]. Cada parte arcará com os honorários de seu perito e os do terceiro e demais gastos ocasionados pelo procedimento pericial serão pagos metade a metade, entre o segurado e o segurador[1413].

De outro lado, há previsão no art. 42 da mesma LCS, para os casos em que, em vez de o segurador indenizar a coisa sinistrada, opta pela reconstrução ou recuperação da mesma. Cuida-se de assegurar os interesses para que a coisa volte a adquirir seu valor anterior à realização do sinistro[1414].

De forma sucinta, são algumas repercussões do sinistro nas leis e sistemas de seguros privados, com vistas às obrigações das partes e terceiros, e sua relação frente às garantias contratadas.

1412 Espanha: LCS 50/1980, art. 38.

1413 Espanha: LCS 50/1980, art. 39.

1414 Idem. p. 645.

4.3 Elementos formais

O contrato de seguro, em sua generalidade, se expressa por meio de documento hábil a especificar seus elementos constitutivos. Embora seu caráter consensual[1415], o modelo de formação emprega a forma escrita para individualizar sujeitos, riscos, interesses e coberturas, inclusive em suas modificações ou adições[1416].

Cuida-se de um formalismo «*ad substantiam*» ou «*ad probationem*», em que o documento não é condição de existência e validez do contrato, mas decorrência de exigências legais de explicitação de conteúdo e meio de prova do contrato.

De outra parte, mesmo sendo um contrato consensual, vale a lição de Emilio Betti, segundo a qual "o consentimento deve ser manifestado de forma adequada"[1417]. Deve se expressar validamente ao mundo exterior.

O uso de documento escrito é da técnica da atividade seguradora, especialmente por meio de proposta e apólice de seguro[1418], dentre outros instrumentos de comunicação e informação entre as partes. São conhecidos documentos como fichas de informação, questionários, formulário de declaração de riscos,

[1415] Sobre o caráter consensual: CALERO, Fernando. S. *Ley de contrato de seguro.* Op. cit. p. 126. URIA, Rodrigo. Op. cit. p. 641. CORDEIRO, António Menezes. Direito do Seguro. Op. cit. p. 718. SOTO, Hector M. Op. cit. p. 132. GHESTIN, Jacques. *Traité de droit civil – Le obligation – Le contrat. Principes et caractères essentiels. Ordre public – Consentement, Objet, Cause, Théorie générale des nullités. Paris. L.G.D.J, 1980, p. 26. PICARD, Maurice et André Besson. Traité genéral des assurances terrestres en droit français. Paris. Librairie Générale de Droit et de Jurisprudence. 1938, Tome I,* p. 3.

[1416] Sobre a forma escrita como requisito de substância ou meio de prova do contrato de seguro veja-se: Brasil: O novo Código Civil brasileiro, Lei 10.406, de 10 de janeiro de 2002, em seu art. 785 refere: *"Art. 758. O seguro prova-se com a exibição da apólice ou do bilhete de seguro, e, na falta deles, por documento comprobatório do pagamento do respectivo prêmio."* Esta nova redação substitui a exigência formal do antigo art. 1433, do Código Civil de 1916, que dispunha: "Art. 1.433. Este contrato não obriga antes de reduzido a escrito, e considera-se perfeito desde que o segurador remete a apólice ao segurado, ou faz nos livros o lançamento usual da operação." Espanha: art. 5º da LCS 50/1980; França: art. L. 112-3 e modificações do Code des Assurances: «*Le contrat d'assurance et les informations transmises par l'assureur au souscripteur mentionnées dals le présent code sont rédigés par écrit, en français, en caractère apparents*»; Itália: C.c. 1.888. Na doutrina científica veja-se: GARRIGUES. Joaquin. *Contrato de Seguro Terrestre.* Madrid, 1973, p. X (preliminar). O mestre espanhol, a seu tempo, fez importantes comentários sobre o código de comércio e o caráter formal do pacto. VIVANTE, Cesare, Op. cit. p. 426/428. SANTOS, Amílcar. Op. cit. p. 34; GHESTIN, Jacques. *Traité de droit civil – Le obligation – Le contrat. Principes et caractères essentiels. Ordre public – Consentement, Objet, Cause, Théorie générale des nullités.* Paris. L.G.D.J, 1980, p. 15.

[1417] BETTI, Emilio. *Teoría general del negócio jurídico.* Op. cit. p. 103.

[1418] Sobre a técnica própria da formação do contrato de seguro veja-se: CORDEIRO, António Menezes. *Direito do seguro.* Op. cit. p. 705-713.

nota de cobertura, comprovante de cobertura, proposta e apólice de seguro, dentre outros, como anexos, suplementos, aviso de sinistro etc.[1419].

Na fase pré-contratual é comum o tomador valer-se da proposta de seguro, formulada pelo segurador, na qual adere ao clausulado, sem modificar o conteúdo, exceto com relação às condições particulares[1420].

Além da proposta, ou por decorrência de sua aceitação, merece destaque a apólice de seguro. As Leis de seguro preconizam a emissão da apólice e o seu envio ao tomador[1421], servindo como expressão objetiva do contrato e instrumento de supervisão, controles e tutela da vulnerabilidade.

Do ponto de vista da atividade seguradora, qualidade e rapidez na emissão da documentação é indicativo de performance[1422]. Trata-se de conformidade,

1419 Sobre essa variedade de tipos de documentos veja-se BIGOT, Jean. Op. cit. *Traité, Tome 3*. p. 356.

1420 Conforme definições da SUSEP, "as apólices (contratos de seguro) contêm um conjunto de cláusulas contratuais, chamadas, em conjunto, Condições Contratuais, que estabelecem as obrigações e direitos do Segurado e do Segurador", sendo «condições gerais» aquelas comuns a todas as garantias de um plano de seguro, que estabelecem as obrigações e os direitos das partes contratantes (objeto do seguro, o foro, as obrigações do segurado, etc.); «condições especiais ou acessórias» especificam as diferentes garantias de forma adesiva à apólice e modificam as condições gerais, ampliando ou restringindo disposições; «condições particulares» conjunto de cláusulas que alteram as condições gerais e/ou especiais, modificando ou cancelando disposições já existentes, ou, ainda, introduzindo novas disposições para ampliar ou restringir a cobertura, individualizando tópicos ou coberturas de um contrato em particular." Veja-se a página da SUSEP: http://www.susep.gov.br/menu/informacoes-ao-publico/planos-e-produtos/seguros/seguro-de-danos

1421 Sobre a forma escrita: Brasil: O novo Código Civil brasileiro, Lei 10.406, de 10 de janeiro de 2002, em seu art. 785 refere: *"Art. 758. O seguro prova-se com a exibição da apólice ou do bilhete de seguro, e, na falta deles, por documento comprobatório do pagamento do respectivo prêmio."* Esta nova redação substitui a exigência formal do antigo art. 1433, do Código Civil de 1916, que dispunha: "Art. 1.433. Este contrato não obriga antes de reduzido a escrito, e considera-se perfeito desde que o segurador remete a apólice ao segurado, ou faz nos livros o lançamento usual da operação." *França « Art. L. 112-3. Le contrat d'assurance et les informations transmises par l'assureur au souscripteur mentionnées dals le présent code sont rédigés par écrit, en français, en caractère apparents »; Espanha " LCS – Ley 50/1980, de 8 de octubre. Art. 5. El contrato de seguro y sus modificaciones o adiciones deberán ser formalizadas por escrito. El asegurador está obligado a entregar al tomador del seguro la póliza o, al menos, el documento de cobertura provisional. En las modalidades de seguro en que por disposiciones especiales no se exija la emisión de la póliza, el asegurador estará obligado a entregar el documento que en ellas se establezca."*

1422 Exemplo desta publicação de desempenho é a da HDI Seguros S.A. (Nova denominação Social da Hannover International Seguros S.A.), que faz constar no Relatório de Administração, dentre os itens "*Indicadores de Performance*" que o desempenho da seguradora também pode ser medido pela melhoria do processo operacional, com monitoramento de portal na Intranet – "*Business Intelligence*". Além disso, destaca a *"Rapidez na Emissão de documentos", referindo que, das* 272 mil apólices emitidas em 2004, 85% foram emitidas em até 15 dias de início de vigência da apólice e 85% de todas as propostas foram emitidas através de *"transferência eletrônica de arquivos de nossos corretores, sem a necessidade de re-digitação dos dados na Seguradora"*. In. Jornal (periodico) Zero Hora, Porto Alegre, quinta-feira, 24/02/2005.

boas práticas e tecnologia. Com a evolução eletrônica, são cada vez mais presentes as plataformas virtuais, conforme comentamos no Capítulo III, 3.5, propiciando uma onda crescente de contratos entre ausentes.

Comentamos esses elementos formais, aos quais se atribui a função precípua de tornar claros seus elementos constitutivos[1423], definir o momento de formação do vínculo, e servir como meio de prova do contrato[1424].

4.3.1 Apólice

A apólice é um documento normativo que confere estabilidade ao contrato de seguro[1425]. Do italiano *polizza:* significa certificado, recibo. Em forma escrita[1426] a apólice molda o conteúdo do contrato e confirma sua existência[1427].

[1423] Veja-se: GHESTIN, Jacques. Op. cit. p. 2.STIGLITZ, Rubén S. Op. Cit. p. 22.

[1424] França – CA, Art. L.112-3 *«Le contrat d'assurance et lês informations transmises par l'assureur au souscripteur mentionnées dans lê préent code sont rediges par écrit.»* Jurisprudência: *Un écrit n'est pás* nécessaire pour la valité d'un avenant, mais pour sa preuvre. Req. 1er juill. 1941: DC 1943. 57. Civ. 1re, 22 avr. 1992: Bull. Civ. 1. n. 126; RCA 1992. in. BERR, Claude J. e Groutel, Hubert. Code des assurances. Neuvième édition. Paris. Éd. Dalloz, p. 10.

[1425] Sobre a função normativa da apólice vide: SÁNCHEZ CALERO, Fernando (Director), Javier Tirado Suárez, Alberto Javier Tápia Hermida y José Carlos Fernández Rozas. Ley de contrato de seguro. Pamplona, Editora Aranzadi, 1999, p. 166.

[1426] A forma escrita como requisito de substância ou meio de prova do contrato de seguro: Brasil: O novo Código Civil brasileiro, Lei 10.406, de 10 de janeiro de 2002, em seu art. 785 refere: *"Art. 758. O seguro prova-se com a exibição da apólice ou do bilhete de seguro, e, na falta deles, por documento comprobatório do pagamento do respectivo prêmio."* Esta nova redação substitui a exigência formal do antigo art. 1433, do Código Civil de 1916, que dispunha: "Art. 1.433. Este contrato não obriga antes de reduzido a escrito, e considera-se perfeito desde que o segurador remete a apólice ao segurado, ou faz nos livros o lançamento usual da operação." Espanha: art. 5º da LCS 50/1980; França: art. L. 112-3 e modificações do Code des Assurances: *«Le contrat d'assurance et les informations transmises par l'assureur au souscripteur mentionnées dals le présent code sont rédigés par écrit, en français, en caractère apparents »;* Itália: C.c. 1.888. Na doutrina científica veja-se: GARRIGUES. Joaquin. *Contrato de Seguro Terrestre.* Madrid, 1973, p. X (preliminar). O mestre espanhol, a seu tempo, fez importantes comentários sobre o código de comércio e o caráter formal do pacto. SANCHEZ, Fernando C. et. al, Op. cit. p. 131. VIVANTE, Cesare, Op. cit. p. 426/428. SANTOS, Amílcar. Op. cit. p. 34; GHESTIN, Jacques. *Traité de droit civil – Le obligation – Le contrat. Principes et caractères essentiels. Ordre public – Consentement, Objet, Cause, Théorie générale des nullités.* Paris. L.G.D.J, 1980, p. 15. BIGOT, Jean. Op. Cit. *Traité de droit des assurances, Tome 3,* Op. Cit. P. 385.

[1427] Neste sentido: *BIGOT, Jean. Traité de droit des assurances. Tome III. "Le contrat étant consensual, l'emission de la police conforme a la proposition d'assurance exprime le consentement de l'assureur et forme le contrat, peu importante que cette police ne soit pas régularisée par le preneur." Op. cit. p. 374.*

A apólice é constituída em documento redigido pelo segurador, que expressa o seu consentimento ao fixar as normas regentes do contrato. Antigamente muitas eram pré-impressas, hoje também se valem de meios eletrônicos. Segundo a doutrina, a apólice se forma como um documento ou ato unilateral[1428].

A assinatura não é necessária, na medida em que é um contrato consensual. Na lição de Jean Bigot, a emissão da apólice é fato suficiente para exprimir o consentimento do segurador[1429].

A apólice tem a função de definir as partes, riscos, garantia ou importância segurada, vigência e o conjunto de direitos e obrigações dos sujeitos do contrato, servindo de instrumento e prova[1430].

No início, era celebrada por notário, com fé pública[1431]. Relata-se um caso do ano 1347, registrado no Arquivo Notarial Genovês. Com o tempo, deixou de ser documento notarial para utilizar instrumentos privados dos seguradores «apólices de seguro», outorgadas com a mediação de um agente corretor[1432].

Atualmente vale-se de suporte em papel ou por meios eletrônicos[1433], sendo que a modernidade deste contrato, na lição de Joaquin Garrigues[1434], incluiu «tickets, cupons» ou «bilhetes de seguro»[1435], como no transporte por

[1428] Veja-se: CORDEITO, António Menezes. *Direito do seguro*. Op. cit. p. 719. SANCHEZ, Fernado C. Et. Al, *Ley de contrato de seguro*. Op. cit. p. 130.

[1429] BIGOT, Jean. Op. cit. p. 376.

[1430] Espanha: Ley 50/1980, de 8 de Octubre de Contrato de Seguro, art. 8.

[1431] MANES, Alfredo. *Tratado de seguros. Teoría general del seguro*. Traducción de la 4ª Edición Alemana por Fermín Soto. Editorial Logos Ltda. Madrid, 1930, p. 42 e 43. JOÃO MARCOS BRITO MARTINS refere, em vez de 1347, a data de 1374, in. MARTINS, João Marcos Brito. *O contrato de seguro: comentado conforme as disposições do novo Código Civil*. Ed. Forense Universitária. Rio de Janeiro, 2003, p. 7. MANES também observa que na cidade de Pisa guarda-se um contrato de seguros celebrado em 1384 e outro em Florença, de 1397. O autor também relata a existência de um Decreto ditado pelo duque de Génova, do ano de 1309 em que pela primeira vez aparece a palavra "*assecuramentum*" empregada no sentido moderno de seguro.

[1432] Idem.

[1433] Brasil: Circular SUSEP Nº 491 DE 09/07/2014. "Art. 6º Os documentos contratuais de que trata esta Circular deverão ser entregues ao segurado por ocasião da efetivação da contratação do plano de seguro, juntamente com as condições gerais, refletindo de forma clara todas as coberturas contratadas. Parágrafo único. O disposto no caput poderá ser realizado com a utilização de meios remotos."

[1434] GARRIGUES, Joaquin. Op. cit. p. 114.

[1435] Brasil: Exigência de conteúdo mínimo – C.C. "Art. 760. A apólice ou o bilhete de seguro serão nominativos, à ordem ou ao portador, e mencionarão os riscos assumidos, o início e o fim de sua validade, o limite da garantia e o prêmio devido, e, quando for o caso, o nome do segurado e o do beneficiário. Circular SUSEP Nº 491 DE 09/07/2014.

trem, avião e ônibus, etc., em que se exige a entrega instantânea, por vezes em máquina emissora de documento.

Pode haver emissão automática eletrônica, além dos antigos equipamentos como o fax, telex, etc., que permitiram o início imediato dos efeitos do seguro para operações de urgência[1436].

A apólice é meio de prova do contrato[1437]. É uma prova qualificada, com ciência da autoria do segurador e evidências da contratação[1438]. No Código Civil brasileiro merece referência o art. 758 do Código Civil:

> C.C. – "Art. 758. O contrato de seguro prova-se com a exibição da apólice ou do bilhete do seguro, e, na falta deles, por documento comprobatório do pagamento do respectivo prêmio."

A emissão da apólice e sua entrega ao tomador são considerados típica declaração preceptiva[1439].

É um instrumento que atende ao dever de informação do segurador[1440]. Pretende-se que este conhecimento se dê antes da formação do vínculo[1441],

[1436] SÁNCHEZ CALERO, Fernando. *Comentarios a la Ley de Contrato de Seguro, (arts. 5 a 24)*. Edición e introducción de Evelio Verdera y Tuelles. Colegio Universitario de Estudios Financieros. Consejo Superior Bancario, Madrid, p. 279/280.

[1437] Embora a estrutura das normas de seguro faça previsão ao fato de que se forma através de documento escrito, é comum a Jurisprudência firmar-se em sentido contrário: França – CA, Art. L.112-3 «*Le contrat d'assurance et lês informations transmises par l'assureur au soucripteur mentionnées dans lê préent code sont rediges par écrit.*» Jurisprudência: *Un écrit n'est pás nécessaire pour la valité d'un avenant, mais pour sa preuvre.* Req. ler juill. 1941: DC 1943. 57. Civ. 1re, 22 avr. 1992: Bull. Civ. 1. n. 126; RCA 1992. in. BERR, Claude J. e Groutel, Hubert. *Code des assurances.* Neuvième édition. Paris. Éditions Dalloz, p. 10.

[1438] Brasil: CPC – "Art. 311. A tutela da evidência será concedida, independentemente da demonstração de perigo de dano ou de risco ao resultado útil do processo, quando: II – as alegações de fato puderem ser comprovadas apenas documentalmente e houver tese firmada em julgamento de casos repetitivos ou em súmula vinculante; IV – a petição inicial for instruída com prova documental suficiente dos fatos constitutivos do direito do autor, a que o réu não oponha prova capaz de gerar dúvida razoável.
Parágrafo único. Nas hipóteses dos incisos II e III, o juiz poderá decidir liminarmente."

[1439] Emprega-se «expressão preceptiva» como "algo «establecido», expresado exteriormente en el medio social y, en consecuencia, controlable sin posibilidad de equívoco." BETTI, Emilio. Op. cit. p. 62.

[1440] Brasil: C.C., art. 758. CDC arts. 30-38; Espanha: LCS, arts. 3º, 5º e 8º.

[1441] SÁNCHEZ CALERO, Fernando (Director), Francisco Javier Tirado Suárez, Alberto Javier Tapia Hermida y José Carlos Fernández Rozas. Ley de contrato de seguro. Pamplona, Editora Aranzadi, 1999, p.p. 743-744.

o que traz o sentido da pressuposição de riscos pelo segurador e a faculdade de revisão pelo tomador, caso não corresponda à proposta ou ao ajuste celebrado, sendo que se consolidam os efeitos do contrato pelo decurso de prazo sem reclamação ao segurador[1442].

Além das exigências de regulação, o segurador deve prover um conjunto de informações necessárias ao tomador, e as condições gerais e particulares devem ser redigidas de forma clara e precisa[1443].

No direito brasileiro esta norma possui correspondência no art. 760 do Código Civil, todavia com menos alcance e detalhamento legal:

> C.C. – "Art. 760. A apólice ou o bilhete de seguro serão nominativos, à ordem ou ao portador, e mencionarão os riscos assumidos, o início e o fim de sua validade, o limite da garantia e o prêmio devido, e, quando for o caso, o nome do segurado e o do beneficiário."

A matéria é regulada pela Superintendência de Seguros Privados, que define o regime das condições gerais das apólices, por meio de Circulares[1444].

Sobre o conteúdo mínimo que o segurador deve observar na apólice, foi editada a Circular SUSEP Nº 491 DE 09/07/2014, que prevê as seguintes exigências:

> "I – nome completo da sociedade seguradora, seu CNPJ e o código de registro junto à Susep;
>
> II – nome completo da sociedade cosseguradora, seu CNPJ e o código de registro junto à Susep;
>
> III – indicação do número de ordem da proposta a qual a apólice está vinculada, na sociedade seguradora;
>
> IV – número de controle da apólice;

1442 Portugal: Art. 35 LS.

1443 Espanha: LCS 50-1980, "*Art. 3º. Las condiciones generales y particulares se redactarán de forma clara y precisa. Se destacarán de modo especial las cláusulas limitativas de los derechos de los asegurados, que deberán ser específicamente aceptadas por escrito.*" Portugal: "*Artigo 21.º Modo de prestar informações. 1 – As informações referidas nos artigos anteriores devem ser prestadas de forma clara, por escrito e em língua portuguesa, antes de o tomador do seguro se vincular.*"

1444 Brasil: SUSEP – competência normativa que lhe confere o art. 36, alíneas "b" e "f", do Decreto-Lei nº 73, de 21 de novembro de 1966, o § 2º do art. 3º do Decreto-Lei nº 261, de 28 de fevereiro de 1967, e o art. 29 da Lei Complementar nº 109, de 29 de maio de 2001, c/c o art. 5º da Resolução CNSP nº 79, de 3 de setembro de 2002, e

V – ramo(s) de seguros, com o(s) respectivo(s) código(s), nos termos da legislação específica, do(s) produtos(s) de seguro vinculado(s) à apólice;

VI – número(s) do(s) processo(s) administrativo(s) de registro junto à Susep do(s) produtos(s) de seguro vinculado(s) à apólice;

VII – nome ou razão social do segurado, no caso de contratação individual, ou estipulante, no caso de contratação coletiva, seu endereço completo e respectivo CPF, se pessoa física, ou CNPJ, se pessoa jurídica;

VIII – identificação do(s) beneficiário(s), no caso de seguro de pessoas individual;

IX – identificação do bem segurado, no caso de seguro de danos, se aplicável;

X – cobertura(s) contratada(s);

XI – valor monetário do limite máximo de garantia ou do capital segurado de cada cobertura contratada;

XII – franquia(s) e/ou carência(s) aplicável(is) a cada cobertura, se prevista(s);

XIII – o período de vigência da apólice, incluindo as datas de início e término da(s) cobertura(s) contratada(s);

XIV – valor total do prêmio de seguro, discriminando:

a) valor do prêmio de seguro por cobertura contratada;

b) adicional de fracionamento, quando for o caso; e

c) valor do IOF, quando for o caso.

XV – prazo e forma de pagamento do prêmio e, se for o caso, sua periodicidade;

XVI – data da emissão da apólice;

XVII – chancela ou assinatura do representante da sociedade seguradora;

XVIII – nome e número de registro na Susep do corretor de seguros, se houver;

XIX – número de telefone da central de atendimento ao segurado/beneficiário disponibilizado pela sociedade seguradora responsável pela emissão da apólice;

XX – número do telefone da ouvidoria da seguradora;

XXI – número de telefone gratuito de atendimento ao público da Susep;

XXII – informação do "link" no portal da Susep onde podem ser conferidas todas as informações sobre o(s) produtos(s) de seguro vinculado(s) à apólice;

XXIII – texto informativo, com a seguinte redação: "SUSEP – Superintendência de Seguros Privados – Autarquia Federal responsável pela fiscalização, normatização e controle dos mercados de seguro, previdência complementar aberta, capitalização, resseguro e corretagem de seguros.".

Sobre o conteúdo mínimo, o art. 8º incisos, da LCS 50/80 da Espanha[1445] e (DIR 92/1996/CEE), traduzem importantes valores de informação:

> *"Artículo 8.*
> *La póliza del contrato debe contener como mínimo, las indicaciones siguientes:*
> *1. Nombre y apellidos o denominación social de las partes contratantes y su domicilio, así como la designación del asegurado y beneficiario, en su caso.*
> *2. El concepto en el cual se asegura.*
> *3. Naturaleza del riesgo cubierto.*
> *4. Designación de los objetos asegurados y de su situación.*
> *5. Suma asegurada o alcance de la cobertura.*
> *6. Importe de la prima, recargos e impuestos.*
> *7. Vencimiento de las primas, lugar y forma de pago.*
> *8. Duración del contrato, con expresión del día y la hora en que comienzan y terminan sus efectos.*
> *9. Nombre del agente o agentes, en el caso de que intervengan en el contrato.*
> *En caso de póliza flotante, se especificará, además la forma en que debe hacerse la declaración del abono."*

De forma similar, o art. L. 112-4 do *Code des Assurances* disciplina o conteúdo mínimo na França.

Em Portugal, desde o Código Comercial, em seu art. 426º, este contrato deveria ser reduzido a escrito[1446]. A matéria recebeu tratamento mais abrangente no art. 22 do LD 72/2008[1447], em que deve chamar a atenção para o âmbito de cobertura proposta, especialmente exclusões, carência, com esclarecimentos detalhados sobre a coberturas propostas, o que não é exigível para os grandes riscos.

[1445] O novo Código Civil, Lei n. 10.406, de 10 de janeiro de 2002, ao disciplinar o contrato de seguro, no Capítulo XV, deixou de prever requisitos mínimos para as apólices. A matéria ficou sob a competência da Superintendência de Seguros Privados – SUSEP, o que dificulta a compreensão da sua disciplina reduzindo-se aos especialistas e profissionais da área regulatória.

[1446] CORDEIRO. António Menezes.

[1447] Portugal: DL 72/2008, arts. 22º e 23º.

Segundo as leis de seguro, a apólice merece redação em linguagem referencial, direta e de eficiente comunicação, valendo-se de terminologia compreensível pelo segurado e que não contenha ambiguidades, equívocos, ou contradição que demandem conflitos[1448].

Dentre esses defeitos, «cláusula ambígua» é a que possui uma pluralidade de sentidos, ou seus termos não permitem compreender o real sentido a ser transmitido pelo segurador[1449]. Diferentemente das cláusulas objetivas, em que a interpretação deve cingir-se ao sentido delas[1450], as ambíguas, por serem patológicas, tornam-se sujeitas à intepretação no contexto do contrato e dos valores e normas do seguro[1451].

Ambiguidade também ocorre quando a apólice veicula conteúdo divergente da proposta. Dentre as conhecidas soluções legais, a lei espanhola confere o prazo de um mês para o tomador poder reclamar, a contar da entrega da apólice, a fim de que o segurador venha a sanar o defeito ou divergência. Decorrido o prazo, se estabiliza a apólice, o que não significa estar imune à revisão administrativa ou judicial em caso de defeitos substanciais.

É necessária a coerência entre as coberturas definidas na proposta, apólice e condições gerais, sendo que devem preservar a substância do contrato e a confiança[1452]. A queixa ao segurador vale quando a apólice não se mantém coerente com as informações prestadas antes da formação do contrato.

Leva-se em conta a regra da «não-surpresa». Diante do dever de bem informar, qualquer modificação ou supressão de garantia, deve ser comunicada. Do ponto de vista de eventual exclusão, cumpre zelar para que não comprometa o objeto central da garantia contratada. São abusivas cláusulas acessórias ou condições particulares que excluem a essência da obrigação principal[1453].

[1448] Neste sentido: BIGOT, Jean. Op. cit. p. 385.

[1449] Sobre cláusula ambígua, veja-se: BIGOT, Jean. *Traité de droit des assurances. Tome 3,* Op. cit. p. 391.

[1450] Brasil: C.C. "Art. 421. A liberdade de contratar será exercida em razão e nos limites da função social do contrato."

[1451] Sobre interpretação no contrato de seguro veja-se: Capítulo IV,

[1452] Sobre o princípio da confiança: Capítulo II, 2.3.10.

[1453] Brasil: Dever de boa-fé objetiva – art. 765 do Código Civil e art. 4º, I, II e III, combinados com o art. 51, IV e XV do CDC e art. 170, V da CF; Circular SUSEP Nº 251, de 15 de abril de 2004.

Por tais razões, é comum a exigência de cláusulas tipo por força de norma imperativa[1454]. Nesse contexto, podem ser resumidas algumas diretrizes:

- O caráter "*ad substantiam*" da documentação[1455];
- A proteção da vulnerabilidade do tomador[1456];
- Redação destacada de cláusulas limitativas [1457];
- Interpretação pró tomador ou segurado[1458];
- Emissão da apólice precedida de proposta escrita[1459];
- Forma escrita e conteúdo mínimo[1460];
- Vedação de cláusulas abusivas e nulidade[1461];
- Foro do domicílio do tomador ou segurado[1462];
- O poder de ceder ou penhorar a apólice[1463].

1454 Veja-se: BIGOT, Jean. *Traité de droit des assurances. Tome 3,* Op. cit. p. 377.

1455 Sobre o caráter constitutivo da apólice – "ad substantiam" – no contrato marítimo (art. 737 Código de Comércio Espanha) e no âmbito da autonomia privada nos grandes riscos, vide: SÁNCHEZ CALERO, Fernando (Director), Javier Tirado Suárez, Alberto Javier Tapia Hermida y José Carlos Fernández Rozas. Ley de contrato de seguro. Pamplona, Editora Aranzadi, 1999, p. 165. URIA, Rodrigo. Derecho mercantil. 25ªed., Madrid, Marcial Pons Ediciones Jurídicas y Sociales, 1998, p. 1195. JIMÉNEZ SÁNCHEZ, Guillermo J. (Coordinador) Leciones de Derecho Mercantil – 4ª Ed. Madrid, Tecnos,1999, p. 518.

1456 Espanha: LCS, art. 3º. Não existe precedente no Direito brasileiro.

1457 Brasil: CDC, arts. 31 e 54, § 4°; Espanha: LCS, arts. 3° e 8°; LGDCU, art. 10.

1458 Brasil: CDC, art. 47. Espanha: LCS, art. 3º.

1459 Brasil: C.C., arts. 759-761, CDC, arts. 30-38. Espanha: LCS, art. 3º; art, 8º, LGDCU, art. 13.

1460 Brasil: C.C., art. 758. CDC arts. 30-38; Espanha: LCS, arts. 3º, 5º e 8º.

1461 Brasil: CDC arts. 6º, V e 51; Espanha: LCS, art. 3º; LGDCU art. 10bis e 10 ter.

1462 Brasil: No Direito brasileiro não há previsão do foro do consumidor ou do segurado. Para as relações de consumo, a matéria é pacífica na jurisprudência, consolidada a partir da interpretação extensiva dos arts 5º, XXXII e 170, V, da CF de 1988 e, especialmente, dos arts. 6º, VIII e 51, IV, do Código de Defesa do Consumidor – CDC, que determinam a competência do foro do consumidor. No plano legal, por iniciativa da Secretaria de Direito Econômico, a Portaria n. 4, de 13 março de 1998, previu que deve-se divulgar, em aditamento ao art. 51 da lei n. 8.078/90 – CDC, que "*são nulas de pleno direito as cláusulas que elejam foro para dirimir conflitos decorrentes de relação de consumo diverso daquele onde reside o consumidor.*" Para tentar suprir essas lacunas enviamos à Casa Civil da Presidência da República Projeto de Lei para a facilitação da defesa do consumidor e do segurado. Referido projeto propõe introduzir 2 (dois) incisos no art. 100 do Código de Processo Civil – CPC: o inciso "VI", com a competência do foro do consumidor para as relações de consumo, podendo a incompetência ser declarada *ex officio* pelo juiz; e o inciso "VII", que prevê o foro do domicílio do segurado para os contratos de seguro. Espanha: LCS, art. 24. LGDCU Disp. Adic. – n.º 27.

1463 Espanha: LCS, art. 99. Não existe precedente no Direito brasileiro.

Exclusões podem ser legais, como nos casos em que o segurado agrava intencionalmente o risco[1464], culpa intencional do segurado, ou guerra, entre outros; como podem ser contratuais, devendo constar no corpo da apólice, ou condições gerais, com redação destacada[1465].

Em todos os casos, é preciso preservar o equilíbrio das relações das partes, de forma que a exoneração do segurador não introduza condição abusiva ou desvantagem exagerada ao tomador. Circunstâncias assim imprimem o sentido da interpretação contra o predisponente, prevista nas leis[1466] e nos Tribunais[1467]:

> C.C. – "Art. 423. Quando houver no contrato de adesão cláusulas ambíguas ou contraditórias, dever-se-á adotar a interpretação mais favorável ao aderente."

Nesses casos de ambiguidade ou contradição, vale o esforço para que sejam preservados os direitos inerentes à natureza do contrato[1468].

Segundo a importância segurada e coberturas definidas na apólice ficam estabelecidos os limites da obrigação do segurador em caso de ocorrência do evento previsto[1469].

[1464] Brasil: C.C. art. 768.

[1465] Brasil: CDC, arts. 31 e 54, § 4°; Espanha: LCS, arts. 3° e 8°; LGDCU, art. 10.

[1466] Brasil: C.C. "Art. 423. Quando houver no contrato de adesão cláusulas ambíguas ou contraditórias, dever-se-á adotar a interpretação mais favorável ao aderente." Itália: *"Art. 1370 Interpretazione contro l'autore della clausola. Le clausole inserite nelle condizioni generali di contratto (1341) o in moduli o formulari (1342) predisposti da uno dei contraenti s'interpretano, nel dubbio, a favore dell'altro."*

[1467] Sobre interpretação contra o predisponente: STJ. Precedentes: Recurso Especial N° 311.509 – SP (2001/0031812-6), Relator: Ministro Sálvio de Figueiredo Teixeira; Recurso Especial Nº 1.133.338 – SP (2009/0065099-4) Relator: Ministro Paulo de Tarso Sanseverino; e, Recurso Especial Nº 1.106.827 – SP (2008/0284799-4) Relator: Ministro Marco Buzzi. Destacamos a ementa do RECURSO ESPECIAL Nº 1.635.238 – SP (2016/0278152-7 – Rel.: MINISTRA NANCY ANDRIGHI: "Inserir cláusula de exclusão de risco em contrato padrão, cuja abstração e generalidade abarquem até mesmo as situações de legítimo interesse do segurado quando da contratação da proposta, representa imposição de desvantagem exagerada ao consumidor, por confiscar-lhe justamente o conteúdo para o qual se dispôs ao pagamento do prêmio" Doc.: 1783138 – Inteiro Teor do Acórdão – Site certificado – DJe: 13/12/2018 Página 1 de 5

[1468] Brasil: direitos inerentes à natureza do contrato: art. 51, § 1º, II e III do CDC.

[1469] Veja-se: ALVIM, Pedro. Op. cit. p. 303.

Portanto, além do equilíbrio das condições, cumpre ao segurador delimitar os riscos por coberturas individualizadas[1470], sujeitas à intepretação restritiva[1471].

Havendo vários riscos, o segurador poderá emitir uma única apólice com vários produtos de seguro, com diferentes coberturas, desde que destinadas à um mesmo segurado ou grupo de segurados[1472].

No caso de cosseguro, havendo a necessidade de diluição ou compartilhamento do risco, exige-se seja informado na apólice o percentual de responsabilidade de cada cosseguradora[1473].

De outra parte é relevante o controle das cláusulas abusivas, que não se confundem com cláusulas limitativas. Cláusulas abusivas são nulas[1474] e sujeitas à nulidade nas leis de diversas nações[1475].

No Direito Espanhol há previsão de nulidade no contrato de seguro com efeitos vinculantes por decisão do Tribunal Supremo. Segundo o art. 3º da LCS 50-1980, se declarada pelo TS a nulidade de alguma cláusula das condições gerais de um contrato, a Administração Pública obrigará os seguradores a modificar as cláusulas idênticas em suas apólices[1476].

Ainda do ponto de vista das proibições, vale destacar algumas hipóteses legais de proibição, ao lado da conhecida nulidade da garantia proveniente de ato doloso do segurado[1477].

[1470] SANCHEZ CALERO, *op*. cit., p. 31.

[1471] Cf. JIMÉNEZ SÁNCHEZ, Guillermo J. Op. Cit. p. 501. MARTINS, João Marcos Brito. Op. Cit. p. 43. *Nesse sentido, também foi relevante a norma do art. 1.460 do Código civil brasileiro de 1916, com copiosa jurisprudência para fundamentar que a responsabilidade do segurador é limitada ao risco assumido. Assim, como referia Clóvis Bevilaqua, o seguro de incêndio de um prédio não comporta a indenização por eventual necessidade pública, terremoto ou bombardeio.* Veja-se. BEVILAQUA, op. cit., p. 588.

[1472] Circular SUSEP Nº 491 DE 09/07/2014, art. 4º.

[1473] Brasil: "Art. 761. Quando o risco for assumido em cosseguro, a apólice indicará o segurador que administrará o contrato e representará os demais, para todos os seus efeitos." Circular SUSEP Nº 491 de 09/07/2014, art. 3º.

[1474] Brasil: CDC arts. 6º, V e 51; Espanha: LCS, art. 3º; LGDCU art. 10bis e 10 ter.

[1475] Brasil: CDC art. 6º, V e 51; Espanha: LCS, art. 3º; LGDCU art. 10bis e 10 ter. França: CDC, Art. L.132-1 e segs. Portugal: LDC, art. 16. México: CDC, art. 1, VII, 24, XX e 90. Argentina: LDC art. 37-39.

[1476] *Espanha: LCS, "art. 3º [...] "Declarada por el Tribunal Supremo la nulidad de alguna de las cláusulas de las condiciones generales de un contrato la Administración Pública competente obligará a los aseguradores a modificar las cláusulas idénticas contenidas en sus pólizas."*

[1477] Brasil: *"Art. 762. Nulo será o contrato para garantia de risco proveniente de ato doloso do segurado, do beneficiário, ou de representante de um ou de outro."*

No direito comparado vale referir alguns seguros proibidos[1478], definidos em lei, relativos à responsabilidade criminal, rapto, sequestro e outros crimes contra a liberdade pessoal, drogas, morte de criança incapaz, entre outras, com suas exceções.

Outra característica está na portabilidade e o poder de ceder ou penhorar a apólice[1479]. No Direito brasileiro, há previsão no art. 785 do Código Civil, no sentido de admitir-se a transferência do contrato a terceiro com a alienação ou cessão do interesse segurado[1480].

Por fim, são conhecidas diferentes classes de apólices: aberta, ajustável, *all risks*, avulsa, *blanket*, coletiva, compreensiva, indivisível, de frota, apólice master, global, multirrisco[1481], flutuante, entre outras, que variam segundo as diferentes aplicações, com importante função normativa e de prova do contrato.

4.3.2 Bilhete de seguro

O bilhete de seguro é um documento substitutivo da apólice. Visa atender as necessidades da contratação rápida em quantidades numerosas, para com relação aos quais eliminam-se certas formalidades.

[1478] Portugal: LS, art. 14º. Artigo 14.º Seguros proibidos 1 – Sem prejuízo das regras gerais sobre licitude do conteúdo negocial, é proibida a celebração de contrato de seguro que cubra os seguintes riscos: *Responsabilidade criminal, contra-ordenacional ou disciplinar; b) Rapto, sequestro e outros crimes contra a liberdade pessoal; c) Posse ou transporte de estupefacientes ou drogas cujo consumo seja interdito; d) Morte de crianças com idade inferior a 14 anos ou daqueles que por anomalia psíquica ou outra causa se mostrem incapazes de governar a sua pessoa. 2 – A proibição referida da alínea a) do número anterior não é extensiva à responsabilidade civil eventualmente associada. 3 – A proibição referida nas alíneas b) e d) do n.º 1 não abrange o pagamento de prestações estritamente indemnizatórias. 4 – Não é proibida a cobertura do risco de morte por acidente de crianças com idade inferior a 14 anos, desde que contratada por instituições escolares, desportivas ou de natureza análoga que dela não sejam beneficiárias."*

[1479] Espanha: *LCS, Artículo 9. La póliza del seguro puede ser nominativa a la orden o al portador. En cualquier caso, su transferencia efectuada, según la clase del título ocasiona la del crédito contra el asegurador con iguales efectos que produciría la cesión del mismo."*

[1480] Brasil: *"Art. 785. Salvo disposição em contrário, admite-se a transferência do contrato a terceiro com a alienação ou cessão do interesse segurado. § 1º – Se o instrumento contratual é nominativo, a transferência só produz efeitos em relação ao segurador mediante aviso escrito assinado pelo cedente e pelo cessionário. § 2º – A apólice ou o bilhete à ordem só se transfere por endosso em preto, datado e assinado pelo endossante e pelo endossatário."*

[1481] Veja-se: Dicionário de seguros, Funenseg. Op. cit. p.p. 4-6. SAINRAPT, Christian. *Dictionnaire général de l'assurance. Éditions Arcature, 1996, 85bis, route de Grigny 91130 Ris-Orangis,* p.p. 977-985.

Como resposta a essas necessidades, algumas classes de seguros podem dispor de um regime especial, em que é dispensada a emissão da apólice, todavia é substituída por esse documento escrito entregue pelo segurador ao segurado ou tomador.

Cabe ao segurador o dever de entrega do bilhete de seguro, em vez da apólice[1482]. Na Espanha são conhecidos outros documentos de regime especial e forma mais simples, que levam o nome de "*declaración de abono, aviso, cupón o certificado de seguro*"[1483].

O bilhete é uma espécie de certificado de seguro, expressão igualmente apropriada para o tipo de documento que acompanha apólices flutuantes ou de abono, como é comum nos seguros de transportes ou de pessoas[1484].

Cumpre sua função nos seguros que precisam rapidez, como no seguro de viagem, em que se faculta ao passageiro adquirir o seguro, constando apenas no comprovante ou bilhete do transporte. Nesse campo, também é conhecida a "*Carta Verde*", nome comum para o Certificado Internacional de Seguro de automóvel.

Em todos os casos, o bilhete deve ser regido por condições gerais, que definem uma disciplina objetiva ao contrato[1485], podendo ser estabelecidas por um segurador, um grupo de seguradores, ou no campo regulatório.

Pedro Alvim comenta que os seguradores se valeram da imaginação para simplificar a forma de documentar esses seguros, reduzindo exigências formais, sem prejuízo das relações entre tomador e segurador. Assim, a apólice é substituída por soluções mais práticas em seguros como transporte, vida e acidentes pessoais que se beneficiaram com esta tendência simplificadora[1486].

No país dependem de autorização, mediante processo administrativo específico para planos de seguro por meio de bilhete, sendo exigível conteúdo mínimo e redação destacada das cláusulas limitativas[1487].

1482 Veja-se: SÁNCHEZ CALERO, Fernando. Op. cit. p. 134.

1483 URIA, Rodrigo. Op. cit. p. 775.

1484 Veja-se: URIA, Rodrigo. Op. cit. p. 777.

1485 Espanha: LCS 50-1980, artigos 3, 5, 6, 8.

1486 ALVIM, Pedro. Op. cit. p. 159.

1487 Brasil: Resolução CNSP Nº 285, de 2013, "Art. 4º Deverão ser abertos processos administrativos específicos para os planos de seguro comercializados por meio de bilhete. Parágrafo único. A disposição gráfica e a programação visual dos bilhetes serão determinadas pelas sociedades seguradoras, observando-se que as cláusulas restritivas de direito devem estar em destaque.

De modo inovador, o segurador pode se valer de um padrão impresso simplificado, que contenha as condições gerais, em forma *standard,* e não receba novas cláusulas ou modificações.

O dever de informação impõe o acesso às condições da contratação, conteúdo mínimo e redação destacada das cláusulas limitativas de direitos do segurado. Segundo a Resolução CNSP 285, de 2013, cumpre que o bilhete atenda ao seguinte conteúdo mínimo:

> "Art. 3º – Os bilhetes de seguro emitidos pelas sociedades seguradoras deverão conter, no mínimo, os seguintes elementos de caracterização do contrato: I – ramo(s) de seguro, com o(s) respectivo(s) código(s), nos termos da legislação específica, do(s) plano(s) de seguro vinculado(s) ao bilhete; II – nome completo da sociedade seguradora, seu CNPJ e o código de registro junto à Susep; III – número(s) do(s) processo(s) administrativo(s) de registro junto à Susep do(s) plano(s) de seguro ao(s) qual(ais) se vincula o bilhete; IV – número de controle do bilhete; V – data da emissão do bilhete; VI – nome ou razão social do segurado, seu endereço completo e respectivo CNPJ, se pessoa jurídica, ou CPF, se pessoa física; Continuação da Resolução CNSP No 285, de 2013. 2 VII – identificação do(s) beneficiário(s), no caso de seguro de pessoas; VIII – identificação do bem segurado, no caso de seguro de danos; IX – cobertura(s) contratada(s); X – valor monetário do limite máximo de garantia ou do capital segurado de cada cobertura contratada; XI – riscos excluídos e/ou bens excluídos; XII – franquias ou carências aplicáveis a cada cobertura, se previstas; XIII – período de vigência do bilhete de seguro, incluindo a data de início e término da(s) cobertura(s) contratada(s), observando o disposto no art. 6o . XIV – valor a ser pago pelo segurado a título de prêmio, incluindo: a) prêmio de seguro por cobertura contratada; b) valor do IOF, quando for o caso; e c) valor total a ser pago pelo segurado. XV – prazo e forma de pagamento do prêmio e, se for o caso, sua periodicidade; XVI – prazos de tolerância e os períodos de suspensão aplicáveis, se previstos; XVII – documentação necessária para o recebimento da indenização para cada cobertura contratada; XVIII – prazo máximo para pagamento da indenização ou do capital segurado pela sociedade seguradora; XIX – número de telefone da central de atendimento ao segurado/beneficiário disponibilizado pela sociedade seguradora responsável pela emissão do bilhete; XX – informação do link no portal da Susep onde podem ser conferidas todas as informações sobre o(s) plano(s) de seguro ao(s)

> qual(is) se vincula o bilhete contratado; XXI – número de telefone gratuito de atendimento ao público da Susep; XXII – chancela ou assinatura do representante da sociedade seguradora; e XXIII – nome e número de registro na Susep do corretor, se houver. Continuação da Resolução CNSP Nº 285, de 2013. 3 § 1º Toda e qualquer informação capaz de influenciar a decisão do consumidor ou que importe em restrição de direitos deverá constar obrigatoriamente no bilhete, sendo que sua disposição gráfica e a programação visual serão determinadas pelas sociedades seguradoras, observando-se que as cláusulas restritivas de direito devem estar em destaque, permitindo sua imediata e fácil compreensão. § 2º Para fins do disposto no inciso VI, caso o segurado seja estrangeiro, poderá ser utilizado o número do passaporte, com a identificação do País de expedição, para pessoa física, ou o número de identificação no Cadastro de Empresa Estrangeira/Bacen (Cademp) para pessoa jurídica, excetuadas as universalidades de direitos que, por disposição legal, sejam dispensadas de registro no CNPJ e no Cademp.

Vale observar que esse regime especial não pode fragilizar os deveres de informação do segurador[1488]. Nesse sentido, o CNSP foi criterioso quanto aos elementos mínimos que devem dispor nos planos de seguro por meio de bilhete.

O art. 4º, parágrafo único da referida resolução, a propósito, permite a liberdade gráfica e de programação visual, todavia impõe conteúdo mínimo e destaque nas cláusulas restritivas de direito[1489].

[1488] Portugal: DL 72, de 2008, "*Deveres de Informação do Segurador. Artigo 18.º Regime comum – Sem prejuízo das menções obrigatórias a incluir na apólice, cabe ao segurador prestar todos os esclarecimentos exigíveis e informar o tomador do seguro das condições do contrato, nomeadamente: a) Da sua denominação e do seu estatuto legal; b) Do âmbito do risco que se propõe cobrir; c) Das exclusões e limitações de cobertura; d) Do valor total do prémio, ou, não sendo possível, do seu método de cálculo, assim como das modalidades de pagamento do prémio e das consequências da falta de pagamento; e) Dos agravamentos ou bónus que possam ser aplicados no contrato, enunciando o respectivo regime de cálculo; f) Do montante mínimo do capital nos seguros obrigatórios; g) Do montante máximo a que o segurador se obriga em cada período de vigência do contrato; h) Da duração do contrato e do respectivo regime de renovação, de denúncia e de livre resolução; i) Do regime de transmissão do contrato; j) Do modo de efectuar reclamações, dos correspondentes mecanismos de protecção jurídica e da autoridade de supervisão; l) Do regime relativo à lei aplicável, nos termos estabelecidos nos artigos 5.º a 10.º, com indicação da lei que o segurador propõe que seja escolhida.*"

[1489] Brasil: Resolução CNSP Nº 285, de 2013, "Art. 4º Deverão ser abertos processos administrativos específicos para os planos de seguro comercializados por meio de bilhete. Parágrafo único. A disposição gráfica e a programação visual dos bilhetes serão determinadas pelas sociedades seguradoras, observando-se que as cláusulas restritivas de direito devem estar em destaque.

Do ponto de vista probatório, o bilhete de seguro possui destaque como meio de prova, conforme o art. 758 do Código Civil:

> C.C. – "Art. 758. O contrato de seguro prova-se com a exibição da apólice ou do bilhete do seguro, e, na falta deles, por documento comprobatório do pagamento do respectivo prêmio."

O bilhete é meio de prova qualificada do seguro, conforme se extrai do artigo 758 do Código Civil, sujeito à presunção de legalidade e passível de tutela de evidência. É documento típico nos contratos massificados.

Não se trata de documento difundido a todas as classes de seguro. Fazem sentido nos contratos que dispensam análise ou estudo de risco, sendo contratados pela simples emissão[1490].

A definição de bilhete de seguro é precisa no art. 2º da referida Resolução, como típico documento emitido pelo segurador:

> "Art. 2º Para os fins desta resolução, bilhete de seguro é o documento emitido pela sociedade seguradora que formaliza a aceitação da(s) cobertura(s) solicitada(s) pelo segurado, substitui a apólice individual e dispensa o preenchimento de proposta, nos termos da legislação específica."

Como são contratos formados por mera solicitação do tomador, geram certa exposição à seguradora, razão pela qual o contrato deve ser equilibrando no campo da boa-fé e das leis de seguro, conforme o art. 11 do Decreto-lei 73, de 1966, sua aceitação constitui presunção *"juris tantum"*[1491].

Trata-se de documento para simplificar a contratação, sem exame prévio de cada segurado ou risco, que não está sujeito à recusa pelo segurador[1492], por isso a presunção de aceitação. Sobrevindo o sinistro, caberá ao segurado ou beneficiário, valendo-se do bilhete, comprovar a existência do seguro e os limites ou garantias da contratação[1493], sendo que o segurador fica exonerado em caso de dolo ou má-fé do segurado ou tomador[1494].

[1490] Idem. p. 160.

[1491] Brasil: Decreto-Lei 73/1966 – "Art. 11 Quando o seguro for contratado na forma estabelecida no artigo anterior, a boa-fé da Sociedade Seguradora, em sua aceitação, constitui presunção "juris tantum".

[1492] Idem. p. 164.

[1493] Brasil: Decreto-lei 73/1966, art. 11, § 1º.

[1494] ALVIM, Pedro. Op. cit. p.164.

4.3.3 Proposta de seguro

A proposta é um documento do regime de formação do contrato de seguro, empregada no período *"in contrahendo"*.

É um instrumento escrito que deve permitir ao tomador a compreensão das coberturas, prêmio, vigência, entre outros elementos essenciais, para com relação aos quais manifesta sua intenção de contratar[1495].

A proposta é considerada ato unilateral[1496]. É típica declaração receptícia[1497] da vontade de contratar, que deve chegar ao conhecimento do segurador[1498].

Nos comentários de Rubén Stiglitz, a proposta é uma expressão da vontade de tomar um seguro:

> *"sobre estas bases, cabe afirmar que la declaración de voluntad consistente en tomar un seguro se traduce inicialmente em la propuesta."*[1499]

O processo de formação do contrato se completa quando a proposta recebida pelo segurador é aceita por este.

Com a proposta do tomador e aceitação pelo segurador forma-se o consentimento contratual, momento que estabelece o vínculo jurídico entre as partes.

Proposta não é negociação. É documento formulado pelo segurador ao qual o tomador adere. Sabe-se que deve permitir a compreensão do contrato antes do vínculo, mas não se trata de negociação, mas de um instrumento escrito que molda os limites contratuais, acompanhado das condições da contratação.

Diferencia-se a «proposta» das «negociações preliminares», consideradas atos preparatórios do contrato[1500], assim como não se confunde com a «oferta ao público» e o «convite para contratar», em que o contrato não foi perfectibilizado. Conforme José Vasques, a oferta ao público é feita a uma generalidade

1495 Sobre a forma escrita da proposta, veja-se: VASQUES, José. Op. cit. p. 194. ALVIN, Pedro. Op. cit. p. 137.

1496 VIVANTE, Cesare. *"proposta stampta"*; *"un atto unilaterale dell"assicurando"*. Op. Cit. p. 424. No mesmo sentido: SÁNCHEZ, Gillermo J. Jiménez, Op. cit. p. 299. GOMES, Orlando. Contratos. Op. cit. p. 11.

1497 GOMES, Orlando. *Contratos*. Op. cit. p. 66.

1498 Neste sentido: VASQUES, José. Op. cit. p. 197. Comenta o autor que adquire eficácia quando chega ao conhecimento do segurador. Op cit. p. 202.

1499 STIGLITZ, Rubén S. *Derecho de seguros. Tomo I*, Op. cit. p. 407.

1500 Idem. Op. cit. p. 62.

de pessoas "*ad incertam personam*"; enquanto o convite para contratar traduz a disponibilidade para negociar[1501], como anúncios em mídia impressa, eletrônica ou envio de material publicitário.

A proposta também não se confunde com o "documento de cobertura provisória". Sabe-se que a cobertura pode ser antecipada durante o período de análise e aceitação da proposta, especialmente nos casos em que o tomador tem urgência face a determinados riscos[1502].

Em geral, a cobertura provisória vale-se de documento escrito emitido ou confirmado pelo segurador. É instrumento de caráter temporal, que permite antecipar os efeitos do contrato antes da emissão da apólice[1503].

No direito espanhol é conhecida a "*nota de cobertura provisional*", um documento próprio para o seguro provisório, enquanto não se forma o definitivo[1504], e que vale como meio de prova do contrato[1505].

Em sua generalidade, as leis de seguro preconizam que a apólice deve ser precedida de proposta escrita, com os elementos essenciais da contratação[1506], cabendo ao segurador fornecer ao proponente protocolo de que foi recepcionada, com data e hora do recebimento[1507].

A circulação da proposta visa atender ao dever de informação do segurador sobre os elementos do seguro, como sujeito, interesse e os riscos segurados, podendo os mesmos ser assumidos em cosseguro[1508]. Nesse sentido, a proposta deve conter os elementos essenciais da contratação[1509].

1501 Veja-se: VASQUES, José. Op. cit. p. 197. SÁNCHEZ, Gillermo J. Jiménez, Op. cit. p. 299.

1502 ALVIN, Pedro. Op. cit. p. 140.

1503 Sobre o documento de cobertura provisória como ato de antecipação dos efeitos do contrato, veja-se: GOMES, Orlando. Contratos. Op. cit. p. 11.

1504 Veja-se: URIA, Rodrigo. Op. cit. p. 776-777. SÁNCHEZ, Gillermo J. Jiménez, Op. cit. p. 499. DONATTI, Antigono. Op. cit. p. 325. SÁNCHEZ CALERO, Fernando. Op. cit. p. 132-134.

1505 Espanha: *LCS 50-1990, "Artículo 5. El contrato de seguro y sus modificaciones o adiciones deberán ser formalizadas por escrito. El asegurador está obligado a entregar al tomador del seguro la póliza o, al menos, el documento de cobertura provisional. En las modalidades de seguro en que por disposiciones especiales no se exija la emisión de la póliza el asegurador estará obligado a entregar el documento que en ellas se establezca."* Argentina: Ley 17.418, art. 30. Neste sentido é a doutrina de Feranando Sánchez Calero: *"Lo relevante es que el documento de cobertura provisional pueda servir como medio de prueba de la existencia del contrato de seguro." Ley de seguros – Comentários.* SÁNCHEZ CALERO, Fernando. Op. cit. 128. Op. Cit. p.134. Sobre a nota de cobertura, veja-se: HALPERIN, Isaac. Op. Cit. p. 145-146.

1506 Brasil: C.C., art. 759; CDC, arts. 30-38. Espanha: LCS, art. 3º; art, 8º, LGDCU, art. 13.

1507 Brasil: Circular SUSEP Nº 251, de 15 de abril de 2004, art. 1º, parágrafos 1º e 2º.

1508 Brasil: C.C. art. 759, 760 e 761.

1509 Veja-se: GOMES, Orlando. Contratos. Op. cit. p. 66-67. SÁNCHEZ, Gillermo J. Jiménez, Op. cit. p. 299. LÓPEZ, Javier Pagador. *Regímen juridico de las condiciones generales y particulares del contrato de seguro. Madrid, Revista Española de Seguros, n. 87, 1996, p. 82/130.*

Do outro lado, impõe-se o dever de boa-fé e esclarecimento do tomador, de explicitar circunstâncias que possam influir na avaliação do risco:

> C.C. – "Art. 766. Se o segurado, por si ou por seu representante, fizer declarações inexatas ou omitir circunstâncias que possam influir na aceitação da proposta ou na taxa do prêmio, perderá o direito à garantia, além de ficar obrigado ao prêmio vencido."

Sobre o dever de declarar o estado do risco, devem ser informações de qualidade sobre a apreciação do risco[1510]. Para tanto, é comum o segurador valer-se de questionários ou vistorias que acompanham a proposta, sendo que em alguns ramos como vida, pode ser precedido de exames clínicos.

Como referimos sobre o princípio da boa-fé[1511], em casos de informações especializadas cabe ao segurador valer-se de sua expertise para orientar o segurado, por meio de questionários, fichas, e formulários escritos[1512].

Em circunstâncias assim, esses informes de questões particulares devem ser comunicados ao segurador, podendo se fazer por escrito, fotos, filmagens, vistorias, sendo vedadas declarações falsas ou reticência[1513], sujeitas à nulidade[1514].

Além da qualidade das declarações, a proposta deve ser dirigida a um segurador determinado, com a intenção do proponente em obrigar-se segundo seus termos, contendo todas as disposições. Com isso, e suas funções

[1510] Espanha: LCS 50-1980 – *"Artículo 10. El tomador del seguro tiene el deber, antes de la conclusión del contrato, de declarar al asegurador, de acuerdo con el cuestionario que éste le someta, todas las circunstancias por él conocidas que puedan influir en la valoración del riesgo.[...]."* Portugal: DL 72-2008. *"Artigo 24.º Declaração inicial do risco. 1 – O tomador do seguro ou o segurado está obrigado, antes da celebração do contrato, a declarar com exactidão todas as circunstâncias que conheça e razoavelmente deva ter por significativas para a apreciação do risco pelo segurador. 2 – O disposto no número anterior é igualmente aplicável a circunstâncias cuja menção não seja solicitada em questionário eventualmente fornecido pelo segurador para o efeito."*

[1511] Capítulo II, 3.3.5. Princípio da boa-fé.

[1512] Brasil: Veja-se o Acórdão do Tribunal de Justiça do Rio Grande do Sul – BR (Ap. Civ. 589041169, 5ª C.C., j. 22.8.89, rel. Des. Ruy Rosado de Aguiar Júnior, in. Jurisprudência TJRS, 1991, 23/119-122).

[1513] HALPERIN, Isaac. *Seguros*. Op. cit. p.p. 147-185.

[1514] Cf. MESSINEO, Francesco. Manual de derecho civil y comercial. Traducción de Santiago Sentis Melendo. Tomo VI. Buenos Aires. Ediciones Jurídicas Europa-América, p. 165. GARRIGUES, Joaquin. Op. cit. p. 57. BIGOT, Jean. (direcion) Traité de droit des assurances, Tome 3, Le contrat d'assurance. Avec la colaboration de Jean Beauchard, Vincent Heuzé, Jérôme Kullmann, Luc Mayaux e Véronique Nicolas.L.D.G.J – Librarie Générale de Droit et de Jurisprudence, EJA, 2002, p. 61.

orientadora e normativa do contrato[1515], a proposta produz efeitos vinculativos. Na Espanha, o art. 6º da LCS 50-1980 utilizada a apropriada locução: "*proposición del asegurador*":

> Espanha: LCS 50-1980 – *Solicitud y proposición*
> "*Artículo 6.*
> *La solicitud de seguro no vinculará al solicitante. La proposición de seguro por el asegurador vinculará al proponente durante un plazo de quince días.*
> *Por acuerdo de las partes, los efectos del seguro podrán retrotraerse al momento en que se presentó la solicitud o se formuló la proposición.*"

Veja-se que a LCS espanhola diferencia a "*solicitud de seguro*" da "*proposición*": sendo que a primeira não vincula o solicitante. Não é uma oferta firme; e a proposta, por sua intenção de concluir um contrato, possui sentido mais definitivo, devendo conter os elementos necessários, podendo ter efeitos retroativos à proposição.

No direito brasileiro a matéria é transposta para a Circular SUSEP Nº 251/2004, que "Dispõe sobre a aceitação da proposta e o início de vigência da cobertura nos contratos de seguros." O art. 1º da Circular SUSEP Nº 251/2004 prevê a exigência de proposta assinada pelo proponente, seu representante ou corretor, exceto se a contratação se der por meio de bilhete, sendo que, conforme o § 10 deste mesmo artigo, a proposta escrita deverá conter os elementos necessários ao exame e aceitação do risco, podendo comportar efeitos vinculantes[1516].

A proposta, por sua vez, deve manter coerência no conjunto da documentação contratual. Deve consignar condições excludentes, previstas na apólice ou condições da contratação com destaque, sob pena de subverter a cobertura ofertada.

Havendo divergência entre proposta e apólice, entende-se que o tomador poderá reclamar oportunamente ao segurador. No art. 8º, parte final da LCS

[1515] SOTO, Héctor Miguel. Op. Cit. p. 39.

[1516] Fernando Sánchez Calero comenta a *Sentença de STS, 21 de mayo 1991, Sala 1ª*, Por meio da qual a existência ou inexistência de um contrato é uma questão de fato, sendo que uma proposta devidamente formalizada, com os dados imprescindíveis para poder conhecer os elementos essenciais do contrato pode comportar os efeitos contratuais vinculantes." No mesmo sentido: STS 25 de maio 1996 (RJ 1996,3915). SÁNCHEZ CALERO, Fernando. Op. cit. 128.

50-1980 da Espanha, conta-se o prazo de um mês, desde a entrega da apólice para que o segurador corrija a divergência existente[1517].

Defeito de conformidade pode ensejar reparação por *culpa in contrahendo*, no sentido de ressarcir os investimentos perdidos em razão da confiança na realização do negócio.

De todo o modo, o conteúdo deve preservar coerência, especialmente diante da natureza dos riscos cobertos. Não devendo as condições particulares ou especiais alterar a natureza dos riscos cobertos, tendo em conta o tipo de seguro contratado[1518].

A formação desse contrato, conforme comentamos no Capítulo III, 3.5, vale-se de documentos escritos, independentemente de seu regime de vigência. Na lição de Fernando Sánchez Calero, forma-se o contrato com a reunião dos seguintes requisitos:

> 1. *Ha de coincidir com la orfeta en todos sus términos;*
> 2. *Ha de suponer una voluntad definitiva de contratar;*
> 3. *Ha de ser una voluntad recepticia, es decir, dirigida al assegurador;*
> 4. *Puede llevarse a cabo de cualquier forma y;*
> 5. *Ha de hacerce en tempo oportuno.*

Na proposta, assim como na apólice, constam condições redigidas unilateralmente pelo Segurador, que confirmam o caráter adesivo da contratação. Assim, enseja a interpretação mais favorável ao tomador[1519].

Seus efeitos dão-se a partir do recebimento pelo destinatário, ou quando passa a ter conhecimento, considerando-se irrevogável em seu período de duração.

[1517] Espanha: *Art. 8º [...] "Si el contenido de la póliza difiere de la proposición de seguro o de las cláusulas acordadas, el tomador del seguro podrá reclamar a la Entidad aseguradora en el plazo de un mes a contar desde la entrega de la póliza para que subsane la divergencia existente. Transcurrido dicho plazo sin efectuar la reclamación, se estará a lo dispuesto en la póliza. Lo establecido en este párrafo se insertará en toda póliza del contrato de seguro."*

[1518] Portugal: DL 72-2008, *"Artigo 45.º Conteúdo. 1 – As condições especiais e particulares não podem modificar a natureza dos riscos cobertos tendo em conta o tipo de contrato de seguro celebrado."*

[1519] Brasil: C.C. "Art. 423. Quando houver no contrato de adesão cláusulas ambíguas ou contraditórias, dever-se-á adotar a interpretação mais favorável ao aderente." Itália: *"Art. 1370 Interpretazione contro l'autore della clausola. Le clausole inserite nelle condizioni generali di contratto (1341) o in moduli o formulari (1342) predisposti da uno dei contraenti s'interpretano, nel dubbio, a favore dell'altro."*

A proposta pode ser revogada em qualquer momento antes do aperfeiçoamento do contrato[1520]. E a caducidade pode ocorrer em caso de morte do proponente ou incapacidade, ou quando rechaçada pelo segurador[1521].

Sobre a proposta e aceitação, a Circular n. 251 da SUSEP dispõe que, ressalvada a contratação por meio de bilhete, a celebração do contrato somente poderá ser feita mediante proposta assinada pelo proponente, por seu representante legal ou corretor de seguros[1522].

Como é comum a este contrato, o tomador se vale de uma proposta preestabelecida pelo segurador e adere ao clausulado, sem interferir no conteúdo, exceto as condições particulares[1523], relativas à personalidade do contratante ou particularidades de riscos e garantias, ou eventuais distorções entre proposta e apólice ou bilhete de seguro.

A contar do recebimento da proposta, a sociedade seguradora terá 15 (quinze) dias para manifestar-se sobre a mesma; quer para seguros novos ou renovações; quer para alterações que impliquem modificação do risco. Tratando-se de seguro de transporte cuja cobertura se restrinja a uma viagem, este prazo é reduzido para 7 (sete) dias[1524].

Em ambos os casos, fica a critério do segurador a decisão de informar ou não ao proponente ou corretor sobre a aceitação da proposta, devendo proceder a comunicação formal no caso de não aceitação, especificando os motivos da recusa.

[1520] SOTO, Héctor Miguel. Op. Cit. p. 63.

[1521] Veja-se: SOTO, Héctor Miguel. Op. Cit. p. 79-80.

[1522] Brasil: Circular SUSEP Nº 251, de 15 de abril de 2004, art. 1º.

[1523] Conforme definições da SUSEP, "as apólices (contratos de seguro) contêm um conjunto de cláusulas contratuais, chamadas, em conjunto, Condições Contratuais, que estabelecem as obrigações e direitos do Segurado e do Segurador", sendo «condições gerais» aquelas comuns a todas as garantias de um plano de seguro, que estabelecem as obrigações e os direitos das partes contratantes (objeto do seguro, o foro, as obrigações do segurado, etc.); «condições especiais ou acessórias» especificam as diferentes garantias de forma adesiva à apólice e modificam as condições gerais, ampliando ou restringindo disposições; «condições particulares» conjunto de cláusulas que alteram as condições gerais e/ou especiais, modificando ou cancelando disposições já existentes, ou, ainda, introduzindo novas disposições para ampliar ou restringir a cobertura, individualizando tópicos ou coberturas de um contrato em particular." Veja-se a página da SUSEP: http://www.susep.gov.br/menu/informacoes-ao-publico/planos-e-produtos/seguros/seguro-de-danos

[1524] Brasil: Circular SUSEP Nº 251, de 15 de abril de 2004, art. 2º, caput e § 3º. Espanha: LCS 50/1990. *"Artículo 6. La solicitud de seguro no vinculará al solicitante. La proposición de seguro por el asegurador vinculará al proponente durante un plazo de quince días. Por acuerdo de las partes, los efectos del seguro podrán retrotraerse al momento en que se presentó la solicitud o se formuló la proposición."*

Em caso de não aceitação, exclusivamente para os seguros de danos, a cobertura do seguro prevalecerá por mais dois dias úteis, contados da data em que o proponente, seu representante legal ou corretor de seguros tiver conhecimento formal da recusa[1525].

A ausência de manifestação escrita, nos prazos acima referidos, caracteriza aceitação tácita da proposta pelo segurador, determinando a formação do vínculo contratual[1526].

Se o proponente do seguro for pessoa física a solicitação de documentos complementares, para análise e aceitação do risco ou da alteração proposta, poderá ser feita apenas uma vez, durante o prazo previsto no caput deste artigo[1527].

Sendo pessoa jurídica, a solicitação de documentos complementares pode ocorrer mais de uma vez, no prazo dos 15 dias. Todavia, a seguradora deverá indicar os fundamentos do pedido de novos elementos, para avaliação da proposta ou taxação do risco[1528].

Nos casos de solicitação de documentos complementares, conforme disposto acima, o prazo de quinze dias previsto no caput do artigo 2º ficará suspenso, voltando a correr a partir da data da entrega da documentação[1529]. Igualmente, nos casos em que a aceitação da proposta dependa de contratação ou alteração da cobertura de resseguro facultativo, os prazos serão suspensos, até que o ressegurador se manifeste formalmente[1530].

Nessas circunstâncias, a sociedade seguradora deve informar, por escrito, ao proponente, seu representante legal ou corretor de seguros, sobre a inexistência de cobertura, sendo vedada a cobrança de prêmio total ou parcial, até que integralmente concretizada a cobertura de resseguro e confirmada a aceitação da proposta[1531].

[1525] Brasil: Circular SUSEP Nº 251, de 15 de abril de 2004, art. 8º, § 2º.
[1526] Brasil: Circular SUSEP Nº 251, de 15 de abril de 2004, art. 2º, § 4º e § 6º.
[1527] Brasil: Circular SUSEP Nº 251, de 15 de abril de 2004, art. 2º, § 1º.
[1528] Brasil: Circular SUSEP Nº 251, de 15 de abril de 2004, art. 2º, § 2º.
[1529] Brasil: Circular SUSEP Nº 251, de 15 de abril de 2004, art. 2º, § 3º.
[1530] Brasil: Circular SUSEP Nº 251, de 15 de abril de 2004, art. 3º.
[1531] Brasil: Circular SUSEP Nº 251, de 15 de abril de 2004, art. 3º § 1º e § 2º.

A data da aceitação da proposta será aquela em que o segurador manifestar por escrito seu consentimento ou a não aceitação da proposta; ou, em caso de ausência de manifestação formal do segurador, coincidirá com o termo final dos prazos previstos no art. 2º da Circular SUSEP Nº 251/2004[1532].

Secundando o tratamento legal conferido pelo Código Civil, a Circular SUSEP Nº 251, de 15 de abril de 2004, ratifica o entendimento segundo o qual a formação do contrato de seguro, ressalvados os casos de contratação por meio de bilhete, ocorre por meio de proposta e aceitação do segurador, que devem manter coerência e explicitar as condições da contratação[1533].

1532 Brasil: Circular SUSEP 251/2004: "Art. 2º – A sociedade seguradora terá o prazo de 15 (quinze) dias para manifestar-se sobre a proposta, contados a partir da data de seu recebimento, seja para seguros novos ou renovações, bem como para alterações que impliquem modificação do risco. § 1º Caso o proponente do seguro seja pessoa física, a solicitação de documentos complementares, para análise e aceitação do risco ou da alteração proposta, poderá ser feita apenas uma vez, durante o prazo previsto no caput deste artigo. § 2º Se o proponente for pessoa jurídica, a solicitação de documentos complementares, poderá ocorrer mais de uma vez, durante o prazo previsto no caput desde artigo, desde que a sociedade seguradora indique os fundamentos do pedido de novos elementos, para avaliação da proposta ou taxação do risco. § 3º No caso de solicitação de documentos complementares, para análise e aceitação do risco ou da alteração proposta, conforme disposto nos parágrafos anteriores, o prazo de 15 (quinze) dias previsto no caput deste artigo ficará suspenso, voltando a correr a partir da data em que se der a entrega da documentação."

1533 Espanha: LCS – "*Artículo 3. Las condiciones generales, que en ningún caso podrán tener carácter lesivo para los asegurados, habrán de incluirse por el asegurador en la proposición de seguro si la hubiere y necesariamente en la póliza de contrato o en un documento complementario, que se suscribirá por el asegurado y al que se entregará cópia del mismo. Las condiciones generales y particulares se redactarán de forma clara y precisa. Se destacarán de modo especial las cláusulas limitativas de los derechos de los asegurados, que deberán ser específicamente aceptadas por escrito.*"

CAPÍTULO 5
NULIDADES NO CONTRATO DE SEGURO

A formação dos negócios jurídicos tem a ver com a produção do direito e sua racionalidade enquanto sistema.

No seguro cuida de matéria relativa aos elementos constitutivos do contrato, a boa-fé e função social, além de noções sobre existência, conservação e nulidades.

A invalidade deflagra sanções de ordem civil que podem levar a reposição das situações jurídicas afetadas[1534], ou extinção das obrigações.

A sanção pode ser do tipo que anula o ato ou negócio jurídico, ou permite preservá-lo, com viés de conservação[1535], segundo o tipo de violação e os interesses jurídicos atingidos.

Na lição de Orlando Gomes, "a contrariedade às normas pode consistir:

> a) na inobservância das exigências legais para o exercício da autonomia privada;
> b) na falta dos requisitos para que ação da pessoa seja um ato jurídico;
> c) na discrepância com os princípios que informam o sistema legal."[1536]

[1534] Sobre a reação à ilicitude são pertinentes os comentários de SOARES MARTÍNEZ, no sentido de que "*O direito reage face às ilicitudes defraudando as expectativas que as suscitaram.*" Também comenta a questão da "*reposição das situações jurídicas afetadas por essas ilicitudes...*". MARTÍNEZ, Soares. *Filosofia do Direito*. 2ª Edição Revista, Coimbra: Livraria Almedina, 1995, p. 560.

[1535] Sobre a preservação dos negócios jurídicos: Brasil: C.C. 106, 138, 142, 144, 150, 155, 157 § 2º, 170, 173, 174, 175, 176, 188 parágrafo único, 466, 503, 589, 766 parágrafo único, 769, § 1º e § 2º, 799, 824 parágrafo único, 848 parágrafo único, 849 parágrafo único. 891, 900, parágrafo único.

[1536] GOMES, Orlando. *Contratos*. 15 edição, Op. cit. p. 193.

No direito romano antigo as nulidades eram tratadas com demasiada objetividade[1537]. O ato praticado contra a lei era nulo de pleno direito. Mas esse rigor veio a ser abrandado, em alguns casos passou a demandar ação na justiça para ser declarado nulo[1538].

Assim, na teoria clássica dividiu-se a invalidade dos atos jurídicos em «nulidade» e «anulabilidade»: a primeira insanável; a última no sentido de evitar a anulação completa, na lógica da preservação dos negócios jurídicos e intervenção mínima[1539] na esfera privada.

A «nulidade» opera como uma ocorrência que priva os efeitos jurídicos do ato praticado em desobediência à lei[1540], ou quando faltam requisitos essenciais[1541]. É matéria de ordem pública; de efeitos automáticos *ipso iure*; é imprescritível; e pode ser declarada a qualquer momento, inclusive de ofício pelo juiz.

Dentre outros, é o caso dos elementos constitutivos dos negócios; ato praticado por incapaz; objeto impossível; imoral; ou atos que não atendam a forma legal quando a lei exige sob pena de nulidade; anormalidades relativas à vontade, além das hipóteses de proibição ou que se declara taxativamente nulo ou sem efeitos certos atos ou condições contratuais, inclusive por causa ilícita e impossibilidade ou indeterminação do objeto[1542].

[1537] MACKELDEY, F. *Elementos del Derecho Romano que contienen La Teoría de la Instituta precedida de una Introducción al estudio del mismo Derecho.* Obra escrita en alemán. Cuarta Edición Corregida. Madrid: Ed. Leocadio López, Cármen 13, 1886, p. 100. No mesmo sentido: ALVES, José Carlos Moreira. Direito Romano. Op. cit. Vol. I, p. 169.

[1538] BEVILAQUA, Clovis. *Teoria geral do Direito civil.* 4ª Edição. Ministério da Justiça, Serviço de Documentação, 1972. Primeira edição 1908. p. 272.

[1539] Brasil: Art. 421-A. Os contratos civis e empresariais presumem-se paritários e simétricos até a presença de elementos concretos que justifiquem o afastamento dessa presunção, ressalvados os regimes jurídicos previstos em leis especiais, garantido também que: [...], II – a alocação de riscos definida pelas partes deve ser respeitada e observada; III – a revisão contratual somente ocorrerá de maneira excepcional e limitada.

[1540] Brasil: C.C. "Art. 169. O negócio jurídico nulo não é suscetível de confirmação, nem convalesce pelo decurso do tempo."

[1541] Brasil: C.C. art. 104.

[1542] Sobre causa ilícita e impossibilidade ou indeterminação do objeto veja-se: GOMES, Orlando. Op. cit. p. 193.

Na tradição francesa, do art. 1108 do Código Civil[1543], e similar redação no art. 1261 e seguintes do Código Civil espanhol[1544], são conhecidos os pressupostos contratuais da *"capacidade para contratar, consentimento, objeto e causa"*, sem os quais resulta a nulo o contrato. Referidos elementos são sempre qualidades essenciais e uma bússola de valoração jurídica.

A «anulabilidade», por sua vez, resulta da proteção de atos e interesses individuais ou particulares viciados. Deve ser promovida pelo interessado[1545], sujeita à prescrição[1546]. Atua como medida de tutela em favor de uma das partes contra irregularidade ou abuso da outra[1547]. Seus efeitos são mais atenuados, no sentido de reposição das situações jurídicas atingidas, e sanáveis quando a lei prevê outras consequências.

Sobre essas distinções vale a lição de Orlando Gomes segundo a qual "a nulidade é incurável, mas os contratos anuláveis podem ser purificados": pela confirmação; convalidação ou prescrição.[1548]

No direito dos seguros essa análise traz à tona questões relacionadas aos elementos pessoais e à capacidade jurídica; além da vontade e liberdade de contratar; bem como seus elementos econômicos como a garantia, prêmio, risco, sinistro. Também é relevante a forma contratual e normas de conteúdo mínimo e adequada informação.

[1543] França: C.C. art. 1108 – *Chapitre II – Des conditions essentielles pour la validité des conventions (Articles 1108 à 1108-2): Section 1 – Du consentement (Articles 1109 à 1122) ; Section 2 – De la capacité des parties contractantes (Articles 1123 à 1125-1); Section 3 – De l'objet et de la matière des contrats (Articles 1126 à 1130); Section 4 – De la cause (Articles 1131 à 1133).*

[1544] Espanha: Código Civil – *Art. 1.261. No hay contrato sino cuando concurren los requisitos siguientes: 1º. Consentimiento de los contratantes; 2º. Objeto cierto que sea materia del contrato. 3º. Causa de la obligación que se establezca.*

[1545] Brasil: C.C. "Art. 177. A anulabilidade não tem efeito antes de julgada por sentença, nem se pronuncia de ofício; só os interessados a podem alegar, e aproveita exclusivamente aos que a alegarem, salvo o caso de solidariedade ou indivisibilidade."

[1546] Brasil: C.C. "Art. 178. É de quatro anos o prazo de decadência para pleitear-se a anulação do negócio jurídico, contado: I – no caso de coação, do dia em que ela cessar; II – no de erro, dolo, fraude contra credores, estado de perigo ou lesão, do dia em que se realizou o negócio jurídico; III – no de atos de incapazes, do dia em que cessar a incapacidade. Art. 179. Quando a lei dispuser que determinado ato é anulável, sem estabelecer prazo para pleitear-se a anulação, será este de dois anos, a contar da data da conclusão do ato."

[1547] SAINRAPT, Christian. *Dictionnaire général de l'assurance.* Op. cit. *"La nullité est une mesure de protection prise en faveur de l'une des parties contre les éventuels abus ou irrégurarités comisses par l'autre partie."* p. 885.

[1548] Nesse sentido: GOMES, Orlando. Op. cit. p. 194.

A boa-fé é outro princípio que se concretiza com intensidade no direito dos seguros, como proposição jurídica de sentido prático nesse sistema[1549].

Desde a tradição Germânica do § 307/1 e 2 do BGB[1550], a boa-fé objetiva tornou-se um marco no direito das obrigações, estendendo seus efeitos nos sistemas de nulidades, o que não foi diferente no contexto brasileiro, cujo Código Civil de 2002[1551] traz importantes reflexos no art. 422, e como referencial hermenêutico no art. 133 do mesmo Código.

Muitas leis de seguros, consumidores, ou sobre condições da contratação cuidam da matéria, por vezes arrolando hipóteses específicas de nulidade, definindo cláusulas proibidas, ou relativamente proibidas, à exemplo do rol taxativo da LCCG de Portugal[1552].

Também, são emblemáticos os casos de má-fé, dolo, entre outros, sujeitos à regulação e controle administrativo, judicial, tutela do Ministério Público, além das defesas individuais e arbitragem.

[1549] Brasil: C.C. "Art. Art. 422. Os contratantes são obrigados a guardar, assim na conclusão do contrato, como em sua execução, os princípios de probidade e boa-fé." C.C.: "Art. 765. O segurado e o segurador são obrigados a guardar na conclusão e execução do contrato, a mais estrita boa-fé e veracidade, tanto a respeito do objeto como das circunstâncias e declarações a ele concernentes."; Art. 766. Se o segurado, por si ou por seu representante, fizer declarações inexatas ou omitir circunstâncias que possa influir na aceitação da proposta ou na taxa do prêmio, perderá o direito à garantia, além de ficar obrigado ao prêmio vencido.". Código Comercial, art. 131, 1." Italia: C.C.: "*Art. 1366 Interpretazione di buona fede: Il contratto deve essere interpretato secondo buona fede" (1337,1371,1375).* Portugal: DL, art. 25. Decreto-Lei nº 176/95, de 26 de julho, Capítulo II – Deveres de Informação. Cód. Comercial, art. 429. México: LS, art. 5-10, art. 60. Argentina: LS, art. 4,5,6,7,8,11. Chile: C.Com. artigos 518–521 e art. 539.

[1550] Alemanha: Código Civil (BGB) – "Seção 307 Controle de conteúdo (1) As disposições em termos e condições gerais são ineficazes se prejudicarem de forma injustificada o parceiro contratual do usuário, contrariando os requisitos de boa-fé. A desvantagem inadequada também pode resultar do fato de que a disposição não é clara e compreensível. (2) Em caso de dúvida, uma desvantagem não razoável deve ser assumida se uma provisão 1 não pode ser conciliado com as ideias básicas essenciais da regulamentação legal a partir da qual os desvios são feitos, ou 2 restringe direitos ou obrigações essenciais decorrentes da natureza do contrato de tal forma que a realização do objeto do contrato fica comprometida."

[1551] Brasil: C.C. "Art. 113. Os negócios jurídicos devem ser interpretados conforme a boa-fé e os usos do lugar de sua celebração." "Art. 422. Os contratantes são obrigados a guardar, assim na conclusão do contrato, como em sua execução, os princípios de probidade e boa-fé."

[1552] Portugal: LCCG, artigos 18-22.

Nesta obra comentamos algumas deficiências e nulidades no contrato de seguro a partir dos seguintes tópicos de análise jurídica:

- Segurador não autorizado;
- Incapacidade do tomador;
- Falta de interesse;
- Objeto ilícito;
- Atos dolosos;
- Inexistência de risco;
- Informação inexata, omissões ou reticências;
- Cláusulas abusivas;
- Clausulas limitativas;
- Má-fé.

Com base nas noções acima, relacionamos hipóteses de inexistência, nulidade ou anulabilidade segundo a sistemática da obra, considerando os elementos pessoais, econômicos e formais do contrato de seguro, e possíveis anormalidades.

5.1 Segurador não autorizado

O licenciamento da atividade seguradora é matéria de direito reservado, segundo a ordem econômica das nações[1553]. Sem autorização subverte-se

[1553] Brasil: CF/1988 art. 21, VIII, Lei nº 10.406/2002 (Código Civil), Lei nº 8.137/90 (Código de Defesa do Consumidor); Decreto-lei 73/66, que dispõe sobre o Sistema Nacional de Seguros Privados, regula as operações de seguros, resseguros e dá outras providências. Decreto nº 60.459/67, que Regulamenta o Decreto-lei nº 73/66, com as modificações introduzidas pelos Decretos-leis nº 168, de 14 de fevereiro de 1967, e nº 296, de 28 de fevereiro de 1967. (DOU 14.3.67); Decreto nº 61.589/67 – Retifica disposições do Decreto nº 60.459, de 13 de março de 1967, no que tange a capitais, início da cobertura do risco e emissão da apólice, a obrigação do pagamento do prêmio e da indenização e a cobrança bancária; Decreto nº 61.867/67 – Regulamenta os seguros obrigatórios; Decreto nº 65.268/69 – Altera disposições do Decreto nº 61.589/67, no que tange a capitais mínimos das Sociedades Seguradoras, e dá outras providências; Espanha: *CF art. 149. 1, 13ª; LCS 50/1980, Real Decreto Legislativo 6/2004, de 29 de octubre, por el que se aprueba el texto refundido de la Ley de ordenación y supervisión de los seguros privados. Modificado por Ley 5/2005. Portugal: Decreto-lei 72/2008; UE: DIR 73/239/CEE, de 24 de julio de 1973. Argentina: Ley 17.418 (Ley de Seguros), 20.091 (Ley de Entidades de Seguros y su Control) e 24.240 (Ley de Defensa del Consumidor); Ley 12.988 (Crea el Instituto Mixto de Reaseguros).*

a lei, e os seguros irregulares tendem a ser considerados burla, crime contra a ordem financeira[1554], ou negócios sujeitos à nulidade.

No Brasil, segundo o *parágrafo único* do art. 757 do novo Código Civil: Somente pode ser parte como segurador entidade legalmente autorizada. A atividade pressupõe a integração ao Sistema Nacional de Seguros Privados, com sujeição ao Conselho Nacional de Seguros Privados – CNSP e fiscalização da Superintendência de Seguros Privados – SUSEP. O Decreto-Lei nº 73 prevê aplicação das sanções cabíveis (art. 36, h), sendo que o segurador somente pode operar nos limites autorizados: segundo os planos, tarifas e normas aprovadas pelo CNSP" (art. 78).

Em Portugal seguem-se tais exigências: o art. 2º do DL 72 menciona o segurador como sujeito como o qual se contrata o seguro; o art. 16 prevê estar legalmente autorizado, sendo nulo o contrato em inobservância desta regra. Todavia, como proteção da vulnerabilidade, aquele que aceitou cobrir o risco, não poderá se desobrigar, e deverá responder como se o contrato fosse válido, salvo se comprovada má-fé da parte contrária[1555].

Na Espanha o acesso à atividade seguradora requer autorização administrativa, requisito prévio e indispensável, sujeito à nulidade conforme a Lei 33/1984, art. 6º, 6:

> Ley 33/1984 – *"Condiciones de acceso a la actividad asseguradora Artículo sexto. – "6. Serán nulos de pleno derecho los contratos u operaciones sometidas a esta Ley, celebrados con entidades no inscritas, sin perjuicio de la responsabilidad que les corresponde frente a los contratantes y los terceros."*[1556]

[1554] Veja-se: CIRCULAR SUSEP No 327, de 29 de maio de 2006. Dispõe sobre os controles internos específicos para o tratamento de situações relacionadas à prática dos crimes previstos na Lei No 9.613, de 3 de março de 1998, ou que com eles possam relacionar-se, a comunicação de operações suspeitas e a responsabilidade administrativa de que trata aquela Lei.

[1555] Portugal: DL 72-2008: *"Art. 16º, 2 — Sem prejuízo de outras sanções aplicáveis, a violação do disposto no número anterior gera nulidade do contrato, mas não exime aquele que aceitou cobrir o risco de outrem do cumprimento das obrigações que para ele decorreriam do contrato ou da lei caso o negócio fosse válido, salvo havendo má fé da contraparte."*

[1556] Espanha: Ley 33/1984 – *"Condiciones de acceso a la actividad asseguradora Artículo sexto. – Autorización administrativa. 1. Las entidades que se propongan realizar operaciones sometidas a esta Ley deberán obtener la correspondiente autorización del Ministerio de Economía y Hacienda como requisito previo e indispensable para ejercerlas, la cual se concederá siempre que se cumplan los requisitos establecidos en la presente Ley y en su Reglamento. Dicha autorización se concederá por ramos y a petición de las entidades interesadas, podrá extenderse a todo el territorio español o a otro ámbito menor."* [...] *"6. Serán nulos de pleno derecho los contratos u operaciones sometidas a esta Ley, celebrados con entidades no inscritas, sin perjuicio de la responsabilidad que les corresponde frente a los contratantes y los terceros."*

No Chile, o art. 521 do Código Comercial elenca os requisitos essenciais do contrato de seguro, dentre os quais a obrigação do segurador de indenizar, sendo que a carência, ou ausência enseja a nulidade do contrato[1557].

Na Argentina, a Lei de Seguros nº 17.418, de 30 de agosto de 1967, dispõe sobre o segurador, referindo-se ao sujeito a quem caberá ressarcir um dano ou atender à prestação convencionada[1558]. Em sua conhecida obra, Isaac Halperin comenta a lei Argentina: *"El contrato de seguro celebrado con una empresa no autorizada, es nulo."*[1559]

No México a Ley sobre contrato de seguro, em seu art. 2º dispõe que as empresas de seguro somente poderão organizar-se e funcionar conforme a Ley General de Instituciones de Seguros. A *"Ley de Instituciones de Seguros y de Fianzas (LISF)"*, publicada em 4 de abril de 2013, cuida de diferentes tipos de empresas, instituições de seguro, fianças, financeiras e resseguradoras. Com relação ao tipo societário, os artigos 2º, inciso XVI, combinado com o art. 48, preconizam a sociedade anônima autorizada. O art. 20 proíbe pessoa física ou moral a prática de qualquer operação de seguro em todo o território nacional.

Essa amostragem exemplifica a essencialidade da atividade seguradora autorizada, regulada e fiscalizada, condições necessárias à validade do contrato de seguro.

5.2 Incapacidade do tomador

Tomador, estipulante ou subscritor são definições para o sujeito que contrata frente ao segurador.

Ao lado da capacidade civil para os contratos em geral, nos contratos por conta alheia deve possuir legitimação para estipulação em nome de

[1557] Chile: C.Com. "Art. 521. Requisitos esenciales del contrato de seguro. Nulidad. Son requisitos esenciales del contrato de seguro, el riesgo asegurado, la estipulación de prima y la obligación condicional del asegurador de indemnizar. La falta de uno o más de estos elementos acarrea la nulidad absoluta del contrato."

[1558] Argentina: LS *"Artículo 1. Hay contrato de seguro cuando el asegurador se obliga, mediante una prima o cotización, a resarcir un daño o cumplir la prestación convenida si ocurre el evento previsto."*

[1559] HALPERIN, Isaac. Op. cit. p. *100*. Argentina: C.C. art. 18. *Ley 16.432, art. 61, § 12, inc, "d"*. Ley 20.091, art. 2º e art. 23, ap. 1º). No mesmo sentido, em comentários a Lei 20.091 veja-se: SAAVEDRA, Op. cit. p. 4.

terceiro[1560]. A inobservância é causa de nulidade por incapacidade da parte[1561], ou vício de representação, sanáveis à luz da aparência ou retificação do contrato.

Para o seguro por conta de outrem deve haver interesse do proponente, além da capacidade de contratar. O artigo 789 define o proponente, com equivalência ao tomador, designação atual nas leis de seguro. Na mesma linha, o art. 790 e seu parágrafo único[1562] impõem interesse na contratação, sendo presumido quando em nome do cônjuge, ascendente ou descendente.

Em comentários sobre seguro por conta de incapazes, Planiol e Ripert acrescentam que no seguro incêndio o representante legal deveria considerar-se como obrigado a contratá-lo[1563]. Essa doutrina francesa, da primeira metade do século passado, é ilustrativa e merece reservas para que não se entenda como uma inclusão da responsabilidade do representante além das exigências legais.

No direito português o DL-72 declara oponíveis ao tomador seu conhecimento dos riscos assim como os de quem representa, sendo que a falta de poderes pode ser reparada, mesmo após o sinistro, salvo em caso de dolo, gestão de negócios, ou falta de poderes de representação[1564].

[1560] Brasil: C.C. *"Art. 790. No seguro sobre a vida de outros, o proponente é obrigado a declarar, sob pena de falsidade, o seu interesse pela preservação da vida do segurado. Parágrafo único. Até prova em contrário, presume-se o interesse, quando o segurado é cônjuge, ascendente ou descendente do proponente."*

[1561] Brasil: C.C. "Art. 104. A validade do negócio jurídico requer: I – agente capaz; II – objeto lícito, possível, determinado ou determinável; III – forma prescrita ou não defesa em lei." Espanha: C.C. art. 1.261 e segs. Portugal: C.C. *"Art. 37º (Representação legal) A representação legal está sujeita à lei reguladora da relação jurídica de que nasce o poder representativo."* DL – 72: *"Artigo 17.º Representação do tomador do seguro 1 – Sendo o contrato de seguro celebrado por representante do tomador do seguro, são oponíveis a este não só os seus próprios conhecimentos mas também os do representante. 2 – Se o contrato for celebrado por representante sem poderes, o tomador do seguro ou o seu representante com poderes pode ratificá-lo mesmo depois de ocorrido o sinistro, salvo havendo dolo do tomador do seguro, do representante, do segurado ou do beneficiário, ou quando tenha já decorrido um prazo para a ratificação, não inferior a cinco dias, determinado pelo segurador antes da verificação do sinistro. 3 – Quando o segurador desconheça a falta de poderes de representação, o representante fica obrigado ao pagamento do prémio calculado pro rata temporis até ao momento em que o segurador receba ou tenha conhecimento da recusa de ratificação."*

[1562] Brasil: *"Art. 790. No seguro sobre a vida de outros, o proponente é obrigado a declarar, sob pena de falsidade, o seu interesse pela preservação da vida do segurado. Parágrafo único. Até prova em contrário, presume-se o interesse, quando o segurado é cônjuge, ascendente ou descendente do proponente."*

[1563] PLANIOL et RIPERT, *Derecho civil francês – Los contratos civiles* – Tomo XI, Op. cit. p. 580.

[1564] Portugal: *"Artigo 17.º Representação do tomador do seguro 1 – Sendo o contrato de seguro celebrado por representante do tomador do seguro, são oponíveis a este não só os seus próprios conhecimentos mas também os do representante. 2 – Se o contrato for celebrado por representante sem poderes, o tomador do seguro ou o seu representante com poderes pode ratificá-lo mesmo depois de ocorrido o sinistro, salvo havendo dolo do tomador do*

No seguro de vida, o erro sobre a idade é causa de anulabilidade ou redução proporcional do prêmio[1565]. Em caso de cessão do contrato o tomador pode transmitir sua posição a um terceiro, mas a substituição depende do consentimento do segurador, conforme o art. 197º do DL.

Na Espanha a representação tem previsão no Código Civil, sendo nulo o contrato por quem não tenha autorização, também sujeito à retificação[1566]. Admite-se a contratação por conta alheia no art. 7º da LCS, assim como a teoria da aparência, sendo válidos os pagamentos por terceiro[1567]. Nos seguros de vida em caso de morte, o art. 83 da LCS prevê o necessário consentimento do segurado[1568]. Com relação a menores, requer autorização escrita dos representantes legais. Em todos os casos, o tomador não poderá obter a prestação do segurador em caso de falta de interesse na contratação[1569]. Havendo transmissão do contrato, há faculdade de denúncia pelo segurador, conforme o art. 35 da LCS, sendo que este não é obrigado aceitar a substituição se a contratação teve causa na pessoa do contratante[1570].

seguro, do representante, do segurado ou do beneficiário, ou quando tenha já decorrido um prazo para a ratificação, não inferior a cinco dias, determinado pelo segurador antes da verificação do sinistro. 3 – Quando o segurador desconheça a falta de poderes de representação, o representante fica obrigado ao pagamento do prémio calculado pro rata temporis até ao momento em que o segurador receba ou tenha conhecimento da recusa de ratificação."

1565 Portugal DL – 72 *"Artigo 189.º Erro sobre a idade da pessoa segura 1 – O erro sobre a idade da pessoa segura é causa de anulabilidade do contrato se a idade verdadeira divergir dos limites mínimo e máximo estabelecidos pelo segurador para a celebração deste tipo de contrato de seguro. 2 – Não sendo causa de anulabilidade, em caso de divergência, para mais ou para menos, entre a idade declarada e a verdadeira, a prestação do segurador reduz-se na proporção do prémio pago ou o segurador devolve o prémio em excesso, consoante o caso."*

1566 Espanha: C.C. *"Art. 1.259 Ninguno puede contratar a nombre de otro sin estar por éste autorizado o sin que tenga por la ley su representación legal. El contrato celebrado a nombre de otro por quien no tenga su autorización o representación legal será nulo, a no ser que lo ratifique la persona a cuyo nombre se otorgue antes de ser revocado por la otra parte contratante." "Art. 1.257 – Los contratos sólo producen efecto entre las partes que los otorgan y sus herederos; salvo, en cuanto a éstos, el caso de que los derechos y obligaciones que proceden del contrato no sean transmisibles, o por su naturaleza, o por pacto, o por disposición de la ley. Si el contrato contuviere alguna estipulación en favor de un tercero, éste podrá exigir su cumplimiento, siempre que hubiese hecho saber su aceptación al obligado antes de que haya sido aquélla revocada."*

1567 Nesse sentido: SANCHES CALERO, Fernando. Op. cit. p. 152.

1568 Espanha: LCS 50/1980: *"Artículo 83. El seguro puede estipularse sobre la vida propia o la de un tercero, tanto para caso de muerte como para caso de supervivencia o ambos conjuntamente. En los seguros para caso de muerte, si son distintas las personas del tomador del seguro y del asegurado, será preciso el consentimiento de éste, dado por escrito, salvo que pueda presumirse de otra forma su interés por la existencia del seguro. Si el asegurado es menor de edad, será necesaria, además, la autorización por escrito de sus representantes legales. No se podrá contratar un seguro para caso de muerte, sobre la cabeza de menores de catorce años de edad o de incapacitados."*

1569 Nesse sentido: SANCHES CALERO, Fernando. Op. cit. p. 154.

1570 Espanha: *C.C. "Art. 1.161 – En las obligaciones de hacer el acreedor no podrá ser compelido a recibir la prestación o el servicio de un tercero, cuando la calidad y circunstancias de la persona del deudor se hubiesen*

Na Itália o art. 1.890 do Código Civil[1571] prevê a possibilidade de retificação da representação por falta de poder, mesmo após o sinistro. Também no seguro por conta de terceiro aplicam-se regras de conhecimento e declaração de risco atribuíveis ao segurado, por extensão ao tomador, no art. 1894 do C.C.[1572].

Na Argentina a LS em seu art. 21 prevê que na dúvida sobre a contratação por conta própria ou alheia, supõe-se por conta própria. É admitida a contratação por conta alheia no art. 128 da LS. Também se pode contratar em benefício de terceiro, conforme o art. 143 da LS. Cabe ao tomador a obrigação do pagamento do prêmio (LS art. 27), sendo que a mora pode exonerar o segurador da responsabilidade pelo sinistro (LS art. 31).

De modo geral, as leis civis e de seguros reúnem requisitos de validez associados à capacidade do tomador para contratar, além de pressupostos de regular representação, cujas nulidades encontram-se no campo das obrigações em geral ou nas definições particulares, como referimos acima.

5.3 Falta de interesse

Dentre os elementos causais do contrato de seguro a falta de interesse é matéria recorrente, por vezes sujeita à nulidade cominada, noutras não, conforme as leis de diferentes nações[1573].

tenido en cuenta al establecer la obligación.

[1571] Itália C.C. *"Art. 1890 Assicurazione in nome altrui. Se il contraente stipula l'assicurazione in nome altrui senza averne il potere, l'interessato può ratificare il contratto anche dopo la scadenza o il verificarsi del sinistro (1399, 2031 seguente). Il contraente è tenuto personalmente ad osservare gli obblighi derivanti dal contratto fino al momento in cui l'assicuratore ha avuto notizia della ratifica o del rifiuto di questa. Egli deve all'assicuratore i premi del periodo in corso nel momento in cui l'assicuratore ha avuto notizia (1335) del rifiuto della ratifica."*

[1572] Itália C.C. *"Art. 1894 Assicurazione in nome o per conto di terzi. Nelle assicurazioni in nome o per conto di terzi, se questi hanno conoscenza dell'inesattezza delle dichiarazioni o delle reticenze relative al rischio, si applicano a favore dell'assicuratore le disposizioni degli artt. 1892 e 1893 (1391,1932)."*

[1573] Espanha: LCS, *"Artículo 25. Sin perjuicio de lo establecido en el artículo cuarto, el contrato de seguro contra daños es nulo si en el momento de su conclusión no existe un interés del asegurado a la indemnización del daño."* Portugal: DL *"Artigo 43.º – Interesse – 1 — O segurado deve ter um interesse digno de proteção legal relativamente ao risco coberto, sob pena de nulidade do contrato."* Itália: C.C. *"Art. 1904 Interesse all'assicurazione. Il contratto di assicurazione contro i danni è nullo (1418 e seguenti) se, nel momento in cui l'assicurazione deve avere inizio, non esiste un interesse dell'assicurato al risarcimento del danno."* Argentina: LS, *"Art. 60. Puede ser objeto de estos seguros cualquier riesgo si existe interés económico lícito de que un siniestro no ocurra."* México: LS – *"Artículo 85.- Todo interés económico que una persona tenga en que no se produzca un siniestro, podrá ser objeto de contrato de seguro contra los daños. Artículo 163.- El seguro de personas puede*

O interesse funciona como princípio ou cláusula geral[1574] de análise da causa da contratação. No Brasil o art. 757 do C.C confere mobilidade para ponderar a vontade contratual de forma sistemática.

Não há nulidade cominada por falta de interesse no país, o que parece razoável, especialmente quando a ordem jurídica permite outras soluções, como o crivo dos elementos constitutivos do contrato (art. 104 e seguintes do Código Civil), ou normas de proporcionalidade para onerosidade nos contratos de execução continuada, conforme os artigos 478 e 480 do mesmo Código, que designam soluções de reequilíbrio contratual em caso de extrema vantagem, acontecimentos extraordinários e imprevisíveis, todos considerando o caráter oneroso da contração. Os últimos, são de recomposição da situação econômico-financeira do contrato.

A nulidade pode se supor diante da falta de causa para a contratação, pela carência de um motivo juridicamente suficiente para o contrato[1575], o que enseja uma espécie de desnaturação do contrato[1576].

O interesse como causa é relevante em vista do caráter oneroso e sinalagmático do seguro, e o necessário equilíbrio contratual, eis que a falta de causa é a falta de uma contrapartida essencial[1577].

cubrir un interés económico de cualquier especie, que resulte de los riesgos de que trata este Título, o bien dar derecho a prestaciones independientes en absoluto de toda pérdida patrimonial derivada del siniestro." Chile: C.com. *"Art. 520. Interés asegurable. El asegurado debe tener un interés asegurable, actual o futuro, respecto al objeto del seguro. En todo caso es preciso que tal interés exista al momento de ocurrir el siniestro. Si el interés no llegare a existir, o cesare durante".*

1574 A expressão "cláusula geral" é considerada como um tipo de norma aberta, ou na expressão de CANARIS, *"pontos de erupção da equidade"*, que permitem ao julgador grande espaço de liberdade para que faça suas escolhas. Comenta o autor, *"é característico para a cláusula geral ela estar carecida de preenchimento com valorações, isto é, o ela não dar os critérios necessários para sua caracterização, podendo estes, fundamentalmente, determinar apenas com a consideração do caso concreto..."*. CANARIS, Claus-Wilhelm. *Pensamento sistemático e conceito de sistema na ciência do direito.* 2ª ed. Lisboa, Fundação Calouste Gulbenkian, 1996, p. 142.

1575 Na doutrina francesa de Jacques Ghestin destacam-se diferentes aspectos da causa: como o motivo determinante do campo contratual (Henri Capitant); como um dado objetivo no contrato (Ripert et Boulanger); um equivalente desejado; um motivo juridicamente suficiente uma vontade causal não abstrata (M. Jacques Maury); elemento de formação da convenção; instrumento de qualificação do contrato (M. Maury), causa como necessidade compensatória de ordem econômica (Louis Lucas); causa como individualização da categoria contratual (M. Boyer); causa como utilidade ou valor real, inerente à noção de contrato oneroso (M. Rouhette). In. GHESTIN, Jacques. *Traité de Droit civil. Le obligations – Le contrat.* Op. cit. p. 533-553.

1576 A expressão é de GHESTIN, Jacques. Op. cit. p. 540. No mesmo sentido PLANIOL et RIPERT, Op. cit. p. 655.

1577 GHESTIN, Jacques. Op. cit. p. 544.

Na Espanha, o artigo 25 da LCS 50/1980 prevê nulidade à falta de interesse no momento da conclusão do contrato[1578]. Veja-se a Sentença de 9 de julho de 1994 (RJ 1994, 6383):

> *"en los seguros de daños, el interés del asegurado a la indemnización procedente por consecuencia del riesgo que se asegura, viene a ser requisito esencial para la validez del contrato, pues en otro caso vendría a ser nulo".* [1579]

No Direito italiano art. 1904 do Código Civil prevê efeitos de nulidade. Nos comentários de Fernando Sanches Calero, supõe-se que a lei espanhola tenha buscado referência no direito italiano[1580].

Na Argentina há previsão sobre a desaparição do interesse ou substituição do titular[1581] nos artigos 81 a 83 da LS 17.418. O artigo 81 prevê duas hipóteses de inexistência de interesse: quando não existe no início do contrato; ou quando a inexistência ocorre durante a contratação, após o início da vigência[1582].

No direito francês o interesse é princípio explícito no art. L121-6 do *Code des Assurances*, no sentido de que "Toda pessoa que tenha interesse na conservação de uma coisa pode segurá-la. Todo interesse direto ou indireto na não realização de um risco pode constituir objeto de um seguro."[1583] A norma é relevante, inclusive como distinção entre seguro e jogo ou aposta[1584].

Acreditamos que a escolha brasileira é coerente, no sentido de evitar um novo crivo de nulidade cominada que possa ser de interpretação desfavorável ao tomador, segurado ou beneficiário.

A mobilidade do sistema brasileiro nos parece uma virtude a ser preservada na medida em que permite a análise desse elemento segundo as circunstâncias do caso, mas sem perder de vista que seguro é um contrato causal, que requer um motivo juridicamente suficiente, e equivalente do ponto de vista do equilíbrio contratual.

1578 Espanha: LCS, *"Artículo 25. Sin perjuicio de lo establecido en el artículo cuarto, el contrato de seguro contra daños es nulo si en el momento de su conclusión no existe un interés del asegurado a la indemnización del daño."* SANCHES CALERO, Fernando. Op.cit. *p. 385.*

1579 Cf. Fernando Sanchez Calero, op. cit. p. 389.

1580 SÁNCHEZ CALERO, Fernando. Op. cit. p. 385.

1581 Argentina: LS, art. 81 a 83.

1582 Sobre a falta de interesse do segurado na Argentina veja-se: HALPERIN, Isaac. Op. cit. p. 342, LOPEZ SAAVEDRA, Domingo M. Op. cit. p. 81. STIGLIZ, Rubén S. Op. cit. vol. 1, p. 375-376.

1583 França: CA. *«Article L121-6. Toute personne ayant intérêt à la conservation d'une chose peut la faire assurer.Tout intérêt direct ou indirect à la non-réalisation d'un risque peut faire l'objet d'une assurance.»*

1584 Nesse sentido: BIGOT, Jean. Op. cit. p. 17.

O interesse pode ser visto, ainda, do ponto de vista da legitimidade, considerando-se que é um tipo contratual que pode ir além do segurado, como no caso de beneficiário ou estipulação em favor de terceiro, o que não deve surpreender quando exerça o direito de ação frente ao seguro. Nesse sentido confirma-se a jurisprudência brasileira, com esclarecedor acórdão do STJ, no Recurso Especial 2001/0188298-0, Rel. Ministro Sálvio de Figueiredo Teixeira, Quarta Turma, Julgamento em 03.09.2002[1585].

5.4 Objeto ilícito

As leis civis e do comércio declaram nulos os negócios relativos à objeto ilícito ou impossível[1586]. A doutrina é ilustrativa quanto ao artigo do 1.436 do Código de 1916, conforme a lição autêntica de Clovis Bevilaqua:

> "*O objecto immoral vicia, fundamentalmente, o acto. O direito declara-o absolutamente nulo.*"[1587]

Nesse campo é comum a exclusão de cobertura contrária à moral e aos bons costumes. Diferentemente das exclusões convencionais, em caso de objeto ilícito as leis de seguro excepcionam hipóteses em que não se admite a atuação do segurador.

Trata-se de um controle de conformidade com a ordem pública. E o motivo ilícito ou imoral, na expressão de Jacques Ghestin, deve ser aniquilado[1588].

[1585] Brasil: STJ – Rel. Ministro Sálvio de Figueiredo Teixeira – Quarta Turma – Julgamento 03.09.2002, Fonte DJ 24.03.2003, p. 228. "Ementa – Civil e Processual Civil. Contrato de Seguro. Ação ajuizada pela vítima contra a seguradora. Legitimidade passiva ad causam. Estipulação em favor de terceiro. Doutrina e precedentes. Recurso provido. I – As relações jurídicas oriundas de um contrato de seguro não se encerram entre as partes contratantes, podendo atingir terceiro beneficiário, como ocorre com os seguros de vida ou de acidentes pessoais, exemplos clássicos apontados pela doutrina. II – Nas estipulações em favor de terceiro, este pode ser pessoa futura e indeterminada, bastando que seja determinável, como no caso do seguro, em que se identifica o beneficiário no momento do sinistro. III – O terceiro beneficiário, ainda que não tenha feito parte do contrato, tem legitimidade para ajuizar ação direta contra a seguradora, para cobrar a indenização contratual prevista em seu favor."

[1586] Brasil: C.C. Art. 104, II.

[1587] BEVILAQUA, Clóvis. Código Civil dos estados unidos do Brasil, comentado. Op. cit. p. 411.

[1588] GHESTIN, Jacques. *Traité de Droit Civil. Le obligations – Le Contrat.* Op. cit. tit 690.

A Lei portuguesa – DL 72, art. 14º e seus incisos – excepciona a possibilidade de seguro sobre responsabilidade criminal ou disciplinar; rapto, sequestro ou outros crimes contra a pessoa; transporte de drogas; morte de criança com menos de 14 anos, e incapazes em geral, com exceção de seguros estipulados por entidades escolares que não sejam beneficiárias, exemplos que se confirmam no contexto geral das nulidades[1589].

Também, o artigo 192º exclui da garantia o autor, cúmplice, instigador ou encobridor de homicídio, ainda que não consumado, sendo que perde a garantia contratada.

Na Espanha a LCS substituiu o Código de Comércio, cujo art. 396 excluía a possibilidade de seguro incêndio por culpa dolo ou culpa grave do segurado. Atualmente, o artigo 48 em combinação com o art. 19 da LCS, remetem à análise do caso concreto e o respeito aos referenciais da moral e da ordem pública, conforme o artigo 1.255 do Código Civil.

A Lei espanhola veda seguros de guerra civil ou internacional, motim, terrorismo, considerados "atos de violência contra a comunidade"[1590], entre outros «*eventos extraordinários*» previstos no art. 44, salvo pacto em contrário, o que lhe retira o caráter imperativo[1591]. Ainda há casos específicos de dolo nos artigos 92, que exclui a garantia de morte provocada pelo beneficiário, resultante de ato ilícito e intencional, além do art. 102 da LCS, segundo o qual se o segurado provoca intencionalmente o acidente o segurador resulta desobrigado.

São circunstâncias em que a lei afasta a cobertura securitária como medida de repressão ao ato ilícito, também nos moldes do art. 181 da lei alemã de contrato de seguro.

[1589] Portugal – DL 72 *"Artigo 14.º Seguros proibidos 1 – Sem prejuízo das regras gerais sobre licitude do conteúdo negocial, é proibida a celebração de contrato de seguro que cubra os seguintes riscos: Legislação Consolidada Versão à data de 17-04-2017 Pág. 10 de 55DRE a) Responsabilidade criminal, contra-ordenacional ou disciplinar; b) Rapto, sequestro e outros crimes contra a liberdade pessoal; c) Posse ou transporte de estupefacientes ou drogas cujo consumo seja interdito; d) Morte de crianças com idade inferior a 14 anos ou daqueles que por anomalia psíquica ou outra causa se mostrem incapazes de governar a sua pessoa. 2 – A proibição referida da alínea a) do número anterior não é extensiva à responsabilidade civil eventualmente associada. 3 – A proibição referida nas alíneas b) e d) do n.º 1 não abrange o pagamento de prestações estritamente indemnizatórias. 4 – Não é proibida a cobertura do risco de morte por acidente de crianças com idade inferior a 14 anos, desde que contratada por instituições escolares, desportivas ou de natureza análoga que dela não sejam beneficiárias."*

[1590] Veja-se: SANCHES CALERO, Fernando. Op. cit. p. 674.

[1591] Espanha: *"Artículo 44. El asegurador no cubre los daños por hechos de guerra civil o internacional, motín o tumulto popular, terrorismo, terremotos e inundaciones, salvo pacto en contrario y en los ramos que legalmente se determinen y sin perjuicio de las indemnizaciones que correspondan al «Consorcio de Compensación de Seguros», según su normativa propia."*

O Chile prevê nulidade cominada para seguro sobre objeto ilícito[1592]. Trata-se de nulidade absoluta e induvidosa no texto legal.

Na Argentina o art. 136-2 da LS define a perda de todo o direito do beneficiário que intencionalmente provoca a morte do segurado com ato ilícito. Conforme os comentários de Rubén Stiglitz, excluem-se os casos de homicídio culposo ou cometido em legítima defesa[1593]. Sobre os riscos extraordinários de violência coletiva e individual, refere que os primeiros não integram os fundamentos técnicos do seguro, devendo analisar se a estrutura seguradora tem condições de fornecer uma resposta adequada[1594].

Em circunstâncias análogas, cumpre o exame de forma restrita, conforme a realidade dos fatos, levando-se em conta a contribuição direta do segurado para a sua consumação.

A provocação intencional ou criminosa, como passaremos a expor é matéria que recebeu nova redação no Código Civil brasileiro de 2002, ao adotar a expressão ato doloso, conforme o artigo 778, cuja abrangência e efeitos jurídicos comentamos no título seguinte.

5.5 Atos dolosos

O dolo é uma espécie de falta intencional por meio de manobras ou artifícios fraudulentos que desequilibram o processo de formação da vontade.

Pela forma como se manifesta o dolo pode ser omissivo ou comissivo, antes ou após os efeitos do contrato.

No contrato de seguro é comum manifestar-se no uso deliberado de falsas declarações, omissões, cláusulas contrárias à boa-fé, ou atos para ocasionar o sinistro.

O ato doloso nunca é consentâneo com o sistema jurídico. Em todas as suas formas é considerado nulo nas leis de seguro[1595].

[1592] Chile: *"Art. 521. Requisitos esenciales del contrato de seguro. Nulidad. [...] Son nulos absolutamente también, los contratos que recaigan sobre objetos de ilícito comercio y sobre aquellos no expuestos al riesgo asegurado o que ya lo han corrido."*

[1593] STIGLITZ, Rubén. Op. cit. Tomo I, p. 357.

[1594] STIGLITZ, Rubén. Op. cit. Tomo I, p. 272.

[1595] Brasil: C.C. Art. 762. Portugal: DL art. 46º. Espanha: LCS, Art. 17. França: CA. L-113-1. México: Art. 77. Argentina: LS, Art. 8, 114 e 152. Chile: Art. 535.

Existem normas em diversas nações. No Brasil destaca-se o art. 762 do C.C., que guarda semelhanças com o direito de Portugal, Espanha, Argentina, França, entre outros[1596]:

> Brasil. C.C. – "Art. 762. Nulo será o contrato para garantia de risco proveniente de ato doloso do segurado, do beneficiário, ou de representante de um ou de outro."

[1596] Brasil: C.C. Art. 145. São os negócios jurídicos anuláveis por dolo, quando este for a sua causa. "Art. 762 – Nulo será o contrato para garantia de risco proveniente de ato doloso do segurado, do beneficiário, ou de representante de um ou de outro."; "Art. 765. O segurado e o segurador são obrigados a guardar na conclusão e execução do contrato, a mais estrita boa-fé e veracidade, tanto a respeito do objeto como *das circunstâncias e declarações a ele concernentes."; Art. 766. Se o segurado, por si ou por seu representante, fizer declarações inexatas ou omitir circunstâncias que possa influir na aceitação da proposta ou na taxa do prêmio, perderá o direito à garantia, além de ficar obrigado ao prêmio vencido. Parágrafo único. Se a inexatidão ou omissão nas declarações não resultar de má-fé do segurado, o segurador terá direito a resolver o contrato, ou a cobrar, mesmo após o sinistro, a diferença do prêmio".* Espanha: *LCS 50/1980 "Artículo 10. El tomador del seguro tiene el deber, antes de la conclusión del contrato, de declarar al asegurador, de acuerdo con el cuestionario que éste le someta, todas las circunstancias por él conocidas que puedan influir en la valoración del riesgo. El asegurador podrá rescindir el contrato mediante declaración dirigida al tomador del seguro en el plazo de un mes, a contar del conocimiento de la reserva o inexactitud del tomador del seguro. Corresponderán al asegurador, salvo que concurra dolo o culpa grave por su parte, las primas relativas al período en curso en el momento que haga esta declaración. Si el siniestro sobreviene antes de que el asegurador haga la declaración a la que se refiere el párrafo anterior, la prestación de éste se reducirá proporcionalmente a la diferencia entre la prima convenida y la que se hubiese aplicado de haberse conocido la verdadera entidad del riesgo. Si medió dolo o culpa grave del tomador del seguro quedará el asegurador liberado del pago de la prestación."* Portugal: C.Com. *"Art.º 429.º – Nulidade do seguro por inexactidões ou omissões. Toda a declaração inexacta, assim como toda a reticência de factos ou circunstâncias conhecidas pelo segurado ou por quem fez o seguro, e que teriam podido influir sobre a existência ou condições do contrato tomam o seguro nulo. § único. Se da parte de quem fez as declarações tiver havido má fé o segurador terá direito ao prémio."* França: *Code des assurances. « Article L. 113-2, L'assuré est obligé : 2º De répondre exactement aux questions posées par l'assureur, notamment dans le formulaire de déclaration du risque par lequel l'assureur l'interroge lors de la conclusion du contrat, sur les circonstances qui sont de nature à faire apprécier par l'assureur les risques qu'il prend en charge ; ». (Loi nº 89-1014 du 31 décembre 1989 art. 10 Journal Officiel du 3 janvier 1990 en vigueur le 1er mai 1990).* Argentina: LS, arts. 5, 7 e 8. México: C.C. *"Articulo 1816. El dolo o mala fe de una de las partes y el dolo que proviene de un tercero, sabiendolo aquella, anulan el contrato si ha sido la causa determinante de este acto juridico."* LS, *"Artículo 77.- En ningún caso quedará obligada la empresa, si probase que el siniestro se causó por dolo o mala fe del asegurado, del beneficiario o de sus respectivos causahabientes."* Veja-se, arts. 60, 88, 95, 102 e 168. Chile: C.C. *"Art. 1546. Los contratos deben ejecutarse de buena fe, y por consiguiente obligan no sólo a lo que en ellos se expresa, sino a todas las cosas que emanan precisamente de la naturaleza de la obligación, o que por la ley o la costumbre pertenecen a ella."* C.com. *"Art. 539. Otras causales de ineficacia del contrato. El contrato de seguro es nulo si el asegurado, a sabiendas, proporciona al asegurador información sustancialmente falsa al prestar la declaración a que se refiere el número 1° del artículo 524 y se resuelve si incurre en esa conducta al reclamar la indemnización de un siniestro. En dichos casos, pronunciada la nulidad o la resolución del seguro, el asegurador podrá retener la prima o demandar su pago y cobrar los gastos que le haya demandado acreditarlo, aunque no haya corrido riesgo alguno, sin perjuicio de la acción criminal."*

Portugal. DL – *"Artigo 46.º Actos dolosos 1 – Salvo disposição legal ou regulamentar em sentido diverso, assim como convenção em contrário não ofensiva da ordem pública quando a natureza da cobertura o permita, o segurador não é obrigado a efectuar a prestação convencionada em caso de sinistro causado dolosamente pelo tomador do seguro ou pelo segurado. 2 – O beneficiário que tenha causado dolosamente o dano não tem direito à prestação."*

Espanha. LCS 50/1980 *"Artículo 19. El asegurador estará obligado al pago de la prestación, salvo en el supuesto de que el siniestro haya sido causado por mala fe del asegurado."*

Argentina. LS – *"Provocación del siniestro – Art. 70. El asegurador queda liberado sí el tomador o el beneficiario provoca el siniestro dolosamente o por culpa grave. Quedan excluidos los actos realizados para precaver el siniestro o atenuar sus consecuencias, o por un deber de humanidad generalmente aceptado."*

França. CA – *"L 113-1 "Les pertes et les dommages occasionnés par des cas fortuits ou causés par la faute de l'assuré sont à la charge de l'assureur, sauf exclusion formelle et limitée contenue dans la police. Toutefois, l'assureur ne répond pas des pertes et dommages provenant d'une faute intentionnelle ou dolosive de l'assuré."*

No direito comparado o dolo é causa de nulidade quando o segurado, tomador ou beneficiário provoca intencionalmente o sinistro, e assim se sujeita à perda da garantia.

Conforme Isaasc Halperin, o anteprojeto argentino, baseado no Código Civil Italiano, excluiu a garantia sobre sinistros causados por atos dolosos. Segundo seu autor: "porque elimina todo elemento álea e favoreceria os sinistros intencionais"[1597].

Em comentários ao artigo 762, Ernesto Tzirulnik *et al* refere o cuidado desta norma especial, que permite contemplar seguros legítimos, mas cujo dolo possa advir no curso da contratação. Exemplifica casos em que o objeto é doloso, como o seguro de carga contrabandeada; e outros em que o dolo advém na vigência do contrato, como um assalto à carga praticado pelo segurado.

Ainda comenta hipóteses de dolo do representante; e dolo de terceiro, admissível como no seguro *directors & officers*, que abrange a infidelidade de colaboradores, outros diretores e empregados, sem que cause a perda da garantia; além do dolo perante a seguradora, que pode ocorrer no curso de um contrato lícito, no qual o contrato se resolve, pela carência da boa-fé[1598].

[1597] HALPERIN, Isaac. *Seguros*. Op. cit. p. 348

[1598] TZIRULNIK, Ernesto, et al. Op. cit. p. 64.

Segundo o Código Civil brasileiro, nos negócios bilaterais o dolo ainda pode resultar de omissão intencional[1599] sobre circunstância relevante à contratação.

No seguro o direito português contempla diferentes normas sobre Reticências dolosas, segundo o art. 25º-1 da LS, quando do tomador deliberadamente presta falsas informações, são hipóteses de anulabilidade do contrato, sendo que a lei não exige prejuízo ao segurador. Na LCGC, art. 15º, "são nulas as cláusulas contratuais gerais contrárias à boa-fé". No art. 46º-1 da LS explicita que o segurador não é obrigado frente à garantia contratada por ato causado dolosamente pelo tomador ou segurado. Nos seguros por conta de outrem António Menezes Cordeiro excepciona o seguro D&O, que visa cobrir múltiplas hipóteses de atos de dirigentes em suas funções[1600]. No seguro de vida, o art. 192º prevê a perda do direito à prestação do segurador caso do autor, cúmplice, instigador ou encobridor do homicídio doloso, mesmo que não consumado.

No direito argentino a provocação dolosa do sinistro tem repercussões de exclusão da cobertura, em razão do caráter imperativo da norma que proíbe a garantia contratada em caso de dolo do segurado[1601]. A intenção de enriquecimento ilícito na Argentina leva à nulidade do contrato, ressalvado ao segurador a percepção total do prêmio[1602]. Rubén Stiglitz comenta outras hipóteses em que o segurador é liberado se o evento foi provocado pelo tomador ou beneficiário por dolo ou culpa grave, *"el siniestro provocado"*, com referência aos artigos 70, 114, 135 e 152 da LS.

No direito espanhol a LCS rechaça a intenção dolosa de diversas formas. O art. 48 prevê que o segurador não está obrigado a indenizar danos provocados por incêndio quando se origine de dolo ou culpa grave do segurado. No mesmo sentido da perda da garantia, o art. 92 exime da garantia a morte

[1599] A omissão dolosa é equiparável ao ato doloso, também tem o sentido da reserva mental, ou simulação diante da ocultação da verdade. Além das regras de direito, possou precedentes no direito canônico, à exemplo do Código Canônico – Papa João Paulo II, 1983: Cânone 1101 — "§ 1. O consentimento interno da vontade presume-se conforme com as palavras ou os sinais empregados ao celebrar o matrimónio. § 2. Mas se uma ou ambas as partes, por um ato positivo de vontade, excluírem o próprio matrimónio ou algum elemento essencial do matrimónio ou alguma propriedade essencial, contraem-no invalidamente."

[1600] CORDEIRO, António Menezes. *Direito dos seguros*. Op. cit. p. 735.

[1601] Nesse sentido: STIGLITZ, Op. cit. Tomo I, p. 311.

[1602] Argentina: LS, *"El contrato es nulo si se celebró con la intención de enriquecerse indebidamente con el excedente asegurado. Si a la celebración del contrato el asegurador no conocía esa intención, tiene derecho a percibir la prima por el período de seguro durante el cual adquiere este conocimiento."*

do segurado causada pelo beneficiário. Para os casos de acidente vale a diretriz do art. 102 da LCS, sendo que se o segurado provoca intencionalmente o acidente, o segurador é liberado do comprimento de sua obrigação, ficando nula a designação de beneficiário que cause dolosamente o sinistro.

Na Itália são semelhantes as restrições ao dolo. Segundo o art. 1.900 do Código Civil, o segurador não é obrigado a garantir sinistro ocasionado com dolo ou culpa grave do segurado ou beneficiário.

A casuística é abrangente, não só ao cotejar o elemento subjetivo do dolo, mas a culpa grave. E a questão leva à análise fática e das circunstâncias do caso concreto, entendendo-se dever do segurador a prova do dolo ou culpa grave como condição excludente a garantia contratada[1603]. Essa é também a orientação que se consolida nos precedentes judiciais[1604].

5.6 Inexistência de risco

O risco é um elemento causal do contrato de seguro[1605]. Está na gênese do seguro, como o interesse, legitimidade e demais circunstâncias necessárias à contratação.

À falta de risco, ressalvadas circunstâncias excepcionais, resulta nulo o contrato de seguro, com previsão em muitas nações[1606].

[1603] Nesse sentido: HALPERIN, Isaac. Seguros. Op. cit. p. 607-608. SANCHES CALERO, Fernando. Op. cit. p. 291. Espanha: C.C. *"Art. 1.214 Incumbe la prueba de las obligaciones al que reclama su cumplimiento, y la de su extinción al que la opone."*

[1604] Veja-se STJ (Informativo de Jurisprudência N. 529) Julgados: AgInt no AREsp 637787/SP, Rel. Ministro Lázaro Guimarães, Quarta Turma, julgado em 24/10/2017, DJe 31/10/2017; AgInt no REsp 1296733/SC, Rel. Ministro Raul Araújo, Quarta Turma, julgado em 21/09/2017, DJe 20/10/2017; AgInt no AREsp 868485/RS, Rel. Ministro Paulo De Tarso Sanseverino, Terceira Turma, julgado em 22/08/2017, DJe 06/09/2017; AgInt no AREsp 436830/PR, Rel. Ministra Maria Isabel Gallotti, Quarta Turma, julgado em 03/08/2017, DJe 08/08/2017; REsp 1665701/RS, Rel. Ministro Ricardo Villas Bôas Cueva, Terceira Turma, julgado em 09/05/2017, DJe 31/05/2017; AgRg no REsp 1357593/DF, Rel. Ministro Marco Buzzi, Quarta Turma, julgado em 20/04/2017, DJe 02/05/2017.

[1605] Sobre o risco como causa do contrato: URIA, Rodrigo. Op. Cit. p. 777. SÁNCHEZ CALERO, Op. cit., p. 114; DIEZ-PICAZO, Op. cit., p. 224. JIMÉNEZ SÁNCHEZ, Op. cit., p. 501. MESSINEO, Francesco. Op. Cit. p. 160.

[1606] Espanha: LCS, *"Artículo 4. El contrato de seguro será nulo, salvo en los casos previstos por la Ley, si en el momento de su conclusión no existía el riesgo o había ocurrido el siniestro."* Portugal: Decreto 72/2008, "Art. 44º, incisos 1 a 6, Inexistência do Risco. *"1. Salvo nos casos legalmente previstos, o contrato é nulo se, aquando da celebração, o segurador, tomador do seguro ou o segurado tiver conhecimento que o risco cessou."* Argentina: LS – *"Inexistencia de riesgo Art. 3. El contrato de seguro es nulo si al tiempo de su celebración el siniestro se hubiera*

Haverá nulidade pela carência de um suporte fático essencial, sem o qual este será insuficiente para o direito. Tratando-se de um elemento causal, valem as noções sobre causa e interesse e as consequências de nulidade.

Excetuados os casos previstos em lei[1607], a ausência de risco é obstáculo à existência ou formação do contrato de seguro.

Segundo o princípio da anterioridade do risco[1608], dentre os horizontes da contratação, presume-se que as partes possuam uma antevisão do risco e circunstâncias do contrato, e que sejam informadas de modificações em caso de agravação ou redução do risco durante a vigência contratual[1609].

Nesse âmbito material o risco é valorado pela sua existência e pelo contexto econômico, sendo que no campo das nulidades o segurado perde o direito à garantia se agravar intencionalmente o risco[1610]. No brasil, o art. 768

producido o desaparecido la posibilidad de que se produjera. Si se acuerda que comprende un período anterior a su celebración, el contrato es nulo sólo si al tiempo de su conclusión el asegurador conocía la imposibilidad de que ocurriese el siniestro o el tomador conocía que se había producido." Itália: *"Art. 1895 Inesistenza del rischio. Il contratto è nullo (1418 e seguenti) se il rischio non è mai esistito o ha cessato di esistere prima della conclusione del contratto."* México: *"Artículo 88.- El contrato será nulo si en el momento de su celebración, la cosa asegurada ha perecido o no puede seguir ya expuesta a los riesgos. Las primas pagadas serán restituidas al asegurado con deducción de los gastos hechos por la empresa. El dolo o mala fe de alguna de las partes, le impondrá la obligación de pagar a la otra una cantidad igual al duplo de la prima de un año."* Chile: *"Art. 521. Requisitos esenciales del contrato de seguro. Nulidad. Son requisitos esenciales del contrato de seguro, el riesgo asegurado, la estipulación de prima y la obligación condicional del asegurador de indemnizar. La falta de uno o más de estos elementos acarrea la nulidad absoluta del contrato. Son nulos absolutamente también, los contratos que recaigan sobre objetos de ilícito comercio y sobre aquellos no expuestos al riesgo asegurado o que ya lo han corrido."*

[1607] Espanha: LCS, art. 4º; C. Com. art. 784 e 785 – seguros marítimos. França: CA, art. L.172-4. Portugal: DL 72/2008 art. 44º, 2. México: LS. art. 82.

[1608] Sobre o Princípio da Anterioridade do Risco veja-se: *S. GRAVINA, Maurício. Principios jurídicos del contrato de seguro.* 1ª ed. Buenos Aires – Madrid – Mexico: Ciudad Argentina-Hispania Libros, 2015, p. 49-67. GRAVINA, Maurício Salomoni. Princípios Jurídicos do Contrato de Seguro. 2ª Edição Revista e atualizada, Rio de Janeiro: Fundação Escola Nacional de Seguros – Funenseg, 2018, p. 33-44. GRAVINA, Maurício Salomoni. Direito do seguro. Ed. Almedina: São Paulo, 2020, p. 78-87.

[1609] Brasil: C.C. art. 768 e art. 769. Espanha: LCS, arts. 11 a 13. Portugal: DL 72/2008, art. 78º, 79º, 91º, 92º, 93º e 94º; França: CA, 113-2, 2º. Itália: C.C. art. 1.897 e 1.858. Argentina: LS art. 34, 35, 38-45. México: LS, art. 88. Chile: C.com. art. 526 e 1.176.

[1610] Brasil: C.C. "Art. 768. O segurado perderá o direito à garantia se agravar intencionalmente o risco objeto do contrato." México: LS *"Artículo 60.- En los casos de dolo o mala fe en la agravación del riesgo, el asegurado perderá las primas anticipadas."* Chile: C.com. *"Art. 526 ... Salvo en caso de agravación dolosa de los riesgos, en todas las situaciones en que, de acuerdo a los incisos anteriores, haya lugar a la terminación del contrato, el asegurador deberá devolver al asegurado la proporción de prima correspondiente al período en que, como consecuencia de ella, quede liberado de los riesgos."* Outras referencias: Brasil: C.C. art. 768 e art. 769. Espanha: LCS, art. 11 a 13. Portugal: DL 72/2008, art. 78º, 79º, 91º, 92º, 93º e 94º; França: CA, 113-2, 2º. Itália: C.C. art. 1.897 e 1.858. Argentina: LS art. 34, 35, 38-45. México: LS, art. 88. Chile: C.Com. art. 526 e 1.176.

se aplica aos seguros de danos e de pessoas e o segurador resultará desobrigado nessas circunstâncias.

De outra parte, os sujeitos do contrato devem avaliar a necessidade da contratação a partir da existência do risco, e não contratar caso saibam de sua impossibilidade ou inexistência, fato que poderá ser compreendido como simulação.

Em caso de contratação sem a ocorrência de risco o direito brasileiro supõe erro ou imoralidade. Como pena, o segurador deverá pagar em dobro o prêmio estipulado. Esta norma tem previsão no art. 773 do Código Civil brasileiro de 2002, com base no art. 1.446 do Código de 1916. Segundo Clóvis Bevilaqua, autor do projeto do Código Civil anterior, a lei brasileira teve como precedente o artigo 511 do Código de Zurique[1611].

Dentre as excepcionalidades, existem riscos que fogem à percepção, como no caso de risco putativo, segundo Jean Bigot «*un risque imaginaire qui doit exister dans l'imagination des deux parties*»[1612]. Podem as partes se equivocar quanto à existência do risco ou ignorar o fato de ter ocorrido o sinistro.

O equívoco com relação à existência ou ocorrência do risco é factível, especialmente em seguros de serviços, equipamentos, bens sujeitos à degradação de materiais, corrosão,[1613] riscos de novas tecnologias, riscos ambientais, entre outros.

As leis admitem o risco putativo nos seguros terrestres[1614], com ressalvas à exigência de anterioridade do risco: "é nulo o contrato de seguro em que não houver risco no momento da contratação, salvo os casos previstos em lei"[1615].

Nessas excepcionalidades, fica contemplada a incerteza ou falsa noção do risco como nos casos em que as partes convencionam que a cobertura abrange riscos anteriores à celebração do contrato[1616], com efeito retroativo[1617], circunstância com peculiar complexidade no que respeita ao conhecimento do sinistro[1618].

[1611] Brasil: C.C. 773. Veja-se: BEVILAQUA, Clóvis. *Código civil dos Estados Unidos do Brasil, comentado por Clovis Bevilaqua. Edição histórica. Rio de Janeiro, Ed. Rio, 1979.* p. 575.

[1612] Cf. BIGOT, op. cit., p. 769.

[1613] Cf. SAINRAPT, op. cit., p. 1241.

[1614] Cf. SÁNCHES Op. cit., p. 117. BIGOT, op. cit. p. 769-777.

[1615] Espanha: LCS, art. 4º; C. Com. art. 784 e 785 – seguros marítimos. França: CA, art. L.172-4. Portugal: DL 72/2008 art. 44º, 2. México: LS. art. 82.

[1616] Portugal: DL 72/2008, art. 42º, 2.

[1617] Espanha: LCS, art. 73.

[1618] Sobre a problemática do seguro retroativo, HALPERIN comenta o caso do segurado saber do sinistro antes da contratação; de apenas o segurador saber; ou quando ambos conheciam a ocorrência do sinistro, caso que não há contrato eficaz e o segurador não tem direito ao prêmio, "*porque no existe el riesgo a asumirse*". HALPERIN, Isaac. Op. cit. p. 340-341.

Há exceção para casos em que o risco se manifesta de forma ulterior, como em apólices flutuantes[1619], por meio de averbação ou declarações periódicas, nas quais as partes convencionam que a cobertura abrangerá riscos futuros, oportunamente declarados. Trata-se de prática usual nos seguros de transportes, em que é comum a apólice ficar aberta durante a vigência contratual "*open policy*", por viagem ou por tempo determinado, obrigando o segurado a averbar os embarques[1620], sob pena de rescisão do contrato ou perda do direito à cobertura.

Feitas essas considerações, observa-se que a doutrina segue no mesmo sentido[1621], de tomar-se o risco como "*ratio essendi*" do contrato de seguro.

5.7 Informação inexata, omissões ou reticências

O dever de informar, atribuível aos sujeitos do contrato de seguro, é um encargo de estrita boa-fé e veracidade, como dispõe o art. 765 do Código Civil brasileiro[1622].

De um lado cabe ao segurador orientar a contratação, o risco que se propõe a cobrir, exclusões e limitações da cobertura, prêmio, forma de pagamento e consequências da inadimplência, agravamento de risco, vigência,

[1619] França: CA, art. L 173-17. Veja-se "*police flottante*": SAINRAPT, Christian. Op. cit. p. 980. Espanha: LCS, art. 8º, apartado segundo. Argentina: LS, art. 123.

[1620] Sobre apólices flutuantes ou "*de abono*", Lopez Saavedra comenta como forma de contratar seguros amparando o transporte de mercadoria através de uma só apólice, que abrangerá os embarques durante a sua vigência, dentro dos limites nela estabelecidos, com referência ao tipo de mercadorias, lugares de carga e descarga, meios de transporte, viagens a realizar, condições e limites de cobertura, exclusões, prêmios aplicáveis. SAAVEDRA, op. cit. p. 242.

[1621] Risco: Segundo MESSINEO, o seguro se compreende em sua essência prática quando se põe em relação ao conceito de risco: "*consiste en el hecho de que un sujeto está expuesto a la eventualidad de un daño a la persona o al patrimonio, debido a un siniestro. Siniestro es, precisamente, el hecho (o caso) fortuito de que el riesgo de daño potencial que es, se verifique convirtiéndose en daño actual y efectivo.* MESSINEO, Francesco. *Manual de derecho civil y comercial.* Traducción de Santiago Sentis Melendo. Tomo VI. Buenos Aires. Ediciones Jurídicas Europa-América, p. 156. HECTOR MIGUEL SOTO define o risco por "*elementos específicos del contrato: "La eventualidad de un hecho que, de producirse, origina la obligación del asegurador de pagar la prestación convenida (riesgo)". p.* 5. No mesmo sentido TZIRULNIK, Ernesto, et. Al. Op. cit. p. 37: "É o risco que torna legítimo o interesse do segurado".

[1622] Brasil: Art. 765. O segurado e o segurador são obrigados a guardar na conclusão e na execução do contrato, a mais estrita boa-fé e veracidade, tanto a respeito do objeto como das circunstâncias e declarações a ele concernentes.

transmissão do contrato, entre outras questões relevantes[1623]; de outro, cabe ao tomador ou segurado revelar fatores conhecidos que possam influenciar na análise de riscos, sua classificação ou agravamento ao segurador.

Sobre essa natureza de obrigação Clóvis do Couto e Silva classificou como: "deveres de indicação e esclarecimento". Comenta ser um dever dirigido ao outro participante da relação jurídica, para tornar clara certa «circunstância relevante» que tenha conhecimento. De tal forma, ainda refere o autor que "ninguém pode estar obrigado a esclarecer aquilo de que não tenha conhecimento preciso."[1624]

A exclusão da garantia depende, portanto, das circunstâncias do caso, do conhecimento por parte do tomador, sendo que é ônus do segurador comprovar a situação e demonstrar tratar-se de omissão relevante ao contrato.

Nesse contexto, considerando o regime de proteção da vulnerabilidade, declarações inexatas ou omissões que influem na aceitação da proposta podem ensejar a perda da garantia, especialmente se resultantes de má-fé[1625].

A mesma regra é oponível aos seguros por conta de outrem, o que torna esses encargos extensivos aos representantes das partes[1626].

A boa informação é tema recorrente, cujos efeitos de nulidade merecem cuidados, não só do ponto de vista da tutela da vulnerabilidade, mas de observar a segurança e confiança nessa relação jurídica frente às partes e à sociedade.

Falsas declarações, omissões ou reticências, antes ou durante a execução contratual, sujeitam-se a sanções, inclusive a perda da garantia, nulidade ou rescisão por iniciativa do segurador [1627], especialmente se houve dolo em prejuízo da formação do contrato[1628].

[1623] Portugal: LS – *Subsecção I – Deveres de Informação do Segurador. Art. 18º.*

[1624] COUTO E SILVA, Clóvis. *A obrigação como processo.* Op. cit. p. 118.

[1625] Brasil: "Art. 766. Se o segurado, por si ou por seu representante, fizer declarações inexatas ou omitir circunstâncias que possam influir na aceitação da proposta ou na taxa do prêmio, perderá o direito à garantia, além de ficar obrigado ao prêmio vencido. Parágrafo único. Se a inexatidão ou omissão nas declarações não resultar de má-fé do segurado, o segurador terá direito a resolver o contrato, ou a cobrar, mesmo após o sinistro, a diferença do prêmio."

[1626] Brasil: "Art. 767. No seguro à conta de outrem, o segurador pode opor ao segurado quaisquer defesas que tenha contra o estipulante, por descumprimento das normas de conclusão do contrato, ou de pagamento do prêmio."

[1627] Espanha: LCS, art. 10 apartados 2 e 3. França: CA, L'article L. 113-2-2° et 3° e L. 113-8. Itália: C.C. art. 1.892 e 1.893. Argentina: LS, arts. 6º à 8º e incisos. México: LS, art. 47. Chile: C.Com. art. 525, 526 e 527.

[1628] França: Code – *"Article L113-8 – Indépendamment des causes ordinaires de nullité, et sous réserve des dispositions de l'article L. 132-26, le contrat d'assurance est nul en cas de réticence ou de fausse déclaration intentionnelle de la part de l'assuré, quand cette réticence ou cette fausse déclaration change l'objet du risque ou*

Na lei e na doutrina diferenciam-se as declarações espontâneas e as dos questionários, sujeitas ao crivo da razoabilidade[1629]. Em Portugal, desde antes da LS eram severas as consequências do Código Comercial art. 429 para os casos de falsas declarações.

Na doutrina de António Menezes Cordeiro, as declarações evoluíram do modelo do VVG de 1908, § 16, da Alemanha, que previa o dever de informação espontâneo do tomador sobre circunstâncias relevantes, independente de questionamentos; para um novo modelo mais protetivo do consumidor no VVG de 2008, no qual deve informar sobre circunstâncias relevantes que lhe forem perguntadas em questionário do segurador.[1630] O autor lamenta não tenha sido este o modelo adotado pela lei portuguesa, eis que a atividade seguradora evoluiu para classificar riscos com suficiência e adequação.

O direito português, a propósito, contempla diferentes normas sobre Reticências dolosas, segundo o art. 25º-1 da LS, quando do tomador deliberadamente presta falsas informações, são hipóteses de anulabilidade do contrato, sendo que a lei não exige prejuízo ao segurador.

Em outras modernas leis esse encargo segue no sentido da tutela da vulnerabilidade. Assim se consolidou na Espanha e no Chile, entre outros países[1631], para que o *dever de informar* não pese de forma onerosa ao tomador segurado e beneficiário, indo além da razoabilidade:

> Espanha: LCS – *"Artículo 10. "El tomador del seguro tiene el deber, antes de la conclusión del contrato, de declarar al asegurador, de acuerdo con el cuestionario que éste le someta, todas las circunstancias por él conocidas que puedan influir en la valoración del riesgo.* [...]"]
>
> CHILE – C.Com. – *"Art. 524. Obligaciones del asegurado. El asegurado estará obligado a:*
>
> *1º. Declarar sinceramente todas las circunstancias que solicite el asegurador para identificar la cosa asegurada y apreciar la extensión de los riesgos;*

en diminue l'opinion pour l'assureur, alors même que le risque omis ou dénaturé par l'assuré a été sans influence sur le sinistre. – Les primes payées demeurent alors acquises à l'assureur, qui a droit au paiement de toutes les primes échues à titre de dommages et intérêts. – Les dispositions du second alinéa du présent article ne sont pas applicables aux assurances sur la vie."

1629 Veja-se: CORDEIRO, António Menezes. Op. cit. p. 628. Sobre o direito anterior em Portugal, em comentários ao art. 429 veja-se: VASQUES, José. Contrato de seguro. Op. cit. p. 222.

1630 Op. cit. p. 633.

1631 Espanha: LCS 50/1980, art. 10. Argentina: LS 17. 418, art. 40. Portugal DL 72/2008, art. 91º e 93º. Chile: C.Com. arts. 524, 525, 539, 542, 2º.

2°. Informar, a requerimiento del asegurador, sobre la existencia de otros seguros que amparen el mismo objeto;" [...]

Art. 525. Declaración sobre el estado del riesgo. Para Ley, prestar la declaración a que se refiere el número 1 del artículo anterior, será suficiente que el contratante informe al tenor de lo que solicite el asegurador, sobre los hechos o circunstancias que conozca y sirvan para identificar la cosa asegurada y apreciar la extensión del riesgo." [...]

Do ponto de vista do encargo do tomador, segundo o bom exemplo das leis acima, deve ser orientado a responder questões do segurador, o que é comum por meio de formulários impressos, questionários ou aviso de sinistro, ficando exonerado nos casos em que não lhe submetem, ou quando não prevê situações que possam influenciar na valoração do risco.

Nesse contexto, informações inexatas, omissões ou reticências podem ser causa de nulidade nas incidências patológicas, especialmente nos casos de dolo, acima referidos, antes ou durante a execução contratual, efetivamente comprovado.

Joaquim Garrigues segregava duas classes de reticência, sempre intencionais: as que afetam o cálculo do prêmio e as que não tem influência sobre o prêmio, mas sobre a apreciação do risco[1632].

O dever de informar inclui os casos de transferência do objeto do seguro, e deve ser comunicado ao segurador[1633]. No seguro de automóvel encontra exceção na Súmula 465 do STJ, ressalvado o efetivo agravamento de risco:

[1632] GARRIGUES, Joaquin. *Contrato de seguro terrestre.* Op. cit. p. 63.

[1633] Brasil: C.C. Art. 785. Salvo disposição em contrário, admite-se a transferência do contrato a terceiro com a alienação ou cessão do interesse segurado. § 1º Se o instrumento contratual é nominativo, a transferência só produz efeitos em relação ao segurador mediante aviso escrito assinado pelo cedente e pelo cessionário. § 2º A apólice ou o bilhete à ordem só se transfere por endosso em preto, datado e assinado pelo endossante e pelo endossatário. Espanha: LCS, art. 34. Apartado segundo: "*El asegurado está obligado a comunicar por escrito al adquirente la existencia del contrato del seguro de la cosa transmitida. Una vez verificada la transmisión, también deberá comunicarla por escrito al asegurador o a sus representantes en el plazo de quince días.*" Portugal: DL, 95, 2 — *Salvo disposição legal ou convenção em contrário, em caso de transmissão do bem seguro, sendo segurado o tomador do seguro, o contrato de seguro transmite -se para o adquirente, mas a transferência só produz efeito depois de notificada ao segurador.*" Argentina: LS, "*Cambio del titular del interés*": *Art. 82. El cambio del titular del interés asegurado debe ser notificado al asegurador quien podrá rescindir el contrato en el plazo de veinte días y con preaviso de quince días, salvo pacto en contrario.*" México: LS, "*Artículo 106.- Si el objeto asegurado cambia de dueño, los derechos y obligaciones que deriven del contrato de seguro pasarán al adquirente. El propietario anterior y el nuevo adquirente quedarán solidariamente obligados a pagar las primas vencidas y pendientes de pago en el momento de la trasmisión de propiedad.*"

> STJ – "Súmula 465: Ressalvada a hipótese de efetivo agravamento do risco, a seguradora não se exime do dever de indenizar em razão da transferência do veículo sem a sua prévia comunicação".

Omissões culposas podem causar a perda da garantia, diferença de prêmio ou mesmo nulidade ou rescisão por iniciativa do segurador [1634].

Quando possa ser reequilibrado o contrato, segue-se o sentido da preservação do negócio, mediante ajuste ou adequação do prêmio[1635].

Essa é uma tendência que se confirma desde a lei francesa de 1930, que reconheceu o procedimento do questionário e separava sanções de reticências de boa-fé e de má-fé, pronunciando a nulidade para estas e a supressão da nulidade quando não comprovada má-fé, com o ônus da prova do segurador[1636].

No direito português António Menezes Cordeiro[1637] comenta que o dever de informação tem antecedentes no Código Comercial de 1888, conforme o revogado art. 429º. A norma fala da perda de direitos em caso de reticências do tomador quanto à fatos conhecidos que influenciam na existência ou condições do contrato, e nulidade em caso de má-fé. Comenta que a jurisprudência "temperava" casos de reticências com efeitos de nulidade parcial, cabendo à seguradora o ônus de comprovar[1638].

No modelo atual, o art. 24º-1 dispõe sobre o dever do tomador, antes da celebração do contrato, declarar com exatidão circunstâncias conhecidas que possam influenciar a apreciação do risco, conforme perguntadas em questionário do segurador.

O artigo 25º cuida de omissões ou inexatidões dolosas, considerando anulável o contrato mediante declaração enviada pelo segurador ao tomador. Entre outras circunstâncias, nos casos de dolo do tomador ou do segurado, o prêmio é devido até o término do contrato (art. 25º-5). O ônus da prova de dolo é sempre do segurador[1639].

[1634] Brasil: C.C. art. 766. Espanha: LCS, art. 10 ap. 2º e 3º. Portugal: Decreto 72/2008, art. 23º e incisos. França: CA, L. 113-2-2° et 3°. Itália: C.C. art. 1.892 e 1.893. Argentina: LS, art. 6º à 8º. México: LS, art. 47. Chile: C.Com. art. 525.

[1635] TZIRULNIK, Ernesto, *et al.* Op. cit. p. 76-77.

[1636] PLANIOL et RIPERT, Op. cit. p. 611. No mesmo sentido era a lição de GARRIGUES, para quem a reticência tinha de ser intencional e consciente. Op. cit. p. 63.

[1637] CORDEIRO, António Menezes. Direito dos seguros. Op. cit. p. 628.

[1638] Op. cit. p. 630.

[1639] Nesse sentido: Op. cit. p. 639.

Na hipótese de negligência, por falta de cuidados do segurado ou tomador, o artigo 26º da LS oferece uma solução específica, que confere ao segurador uma das seguintes alternativas: o direito de propor alteração no contrato, em prazo não inferior a 14 dias para aceitação; o direito de cessar o contrato demonstrando que não confere cobertura para riscos omitidos ou inexatamente declarados. A solução envolve a devolução do prêmio, conforme as especificações da apontada norma.

Ainda no direito português, o art. 189º dispõe sobre o erro quanto à idade da pessoa segurada, sendo causa de anulabilidade quando divergir dos limites mínimo e máximo estabelecidos pelo segurador. Em caso de preservação do negócio, reduz-se proporcionalmente a prestação do segurador ou prêmio pago em excesso.

Na Espanha é semelhante a solução para os seguros de pessoas. Segundo o art. 90 da LCS, em caso de informação inexata da idade do segurado no momento da contratação o segurador pode impugnar o contrato fora dos limites estabelecidos, e pode reduzir a garantia na proporção do prêmio recebido, ou restituí-lo em caso de excesso.

Na Argentina o conceito de reticência gira em torno a declarações falsas conhecidas pelo segurado, e mesmo de boa-fé podem ensejar a nulidade do contrato, conforme o art. 5º da LS[1640]. Quando não dolosas, o art. 6º da LS confere ao segurador, ao seu próprio juízo, o poder de anular o contrato restituindo o prêmio recebido, com a dedução dos gastos, ou reajustar o contrato segundo o verdadeiro estado do risco. Nos seguros de vida o art. 7º da LS prevê a possibilidade de reequilíbrio do contrato, sendo que nos casos de dolo ou má-fé pode reter o prêmio, conforme o art. 8º da LS.

Na Itália declarações inexatas ou reticências tem previsão no art. 1.892 do C.C. e são causa de nulidade nos casos de dolo ou culpa grave. Todavia o segurador deve impugnar o contrato dentro de três meses a contar do conhecimento. Assim, terá direito ao prêmio do período até o momento da anulação ou ao prêmio convencionado para o primeiro ano. Caso o seguro diga respeito à várias pessoas ou coisas, o contrato é válido para aquelas às quais a declaração inexata ou reticência não se refere.

[1640] Argentina: LS – "SECCION II: Reticencia. *Reticencia: Concepto.* Art. 5. Toda declaración falsa o toda reticencia de circunstancias conocidas por el asegurado, aun hechas de buena fe, que a juicio de peritos hubiese impedido el contrato o modificado sus condiciones si el asegurador hubiese sido cerciorado del verdadero estado del riesgo, hace nulo el contrato. *Plazo para Impugnar* – El asegurador debe impugnar el contrato dentro de los tres meses de haber conocido la reticencia o falsedad."

Segundo o art. 1.893 do C.C. italiano, não havendo conduta dolosa ou negligência grosseira, reticências não acarretam nulidade, mas a seguradora pode rescindir o contrato no prazo de três meses a partir da ciência. Ainda no sentido da preservação do contrato, se o sinistro ocorrer antes de conhecida a inexatidão, o valor devido será reduzido na proporção entre o prêmio calculado e o que seria aplicável se o verdadeiro estado de coisas fosse conhecido.

Na França o art. L113-9 do Code prevê que não sendo provada a má-fé do segurado não acarreta nulidade do seguro. Se constatada antes do sinistro, a seguradora pode manter o contrato sujeito ao aumento de prêmio aceito pelo segurado ou rescindir após dez dias da notificação por carta registrada. No caso de reconhecimento após o sinistro, a indenização é reduzida na proporção do prêmio devido, caso fossem exatamente declarados os riscos.

Essa análise comparada nos traz algumas conclusões a partir da experiência brasileira e internacional:

a) o dever bilateral de informação do prêmio, risco, interesse e condições da contratação, antes da formação do contrato;
b) reticências devem ser cotejadas quando de má-fé e na medida em que ofereçam repercussão sobre o equilíbrio econômico-financeiro do contrato;
c) logo que o tomador ou segurado saibam de circunstâncias que agravem o risco devem comunicar ao segurador;
d) reticências dolosas sujeitam-se a repercussões de nulidade, com a perda da garantia e do prêmio para o segurador;
e) reticências culposas merecem ser vistas à luz do reequilíbrio contratual, reposição de situações afetadas e preservação do negócio;
f) reticências dolosas ou culposas devem ser comunicadas e comprovadas pelo segurador;

Em todos os casos cumpre verificar a dinâmica da comunicação contratual e o encargo de bem informar atribuído ao segurador, tomador, segurado e beneficiário, extensivo aos seus representantes.

5.8 Cláusulas abusivas

Cláusulas abusivas são nulas ou anuláveis em diversas nações[1641]. Segundo o marco legal, são cláusulas abusivas as estipulações contrárias à boa-fé, causadoras de prejuízo e desequilíbrio relevante entre os direitos e obrigações das partes[1642].

Modernamente a estrutura dos negócios jurídicos gira em torno à boa-fé[1643], e as partes devem zelar pela lealdade desde a fase pré-contratual, passando pela formação, até as cláusulas sobreviventes do contrato.

A força da boa-fé vale para as cláusulas gerais e particulares, assim como é diretriz de interpretação, segundo o art. 133 do Código Civil, sendo uma obrigação de resultado útil e autorresponsabilidade dos sujeitos do contrato.

Na dicção superlativa do art. 765 do C.C, o contrato de seguro é da mais estrita boa-fé e veracidade, cânones a serem observados na confecção das cláusulas contratuais.

A matéria tem sentido na "base objetiva do negócio", a partir da «teoria da equivalência»[1644]. E a base do negócio jurídico desaparece se a relação de equivalência entre a prestação e a contraprestação se deteriora em grande medida, a ponto de não poder mais falar de contraprestação.

Nesses casos, a falta de equivalência pode levar a parte lesada a exigir o aumento compatível da contraprestação ou, se houver recusa, resolver o contrato. Essa é a "*ratio legis*" no direito contemporâneo, de coibir situações de desequilíbrio injusto entre os direitos e obrigações das partes, quando violam o dever de boa-fé[1645], diretriz a ser preservada no clausulado.

A lesividade das «cláusulas abusivas» não se confunde com as «cláusulas limitativas» dos direitos do segurado, admitidas no contrato, embora sujeitas às regras de clareza, precisão e redação com destaque[1646].

[1641] Brasil: CDC art. 6º, V e 51; Portugal: LDC, art. 16. Espanha: LCS, art. 3º; LGDCU art. 10bis e 10 ter. art. 62 e Real Decreto 1/2007, artigos 8º "d"; 20, 49, "h", 60, 62. França: CDC, Art. L.132-1 e segs. México: CDC, art. 1, VII, 24, XX e 90. Argentina: LDC art. 37-39.

[1642] Brasil: CDC art. 51 e incisos; Portugal: LDC, art. 9º e incisos; Espanha: LCGC art. 10. Bis.

[1643] BRASIL: C.C. artigos 133, 187, 422 e 765.

[1644] SILVA, Clóvis do Couto. *A obrigação como processo.* Ed. Meridional Emma: Porto Alegre1964, p. 137.

[1645] Nesse sentido: SÁNCHEZ CALERO, Fernando. Op. cit. p. 91.

[1646] Dentre os exemplos de cláusula limitativa vale referir a que exclui o risco de embriagues no seguro de automóvel. Em comentários sobre a matéria vale a opinião jurídica de Ricardo Bechara Santos, sobre a excludente da embriagues e a redação com destaque. Op. cit. p.9-13.

No Código de Defesa do Consumidor essas cláusulas patológicas têm previsão no artigo 51, § 1º, II e III. Trata-se de norma de proteção do consumidor, aplicável aos seguros por sua "*extensio legis*", assim como nos casos de confluência com esse microssistema legal, quando o tomador ou segurado é do tipo consumidor.

Nos casos de incidência do CDC, segundo a lista do art. 51, as cláusulas abusivas ali descritas foram sancionadas com nulidade absoluta, sendo assim "caracterizam-se por não serem sanáveis pelo juiz"[1647].

A exceção, que permite espaço a operabilidade pelo juiz, diz respeito ao preço ou prestações desproporcionais, como na hipótese do art. 6º, V do CDC, cuja modificação pode vir ao encontro dos interesses do consumidor, no sentido do reequilíbrio contratual. Nesse caso, segundo o entendimento que se consolida, "não são necessários os requisitos da imprevisibilidade ou excepcionalidade, bastando a mera onerosidade excessiva."[1648]

Existe um amplo poder de apreciação judicial das cláusulas abusivas e declaração de nulidade, mesmo quando aprovadas por órgãos reguladores. Assim é a orientação do STJ[1649], de prevalência do equilíbrio, lealdade e função social do contrato, com seus efeitos persuasivos ou vinculantes. Também no STJ é relevante a acepção da boa-fé objetiva, como vimos em títulos precedentes[1650].

São variadas as possibilidades de cláusulas abusivas, no que respeita ao prêmio, franquias, ou encargos desproporcionais. Dentre essas, possui precedente no STJ cláusulas que retiram a própria substância do negócio. Conforme o Relatório da Ministra Fátima Nancy Andrighi, é abusiva a cláusula que exclui de risco situações de legítimo interesse do segurado, com desvantagem exagerada, confiscando o conteúdo para o qual se dispôs a pagar o prêmio:

> STJ – "Inserir cláusula de exclusão de risco em contrato padrão, cuja abstração e generalidade abarquem até mesmo as situações de legítimo interesse do segurado quando da contratação da proposta, representa

[1647] Nesse sentido: MARQUES, Cláudia Lima. *Contratos no código de defesa do consumidor.* Op. cit. p.409-412.

[1648] MARQUES, Cláudia Lima. Op. cit. p. 413.

[1649] Brasil: STJ REsp 229078-SP, j. 09.11.1999, DJ 07.02.2000, 4ª T. Min. Ruy Rosado de Aguiar.

[1650] Brasil: Tribunal de Justiça do Rio Grande do Sul (Ap. Civ. 589041169, 5ª C.C., j. 22.8.89, rel. Des. Ruy Rosado de Aguiar Júnior, in. Jurisprudência TJRS, 1991, 23/119-122).

imposição de desvantagem exagerada ao consumidor, por confiscar-lhe justamente o conteúdo para o qual se dispôs ao pagamento do prêmio"[1651].

No direito comparado são semelhantes as consequências jurídicas. A União Europeia teve como marco de regras uniformes contra cláusulas abusivas a Diretiva 93-13, de 5 de abril.

Na Diretiva 93-13 foram fixadas as bases de proteção dos consumidores para evitar o desequilíbrio entre direitos e obrigações mútuas. Também confirma o dever de clareza e uma lista não exaustiva de cláusulas abusivas para transposição ao direito interno dos Estados membros, dentre outras que evitam indenizações desproporcionais; limitação indevida de responsabilidade; adesão a cláusulas não conhecidas; cláusulas que suprimem o direito de ação; ou arbitragem; ou prejuízo à produção de provas, entre outras.

Em Portugal a LDC define a abusividade no contexto do art. 9ª, com o sentido de proteção dos interesses econômicos. Dentre outras garantias, refere o dever de lealdade e boa-fé desde as negociações preliminares, e a vedação de cláusulas de significativo desequilíbrio em detrimento do consumidor[1652]. A LS, por sua vez, define seguros proibidos em seu art. 14º; veda práticas discriminatórias no art. 15º, com vistas ao princípio igualitário; fixa regras de bem informar no art. 18º, 21º, 22º e 23º, sujeitas à resolução do contrato; além do dever de entrega da apólice art. 34º; conteúdo mínimo no art. 37º; e vedação de atos dolosos no art. 46º. Dentre os referenciais éticos, o art. 239º do C.C. português afirma a boa-fé como padrão de interpretação e solução jurídica.

Na Espanha o art. 3º da LCS é assertivo no sentido de que as condições da contratação não podem ter caráter lesivo ao segurado. Trata-se de um limitador à autonomia privada. A norma é combinada com a diretriz de comunicação clara e eficiente, devendo a documentação ser entregue ao tomador antes da formação do vínculo contratual. Ainda pode ser considerada a norma de prevalência do foro do domicílio do segurado, sendo nulo qualquer pacto em contrário[1653].

[1651] Brasil: STJ – Recurso Especial nº 1.635.238 – SP (2016/0278152-7 – Brasil – STJ: Rel.: Ministra Nancy Andrighi: Doc.: 1783138 – Inteiro Teor do Acórdão – Site certificado – DJe: 13/12/2018 Página 1 de 5

[1652] Cláusulas Abusivas: VASQUES, José. Contrato de seguro. Op. cit. p. 355.

[1653] Espanha: LCS 50/1980, art. 24. Brasil: não há correspondência. De forma sistemática, a matéria encontra previsão nos artigos 5º, XXXII e 170, V, da Constituição Federal de 1988 e, especialmente, dos artigos 6º, V e VIII e 51, IV, do Código de Defesa do Consumidor – CDC. Portugal: DL 72/2008, art. 6º Liberdade de escolha da lei e do regime jurídico.

No seguro de vida, conforme os artigos 795 e 798 do Código Civil estão previstas modalidades específicas de abusividade, sujeita aos efeitos de nulidade cominada:

> C.C. – "Art. 795. É nula, no seguro de pessoa, qualquer transação para pagamento reduzido do capital segurado."
>
> C.C. – "Art. 798. O beneficiário não tem direito ao capital estipulado quando o segurado se suicida nos primeiros dois anos de vigência inicial do contrato, ou da sua recondução depois de suspenso, observado o disposto no parágrafo único do artigo antecedente.
>
> Parágrafo único. Ressalvada a hipótese prevista neste artigo, é nula a cláusula contratual que exclui o pagamento do capital por suicídio do segurado.
>
> C.C. – Art. 799. O segurador não pode eximir-se ao pagamento do seguro, ainda que da apólice conste a restrição, se a morte ou a incapacidade do segurado provier da utilização de meio de transporte mais arriscado, da prestação de serviço militar, da prática de esporte, ou de atos de humanidade em auxílio de outrem.

Em matéria de carência de cobertura de assistência médica, o STJ editou a Súmula 597 que considera abusiva a cláusula que ultrapassa o prazo máximo de 24 horas contados da contratação, sob pena de violação da legítima expectativa do consumidor ao celebrar o contrato para preservar a sua vida, sua saúde e sua integridade física.

No mesmo sentido, são as normas de defesa do consumidor da Espanha – LCGC e do Real Decreto 1/2007, artigos 8º "d"; 20, 49, "h", 60, 62; este proíbe cláusulas que imponham obstáculos onerosos ou desproporcionais aos consumidores e usuários nos contratos. Ainda são relevantes as normas da Lei 7/1998, de 13 de abril, sobre Condições Gerais da Contratação.

Com relação às cláusulas abusivas a LCS espanhola dispõe que quando o Tribunal Supremo declara a nulidade de alguma das cláusulas ou condições gerais, a Administração Pública obrigará os seguradores a modificar cláusulas idênticas[1654].

Na Argentina a matéria tem previsão no Código Civil y Comercial de La Nación, Ley 26.994 de 2014. O art. 988 prevê que devem ser tidas como não escritas as cláusulas que desnaturalizam obrigações; que importem renúncia a direitos do aderente ou ampliam direitos do predisponente; e as que pelo conteúdo não são razoavelmente previsíveis. O Código, em seu art. 989,

[1654] Espanha: LCS 50/1980, art. 3º.

ratifica que a aprovação administrativa das cláusulas gerais não obsta o controle judicial, sendo que nos casos de nulidade parcial, o juiz deve integrar o contrato, se não for o caso da própria perda da finalidade. No direito anterior havia previsão no art. 1.198 do C.C.

Segundo Rubén Stíglitz, o círculo dessas questões está na desvantagem exagerada entre os direitos e obrigações do segurado e segurador e no fato de haver imposição, ou redação unilateral. Na linha da parte final do art. 988 acima referido, descreve uma classe de *"cláusulas sorpresivas"*, que causam surpresa: *"tan insólitas que el aderente no imaginaba que integrarían el contenido del contrato."*[1655] Comenta que pressupõe uma infração às exigências de boa-fé, com relações na Lei Francesa *art. L132-1 do Code de la Consommation,* na Itália o art. 1460 do Código Civil, e o mencionado art. 3º da LCS na Espanha.

Segundo a doutrina francesa de Jacques Ghestin, consolidou-se um direito subjetivo de reprimir os usos abusivos sob diferentes pontos de vista, material e orgânico. Em razão das matérias são rechaçadas cláusulas de abuso de poder econômico; vantagem excessiva; abuso de direito; desequilíbrio sinalagmático; cláusulas que subordinam a execução do contrato à vontade do fornecedor; cláusula que permita modificação discricionária do objeto contratual; cláusula de renovação tácita; cláusulas sobre a forma de pagamento e preço abusivos; cláusula sobre garantias elevadas, entre outras.

Do ponto de vista orgânico, podem ser consideradas abusivas cláusulas de imposição de foro e competência jurisdicional; processo e ônus da prova; arbitragem obrigatória; ou cláusulas de conciliação obrigatória que preceda o direito de ação.

No campo das cláusulas abusivas é extenso o rol de possibilidades, o que torna difícil ao legislador fixar previsões firmes em um sistema fechado, razão pela qual, ao lado de listas de nulidades é importante um direito baseado em princípios em forma de um «*sistema móvel*»[1656] orientado pela equidade[1657], ao lado de valores fundamentais como a lealdade, boa-fé e a concretização da função social do contrato.

[1655] STIGLITZ, Rubén. *Derecho de seguros.* Tomo 1. Op. cit. p. 533-542.

[1656] Sobre a mobilidade do sistema veja-se CLAUS – Wilhelm Canaris. *Pensamento sistemático e conceito de sistema na ciência do direito. Op. cit. p. 130-148.*

[1657] Portugal – DL – 72, art. 52, 2. Sobre a equidade como princípio jurídico do contrato de seguro, veja-se: *S. GRAVINA, Maurício. Principios jurídicos del contrato de seguro.* 1ª ed. Buenos Aires – Madrid – Mexico: Ciudad Argentina-Hispania Libros, 2015, p. 193-217. GRAVINA, Maurício Salomoni. Princípios Jurídicos do Contrato de Seguro. 2ª Edição Revista e atualizada, Rio de Janeiro: Fundação Escola Nacional de Seguros – Funenseg, 2018, p. 121-136. GRAVINA, Maurício Salomoni. Direito do seguro. Ed. Almedina: São Paulo, 2020, p. 172-188.

5.9 Clausulas limitativas

Diferentemente das cláusulas abusivas e seu viés patológico, cláusulas limitativas são de grande utilidade no direito do seguro. São empregadas na designação de riscos e coberturas, o que requer redação clara e destacada[1658], com objetividade e concretude.

Por meio delas é possível definir que determinados sinistros, causados por fatores distintos aos relacionados, não estão cobertos pelo contrato.

Assim, abandona-se o subjetivismo da vontade, para identificar o objeto da contratação relacionado à pressuposição de riscos e seus limites[1659], e a mesma previsibilidade vale para encargos contratuais cuja inobservância possa ensejar a perda de direitos, por vezes a extinção da garantia contratada.

Tratando-se de contratos de adesão, onde prevalecem os postulados da tutela da vulnerabilidade e interpretação contra o predisponente[1660], a diretriz a ser observada é de clareza e fácil compreensão das cláusulas, especialmente quando limitativas de direito, que pressupõem o conhecimento prévio e redação destacada.

1658 Brasil: CDC, art. 54, § 4°; Espanha: LCS, art. 3° e 8°; LGDCU, art. 10. Portugal: DL, art. 18 a 34. México: LS, art. 20, bis e 24. Sobre a admissibilidade de cláusulas limitativas: Brasil: STJ Recurso Especial nº 319.707 – SP (2001/0047428-4) Rel.: Ministra Nancy Andrighi. Ementa: "Código de Defesa do Consumidor. Plano de Saúde. Limitação de Direitos. Admissibilidade.

1659 Brasil: C.C. "Art. 757. Pelo contrato de seguro, o segurador se obriga, mediante o pagamento do prêmio, a garantir interesse legítimo do segurado, relativo à pessoa ou à coisa, contra riscos pré-determinados." Espanha: LCS, *"Artículo 1. El contrato de seguro es aquel por el que el asegurador se obliga, mediante el cobro de una prima y para el caso de que se produzca el evento cuyo riesgo es objeto de cobertura a indemnizar, dentro de los límites pactados, el daño producido al asegurado o a satisfacer un capital, una renta u otras prestaciones convenidas."* Portugal: Decreto 72/2008, Art. 24º, incisos 1 a 4. *Declaração Inicial do Risco. "1. O tomador do seguro ou segurado está obrigado, antes da celebração do contrato, a declarar com exatidão todas as circunstâncias que conheça e razoavelmente deva ter por significativas para a apreciação do risco pelo segurador."* Argentina: LS, *"Artículo 1. Hay contrato de seguro cuando el asegurador se obliga, mediante una prima o cotización, a resarcir un daño o cumplir la prestación convenida si ocurre el evento previsto."* México: LS, *"Artículo 1°- Por el contrato de seguro, la empresa aseguradora se obliga, mediante una prima, a resarcir un daño o a pagar una suma de dinero al verificarse la eventualidad prevista en el contrato."* Veja-se: Art. 86 e 145. Chile: C.com. art. 512, 548 e 572.

1660 Brasil: C.C. "Art. 423. Quando houver no contrato de adesão cláusulas ambíguas ou contraditórias, dever-se-á adotar a interpretação mais favorável ao aderente." Itália: *"Art. 1370 Interpretazione contro l'autore della clausola. Le clausole inserite nelle condizioni generali di contratto (1341) o in moduli o formulari (1342) predisposti da uno dei contraenti s'interpretano, nel dubbio, a favore dell'altro."* Espanha: art. 1288 *"La interpretación de las cláusulas oscuras de un contrato no deberá favorecer a la parte que hubiese ocasionado la oscuridad."*

No Brasil, nos casos de confluência com o CDC, é relevante o art. 46, cuja norma dispõe que os contratos não obrigarão os consumidores se os instrumentos forem redigidos de modo a dificultar a compreensão do seu sentido e alcance. Isso significa que possam ser compreendidas de forma direta, segundo a capacidade média das pessoas, sem conhecimento técnico, estudos ou suporte profissional para seu discernimento.

Ao segurador cumpre o dever de bem informar, que nas leis de seguro, à exemplo do art. 18º da LS de Portugal, estabelece um cuidadoso rol de informações:

> "... do âmbito do risco que se propõe cobrir; das exclusões e limitações de cobertura; do valor do prémio, modalidades de pagamento e consequências da falta de pagamento; e) dos agravamentos ou bónus que possam ser aplicados no contrato; f) o montante mínimo do capital nos seguros obrigatórios; g) o montante máximo a que o segurador se obriga em cada período de vigência do contrato; a duração do contrato e o regime de renovação, denúncia e livre resolução; o regime de transmissão do contrato; o modo de efetuar reclamações; os mecanismos de proteção jurídica e autoridade de supervisão; o regime relativo à lei aplicável..."

A lei portuguesa traz uma fórmula sensível às principais necessidades de informação a serem destacadas, sendo que são admissíveis no campo da autonomia privada, com casuística aberta e outras possibilidades.

De todo o modo, na prevenção de patologias, não estão livres de juízos sobre proibições, violação do dever de boa-fé, entre outras sujeitas à nulidade.

Dentre essas vale observar a questão da redação clara e compreensível ao tomador, sob pena de nulidade.

Em todos os casos valem as diretrizes de preservação do negócio jurídico e intervenção mínima[1661], de modo a considerar a cláusula de forma isolada[1662], no sentido do maior aproveitamento dos contratos singulares, diretriz igualmente cultuada na LCCG de Portugal. Assim, a nulidade pode ser aplicada de forma restrita à cláusula patológica.

[1661] Brasil: Art. 421-A. Os contratos civis e empresariais presumem-se paritários e simétricos até a presença de elementos concretos que justifiquem o afastamento dessa presunção, ressalvados os regimes jurídicos previstos em leis especiais, garantido também que: [...], II – a alocação de riscos definida pelas partes deve ser respeitada e observada; III – a revisão contratual somente ocorrerá de maneira excepcional e limitada.

[1662] CORDEIRO, António Meneses. Direito do Seguro. Op. cit. p. 671.

Essa problemática, por vezes vai mais além. Nem sempre podem ser excluídas determinadas garantias, à exemplo da embriaguez do segurado, que não exime a seguradora do pagamento da indenização em seguro de vida no Brasil, segundo a Súmula 620 do STJ.

O referido precedente tem motivado a análise na comunidade jurídica. No sentido de que o art. 768, que dispõe sobre a perda da garantia pelo agravamento de risco, integra as Disposições Gerais, sendo aplicável aos seguros de danos e de pessoas, indistintamente.

Da forma como se encontram esses julgados, entende-se sustentável a cláusula de exclusão ou perda de direitos no seguro de automóvel, ficando a seguradora isenta[1663]; sendo que o mesmo não ocorre no seguro de pessoas. Como vimos em títulos precedentes[1664], não há um equivalente lógico nem isonômico nesse tema relevante da alcoolemia ou drogas na condução de veículo automotor.

Dentre as soluções legais, o conhecimento das condições gerais, antes da formação do contrato, é um instrumento de efetividade na tutela desses interesses. Assim, o crivo de validade ou nulidade das cláusulas limitativas encontra parâmetro objetivo no dever de bem informar e no princípio da boa-fé.

Mesmo as cláusulas limitativas que não se encontrem na proposta ou na apólice devem se fazer conhecer pelo tomador antes da formação do vínculo, sob pena de nulidade, independentemente de terem sido submetidas ao controle administrativo das condições gerais. A contradição entre essas também deve se sujeitar ao crivo da invalidade da cláusula prejudicial ao aderente.

No direito brasileiro a matéria é transposta ao plano infralegal, na Circular SUSEP n. 251, de 15.4.2004, que "Dispõe sobre a aceitação da proposta e sobre o início de vigência da cobertura nos contratos de seguros.":

> CIRCULAR SUSEP n. 251/2004
>
> Art. 1º. A celebração ou alteração do contrato de seguro somente poderá ser feita mediante proposta assinada pelo proponente ou por seu

[1663] Nesse sentido, são pertinentes as considerações de Ricardo Bechara Santos, em defesa do mutualismo, além de constituir infração grave e perigo à incolumidade das pessoas e coisas, com significativo agravamento do risco. Consigna, ainda, que a cláusula deve ser redigida com destaque, conforme o art. 54, § 4º do CDC – SANTOS, Ricardo Bechara. *Direito de seguro no cotidiano*. Op. cit. p. 9-13. Sobre o tema ainda vale referir as considerações de Voltaire Marensi, de analisar-se o nexo de causalidade entre o consumo de bebida e o que ocasionou o sinistro – MARENSI, Voltaire. *O seguro no direito brasileiro*. 9ª ed. Op. cit. p. 164.

[1664] Veja-se o capítulo sobre Jurisdição.

representante legal, ou, ainda, por expressa solicitação de qualquer um destes, pelo corretor de seguros, exceto quando a contratação se der por meio de bilhete.

§ 10. A proposta escrita deverá conter os elementos essenciais ao exame e aceitação do risco.

No Brasil também é relevante a interpretação analógica do Código de Defesa do Consumidor, especialmente quanto ao dever de informação: "os contratos que regulam as obrigações de consumo não obrigarão os consumidores se não lhes for dada a oportunidade de tomar conhecimento prévio [...]" (art. 46 do CDC).

No direito comparado vale o destaque para o art. 3º da LCS na Espanha[1665], assim como para o rol de cláusulas consideradas inexistentes pela LCCG de Portugal[1666]. Esses regimes fazem valer a nulidade de determinadas cláusulas por seu efeito danoso e pela deficiência no dever de informar.

As referidas leis, entre outras relativas aos contratos e cláusulas contratuais, cuidam de preservar a liberdade contratual, apoiada em negociações íntegras, discernimento e preservação de interesses das partes na contratação.

Assim, com fundamento no princípio da boa-fé, cuja matriz do BGB § 307/1 e 2 teve forte influência na Europa e países da família romano-germânica do direito, são ineficazes as condições contratuais contrarias à boa-fé, desproporcionais, ou com proposições incompreensíveis.

[1665] Espanha LCS – *"Artículo 3. Las condiciones generales, que en ningún caso podrán tener carácter lesivo para los asegurados, habrán de incluirse por el asegurador en la proposición de seguro si la hubiere y necesariamente en la póliza de contrato o en un documento complementario, que se suscribirá por el asegurado y al que se entregará copia del mismo. Las condiciones generales y particulares se redactarán de forma clara y precisa. Se destacarán de modo especial las cláusulas limitativas de los derechos de los asegurados, que deberán ser específicamente aceptadas por escrito. Las condiciones generales del contrato estarán sometidas a la vigilancia de la Administración Pública en los términos previstos por la Ley. Declarada por el Tribunal Supremo la nulidad de alguna de las cláusulas de las condiciones generales de un contrato la Administración Pública competente obligará a los aseguradores a modificar las cláusulas idénticas contenidas en sus pólizas."*

[1666] Portugal – LCCG – *"Consideram-se excluídas dos contratos singulares:*

a) As cláusulas que não tenham sido comunicadas nos termos do artigo 5.º;

b) As cláusulas comunicadas com violação do dever de informação, de molde que não seja de esperar o seu conhecimento efectivo;

c) As cláusulas que, pelo contexto em que surjam, pela epígrafe que as precede ou pela sua apresentação gráfica, passem despercebidas a um contratante normal, colocado na posição do contratante real;

d) As cláusulas inseridas em formulários, depois da assinatura de algum dos contratantes."

A lição foi profícua e essa norma se difunde em grande parte das nações, fazendo valer o conhecimento das condições antes da formação do contrato, com redação clara, destacada e equilíbrio contratual, sob pena de nulidade.

5.10 Má-fé

Uma das mais importantes transformações no direito das obrigações foi a concretização do princípio da boa-fé a partir da primeira metade do século XX, com crescente influência na formação dos institutos jurídicos[1667].

Em oposição, do outro lado da moeda, a má-fé tornou-se igualmente útil para resolver questões concretas no direito material e processual[1668]. Não só para confirmar os deveres de lealdade e cooperação, mas por suas consequências no campo das nulidades[1669].

No contrato de seguro reprime-se a má-fé em sua forma originária ou sucessiva, seja contemporânea ou superveniente à formação do contrato[1670].

[1667] Nesse sentido veja-se: Clovis do Couto e Silva e o estudo das fontes que regem os deveres e as obrigações e a concreção da boa-fé como princípio. Op. cit. p. 28;222.

[1668] Na exata definição de António Menezes Cordeiro, *"A cientificidade da boa-fé, tratando-se da Ciência do Direito, corresponde à possibilidade efectiva de, com ela, resolver questões concretas."* CORDEIRO, António Menezes. *Da boa fé no direito civil.* Op. cit. p. 18.

[1669] Má-fé: Brasil: C.C. *"Art. 762. Nulo será o contrato para garantia de risco proveniente de ato doloso do segurado, do beneficiário, ou de representante de um ou de outro."* Espanha: LCS 50/1980 *"Artículo 19. El asegurador estará obligado al pago de la prestación, salvo en el supuesto de que el siniestro haya sido causado por mala fe del asegurado."* Portugal: C.Com. *"Art.º 429.º – Nulidade do seguro por inexactidões ou omissões. Toda a declaração inexacta, assim como toda a reticência de factos ou circunstâncias conhecidas pelo segurado ou por quem fez o seguro, e que teriam podido influir sobre a existência ou condições do contrato tomam o seguro nulo. § único. Se da parte de quem fez as declarações tiver havido má fé o segurador terá direito ao prémio."* Argentina: LS, arts. 5, 7 e 8. México: C.C. *"Articulo 1816. El dolo o mala fe de una de las partes y el dolo que proviene de un tercero, sabiendolo aquella, anulan el contrato si ha sido la causa determinante de este acto jurídico."* LS, *"Artículo 77.- En ningún caso quedará obligada la empresa, si probase que el siniestro se causó por dolo o mala fe del asegurado, del beneficiario o de sus respectivos causahabientes."* Veja-se, arts. 60, 88, 95, 102 e 168. Chile: C.C. *"Art. 1546. Los contratos deben ejecutarse de buena fe, y por consiguiente obligan no sólo a lo que en ellos se expresa, sino a todas las cosas que emanan precisamente de la naturaleza de la obligación, o que por la ley o la costumbre pertenecen a ella."* C.Com. *"Art. 539. Otras causales de ineficacia del contrato. El contrato de seguro es nulo si el asegurado, a sabiendas, proporciona al asegurador información sustancialmente falsa al prestar la declaración a que se refiere el número 1° del artículo 524 y se resuelve si incurre en esa conducta al reclamar la indemnización de un siniestro. En dichos casos, pronunciada la nulidad o la resolución del seguro, el asegurador podrá retener la prima o demandar su pago y cobrar los gastos que le haya demandado acreditarlo, aunque no haya corrido riesgo alguno, sin perjuicio de la acción criminal."*

[1670] Sobre essas definições de nulidade originária ou sucessiva veja-se: ALVES, José Carlos Moreira. *Direito Romano.* Op. cit. Vol. I, p. 169.

A má-fé do tomador, segurado ou beneficiário se caracteriza pela intenção de enganar o segurador, nas mais diversas obrigações, inclusive no processo. Trata-se de uma espécie de autodeterminação que encontra reação no direito do seguro[1671].

A má-fé do segurador, por sua vez, pode trazer efeitos individuais, na base do negócio jurídico, e pode se estender a uma coletividade de interesses envolvidos, desde a confecção de documentos à conformidade para com a mutualidade de segurados, terceiros e frente a ordem econômica em sentido mais amplo.

A consequência prática da má-fé, na lei e nos tribunais, é coibir o abuso de direito em sentido *lato*, com previsões de nulidade em listas de hipóteses; ou mobilidade, para afastar o que é contrário a boa-fé e recompor a relação entre as partes[1672].

O Código Civil brasileiro emprega o conceito de má-fé em distintos capítulos, relacionada à ordem pública, ilícito, preservação de interesses e reequilíbrio das relações afetadas[1673].

No seguro o regime lógico-formal dos atos jurídicos está vinculado aos fins morais deste contrato e a um sistema que atua fortemente sobre a má-fé[1674].

As leis e a doutrina intercalam as expressões má-fé e dolo, cujas definições reúnem semelhança, embora possuam sentidos próprios.

A designação má-fé é de acepção mais abrangente que o dolo. A má-fé abarca um número maior de condutas maliciosas[1675], mais útil para generalizar o enfrentamento dessas questões. O dolo, por sua vez, é quando há

[1671] STIGLITZ, Rubén. Op. Cit. Tomo I, p. 703.

[1672] Brasil: Veja-se C.C. artigos 412 e 413.

[1673] Brasil: disposições sobre má-fé no C.C.: artigos 161; 205 § 2º; 242 § único; 295; 363; 518; 766; 769; 878; 879, § único; 891, § único; 901; 916; 918 § 2º; 945, II; 1.177; 1.216; 1.218; 1.220; 1.222; 1.254; 1.256 § único; 1.258; 1.259; 1.269 § 1º; 1.271; 1.273; 1.530 § único; 1.561 § 2º; 1.826 § único.

[1674] Cf. MESSINEO, Francesco. *Manual de derecho civil y comercial*. Traducción de Santiago Sentis Melendo. Tomo VI. Buenos Aires. Ediciones Jurídicas Europa-América, p. 165. GARRIGUES, Joaquin. Op. cit. p. 57. BIGOT, Jean. (direcion) *Traité de droit des assurances, Tome 3, Le contrat d'assurance*. Avec la colaboration de Jean Beauchard, Vincent Heuzé, Jérôme Kullmann, Luc Mayaux e Véronique Nicolas.L.D.G.J – Librarie Générale de Droit et de Jurisprudence, EJA, 2002, p. 61.

[1675] SANCHES CALERO, Fernando, *Ley de contrato de seguro*. Op. cit. p. 289.

deliberada a intenção lesiva ou a noção de antijuridicidade[1676]. Na expressão de Silvio Macedo, "o dolo é a coloração mais intensa da má-fé"[1677].

Por vezes é necessária a figura do dolo para que a lei não prejudique interesses da vulnerabilidade na contratação. Exemplo disso é quando se torna necessário limitar as hipóteses em que o segurador pode se desobrigar da garantia contratada[1678].

[1676] Brasil: C.C. *"Art. 762. Nulo será o contrato para garantia de risco proveniente de ato doloso do segurado, do beneficiário, ou de representante de um ou de outro."* Portugal: Decreto 72/2008 *"Artigo 14.º - Seguros proibidos. 1 — Sem prejuízo das regras gerais sobre licitude do conteúdo negocial, é proibida a celebração de contrato de seguro que cubra os seguintes riscos: a) Responsabilidade criminal, contra ordem nacional ou disciplinar; b) Rapto, sequestro e outros crimes contra a liberdade pessoal; c) Posse ou transporte de estupefacientes ou drogas cujo consumo seja interdito; d) Morte de crianças com idade inferior a 14 anos ou daqueles que por anomalia psíquica ou outra causa se mostrem incapazes de governar a sua pessoa. 2 — A proibição referida da alínea a) do número anterior não é extensiva à responsabilidade civil eventualmente associada. 3 — A proibição referida nas alíneas b) e d) do n.º 1 não abrange o pagamento de prestações estritamente indenizatórias. 4 — Não é proibida a cobertura do risco de morte por que contratada por instituições escolares, desportivas ou de natureza análoga que dela não sejam beneficiárias."* México: LS *"Artículo 60.- En los casos de dolo o mala fe en la agravación del riesgo, el asegurado perderá las primas anticipadas."* Chile: C.com. *"Art. 526 ... Salvo en caso de agravación dolosa de los riesgos, en todas las situaciones en que, de acuerdo a los incisos anteriores, haya lugar a la terminación del contrato, el asegurador deberá devolver al asegurado la proporción de prima correspondiente al período en que, como consecuencia de ella, quede liberado de los riesgos."*

[1677] Cf. MACEDO, Silvio. In. Enciclopédia Saraiva do Direito. Op. cit. vol. 51. p. 31.

[1678] Brasil: C.C. Art. 145. São os negócios jurídicos anuláveis por dolo, quando este for a sua causa. "Art. 762 - Nulo será o contrato para garantia de risco proveniente de ato doloso do segurado, do beneficiário, ou de representante de um ou de outro."; "Art. 765. O segurado e o segurador são obrigados a guardar na conclusão e execução do contrato, a mais estrita boa-fé e veracidade, tanto a respeito do objeto como *das circunstâncias e declarações a ele concernentes."; Art. 766. Se o segurado, por si ou por seu representante, fizer declarações inexatas ou omitir circunstâncias que possa influir na aceitação da proposta ou na taxa do prêmio, perderá o direito à garantia, além de ficar obrigado ao prêmio vencido. Parágrafo único. Se a inexatidão ou omissão nas declarações não resultar de má-fé do segurado, o segurador terá direito a resolver o contrato, ou a cobrar, mesmo após o sinistro, a diferença do prêmio".* Espanha: *LCS 50/1980 "Artículo 10. El tomador del seguro tiene el deber, antes de la conclusión del contrato, de declarar al asegurador, de acuerdo con el cuestionario que éste le someta, todas las circunstancias por él conocidas que puedan influir en la valoración del riesgo. El asegurador podrá rescindir el contrato mediante declaración dirigida al tomador del seguro en el plazo de un mes, a contar del conocimiento de la reserva o inexactitud del tomador del seguro. Corresponderán al asegurador, salvo que concurra dolo o culpa grave por su parte, las primas relativas al período en curso en el momento que haga esta declaración. Si el siniestro sobreviene antes de que el asegurador haga la declaración a la que se refiere el párrafo anterior, la prestación de éste se reducirá proporcionalmente a la diferencia entre la prima convenida y la que se hubiese aplicado de haberse conocido la verdadera entidad del riesgo. Si medió dolo o culpa grave del tomador del seguro quedará el asegurador liberado del pago de la prestación."* Portugal: C.Com. *"Art.º 429.º - Nulidade do seguro por inexactidões ou omissões. Toda a declaração inexacta, assim como toda a reticência de factos ou circunstâncias conhecidas pelo segurado ou por quem fez o seguro, e que teriam podido influir sobre a existência ou condições do contrato tomam o seguro nulo. § único. Se da parte de quem fez as declarações tiver havido má fé o segurador terá direito ao prémio."*

Na práxis, no exame do caso concreto, para enfrentar as injustiças cometidas cumpre examinar as circunstâncias do pondo de vista material e causal, não podendo a má-fé ser considerada autoevidente.

A jurisprudência tem se afirmado no sentido de que a má-fé deve ser provada pelo segurador, notadamente para desobrigar-se da garantia contratada.

A doutrina também é firme nesse sentido. E cabe ao segurador o ônus da prova que o sinistro foi causado pelo segurado, nas hipóteses excludentes das leis acima referidas[1679].

No Brasil são conhecidos precedentes do STJ[1680] de que a má-fé do segurado deve ser comprovada para que o segurador possa se eximir do dever de indenizar. Tornou-se objeto da Súmula 697 da Corte:

> STJ – "Súmula 609: A recusa de cobertura securitária, sob a alegação de doença preexistente, é ilícita se não houve a exigência de exames médicos prévios à contratação ou a demonstração de má-fé do segurado."

França: *Code des assurances. « Article L. 113-2, L'assuré est obligé : 2º De répondre exactement aux questions posées par l'assureur, notamment dans le formulaire de déclaration du risque par lequel l'assureur l'interroge lors de la conclusion du contrat, sur les circonstances qui sont de nature à faire apprécier par l'assureur les risques qu'il prend en charge ; ». (Loi nº 89-1014 du 31 décembre 1989 art. 10 Journal Officiel du 3 janvier 1990 en vigueur le 1er mai 1990).* Argentina: LS, arts. 5, 7 e 8. México: C.C. *"Articulo 1816. El dolo o mala fe de una de las partes y el dolo que proviene de un tercero, sabiendolo aquella, anulan el contrato si ha sido la causa determinante de este acto juridico."* LS, *"Artículo 77.- En ningún caso quedará obligada la empresa, si probase que el siniestro se causó por dolo o mala fe del asegurado, del beneficiario o de sus respectivos causahabientes."* Veja-se, arts. 60, 88, 95, 102 e 168. Chile: C.C. *"Art. 1546. Los contratos deben ejecutarse de buena fe, y por consiguiente obligan no sólo a lo que en ellos se expresa, sino a todas las cosas que emanan precisamente de la naturaleza de la obligación, o que por la ley o la costumbre pertenecen a ella."* C.com. *"Art. 539. Otras causales de ineficacia del contrato. El contrato de seguro es nulo si el asegurado, a sabiendas, proporciona al asegurador información sustancialmente falsa al prestar la declaración a que se refiere el número 1° del artículo 524 y se resuelve si incurre en esa conducta al reclamar la indemnización de un siniestro. En dichos casos, pronunciada la nulidad o la resolución del seguro, el asegurador podrá retener la prima o demandar su pago y cobrar los gastos que le haya demandado acreditarlo, aunque no haya corrido riesgo alguno, sin perjuicio de la acción criminal."*

1679 Nesse sentido: HALPERIN, Isaac. Seguros. Op. cit. p. 607-608. SANCHES CALERO, Fernando. Op. cit. p. 291. Espanha: C.C. *"Art. 1.214 Incumbe la prueba de las obligaciones al que reclama su cumplimiento, y la de su extinción al que la opone."*

1680 Veja-se STJ (Informativo de Jurisprudência N. 529) Julgados: AgInt no AREsp 637787/SP, Rel. Ministro Lázaro Guimarães, Quarta Turma, julgado em 24/10/2017, DJe 31/10/2017; AgInt no REsp 1296733/SC, Rel. Ministro Raul Araújo, Quarta Turma, julgado em 21/09/2017, DJe 20/10/2017; AgInt no AREsp 868485/RS, Rel. Ministro Paulo De Tarso Sanseverino, Terceira Turma, julgado em 22/08/2017, DJe 06/09/2017; AgInt no AREsp 436830/PR, Rel. Ministra Maria Isabel Gallotti, Quarta Turma, julgado em 03/08/2017, DJe 08/08/2017; REsp 1665701/RS, Rel. Ministro Ricardo Villas Bôas Cueva, Terceira Turma, julgado em 09/05/2017, DJe 31/05/2017; AgRg no REsp 1357593/DF, Rel. Ministro Marco Buzzi, Quarta Turma, julgado em 20/04/2017, DJe 02/05/2017.

Ainda sobre a suposição de má-fé na fase pré-contratual, em razão de doença pré-existente, vale citar o julgamento no AgRg no Recurso Especial nº 1.286.741 - SP (2011/0234217-8) Rel: Ministro Ricardo Villas Bôas Cueva[1681], cujo caso o segurado silenciou sobre doença pré-existente, e a Corte considerou como falsas declarações, não cabendo o pagamento da cobertura contratada.

No seguro de vida a lei cuida de reprimir a má-fé em suicídio premeditado, reservando-se um período de dois anos no Direito brasileiro, a partir da conclusão do contrato, norma com semelhanças no direito comparado[1682]. Em algumas nações prevê, simplesmente, a liberação do segurador em caso de suicídio voluntário, ou quando o segurado ou beneficiário provoca o acidente dolosamente ou por culpa grave[1683].

Outra espécie de falsa informação na fase pré-contratual pode estar no sobresseguro intencional. Provada a má-fé do tomador, com interesse de enriquecimento ilícito, é nulo o contrato, ressalvado ao segurador a percepção total do prêmio[1684].

[1681] Brasil: STJ. "Agravo Regimental no Recurso Especial. Seguro de Vida e Acidentes Pessoais em Grupo. Invalidez. Indenização. Doença Pré-existente. Súmula nº 284/STF. Má-Fé do segurado no preenchimento do questionário. Reconhecimento pelo Tribunal Estadual. Revisão. Impossibilidade. SÚMULA Nº 7/STJ".

[1682] Brasil: C.C.: "Art. 798. O beneficiário não tem direito ao capital estipulado quando o segurado se suicida nos primeiros dois anos de vigência inicial do contrato, ou da sua recondução depois de suspenso, observado o disposto no parágrafo único do artigo antecedente". Espanha: *LCS, "Artículo 93. Salvo pacto en contrario, el riesgo de suicidio del asegurado quedará cubierto a partir del transcurso de un año del momento de la conclusión del contrato. A estos efectos se entiende por suicidio la muerte causada consciente y voluntariamente por el propio asegurado."* Argentina: *LS, "Art. 135. El suicidio voluntario de la persona cuya vida se asegura, libera al asegurador, salvo que el contrato haya estado en vigor ininterrumpidamente por tres años." Art. 152. El asegurador se libera si el asegurado o el beneficiario provoca el accidente dolosamente o por culpa grave o lo sufre en empresa criminal.* "Portugal: DL, *"Art. 191. Está excluída a cobertura da morte em caso de suicídio ocorrido até um ano após a celebração do contrato, salvo convenção em contrário..."* Chile: C.com. *"Art. 598. Provocación del siniestro y suicidio. El siniestro causado dolosamente por el beneficiario, privará a éste del derecho a la prestación establecida en el contrato, sin perjuicio de la acción criminal a que hubiere lugar. Salvo pacto en contrario, el riesgo de suicidio del asegurado sólo quedará cubierto a partir de dos años de la celebración del contrato, o de haber estado vigente el seguro por igual plazo en virtud de sucesivas renovaciones.* México: LS, *"Artículo 197.- La empresa aseguradora estará obligada, aun en caso de suicidio del asegurado, cualquiera que sea el estado mental del suicida o el móvil del suicidio, si se verifica después de dos años de la celebración del contrato. Si el suicidio ocurre antes de los dos años, la empresa reembolsará únicamente la reserva matemática."*

[1683] Argentina: LS, artigos 135 e 152.

[1684] Espanha: *"Artículo 31. [...] Cuando el sobreseguro previsto en el párrafo anterior se debiera a mala fe del asegurado, el contrato será ineficaz. El asegurador de buena fe podrá, no obstante, retener las primas vencidas y las del período en curso".* Argentina: LS, *"El contrato es nulo si se celebró con la intención de enriquecerse indebidamente con el excedente asegurado. Si a la celebración del contrato el asegurador no conocía esa intención, tiene derecho a percibir la prima por el período de seguro durante el cual adquiere este conocimiento."*

Semelhantes efeitos são reservados pela LCS para falsas declarações, quando na ocorrência do sinistro o segurador fica liberado da sua prestação se o tomador ou segurado agiram de má-fé[1685]. Se não existir má-fé na omissão ou declaração por parte do tomador o do segurado, o contrato produz seus efeitos, sendo o segurador obrigado à indenização em caso de sinistro. Todavia, pode descontar ou compensar o valor do prêmio, proporcionalmente[1686].

O artigo 19 da LCS é explícito com relação à exclusão da garantia em caso de má-fé do segurado para a ocorrência do sinistro. E sua norma consolida na Espanha uma cláusula geral para os diferentes ramos de seguro, com fundamento na exclusão de riscos provocados de má-fé.

A exceção a esse regime encontra exemplos nos casos em que o ato foi provocado pelo cumprimento de um dever de humanidade, ou estado de necessidade, cujo sentido altruísta não merece uma sanção econômica sobre o segurado que procura evitar um mal maior, o que também vale quando a intenção é de minorar as consequências do sinistro[1687].

Nesse sistema, que gira em torno ao funcionamento da boa-fé e intolerância à má-fé no contrato de seguro, merecem relevo as situações fáticas e a mobilidade, sendo a perda da garantia uma circunstância extrema[1688], para a qual não pode faltar a comprovação do ato malicioso, da relação causal e das externalidades do ponto de vista econômico.

[1685] Espanha: *LCS art. 12.2. "El asegurador igualmente podrá rescindir el contrato comunicándolo por escrito al asegurado dentro de un mes, a partir del día en que tuvo conocimiento de la agravación del riesgo. En el caso de que el tomador del seguro o el asegurado no haya efectuado su declaración y sobreviniere un siniestro, el asegurador queda liberado de su prestación si el tomador o el asegurado ha actuado con mala fe. En otro caso, la prestación del asegurador se reducirá proporcionalmente a la diferencia entre la prima convenida y la que se hubiera aplicado de haberse conocido la verdadera entidad del riesgo."*

[1686] SANCHES CALERO, Fernando. Op. cit. p. 228.

[1687] HALPERIN, Isaac. Seguros. Op. cit. p. 606.

[1688] Brasil: C.C. Art. 762. Portugal: DL art. 46º. Espanha: LCS, Art. 17. França: CA. L-121.3. México: Art. 77. Argentina: LS, Art. 8, 114 e 152. Chile: Art. 535.

CAPÍTULO 6
INTERPRETAÇÃO E INTEGRAÇÃO CONTRATUAL

6.1 Fundamentos de interpretação e integração nos seguros

No campo da hermenêutica, processo cognitivo pelo qual se constroem sentidos jurídicos, retomamos ao estudo das fontes do direito que conduziu os esforços desta obra.

Assim, a interpretação pode tomar por objeto leis, princípios, costumes, jurisprudência, doutrina e aplicações da equidade e analogia. Ainda deve investigar o contrato, sua natureza e elementos.

Essas proposições jurídicas merecem ser consideradas como parte de um sistema de valores e normas do contrato de seguro. E o ordenamento jurídico aponta o caminho lógico da interpretação sistemática[1689].

Por vezes há relativismo na primazia das fontes. Mas não existe espaço de livre criação do direito. Seguro é um contrato típico em muitas nações, de trajetória histórica, devendo se observar a lei e a documentação contratual, entre outros standards de interpretação.

Relacionamos alguns critérios de diferentes nações para ampliar a investigação, que podem ser úteis, especialmente quando a matéria se sujeita às práticas do país de origem.

Segundo o Código Civil brasileiro a interpretação no contrato deve considerar a boa-fé e os usos do mercado e do lugar da celebração[1690]. Nesses cânones

[1689] Sobre o rigor da interpretação sistemática vale a expressão de Norberto Bobbio: "Que o ordenamento jurídico, ou pelo menos parte dele, constitua um sistema é um pressuposto da atividade interpretativa, um dos ossos do ofício, digamos assim, do jurista." BOBBIO, Norberto. *Teoria do ordenamento jurídico*. Op. cit. p. 76

[1690] Brasil: C.C. "Art. 113. Os negócios jurídicos devem ser interpretados conforme a boa-fé e os usos do lugar de sua celebração." Sendo que o sentido hermenêutico deve "II – corresponder aos usos, costumes e práticas do mercado relativas ao tipo de negócio; (Incluído pela Lei nº 13.874, de 2019)".

o direito tem mobilidade e a lealdade é um dos eixos deste sistema. O outro diz respeito aos usos e seu reconhecimento social e jurídico.

No princípio da boa-fé[1691] está o imperativo de vedação da má-fé e sua intolerância, sujeita à nulidade[1692]. É um referencial presente em muitos países. A boa-fé afirma a concepção naturalista de que a ordem jurídica está vinculada à justiça e à verdade[1693]. No sentido filosófico lembra a prudência e sua promessa de bons resultados[1694].

[1691] Brasil: C.C. "Art. Art. 422. Os contratantes são obrigados a guardar, assim na conclusão do contrato, como em sua execução, os princípios de probidade e boa-fé." C.C.: "Art. 765. O segurado e o segurador são obrigados a guardar na conclusão e execução do contrato, a mais estrita boa-fé e veracidade, tanto a respeito do objeto como das circunstâncias e declarações a ele concernentes."; Art. 766. Se o segurado, por si ou por seu representante, fizer declarações inexatas ou omitir circunstâncias que possa influir na aceitação da proposta ou na taxa do prêmio, perderá o direito à garantia, além de ficar obrigado ao prêmio vencido.". Código Comercial, art. 131, 1. PL 29/2017 "Art. 62. O contrato de seguro deve ser executado e interpretado segundo a boa-fé." Italia: C.C.: *"Art. 1366 Interpretazione di buona fede: Il contratto deve essere interpretato secondo buona fede" (1337,1371,1375)*. Portugal: DL, art. 25. Decreto-Lei nº 176/95, de 26 de julho, Capítulo II – Deveres de Informação. Cód. Comercial, art. 429. México: LS, art. 5-10, art. 60. Argentina: LS, art. 4,5,6,7,8,11. Chile: C.Com. arts. 518–521 e art. 539.

[1692] Intolerância com relação à má-fé: Brasil: C.C. *"Art. 762. Nulo será o contrato para garantia de risco proveniente de ato doloso do segurado, do beneficiário, ou de representante de um ou de outro."* Espanha: LCS 50/1980 *"Artículo 19. El asegurador estará obligado al pago de la prestación, salvo en el supuesto de que el siniestro haya sido causado por mala fe del asegurado."* Portugal: C.Com. *"Art.º 429.º – Nulidade do seguro por inexactidões ou omissões. Toda a declaração inexacta, assim como toda a reticência de factos ou circunstâncias conhecidas pelo segurado ou por quem fez o seguro, e que teriam podido influir sobre a existência ou condições do contrato tomam o seguro nulo. § único. Se da parte de quem fez as declarações tiver havido má fé o segurador terá direito ao prémio."* Argentina: LS, arts. 5, 7 e 8. México: C.C. *"Articulo 1816. El dolo o mala fe de una de las partes y el dolo que proviene de un tercero, sabiendolo aquella, anulan el contrato si ha sido la causa determinante de este acto juridico."* LS, *"Artículo 77.- En ningún caso quedará obligada la empresa, si probase que el siniestro se causó por dolo o mala fe del asegurado, del beneficiario o de sus respectivos causahabientes."* Veja-se, arts. 60, 88, 95, 102 e 168. Chile: C.c. *"Art. 1546. Los contratos deben ejecutarse de buena fe, y por consiguiente obligan no sólo a lo que en ellos se expresa, sino a todas las cosas que emanan precisamente de la naturaleza de la obligación, o que por la ley o la costumbre pertenecen a ella."* C.com. *"Art. 539. Otras causales de ineficacia del contrato. El contrato de seguro es nulo si el asegurado, a sabiendas, proporciona al asegurador información sustancialmente falsa al prestar la declaración a que se refiere el número 1° del artículo 524 y se resuelve si incurre en esa conducta al reclamar la indemnización de un siniestro. En dichos casos, pronunciada la nulidad o la resolución del seguro, el asegurador podrá retener la prima o demandar su pago y cobrar los gastos que le haya demandado acreditarlo, aunque no haya corrido riesgo alguno, sin perjuicio de la acción criminal."*

[1693] RAWLS, John. *Uma teoria da justiça*. Título Original: *A theory of justice*. Tradução Almiro Pisetta e Lenita M. R. Esteves, São Paulo, Martins Fontes, 1997: *"A justiça é a primeira virtude das instituições sociais, como a verdade o é para os sistemas de pensamento."* p. 3.

[1694] Sobre a ética de Platão e epicurista: GOTTLIEB, Anthony. *O sonho da razão: uma história filosófica ocidental da Grécia ao Renascimento*. Tradução Pedro Jorgenssen Jr. Rio de Janeiro: DIEFEL, 2007. p. 218 e 358.

No outro eixo, os usos e a formação do costume estão na própria origem do direito, primeiramente com influência religiosa[1695], que segue em muitos povos; depois, trazido para o corpo das leis e aplicações da jurisprudência[1696], além dos casos que não é regulado em leis *"consuetudo praeter legem"*.[1697]

O costume recebeu impulso na combinação entre as correntes formalistas[1698], baseadas no «legalismo» e as «concepções conjunturais» do direito, relacionadas à sociedade, política, economia e mercado. Assim, é fonte de direito com viés utilitário e racionalidade prática, inclusive nas modernas concepções da análise econômica do direito.

Desde as origens remotas o costume é fonte genuína de direito[1699]. Produz norma jurídica de forma direta[1700], por vezes, superior à lei[1701], que não deve ir de encontro aos bons costumes. No direito mercantil seu reconhecimento

[1695] A influência religiosa é marcante na produção do Direito. Desde HAMURABI, passando por MOISÉS, até os institutos do Direito Canônico e modernas legislações. Segundo essas fontes, as leis nasceram como revelação de Deus ou de diferentes Deuses "costume sagrado"; ou quando o legislador transpõe na lei o costume, transformando-o em lei redigida por homens, é fonte primária desde as leis históricas de Hamurabi, Moisés, além dessas aparições no cujas tradições jurídicas refletem em nossos dias.

[1696] WILL DURANT comenta a experiência democrática na época de Péricles, inclusive a reforma judiciária por ele produzida, que instituiu cortes populares e deu à Atenas o julgamento pelo júri. Compunha-se de seis mil jurados *"dicasts"*, anualmente escolhidos por sorteio entre os cidadãos. Comenta também e emprego da arbitragem pelos gregos. DURANT, WILL. "A história da civilização II. Nossa herança clássica. Trad. Mamede de Souza Freitas. Rio de Janeiro – Editora Record, revisado em 1966, p. 203-206. MOREIRA ALVES comentava a importância do costume antes e na formação das *"Leis Régias"*, além da influência marcante na formação das leis da República, *"com base nas normas que a tradição transmitia de geração para geração"*. ALVES, José Carlos Moreira. Direito romano. Volume I, 11ª edição, Rio de Janeiro, Ed. Forense, 1998, p. 13-27.

[1697] Vale destacar a lição de Norberto Bobbio sobre a importância do costume como fonte direita e superior a lei em muitas nações. BOBBIO, Norberto. *Teoria do ordenamento jurídico*. Op. cit. p. 39.

[1698] Sobre o reconhecimento do costume no círculo da *dogmática jurídica*: REALE, Miguel. *Filosofia do Direito*. 20. ed. São Paulo: Saraiva, 2002. p. 430.

[1699] *"La costumbre es fuente toda vez que en ella encuentra el intérprete (o el juez) lo que necesita para afirmar la objetividad de su interpretación del caso: la existencia de un sentido genérico coincidente aceptado colectivamente por la comunidad"*. AFTALION, GARCÍA OLANO & VILANOVA. *Introducción al derecho: nociones preliminares – teoría general*. 8ª ed. Buenos Aires, La Ley Sociedad Anónima Editora e Impresora, 1967, p. 343.

[1700] Nesse sentido: Manuel Albaladejo e a referência a *"Sentencia de 18 abril 1951, que define o costume como «norma jurídica elaborada por la consciência social mediante la repetición de actos realizada com intención jurídica»*. O autor também cita, a *Sentencia de 24 febrero,1962*. ALBALADEJO, Manuel. *Derecho Civil. Introducción y parte general. Volumen primero. Decimocuarta edición*. Jose Maria Bosch Editor, S.A. – Barcelona, 1996, p. 96.

[1701] Costume superior à lei: BOBBIO, Norberto. *Teoria do ordenamento jurídico*. Op. cit. p. 39.

jurídico tem amparo no "princípio da eficácia dos usos e costumes"[1702], com antecedentes no direito romano, inclusive nas lições do Imperador Justiniano:

> "Não-escrito é o direito que o uso aprovou, porque os costumes repetidos, diuturnamente, e aprovados pelo consenso dos que os usam, equivalem à lei." [1703]

Na medida em que o Direito expressa os valores do seu povo, há uma tendência à transposição do costume para a lei[1704], e a "*opinio iuris*" adquire valor de norma jurídica[1705]. Os valores se transformam em normas e seus preceitos em soluções ao caso concreto segundo a racionalidade humana.

A experiência humana e seu conteúdo existencial são inerentes à interpretação. Na lição de Ralph Emerson: "a razão transfere todas as lições para o mundo das ideias". E, na elaboração das razões, complementa: "cada espírito constrói sua casa; mas, no fim, a casa aprisiona o espírito.[1706]" Em outras palavras, a produção e aplicação do direito passa pelo homem, suas experiências de vida, percepções e valores.

A novidade é por conta da expansão da inteligência artificial em todas as áreas de aplicação, razão pela qual é preciso observar o homem como o destinatário do direito. A dignidade humana é princípio estruturante dos sistemas democráticos[1707]. É um metacritério jurídico a ser preservado, fixando-se o homem e suas liberdades e direitos fundamentais como ponto de partida da

[1702] Nesse sentido: COELHO, Fábio Ulhoa. *Princípios do direito comercial: com anotações ao projeto de código comercial.* São Paulo: Saraiva, 2012, p. 54.

[1703] Veja-se: Institutas, do Imperador Justiniano (533 d.C.), no § 9º do Título II – do Direito Natural das Gentes e Civil. INSTITUTAS DO IMPERADOR JUSTINIANO. *Manual didático para uso dos estudantes de direito de Constantinopla, elaborado por ordem do Imperador Justiniano, no ano de 533 d.C.* Tradução: José Cretella Jr. e Agnes Cretella. Tradução diretamente do original latino, em edição aos cuidados de V. Arangio-Ruiz e Antonio Guarino, Milano, 1943. Dott. A Giuffrè Editore. 2ª edição ampliada e revista da tradução. São Paulo: Editora Revista dos Tribunais Ltda., 1ª edição: 2000.

[1704] Nesse sentido veja-se: "*os costumes devem exprimir-se em leis, porque somente são leis verdadeiras as que traduzem as aspirações autênticas do povo*". REALE, op. cit. p. 423.

[1705] Nesse sentido: BETTI, Emilio. *Teoría general del negocio jurídico.* Traducción y concordancia con el derecho español por A. Martins Perez. 2ª ed., Editorial Revista de Derecho Privado, Madrid, 1959. Edição original 1943, p. 81.

[1706] EMERSON, Ralph Waldo. *A conduta da vida.* 1ª ed. 2019. Título original: *The Conduct of Life.* Tradução Juliana Amato. Campinas – SP, Ed. Auster, 2019, p. 12.

[1707] Brasil: CF Art. 1º, § único.

análise jurídica, a merecer a interpretação mais favorável aos direitos fundamentais, e mais restritiva quando punitivas ou de natureza fiscal.[1708]

Dentre os países da *Civil Law*, a ordem jurídica se apoia na necessidade[1709] e primazia da lei. A lei é fonte primária do direito. Seus efeitos produzem mandados como norma[1710]. É produto da atividade legislativa do Estado, linha divisória entre o direito e a realidade fática[1711].

Ocorre que a lei e sua aplicação se situam em contextos distintos. A lei no plano do ordenamento jurídico; a intepretação e aplicação em processos lógicos, de percepção, classificações e movimentos de legitimação do direito.

A «norma» é o sentido extraído da lei, conteúdo que pressupõe vigência jurídica, modo de ser do direito positivo[1712].

No direito do seguro a lei é relevante para a atividade seguradora, a supervisão de seguros e a disciplina do contrato de seguro.

Dentre as características das leis de seguro destacam-se leis especiais em algumas nações, com fôlego no tratamento à matéria, e o caráter imperativo ou semi-imperativo de suas normas[1713]. Trata-se de tutela compensatória da vulnerabilidade por normas que não admitem pacto em contrário nas

[1708] Nesse sentido da interpretação extensiva e "dos direitos do homem como *ratio essendi* do Estado Constitucional": CANOTILHO. J. J. Gomes. *Direito constitucional.* Op. cit. p. 18-19. CANOTILHO, J. J. Gomes e Vital Moreira. *Fundamentos da constituição.* Op. cit. p. 143. CIRNE LIMA, Ruy. *Princípios do direito administrativo brasileiro.* Op. cit. p. 104-105. BARROSO, Luis Roberto. *Interpretação da Constituição.* Op. cit. p. 122. MORAES, Alexandre de. *Direito constitucional.* O Ministro ainda comenta a «aplicação imediata» desses princípios. Op. cit. p. 29-33. No mesmo sentido: MENDES, Gilmar Ferreira. Ainda comenta a «inalienabilidade e indisponibilidade» que resultam da dignidade humana. *Curso de direito constitucional.* Op. cit. p. 144.

[1709] Nesse sentido: a atividade legislativa é vinculada ao «princípio da necessidade», e leis supérfluas podem ensejar abuso do poder de legislar, e inconstitucionalidade quando estabelece restrições dispensáveis do ponto de vista da liberdade de ação social. O excesso de lei também agrava a desinformação e o desconhecimento jurídico. Veja-se: Brasil. Presidência da República. *Manual de redação da Presidência da República.* Gilmar Ferreira Mendes [et al]. Brasília: Presidência da República, 1991, p. 187.

[1710] SAVIGNY, Friedrich Karl Von, 1779-1861. *Metodologia jurídica.* Trad. J. J. Santa-Pinter e Hebe A.M. Caletti Marenco; Campinas – São Paulo, Editora Edicamp, 2001. Segundo Savigny, *"Toda a lei deve expressar um pensamento de maneira tal que seja válido como norma."* p. 9.

[1711] Sobre o dualismo entre norma e fato: MÜLLER, Friedrich. *Discours de la méthode juridique. Traduit de L'allmand par Olivier Jouanjan. Presses Universitaires de France, Paris, 1996. Traction française de Juristische Methodik,* Berlin, 1993, p. 309.

[1712] LARENZ, Karl. *Metodologia da ciência do Direito.* Op. cit. p. 156.

[1713] Na expressão do mestre alemão, a norma é o sentido da lei, com seu conteúdo e vigência jurídica. In. LARENZ, Karl. *Metodologia da ciência do Direito.* Op. cit. p. 156.

primeiras, mas reservam o sentido mais benéfico ao tomador, segurado ou beneficiário nas últimas.

Ao lado da lei, as condições gerais da contratação possuem importante função normativa. Seus efeitos estão no campo da autorregulação pelas partes, e cumpre extraí-los de maneira coerente, preservando o contrato e seus efeitos.

Essa temática ainda merece considerar aspectos de impacto regulatório e o respeito aos riscos alocados pelas partes, com limites à revisão administrativa ou judicial, segundo o princípio da intervenção mínima[1714].

De todo o modo, há um poder relativo de autorregulação[1715], sujeito às limitações dos negócios jurídicos, pela transposição do direito civil e sua vinculação à ordem pública e aos bons costumes[1716]; além da sujeição à regulação e controles estatais.

Desde o final do século passado é perceptível o «declínio da autonomia da vontade»[1717]. Reivindicações de consumidores, contratos-tipo, além da problemática das cláusulas abusivas estreitaram os limites da contratação.

[1714] Brasil: A Lei de Liberdade Econômica – Lei n. 13.874, de 20 de setembro de 2019, adicionou o art. 421-A e com seus incisos ao Código Civil: "Art. 421-A. Os contratos civis e empresariais presumem-se paritários e simétricos até a presença de elementos concretos que justifiquem o afastamento dessa presunção, ressalvados os regimes jurídicos previstos em leis especiais, garantido também que: (Incluído pela Lei nº 13.874, de 2019); I – as partes negociantes poderão estabelecer parâmetros objetivos para a interpretação das cláusulas negociais e de seus pressupostos de revisão ou de resolução; (Incluído pela Lei nº 13.874, de 2019); II – a alocação de riscos definida pelas partes deve ser respeitada e observada; e (Incluído pela Lei nº 13.874, de 2019); III – a revisão contratual somente ocorrerá de maneira excepcional e limitada. (Incluído pela Lei nº 13.874, de 2019).

[1715] Na lição de Emilio Betti, dentre as liberdades públicas, a autonomia privada significa o poder de "*autoregulação*" pelos próprios interessados: "*específicamente, una regulación directa, individual, concreta, de determinados intereses propios, por obra de los mismos interesados*". BETTI, Emilio. *Teoría general del negocio jurídico*. Traducción y concordancia con el derecho español por A. Martins Perez. 2ª ed., Editorial Revista de Derecho Privado, Madrid, 1959. Edição original 1943. p. 48.

[1716] Brasil: C.C. Art. 122. São lícitas, em geral, todas as condições não contrárias à lei, à ordem pública ou aos bons costumes; entre as condições defesas se incluem as que privarem de todo efeito o negócio jurídico, ou o sujeitarem ao puro arbítrio de uma das partes. Espanha: C.C. "*Art. 1.116 Las condiciones imposibles, las contrarias a las buenas costumbres y las prohibidas por la ley anularán la obligación que de ellas dependa.*" "*Art.1.271...Pueden ser igualmente objeto de contrato todos los servicios que no sean contrarios a las leyes o a las buenas costumbres.*" Itália: *C.C. "Art. 1343 Causa illecita La causa è illecita quando è contraria a norme imperative, all'ordine pubblico o al buon costume (prel. 1, 1418, 1972).*" Argentina: C.c. "*Art.21.- Las convenciones particulares no pueden dejar sin efecto las leyes en cuya observancia estén interesados el orden público y las buenas costumbres.*" México: C.C. "*Articulo 1830. Es ilícito el hecho que es contrario a las leyes de orden público o a las buenas costumbres.*"

[1717] "*Le Déclin de L'Autonomie de la Volonté*". GHESTIN, Jacques. *Traité de droit civil – Le obligation – Le contrat. Principes et caractères essentiels. Ordre public – Consentement, Objet, Cause, Théorie générale des nullités*. Paris. L.G.D.J, 1980, p. 32-51.

Não se sujeitam a esse influxo os seguros de grandes riscos[1718] em que as leis de admitem mobilidade e negociações entre as partes, que podem pactuar livremente as regras de interpretação, conforme o art. 113, § 2º do Código Civil brasileiro. Nos grandes riscos sobressaem-se valores como a liberdade negocial ampla; boa-fé; transparência e objetividade nas informações; tratamento paritário entre as partes; estímulo aos meios alternativos de composição de conflitos; e intervenção estatal subsidiária e excepcional.

Para todos os contratos, com relação ao texto, a interpretação merece investigar o «sentido das palavras», a «intenção das partes»[1719] e os «horizontes do contrato». Não se trata da supremacia da vontade, mas desta em consonância com a lei e as condições da contratação.

[1718] Brasil: SUSEP Resolução n. 407. Art. 2º Entendem-se como contratos de seguros de danos para cobertura de grandes riscos aqueles que apresentem as seguintes características:
I – estejam compreendidos nos ramos ou grupos de ramos de riscos de petróleo, riscos nomeados e operacionais – RNO, global de bancos, aeronáuticos, marítimos e nucleares, além de, na hipótese de o segurado ser pessoa jurídica, crédito interno e crédito à exportação; ou
II – demais ramos, desde que sejam contratados mediante pactuação expressa por pessoas jurídicas, incluindo tomadores, que apresentem, no momento da contratação e da renovação, pelo menos, uma das seguintes características:
a) limite máximo de garantia (LMG) superior a R$ 15.000.000,00 (quinze milhões de reais);
b) ativo total superior a R$ 27.000.000,00 (vinte e sete milhões de reais), no exercício imediatamente anterior; ou
c) faturamento bruto anual superior a R$ 57.000.000,00 (cinquenta e sete milhões de reais), no exercício imediatamente anterior.
§ 1° Também poderão ser considerados seguros de danos para cobertura de grandes riscos, na forma prevista no inciso II deste artigo, aqueles seguros que tenham sido contratados, por meio de uma apólice individual, por mais de um tomador ou segurado, desde que, ao menos um dos tomadores ou segurados apresentem, pelo menos uma das características constantes das alíneas "b" ou "c" deste inciso.
§ 2° No caso do seguro garantia, o contrato também poderá ser classificado como de grandes riscos se o tomador ou segurado pertencer a um grupo econômico que atenda as disposições contidas nas alíneas "b" e "c" deste inciso, devendo constar na apólice expressa menção ao vínculo existente, de forma clara e objetiva.

[1719] Brasil: C.C. "Art. 112. Nas declarações de vontade se atenderá mais à intenção nelas consubstanciada do que ao sentido literal da linguagem." Itália: *"Art. 1362 Intenzione dei contraenti: Nell'interpretare il contratto si deve indagare quale sia stata la comune intenzione delle parti e non limitarsi al senso letterale delle parole. Per determinare la comune intenzione delle parti, si deve valutare il loro comportamento complessivo anche posteriore alla conclusione del contratto."*

Se a «compreensão pelas palavras» é precisa, vale limitar-se ao sentido delas, desde que não contrarie a função do contrato[1720], os bons costumes e a ordem pública[1721].

Havendo termos suscetíveis de dois ou mais sentidos, deve-se entender no mais conveniente à matéria do negócio, e que possa produzir efeitos[1722], considerando o interesse, a garantia contratada e a tutela da vulnerabilidade do tomador, ou segurado-consumidor. Ainda, deve observar o tipo de seguro de danos ou pessoas, se obrigatório ou facultativo, público ou privado e subprincípios concretizadores.

Se não é fluente a compreensão pelas palavras, supre-se a obscuridade por associações de cláusulas que permitam identificar o consenso contratual, segundo a lei, com primazia da vontade sobre o escrito, o que não significa criar novos direitos, para fora das condições da contratação.

Para reconstituir a «vontade contratual» leva-se em conta a formação do negócio e sua execução. Recorre-se às comunicações e comportamento das partes[1723]: antes, durante e após a conclusão do contrato, considerando publicidade, cartas, fax, e-mails, serviços, entre outros atos ou documentos que constituem meios de prova[1724], desde a proposta às condições do contrato.

Isso vale para os meios eletrônicos, em que deve ser observado o suporte tecnológico de documentos e assinatura digital[1725], entre outros recursos que indicam autoria, data, modificação e subscrição.

[1720] Brasil: C.C. "Art. 421. A liberdade de contratar será exercida em razão e nos limites da função social do contrato."

[1721] Itália: C.C. *"Art. 1343. Causa illecita. La causa è illecita quando è contraria a norme imperative, all'ordine pubblico o al buon costume (prel. 1, 1418, 1972)."*

[1722] Itália: C.C. *"Art. 1367 Conservazione del contrato: Nel dubbio, il contratto o le singole clausole devono interpretarsi nel senso in cui possono avere qualche effetto, anziché in quello secondo cui non ne avrebbero alcuno (1424)."*

[1723] Portugal: C.C. *"Art. 35, 2. O valor de um comportamento como declaração negocial é determinado pela lei da residência habitual comum do declarante e do destinatário e, na falta desta, pela lei do lugar onde o comportamento de verificou."*

[1724] Itália: C.C. Art. 1.362.

[1725] Assinatura digital, veja-se: O art. 7º da Lei Modelo da UNCITRAL sobre Comércio Eletrônico dispõe: *"Quando a Lei requeira a assinatura de uma pessoa, este requisito cosiderar-se-á preenchido por uma mensagem eletrônica quando: a) For utilizado algum método para identificar a pessoa e indicar a aprovação para a informação contida na mensagem eletrônica; e b) Tal método seja tão confiável quanto seja apropriado para os propósitos para os quais a mensagem foi gerada ou comunicada levando-se em consideração todas as circunstâncias do caso, incluindo qualquer acordo das partes a respeito"*. DIR. CEE 99-93 de 13 de dezembro de 1999: *Artigo 5º. Efeitos legais das assinaturas eletrônicas 1. Os Estados-Membros assegurarão que as assinaturas eletrônicas avançadas baseadas num certificado qualificado e criadas através de dispositivos seguros*

O uso da tecnologia pode ensejar a tutela da vulnerabilidade nos contratos à distância, com direito de arrependimento, equivalência probatória e funcional do documento eletrônico e o emprego de suporte duradouro acessível ao segurado-consumidor [1726]. Modernamente é preciso observar também a questão da proteção de dados[1727].

Mensagens publicitárias de produtos e serviços obrigam o fornecedor e integram o contrato, conforme o art. 30 do CDC. Em sentido semelhante, as leis de seguro falam da interpretação mais favorável ao tomador, segurado, beneficiário[1728].

Nos contratos consensuais, que não exigem forma escrita, toda comunicação ou comportamento merece análise[1729], valendo o silêncio como expressão preceptiva, sendo que as leis de seguro distinguem algumas hipóteses de silêncio do segurador ou tomador[1730].

O silêncio é considerado manifestação de vontade em diferentes ordenamentos jurídicos. Tem o valor de uma linguagem muda, espécie de declaração calada, cotejada caso a caso, conforme o direito aplicável. A *priori*, seu emprego deve atender aos costumes locais[1731].

de criação de assinaturas: a) Obedecem aos requisitos legais de uma assinatura no que se refere aos dados sob forma digital, do mesmo modo que uma assinatura manuscrita obedece àqueles requisitos em relação aos dados escritos; b) São admissíveis como meio de prova para efeitos processuais. 2. Os Estados-Membros assegurarão que não sejam negados a uma assinatura eletrônica os efeitos legais e a admissibilidade como meio de prova para efeitos processuais apenas pelo fato de: — se apresentar sob forma eletrônica, — não se basear num certificado qualificado, — não se basear num certificado qualificado emitido por um prestador de serviços de certificação acreditado, — não ter sido criada através de um dispositivo seguro de criação de assinaturas.

1726 Espanha: *Ley 22/2007, de 11 de julio sobre comercilización a distancia de servicios financieros destinados a los consumidores, art. 9 e, Ley 7/1998, de 13 de abril, sobre condiciones generales de la contratación, art. 5º, 1.*

1727 Brasil: Lei nº 13.709, de 14 de agosto de 2018, que dispõe sobre a proteção de dados pessoais e altera a Lei nº 12.965, de 23 de abril de 2014 (Marco Civil da Internet).

1728 Brasil: PL 29/2017, "Art. 58. Se da interpretação de quaisquer documentos elaborados pela seguradora, tais como peças publicitárias, impressos, instrumentos contratuais ou pré-contratuais, resultarem dúvidas, contradições, obscuridades ou equivocidades, elas serão resolvidas no sentido mais favorável ao segurado, ao beneficiário ou ao terceiro prejudicado."

1729 Brasil: C.C. artigos 107 e 108.

1730 Sobre o silêncio, veja-se: Portugal – DL 176/95, art. 17º e art. 27º da LCS portuguesa. Espanha: LCS, art. 12 – silêncio do tomador.

1731 Brasil: C.C. "Art. 111. O silêncio importa anuência, quando as circunstâncias ou os usos o autorizarem, e não for necessária a declaração de vontade expressa. Portugal: C.C. "Art. 35, 3. O valor do silêncio como meio declaratório é igualmente determinado pela lei da residência habitual comum e, na falta desta, pela lei do lugar onde a proposta foi recebida."

Em Portugal[1732] o silêncio do segurador mereceu tratamento na lei de seguros (DL – art. 27º e incisos), com o qual pode operar-se a aceitação da proposta se não respondida em 14 dias por este, em documentos do segurador conforme as tarifas e seu modo usual de contratação.

Nos negócios formais, cuja lei requer instrumento escrito, este é condição de validade. E seus anexos e rescisão seguem a lógica da documentação escrita[1733]. No seguro importantes autores sustentam o caráter formal da contratação[1734]. Por razões históricas, é conhecida a «função normativa»[1735] da apólice para delimitar o objeto da contratação, especialmente os riscos cobertos e excluídos. Todavia, não se trata de uma exigência *"ad solemnitatem"*, como na antiguidade, mas meio de prova e dever de informar do segurador, vinculado às exigências de conteúdo mínimo[1736].

[1732] Portugal: DL – *"Artigo 27.º Valor do silêncio do segurador 1 – O contrato de seguro individual em que o tomador do seguro seja uma pessoa singular tem-se por concluído nos termos propostos em caso de silêncio do segurador durante 14 dias contados da recepção de proposta do tomador do seguro feita em impresso do próprio segurador, devidamente preenchido, acompanhado dos documentos que o segurador tenha indicado como necessários e entregado ou recebido no local indicado pelo segurador. 2 – O disposto no número anterior aplica-se ainda quando o segurador tenha autorizado a proposta feita de outro modo e indicado as informações e os documentos necessários à sua completude, se o tomador do seguro tiver seguido as instruções do segurador. 3 – O contrato celebrado nos termos dos números anteriores rege-se pelas condições contratuais e pela tarifa do segurador em vigor na data da celebração. 4 – Sem prejuízo de eventual responsabilidade civil, não é aplicável o disposto nos números anteriores quando o segurador demonstre que, em caso algum, celebra contratos com as características constantes da proposta."*

[1733] Brasil: C.C. Art. 109. No negócio jurídico celebrado com cláusula de não valer sem instrumento público, este é da substância do ato. "Exemplo: C.C. "Art. 819. A fiança dar-se-á por escrito, e não admite interpretação extensiva." Itália C.C. Art. 1.350.

[1734] Sobre o caráter formal do contrato de seguro: BEVILAQUA, Clovis. *Código civil dos Estados Unidos do Brasil commentado por Clóvis Bevilaqua.* Rio de Janeiro, Livraria Francisco Alves,1919, p. 185. SANTOS, Amilcar. *Seguro – doutrina, legislação, jurisprudência.* Rio de Janeiro, Récord Editora, 1959, páginas 34, 37,61. p. 521. PEREIRA, Caio Mário da Silva. *Instituições de direito civil.* 10ª ed., Vol III. *Rio de Janeiro. Editora Forense, 2001,* p. 303. GARRIGUES. Joaquin. *Contrato de Seguro Terrestre.* Madrid, 1973, p. X (preliminar). O mestre espanhol, a seu tempo, fez importantes comentários sobre o código de comércio e o caráter formal do pacto. VIVANTE, Cesare. *Trattato di diritto commerciale.* Volume IV. 3ª ed. Milano. Casa Editrice Dottor Francesco Vallardi. 1954. Op. cit. p. 426/428.

[1735] Função normativa da apólice: SÁNCHEZ CALERO, Fernando (Director), Francisco Javier Tirado Suárez, Alberto Javier Tapia Hermida y José Carlos Fernández Rozas. Ley de contrato de seguro. Pamplona, Editora Aranzadi, 1999. p. 166. GARRIGUES, op. cit., p. 10.

[1736] Conteúdo mínimo da apólice: Brasil: C.C. art. 759-761. Espanha: LCS 50/1980, art. 8º. Portugal: DL 72/2008, art. 5º, 37º, 151º, 154º, 158º, 170º, 171º, 179º, 185º, 187º, 208º. França: CA, art. 112-1, 112-4. Argentina, LS 17. 418, art. 11. Chile: C.Com, art. 514, 518, 567. México: LS, art. 20, 24, 25, 26,141,153 e 164.

No plano do «sentido das palavras», a tarefa do intérprete busca compreender o conteúdo das disposições pela combinação de cláusulas[1737], impressos e leis de fundo, de forma que uns complementem os outros, atribuindo às expressões duvidosas o sentido resultante deste conjunto.

Para contextualizar expressões de sentido genérico leva-se em conta o objeto do contrato: seguro de incêndio, roubo, responsabilidade civil, transporte, vida, acidentes pessoais etc., pois a substância do negócio é determinante para sua interpretação e lei aplicável[1738]. Se a hipótese se insere dentre algum dos tipos de seguros de danos e de pessoas, sua base jurídica irá conferir um referencial normativo à interpretação.

No conteúdo contratual vale observar a regra da interpretação contra o predisponente. Desde o Código de Napoleão a cláusula obscura inserida por um dos contratantes não deve favorecer a quem ocasionou a obscuridade. É norma prevista nas leis[1739] e na orientação dos Tribunais[1740].

Nos negócios gratuitos ou benéficos, como doações, cessão de direitos, mutualidade, havendo dúvida vale prevalecer o sentido menos gravoso e em favor da menor transmissão de direitos[1741].

[1737] Itália: C.C. *"Art. 1363 Interpretazione complessiva delle clausole: Le clausole del contratto si interpretano le une per mezzo delle altre, attribuendo a ciascuna il senso che risulta dal complesso dell'atto."*

[1738] Portugal: C.C. "Art. 35, *1. A perfeição, interpretação e integração da declaração negocial são reguladas pela lei aplicável à substância do negócio, a qual é igualmente aplicável à falta e vícios da vontade."* Itália: C.C. *"Art. 1369 Espressioni con più sensi: Le espressioni che possono avere più sensi devono, nel dubbio, essere intese nel senso più conveniente alla natura e all'oggetto del contratto."*

[1739] Brasil: C.C. "Art. 423. Quando houver no contrato de adesão cláusulas ambíguas ou contraditórias, dever-se-á adotar a interpretação mais favorável ao aderente." Itália: *"Art. 1370 Interpretazione contro l'autore della clausola. Le clausole inserite nelle condizioni generali di contratto (1341) o in moduli o formulari (1342) predisposti da uno dei contraenti s'interpretano, nel dubbio, a favore dell'altro."* Espanha: art. 1288 *"La interpretación de las cláusulas oscuras de un contrato no deberá favorecer a la parte que hubiese ocasionado la oscuridad."*

[1740] A interpretação contra o predisponente é Princípio dos Contratos do Comércio Internacional – UNIDROIT, cujo artigo 4.6: cuida da "Interpretação "contra proferentem", com definições no art. 113 do Código Civil Brasileiro e art. 47, do Código de Defesa do Consumidor. Sobre interpretação contra o predisponente: STJ. Precedentes: Recurso Especial N° 311.509 – SP (2001/0031812-6), Relator: Ministro Sálvio de Figueiredo Teixeira; Recurso Especial Nº 1.133.338 – SP (2009/0065099-4) Relator: Ministro Paulo de Tarso Sanseverino; e, Recurso Especial Nº 1.106.827 – SP (2008/0284799-4) Relator: Ministro Marco Buzzi.

[1741] Brasil: C.C. "Art. 114. Os negócios jurídicos benéficos e a renúncia interpretam-se estritamente."

Nos negócios onerosos, como na generalidade dos seguros privados, em que há uma variada gama de operações econômicas entre as partes e seus interesses, a dúvida merece ser resolvida em favor da maior reciprocidade[1742].

Com relação à cláusula arbitral, a ser redigida por escrito, confere ao árbitro um poder específico para decidir sobre a validade da cláusula e instauração da arbitragem[1743]. E cumpre observar o rito estabelecido pelas partes ou pelo órgão arbitral na convenção de arbitragem: «*cláusula compromissória*» ou «*compromisso arbitral*»[1744], inclusive a possibilidade de julgamento por equidade[1745]. A sentença arbitral, equivalente às decisões dos órgãos judiciais, quando condenatória, constitui título executivo[1746]. Atualmente é incomum na contratação de massa, cujo foro prevalente conduz ao domicílio do segurado ou consumidor [1747].

Sobre os «horizontes da contratação», no que respeita à análise do conteúdo contratual, não se espera fazer valer circunstâncias não contempladas em lei ou nas cláusulas contratuais. Qualquer que seja a generalidade de seus termos, não deve se compreender coisa distinta das que as partes se propuseram contratar.

Em todo o caso, cumpre respeitar o objeto contatual segundo as garantias contratadas. Refere-se à especialidade do risco[1748], riscos cobertos, excluídos

[1742] Itália: C.C. "*Art. 1371 Regole finali: Qualora, nonostante l'applicazione delle norme contenute in questo capo (1362 e seguenti), il contratto rimanga oscuro, esso deve essere inteso nel senso meno gravoso per l'obbligato, se è a titolo gratuito, e nel senso che realizzi l'equo contemperamento degli interessi delle parti, se è a titolo oneroso.*"

[1743] Brasil: Lei 9.307/96, art. 8º.

[1744] Brasil: Lei 9.307, de 23 de setembro de 1996, art. 3º-12. Espanha: Ley 36/1988, Titulo II, art. 5º a 11. França: CPC, "art. 1442–1449. Portugal: LAV, art. 1º-7º. Argentina: CPCCom. art. 739 e 741. México: C.com. art. 1423 e segs. Chile: Art. 7º e segs.

[1745] Sobre a equidade na arbitragem em diferentes países: GRAVINA, Maurício Salomoni. Direito dos seguros. Op. cit. p. 178-184.

[1746] Brasil: Lei 9.307/96 – "Art. 18. O árbitro é juiz de fato e de direito, e a sentença que proferir não fica sujeita a recurso ou a homologação pelo Poder Judiciário. "Art. 31. A sentença arbitral produz, entre as partes e seus sucessores, os mesmos efeitos da sentença proferida pelos órgãos do Poder Judiciário e, sendo condenatória, constitui título executivo."

[1747] Veja-se: Brasil – PL 29/2017 – "Art. 63. A resolução de litígios por meios alternativos não será pactuada por adesão a cláusulas e condições predispostas, exigindo instrumento assinado pelas partes, e será feita no Brasil, submetida ao procedimento e às regras do direito brasileiro. Parágrafo único. O responsável pela resolução de litígios é obrigado a divulgar, em repositório de fácil acesso a qualquer interessado, os resumos dos conflitos e das decisões respectivas, sem identificações particulares."

[1748] GRAVINA, Maurício Salomoni. Princípios Jurídicos do Contrato de Seguro. 2ª Edição Revista e atualizada, Rio de Janeiro: Fundação Escola Nacional de Seguros – Funenseg, 2018, p.p. 45-53. GRAVINA, Maurício Salomoni. *Principles of retrospective risk and speciality risk*. Revista Brasileira de Risco e Seguro: http://www.rbrs.com.br/arquivos/rbrs_18_3.pdf. Acesso em 11 de mar/2021.

e os limites do contrato *«lex contractus»*. A limitação é traço distintivo do contrato de seguro, que pressupõe a descrição das garantias contratadas, com previsibilidade do objeto e prêmio do seguro[1749].

Assim, cumpre cingir-se ao conteúdo do contrato, contexto em que a documentação é referencial de unidade interpretativa, segundo cada tipo de seguro, considerando a regulação, controles e a tutela da vulnerabilidade[1750].

Na análise dos seguros ainda vale observar o «princípio da mutualidade»[1751]. Na lição de Isaac Halperin[1752], é um contrato que se funda na mutualidade e na estatística, ambas essenciais.

Dentre os princípios elencamos um rol relacionado ao seguro[1753]: princípio da autonomia privada; princípio da anterioridade do risco; princípio da especialidade do risco; princípio do interesse; princípio da boa-fé; princípio da força obrigatória; princípio indenizatório; princípio da sub-rogação do segurador; princípio da tutela compensatória; princípio da proteção da confiança e o princípio da mutualidade. É uma lista inacabada de princípios jurídicos, com função desde a gênese das normas jurídicas, passando pela atuação do intérprete até a aplicação desse direito.

Outro contexto é o da jurisprudência e a força dos precedentes judiciais. Julgados ou Súmulas Vinculantes[1754] estão cada vez mais presentes no Direito

[1749] *"...la presupposizione è quindi técnica fondamentale per la ripartizionde del risco contrattuale"* ROSSELLO, Carlo. *"l'interpretazione del contratto, I orientamenti e tecniche della giurisprudenza."* A cura di Gido Alpa. Dott. A. Giufreè Editore – Milano -1983, p. 434.

[1750] Sobre o princípio compensatório: GRAVINA, Maurício Salomoni. Direito dos seguros. Op. cit. p. 138.

[1751] GRAVINA. Maurício Salomoni. *Direito do Seguro*. Op. cit. p. 155-162.

[1752] HALPERIN, Isaac. *Seguros. Exposición crítica de las Leyes 17418, 20091 y 22400*. 3ª Ed. Actualizada y ampliada por Nicolás H. Barbato. Buenos Aires, Depalma, 2001, 1ª ed. 1970, p. 17

[1753] Veja-se: Capítulo II, 2.3.

[1754] Julgados ou Súmulas de efeito vinculante: Espanha: C.c. Art. 1º, 6. *"La jurisprudencia complementará el ordenamiento jurídico con la doctrina que, de modo reiterado, establezca el Tribunal Supremo al interpretar y aplicar la ley, la costumbre y los principios generales del derecho"*. artículo 3º da Lei de Contrato de Seguros – LCS 50/1980: "... *Declarada por el Tribunal Supremo la nulidad de alguna de las cláusulas de las condiciones generales de un contrato, la Administración Pública competente obligará a los aseguradores a modificar las cláusulas idénticas contenidas en sus pólizas."* Brasil: No Direito brasileiro, através da Emenda Constitucional n. 45, de 8 de dezembro de 2004, foram adicionados o art. 103-A e seus parágrafos 1.º a 3.º. Neles ficou estabelecido que o Supremo Tribunal Federal poderá, de ofício ou por provocação, mediante decisão de dois terços dos seus membros, após reiteradas decisões sobre matéria constitucional, aprovar súmula que, a partir de sua publicação na imprensa oficial, terá efeito vinculante em relação aos demais órgãos do Poder Judiciário e à administração pública direta e indireta, nas esferas municipal, bem como proceder à sua revisão ou cancelamento, na forma estabelecida em lei. A súmula visa propiciar maior segurança jurídica e evitar o congestionamento

dos seguros, com eficácia cogente, inclusive frente aos Tribunais inferiores ou ao Poder Público[1755]. Na lição de Daniel Mitidiero, "a recusa à aplicação do precedente judicial constitui recusa à aplicação do direito"[1756].

Na recente reforma do Código de Processo Civil brasileiro reforçou-se o sentido de uniformizar e manter estável, coerente e íntegra a jurisprudência (art. 926, do CPC), sendo que juízes e tribunais devem observar precedentes obrigatórios[1757].

Com relação à força dos precedentes merece destaque a norma espanhola pela qual, quando o Tribunal Supremo declara a nulidade de alguma das cláusulas ou condições gerais, a Administração Pública obrigará os seguradores a modificar cláusulas idênticas.

A doutrina também ocupa espaço na hermenêutica do seguro, como fonte e referencial de interpretação e integração. Teve função primordial entre os romanos, levando aos pretores as diretrizes teórico-práticas essenciais à solução dos litígios; foi a base da reconstrução do direito nas universidades da Europa, na obra dos glosadores, até a compreensão racionalista que se inaugurou no século XVIII[1758]. Modernamente, há um abrangente acervo de obras em temas de seguros que reúnem definições, conceitos, princípios e institutos deste contrato.

Ainda, na interpretação e aplicação do direito observa-se a equidade como fator de adequação na aplicação das normas jurídicas, ou como equidade estrita, com poder criador de direito.[1759] Como «fator de adequação»

de processos idênticos. Sua aprovação ou revisão também podem ser provocados pelos sujeitos legitimados a propor ação direta de inconstitucionalidade (art. 103 e incisos da Constituição Federal). Além disso, há possibilidade de revisão do ato administrativo ou decisão que contrariar a súmula aplicável ou que indevidamente a aplicar, proposta diretamente perante o STF que, nestes casos, anulará a o ato administrativo ou cassará a decisão e determinará que outra seja proferida. Recentemente, foram editadas muitas Súmulas em matéria de seguros, de importante atividade judicial.

1755 Espanha: LCS 50/1980, art. 3º. Brasil: há competência do STF, em matéria constitucional, e do STJ, para as demais violações de tratado ou lei federal (art.105, III, "a"). Podem ser editadas súmulas por ambas as cortes, com poderes ao STF para editar «*súmulas vinculantes*». Para uma matéria ser sumulada no STF (BR) é necessário o requisito da decisão reiterada, de votação por 2/3 dos membros, e publicação na imprensa oficial, conforme art. 103-A e parágrafos da Constituição Federal, com a redação dada pela Emenda Constitucional 45, de 8 de dezembro de 2004. Há exigência de reiteradas decisões e quórum qualificado na Corte, antes de ordenar à Administração Pública que determine ao mercado a alteração de cláusulas das seguradoras.

1756 MITIDIERO, Daniel. *Precedentes*. Op. cit. p. 86.

1757 Brasil: CPC, art. 489, §1º, V e VI; 926; § 1º e 2º; 927, incisos e parágrafos.

1758 Nesse sentido: REALE, Miguel. *Lições preliminares*. Op. cit. p. 149.

1759 Veja-se: GRAVINA, Maurício Salomoni. *Direito do Seguro*. Op. cit. p. 172.

atua diante da ordem existente para compensá-la, interpretá-la, corrigi-la, ou para quantificar algo ou dar-lhe modelação. Como «equidade estrita», nos casos de expressa previsão legal [1760], permite-se um espaço legítimo de criação do direito pelos destinatários da ordem jurídica, espécie de poder atribuído ao juiz, árbitro, administração pública, ou aos particulares, como exceção à reserva legal, para empreender atos criadores de direito autorizados pela ordem existente.

A equidade tem lugar dentre o que se classificou por «fontes delegadas» do direito, em razão da outorga do poder de produzir norma jurídica a outros órgãos; ou mesmo o «poder de negociação»[1761]. De todas as formas, merece referência no direito do seguro como instrumento indutor de razoabilidade e proporcionalidade na contratação e aplicação deste direito.

A equidade também induz ideais de justiça comutativa, a ser praticada desde a fase pré-contratual até após à vigência do contrato, como parâmetro de razoabilidade, no sentido histórico do «*ius est ars boni et aequi*»[1762]. No campo da regulação, faz ponderar o princípio da intervenção mínima e mitigação do impacto de regulação, com base no "equilíbrio das equações públicas"[1763].

Dentre os instrumentos de integração ainda se destaca a analogia. Segundo Savigny a *analogia legal* e a *analogia juris* depreendem o sentido pelo qual "a legislação completa-se a si mesma"[1764]. Com ela é comum delimitar-se

[1760] Brasil: CPC: "*Art. 127. O juiz só decidirá por equidade nos casos previstos em lei*"; Espanha: C.C. "*Art. 3º, "1. Las normas se interpretarán según el sentido propio de sus palabras, en relación con el contexto, los antecedentes históricos y legislativos, y la realidad social del tiempo en que han de ser aplicadas, atendiendo fundamentalmente al espíritu y finalidad de aquéllas. 2. La equidad habrá de ponderarse en la aplicación de las normas si bien las resoluciones de los tribunales sólo podrán descansar de manera exclusiva en ella cuando la ley expresamente lo permita.*"; Portugal: C.C.: "*Art. 4º. Os tribunais só podem resolver segundo a equidade: a) Quando haja disposição legal que o permita; b) Quando haja acordo das partes e a relação jurídica não seja indisponível; c) Quando as partes tenham previamente convencionado o recurso à equidade, nos termos aplicáveis à cláusula compromissória.*" México: C.C. "*Articulo 19. Las controversias judiciales del orden civil deberán resolverse conforme a la letra de la Ley o a su interpretación jurídica. A falta de Ley se resolverán conforme a los principios generales de derecho.*" Argentina: *C.C.* "*Art.1.- Las leyes son obligatorias para todos los que habitan el territorio de la República, sean ciudadanos o extranjeros, domiciliados o transeúntes.*" Chile: C.C. "*Art. 24. En los casos a que no pudieren aplicarse las reglas de interpretación precedentes, se interpretarán los pasajes obscuros o contradictorios del modo que más conforme parezca al espíritu general de la legislación y a la equidad natural.*"

[1761] BOBBIO, Norberto. Op. cit. pp. 38 e 40.

[1762] Digesto, I, I, 1.

[1763] DROMI, Roberto. *Sistema y valores administrativos.* 1ª ed. Buenos Aires- Madrid: Editorial Ciudad Argentina, 2003, pp. 204 a 210.

[1764] Op. cit. p. 44.

círculos de semelhanças[1765], sobretudo quando o sentido é um equivalente ético reconhecido pela ordem existente, segundo as bases morais do ordenamento jurídico. De outra parte, o "*distinguishing*" serve para afastar a analogia quando o fato não se encontra nos parâmetros similares, técnica utilizada frente aos precedentes dos Tribunais.

Por fim, vale referir a interpretação conforme a Constituição, *standard* sempre presente no contexto dos Estados democráticos de direito, que levam em conta a unidade e supremacia da Constituição. Mesmo eventual desobediência deve estar moralmente justificada mediante postulados fundamentais e reconhecidos que legitimam a Constituição[1766] e a confiança.

Na jurisprudência do STJ o princípio da confiança no contrato de seguros teve destaque no Recurso Especial nº 1.368.766 – RS (2012/0251038-0), relatado pelo Ministro Luiz Felipe Salomão:

> "Também não se pode olvidar que o artigo em comento busca garantir o equilíbrio contratual, reconhecendo o princípio da proteção da confiança. Ao comentar sobre o assunto, Maurício Salomoni Gravina ensina que "este princípio se expressa em diferentes momentos, desde sua gênese, passando pela formação até a resolução contratual, amparado pela ordem jurídica, a moral e a confiança na atuação correta dos sujeitos do contrato (GRAVINA, Maurício Salomoni. Princípios jurídicos do contrato de seguro. Rio de Janeiro: Funenseg, 2015, p. 106)."

Na Jurisprudência portuguesa, J. J. Gomes Canotilho comenta que é comum articular-se o princípio da confiança ao lado do Estado democrático, de modo a garantir um mínimo de estabilidade aos direitos das pessoas e assegurar a certeza da comunidade na tutela jurídica[1767].

No mesmo sentido, o Código Civil e Comercial Argentino, segundo o qual a interpretação contratual deve proteger a confiança e lealdade que as partes se devem reciprocamente[1768].

[1765] A expressão «*círculo de semelhança*», bastante apropriada ao estudo da analogia foi extraída de CANARIS, Claus-Wilhelm. *Pensamento sistemático e conceito de sistema na ciência do direito*. 2ª ed., Lisboa, Editora Fundação Calouste Gulbenkian, 1996, p. 36.

[1766] AMADO, Juan António Garcia. La filosofia del Derecho de Habermas Y Luhman. P.100. Ed. Departamento de Publicaciones de la Universidad Externado de Colombia, 1997, p. 100.

[1767] CANOTILHO, José Joaquim Gomes. Op. cit. p. 376-377.

[1768] Argentina: C.Com. *"Art. 1067.- Protección de la confianza. La interpretación debe proteger la confianza y la lealtad que las partes se deben recíprocamente, siendo inadmisible la contradicción con una conducta jurídicamente relevante, previa y propia del mismo sujeto."*

É nesse âmbito que se conclui, percorrendo valores e normas dos seguros, de maneira não exaustiva, mas como um farol sinalizador para a tarefa de interpretação e integração do direito dos seguros.

Em outras palavras, há certa moldura de referenciais jurídicos dessa contratação que merecem ser observados à luz das fontes do direito dos seguros e das condições da contratação, sem perder de vista o sentido universal do respeito à lei e ao que é correto[1769].

[1769] Por fim vale a lição de Thoreau: "Acho que devemos em primeiro lugar ser homens, e só depois súditos. Não é desejável que se cultive o respeito à lei igual ao que se cultiva pelo que é correto." In. *A desobediência civil*. THOREAU, Henry David, Walden, ou A vida nos bosques e A desobediência civil. Tradução, Astrid Cabral – São Paulo: Global, 1984, p. 309.

REFERÊNCIAS

AGUIAR DIAS, José de. *Da responsabilidade civil.* Volume I, 5ª Edição. Rio de Janeiro: Editora Forense, 1973.

ALBALADEJO, Manuel. *Derecho Civil. Introducción y parte general. Volumen primero. Decimocuarta edición.* Jose Maria Bosch Editor, S.A. – Barcelona, 1996.

ALBANÉS, Antonio. *El arbitraje y el contrato de seguro.* Madrid, Revista Española de Seguros, n. 55, 1988, p. 62/76.

ALEXY, Robert. *Teoria da argumentação jurídica: a teoria do discurso racional como teoria da fundamentação jurídica.* Tradução Zilda Hutchinson Schild Silva; 2ª ed. São Paulo: Landy Editora, 2005.

ALLEN, Francis T. *Principios generales de seguros.* Traducción de Teodoro Ortiz. 1ª ed. en español, México, Editora Fondo de Cultura Económica,1949. 1ª ed. en inglés, 1936.

ALVES, José Carlos Moreira. *Direito romano.* Volume I, 11ª edição, Rio de Janeiro, Ed. Forense, 1998.

—. *Direito romano.* Volume II, 6ª ed., Rio de Janeiro, Ed. Forense, 1998.

ALVES, Jones Figueiredo e Delgado, Mário Luiz. *Novo código civil confrontado com o Código Civil de 1916.* São Paulo: Editora Método, 2002.

AFTALION, GARCÍA OLANO & VILANOVA. *Introduccion al derecho: nociones preliminares – teoria general.* 8ª ed. Buenos Aires, La Ley Sociedad Anónima Editora e Impresora, 1967.

ALVIM, Agostinho. *Da inexecução das obrigações e suas conseqüências.* 2ª Ed. São Paulo, Editora Saraiva, 1955.

ALVIM, José Eduardo Carreira. *Elementos de teoria geral do processo.* 2ª ed., Rio de Janeiro, Editora Forense, 1993. 1ª ed. 1989.

ALVIM, Pedro. *O contrato de seguro.* 3ª ed., Rio de Janeiro, Editora Forense, 1999. 1ª ed. 1983.

AMARAL, Francisco. *Direito civil: introdução.* 6ª ed. Rio de Janeiro: Renovar, 2006.

—. *A equidade no Código Civil Brasileiro.* In. Aspectos controvertidos do novo Código Civil. Escritos em homenagem ao Ministro José Carlos Moreira Alves. Coordenadores: Arruda Alvim; Joaquim Portes de Cerqueira César e Roberto Rosas. São Paulo: Editora Revista dos Tribunais, 2003.

ANCEL, Marc. *Utilidade e métodos do direito comparado.* Tradução: Prof. Sérgio José Porto. Porto Alegre, Sergio Antonio Fabris Editor, 1980.

ANDRADE, Darcy Bessone de Oliveira. *Do contrato.* 1ª ed., Rio de Janeiro. Editora Forense, 1960.

ANDRADE, Ronaldo Alves de. *Contrato eletrônico no novo Código Civil e no Código do Consumidor.* Barueri, SP: Manole, 2004.

ARAÚJO CINTRA, Antônio Carlos de. *Comentários ao código de processo civil.* Vol. IV: arts. 332 a 575. Rio de Janeiro, Editora Forense, 2000.

ARISTÓTELES, *Tópicos.* Tradução de Leonel Vallandro e Gerd Bornheim. São Paulo, Abril Cultural, 1983.

ARISTÓTELES, *Ética a Nicômaco.* Tradução de Leonel Vallandro e Gerd Bornhheim, da versão inglesa de W. D. Ross. Seleção de Textos de José Américo Motta Pessanha. São Paulo: Ed. Abril Cultural, 1984.

ASCARELLI, Tullio. *O conceito unitário do contrato de seguro: in Problema das sociedades anônimas e direito comparado.* Campinas – São Paulo, Editora Bookseller, 1999.

—. *Teoria geral dos títulos de crédito.* Tradução de Benedicto Giacobbini. Campinas – São Paulo. Red Livros, 1999.

ASÍS ROIG, Augustín. *Información e informática. In. La Constitucion Argentina de nuestro tiempo.* Coord. Roberto Dormi. Buenos Aires, Ediciones Ciudad Argentina, 1996.

ÁVILA, Humberto. *Teoria dos princípios: da definição a aplicação dos princípios. 2ª* Edição: São Paulo: Malheiros Editores, 2003.

—. *Teoria da segurança jurídica.* 3ª edição. São Paulo: Malheiros Editores, 2014.

ATIENZA, Manuel & RUIZ MANERO, Juan. *Las piezas del Derecho. Teoría de los enunciados jurídicos.* 1ª Edición. Editorial Ariel S.A., Barcelona, 1996.

AZEVEDO, Álvaro Villaça. *O novo Código Civil Brasileiro: tramitação; função social do contrato; boa-fé objetiva; teoria da imprevisão e, em especial, onerosidade excessiva (laesio enormis).* In. Aspectos controvertidos do novo Código Civil. Escritos em homenagem ao Ministro José Carlos Moreira Alves. Coordenadores: Arruda Alvim; Joaquim Portes de Cerqueira César e Roberto Rosas. São Paulo: Editora Revista dos Tribunais, 2003.

BAILLO, Jaime y Morales-Arce. *El beneficiario de una pestación de seguro.* Madrid, Revista Española de Seguros, n. 94, 1998, p. 235/260.

BALLARINO, Tito. *Diritto internazionale privato.* Manuali di Scienze Giuridiche.Terza Edizione, con la collaborazione di Andrea Bonomi, Casa Editrice Dott. Antonio Milani, Padova, 1999.

BAPTISTA DA SILVA, Ovídio Araújo. *Curso de processo civil.* 3 Volumes. 5ª ed. São Paulo, Editora Revista dos Tribunais, 2000. 1ª edição -1987.

—. *Processo e ideologia: o paradigma racionalista.* Rio de Janeiro: Editora Forense, 2004.

BAPTISTA DA SILVA, Ovídio Araújo; GOMES, Fábio. *Teoria geral do processo civil.* 3ª edição revista e atualizada. São Paulo: Editora Revista dos Tribunais, 2002, 1ª edição: 1997.

BARBAGALO, Erica Brandini. *Contratos eletrônicos: contratos formados por meio de redes de computadores: peculiaridades jurídicas da formação do vínculo.* São Paulo, Editora Saraiva, 2001.

BARBI, Celso Agrícola. *Comentários ao Código de Processo Civil, Lei n. 5.869, de 11 de janeiro de 1973,* Vol. I. Rio de Janeiro, Ed. Forense, 1998.

BARRETO, Vicente de Paulo. (Coordenador) Dicionário de Filosofia do Direito. São Leopoldo, Editora UNISINOS e Rio de Janeiro, Editora Renovar, 2006.

BARROSO, Luis Roberto. *Interpretação e aplicação da constituição: fundamentos de uma dogmática constitucional transformadora. 3ª edição.* São Paulo: Saraiva, 1999.

BARTHES, Roland. *A aventura semiológica.* Tradução de Mário Laranjeira. São Paulo, Editora Martins Fontes, 2001.

BATALLER, Juan y Jesus Olivarria. *Seccion de jurisprudencia en materia de seguros.* Madrid, Revista Española de Seguros, n. 82, 1995, p. 122/135.

BATISTA, Luiz Olavo. *Contrato de risco.* São Paulo, José Bushatsky Editor, 1976.

BERR, Claude J. e Groutel, Hubert. *Code des assurances.* Neuvième édition. Paris. Éditions Dalloz.

BETTI, Emilio. *Teoría general del negocio jurídico.* Traducción y concordancia con el derecho español por A. Martins Perez. 2ª ed., Editorial Revista de Derecho Privado, Madrid, 1959. Edição original 1943.

BEVILAQUA, Clovis. *Código civil dos Estados Unidos do Brasil commentado por Clóvis Bevilaqua.*. Rio de Janeiro, Livraria Francisco Alves,1919.

—. *Direito das obrigações: edição histórica.* 1ª ed. 1895. Campinas – São Paulo, Editora Red Livros, 2000

—. *Teoria geral do Direito civil.* 4ª Edição. Ministério da Justiça, Serviço de Documentação, 1972. Primeira edição 1908.

—. *Código civil dos Estados Unidos do Brasil, comentado por Clovis Bevilaqua.* Edição histórica. Rio de Janeiro, Ed. Rio, 1979.

BEZERRA FILHO, Manoel Justino. *O suicídio do segurado ante o novo Código Civil.* In. Aspectos controvertidos do novo Código Civil. Escritos em homenagem ao Ministro José Carlos Moreira Alves. Coordenadores: Arruda Alvim; Joaquim Portes de Cerqueira César e Roberto Rosas. São Paulo: Editora Revista dos Tribunais, 2003.

BIELSA, Rafael. *Metodologia jurídica.* Santa Fé – Argentina: Librería y Editorial Castellví S.A. 1961.

BIBLIA SAGRADA. *Tradução dos mais antigos e reconhecidos manuscritos sagrados nas línguas originais (hebraico, aramaico e grego). "Authorized Version" – King James de 1611.* Abba Press Editora e Divulgadora Ltda., Sociedade Bíblica Ibero-Americana, Tradução King James Atualizada (KJA). BV Films Editora Ltda, BV Books Editora, Niterói – RJ, 2012.

BIGOT, Jean. (direcion) *Traité de droit des assurances, Tome 3, Le contrat d'assurance.* Avec la colaboration de Jean Beauchard, Vincent Heuzé, Jérôme Kullmann, Luc Mayaux e Véronique Nicolas.L.D.G.J – Librarie Générale de Droit et de Jurisprudence, EJA, 2002.

BITTENCOURT, Marcelo Teixeira. *O contrato de seguros e o código de defesa do consumidor.* Rio de Janeiro. Editora Idéia Jurídica, 2000.

BLOCH, Roberto. *La construción del Mercosur – la evolución de un nuevo actor en las relaciones internacionales.* Editorial Duplicar, 2003.

BLOISE, Walter. *Seguros obrigatorios e direito sumular.*1ª ed., Rio de Janeiro, Editora Forense, 1979.

BLUM, Renato Muller da Silva Opice e Sérgio Ricardo Marques Gonçalves. *As assinaturas eletrônicas e o direito brasileiro.* In. *Comércio eletrônico.* Organizadores: Ronaldo Lemos da Silva Junior e Ivo Waisberg. São Paulo, Editora Revista dos Tribunais, 2001.

BOBBIO, Norberto. *Teoria do ordenamento jurídico.* Tradução: Cláudio de Cicco e Maria Celeste C. J. Santos. São Paulo, Editora Polis, 1989.

BOBBIO, Norberto. *Teoria do ordenamento jurídico.* 9ª Edição. Tradução: Maria Celeste C. J. Santos. Brasília, Editora Universidade de Brasília, 1997.

BROSETA PONT, Manuel. *Manual de derecho mercantil.* Décima Edición – Tecnos, Madrid, 1994, 1ª edición, 1971.

BRUNO, Marcos Gomes da Silva. *Resumo jurídico de obrigações civis e contratos.* Vol. 10 2ª ed., São Paulo, Editora Quartier Latin, 2003.

BULHÕES, Carlos Eduardo. *Opiniões jurídicas.* Rio de Janeiro, Editora Forense, 2002.

BULOS, Daniel Martins. *A autonomia privada, a função social do contrato e o novo Código Civil.* In. Aspectos controvertidos do novo Código Civil. Escritos em homenagem ao Ministro José Carlos Moreira Alves. Coordenadores: Arruda Alvim; Joaquim Portes de Cerqueira César e Roberto Rosas. São Paulo: Editora Revista dos Tribunais, 2003.

BUITONI, Ademir. *O direito na balança da estabilização econômica: do cruzado ao real.* São Paulo: Editora LTr, 1997.

BUZAID, Alfredo. *Estudos e pareceres de direito processual civil.* São Paulo, Editora Revista dos Tribunais, 2002.

CAETANO, Marcelo. *Manual de direito administrativo.* 10. Edição. 6ª Reimpressão revista e atualizada pelo Prof. Doutor Diogo Freitas do Amaral, 2 Tomos. Coimbra, Portugal: Editor Livraria Almedina, 1999.

CAHALI, Yussef Said. *Prescrição e decadência.* São Paulo. Editora Revista dos Tribunais, 2008.

CALAMANDREI, Piero. *Direito processual civil.* 3 Vol. Tradução da segunda edição, de 1942, de Luiz Abezia e Sandra Drina Fernandes Barbiery – Campinas: Editora Bookseller, 1999. 1ª edição 1940.

—. *Instituiciones de Derecho processal civil segun el nuevo codigo.* Tradución de Santiago Sentís Melendo. Buenos Aires, Editorial Desalma, 1943.

CAMBI, Eduardo. *Direito constitucional à prova no processo civil.* São Paulo: Editora Revista dos Tribunais, 2001. – (Coleção temas atuais de direito processual civil, v. 3).

CANARIS, Claus-Wilhelm. *Pensamento sistemático e conceito de sistema na ciência do direito.* 2ª ed., Lisboa, Fundação Calouste Gulbenkian, 1996.

CANOTILHO, José Joaquim Gomes. *Direito Constitucional.* 6ª Edição. Coimbra: Ed. Livraria Almedina, 1993.

CANOTILHO J. J. Gomes e Vital Moreira. *Fundamentos da constituição.* Coimbra: Coimbra Editora, 1991.

CARBONEL PUIG, Jordi. *Los contratos de seguro de vida. Normativa interna y comunitaria.* 1ª Edición, Barcelona, Bosch Casa Editorial S.A., 1994.

CAPPELETTI, Mauro. "*Os métodos alternativos de solução de conflitos no quadro do movimento universal de acesso à Justiça*" in. *Revista Forense vol.326.* Editora Forense: Rio de Janeiro, p.121.

—. *Juízes legisladores?* Tradução de Carlos Alberto Álvaro de Oliveira. Porto Alegre, Sérgio Antônio Fabris Editor, 1999.

CARMONA RUANO, Miguel. *Las cláusulas definitoria y las cláusulas limitativas del contrato de seguro.* Madrid, Revista Española de Seguros, n. 89, 1997, p. 69/110.

CARBONEL PUIG, Jordi. *Los contratos de seguro de vida. Normativa interna y comunitária.* Bosh, Casa Editorial S.A.. Barcelona, 1994.

CARNELUTTI, Francesco. *Teoria geral do direito.* Tradução: Antônio Carlos Ferreira. São Paulo, Livraria e Editora Jurídica Senador, 1999.

—. *Sistema de direito processual civil.* Traduzido por Hilomar Martins Oliveira. 1ª ed. 3 volumes. São Paulo, Classic Book, 2000.

—. *Metodologia do direito.* Tradutor: Frederico A. Paschoal. 1ª ed., Campinas, Bookseller, 2000.

CARRIDE, Norberto Almeida. *Vícios do negócio jurídico.* São Paulo, Editora Saraiva, 1997.

CARVALHO, Afrânio de. *Registro de imóveis: comentários ao sistema de registro em face da lei 6.015, de 1973, com as alterações da lei n. 6.216, de 1975.* Rio de Janeiro: Editora Forense, 1976.

CASTELLANO, Gaetano. *Le assicurazioni private.* Unione Tipografico – Editrice Torinese.

CAVICCHINI, Alexis. *A história dos seguros no Brasil.* 1ª Edição. COP Editora Ltda., 2008.

CHAVES, Antônio. *Responsabilidade pré-contratual.* 2ª ed., São Paulo, Livraria e Editora Jurídica Senador, 1997.

CHIARLO, Michele. *Il commercio elettronico dei servizi assicurativi.* Assicurazioni. Rivista di Direito, Economia e Finanza Delle Assicurazioni Private. Fondata nel 1934 da Antigono Donoati. Editoriale Generali.

CHIOVENDA, Giuseppe. *Instituições de direito processual civil.* Tradução do original italiano, 2ª edição 1933, por Paolo Capitanio, com anotações de Enrico Tullio Liebmann. Campinas – SP: Editora Bookseller, 1998.

CINTRA, Antônio Carlos de Araújo. *Comentários ao Código de processo civil,* Volume IV; arts. 332 a 475 – Rio de Janeiro: Editora Forense, 2000.

CIRNE LIMA, Ruy. *Princípios de Direito Administrativo brasileiro.* 3ª. Edição. Ed. Livraria Sulina, 1954. 1ª Edição de 1934.

COELHO, Fábio Ulhoa. *Manual de direito comercial.* 13ª ed. São Paulo, Ed. Saraiva, 2002.

—. *Curso de direito comercial.* 5ª ed. São Paulo, Editora Saraiva, 2001.

—. *Curso de direito comercial.* Volume III. São Paulo, Editora Saraiva, 2002.

—. *Direito antitruste brasileiro: comentários à lei nº 8884/94.* São Paulo, Editora Saraiva, 1995.

—. *Princípios do direito comercial: com anotações ao projeto de código comercial.* São Paulo: Saraiva, 2012.

CONFORTI, Benedetto. *Diritto internazionale.* Quinta edizione. Napoli: Editoriale Scientifica, 1999. 1ª edizione – 1976 (com il titolo: Appunti dalle lezioni di diritto internazionale).

COMPARATO, Fábio Konder. "*Substitutivo ao capítulo referente ao contrato de seguro no anteprojeto de Código Civil.*" Revista de Direito Mercantil, Industrial, Econômico e Financeiro. Editora Revista dos Tribunais Ltda. São Paulo, 1973, páginas 143-152.

CORDEIRO, António Menezes. *Direito dos Seguros* 2ª ed. rev. e atualizada – Coimbra, Edições Almedina S.A., 2016.

—. António Manuel da Rocha, Antonio Menezes Cordeiro e Carla Teixeira Morgado. *Leis dos seguros anotadas.* Direito institucional, Direito material e Direito comunitário. Coimbra, Editora Almedina, 2002.

—. *Direito europeu das sociedades.* Coimbra, Editora Almedina SA, 2005.

—. *Da boa fé no direito civil.* Coimbra, Editora Almedina, 2001.

COSTA, Geraldo de Faria Martins da. *Superindividamento: a proteção do consumidor de crédito em direito comparado brasileiro e francês.* São Paulo, Editora Revista dos Tribunais, 2002.

COUTO E SILVA, Clóvis. *O seguro no Brasil e a situação das seguradoras.* Porto Alegre, Revista da Associação dos Juízes do Rio Grande do Sul, n.º 33, ano XII, 1985, p. 194/210.

COUTO E SILVA, Clóvis V. *A obrigação como processo.* Tese para concurso na Cadeira de Direito Civil da Faculdade de Direito da Universidade do Rio Grande do Sul. Porto Alegre: Editora Meridional Emma. 1964.

COUTURE, Eduardo J. *Interpretação das leis processuais.* Tradução Dra. Gilda Maciel Corrêa Meyer Russomano, 2ª ed. Rio de Janeiro: Forense, 1993.

—. *Introdução ao estudo do processo civil.* Rio de Janeiro, Ed. Forense, 1995, 3ª edição.

CRETELLA JÚNIOR, José. *Curso de liberdades públicas.* 1ª Ed. Rio de Janeiro, Editora Forense, 1986.

CRUZ E TUCCI, José Rogério. *Eficácia probatória dos contratos celebrados pela internet.* In. Direito e Internet. Aspectos jurídicos relevantes. Newton de Lucca e Adalberto Simão Filho (coordenadores) e outros. Bauru – SP: Edipro, 1ª reimp., 2001.

DA NÓBREGA, J. Flóscolo. *Introdução ao Direito.* Rio de Janeiro, José Kofino Editor, 1954.

DA SILVA, José Luiz Toro. *Comentários à lei dos planos de saúde.* Porto Alegre, Editora Síntese, 1998.

DAVID, René. *Os grandes sistemas do direito contemporâneo*. Tradução de Hermínio A. Carvalho. 2ª ed. São Paulo: Martins Fontes, 1993.

DELGADO, José Augusto. *O Código Civil de 2002 e a Constituição Federal de 1988. Cláusulas gerais e conceitos indeterminados*. In. Aspectos controvertidos do novo Código Civil. Escritos em homenagem ao Ministro José Carlos Moreira Alves. Coordenadores: Arruda Alvim; Joaquim Portes de Cerqueira César e Roberto Rosas. São Paulo: Editora Revista dos Tribunais, 2003.

DEVOTO, Mauricio. *Claves para el éxito de una infraestructura de firma digital: la importancia de la intervención notarial en la solicitud del certificado de clave pública*. In. *Comércio eletrônico*. Organizadores: Ronaldo Lemos da Silva Junior e Ivo Waisberg. São Paulo, Editora Revista dos Tribunais, 2001.

DIEZ-PICAZO, Luis. *Fundamentos del Derecho Civil patrimonial. Vol. 1º Introducción Teoria del Contrato*. Quinta edición. Madrid: Editorial Civitas, 1996.

DINIZ, Maria Helena. *Tratado teórico e prático dos contratos*. São Paulo, Editora Saraiva, 1993.

—. *Curso de direito civil brasileiro, 3º volume: teoria das obrigações contratuais e extracontratuais*. 24 ed. São Paulo, Editora Saraiva, 2008.

—. *Curso de direito civil brasileiro*. 8ª ed., São Paulo, Editora Saraiva, 1990-1991.

—. *Lei de introdução ao código civil brasileiro interpretada*. 9ª ed., Editora Saraiva, 2002.

—. *Sistemas de registro de imóveis*. São Paulo: Editora Saraiva, 1992.

DI Pietro, Maria Sylvia Zanella. *Direito administrativo*. 10. Edição. São Paulo, Editora Atlas, 1998.

DO VALLE, Numa P. *Seguro marítimo e contracto de risco*. Primeira Edição, São Paulo, 1919.

DONATI, Antigono. *Los seguros privados*. Manual de derecho. Traducción por Arturo Vidal Solá. Barcelona, Librería Bosch, 1960. La edición original de esta obra ha sido publicada en italiano por "Dott. A. Giuffrè – Editore" de Milan con el título de Manuale Di Diritto Delle Assicurazioni Private, 1956.

DROMI, Roberto. *Derecho administrativo*. 10ª edición, Buenos Aires – Madrid: Editorial Ciudad Argentina, 2004.

—. DROMI, Roberto..[et. Al]. *Pensar América: un puente inter-continental* – 1ª ed. Buenos Aires – Madrid – México, Ed. Ciudad Argentina – Hispania Libros, 2015.

—. *Empresas publicas: de estatales a privadas*. Buenos Aires, Ediciones Ciudad Argentina, 1997.

—. e outros. *Derecho comunitario: sistemas de integracion: regimen del Mercosur*. 2ª ed. Buenos Aires, 1996.

—. *Sistema y valores administrativos*. 1ª ed. Buenos Aires- Madrid: Editorial Ciudad Argentina, 2003.

—. *Derecho subjetivo y responsabilidad publica*. Madrid, Editorial Grouz , 1986.

—. *Competencia y monopolio: Argentina, MERCOSUR y OMC*. Buenos Aires, Ediciones Ciudad Argentina, 1999.

DROMI SAN MARTINO, Laura. *Derecho constitucional de la integración.* Marcial Pons/ Ciudad Argentina/ Servicio de Publicaciones – Facultad de Derecho Universidad Complutense, Madrid – Buenos Aires, 2002.

—. *Indústria e comercio en el MERCOSUR.* Editorial Ciudad Argentina, Buenos Aires, 1999.

DURANT, WILL. "A história da civilização II. Nossa herança clássica. Trad. Mamede de Souza Freitas. Rio de Janeiro – Editora Record, revisado em 1966.

DURKHEIM, Émile. *As regras do método sociológico;* tradução de Maria Isaura Pereira Queiroz. 6ª ed. São Paulo, Companhia Editora Nacional, 1974. Do original francês: *Les règles de la méthode sociologique ;* publicado na « *Bibliothèque de Philosophie Contemporaine, das* Presses Universitaires de France, Paris 13a ed. 1956 ».

—. *Da divisão do trabalho social.* Trad. Eduardo Brandão – 2ª ed. – São Paulo: Martins Fontes, 1999.

DWORKIN, Ronald. *Levando os direitos a sério.* Tradução: Nelson Boeira, São Paulo, Editora Martins Fontes, 2002.

EMERSON, Ralph Waldo. *A conduta da vida.* 1ª Edição – junho de 2019 Tradução Juliana Amato. Editora Auster. CEDET – Centro de Desenvolvimento Profissional e Tecnológico. Campinas, SP, 2019.

EMERSON, Ralph Waldo. *Natureza.* Traduzido por Davi Araújo. São Paulo, Drakaena, 2011.

EMBID IRUJO, José Miguel. *Aspectos institucionales y contractuales de la tutela del asegurado en el derecho español.* Madrid, Revista Española de Seguros, n. 91, 2002, p. 07/32.

—. *La protección del consumidor como asegurado.* In. Reforma del Derecho Privado y Protección del Consumidor. *Jornadas organizadas por la Universidad de Salamanca y el Centro Asociado de la UNED de Ávila.* Dirección: Eduardo Galán Corona, Coordinador: José A. García-Cruces González. Junta de Castilla y León. Consejería de Fomento, Dirección General de Comercio y Consumo, Valladolid, 1994.

ENCICLOPÉDIA SARAIVA DO DIREITO. *Edição comemorativa do sesquicentenário da fundação dos cursos jurídicos no Brasil.* Coordenação do Prof. R. Limongi França. São Paulo: Editora Saraiva, 1977-1982. 78 v. 1-78.

FEDUCHY, Fernando Ruiz. *Enciclopedia técnica de seguros.* Madrid, Editora Sobrinos de la Sucesora de M. Minuesa de los Ríos, 1932.

FERRAZ JÚNIOR, Tércio Sampaio. *A ciência do direito.* 2ª ed. São Paulo, Editora Atlas, 1980.

FERREIRA, Aurélio Buarque de Holanda. *Novo dicionário da lingua portuguesa.* 2ª ed. Editora Nova Fronteira, 1986.

FERREIRA, Waldemar Martins. *Instituições de Direito comercial.* 2°. Edição. A indústria da navegação marítima e aérea. Livraria Editora Freitas Bastos, 1949.

FERRI, Giuseppe. *Manuale di diritto commerciale.* 2ª ed. Unione Tipografico – Editrice Torinese. 1945.

FIGUEREDO, Julio. *Derecho de la competencia.* Cuadernos de EPOCA: Serie Integración Economica, Buenos Aires – Madrid, Ediciones Ciudad Argentina, 2002.

FILOMENO, José Geraldo Brito. *Manual de direito do consumidor.* 3ª Ed. São Paulo, Editora Atlas, 1999.

FIÚZA, Ricardo. Et al. *Novo Código Civil comentado.* 5. ed. atual. São Paulo: Saraiva, 2006.

FONSECA, João Bosco Leopoldino. *Lei de proteção da concorrência: comentários à lei antitruste.* Rio de Janeiro, Editora Forense, 1995.

FRADERA, Vera Jacob de. *O valor do silêncio no novo Código Civil.* In. Aspectos controvertidos do novo Código Civil. Escritos em homenagem ao Ministro José Carlos Moreira Alves. Coordenadores: Arruda Alvim; Joaquim Portes de Cerqueira César e Roberto Rosas. São Paulo: Ed. Revista dos Tribunais, 2003.

FRANCESCHINI, José Inácio Gonzaga. *Introdução ao direito da concorrência.* São Paulo, Malheiros Editores, 1996.

FREITAS, Juarez. *O controle dos atos administrativos e os princípios fundamentais.* 3ª Edição atualizada e ampliada. Malheiros Editores, São Paulo, 2004. 1ª edição 1997.

—. *A interpretação sistemática do direito.* São Paulo, Malheiros Editores, 1995.

—. *A interpretação sistemática do direito.* 3ª Edição revista e ampliada com preceitos de interpretação constitucional. São Paulo, Malheiros Editores, 2002.

FREITAS, José Lebre de. *A acção declarativa comum à luz do código revisto.* Coimbra Editora – Portugal, 2000.

GALBRAITH, John Kenneth. *Uma teoria do controle de preços. A exposição clássica.* Tradução de José Murillo de Carvalho. Rio de Janeiro: Editora Forense Universitária. 1986. 1ª edição, 1951.

GALDINO, Valéria Silva. *Cláusulas abusivas n direito brasileiro.* São Paulo, Editora Saraiva, 2001.

GARCEZ, José Maria Rossani. *Curso de direito internacional privado.* Rio de Janeiro: Editora Forense, 1999.

GARCIA, Izner Hanna. *Revisão de contratos no novo Código Civil.* Rio de Janeiro: AIDE Editora, 2003.

GARCÍA de ENTERRÍA, Eduardo. *La constitución como norma y el Tribunal Constitucional.* Editorial Civitas, Madrid, 1994.

GARCÍA MÁYNEZ, Eduardo. *Introducción al estudio del Derecho.* Trigesimoquinta edición. Editorial Porrua. S. A. Mexico, 1984. Primera edición 1940.

GARRIGUES DIAZ-CAÑABATE, Joaquín. *Negócios fiduciarios en derecho mercantil.* Madrid, Editorial Civitas, S. A., 1991.

GARRIGUES. Joaquin. *Contrato de seguro terrestre.* Imprenta Aguirre, Madrid, 1973.

—. *Contrato de seguro terrestre.* 2ª.ed. Imprenta Aguirre, Madrid,1977.

GATES, Bill. *The road ahead.* With Nathan Myhrvold and Peter Rinearson. Pearson Educatin Limited, Edimburgh Gate, Harlow, England and Associated Companies throughout the world. Third Impression, 1999. First Published in Great Britain by Viking, 1995.

GHESTIN, Jacques. *Traité de droit civil – Le obligation – Le contrat. Principes et caractères essentiels. Ordre public – Consentement, Objet, Cause, Théorie générale des nullités.* Paris. L.G.D.J, 1980.

GOLDSCHMIDT, James. *Principios generales del Processo. Teoria general del Processo.* Buenos Aires, Ediciones Jurídicas Europa-America, 1961.

GOLDSCHMIDT, Werner. *Derecho internacional privado.* Derecho de la tolerancia, basado en la teoría trialista del mundo jurídico. Octava edición. Buenos Aires, Ediciones Depalma, 1999.

GOMES, Orlando. *Contratos* – 15ª ed. Rio de Janeiro, Editora Forense,1995. 1ª Edição 1959.

—. *Obrigações.* 1ª ed. Rio de Janeiro – São Paulo, Editora Forense,1961.

—. *Questões mais recentes de direito privado: pareceres.* São Paulo, Editora Saraiva, 1987.

GONÇALVES, Carlos Roberto. *Direito civil brasileiro, volume III: contratos e atos unilaterais.* 5ª. Ed. São Paulo, Editora Saraiva, 2008.

GOTTLIEB, Anthony. *O sonho da razão: uma história filosófica ocidental da Grécia ao Renascimento.* Tradução Pedro Jorgenssen Jr. Rio de Janeiro: DIEFEL, 2007.

GRAU, Juan Bataller. *El concepto de seguro múltiple.* Madrid, Revista Española de Seguros, n. 91, 1997, p. 52/74.

GRAVINA, Maurício Salomoni. Princípios Jurídicos do Contrato de Seguro. Rio de Janeiro: Fundação Escola Nacional de Seguros – Funenseg, 2015.

—. S. GRAVINA, Maurício. *Principios jurídicos del contrato de seguro.* 1ª ed. Buenos Aires – Madrid – Mexico: Ciudad Argentina-Hispania Libros, 2015.

GRAVINA, Maurício Salomoni. Princípios Jurídicos do Contrato de Seguro. 2ª Edição Revista e atualizada, Rio de Janeiro: Fundação Escola Nacional de Seguros – Funenseg, 2018.

—. *Principles of retrospective risk and speciality risk.* Revista Brasileira de Risco e Seguro: http://www.rbrs.com.br/arquivos/rbrs_18_3.pdf.

—. *A proteção da confiança no contrato de seguro.* Cadernos de seguro. Escola Nacional de Seguros. Ano XXXVI, Nº 187, janeiro-março de 2016, ISSN 0101-5818, p.p. 25-27.

—. *Ensuring trustworthiness in the insurance contract.* Cadernos de seguro. Escola Nacional de Seguros. Ano XXXVI, Nº 187, janeiro-março de 2016, ISSN 0101-5818, p.p. 65-67.

—. *Princípio do interesse no contrato de seguro.* Cadernos de Seguro. Escola Nacional de Seguros. Ano XXXIV, nº 179, janeiro-março de 2014. ISSN 0101-5818, p.p. 35-37.

—. *Principle of interest in the insurance contract.* Cadernos de Seguro. Escola Nacional de Seguros. Ano XXXIV, nº 179, janeiro-março de 2014. ISSN 0101-5818, p.p. 97-99.

—. *A boa fé no contrato de seguro.* Cadernos de Seguro. Escola Nacional de Seguros. Ano XXXVI, nº 189, julho/setembro de 2016. ISSN 0101-5818, p.p.33-35.

—. *Good faith in the insurance contract.* Cadernos de Seguro. Escola Nacional de Seguros. Ano XXXVI, nº 189, julho/setembro de 2016. ISSN 0101-5818, p.p. 73-75.

—. Noções de interpretação nos contratos. Cadernos de seguro. Escola Nacional de Seguros. Ano XXXVII, N° 192, abril/junho de 2017, p.p. 39–42.

—. Notions on the intepretation of contracts. Cadernos de seguro. Escola Nacional de Seguros. Ano XXXVII, N° 192, abril/junho de 2017, p.p. 73-75.

GRINOVER, Ada Pellegrini e outros. *Código brasileiro de defesa do consumidor comentado pelos autores do anteprojeto.* 4ª Ed., Rio de Janeiro, Editora Forense Universitária.

GUASTINI, Riccardo. *Il Giudice e la legge – lezioni di diritto costituzionale.* G. Giappichelli editore. Torino, 1995.

GUERRA, Alexandre. *Princípio da conservação dos negócios jurídicos.* São Paulo, Almedina, 2016.

GUIMARÃES, Antônio Márcio da Cunha. *Contratos internacionais de seguros.* São Paulo, Editora Revista dos Tribunais Ltda., 2002.

HARRARI, Yuval Noah. *Sapiens – Uma breve história da humanidade* – Tradução Janaína Marcoanatonio – Porto Alegre, Editora L&PM, 2018.

HALPERIN, Isaac. *Seguros. Exposición crítica de las Leyes 17418, 20091 y 22400.* 3ª Ed. Actualizada y ampliada por Nicolás H. Barbato. Buenos Aires, Depalma, 2001, 1ª ed. 1970.

HERMIDA, Alberto Javier Tapia. *Deberes y responsabilidades de los sujetos que intervienen en los planes y fondos de pensiones.* Madrid, Revista Española de Seguros, n. 90, 1997, p. 70/127.

IBDS – Instituto Brasileiro de Direito do Seguro. *Contrato de Seguro: Uma Lei para todos* – São Paulo: Quartier Latin, 2013.

ILLESCAS ORTIZ, Rafael. *El comercio eletrónico y su proyección en el seguro y en el reaseguro: visión internacional.* Madrid, Revista Española de Seguros, n. 111, 1997, p. 385/408.

INSTITUTAS DO IMPERADOR JUSTINIANO. *Manual didático para uso dos estudantes de direito de Constantinopla, elaborado por ordem do Imperador Justiniano, no ano de 533 d.C.* Tradução: José Cretella Jr. e Agnes Cretella. Tradução diretamente do original latino, em edição aos cudades de V.Arangio-Ruiz e Antonio Guarino, Milano, 1943. Dott. A Giuffrè Editore. 2ª edição ampliada e revista da tradução. 1ª edição: 2000. São Paulo: Editora Revista dos Tribunais Ltda..

INSURANCE EUROPE, *"Why insurers differ from banks, Insurance Europe, October 2014". Tradução.* Sandra Mathias Maia, 2014.

JAYME, Erik. *Seleção de textos da obra de Erik Jayme.* Edição em homenagem à entrega do título de Doutor Honoris Causa/UFRGS ao jurista Erik Jayme. In. Cadernos do Programa de Pós-graduação em Direito. Volume I, Número 1. Março de 2003. Ed. Nova Prova Gráfica Ltda. Porto Alegre, 2003.

JELLINEK, Gerog. *Teoría general del estado.* Traducción de Fernando de los Rios, Editorial IB de F, Julio César Faria, Montevideo-Buenos Aires, 2005.

JIMÉNEZ SÁNCHEZ, Guillermo J. (Coordinador) *Leciones de Derecho Mercantil* – 4ª Ed. Madrid, Tecnos,1999.

—. *Leciones de Derecho Mercantil* – undécima edición, revisada y puesta al día. Reimpresión, Tecnos, 2007.

JO, Hee Moon. *Introdução ao Direito internacional.* São Paulo: Editora LTr, 2000.

KANT, Immanuel, 1724-1804. *Prolegômenos*. Textos Selecionados, Seleção de textos de Marilena de Souza Chauí. 2ª Edição. Tradução de Tania Maria Bernkopf, Paulo Quintela, Rubens Rodrigues Filho. São Paulo, Abril Cultural, 1884.

—. *Fundamentação da metafísica dos costumes*. Textos Selecionados, Seleção de textos de Marilena de Souza Chauí. 2ª Edição. Tradução de Tania Maria Bernkopf, Paulo Quintela, Rubens Rodrigues Filho. São Paulo, Abril Cultural, 1884.

KAUFMANN, Arthur. *Filosofia del Derecho*. Segunda edición. Traducción Luis Villar Borda e Ana Maria Montoya. Edición Universidad Externado de Colômbia: Bogotá, 1999.

KAUFMANN, Matthias. *¿Derecho sin reglas? Los principios filosóficos de la teoría del estado y del Derecho de Carl Schmitt*. Segunda edición. 1ª Edição Verlag Kart Friburgo/Munich, 1988. Tradución de Jorge M. Seña. Mexico D. F.: Distribuiciones Fontamara S.A., 1993.

KELSEN, Hans. *Teoria pura do direito*. Tradução: João Batista Machado. 6ª ed., São Paulo, Martins Fontes, 1998. 1ª ed. 1960.

—. *Teoria geral do Direito e do Estado*. Tradução: Luís Carlos Borges, 2ª ed., São Paulo, Martins Fontes, 1992.

KNIGTH, Frank. H. *Riesgo, incertidumbre y beneficio*. Traducción por Ramon Verea. Madrid, M. Aguilar Editor, 1947.

HIMANEN, Pekka. *A ética dos hackers e o espírito da era da informação: a importância dos exploradores da era digita*. Tradução de Fernanda Wolff. Rio de Janeiro: Editora Campus, 2001.

LANDIN, Francisco. *A ordem civil – uma leitura do art. 1º do novo Código Civil*. In. Aspectos controvertidos do novo Código Civil. Escritos em homenagem ao Ministro José Carlos Moreira Alves. Coordenadores: Arruda Alvim; Joaquim Portes de Cerqueira César e Roberto Rosas. São Paulo: Editora Revista dos Tribunais, 2003.

LARENZ, Karl. *Metodologia da ciência do direito*. 3ª ed., Tradução: José Lamego, Lisboa, Fundação Calouste Gulbenkian, 1997.

LIEBMAN, Enrico Tullio. *Manual de Derecho procesal civil*. Tradución Santiago Sentis Melendo. Ediciones Juridicas Europa-America, Buenos Aires, 1980. 1ª Edição publicada por Dott. A. Giuffrè Editore – Milano, 1973.

—. *Processo de execução*. Bestbook Editora e Distribuidora de Livros Ltda. São Paulo, 2003

LIPOVETSKY, Gilles. *Os tempos hipermodernos*. Tradução Mário Vilela. São Paulo: Editora Barcarolla, 2004.

LOPEZ, Javier Pagador. *Regimen juridico de las condiciones generales y particulares del contrato de seguro*. Madrid, Revista Española de Seguros, n. 87, 1996, p. 82/130.

LOPES, João Batista. *A prova no direito processual civil*. 2ª ed. rev., atual e ampl. São Paulo: Editora Revista dos Tribunais, 2002.

LOPES, Miguel Maria de Serpa. *Curso de direito civil: fontes das obrigações: contratos*. Volume IV, 5ª ed., Rio de Janeiro, Freitas Bastos, 1999.

LOPES SAAVEDRA, Domingo H. *Ley de seguro n. 17.418 comentada y anotada. – 1ª ed.* Buenos Aires: La Ley, 2009.

LORENZETTI, Ricardo Luis. *Fundamentos do direito privado.* São Paulo, Editora Revista dos Tribunais, 1998.

—. *Infomática, Cyberlaw, E-commerce.* In. Direito & Internet – Aspectos Jurídicos Relevantes Lucca, Newton De e Adalberto Simão Filho (Coordenadores) e outros., Bauru, SP: Edipro, 1ª reimp. 2001.

LUHMANN, Niklas. *Legitimação pelo procedimento.* Tradução Maria da Conceição Côrte-Real. Brasília. Editora Universidade de Brasília, 1980.

LYOTARD, Jean-François. *Peregrinações: lei, forma, acontecimento.* Tradução de Marina Appenzeller. São Paulo: Ed. Estação Liberdade, 2000.

MAGEE, John. *Seguros generales.* 2ª ed. Traducción: Carlos Castillo. Mexico. Union Tipografica Editorial Hispano-Americana, 1947.

MACKELDEY, F. *Elementos del Derecho Romano que contienen La Teoria de la Instituta precedida de uma Introdución al estudio del mismo Derecho.* Obra escrita em alemán. Cuarta Edición Corregida. Madrid: Libraria Leocadio López, Cármen 13, 1886.

MAGALHÃES, José Carlos de. *Direito Econômico Internacional – Tendências e Perspectivas.* Juruá Editora, Curitiba - Brasil, 2005.

MAGALHÃES FILHO, Glauco Barreira. *Hermenêutica e unidade axiológica da constituição.* 2ª edição, Belo Horizonte: Mandamentos, 2002.

MALUF, Carlos Alberto Dabus. *As condições no direito civil.* 2ª ed., São Paulo, Editora Saraiva, 1991.

MANCUSO, Rodolfo de Camargo. *Interesses difusos – conceito e legitimação para agir.* São Paulo, Editora Revista dos Tribunais, 1988.

MANES, Alfredo. *Tratado de seguros. Teoria general del seguro* – 4ª ed. Tradução Fermín Soto. Madrid, Editorial Logos Ltda.,1930.

—. *Observações econômicas e juridicas sobre o seguro.* Rio de Janeiro, Ariel Editora Ltda., 1937.

—. *Unidad de los seguros.* Estudio de seguros. Tomo 1, Nº 1. Buenos Aires, Publicación Trimestral de la Asociacion Argentina de Estudios de Seguros. 1937.

MARENSI, Voltaire. *O seguro no direito brasileiro.* 3ª ed., Porto Alegre, Síntese Editora, 1996.

—. *O seguro no direito brasileiro.* 9ª ed. Rio de Janeiro. Rio de Janeiro, Editora Lumen Juris, 2009.

—. *O seguro a vida e sua modernidade.* 2ª ed., Rio de Janeiro, Editora Lumen Juris, 2011.

MARQUES, Cláudia Lima. *Contratos no código de defesa do consumidor: o novo regime das relações contratuais.* 3ª ed., São Paulo, Editora Revista dos Tribunais, 1998.

MARQUES, José Frederico. *Manual de direito processual civil.* Atualizado por Vilson Rdrigues Alves, 4 v, Campinas – Editora Bokseller, 1997.

MARTÍNEZ ESCOBAR, Manuel. *Los seguros.* La Habana, Editora Cultural, 1945.

MARTÍNEZ, Soares. *Filosofia do direito.* 2ª ed., Coimbra, Livraria Almedina, 1995.

MARTÍNEZ MÍGUEZ, Manuel Maria. *Notas sobre el seguro de responsabilidad civil, de suscripcion obligatoria en la circulacion de vehiculos a motor.* La Ley, Revista Jurídica Española de doctrina, jurisprudencia y bibliografia. Madrid. Año XVII, número 4126, juves, 19 de septiembre de 1996.

MARTINS, Cláudio. *Direito notarial: teoria e técnica.* Fortaleza – Brasil, Imprensa Universitária da Universidade Federal do Ceará, 1974.

MARTINS, Ives Gandra da Silva. *A função social do contrato.* In. Aspectos controvertidos do novo Código Civil. Escritos em homenagem ao Ministro José Carlos Moreira Alves. Coordenadores: Arruda Alvim; Joaquim Portes de Cerqueira César e Roberto Rosas. São Paulo: Editora Revista dos Tribunais, 2003.

MARTINS, João Marcos Brito. *O contrato de seguro: comentado conforme as disposições do novo Código Civil.* Rio de Janeiro, Editora Forense Universitária, 2003.

MARTINS, Fran. *Contratos e obrigações comerciais.* 15ª ed., Rio de Janeiro, Editora Forense, 2001.

MATTOS, Paulo. Regulação concorrencial dos serviços de telecomunicações e o provimento de acesso à internet no direito brsileiro. In. Comércio eletrônico. Organizadores: Ronaldo Lemos da Silva Junior e Ivo Waisberg. São Paulo, Editora Revista dos Tribunais, 2001.

MAXIMILIANO, Carlos. *Hermenêutica e aplicação do direito.* Rio de Janeiro, Editora Forense, 2000.

MAZZILLI, Hugo Nigro. *A defesa dos interesses difusos em juízo.* 6ª ed., São Paulo, Editora Revista dos Tribunais, 1994. 1ª ed. 1988.

MELLO, Marcos Bernardes de. *Teoria do fato jurídico: plano da eficácia,* 1ª parte. 2ª edição revista. São Paulo: Editora Saraiva, 2004.

MELLO, Sergio Ruy Barroso. *Contrato de resseguro.* Rio de Janeiro: Funenenseg, 2011.

MENDES, Gilmar Ferreira. *Curso de direito constitucional.* Gilmar Ferreira Mendes e Paulo Gustavo Gonet Branco. – 10. ed. rev. e atual. São Paulo: Saraiva, 2015.

MENDONÇA, José Xavier Carvalho. *Tratado de direio comercial brasileiro.* Atualizado por Ricardo Negrão. Campinas – SP, Editora Bookseller, 2000, 1ª edição de 1930.

MENKE, Fabiano. *Assinatura eletrônica: aspectos jurídicos no direito brasileiro.* São Paulo: Editora Revista dos Tribunais, 2005.

MESSINEO, Francesco. *Manual de derecho civil y comercial.* Traducción de Santiago Sentis Melendo. Tomo VI. Buenos Aires. Ediciones Jurídicas Europa-América.

MIRANDA, Francisco Cavalcanti Pontes de. *Fontes e evolução do Direito Civil brasileiro.* Rio de Janeiro, Editora Forense, 1981.

—. *Comentários ao código de processo civil*: Tomo I, arts. 1-45. Rio de Janeiro: Editora Forense, Brasília, INC, 1973.

—. *Tratado de direito privado.* Campinas. Bookseller, 2001, 1ª edição 1970.

—. *Tratado de direito privado.* Campinas. Bookseller, 2ª Edição. Parte Geral Tomo II – Bens. Fatos Jurídicos. Atualizado por Vilson Rodrigues Alves, 2000, 1ª Edição 1918.

—. *Tratado das ações. Atualização Vilson Rodrigues Alves,* 7 Volumes, Tomo I. Campinas. Bookseller, 1998.

MITIDIERO, Daniel. *Precedentes: da persuasão à vinculação.* 2ª Ed. São Paulo: Editora Revista dos Tribunais, 2017.

MONTEIRO, Washington de Barros. *Curso de direito civil.* 5ª ed., São Paulo, Editora Saraiva, 1966.

—. *Curso de direito civil.* 4ª ed., São Paulo, Editora Saraiva, 1965.

MONTESQUIEU, Charles Louis de Secondat, *O espírito das leis.* Trad. De Fernando Henrique Cardoso e Leoncio Martins Rodrigues. Brasília, Editora Universidade de Brasília, 1982.

MORAES, Alexandre de. *Direito constitucional.* 31ª edição, São Paulo: Editora Atlas, 2015.

MORAES, Paulo Valério Dal Pai. *Código de defesa do consumidor: no contrato, na publicidade, nas demais práticas comerciais.* 2ª ed. Porto Alegre: Editora Síntese, 2001. 1ª edição 1999.

MORSE, David. *Cyber dictionary. Your guide to the wired world.* Abridged Edition. Knowledge Exchange. On the internet at http://www.kex.com.

MÜLLER, Friedrich. *Discours de la méthode juridique.* Traduit de L'allmand par Olivier Jouanjan. Presses Universitaires de France, Paris, 1996. Traduction française de *Juristische Methodik,* Berlin, 1993.

NADER, Paulo. *Introdução ao estudo do direito.* 4ª edição, Rio de Janeiro: Editora Forense, 1987.

NASCIMENTO, Tupinambá Miguel Castro. *Comentários à Constituição Federal: ordem econômica e financeira.* Porto Alegre, Livraria do Advogado, 1997.

NEGRÃO, Theotonio. *Código civil e legislação em vigor/ organização, seleção e notas.* Com a colaboração de José Roberto Ferreira Gouvêa – 20. ed. atual até 9 de janeiro de 2001 – São Paulo: Editora Saraiva, 2001.

NICOLAS, Veronique, *Essai d'une nouvelle alalyse du contrat d'assurance.* Bibliothéque de Droit Privé, Tome 267, Dirigée por Jaques Ghestin, pp. 21 – 102.

NOGUEIRA, Tania Lis Tizzoni. *A prova no direito do consumidor.* 1ª ed. Curitiba, Editora Juruá, 1999.

NORONHA, Fernando. *O direito dos contratos e seus princípios fundamentais: autonomia privada, boa-fé, justiça contratual.* São Paulo, Editora Saraiva, 1994.

NUNES, Luiz Antonio Rizzatto. *Comentários à lei de plano e seguro-saúde (lei n. 9656, de 3.6.1998).* São Paulo, Editora Saraiva, 1999.

—. *O código de defesa do consumidor e sua interpretação jurisprudencial.* 2ª Ed., São Paulo, Editora Saraiva, 2000.

OLIVEIRA, Amanda Flávio de. *Direito da concorrência no poder judiciário.* Rio de Janeiro, Editora Forense, 2002.

PACHECO, José da Silva. *Prova.* Repertório Enciclopédico do Direito Brasileiro, Vol. XLII, Coord. Por J. M. Carvalho Santos, José de Aguiar Dias e R. A. Amaral Vieira. Rio de Janeiro, Editor Borsoi.

—. *La ley 7/1998, de 13 de abril, sobre condiciones generales de la contratación (1).* Madrid, Revista Española de Seguros, n. 95, 1998, p. 325/383.

PASSOS, J. J. Calmon de. *Direito, poder, justiça e processo: julgando os que nos julgam.* Rio de Janeiro, Editora Forense, 1999.

—. *O risco na sociedade moderna e seus reflexos na teoria da responsabilidade civil e na natureza jurídica do contrato de seguro.* Jus Navigandi, Doutrina. *http://www1.jus.com.br/doutrina/texto.asp?id=2988,* consultado em 23.07.02.

PENTEADO, Mauro Rodrigues. *Reflexões sobre os títulos de crédito eletrônicos em face do novo Código Civil.* In. Aspectos controvertidos do novo Código Civil. Escritos em homenagem ao Ministro José Carlos Moreira Alves. Coordenadores: Arruda Alvim; Joaquim Portes de Cerqueira César e Roberto Rosas. São Paulo: Editora Revista dos Tribunais, 2003.

PEREIRA, Agostinho Oli Koppe. *Responsabilidade civil por danos ao consumidor causados por defeitos dos produtos: a teoria da ação social e o direito do consumidor.* Porto Alegre, Editora Livraria do Advogado, 2003.

PEREIRA, Caio Mário da Silva. *Lesão nos contratos.* 3ª ed., Rio de Janeiro, Editora Forense, 1993.

—. *Instituições de direito civil.* 19ª ed., Rio de Janeiro, Editora Forense, 2001.

—. *Instituições de direito civil.* 10ª ed., Vol III. *Rio de Janeiro. Editora Forense, 2001*

PICARD, Maurice et André Besson. *Traité genéral des assurances terrestres en droit français.* Paris. Librairie Générale de Droit et de Jurisprudence. 1938.

PIMENTA, Melisa Cunha. *Seguro de responsabilidade civil.* São Paulo: Ed. Atlas, 2010.

PIRES, Julio. *Direito comercial.* Editores: Ramiro Costa & Filhos. Recife, 1907.

PLANIOL, Marcelo. RIPERT, Jorge. *Derecho civil frances.* Traducción Española Dr, Mario Diaz Cruz con la colaboración del Dr. Eduardo le Riverend Brusone. Tomo XIl, Los contratos civiles. Segunda Parte, con el concurso de ANDRES ROUAST, RENE SAVATIER y JEAN LEPARGNEUR. Editorial Cultural, Habana, 1946.

POLIDO, Walter Antonio. *Resseguro – cláusulas contratuais e particularidades sobre responsabilidade civil.* 2ª ed. rev. e ampl. – Rio de Janeiro: Funenseg, 2011.

—. *Contrato de seguro: novos paradigmas.* São Paulo: Editora Roncarati, 2010.

PORTANOVA, Rui. *Princípios do processo civil.* 2ª ed., Porto Alegre, Editora Livraria do Advogado, 1997.

RADBRUCH, Gustav. *Filosofia do direito.* Tradução Prof. Cabral de Moncada, Coimbra, Editor Sucessor, 1997, 1ª edição 1932.

RAMELLA. Agostino. *Trattato delle assicurazioni.* Milano. Casa Editrice Dottor Francesco Vallardi, 1921.

RAÓ, Vicente. *O direito e a vida dos direitos.* 5ª ed. Anotada e atualizada por Ovídio Rocha Barros Sandoval. São Paulo, Editora Revista dos Tribunais, 1999.

RAWLS, John. *Uma teoria da justiça.* Título Original: *a theory of justice.* Tradução Alminro Pisetta e Lenita M. R. Esteves, São Paulo, Martins Fontes, 1997.

REAL ACADEMIA ESPAÑOLA. *Diccionario de la lengua española.* Madrid, Unigraf,S.L.,1992.

REALE, Miguel. *Teoria tridimensional do direito.* 5ª ed. São Paulo, Editora Saraiva, 1994.

—. *Filosofia do Direito.* 20. ed. São Paulo: Saraiva, 2002.

—. *Novo código civil brasileiro: Lei 10.406, de 10 de janeiro de 2002: estudo comparativo com o código civil de 1916, constituição federal, legislação codificada e extravagante/* obra coletiva. Prefácio de Miguel Reale. 2ª ed. São Paulo, Editora Revista dos Tribunais, 2002.

RECÀSENS SICHES, Luis. *Tratado general de filosofia del Derecho.* 12 ed. México: Editorial Porrúa, 1997. 1ª ed. 1959.

REYES VILLAMIZAR, Francisco. *Comércio eletrônico – recentes avanços jurídicos na Colômbia.* In. *Comércio eletrônico.* Organizadores: I – SILVA JUNIOR, Ronaldo Lemos da, II – WAISBERG, Ivo. São Paulo: Editora Revista dos Tribunais, 2001.

RIGAUX, François. *Derecho internacional privado. Parte general.* Traducción y adaptación al Derecho español por Alegria Borras Rodríguez. Madrid: Editorial Civitas,1985.

RIBEIRO DE FARIA, Jorge Leite Areias. *Direito das obrigações.* Coimbra, Livraria Almedina, 1987.

RIZARDO, Arnaldo. *Contratos.* 3 volumes. Rio de Janeiro, Editora Aide, 1988.

ROCCO, Alfredo. *La sentencia civil.* Traducción, Rafael Greco. 1ª. Ed. Florida: Valletta Ediciones, 2005.

RODRÍGUEZ-CANO, Alberto Bercovitz. *Nociones básicas sobre la protección de los consumidores en el ordenamiento jurídico español.* In. Reforma del Derecho Privado y Protección del Consumidor. *Jornadas organizadas por la Universidad de Salamanca y el Centro Asociado de la UNED de Ávila.* Dirección: Eduardo Galán Corona, Coordinador: José A. García-Cruces González. Junta de Castilla y León. Consejería de Fomento, Dirección General de Comercio y Consumo, Valladolid, 1994.

RODRÍGUEZ, Luis de Angulo. *El arbitrage en las vigentes leyes de contrato de seguro y de ordenación y supervisión de los seguros privados.* Madrid, Revista Española de Seguros, n. 93, 1998, p. 09/32.

RODRIGUES JÚNIOR, Otávio Luiz. *Revisão judicial dos contratos: autonomia da vontade e teoria da imprevisão.* São Paulo, Editora Atlas, 2002.

ROPPO, Enzo. *O contrato.* Tradução de Ana Coimbra e M. Januário C. Gomes. Coimbra: Livraria Almedina, 1988. Título Original: *"Il Contratto" 1977 – Bologna.*

ROSEMBERG, Leo, *La carga de la prueba. Traducción de Ernesto Krotoshin,* 2ª edición en castellano. Editorial Bde F Ltda.. Montevideo, 2002. 1ª ed. 1951. Müchen und Berlin

ROZAS, Roberto. *Razoabilidade e proporcionalidade no Código Civil (2002).* In. Aspectos controvertidos do novo Código Civil. Escritos em homenagem ao Ministro José Carlos Moreira Alves. Coordenadores: Arruda Alvim; Joaquim Portes de Cerqueira César e Roberto Rosas. São Paulo: Editora Revista dos Tribunais, 2003.

SAINRAPT, Christian. *Dictionnaire général de l'assurance.* Éditions Arcature, 1996, 85bis, route de Grigny 91130 Ris-Orangis.

SALDANHA, Nelson. *Fontes do Direito*. In. Enciclopédia Saraiva do Direito. Coordenação do Prof. R Limongi França – São Paulo: Editora Saraiva, 1977.

SÁNCHEZ CALERO, Fernando (Director), Francisco Javier Tirado Suárez, Alberto Javier Tapia Hermida y José Carlos Fernández Rozas. *Ley de contrato de seguro*. Pamplona, Editora Aranzadi, 1999.

—. *Comentarios al codigo de comercio y legislación mercantil especial*. Dirigido por Miguel Matos y Manuel Albaladejo. Tomo XXIV, Ley de Contrato de Seguro, Vol 1º Artículos 1 a 44, comentados por Fernando Sanchez Calero – Catedrático de Derecho Mercantil y Francisco Javier Tirado Suarez – Profesor Titular de Derecho Mercantil y de Derecho de Seguro Privado y Seguros Sociales. Editorial Revista de Derecho Privado, Editoriales de Derecho Reunidas, 1984.

—. *Comentarios a la Ley de Contrato de Seguro, (arts. 5 a 24)*. Edición e introdución de Evelio Verdera y Tuelles. Colegio Universitario de Estudios Financieros. Consejo Superior Bancario, Madrid.

—. *Instituciones de derecho mercantil. Tomo II. (Títulos y valores, contratos mercantiles, derecho concursal y marítmo)*. Vigésima segunda edición, Mac Graw Hill, Madrid, 1999.

—. *Breve nota sobre la necesaria reforma del régimen de la responsabilidad civil*. Madrid, Revista Española de Seguros, n. 75, 1993, p. 05/7.

SÁNCHEZ, José Luis Ruiz. *Las reglas proporcional y de equidad y el contrato de seguro*. Madrid, Revista Española de Seguros, n. 55, 1988, p.76/115.

SÁNCHEZ, José Nicolás Martí. *Proteccion del asegurado. El defensor del asegurado*. Madrid, Revista Española de Seguros, n. 91, 1997, p. 33/49.

SANTANA, Héctor Valverde. *Prescrição e decadência nas relações de consumo*. São Paulo, Editora Revista dos Tribunais, 2002.

SANTOS, Amilcar. *Seguro – doutrina, legislação, jurisprudência*. Rio de Janeiro, Récord Editora, 1959.

SANTOS, Fernando Gherardini. *Direito do marketing: uma abordagem jurídica do marketing empresarial*. São Paulo, Editora Revista dos Tribunais, 2000.

SANTOS, Ricardo Bechara. *Direito de seguro no cotidiano: coletânea de ensaios jurídicos*. Rio de Janeiro, Forense, 1999.

—. *Interesse segurado e o princípio da predeterminação do risco*. In. Estudos de Direito do Seguro em Homenagem a Pedro Alvim/ Angélica L. Carlini e Ricardo Bechara Santos/org/. Rio de Janeiro: Funenseg, 2011.

SANTOS, Moacyr Amaral. *Primeiras linhas de direito processual civil, 2º volume*, 23ª ed. Revista e atualizada por Aricê Moacyr Amaral Santos. São Paulo, 2004.

—. *Prova Documental*. Enciclopédia Saraiva do Direito/ coordenação do Prof. R. Limongi França. São Paulo: Editora Saraiva, 1977, volume 62, p. 333.

SANZ PARRILLA, Milagros. *Ensayo bibliografico sobre derecho de seguros en españa (1980-1992)*. Madrid, Revista Española de Seguros, n. Extraordinario, 1993.

SARAIVA. Oscar. *Cláusulas de seguro. Repertório enciclopédico do direito brasileiro.* Coord. J. M. Carvalho Santos e José de Aguiar Dias, Vol. IX, Rio de Janeiro, Editor Borsoi.

SAVIGNY, Friedrich Karl von, 1779-1861. *Metodologia jurídica. Trad. J.J.Santa-Pinter e Hebe A.M. Caletti Marenco;* Campinas – SP: Edicamp, 2001.

SMITH, Adam. *Teoria dos sentimentos morais.* Tradução Lya Luft. Martins Fontes: São Paulo, 1999.

SCHMIEDEL, Raquel Campani. *Negócio jurídico: nulidades e medidas sanatórias.* 2ª ed., São Paulo, Editora Saraiva, 1985.

SILVA, Américo Luís Martins da. *As ações das sociedades e os títulos de crédito.* Rio de Janeiro, Forense, 1995.

SILVEIRA, Mariana C. *Avanços recentes do comercio eletrônico nos Estados Unidos e no México.* In. *Comércio eletrônico.* Organizadores: I – SILVA JUNIOR, Ronaldo Lemos da, II – WAISBERG, Ivo. São Paulo: Editora Revista dos Tribunais, 2001.

SOTO, Héctor Miguel. *Contrato, celebración, forma y prueba (com especial referencia al contrato de seguro).* Buenos Aires, Editora La Ley S.A., 2001.

STEIDL, Enrico. *Il contratto di assicurazione.* 2ª ed. Milano, Dott. A. Giuffrè Editore, 1990.

STIGLITZ, Rubén S. Derecho de seguros. 5ª ed. Buenos Aires: La Ley, 2008. 1ª Edición, 1997.

STRENGER, Irineu. *Contratos internacionais do comércio.* São Paulo, Editora Revista dos Tribunais, 1986.

—. *Contratos internacionais do comércio.* 3ª ed. Revista e ampliada. São Paulo, Editora LTr., 1998.

TEIXEIRA, Raul. *Os reflexos do novo Código civil nos contratos de seguro.* Rio de Janeiro: Forense, 2004.

THEODORO JÚNIOR, Humberto. *Curso de direito processual civil.* 39ª Edição. Rio de Janeiro, Editora Forense, 2003. 1ª Edição em 1985.

THOUREAU, Henry David. *Walden,* tradução Astrid Cabral. A obra inclui *A desobediência civil* – São Paulo: editora Global, 1984.

TORVALDS, Linus, *Prefácio.* In. HIMANEN, Pekka. *A ética dos hackers e o espírito da era da informação: a importância dos exploradores da era digita.* Tradução de Fernanda Wolff. Rio de Janeiro: Editora Campus, 2001.

TRINDADE, Antonio Augusto Cançado. *A proteção internacional dos direitos humanos e Brasil (1948-1999): as primeiras cinco décadas.* Brasília: Editora Universidade de Brasília, 2ª edição, 2000.

TUCCI, José Rogério Cruz e. *Lições de processo civil canônico: (história e direito vigente)* / Jose Rogério Cruz e Tucci, Luis Carlos de Azevedo. São Paulo: Editora Revista dos Tribunais, 2001.

—. *Eficácia probatória dos contratos celebrados pela Internet.* In. Direito & Internet – Aspectos Jurídicos Relevantes Lucca, Newton De e Adalberto Simão Filho (Coordenadores) e outros., Bauru, SP: Edipro, 1ª reimp. 2001.

TZIRULNIK, Ernesto; CAVALCANTI, Flávio de Queiroz B.; PIMENTEL, Ayrton: *o contrato de seguro de acordo com o novo Código Civil Brasileiro.* 1ª Edição. São Paulo, Editora Revista dos Tribunais, 2003.

TZIRULNIK, Luiz. *Intervenção e liquidação extrajudicial das instituições financeiras.* São Paulo, Editora Revista dos Tribunais, 1997.

URIA, Rodrigo. *Derecho mercantil.* 25ª ed. Madrid, Marcial Pons Ediciones Jurídicas y Sociales, 1998.

VALLE, Numa P. do. *Seguro maritimo e contracto de risco.* 1ª ed., São Paulo,1919.

VASQUES, José. *Contrato de seguro – notas para uma teoria geral.* Coimbra Editora,1999.

VASSEROT, Carlos Vargas. *La individualización subjetiva del beneficiario en el seguro de daños.* Madrid, Revista Española de Seguros, n. 94, 1998, p. 261/269.

VENOSA, Sílvio de Salvo. *Direito civil.* 3ª ed., Vol. III, São Paulo, Editora Atlas S.A., 2003.

VIVANTE, Cesare. *Trattato di diritto commerciale.* Volume IV. 3ª ed. Milano. Casa Editrice Dottor Francesco Vallardi. 1954.

WALD, Arnoldo. *Evolução do contrato no terceiro milênio e o novo Código Civil.* In. *Aspectos controvertidos do novo Código Civil.* Coordenadores: Arruda Alvim, Joaquim Portes de Cerqueira César e Roberto Rosas. São Paulo, Editora Revista dos Tribunais, 2003.

WIELEWICKI, Luís. Contratos e internet – contornos de uma breve análise. In. Comércio eletrônico. Organizadores: I – SILVA JUNIOR, Ronaldo Lemos da, II – WAISBERG, Ivo. São Paulo: Editora Revista dos Tribunais, 2001.